Buch-Updates

Registrieren Sie dieses Buch auf unserer Verlagswebsite. Sie erhalten damit Buch-Updates und weitere, exklusive Informationen zum Thema.

Und so geht's
> Einfach www.galileodesign.de aufrufen
<<< Auf das Logo **Buch-Updates** klicken
> Unten genannten **Zugangscode** eingeben

Ihr persönlicher Zugang zu den Buch-Updates: 157267061901

Nils Pooker

Der erfolgreiche Webdesigner

Der Praxisleitfaden für Selbstständige

Liebe Leserin, lieber Leser,

Erfolg muss man sich erarbeiten. Dieser Grundsatz gilt für Webdesigner wie für andere Berufe. Wer mit der Leistung Webdesign seinen Lebensunterhalt verdienen möchte, sollte wissen, auf welche Voraussetzungen und Fähigkeiten es ankommt, wenn man diesen Beruf ausüben möchte.

Ob als Selbstständiger oder in einer Agentur: Wer nicht weiß, wie man Kunden gewinnt und mit ihnen kommuniziert, hat schnell verloren. Genauso wichtig ist es, Projekte planen und Internetauftritte konzipieren zu können, die richtigen Techniken für modernes und professionelles Webdesign zu kennen und sich selbst und seine Arbeit gut zu verkaufen. Auch steuerliche und rechtliche Kenntnisse sind unverzichtbar. Und schließlich ist Erfolg auch nur dann Erfolg, wenn man ihn kontinuierlich bestätigt.

Dieses Buch heißt deshalb »Der erfolgreiche Webdesigner«, weil es Ihnen den Weg dorthin zeigen möchte. Es vermittelt alle diese Fähigkeiten und Kenntnisse und bietet so einen Leitfaden für Webdesigner für ihren beruflichen Erfolg.

Wer den Autor, Nils Pooker, einmal bei einem seiner Vorträge erlebt hat, weiß, was er in diesem Buch erwarten kann. Anschaulich und verständlich gibt er seine Erfahrungen und sein Fachwissen über Kundenkommunikation, Projektmanagement, Webdesign und Selbstständigkeit wieder. Und er zeigt eins: Fachwissen muss nicht langweilig vermittelt werden.

Dieses Buch als Lektor zu begleiten, war eine spannende, unterhaltsame und schöne Aufgabe. Ich kann versprechen: Sie werden dieses Buch mit Gewinn lesen.

Ich freue mich stets über Lob, aber auch über kritische Anmerkungen, die helfen, dieses Buch besser zu machen. Sollte Ihnen also etwas auffallen, zögern Sie nicht, sich bei mir zu melden.

Ihr Jan Watermann
Lektorat Galileo Design

jan.watermann@galileo-press.de
www.galileodesign.de
Galileo Press · Rheinwerkallee 4 · 53227 Bonn

Auf einen Blick

TEIL I **Erfolgreiche Kommunikation – Kunden überzeugen und gewinnen**

- 1 Kunden, Kompetenzen und Kommunikation 25
- 2 Der erfolgreiche Umgang mit Kunden 77
- 3 Betreuung und Begleitung des Kunden 137
- 4 Checklisten 215

TEIL II **Erfolgreiches Werben – Selbstvermarktung**

- 5 Marketing für Webdesigner 297

TEIL III **Erfolgreiche Selbstständigkeit – Kalkulation und Management**

- 6 Projektplanung und Projektmanagement 343
- 7 Grundlagen erfolgreicher Selbstständigkeit 419

TEIL IV **Erfolgreiche Projekte – Planung, Management und Systeme**

- 8 Webstandards 463
- 9 Usability und Accessibility 493

Anhang

- A Literaturverzeichnis 543
- B Links 547

Der Name Galileo Press geht auf den italienischen Mathematiker und Philosophen Galileo Galilei (1564–1642) zurück. Er gilt als Gründungsfigur der neuzeitlichen Wissenschaft und wurde berühmt als Verfechter des modernen, heliozentrischen Weltbilds. Legendär ist sein Ausspruch *Eppur se muove* (Und sie bewegt sich doch). Das Emblem von Galileo Press ist der Jupiter, umkreist von den vier Galileischen Monden. Galilei entdeckte die nach ihm benannten Monde 1610.

Gerne stehen wir Ihnen mit Rat und Tat zur Seite:
jan.watermann@galileo-press.de bei Fragen und Anmerkungen zum Inhalt des Buches
service@galileo-press.de für versandkostenfreie Bestellungen und Reklamationen
stefan.krumbiegel@galileo-press.de für Rezensions- und Schulungsexemplare

Lektorat Jan Watermann
Korrektorat Friederike Daenecke, Zülpich
Cover Barbara Thoben, Köln
Titelbild Barbara Thoben, Köln
Herstellung Katrin Müller
Satz SatzPro, Krefeld
Druck und Bindung Bercker Graphischer Betrieb, Kevelaer

Dieses Buch wurde gesetzt aus der Linotype Syntax Serif (9,75/13,5 pt) in FrameMaker. Gedruckt wurde es auf chlorfrei gebleichtem Offsetpapier.

Bibliografische Information der Deutschen Bibliothek
Die Deutsche Bibliothek verzeichnet diese Publikation in der Deutschen Nationalbibliografie; detaillierte bibliografische Daten sind im Internet über http://dnb.ddb.de abrufbar.

ISBN 978-3-8362-1166-6

© Galileo Press, Bonn 2009
1. Auflage 2009

Das vorliegende Werk ist in all seinen Teilen urheberrechtlich geschützt. Alle Rechte vorbehalten, insbesondere das Recht der Übersetzung, des Vortrags, der Reproduktion, der Vervielfältigung auf fotomechanischem oder anderen Wegen und der Speicherung in elektronischen Medien. Ungeachtet der Sorgfalt, die auf die Erstellung von Text, Abbildungen und Programmen verwendet wurde, können weder Verlag noch Autor, Herausgeber oder Übersetzer für mögliche Fehler und deren Folgen eine juristische Verantwortung oder irgendeine Haftung übernehmen. Die in diesem Werk wiedergegebenen Gebrauchsnamen, Handelsnamen, Warenbezeichnungen usw. können auch ohne besondere Kennzeichnung Marken sein und als solche den gesetzlichen Bestimmungen unterliegen.

Inhalt

Geleitwort der Fachgutachter 15
Vorwort 19

TEIL I Erfolgreiche Kommunikation – Kunden überzeugen und gewinnen

1 Kunden, Kompetenzen und Kommunikation 25

- 1.1 Als Webdesigner im Spannungsfeld zwischen Kunde und Kompetenz 26
  - 1.1.1 Webdesign: Arbeit unter Hochdruck 27
  - 1.1.2 Webdesign und Motivation des Kunden 28
  - 1.1.3 Missverständnisse, Wissenslücken und Fehleinschätzungen 29
  - 1.1.4 Status quo, Nutzerwahrnehmung und professionelles Webdesign 32
  - 1.1.5 Eine Frage der Intelligenz? 34
- 1.2 Strategien des Webdesigners 34
  - 1.2.1 Der klassische Fehlstart vieler Projekte 35
  - 1.2.2 Die »Basta!«-Strategie 36
  - 1.2.3 Die »Wünsch-dir-was«-Strategie 39
- 1.3 Webdesign und Wahrnehmung 42
  - 1.3.1 Die Evolution des Webs aus Sicht der Nutzer ... 43
  - 1.3.2 Der Einfluss unserer Wahrnehmung 45
  - 1.3.3 Kino im Wohnzimmerschrank 46
  - 1.3.4 Wahrnehmung, Zuordnung, Interpretation 47
  - 1.3.5 Fallen der Wahrnehmung 49
- 1.4 Die Wahrnehmung des Webnutzers 50
  - 1.4.1 Die Wahrnehmung des World Wide Webs 50
  - 1.4.2 Die Wahrnehmung von Benutzerführung und Funktionalität 52
  - 1.4.3 Wahrnehmung technischer Hintergründe 54
  - 1.4.4 Die Wahrnehmung von Inhalt und Design 55
  - 1.4.5 Wahrnehmung und Qualität 57
- 1.5 Webdesign im Wettbewerb: Qualifizierung und Marktpositionierung 58
  - 1.5.1 Marktsituation und Berufsbild 58

	1.5.2	Über Preise und Werte	59
	1.5.3	Qualität im Wettbewerb	59
	1.5.4	Editoren	61
1.6	Kompetenzen des Webdesigners		68
	1.6.1	Akzeptanz eigener Grenzen	68
	1.6.2	Selbstverständnis und Verantwortung des Handelns	69
	1.6.3	Kompetenzen im Webdesign	70
	1.6.4	Technische Kompetenz	71
	1.6.5	Analytische Kompetenz	74
	1.6.6	Interdisziplinäre Kompetenz	75

2 Der erfolgreiche Umgang mit Kunden ... 77

2.1	Grundlagen für die erfolgreiche Kommunikation		78
	2.1.1	Medien und Kommunikation	78
	2.1.2	Kommunikation als menschliche Handlung	79
	2.1.3	Exkurs: Kommunikation als »Verkauf«	82
2.2	Kommunikation und Konstrukte		83
	2.2.1	Kundenkommunikation als Inszenierung	84
	2.2.2	Kundenkommunikation als Brettspiel	85
	2.2.3	Kundenkommunikation als Selffulfilling Prophecy	86
2.3	Konstruierte Kommunikationsversuche im Webdesign		88
	2.3.1	Die Unkalkulierbarkeit der Kommunikation	88
	2.3.2	Der blinde Fleck	90
2.4	Objektivität in der Kommunikation		92
	2.4.1	Wirklichkeit in der Kommunikation	93
	2.4.2	Wie Menschen kommunizieren	93
2.5	Kategorien und Wirklichkeitsmodelle		94
	2.5.1	Kategorien und Unterscheidungen	96
	2.5.2	Wirklichkeitsmodelle und Moral	97
	2.5.3	Kommunikation von (Lebens-)Geschichten	99
	2.5.4	Geschichten innerhalb der eigenen Lebensgeschichte	101
2.6	Kommunikation zwischen Webdesigner und Kunde		103
	2.6.1	Die Psychologie der Kommunikation	104
	2.6.2	Fünf Kernsätze der Kommunikation	104
2.7	Der Webdesigner im Kundengespräch		120
	2.7.1	Gift für die Kommunikation: kognitive Dissonanzen	120
	2.7.2	Vorbereitung ist der halbe Erfolg	126
	2.7.3	Die richtige Kommunikationsumgebung	129

3 Betreuung und Begleitung des Kunden ... 137

- 3.1 Die Kundenbeziehung ... 137
  - 3.1.1 Der Mythos von leichten und schwierigen Kunden ... 138
  - 3.1.2 Weder dafür noch dagegen: Die Strategie des »dritten Weges« ... 139
  - 3.1.3 Die innere Einstellung des Webdesigners zum Kunden ... 140
  - 3.1.4 Die Persönlichkeit des Kunden ... 141
  - 3.1.5 Der Umgang mit negativer Kommunikation ... 142
- 3.2 Kundentypen: Einzelkunden, Entscheider, Stabsstellen, Vermittler ... 143
  - 3.2.1 Einzelentscheider: Unternehmer und Freiberufler ... 144
  - 3.2.2 Der erfolgreiche Unternehmer ... 145
  - 3.2.3 Der ältere Existenzgründer (ehemalige Führungskraft) ... 149
  - 3.2.4 Junge Existenzgründer ... 154
  - 3.2.5 Exkurs: Vorsicht bei den »passiven Gründern« ... 156
- 3.3 Zwischen Einzelentscheidern und Entscheidergruppen: Freiberufler ... 159
- 3.4 Marketing und Kommunikation für freie Berufe ... 161
  - 3.4.1 Unternehmensberater ... 161
  - 3.4.2 Rechtsanwälte ... 163
  - 3.4.3 Steuerberater ... 164
  - 3.4.4 Ärzte und Zahnärzte ... 166
  - 3.4.5 Psychologen, freie Therapeuten und Heilpraktiker ... 168
- 3.5 Entscheidergruppen ... 169
  - 3.5.1 Gruppendynamik und die Verbindlichkeit von Entscheidungen ... 170
  - 3.5.2 Die wichtigste Regel: Anwesenheitspflicht für alle ... 171
  - 3.5.3 Wer entscheidet was in welchem Umfang? ... 174
  - 3.5.4 Unterschiede bei Entscheidergruppen ... 182
- 3.6 Vereine und Verbände ... 186
  - 3.6.1 Vorstände, Strukturen und Inhalte ... 186
  - 3.6.2 Kommunikation mit Vereinsvorständen ... 188
- 3.7 Stabsstellen ... 190
  - 3.7.1 Stabsstellen im Verwaltungsbereich ... 190
  - 3.7.2 Stabsstellen in der freien Wirtschaft ... 191
- 3.8 Vermittler ... 197
  - 3.8.1 Grafikdesigner als Vermittler ... 198
  - 3.8.2 Werbeagenturen als Vermittler ... 204

4 Checklisten 215

    4.1 Die Aufgabe von Checklisten 215
        4.1.1 Wer, wie, was? 216
        4.1.2 Die Basis-Checkliste 216
        4.1.3 Trockentraining: Selbstversuch mit Erfolgsgarantie 218
        4.1.4 Thema: Tätigkeitsbereich und Zielgruppe 218
        4.1.5 Thema: Leitbild 221
        4.1.6 Thema: Gestaltung und Werbemittel 223
        4.1.7 Thema: Website 228
        4.1.8 Medienkompetenz – Selbsteinschätzung des Kunden 229
        4.1.9 Was, wo und weshalb 232
        4.1.10 Launch oder Relaunch? 234
        4.1.11 Website ist nicht vorhanden 234
        4.1.12 Website ist vorhanden 235
        4.1.13 Die Checkliste im Überblick 253
    4.2 Die Checkliste in anderen Medien 258
        4.2.1 Die Checkliste am Telefon 259
        4.2.2 Die Checkliste für das Telefonat 260
        4.2.3 E-Mail 263
        4.2.4 Versand per Fax 267
        4.2.5 Versand per Post 267
    4.3 Nonverbale Kommunikation 268
    4.4 Souveränes Gesprächsmanagement 273
        4.4.1 Die erfolgreiche Vermittlung von Fachwissen 274
        4.4.2 Die Kunst der Frage 275
        4.4.3 Kundenaussagen: Die Website als Wille und Vorstellung 280
        4.4.4 Vergleiche, Bilder, Metaphern 281
        4.4.5 Kein Vergleich ohne Regeln 287
        4.4.6 Das Handout für Kunden 290
        4.4.7 Das Handout für Kunden 291

TEIL II Erfolgreiches Werben – Selbstvermarktung

5 Marketing für Webdesigner 297

    5.1 Soziale Kontakte 297
    5.2 Kompetenzen als Voraussetzung für erfolgreiches Marketing 298
        5.2.1 Webstandards und andere Webtechnologien 298
        5.2.2 (Web-)Design und Typografie 299

5.3	Kooperationen und Kompetenznetzwerke	299
	5.3.1 Für das Grundrecht auf Gestaltung	299
	5.3.2 Gefahren von Kompetenzlücken	300
	5.3.3 Vertrauen und Vereinsmeierei	300
	5.3.4 Mitgliedschaften	300
	5.3.5 Mailinglisten und Direktkontakte	301
	5.3.6 Eigene Kunden an Dritte vermitteln	301
5.4	Die Präsenz des Webdesigners	301
	5.4.1 Qualität zählt	302
	5.4.2 Kunden, Kollegen, Konkurrenten	302
	5.4.3 Fachartikel und Vorträge als PR-Mittel	304
	5.4.4 Website und/oder Weblog?	304
	5.4.5 Das Portfolio des Webdesigners	305
5.5	Die Werbemittel des Webdesigners	308
	5.5.1 Gestaltung	308
	5.5.2 Jenseits von Visitenkarte und Briefpapier	309
	5.5.3 Flyer für Webdesigner	310
	5.5.4 Qualität und Druckkosten	311
5.6	Erfolgreiche Texte für die eigenen Werbemaßnahmen	312
	5.6.1 Authentizität	313
	5.6.2 Schreiben, ruhen lassen, redigieren	314
5.7	Erfolgschance Branchenspezialisierung	314
	5.7.1 Grundsätzliche Überlegungen	315
	5.7.2 Chance oder Abhängigkeit?	316
	5.7.3 Bedingungen für eine Spezialisierung	317
	5.7.4 Der Kunde als Mentor	319
	5.7.5 Berater und Betreuer	319
	5.7.6 Vereine und Verbände	320
	5.7.7 Branchen für eine Spezialisierung	320
	5.7.8 Die Branchenspezialisierung systematisieren	320
	5.7.9 Die Bewerbung auf der Website	321
	5.7.10 Synergien nutzen	322
5.8	Provisionen	322
5.9	Design-Wettbewerbe	324
	5.9.1 Die Spreu vom Weizen trennen	325
	5.9.2 Bleiben Sie realistisch	326
5.10	Vorträge, Interviews, Artikel und aktive Fachmitgliedschaften	326
5.11	Sponsoring	327
	5.11.1 Faule Anfragen: Region, Zusammenhalt und Lokalkolorit	328

	5.11.2	Beruf oder Hobby – oder Hobby als Beruf?	329
5.12		Gute Vorträge	330
	5.12.1	Wozu überhaupt Vorträge?	330
	5.12.2	Was ist ein Vortrag?	330
	5.12.3	Vorträge zum Webdesign	332
	5.12.4	Die Software bestimmt die Präsentation	332
	5.12.5	Viel hilft viel?	333
	5.12.6	Checkliste für die eigene Präsentation	334
	5.12.7	Präsentation planen	335
	5.12.8	Wie sollte eine Präsentation aussehen?	336
	5.12.9	Design-Prinzipien in der Präsentation	339
	5.12.10	Tipps für die Präsentation	340

TEIL III Erfolgreiche Selbstständigkeit – Kalkulation und Management

6 Projektplanung und Projektmanagement ... 343

6.1		Fehlende Fragen der Checkliste	344
6.2		Umfang, Inhalte und Funktionalität der Website	345
6.3		Website-Navigation	347
	6.3.1	Was ist eine Navigation?	347
	6.3.2	Die Einbindung des Kunden	349
	6.3.3	Grundlegende Aspekte der Umsetzung	351
	6.3.4	Statische und dynamische Konzepte	367
6.4		Content-Management-Systeme im Vergleich	368
6.5		TYPO3	369
	6.5.1	Marktpositionierung	371
	6.5.2	Leistungen des CMS	372
	6.5.3	Weitere Infos	373
6.6		Drupal	374
	6.6.1	Marktposition	375
	6.6.2	Leistungen des CMS	376
	6.6.3	Weitere Infos	381
6.7		CMS Made Simple	382
	6.7.1	Marktpositionierung	383
	6.7.2	Leistungen des CMS	385
	6.7.3	Fazit	387
	6.7.4	Weitere Infos	388
6.8		Redaxo	389

		6.8.1	Marktpositionierung	389
		6.8.2	Leistungen des CMS	390
		6.8.3	Weitere Infos	392
	6.9	Textpattern		392
		6.9.1	Marktpositionierung	394
		6.9.2	Leistungen des CMS	395
		6.9.3	Grenzen des Systems	398
		6.9.4	Weitere Infos	398
	6.10	ExpressionEngine		399
		6.10.1	Zielgruppe(n)	400
		6.10.2	Leistungen, Stärken und Grenzen des CMS	401
		6.10.3	Weitere Infos	405
	6.11	Wordpress		406
		6.11.1	Zum System	407
		6.11.2	Marktpositionierung	408
		6.11.3	Leistungen von WordPress	410
		6.11.4	Weiterführende Informationen	411
	6.12	JYAML-Template für Joomla!		412
		6.12.1	Beschreibung	413
		6.12.2	Neues in Joomla! 1.5	413
		6.12.3	JYAML, ein Template-Framework	414
		6.12.4	Weitere Infos	418
7	**Grundlagen erfolgreicher Selbstständigkeit**			**419**
	7.1	Businesspläne, Banken, Beratungsbedarf		420
		7.1.1	Das unentdeckte Land und viele Fremdenführer	420
		7.1.2	Sozialversicherung und Unfallschutz: KSK und VBG	421
		7.1.3	Gründungsphase: Verträge	423
		7.1.4	Anwälte und Steuerberater	424
		7.1.5	Notwendigkeit von Investitionen	425
		7.1.6	Unheilige Allianz: Investitionen und Dispokredit	427
		7.1.7	Die Bank als Partner	428
		7.1.8	Kreditverhandlungen und Businesspläne	429
		7.1.9	Der Businessplan	430
		7.1.10	Der 3-Jahresplan (Liquiditäts- und Finanzplanung)	433
		7.1.11	Generierte Umsätze	436
		7.1.12	Steuerschulden und Bankkonten	438
	7.2	Kalkulation, Preisgestaltung und Angebotserstellung		440
		7.2.1	Grundlagen der Projektkalkulation	440
		7.2.2	Der Mythos vom idealen Stundensatz	443

7.3 Ablaufplanung und Kalkulation des Aufwands 446
    7.3.1 Die Angebotserstellung 448
    7.3.2 AGBs, Verträge und rechtliche Hinweise 453
    7.3.3 Die Auftragsbestätigung 454
    7.3.4 Rechnungen, Formvorschriften und Mahnwesen 455

TEIL IV Erfolgreiche Projekte – Planung, Management und Systeme

8 Webstandards 463

8.1 Wozu Standards? 463
8.2 Browserkriege, Browserstandards, Tabellenlayouts und 1-Pixel-GIFs 464
8.3 Das Dilemma der WYSIWYG-Editoren 467
8.4 Webstandards: Standards im Web und in der Webentwicklung 469
    8.4.1 Design 470
    8.4.2 Verhalten 470
    8.4.3 Zugänglichkeit 470
8.5 Die Website im Einsatz 470
8.6 Browser, Hardware, Suchmaschinen und Nutzer 471
    8.6.1 Die Browser 471
    8.6.2 Für welche Geräte optimiert man? 474
8.7 Die Vorteile von Webstandards 476
    8.7.1 Flexibilität 477
    8.7.2 Transparenz 479
    8.7.3 Die Bedeutung der Inhalte 479
    8.7.4 Freie Entscheidung 480
    8.7.5 Zukunftssicherheit 481
    8.7.6 Suchmaschinenfreundlichkeit 482
8.8 Arbeiten nach Webstandards 482
    8.8.1 Die Einstellung zum Web 482
    8.8.2 Der Blickwinkel eines Autors 484
    8.8.3 Ein kurzer Einblick in die Praxis der Webstandards 484
    8.8.4 Buchempfehlungen zum Thema 488
    8.8.5 Webkrauts 491

9 Usability und Accessibility 493

9.1 Usability: benutzerfreundliche Websites 493
9.2 Accessibility: Zugang für alle 497

	9.2.1	Barrierefreies Webdesign: Begriffe, Definitionen und Interpretationen	497
	9.2.2	Grundlagen des barrierefreien Webdesigns	501
	9.2.3	Visuelle Konzeptionierung	515
	9.2.4	Technische Konzeptionierung und Umsetzung	529
	9.2.5	Texten für das Web	536
	9.2.6	Suchmaschinen, Platz 1 und der Mythos vom schnellen Erfolg	539

Anhang

A Literaturverzeichnis 543

B Links 547

Index 551

Geleitwort der Fachgutachter

Prof. Dr. phil. habil. Wolfgang Frindte,
Professor für Kommunikationspsychologie an der
Friedrich-Schiller-Universität Jena

»Communicamus ergo sum«. Die Verballhornung des bekannten Satzes von René Descartes gilt offenbar auch für den erfolgreichen Webdesigner und die erfolgreiche Webdesignerin. Keine Frage: Beide wollen vor allem Webseiten entwerfen. Da sie dies aber nicht nur für den Eigengebrauch tun, sondern ihre Arbeit – in der Regel – als Dienst am Kunden verrichten, kommen sie, der Webdesigner und die Webdesignerin, am Gespräch mit dem Kunden, der selbstverständlich auch eine Kundin sein kann, nicht vorbei. Webdesign ist Dienstleitung, Dienstleistung ist Kommunikation und die Dienstleitung kann nur dann erfolgreich sein, wenn die Kommunikation mit dem Kunden oder der Kundin gelingt. Gelingen oder misslingen kann die Kommunikation mit dem Kunden im ersten Kundengespräch, in dem der Auftrag entgegengenommen wird, ebenso wie in allen weiteren notwendigen Abstimmungen mit dem Kunden bis hin zum Abschluss des Auftrages.

Das klingt ziemlich banal und selbstverständlich. Auch andere Dienstleistungen, etwa die, die der inzwischen ziemlich nervöse Bankangestellte seinem nicht minder verunsicherten Bankkunden angedeihen lassen möchte, kommen ohne gelingende Kommunikation nicht aus.

Nils Pooker zeigt in diesem Buch anschaulich und eindringlich, dass die Kommunikation zwischen dem Webdesigner und seinem Kunden zwar selbstverständlich ist, aber eben nur gelingen kann, wenn der Webdesigner über ein Mindestmaß an kommunikativer Kompetenz verfügt. Derartige Kompetenzen sind eben nicht selbstverständlich. Dass viele Webdesigner (hier verzichte ich bewusst darauf, auch die Webdesignerinnen zu erwähnen) über derartige Kompetenzen nicht verfügen, illustriert Nils Pooker eindringlich an zahlreichen Beispielen.

Vor allem aber ist das Buch ein hervorragendes Kompendium für alle jene, die die notwendigen kommunikativen Kompetenzen im Umgang mit den

Kunden erlernen wollen und erfolgreich umsetzen möchten. Auch jene Webdesigner (und hier spreche ich nun auch wieder die Designerinnen an), die sich ihrer Professionalität sicher sind, werden mit Genuss und Gewinn das Buch lesen.

Aber auch Kundinnen und Kunden, die sich Webseiten von professionellen Machern und Macherinnen wünschen, sollten sich den Genuss der Buchlektüre nicht entgehen lassen. Sie lernen nicht nur viel über eine besonders spannende und herausfordernde Dienstleistung, sondern sicher auch einiges über sich selbst und den kommunikativen Umgang mit anderen Menschen.

In diesem Sinne wünsche ich dem Buch herausragende Erfolge und viele kommunikative Anschlüsse bei Laien und Experten.

Wolfgang Frindte

**Jens Grochtdreis,
Senior Frontend Entwickler bei SinnerSchrader
und Webkrauts-Initiator**

Das Internet ist ein sehr neues Medium, das sich in seinen Anfangstagen rasend schnell entwickelt hat. Die Geburtshelfer dieses Mediums waren naturgemäß alle Quereinsteiger. Sie entwickelten in recht kurzer Zeit nicht nur ein Medium, sondern auch eine eigene Kultur und eine eigene Arbeitsweise. Währenddessen fehlte meist die Zeit zur ruhigen Selbstreflektion. Viele Webworker arbeiten nicht als Angestellte, sondern als Selbstständige und haben deshalb ein sehr breites Betätigungsfeld. Aber auch diesen Menschen fehlt oft eine ebenso umfassende Ausbildung.

Umso besser ist es, wenn Webworker andere Kollegen an ihrem Erfahrungsschatz teilhaben lassen. Nicht nur die pure Wissensvermittlung über Webtechniken ist da gefragt. Projekte und Kunden wollen gemanagt werden; das geht nicht von selbst. Nils Pooker hat mit diesem Buch den Versuch gemacht, sein Wissen über Kundenbeziehung und Projektmanagement möglichst kompakt und verständlich weiterzugeben. Es ist ihm mit Bravour gelungen.

Niemals zuvor hatte ich so viel Spaß bei der Begutachtung eines Buchmanuskriptes. Nils versteht es meisterhaft, sein Wissen unterhaltsam und kompakt zusammenzufassen. Sie werden bei der Lektüre immer wieder über ironische, manchmal sarkastische Bemerkungen stolpern. Das ist ungewöhnlich für ein IT-Fachbuch. Leider. Denn so macht es richtig Spaß, den manchmal trockenen Stoff zu lesen. Aber ich finde diese Schreibweise erfrischend. Und da wir es in unserem Beruf immer mit Menschen zu tun haben, ist es klar, dass wir auch mit ihren Fehlern und Macken konfrontiert werden. Eine Prise Humor hilft dabei, die schlimmsten Projektphasen zu überstehen.

Jens Grochtdreis

Vorwort

Das schöne an einem Vorwort ist die Tatsache, dass man es wie ein Nachwort in der Regel ganz am Ende der selbst auferlegten Quälerei des Schreibens verfassen kann. Der Begriff Quälerei ist natürlich nicht ganz zutreffend – manchmal war es auch schlimmer. Zum Glück wusste ich vorher nicht, auf was ich mich da als frisch gebackener Fachbuchautor eingelassen hatte und was alles an Arbeit und Recherche auf mich zukommen sollte. Insofern ist dieses Buch als Ergebnis eines Prozesses vergleichbar mit dem Prozess, modernes Webdesign mit all seiner Komplexität zur Theorie und Praxis zu erlernen und erfolgreich anzuwenden.

Und damit sind wir beim eigentlichen Thema des Buches. Sie können fachlich alles wissen, was modernes Webdesign ausmacht und bleiben doch als Webdesigner ohne beruflichen, wirtschaftlichen und persönlichen Erfolg. Ich kenne mehrere sehr gute selbstständige Webdesigner, die trotz der hervorragenden Qualität Ihrer Arbeit leider nicht erfolgreich sind und zu wenig gute Aufträge erhalten. Umgekehrt sehen Sie mit Ihrem Standard-Browser jeden Tag, dass es schon genug unfähige Webdesigner gibt, die mit ihrer bestenfalls mittelmäßigen Arbeit auch noch Geld verdienen.

Webdesign ist immer Dienstleistung. Neben Ihrer bloßen fachlichen Leistung geht es also auch um Ihre Fähigkeit, diese Leistung für einen Kunden »dienend« zu erbringen – eine Fähigkeit, die viele inkompetente Webdesigner beherrschen, an die viele kompetente Profis aber überhaupt nicht denken. Die Grundlage dieser Fähigkeit ist für jeden zugänglich und damit auch von jedem zu erlernen. Es ist keine Geheimwissenschaft und Sie müssen dafür nicht in einen Verein eintreten. Im Grunde genommen müssen Sie noch nicht einmal etwas über gutes Webdesign verstehen. Als mich der Verlag Galileo Press im Frühsommer 2007 fragte, ob ich ein Fachbuch schreiben wollte, war schnell klar, dass ich vor allem über diese »soft skills« für Webdesigner schreiben wollte, von denen man nur selten etwas liest, jedenfalls in Bezug auf die Tätigkeit des Webdesigners.

Mit diesem Buch möchte ich Ihnen meine Auffassung von erfolgreichem Webdesign weitergeben. Das eigentliche Ziel ist es, Ihnen als selbstständigem und professionellem Webdesigner die Faktoren für eine erfolgreiche Tätigkeit in einem der spannendsten Berufe der heutigen Zeit zu vermitteln. Am Ende der Lektüre haben Sie möglichst alles erfahren, was Sie außerhalb der rein fachlich-technischen Kompetenz wissen und beherrschen müssen. Dazu gehören die theoretischen und praktischen Grundlagen erfolgreicher Kundenkommunikation und die Gewissheit, dass es für einen Profi keine Ausreden mehr für das Ausbleiben eines gewünschten Erfolges geben darf.

Die Basis bildet ein Zusammenspiel aus eigener Erfahrung und 15 Jahren Selbstständigkeit. Bevor es das Web gab, war ich erfolgreich im Kunstbereich tätig – ebenfalls eine Branche, die nicht zwingend vom wirtschaftlichen Erfolg verwöhnt ist. Als Webdesigner können Sie Ihr Auskommen überall erzielen und überall leben, ohne dass Sie Kredite für notwendige Investitionen aufnehmen müssen.

Danksagung

Als Erstes danke ich meiner geliebten Frau, dafür, dass sie alle Strapazen, die das Buch in unserem Privatleben verursacht hat, mit großer Geduld ertragen hat. Jeder schreibt so etwas, aber keiner schreibt, dass der Lebenspartnerin oder dem Lebenspartner auch nichts anderes übrig bleibt, jedenfalls, sofern sie sich nicht vom Fachbuchautor trennen wollen. Der Dank kann also nicht hoch genug ausfallen. Bis jetzt kostete er mich lediglich einen iPod nano. Es werden mit Sicherheit noch einige paar Schuhe und diverse – natürlich passende – Taschen folgen.

Ein weiterer Dank gilt meinem Lektor Jan Watermann von Galileo Press. Er meldete sich just zu einem Zeitpunkt, als sich ein ganz anderes und fest geplantes Buchprojekt auf Grund verlagsinterner Gründe immer wieder verzögerte. Perfektes Timing. Was einen perfekten Lektor ausmacht, weiß ich nicht, aber ich könnte mir vorstellen, Jan Watermann kommt dem schon sehr nahe.

Ein besonderer Dank gilt meinen Fachgutachtern, Prof. Dr. Wolfgang Frindte und Jens Grochtdreis. Wolfgang Frindte hat sich zu meiner großen Freude bereit erklärt, als Fachgutachter den kompletten Teil zur Kommunikation zu betreuen. Jens Grochtdreis danke ich für seine wertvollen Hinweisen zu Planung, Konzeption und Umsetzung von Websites.

Nils Pooker

Aufbau des Buches

Das Buch gliedert sich in vier Teile.

Im *ersten Teil* geht es um die Kommunikation mit dem Kunden; darum, Kunden zu gewinnen, von vornherein Missverständnisse zu vermeiden und die richtigen Strategien zu wählen (Kapitel 1, *Kunden, Kompetenzen und Kommunikation*). Wie Sie auch während der Anbahnungsphase und während des Projektverlaufs die richigen Worte und Methoden wählen, wird in Kapitel 2, *Der erfolgreiche Umgang mit Kunden*, und Kapitel 3, *Betreuung und Begleitung des Kunden*, erläutert. Für die erfolgreiche Planung des Projekts werden in Kapitel 4 zahlreiche Checklisten zur Verfügung gestellt, die Sie Ihren Kunden vorlegen können, um schon früh den Weg möglichst klar abstecken und zielorientierter arbeiten zu können.

Der *zweite Teil* widmet sich dem Thema Marketing. In Kapitel 5, *Marketing für Webdesigner*, erfahren Sie, welche Möglichkeiten sie nutzen können, um sich selbst zu präsentieren und für einen optimalen Auftritt zu sorgen.

Im *dritten Teil* geht es um zwei wirkliche essentielle Themen für den Erfolg des Webdesigners: Management und Selbstständigkeit. Wie man professionelle Projektplanung und organisiertes Projektmanagement angeht, beschreibt Kapitel 6, *Projektplanung und Projektmanagement*. Hier werden nicht nur zahlreiche Tools vorgestellt, sondern es wird auch eine Übersicht über die wichtigsten CM- und Blog-Systeme gegeben. Unvermeidlich ist es für den Selbstständigen auch, sich in rechtlichen und kalkulatorischen Fragen auszukennen. Hilfe hierbei gibt es in Kapitel 7, *Grundlagen erfolgreicher Selbstständigkeit*.

Mit den erfolgreichen Techniken beschäftigt sich der *vierte Teil*. Kapitel 8, *Webstandards*, zeigt nicht nur, warum Webstandards sinnvoll sind und welche Vorteile sie bieten, sondern widmet sich auch der Vermittlung dieser Standards gegenüber dem Kunden. Kapitel 9, *Usability und Accessibility*, gibt einen Überblick über die beiden Kernkompetenzen jedes Webdesigners.

Vorwort

Formate

Im Buch werden zur besseren Orientierung einige Kasten-Formate genutzt, die im Folgenden kurz erläutert werden sollen.

> **Ratschläge und Hinweise**
>
> Mit einer schwarzen Umrandung sind Ratschläge und Hinweise gekennzeichnet. So finden Sie die wichtigen Inhalte des entsprechenden Textabschnitts schneller, die Sie sich merken und beherzigen sollten.

[!]
> **Achtung: Besonders wichtige Hinweise!**
>
> Zusätzlich zur Umrandung mit einem Ausrufezeichen sind besonders wichtige Ratschläge und Hinweise gekennzeichnet. Was in diesen Kästen steht, sollten Sie unbedingt lesen und beachten!

[✓]
> **Checklisten**
>
> ▶ Checklisten sind schwarz umrandet und mit einem Häkchen gekennzeichnet.
> ▶ Das Buch enthält eine ganze Reihe von Checklisten, die für Sie selbst oder auch zur Vorlage beim Kunden gedacht sind.
> ▶ Sie sind eine angenehme Hilfe für die Kommunikation mit Ihren Kunden und strukturieren die zentralen Fragen.
> ▶ Diese Checklisten sind ebenfalls auf der Begleit-DVD zum Buch enthalten.

> **Weiterführende Informationen**
>
> Mit einer schwarz hinterlegten Überschrift sind Inhalte gekennzeichnet, die weiterführende Informationen enthalten. Diese Informationen bieten meist zusätzliche Erklärungen, Hinweise oder Geschichten, die nicht im direkten Zusammenhang mit dem umliegenden Text stehen müssen.

TEIL I
Erfolgreiche Kommunikation – Kunden überzeugen und gewinnen

Als Webdesigner wollen Sie eigentlich nur Ihre Arbeit richtig gut machen: Sie möchten die Kunden-Website vom ersten Gespräch bis zur Veröffentlichung sorgfältig planen und erfolgreich umsetzen. Die Komplexität moderner Webseiten ist Ihnen bewusst, und die Professionalität Ihres Vorgehens ist die Grundlage Ihres Erfolges.

1 Kunden, Kompetenzen und Kommunikation

Wahrscheinlich ist Ihnen schon bei der Durchsicht der Inhaltsangabe aufgefallen, dass allein 300 Seiten dieses Buches die erfolgreiche Kommunikation mit Kunden behandeln. Vielleicht haben Sie sich sogar gewundert, dass dieser Teil zu Beginn und nicht erst am Ende des Buches zu finden ist. Im Allgemeinen geht man ja eher davon aus, dass vor allem technisches Know-how und weitreichende Kompetenzen den Erfolg eines Webdesigners ausmachen.

> **Regel 1: Webdesign ist Dienstleistung**
>
> Als Webdesigner sind Sie in erster Linie nicht ein im dunklen Kämmerlein codierender Produzent von Webseiten. Webdesign ist eine Dienstleistung, die Sie einem Kunden anbieten und für diesen Kunden umsetzen.

Der Begriff Dienstleistung setzt sich aus »dienen« und »leisten« zusammen. Insbesondere das »Dienen« bereitet vielen Webdesignern stets und ständig Kopfzerbrechen. Da Sie vermutlich weder ein Millionenvermögen geerbt noch sehr reich geheiratet oder den Lotto-Jackpot geknackt haben, müssen Sie als Webdesigner wohl oder übel mit Leistung Ihr Geld verdienen.

Natürlich definiert sich der Erfolg als Webdesigner auch über das vorhandene Know-how und die Kompetenzen. Als Dienstleister müssen Sie Ihren Kunden aber zunächst von Ihrem Know-how und Ihren Kompetenzen überzeugen.

1 | Kunden, Kompetenzen und Kommunikation

> **Regel 2: Dienstleistung ist Kommunikation**
> Vom Zeitpunkt Ihres ersten Kundenkontaktes bis zur Absprache bezüglich letzter Änderungen nach dem Launch der Webseite stehen Sie in einem ständigen Kontakt mit Ihrem Kunden. Sie müssen also ständig kommunizieren.

Erfolgreiches Webdesign umfasst neben der Qualität Ihrer Leistungen damit auch die Qualität Ihrer Kommunikation.

Auf der Beliebtheitsskala von Webdesignern steht die Kundenkommunikation jedoch auf der gleichen Stufe wie ein Zahnarztbesuch oder das Müllraustragen: Es gehört dazu, man würde aber gern darauf verzichten. Es hilft aber alles nichts: Sie sind auf die Aufträge von Kunden angewiesen, und damit auch auf Ihre *Kommunikationskompetenz*.

> **Regel 3: Der Webdesigner ohne Kommunikationskompetenz bleibt erfolglos**
> Der Kunde kann Ihre Fähigkeiten nicht in einer Glaskugel erkennen. Es ist Ihre Aufgabe, dem Kunden durch die richtige Kommunikation zu zeigen, dass Sie der kompetente Webdesigner sind.

Neben Ihrer Kompetenz im Webdesign ist Ihre Kommunikationskompetenz also die wichtigste Grundvoraussetzung für Ihren beruflichen und wirtschaftlichen Erfolg als Dienstleister. Auf diese Kompetenz können Sie nicht verzichten.

Es wird noch schwieriger: Sie müssen ja nicht nur Ihren Kunden »dienen«, Sie erstellen Webseiten vor allem für die Endnutzer. Die Gesamtaufgabe, der Sie sich im erfolgreichen Webdesign stellen müssen, gestaltet sich dadurch nicht gerade einfach, denn auch die Grundlagen Ihrer Kompetenzen unterliegen einem ständigen Wandel.

1.1 Als Webdesigner im Spannungsfeld zwischen Kunde und Kompetenz

Modernes Webdesign ist ein hochkomplexes Thema, das viele Kompetenzen unterschiedlichster Bereiche umfasst. Dazu gehören Webstandards, verschiedene Sprachen, mobiles Web, Usability, Zugänglichkeit, Design und Typografie.

Die Entwicklungen werden immer rasanter: Im Webdesign wird nicht nur einmal im Jahr eine sprichwörtliche neue Sau durchs Dorf getrieben; es ist eher so, dass jeden Monat gleich mehrere an den Start gehen.

Wahrscheinlich studieren Sie schon die wichtigen Blogs, lesen Fachbücher und lassen sich durch Video-Trainings inspirieren. Vielleicht besuchen Sie gelegentlich Veranstaltungen zu Themen des Webdesigns und tauschen sich mit Gleichgesinnten aus.

Kurz: Genauso komplex wie modernes Webdesign ist auch Ihr tägliches Leben und Arbeiten als Webdesigner. Sind Sie damit noch nicht erfolgreich, liegt es jedenfalls nicht an Ihren Bemühungen, beruflich am Ball zu bleiben.

1.1.1 Webdesign: Arbeit unter Hochdruck

Die Komplexität Ihrer Tätigkeit beinhaltet immer die latente Gefahr einer permanenten Stresssituation. Das gilt besonders, wenn Sie als Einzelkämpfer und Freelancer tätig sind. Doch auch als Entwickler oder Projektleiter in einer Web-Agentur sind Sie ständig gefordert, Ihr Wissen auf dem neuesten Stand zu halten. Es vergeht kaum eine Woche, in der nicht im globalen Dorf von Bloggern, Entwicklerschmieden oder Softwarefirmen irgendein neues Tool, ein wichtiger Workaround oder eine interessante Hintergrundinfo auftaucht. Konkrete Fragestellungen, Artikel und praktische Hilfen werden dann im Web so schnell weitergereicht, dass sich innerhalb weniger Tage Ihres Urlaubs, einer Vortragsreise oder Abwesenheit durch Krankheit Ihr Newsfeed-Reader bis zum Bersten gefüllt hat.

Anforderungen an das Webdesign
- Immer kürzere Innovationszyklen von Tools und Techniken
- Neue Entwicklungen experimenteller Art (Web 2.0-Betas)
- Zunahme der Informationsquellen im Web (Blogs, RSS-Feeds)
- Steigende Notwendigkeit der eigenen Fort- und Weiterbildung

Überforderung – langfristig und in Einzelfällen bis zum Burn-Out – erscheint da nur als logische Folge dieses Dauerstresses, der sich außerdem neben der eigentlich kreativen oder konzentrationsintensiven Arbeit des Kodierens und Gestaltens bedrohlich manifestieren kann. Die ständigen Selbstzweifel, nicht genug zu wissen oder nicht genug zu können, erhöhen den Druck, und das täglich.

1 | Kunden, Kompetenzen und Kommunikation

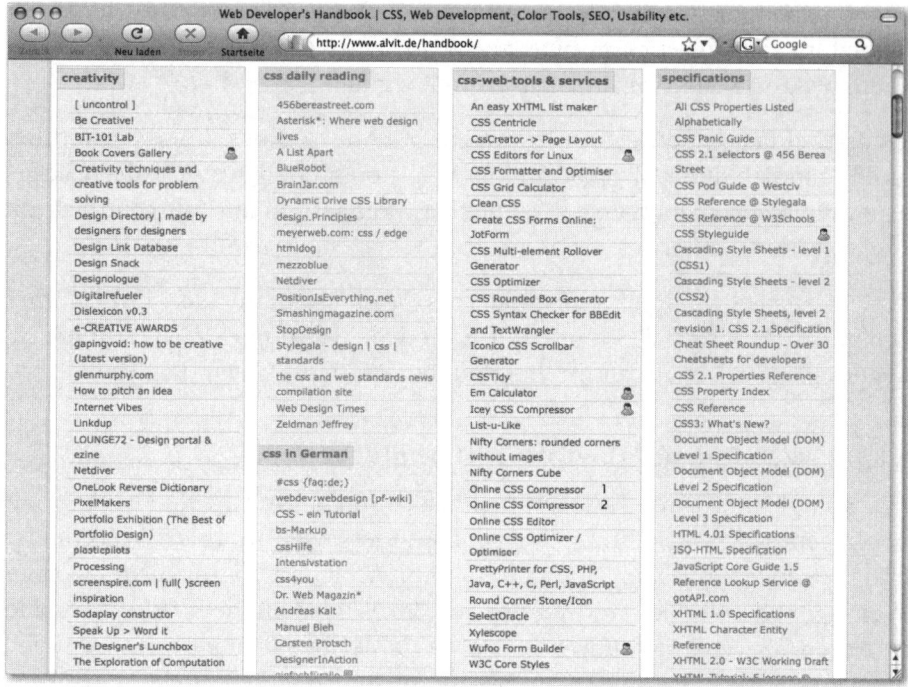

Abbildung 1.1 Web Developer's Handbook 2, *www.alvit.de/handbook*, – ein Spiegel der Komplexität des Webdesigns

Ein professioneller Webdesigner gleicht damit heute der modernen Form von Goethes Faust, der sich angesichts seines angehäuften Wissens doch ständig am Anfang seiner Fragen wähnt und ständig der Versuchung unterliegt, schnelle und bequeme Wege zu gehen.

1.1.2 Webdesign und Motivation des Kunden

Ihr Kunde wiederum versteht nichts von der Komplexität eines Website-Projektes. Die notwendigen Kompetenzen eines Webdesigners sind ihm ebenso unbekannt wie der notwendige Aufwand, um im schnelllebigsten Medium unserer Zeit auf dem Laufenden zu bleiben. Das alles interessiert einen Kunden nicht. Eine Website ist für ihn so ähnlich wie eine mehrseitige Visitenkarte seiner Firma im Internet. Der Kunde will nur eine neue oder modifizierte Website haben, vielleicht nur eine »schicke Hompäitsch«, mehr erwartet er nicht. Den Begriff Web 2.0 hat er zwar schon mal irgendwo gelesen, für ihn ist er aber nur ein weiteres Modewort, mit dem er nichts anfangen kann. Von Webstandards, Semantik oder gar barrierefreien Webseiten hat er noch nie etwas gehört. Er will auch nichts darüber wissen, denn auch das interessiert ihn nicht. Immerhin: Ajax kennt er. Steht hinten im Abstellraum bei den Reinigungsmitteln.

Nicht umsonst hegen viele Webdesigner die feste Überzeugung, ein Kunde habe keinen »Sinn« für die Komplexität von Webdesign und die Qualität einer Website. In kaum einem Wirtschaftszweig liegen die Kompetenzen derart weit auseinander wie im modernen Webdesign. Damit ist nicht nur die große Spanne zwischen »dilettantisch« und »professionell« innerhalb der Webdesigner gemeint, sondern auch die immer größer werdende Kluft, die sich zwischen den Nutzer- und Kundenkompetenzen einerseits und den Anforderungen an ein modernes Webdesign anderseits feststellen lässt. Das ist durchaus nachvollziehbar und liegt nicht – wie viele Webdesigner meinen – an dem fehlenden Willen der Kunden, sich mit der Komplexität des Themas auseinanderzusetzen. Es ist eher so, dass man als Webdesigner schnell vergisst, dass das Web noch keine 15 Jahre alt ist. Und als Massenmedium für nahezu alle Bevölkerungsschichten sind es gerade einmal 10 Jahre.

1.1.3 Missverständnisse, Wissenslücken und Fehleinschätzungen

Normalerweise kann man davon ausgehen, dass das Wissen bei Anwendern einer Technologie analog zur Marktdurchdringung und dem Alter dieser Technologie steigt. Die erwähnten 10 Jahre praktischer Erfahrung und Nutzung eines technologischen Massenmediums sollten eigentlich ausreichen, um die größten Wissenslücken zu schließen und Missverständnisse auszuräumen. Der Rückblick auf die Verbreitung der Fernsehtechnik bestätigt diese Einschätzung, aber für das Web trifft sie scheinbar nicht zu. Das hat jedoch seine Gründe: Der Nutzer des Fernsehgerätes benötigte in den 50er-Jahren keine zusätzlichen Medienkompetenzen. Die auditive Kompetenz war durch das Radio vorhanden, die audiovisuelle durch das Kino. Kino bedeutete zudem mehr, als nur einen Film mit Dolby-Surround zu betrachten und das Multiplex-Erlebnis zu genießen. Mit der Wochenschau bekam der Kinobesucher gleichzeitig die audiovisuelle Verbreitung von Nachrichten präsentiert. Der Weg von der Wochenschau zur Tagesschau war für den Fernsehzuschauer (man beachte die Fokussierung auf visuelle Aspekte des Mediums) nicht mit geistigen oder wahrnehmungsspezifischen Höchstleistungen verbunden.

Die Nutzung des World Wide Web setzt dagegen zwingend eine grundlegende Medienkompetenz der Computernutzer voraus. Selbst wer mit mobilen Geräten im Web surfen möchte, kommt ohne rudimentäre Kenntnisse der Syntax und Semantik moderner PC-Welten nicht zurecht. Das Internet als Netzwerk existierte ja schon seit den 1960er-Jahren, doch erst die Verbreitung von Personalcomputern mit grafischer Benutzeroberfläche machte den Siegeszug des Webs möglich. Aus diesem Grund kann man auch sicher davon ausgehen, dass es selbst in 10 Jahren eine nicht unerhebliche Zahl an Nonlinern geben wird – Menschen nämlich, die nicht über die notwendige Medienkompetenz zur Nutzung der PC-Technologie verfügen.

Beispielhaft soll hier der kurze E-Mail-Verkehr mit einem Kunden im September 2007 zitiert werden:

Die verlorene Adresse

Kunde: »Können Sie mir bitte helfen, ich kann meine Website nicht mehr aufrufen!«

Antwort: »Funktioniert alles einwandfrei.«

Rückmeldung Kunde: »Hat sich schon erledigt. Wenn ich meine E-Mail-Adresse eingebe, kann ja die Website auch nicht kommen.«

Der Kunde besitzt einen E-Mail-Account bei T-Online. Die Anzeige der T-Online-Startseite – anstatt der eigenen Website – führte zur Verwirrung des Kunden. Der Anwenderfehler war eine Verwechslung durch falsche Zuordnung von Eingabebefehl (E-Mail-Adresse) und Ausgabefunktion (Browserverhalten). Der Schlüssel passte, nur nicht in das gewählte Schloss. Diese kurzfristige Verwirrung kennt auch jeder Profi. Beliebtes Beispiel ist die Ausführung eines ungewollten Befehls auf Programm- oder Betriebssystemebene als Folge einer falschen Tastenkombination.

Als Beispiel für weitverbreitete Missverständnisse und Wissenslücken noch ein Kundentelefonat, geführt im Oktober 2007, unmittelbar nach Online-Stellung der Kunden-Website:

Die verlorene Webseite

Kunde: »Ich habe die Adresse eingegeben, aber meine Webseite erscheint nicht.«
N.P.: »Haben Sie die vollständige Adresse eingegeben? Also *www.kunde.de*?«
Kunde: »Ja, genau, *www.kunde.de*. Ich bin auch online.«
N.P.: »Wo genau haben Sie die Adresse eingegeben?«
Kunde: »Habe ich wie immer in das Adressfeld eingegeben. Also in den kleinen Kasten, der bei T-Online erscheint.«

Hier führte also kein Eingabefehler zur Verwirrung, sondern ein Missverständnis. Die Browser-Voreinstellung der Startseite führte beim Kunden einerseits zur Annahme, dass der Dienstanbieter T-Online mit dem Internet gleichzusetzen ist. Diese Fehlinterpretation ist sehr weit verbreitet, muss aber nicht unbedingt zu Problemen führen. Das Suchfeld mit dem Adressfeld für die URL zu verwechseln wird erst dann zu einem Problem, wenn die Ergebnissuche bei einer noch »jungfräulichen« Website ohne Ergebnis bleibt. Frisch veröffentlichte Webseiten erscheinen nach wenigen Wochen in den Suchmaschinen, aber nicht innerhalb von Minuten. Da der Fall einer Webseitensuche unmittelbar nach ihrer Veröffentlichung nur selten auftritt, war die Methode des Kunden immer erfolgreich gewesen, auch wenn er von falschen Prämissen ausgegangen war.

Die Beispiele haben – neben dem für den Leser unzweifelhaften Unterhaltungswert – ein wichtiges gemeinsames Merkmal. Beide Kunden waren verwirrt, weil nicht das eingetreten ist, womit sie gerechnet haben. Wenn sie schon vorher mit etwas »gerechnet« haben, heißt das, sie haben für sich logisch erscheinende Kausalitäten konstruiert, die bisher immer erfolgreich funktioniert haben. In Ausnahmefällen – wie in den obigen Beispielen – funktionieren diese Kausalitäten nicht und machen das Missverständnis offensichtlich. Ob ein Anwenderfehler, eine Fehlinterpretation oder eine Wissenslücke die Ursache ist, spielt für den Nutzer (oder Kunden) natürlich keine Rolle. Der Gedankengang lautete vorher: »Wenn ich dies tue, passiert immer jenes.« Der Gedankengang danach lautet: »Weil ich dieses getan habe, hätte jenes jetzt auch passieren müssen, es ist aber nicht passiert. Warum?« Die Abfolge »Erwartung – Verhalten – Fehler – Verwirrung« ist auch für die Kommunikation zwischen Webdesigner und Kunde von sehr großer Bedeutung; dazu später mehr.

Stufen der Offenbarung von falschen Prämissen
1. Erwartung
2. Verhalten
3. Fehler
4. Verwirrung

1.1.4 Status quo, Nutzerwahrnehmung und professionelles Webdesign

Wenn man die oben erwähnte Diskrepanz zwischen den Kundenkompetenzen und den Anforderungen an professionelles Webdesign mit dem durchschnittlichen Status quo der Qualität im Internet in Beziehung setzt, würde das als Grafik ungefähr so aussehen wie in Abbildung 1.1.

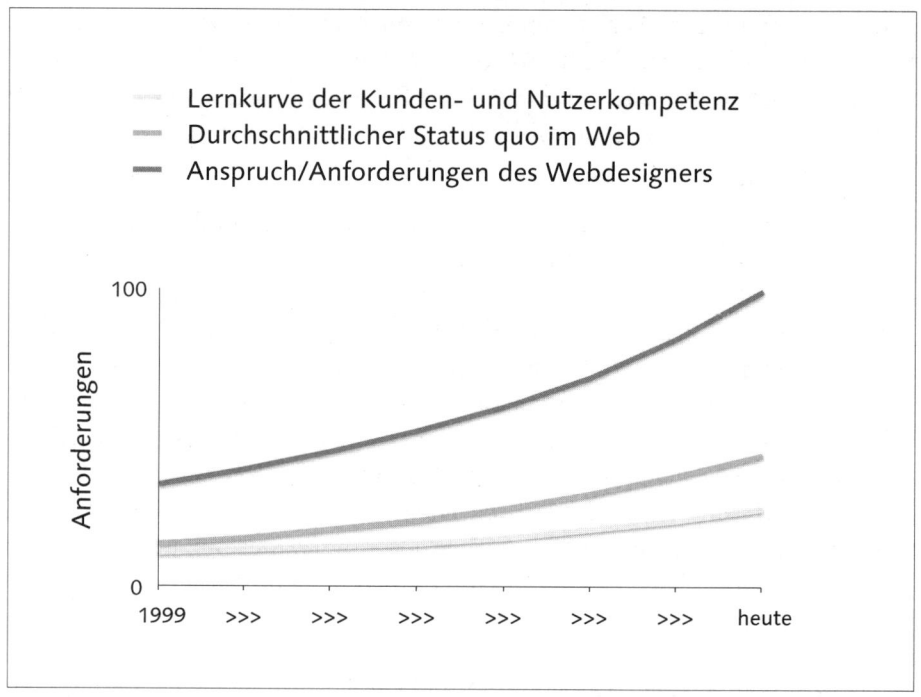

Abbildung 1.2 Darstellung der Diskrepanzen bei der Entwicklung von Kompetenzen und Anforderungen im Web

Selbst wenn man hier von der optimistischen Annahme ausgehen würde, dass heute 10 % aller Webseiten qualitativ als professionell zu bezeichnen sind, befindet sich der Status quo noch immer auf dem Niveau des untersten Mittelmaßes.

Die Kundenkompetenz liegt unterhalb dieses Niveaus, denn selbst die Summe der schlechtesten Webdesigner definiert zusammen mehr Kompetenzen zum Thema als die Summe der Kunden (Abbildung 1.3).

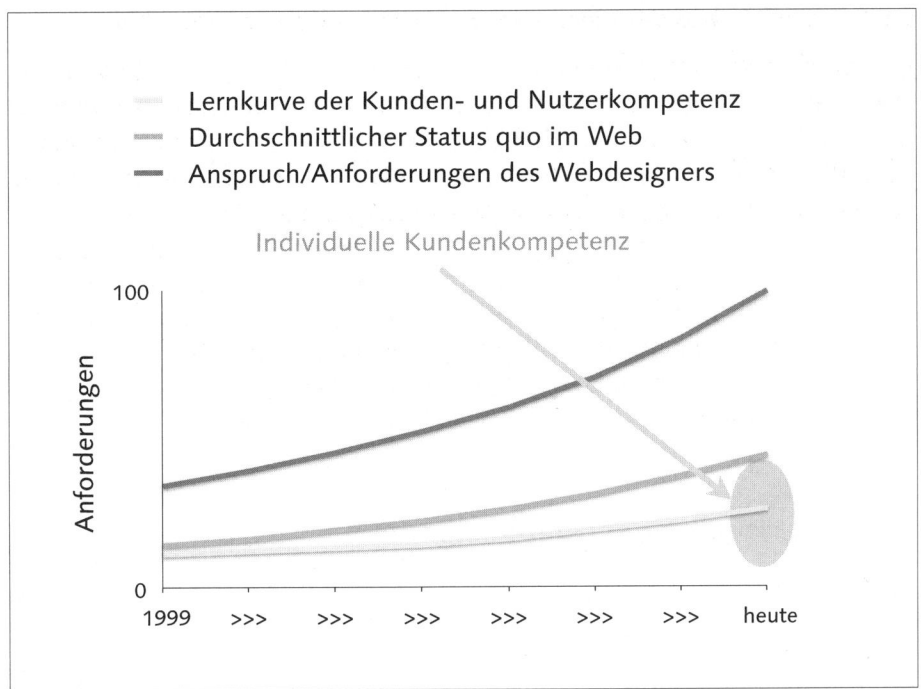

Abbildung 1.3 Die Kundenkompetenz liegt am unteren Ende der Anforderungen an eine Website.

Selbstverständlich gelten Diskrepanzen zwischen professionellen Anforderungen und Kundenkompetenzen auch für andere Branchen, doch im Webdesign kommen zusätzliche Aspekte der Wechselwirkung hinzu, die woanders nicht anzutreffen sind. Einerseits fehlt im Webdesign die beruflich verbindliche Qualifizierung des Berufsbildes, andererseits wird selbst ein Innenarchitekt nur selten mit so vielen Missverständnissen bezüglich seines Tätigkeitsfeldes konfrontiert wie ein Webdesigner.

Hier begegnen sich also nicht ein x-beliebiger Dienstleister und ein x-beliebiger Kunde. Die Situation zwischen einem Webdesigner und einem Kunden gleicht einer Science-Fiction-Begegnung zweier Wesen aus unterschiedlichen Welten. Und weil diese Welten so unterschiedlich sind, ist die Begegnung nicht nur ausgefüllt mit Missverständnissen und Kommunikationsproblemen, sie ist für den Webdesigner stets durch das Gefühl fehlenden Respekts geprägt.

1.1.5 Eine Frage der Intelligenz?

Für Webdesigner zeugen die erwähnten Fehleinschätzungen von einem fehlenden Willen ihrer Kunden, sich mit den Grundlagen des Mediums Internet auseinanderzusetzen. Sie sind deshalb über die E-Mails und Anrufe verärgert, die offensichtlich nur Zeit rauben und damit vollkommen überflüssige Störungen im Arbeitsalltag darstellen. Obwohl die tägliche Erfahrung etwas anderes lehrt, kommen die Webdesigner nur selten zu dem Schluss, dass die Grundlagen für die Kunden nur scheinbar offensichtlich, klar und eindeutig sind. Einfacher ist das Vorurteil, Kunden seien eben »dumm in solchen Sachen«. Mit der Realität hat das freilich nichts zu tun, eher sind es Resignation und Hilflosigkeit, die den Webdesigner zu einer derart drastischen Aussage verleiten.

1.2 Strategien des Webdesigners

Viele Webdesigner sind sich einig: Internetseiten entwickeln und gestalten ist ein toller Job. Was ständig und nachhaltig stört, sind nur die Kunden.

Kaum jemand spricht das so direkt aus, aber viele teilen – zumindest gelegentlich – diese Auffassung. Sicher, die elendigen Browser-Bugs des Software-Giganten aus Redmond sind nervend, Serverabstürze sind nervend, die ständigen Neuerungen für Tools und Konzepte sind nervend. Aber im Bewusstsein des Webdesigners sind das alles nur Peanuts im Vergleich zu den Problemen mit Kunden.

Microsoft ruft Sie nicht an, um noch ein knallrotes Laufband oder animierte Sternchen zu fordern. Photoshop öffnet kein Hinweisfenster mit der Bitte, die Hintergrundfarbe im Contentbereich doch etwas gelber und im Navigationsbereich etwas grüner zu gestalten. Weder Dreamweaver noch ein Content-Management-System verlangen von Ihnen, eine kleinere Schriftgröße in Hellgrau auf Weiß zu nehmen, weil das beim Wettbewerber so edel wirke.

So etwas kennt der Webdesigner aber von seinen Kunden. Seien Sie mal ehrlich: Wie oft haben Sie sich schon über irreale, benutzerunfreundliche oder schier wahnwitzige Vorstellungen und Wünsche Ihrer Kunden aufgeregt? Oder, anders gefragt: Wie viele Kunden können Sie nennen, bei denen vom Erstgespräch bis zum Launch der Website alles reibungslos klappte?

> **Schrecken des Webdesigners: Häufige Kundenwünsche**
> - Gestaltungsraster identisch zu den Printmedien
> - Navigationsoptik mit 3D-Effekten und Animation
> - Flash-Intro oder Vorschaltseite für den Start
> - Überschriften und Fließtexte in der Hausschrift
> - Große Hintergrundgrafiken und wenig Kontraste

Manche mögen jetzt einwenden, dass solche »Kommunikationsprobleme« in nahezu allen Branchen vorhanden und daher nichts Ungewöhnliches sind. Solche Bemerkungen haben Sie als Webdesigner bestimmt auch schon oft genug im Bekanntenkreis gehört. Das ist aber nur insofern richtig, als dass es auch in allen privaten Bereichen und damit auf allen Ebenen menschlicher Kontakte stets Probleme in der Kommunikation geben kann. Der entscheidende Unterschied zwischen Webdesign und irgendeiner anderen Branche ist das Ausmaß der Konfliktpotenziale und damit verbunden die Notwendigkeit einer ständigen Aufklärungsarbeit gegenüber den Kunden.

1.2.1 Der klassische Fehlstart vieler Projekte

Es scheint also ein schier unerschöpfliches Potenzial an Konfliktherden in der Kommunikation zwischen Kunde und Webdesigner zu geben. Bevor wir uns den Lösungen für diese Probleme widmen, lassen wir zunächst die Webdesigner selbst sprechen. Beliebte Strategien werden immer wieder angewendet, um Kunden von der Komplexität professionellen Webdesigns im Allgemeinen und von der eigenen Kompetenz im Besonderen zu überzeugen. In ihren ausgeprägten Formen bleiben diese Strategien jedoch erfolglos.

Von den Missverständnissen der Kunden war bereits die Rede. Diese Fehleinschätzungen und Wissenslücken lassen viele Webdesigner im Umgang mit den Kunden zu ausgefallenen Taktiken greifen, um jegliche Konflikte in der Kundenkommunikation zu vermeiden. Dabei hofft der Webdesigner vergeblich darauf, sich ausschließlich auf die inhaltliche und technische Umsetzung eines Website-Projektes konzentrieren zu können.

> **Typische Verhaltensmuster**
>
> Die Strategien werden in ihren Darstellungen hier polarisiert und überzogen wiedergegeben. Als Webdesigner werden Sie (hoffentlich) nicht in dieser Art und Weise agieren. Dennoch sind beide Extreme typisch für bestimmte Verhaltensmuster, die die meisten Webdesigner abhängig von Kunde, Projekt und Situation zu bestimmten Zeiten gezielt anwenden. Sie werden sich mit Ihrem eigenen Verhalten in manchen Einzelaspekten beider Strategien wiederfinden.

1.2.2 Die »Basta!«-Strategie

Immer wieder gern genommen: kalt abserviert nach Bundeskanzler-Art.

> **Das typische Zitat**
>
> »Meine Kunden bekommen das, was ich als professioneller Webdesigner für richtig halte. Basta!«

Dieser Webdesigner gleicht einem schlecht gelaunten Pitbull-Terrier. Der Kunde wird zunächst als potenzieller Gegner betrachtet, der den Webdesigner durch eigene Wünsche und Vorstellungen in eine defensive Position treiben könnte, auf die er mit Kompromissen oder ungewollten Zugeständnissen reagieren müsste.

Der Webdesigner würdigt eine eventuell vorhandene Kunden-Webseite nur dann und überhaupt eines näheren Blickes, wenn sie seinen Vorstellungen von Webdesign entspricht. Ansonsten verlässt er sich auf die Taktik des Frontalangriffs und einer aggressiv vorgetragenen Argumentationskette. Die Vorbereitung geht so weit, dass der Webdesigner mit seinen Vorstellungen über Aufbau, Struktur, Inhalt, Design und Funktionalität der Website ins Kundengespräch geht.

Mittel und Motivation der Strategie

Durch Dominanzverhalten und Einschüchterung versucht der Webdesigner, die eigenen Vorstellungen ohne Abstriche zu verteidigen, um den Verlauf und die Inhalte des Dialogs zu kontrollieren. Grundlage der Gesprächsführung ist die Positionierung der Kompetenz im Dialog mit dem Kunden.

Einige Vertreter dieser Strategie findet man übrigens bei Webdesignern, die bereits in den Anfängen des Webs als Dienstleister tätig waren, also in einer Zeit, als Kunden weder eine vorhandene Website vorweisen konnten noch wussten, was das Web überhaupt ist. Die Budgets waren üppig, der Wettbewerb überschaubar, und Webdesign war eine weitere Agenturleistung neben dem dominierenden Printbereich.

Kommunikation mit dem Kunden

Der Ton ist emotionslos. Kompetenzen werden trocken, deutlich und selbstbewusst kommuniziert. Der Webdesigner beginnt den Dialog mit wichtigen Hinweisen auf die anspruchsvollen Raffinessen einer großen Referenzseite für einen anderen wichtigen Kunden. Mitgliedschaften in Mailing-Listen und Web-Initiativen fließen geschickt in den weiteren Gesprächsverlauf ein. Spontaneität gehört nur selten zu dieser Strategie der Selbstkontrolle. Der Webdesigner lacht allenfalls über fehlendes Wissen auf Kosten Dritter. Das bekommt auch der Kunde gelegentlich zu spüren. Diese Taktik einschüchternder Gesprächsführung beherrscht der Webdesigner perfekt. Mit Arroganz und Unfreundlichkeit begegnet er konkreten Kundenwünschen, sofern sie sich nicht mit seinen Vorstellungen decken. Und das ist fast immer der Fall.

Der Webdesigner kommuniziert mit der »Basta!-Strategie« Folgendes: Der Kunde hat keine Ahnung und soll dem Profi alles überlassen. Damit sind ganz klar alle Entscheidungen zu Zielgruppen, Anforderungen, Inhalt, Struktur, Design, Benutzerführung und Marketing gemeint.

Der Webdesigner zwingt den Kunden also entweder in die Rolle eines Vasallen oder in die eines Gegners. Scheitert der Webdesigner mit dieser Strategie, ist der Kunde für ihn ein »unbelehrbarer Besserwisser«.

Typische Dialoge

Kunde: »Könnten wir die Navigation ähnlich anlegen wie beim Wettbewerber XY?«

Webdesigner: »Die Navigation ist so grottenschlecht umgesetzt, damit werden Sie nicht glücklich, und so einen Müll mache ich sowieso nicht. Das überlassen Sie mal lieber mir, dafür bin ich der Profi.«

Kunde: »Wir möchten gern das Logo in der Kopfzeile etwas größer haben.«

Webdesigner: »Ich weiß ja nicht, wer Ihnen so etwas geraten hat, aber es gibt Gestaltungsprinzipien, und an die muss man sich halten. So, wie ich es gemacht habe, ist es genau richtig und professionell. Oder wollen Sie die Nutzer Ihrer Seite gleich vertreiben?«

Die Strategiefalle

Ein solcher Webdesigner ist ständig damit beschäftigt, die Macht und Kontrolle über das Gespräch und einzelne Projektentscheidungen zu behalten. Das passiert natürlich ständig, denn der Kunde äußert sich in der Regel sehr genau und konkret zu Aspekten seiner Website. Welcher Kunde hält schon dauernd den Mund, damit der Webdesigner seine schönen Monologe halten kann? Und wenn der Kunde sich nicht oder nicht mehr äußert, hat sich die Sache schnell erledigt, und der Auftrag ist tatsächlich so gut wie vergeben. An einen anderen Webdesigner nämlich.

Der Webdesigner verspielt mit seinem Dominanzverhalten die Konzentration auf das eigentliche Projekt. Der Kundenauftrag nach seinen Vorstellungen beherrscht das Verhalten. Diese Einstellung entspricht eher einer Manie oder fixen Idee und ist noch stärker ausgeprägt als der Wunsch, den Auftrag überhaupt zu erhalten. Dabei spielt es keine Rolle, ob hinter diesem Verhalten Unsicherheit bezüglich unvorhergesehener Kundenwünsche steht oder einfach nur der Wille, ein Projekt kompromisslos nach den eigenen Auffassungen umzusetzen.

Der Trugschluss

Eines kann diese Strategie nie hervorbringen: eine individuell auf den Kunden und die Zielgruppe zugeschnittene Website. Die Kundenwünsche werden durch das vorab konstruierte Projekt ebenso ausgeklammert wie die tatsächlichen Anforderungen an die Website. Der Webdesigner manövriert sich in die fatale Selbstüberschätzung, er wisse mehr über Zielgruppen, Produkte, Dienstleistungen und Ziele als der Kunde selbst.

Nur selten lässt sich mit dieser Strategie auch ein individuelles Website-Design verbinden. Die Gefahr liegt in der Fließband-Routine identisch aufgebauter Websites für Kunden verschiedener Branchen. Das gilt dann selbst bei umfangreichen Websites mit üppigen Budgets für ein individuelles Design.

Fehlende Erfolgsaussichten

Erfolg hätte die »Basta!-Strategie« theoretisch nur bei Einzelentscheidern, die keine Wünsche für ihre Website kommunizieren, keine konkreten Anforderungen an das Projekt haben, dem Webdesigner mit seinen Kompetenzen vollkommen vertrauen und keinen Rat von Dritten benötigen.

Mittlerweile wissen Kunden aber sehr genau, welche Anforderungen sie an ihre Website stellen, und ihre Wünsche können sie auch konkret kommunizieren. Hier stoßen also zwei vorgefertigte Konstrukte aufeinander. Der Webdesigner fordert mit seiner »Basta!-Strategie« einen Machtkampf mit dem Kunden heraus, den er nur verlieren kann. Es ist der Kunde, der den passenden Dienstleister wählt und ihn bezahlt, nicht umgekehrt.

1.2.3 Die »Wünsch-dir-was«-Strategie

Hier geht der Webdesigner den entgegengesetzten Weg und ist »Everybody's darling«.

> **Das typische Zitat**
>
> »Wenn der Kunde gern Laufbänder und animierte GIFs haben will, dann bekommt er das eben.«

Diesen Webdesigner kann man mit einem bequemen, fetten Kaninchen vergleichen, das nur seine Ruhe und seine Möhrchen haben will. Der Kunde ist für ihn wahlweise ein harmloser Idiot oder ein netter Typ, der ihm das Futter bringt – man muss nur immer schön das unterstützen und tun, was er will.

Der Webdesigner plant genau, was der Kunde für Wünsche haben könnte und auf welche Weise er diesen Wünschen gerecht werden könnte. Ein geplanter Relaunch bietet dem Webdesigner die beste Möglichkeit zur Durchführung seiner Strategie. Die vorhandene Website wird genau analysiert, im Internet wird zusätzlich alles über den Kunden recherchiert. Die Gesprächsvorbereitung ist eine Sammlung verschiedener Taktiken, dem Kunden alle Wünsche zu erfüllen, unabhängig davon, wie abwegig oder unprofessionell sie sind.

Mittel und Motivation der Strategie

Jegliche Kundenwünsche werden ohne großen Widerspruch umgesetzt. Die Grundlage der Gesprächsführung ist der vorauseilende Gehorsam des Webdesigners als ergebener Diener des Kunden.

Durch Anbiederung an einen Auftrag zu gelangen ist besonders bei Berufsanfängern ein weit verbreiteter Fehler. Der Webdesigner erhofft sich vom Kunden einen guten Multiplikatoreffekt, er benötigt das Geld oder er benötigt Referenzen, die nicht aus Musterbeispielen, Templates und eigenen Arbeiten bestehen. Oft ist es fehlende Kompetenz, Lethargie oder einfach nur Bequemlichkeit, die hinter dieser Strategie verborgen ist. Im Nachhinein redet sich der Webdesigner stets heraus, es sei der Kunde, der durch seine unprofessionellen Wünsche die Schuld an einer schlechten Website trage.

Kommunikation mit dem Kunden

Der Ton ist anbiedernd. Die eigenen Kompetenzen werden nur in Bezug auf die professionelle Umsetzung der Kundenwünsche kommuniziert. Der Webdesigner begrüßt den Kunden mit einem Lob für das schöne Büro oder den schönen Parkplatz. Er gibt dem Kunden das Gefühl, ein ernstzunehmender Gesprächspartner für die Inhalte zu sein, frei nach dem Motto:»Ich bin ein Webdesign-Profi, Sie verstehen aber auch viel davon.«

Der Webdesigner beginnt den Dialog mit konkreten Fragen nach den Kundenwünschen. Dabei versucht er ständig, den Kunden zu motivieren, eigene Vorstellungen zu kommunizieren. Der Webdesigner pflegt einen distanzierten Ton zwischen unterwürfigem Opportunismus und anspruchsloser Beratung. Im Zweifel und aus Bequemlichkeit verleugnet er besseres Wissen. Anhand der bereits kommunizierten Wünsche weiß der Webdesigner sehr genau, welche weiteren Vorschläge er zur Unterstützung der Kundenvorstellungen bringen muss.

Ohne es zu können und ohne es zu wollen, wird der Kunde durch die Strategie des Webdesigners zum Projektleiter, Entwickler und Designer seiner eigenen Website. Scheitert der Webdesigner mit dieser Strategie, ist der Kunde für ihn ein »entscheidungsunwilliger Schaumschläger«.

> **Typische Dialoge**
>
> **Kunde**: »Könnten wir die Navigation ähnlich anlegen wie beim Wettbewerber XY?«
>
> **Webdesigner**: »Klar, das ist eine gute Idee. Vielleicht ungewöhnlich, aber Sie sollen sich ja mit Ihren Webseiten wohlfühlen.«
>
> **Kunde**: »Wir möchten gern das Logo in der Kopfzeile etwas größer haben.«
>
> **Webdesigner**: »Kein Problem, da ist ja noch Platz. Wie groß hätten Sie es denn gern?«

Die Strategiefalle

Der Webdesigner ist ständig damit beschäftigt, seinem Kunden »nach dem Munde zu reden«, da er Konflikte fälschlicherweise als Gefahr für die Auftragserteilung betrachtet. Mit dieser Strategie verliert er nicht nur jegliche Möglichkeit zur Einflussnahme auf das Projekt, er verschenkt vor allem die Achtung und den Respekt vor seinen eigenen Qualitätsmaßstäben. Er transportiert nach außen das Bild vom Webdesigner und Kunden als beste Freunde. Dahinter steht jedoch keine echte Sympathie. Dieser Webdesigner ist eher mit Heinrich Manns »Untertan« zu vergleichen, einem Opportunisten, der den Weg des geringsten Widerstandes geht, um sein Ziel zu erreichen.

Mit der »Wünsch-dir-was«-Strategie blendet der Webdesigner trotz besseren Wissens die Komplexität des professionellen Webdesign-Workflows vollkommen aus. Dem Kunden auch nur für einen Teil des Workflows ausreichend Kompetenz zuzusprechen ist nicht nur unprofessionell – es grenzt vielmehr an Selbstbetrug. Die richtigen und professionellen Anforderungen einer Website zu erkennen und diese dem Kunden zu kommunizieren, das ist definitiv die Aufgabe des Webdesigners.

Der Webdesigner verliert auch Zeit und im Laufe der Umsetzungsphase viel Geld. Die Zusagen an Kundenwünsche wird er nur selten mit der notwendigen Kalkulation für den Mehraufwand verbinden. Diese Falle ist umso gravierender, sobald er versucht, wenigstens ansatzweise die schrägsten Kundenwünsche auf einem professionellen Niveau umzusetzen.

Der Trugschluss

Eine professionelle Website ist mit der »Wünsch-dir-was-Strategie« niemals zu realisieren. Das Ergebnis kann nur wenig mehr als das Spiegelbild der Kundenkompetenz wiedergeben, und die liegt selbst bei internetaffinen Kunden weit unterhalb der Kompetenzen eines halbwegs soliden Webdesigners.

Fakt ist auch: Einen despotisch auftretenden Kunden treibt noch eher die Verunsicherung, von einem Webdesigner übers Ohr gehauen zu werden, als der Wunsch, jedes Feature seiner Website selbst bestimmen zu wollen. Ein Kunde, der einen Dienstleister beauftragt, erwartet vom Webdesigner eine kompetente Beratung und damit auch eine selbstbewusste Kommunikation von Professionalität, Erfahrung und Kompetenz.

Die Tragik an dieser Strategie ist, dass noch der Kunde am besten davonkommt, der sich überhaupt nicht für seine Website interessiert und alles dem Webdesigner überlässt (also der ideale Kunde des Vertreters der »Basta!«-Strategie). Je engagierter sich der Kunde um seine Website bemüht, desto eher wird er eine schlechte Website erhalten.

Fehlende Erfolgsaussichten

Erfolg könnte die »Wünsch-dir-was«-Strategie theoretisch bei Kunden haben, die ernsthaft von ihren Fähigkeiten als Hobby-Projektleiter im Webdesign überzeugt sind und ihre Vorstellungen von »gutem« Webdesign gern kommunizieren. In der Praxis kann diese Strategie nicht funktionieren. Jeder ernsthafte und gute Kunde erwartet von einem professionellen Dienstleister eine klare Darstellung von Kompetenzen und Souveränität. Kommunikation im Dialog kann nur auf Augenhöhe zwischen Webdesigner und Kunde geführt werden, wenn von beiden ein professionelles Ergebnis – also eine erfolgreiche Website – gewünscht wird.

Fazit

Beide Strategien werden von zahlreichen Webdesignern trotz ihrer zweifelhaften Erfolgsaussichten ständig angewendet. Der Grund ist meistens die Vorstellung des Webdesigners, dass seine Strategie ohne Alternative sei und stets aufgehen müsste, weil »alles schließlich offensichtlich« sei und dem »gesunden Menschenverstand« entspreche.

Kunden sind nicht dumm, jedenfalls nicht dümmer als Sie oder ich. Fehleinschätzungen und Missverständnisse bezüglich des Webs sind bei intelligenten, wissbegierigen und weltoffenen Menschen genauso weit verbreitet wie bei einfachen Geistern.

1.3 Webdesign und Wahrnehmung

Noch nicht beantwortet wurde die Frage nach den Hintergründen, also wie es überhaupt zu den Fehleinschätzungen, Missverständnissen und Wissensdefiziten durch Nutzer und Kunden kommt. In erster Linie beruhen all diese Fehlleistungen auf einer falschen Wahrnehmung des Webs.

1.3.1 Die Evolution des Webs aus Sicht der Nutzer

Sie haben vielleicht schon oft mit Erstaunen festgestellt, dass es angesichts der Qualität zahlreicher Missverständnisse nicht einmal relevant zu sein scheint, ob Ihr Kunde als »Early Adaptor« schon 1996 mit seiner ersten Website online war oder ob er das als »Newbie« erst für das kommende Jahr plant. Die Fehler in der Wahrnehmung des Webs sind in beiden Fällen nahezu identisch. Als Erstes sollte man feststellen, dass Ihr Kunde zunächst nichts anderes darstellt als einen weiteren Endnutzer, der lediglich »so was da« (Finger auf das geöffnete Browserfenster mit einer Webseite) auch für sich und sein Unternehmen haben will.

In den wilden Jahren des Webs von 1995 bis 1999 – dem Zeitalter des Browser-Krieges zwischen Netscape und Microsoft – bot sich dem Nutzer ein faszinierendes und ebenso irritierendes Medium voller Experimente. Neben puristischen Textseiten aus den Urzeiten des Internets gab es grellbunte Seiten mit Dutzenden animierter GIF-Bilder, Seiten voller Shockwave-Elemente und edel gestaltete Webseiten. Alles, was machbar war, wurde zunächst einmal unkritisch umgesetzt. Experimente und Kuriositäten waren erwünscht, und nahezu alles gefiel. Bis zur Jahrtausendwende hatten sich immerhin gewisse Konventionen durchgesetzt. Das Web als interessantes, aber nicht ganz ernst zu nehmendes Experimentierlabor hat sich jedoch im Bewusstsein zahlreicher Nutzer festgesetzt.

Heute, im Web 2.0, kann der Nutzer noch viel mehr: Er ist Teil des Webs geworden. Bei GoogleMaps kann man bis in den eigenen Garten hinein zoomen, sogar ein Routenplaner ist dort integriert. Man kann seine Bilder ganz einfach »ins Internet hochladen« und allen Bekannten per E-Mail-Botschaft visuell beweisen, dass Nizza doch etwas wärmer ist als Sylt, aber eben nicht so dekadent. Als Nutzer hat man die Möglichkeit, wichtige Texte, Dokumente und Bilder im Internet direkt zu bearbeiten. Die Zuwachsraten dieser Dienste zeigen jedenfalls, dass nicht nur professionelle Webentwickler damit zurechtkommen.

Die Nutzer nehmen diese Entwicklung also sehr genau wahr. Niemand kann heute mehr eine grottenschlechte Website derart einfach und selbstverständlich an den Mann bringen wie in den wilden Zeiten vor der Jahrtausendwende. Doch was eine Webseite tatsächlich ist, das wissen die Nutzer bis heute nicht. Wozu sollten sie sich auch ein technologisches Wissen aneignen, das sie für die Nutzung der Technologie nicht benötigen?

1 | Kunden, Kompetenzen und Kommunikation

Abbildung 1.4 Auch heute noch so aktuell wie 1999: www.stefan-john.de

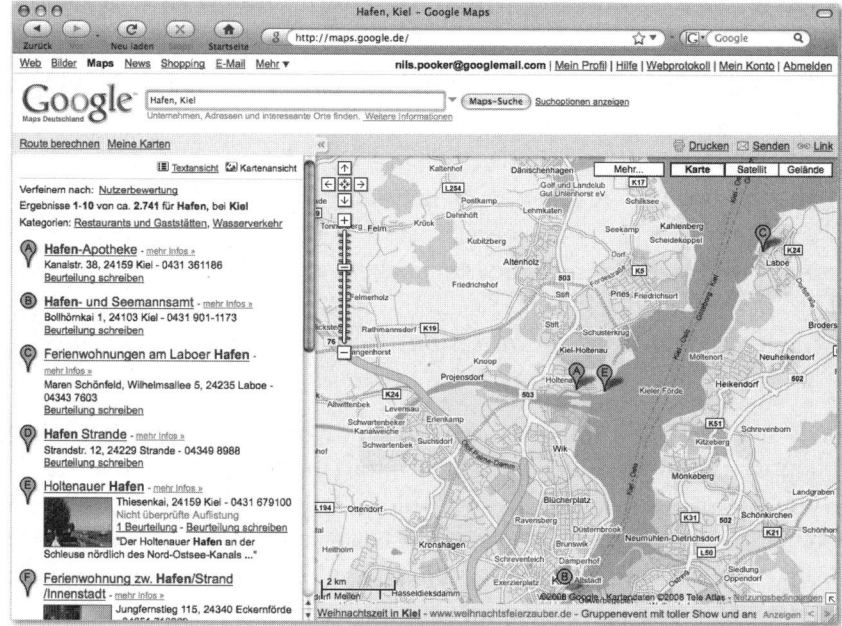

Abbildung 1.5 Das Web in der Versionsnummer 2.0, zum Beispiel Google Maps

1.3.2 Der Einfluss unserer Wahrnehmung

Die Frage lautet nun: Wenn eben nicht Dummheit oder fehlendes Interesse die Ursache für die fehlerhafte Wahrnehmung des Webs ist, was ist es dann?

Es ist vor allem etwas ganz Normales. Es geht um die Funktionsweise der menschlichen Wahrnehmung. Für Sie gelten diese Funktionsweisen in gleichem Maße wie für die Nutzer des Webs oder Ihre Kunden. Außerhalb des Webdesigns verhalten Sie sich nämlich nicht anders als Ihre Kunden.

Wahrscheinlich protestieren Sie innerlich; in Ihren Augen muss ein Webdesigner eine ganz besondere Bürde mit seinen Kunden tragen. Im ersten Teil dieses Kapitels kommt das anhand der Diskrepanzen zwischen Kundenkompetenz und professionellen Anforderungen klar zum Ausdruck. Stimmt. Da die Nutzer und Kunden bei allen Fehleinschätzungen mit dem Web klarkommen, sind sie bekanntlich der festen Überzeugung, bei diesem Thema mitreden zu können. Verhalten Sie sich tatsächlich anders? Ihre eigenen Missverständnisse machen sich vielleicht nicht so direkt und in so großer Zahl bemerkbar, dennoch äußern auch Sie sich gelegentlich zu Dingen, von denen Sie eigentlich nicht genug verstehen. Oder machen Sie sich Gedanken über Bemerkungen gegenüber einem KFZ-Meister, einem Anwalt oder Ihrem Arzt? Und wie oft lagen Sie damit schon daneben?

> **»Richtige« und »falsche« Wahrnehmung**
> Die Akzeptanz und eine ausführliche Beschäftigung mit einem neuen Medium bedeutet keinesfalls, dass dieses Medium auch korrekt wahrgenommen wird.

15 Jahre WWW, das beinhaltet bereits eine Ewigkeit der ständigen Weiterentwicklung. Kurz: Es ist ein faszinierendes kleines Universum, in dem es nahezu jeden Tag spannende Horizonte zu entdecken gab und gibt. Sie können sich kaum noch vorstellen, das Web sei ein »neues« oder »innovatives« Medium. 60 % der Bevölkerung nutzen in Deutschland das Internet. Das bedeutet jedoch im Umkehrschluss: Vier von zehn Menschen nutzen dieses Medium überhaupt nicht. Vergessen Sie ebenfalls nicht, dass nur wenige aktive Nutzer bereits 1995 mit einem Modem im Web unterwegs waren. Für viele Menschen, auch unter Ihren Kunden, ist das Web noch immer ein neuartiges Phänomen. Diese Tatsache ist für die Praxis des Webdesigns genauso wichtig wie für die Praxis Ihrer Kundenkommunikation.

1.3.3 Kino im Wohnzimmerschrank

Das Problem bei neuartigen Phänomenen ist immer die begrenzte Aufnahmefähigkeit des Menschen: Auch etwas Neues kann zunächst nur mit Bekanntem verglichen und daran gemessen werden. Entwicklungen von der Tradition zur Innovation sind auch nicht linear, sondern einer ständigen Wechselwirkung unterworfen.

Evolutionäre Entwicklungen werden als nachvollziehbare Innovationen in kleinen Schritten bevorzugt, die jeweils auf der vorhergehenden Tradition beruhen. Revolutionäre Umwälzungen werden dagegen entweder vermieden oder durch »Reaktion« wieder auf das gewünschte Maß der kleinen Schritte zurückgeführt.

Natürlich leben wir heute viel lieber mit den Ärgernissen eines Computers als mit denen eines vorzeitlichen Steinbeils. Doch aus dem Steinbeil wurde nicht über Nacht ein handwerkliches Meisterwerk der Bronzezeit. Die ersten Metallbeile der frühen Bronzezeit leiten sich in ihrer Form vielmehr direkt von den einfachen Flachbeilen der Jungsteinzeit ab. Die alten Formen wurden lediglich in Kupfer oder Bronze gegossen. Das tatsächlich revolutionäre Potenzial einer Metalllegierung für die Formenvielfalt der späten Bronzezeit konnte ja nicht erkannt werden. Die handwerklichen Einschränkungen bei der Bearbeitung eines Steines wurden auch auf die Bearbeitung des Metalls angewendet. Zwischen den ersten Bronzebeilen und den gefürchteten Streitäxten der Ägypter lagen zahllose Innovationszyklen.

> **Tradition oder Innovation?**
> Menschen bevorzugen zwischen Tradition und Innovation ein gesundes Maß des Gleichgewichts.

Aus meiner Familie gibt es dazu eine passende Anekdote. Anfang der 50er-Jahre des letzten Jahrhunderts kehrte mein Großvater von einer seiner häufigen Seereisen heim. Auf jener Reise hatte er in den USA eine Erfindung kennengelernt, die ihm völlig unbekannt war. Nach kritischen Rückfragen der Familie erläuterte er diese als »Kino im Wohnzimmerschrank«, und die Amerikaner würden das »Telewischn« nennen.

Was wären Ihre Gedanken, wenn mein Großvater seine Geschichte heute erzählen würde?

Die fiktiven Selbstgespräche in Ihrem Kopf würden ungefähr so ablaufen: »Der hat überhaupt nicht begriffen, was ein Fernseher ist. Der denkt, da ist ein kleiner Projektor hinter der Mattscheibe und dass es immer nur einen Film gibt. Der versteht nichts von der Übertragung und macht wahrscheinlich den Regisseur dafür verantwortlich, wenn der Signalempfang mal ausfällt. Der meint, so ein Fernsehprogramm ist mal eben im Kasten, ohne Proben, ohne Ausfälle und ohne die ständigen Probleme mit dieser alten Diva aus Redmond.«

Hand aufs Herz: Denken Sie heute über viele Ihrer Kunden anders? Mein Großvater hatte damals lediglich den Versuch unternommen, etwas Neues in etwas Bekanntes einzuordnen. Zugegeben: Das Ergebnis dieser Einordnung war eine totale Fehlinterpretation. Das ist nun aber nicht anders als die falsche Wahrnehmung, die Ihnen als Fehlinterpretation, Missverständnis oder Wissensdefizit bezüglich des Webs bei den Nutzern und Ihren Kunden begegnet.

1.3.4 Wahrnehmung, Zuordnung, Interpretation

Was passiert da in den Köpfen Ihrer Kunden und der Endnutzer? Das Gleiche, was auch Sie automatisch und in allen Lebenslagen perfekt beherrschen: Sie ordnen eine Wahrnehmung in Ihre vorhandenen Erfahrungen ein. Als Ergebnis erhalten Sie eine Interpretation, die zur Wahrnehmung »passt«, so wie ein Schlüssel in ein Schloss passt.

Diese Vorgehensweise geschieht meistens automatisch und ist weder dumm noch schlecht. Sie kombinieren und ordnen ständig Ihre Wahrnehmung mit Ihren Erfahrungen und stellen Kausalitäten her, um Ihre Umwelt zu verstehen, in der Sie täglich klarkommen müssen: Sie machen Ihre Welt dadurch erfahrbar und kalkulierbar.

> **Was passt, ist richtig**
>
> Eine neue Wahrnehmung – im Sinne einer neuen Erfahrung – wird anhand bekannter Strukturen eingeordnet und interpretiert. Ein Handlungsablauf, der sich als »passend« erweist, wird automatisch als richtig wahrgenommen.

Sie stellen dabei im Dialog mit sich selbst ständig Vergleiche an, die auch neue oder ungewöhnliche Erfahrungen in bekannte Muster einordnen. Ob diese Interpretationen tatsächlich richtig sind, können Sie nicht »objektiv« beurteilen: Sie können ja nicht aus Ihrem Denksystem heraustreten, um von außen ganz objektiv zu beobachten, ob Ihr Wahrnehmungssystem korrekt arbeitet. Sie selbst sind in Ihrem Wahrnehmungssystem gefangen. Da müsste schon ein Außenstehender kommen, der Ihnen mitteilt, dass das, was Sie wahrnehmen, richtig oder falsch ist. Und dem müssten Sie dann auch noch glauben. Damit wären wir schon wieder beim Thema der verbalen Kommunikation.

Die symbolischen Vergleiche mit einem bekannten Kontext kennen Sie übrigens von Redensarten. Häufig werden diese »Bilder von etwas« sogar mehrfach in einem Satz verwendet. Sie sagen (oder denken), dass der »stechende« Schmerz in Ihrer Schulter »brennt wie Feuer«, dass die »blutrote Sonne« aussieht wie »gemalt« oder dass Sie mit Ihrer neuen Brille »bei Licht betrachtet« nun doch eher »aussehen wie ein Affe«. Schwer oder umständlich zu kommunizierende Sachverhalte werden auf bekannte Art und Weise umschrieben; auch dieses Buch beinhaltet zahlreiche Vergleiche und Metaphern.

Vergleiche funktionieren übrigens nur dann, wenn man die Bedeutung (Semantik) der Inhalte bereits kennt. Dass man mit einer neuen Brille aussehen kann wie ein Affe, bedeutet ja nicht, dass man im Spiegel in das Gesicht eines leibhaftigen Schimpansen blickt, der eine Brille trägt. Die Wahrnehmungsproblematik der korrekten Semantik kennt jeder von Redensarten und Floskeln einer fremden Sprache.

Sie haben sich schon unzählige Male bei unzähligen Sachverhalten gefragt: »Wie soll ich das jetzt einordnen?« Und das ist auch ganz gut so. Diese Fähigkeit Ihrer Wahrnehmungs- und Kommunikationsintelligenz ist sogar überlebenswichtig: Wenn Ihr Urahn in grauer Vorzeit die angespannten Muskeln und den starren Blick eines sich nähernden Säbelzahntigers als freundliche Aufforderung zum Streicheln der Großkatze interpretiert hätte, würden Sie jetzt wohl nicht diese Zeilen lesen.

Ihre Fähigkeit, eine Wahrnehmung korrekt einordnen zu können, macht auch heute noch Sinn: Selbst wenn Sie noch nie einen Autounfall hatten, können Sie in Sekundenbruchteilen eine Gefahrensituation einschätzen, selbst bei hohen Geschwindigkeiten und ohne lange Fahrpraxis. Sie haben nicht nur gute Reflexe, die Ihnen von der Evolution mitgegeben wurden. Die Reflexe einer Katze sind weitaus besser als Ihre, dennoch fallen weitaus mehr Katzen dem Autoverkehr zum Opfer als Menschen. Ihre Wahrnehmung kann auch auf eine langjährige Erfahrung mit der Geschwindigkeit von PKWs zurückgreifen, die Sie seit Ihrer Kindheit gemacht haben. Es ist unwahrscheinlich, dass ein fern unserer Zivilisation aufgewachsener Ureinwohner eine viel befahrene Straße ähnlich souverän überqueren könnte wie Sie.

> **Von der Wahrnehmung zur Interpretation**
> - Subjektive Wahrnehmungen werden eigenen Erfahrungen zugeordnet.
> - Von diesen Zuordnungen werden bestimmte Kausalitäten abgeleitet.
> - Die Kausalitäten werden als feste Muster interpretiert.

1.3.5 Fallen der Wahrnehmung

Leider funktionieren Einordnung und Interpretation nicht so gut bei Sachverhalten, die in der Wahrnehmung simpel erscheinen und sehr schnell bekannten Aspekten zugeordnet werden, aber in Wirklichkeit viel komplexer sind.

Ein Beispiel Ihrer falschen Wahrnehmung ist die Tatsache, dass die Sonne 8,3 Lichtminuten von der Erde entfernt ist. Die untergehende rote Sonne, die Sie an einem schönen Spätsommerabend am See betrachten, steht also in Wirklichkeit schon da, wo Sie sie erst in 8,3 Minuten sehen werden, denn das Licht brauchte so lange, um auf Ihre Netzhaut zu treffen.

Dass die Sonne im Mittelpunkt des Sonnensystems steht, wissen Sie natürlich. Der Begriff einer »untergehenden Sonne« ist also ebenso falsch wie Ihre Wahrnehmung von der Sonnenposition am Himmel, aber interessiert das Sie überhaupt? Nein, denn es bringt Ihnen keinen Zusatznutzen oder Mehrwert bei einer meditativen Betrachtung der Abendsonne, da könnte Ihnen ein Astrophysiker zufällig über den Weg laufen und Ihnen noch so viel über Ihre fehlerhafte Wahrnehmung erzählen. Es interessiert Sie ja auch nicht, woher der Strom aus Ihrer Steckdose kommt, wenn Sie ein Elektrogerät anschalten.

Und so interessiert es auch Ihren Kunden oder den Nutzer nicht im Geringsten, dass seine Wahrnehmung und die daraus resultierenden Vergleiche eventuell falsch sein könnten, wenn er durch das Web surft. Ihn interessiert nur, ob und wie er Informationen finden, Dokumente austauschen, Videos ansehen oder Musik herunterladen kann.

Doch selbst im engsten Bereich Ihrer Kernkompetenz können sogar Sie sich gelegentlich mit Ihrer Wahrnehmung irren. Würde ich Sie bitten, anhand eines Screenshots zu beurteilen, ob die Abbildung für eine gute oder eher für eine schlechte Webseite sprechen würde, müssten Sie sich ebenfalls an Ihren Erfahrungen orientieren. Sie können nur Ihre Wahrnehmung bestimmten

Qualitätsmerkmalen zuordnen. Sie entscheiden dann anhand Ihrer Erfahrungsmuster, ob es sich um eine gute oder eine schlechte Webseite handelt.

Sie könnten dabei übrigens selbst in eine Wahrnehmungsfalle tappen, wenn ich Ihnen keinen richtigen Screenshot einer Webseite, sondern nur ein in Photoshop erstelltes grafisches Layout präsentieren würde.

1.4 Die Wahrnehmung des Webnutzers

Betrachten wir nun die einzelnen Bereiche des Webdesigns, bei denen es durch die Nutzer immer wieder zu falschen Wahrnehmungen und falschen Vergleichen kommt:

- Das World Wide Web
- Benutzerführung und Funktionalität
- Technik
- Inhalte

1.4.1 Die Wahrnehmung des World Wide Webs

Die Wahrnehmung des Webs ist eine schier unerschöpfliche Quelle für zahlreiche Missverständnisse und Fehleinschätzungen durch den Nutzer. Wichtig ist hier die Tatsache, dass er trotz seiner falschen Wahrnehmung das Web erfolgreich nutzt. Egal, für was er das Web hält, er sucht und findet gewünschte Webseiten und Informationen, er kauft Waren, er bucht seinen Urlaub, und er betreibt Online-Banking. Dieser Erfolg ist auch der Grund dafür, dass ein Webdesigner oft nur durch Zufall bemerkt, dass der Nutzer das Web für etwas ganz anderes hält, als es tatsächlich ist.

> **Vergleiche und Einordnungen**
> - Internetdienste
> - Verzeichnisse und Suchmaschinen

Für die Internetdienste ist es sehr angenehm, wenn ihre Kunden diese Dienste für das Web selbst halten. Internetdienste haben natürlich nur ein geringes Interesse daran, ihre Kunden darüber aufzuklären, dass man das Internet auch über andere Wege erreichen kann.

Die Wahrnehmung des Webnutzers | **1.4**

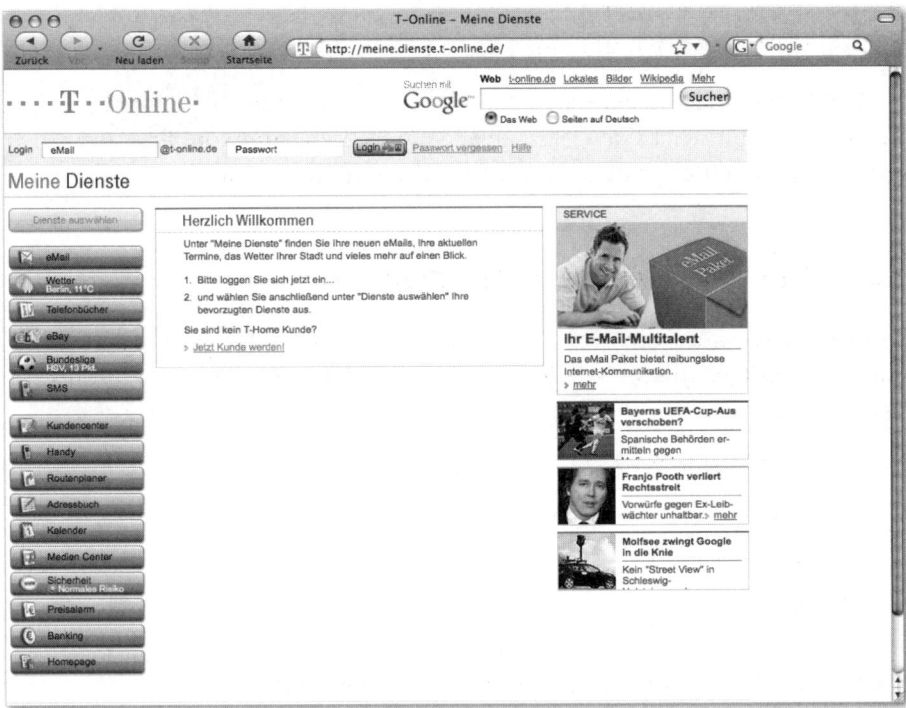

Abbildung 1.6 Für viele Nutzer ist das das »Internet«: T-Online

Die Verwechslung von Internet und Internetdienst ist übrigens auch bei vielen »alten Hasen« unter den Nutzern verbreitet. In den Anfangsjahren des Internets als Massenmedium waren die Betriebssysteme noch nicht mit einem Assistenten oder einer anderen Benutzerführung zur raschen Konfiguration der Hard- und Software ausgestattet. Die Komplettpakete von AOL, CompuServ und T-Online inklusive Browser, E-Mail-Client und Instant-Messenger-Software boten mit ihren Installationsroutinen nicht nur eine komfortable Lösung, sie machten das Internet für große Bevölkerungsschichten populär.

Für andere Nutzer, die seit der Jahrtausendwende das Internet nutzen, sind Verzeichnisdienste wie Web.de, Yahoo oder die Suchmaschine Google mit dem Web identisch. Diese Fehleinschätzung haben oft Dritte zu verantworten, die den Browser des Nutzers in bester Absicht konfiguriert haben. Einfach Google, Web.de oder Yahoo als Startseite einrichten, und schon glaubt der Nutzer, mit dem Browser wird automatisch die Startseite des Internets geöffnet.

1 | Kunden, Kompetenzen und Kommunikation

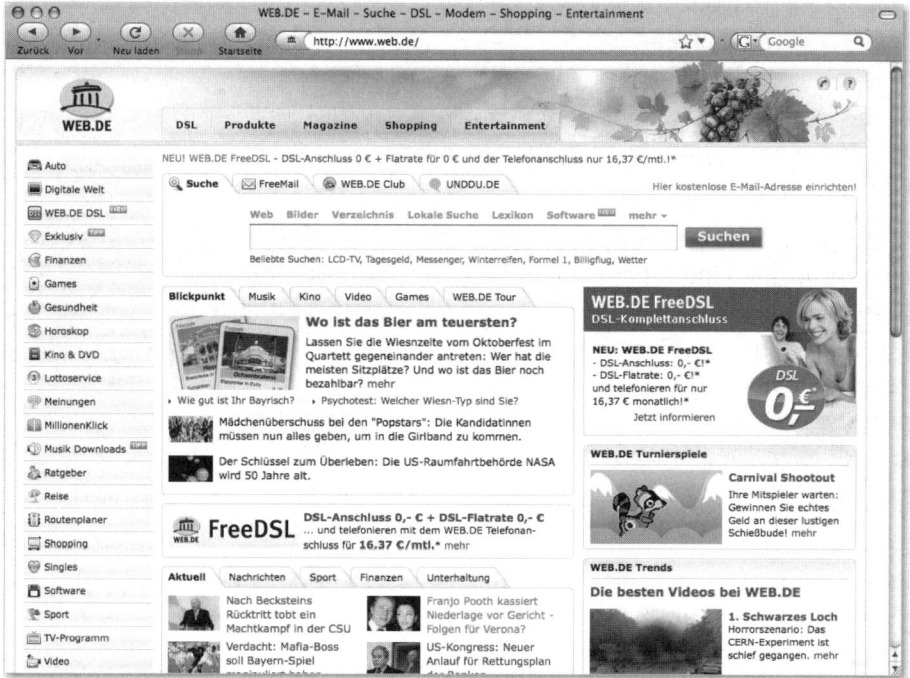

Abbildung 1.7 Für andere Nutzer ist dies das Internet: Web.de

1.4.2 Die Wahrnehmung von Benutzerführung und Funktionalität

Hier werden die wichtigsten Aspekte zur Informationsarchitektur der Website wahrgenommen. Nutzer können zwar grundsätzlich gut unterscheiden, ob die Inhalte gut zu finden sind oder nicht und ob dem Besucher eine logische Struktur der Navigation präsentiert wird oder eine Wüste unklarer Menüpunkte. Dennoch wird die Funktionalität und Benutzerführung einer Webseite nicht automatisch als web-immanentes Merkmal wahrgenommen.

> **Vergleiche und Einordnungen**
>
> ▶ Grafische Benutzeroberfläche (GUI: Graphical User Interface) von Programmen
> ▶ Grafische Benutzeroberfläche und Hierarchiedarstellungen von Betriebssystemen

Für den Webdesigner ist die Beobachtung immer wieder erstaunlich, dass selbst der internet-unerfahrene Nutzer mit den abenteuerlichsten Navigationsmenüs auf Webseiten klarkommt. Das ist jedoch keineswegs ungewöhnlich, denn auch auf Programm- und Betriebssystemebene gibt es für den

Nutzer verschiedene Darstellungsmodi, wie vertikal aufgeklappte Ordnerstrukturen oder vertikale Listen. Ähnliche oder abgeleitete Darstellungen finden sich auch in der Navigation zahlreicher Websites. Das Gleiche gilt für grafische Navigationspunkte, die schon lange vor dem Web ein wichtiger Bestandteil der grafischen Benutzeroberfläche von Programmen und Betriebssystemen waren.

Interessant ist in diesem Zusammenhang die Beobachtung, dass mittlerweile das Fernsehen interaktive Elemente von Website-Navigationen adaptiert. Beispiele sind Programmvorschauen, bei denen vertikale oder horizontale Darstellungen der Wochentage wie Navigationsleisten erscheinen, inklusive Animationen als Mouse-Over-Effekt. Hier zeigen sich also nicht nur vorausgesetzte Erfahrungswerte, sondern auch Wechselwirkungen zwischen unterschiedlichen Medien auf Grundlage der visuellen Wahrnehmung.

Während man als professioneller Webdesigner für die Navigation differenzierte CSS-Attribute für `a:focus`, `a:hover`, `a:active` und `a:visited` vergeben kann (und sollte), gehört das auf vielen Webseiten noch immer nicht zum Standard der Benutzerführung. Viele Nutzer oder Kunden vermissen diese eindeutig benutzerfreundliche Zuordnung innerhalb der Navigation überhaupt nicht. Entsprechende optische Varianten fehlen nämlich auf Betriebssystemebene.

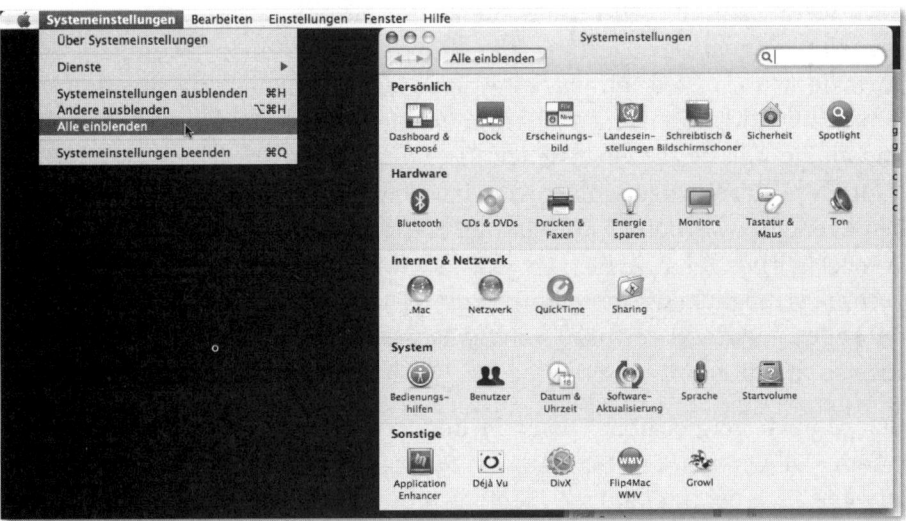

Abbildung 1.8 Eine Kennzeichnung besuchter Menüpunkte oder optische Effekte beim Klicken wären bei einem GUI verwirrend.

Das Beispiel der URL-Eingabe in das Suchfeld von T-Online anstatt in das Browser-Adressfeld hat schon gezeigt, dass der Vergleich mit der grafischen Benutzeroberfläche des Betriebssystems auch zu einer falschen Wahrnehmung der Funktionalität führen kann. Der Unterschied zwischen einem Browser und der geöffneten Website ist vielen Nutzern nicht geläufig.

1.4.3 Wahrnehmung technischer Hintergründe

Die technischen Hintergründe einer Webseite sind den meisten Nutzern völlig unbekannt. Wer das Web als visuelles und interaktives Medium wahrnimmt, wird sich für HTML, CSS oder Skriptsprachen ebenso wenig interessieren wie für den Programmcode von PowerPoint. Diese Unwissenheit führt nicht nur zu Missverständnissen in der Kundenkommunikation, sie ist auch der Hauptgrund für die Masse an schlechten Webseiten, die täglich auf die Menschheit losgelassen werden.

> **Vergleiche und Einordnungen**
> - Interaktive PowerPoint-Präsentation
> - Interaktive PDF-Dateien
> - Animationen oder Bilddateien

Auch wenn es Ihnen schwerfällt: Stellen Sie sich einmal vor, Sie verstünden ebenso wenig von den technischen Hintergründen einer Webseite wie der normale Nutzer. Sie öffnen eine Webseite, klicken auf einen Navigationspunkt und öffnen eine weitere Seite. Sie sehen jetzt, dass sich das Layout und einige Inhalte auf einer neuen Seite nicht geändert haben, lediglich der Hauptbereich zeigt neue Inhalte. Ist das nicht vergleichbar mit den Masterfolien in einer PowerPoint-Präsentation? Kurioserweise gibt es hier wieder eine Wechselwirkung der Medien als »Rückkopplungseffekt«: Die sogenannte S5-Technik ermöglicht die Erstellung einer HTML-Präsentation, die in den meisten Fällen – und das gewollt – an eine PowerPoint-Präsentation erinnert und auch so funktioniert.

Gelegentlich vergleichen Nutzer in der Wahrnehmung eine Webseite mit einem PDF-Dokument. Nicht nur das Format ist bekannt, bekannt sind mittlerweile auch die interaktiven Elemente einer PDF-Datei. Mehrseitige Manuals und größere Textdokumente haben auf den ersten Seiten oft einen Index, über den der Nutzer mit einem »Mausklick« die Inhalte direkt anspringen kann. Dass nicht nur die Nutzer, sondern auch Kunden und einige Webdesigner den Unterschied zwischen PDF und HTML scheinbar nicht gut genug kennen, zeigen viele Webseiten, bei denen Hauptmenüpunkte direkt und ohne Ankündigung mit PDF-Dateien verlinkt sind.

Den Vergleich mit Animationen oder Bilddateien haben wir – wen wundert's – den unprofessionellen Flash-Experimenten im Webdesign zu verdanken. Man darf nicht vergessen, dass man mit Flash sowohl sehr gute als auch sehr schlechte Webseiten erstellen kann. Das gilt in gleichem Maße auch für den Gebrauch von HTML, CSS oder einer Skriptsprache. Die falsche Wahrnehmung bei den Nutzern resultiert hier aus den Webseiten, bei denen auf den ersten Blick selbst der Profi ein HTML-Dokument vermutet, obwohl alles von der Kopf- bis zur Fußzeile ein Flash-Monstrum darstellt.

Zu dieser Fehleinschätzung haben auch die abenteuerlichen Experimente einiger Hersteller von Textverarbeitungs- und Layoutprogrammen in der »Wild-Web-Zeit« ab etwa 1996 beigetragen. Die Hersteller versprachen die Generierung von »Internetseiten« direkt aus mehreren Dokumenten, und das mit nur einem Mausklick. Tatsächlich handelte es sich dabei um nichts anderes als Screenshots im JPEG-Bildformat, die in den `body`-Bereich der Seite eingebunden wurden. Zusätzlich gab es als besonderes Feature noch große, hässliche Buttons, mit denen man vor und zurück navigieren konnte. Zum Glück verhinderten die zu der Zeit üblichen Modemgeschwindigkeiten (Fax-Modem: 14.4 KB) eine große Verbreitung dieser Bild-Dokumente im Web.

1.4.4 Die Wahrnehmung von Inhalt und Design

Die falsche Wahrnehmung des Webs zeigt sich auch in zahlreichen Missverständnissen bezüglich der visuellen Darstellung von Inhalt und Design. Diese Fehlinterpretationen und die daraus resultierenden Probleme tauchen in der Kundenkommunikation oft nur am Rande, spät und sehr subtil auf, können aber schnell zu unerfreulichen Konflikten führen.

Vergleiche und Einordnungen
▸ Zeitschrift, Imagebroschüre
▸ Textdokument, Zeitung

Grundsätzlich gilt – zum Leidwesen vieler Webdesigner – folgende Feststellung: Je aufwendiger und anspruchsvoller das Design einer Website gestaltet wurde, umso eher wird der Nutzer den Vergleich mit einer Hochglanz-Imagebroschüre ziehen.

Das Dilemma des anspruchsvoll gestaltenden Designers zeigt sich im Vergleich mit der Webseite von Usability-Guru Jakob Nielsen (*www.useit.com*).

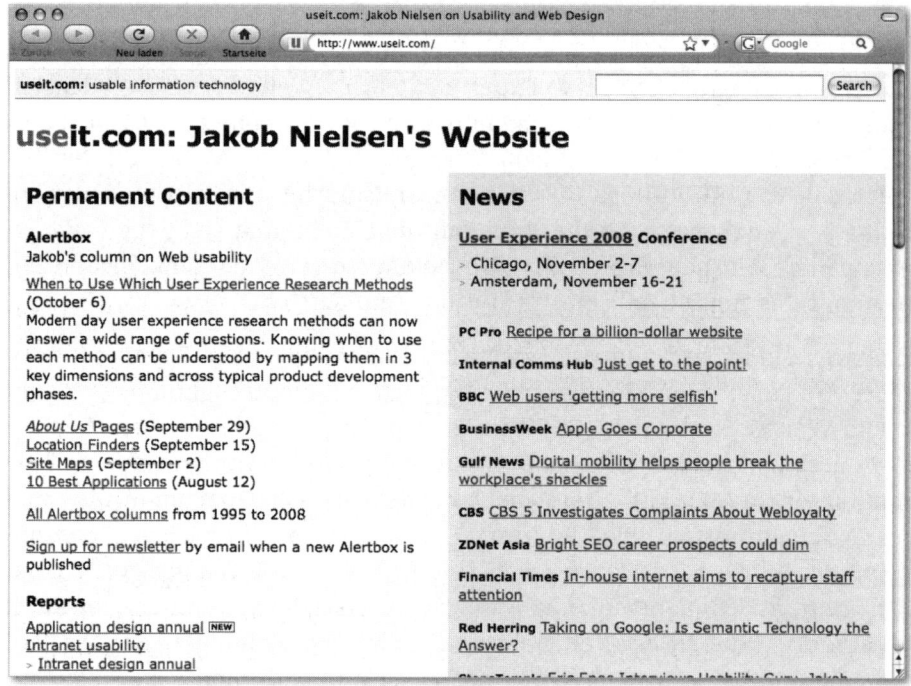

Abbildung 1.9   Die Website von Jakob Nielsen

Kein Nutzer würde auf die Idee kommen, diese von jeglicher Gestaltung befreiten Seite im Retro-Look von 1995 mit einem gedruckten Hochglanzprospekt zu vergleichen. Nun gut, kein Kunde würde andererseits ernsthaft auf die Idee kommen, genau so eine Website zu fordern. Die Wahrnehmung erinnert den Nutzer an ein Textdokument. Hier zeigt sich das Dilemma: Ein HTML-Dokument entspricht natürlich eher einem Textdokument als einem Printprodukt.

Das Design der edel und aufwendig gestalteten Webseite erfüllt dagegen nur den Zweck einer optimalen Präsentation der Inhalte innerhalb des HTML-Dokuments. Der Vergleich mit einem ebenso edel und aufwendig gestalteten Printprodukt führt zu den größten Missverständnissen und Problemen im Dialog mit dem Kunden: Die Webseite wird mit dem Lineal abgemessen, der ausgedruckte Screenshot mit Millimeterangaben und Verbesserungswünschen versehen und dann per Fax dem Webdesigner geschickt.

Dass der ausgedruckte Screenshot die enthaltenen Bilder nicht in Fotoqualität wiedergibt, wird ebenso wenig verstanden wie die Tatsache, dass eine Website auf einem 22-Zoll-Monitor viel zu klein und verloren aussieht, dagegen auf dem alten Laptop zu Hause zu groß, wo zudem die Farben so mies daherkommen. Wie Sie solche Missverständnisse effektiv und nachhaltig ausräumen können, erfahren Sie später.

1.4.5 Wahrnehmung und Qualität

Was macht denn nun in der Wahrnehmung der Nutzer die Qualität einer guten Webseite aus? Die Unterscheidung zwischen den Nutzern des Webs und Ihrem Kunden mit seinen ganz individuellen Forderungen und Wünschen ist hier sehr wichtig. Sobald der Nutzer nämlich seine neue Rolle als Kunde einnimmt, wird er individuelle, exklusive und damit oft schlechte Lösungen fordern.

Zur Wahrnehmung ließe sich theoretisch einiges über Usability-Tests herausfinden. Leider können solche Tests aber nicht belegen, wo die Konflikte zwischen der Nutzerwahrnehmung und den tatsächlichen Gegebenheiten einer Webseite liegen. Usability-Tests werden auch nicht durchgeführt, um Missverständnisse, Fehleinschätzungen und falsche Zuordnungen bezüglich einer Webseite herauszufinden. Sie können allenfalls ein individuelles Wahrnehmungsbild eines einzelnen Projekts geben, sagen aber nichts darüber aus, ob eine als benutzerfreundlich getestete Webseite vom Nutzer auch korrekt wahrgenommen wurde.

> **Usability und Wahrnehmung**
>
> Ein unprofessioneller Tabellenverhau mit schlechten Texten, schlechter Navigationsstruktur und ebenso schlechtem Design kann sehr wohl vom Tester noch immer als »qualitativ gut« wahrgenommen werden, sofern er für den Anwender benutzbar ist und damit seinen vorgefertigten und erfolgreich getesteten Mustern entspricht. Genau dieser Minimalstandard begegnet dem Nutzer ständig.

Wir haben gesehen, wie der Nutzer und damit auch der Kunde eine Webseite wahrnimmt. Die Vergleiche und Zuordnungen in bekannte Muster machen das Web für ihn erfahrbar und kalkulierbar, aber sie ermöglichen keine Aussage über die tatsächliche Qualität der Webseite oder die des Webdesigners. Daraus resultieren die noch immer gravierenden Qualitätsunterschiede im Web, die auch den Wettbewerb in erheblichem Maße beeinflussen.

1.5 Webdesign im Wettbewerb: Qualifizierung und Marktpositionierung

Bisher war nur die Rede von Problemen des Webdesigners mit den Kunden, mit der Nutzerwahrnehmung und mit sich selbst. Was noch fehlt, ist das Thema Wettbewerb, demgegenüber sich die anderen Probleme schnell auf das Niveau kleiner Unstimmigkeiten reduzieren können.

1.5.1 Marktsituation und Berufsbild

»Sie waren viel zu teuer. Ihr Mitbewerber macht das für einen Bruchteil Ihres Preises. Trotzdem danke für Ihr professionelles Angebot.«

So oder so ähnlich enden viele Website-Projekte schon im Vorfeld. Falls Sie als professioneller Webdesigner diese Erfahrung noch nicht gemacht haben, bieten Sie Ihre Leistungen entweder zu billig an oder Sie haben bisher nur Glück gehabt. Irgendwann werden Sie so eine Absage erhalten. Garantiert.

Webdesign ist als Dienstleistung den Marktgesetzen unterworfen. Solange sich die freien Kräfte des Marktes frei entfalten können – ohne von außen reguliert, subventioniert oder manipuliert zu werden –, nennt man das bekanntlich freie Marktwirtschaft.

> **Preisregulation**
>
> Ein Preis reguliert sich über Marktkräfte und entspricht im Idealfall auch dem Wert der Produkte und Dienstleistungen.

Auch Sie orientieren sich an diesen Marktkräften. Bevor Sie ein Produkt »offline« kaufen, orientieren Sie sich im Web, ob dieses Produkt mit gleichen Qualitätsaspekten woanders günstiger zu beziehen ist. Gutes muss also nicht teuer sein, und Geiz ist doch geil, oder?

Nun, Sie haben auch Erfahrungen gemacht, die Sie jedem wünschen, der Ihr »teures« Angebot ausgeschlagen hat. Erfahrungen mit Produkten oder Dienstleistungen, für die Sie jeweils einen günstigen Preis bezahlt haben, der jedoch bestenfalls angemessen war. Zu den Klassikern gehört die Geschichte von der billigen Wandfarbe. Die Kurzfassung geht so: fröhlich losfahren, fröhlich billige Farbe kaufen, fröhlich heimfahren, fröhlich abkleben, streichen, Farbe deckt nicht, dicker streichen, Farbe deckt immer noch nicht, ärgern, wieder losfahren, ärgern, teure Wandfarbe kaufen, ärgern, wieder heimfahren, ärgern, alles erneut streichen, ärgern, Tapete löst sich, richtig ärgern.

1.5.2 Über Preise und Werte

Die Geschichte kann man auch ausführlicher interpretieren:

> **Zu viel oder zu wenig?**
> »Es ist unklug, zu viel zu bezahlen, aber es ist noch schlechter, zu wenig zu bezahlen. Wenn Sie zu viel bezahlen, verlieren Sie etwas Geld. Das ist alles. Wenn Sie dagegen zu wenig bezahlen, verlieren Sie manchmal alles, da der gekaufte Gegenstand die ihm zugedachte Aufgabe nicht erfüllen kann. Das Gesetz der Wirtschaft verbietet es, für wenig Geld viel Wert zu erhalten. Nehmen Sie das niedrigste Angebot an, müssen Sie für das Risiko, das Sie eingehen, etwas hinzurechnen. Und wenn Sie das tun, dann haben Sie auch genug Geld, um für etwas Besseres zu bezahlen.«

Nun, das Zitat stammt nicht aus einer aktuellen PR-Anzeige für Rolex-Uhren oder Armani-Anzüge. Der britische Sozialreformer John Ruskin (1819–1900) hat diesen Sachverhalt schon vor über einhundert Jahren dargelegt.

Jede Wette, das Zitat würden Sie jetzt gern jenem Kunden zusenden, der vor Kurzem Ihr Angebot erst nach zähen Preisverhandlungen akzeptiert hat. Am liebsten würden Sie es sofort per Fax, E-Mail und Post gleichzeitig schicken.

Sie sind jedoch knallharter Realist und der festen Überzeugung, dass dieses allzu schöne »Gesetz der Wirtschaft« nicht mehr für die heutige Zeit, erst recht nicht für das Webdesign und überhaupt gar nicht für Ihre Situation gilt. Keine Sorge: Es gilt überall und auch für Sie.

1.5.3 Qualität im Wettbewerb

Im Webdesign gelten also die gleichen Marktgesetze wie für jede andere Dienstleistung? Eine Website, für die ein Kunde 300 Euro ausgegeben hat, ist genau 300 Euro wert, und eine für 3000 Euro entspricht ebenfalls diesem Wert?

Ihre Zweifel, ob das so den Realitäten entspricht, sind dennoch berechtigt. Es gibt im Webdesign tatsächlich sehr viel mehr Ausnahmen von dieser Regel als in anderen Branchen. Diese Ausnahmen beziehen sich jedoch weniger auf das Verhältnis von Preis zum Wert einer Website als auf die Qualität des gesamten Workflows. Diese Qualität beginnt schon mit dem Berufsbild des Webdesigners.

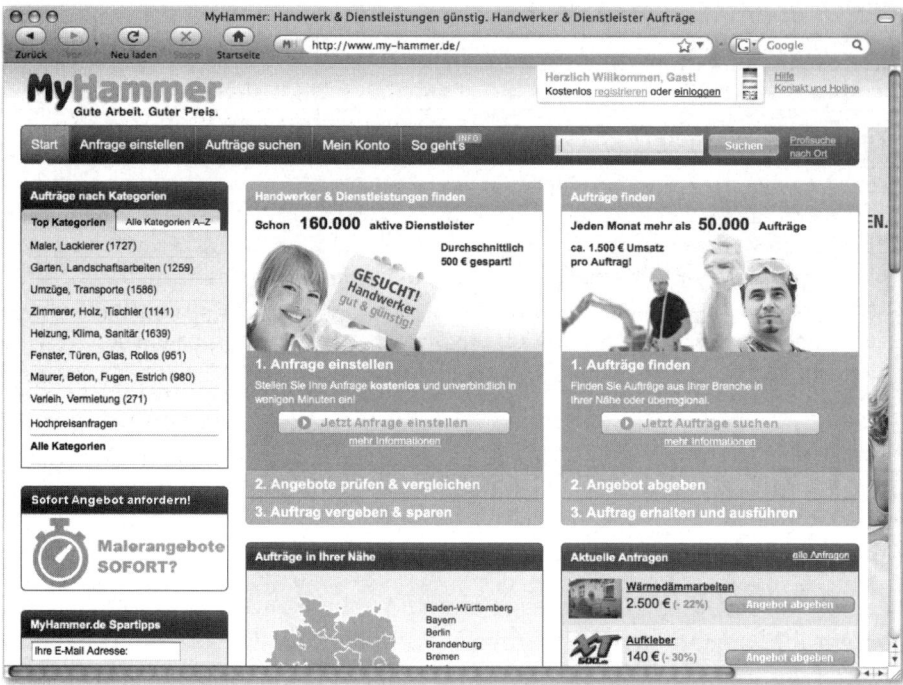

Abbildung 1.10   www.my-hammer.de – Der Billigste gewinnt den Auftrag!

Beruf: Webdesigner

Die Bezeichnung »Webdesigner« ist nicht geschützt und kann von jedem Menschen als Hauptberuf angegeben werden. Sie befinden sich damit in bester Gesellschaft von Restauratoren, Journalisten, Schauspielern und den Designern aus dem Nagelstudio von nebenan. Im Unterschied zur ungeschützten Berufsbezeichnung des Restaurators, Journalisten oder Schauspielers gibt es für den Webdesigner jedoch keine über Jahrzehnte gewachsene Struktur der beruflichen Laufbahn, die sich zumindest an staatlichen Ausbildungsberufen oder akademischen Laufbahnen orientiert.

Mediengestalter

Seit 2007 gibt es immerhin eine Neuorientierung im Beruf der *Mediengestalter/in für Print- und Digitalmedien*. Die drei Jahre dauernde Ausbildung erfolgt zu einem Drittel der Ausbildungszeit in einer der drei Fachrichtungen *Beratung und Planung*, *Konzeption und Visualisierung* sowie *Gestaltung und Technik*. Ob drei Jahre Ausbildungszeit geeignet sind, die Komplexität aller beruflichen Aspekte zu erfassen, darf jedoch zumindest bezweifelt werden.

Diplom-Designer

Der Abschluss zum Diplom-Designer (FH) scheint dagegen schon etwas länger ein gutes Qualitätsmerkmal für gutes Webdesign abzugeben. Aber auch das stimmt nicht immer: Dieses Diplom gilt auch für den Produkt-Designer, und der hat von (X)HTML und CSS oft so viel Ahnung wie ein Hutmacher von minimal-invasiver Gehirnchirurgie.

Informatiker und Grafikdesigner

Ähnliches gilt auch für die Gruppe der Informatiker und der Grafikdesigner. Informatiker beherrschen oft zusätzlich die Tiefen z. B. von PHP, JavaScript oder Python, vermeiden aber anspruchsvolle Gestaltungsaufgaben. Grafikdesigner haben ihre Kernkompetenz eher in den Bereichen von Design und Typografie, verstehen aber dafür nur wenig von Skriptsprachen. Die Mehrheit der professionellen Webdesigner besteht ohnehin aus einer heterogenen Gruppe mit unterschiedlichem Berufshintergrund. Das ist auch kein Wunder, wir sprechen hier über ein junges Medium.

Theologe oder Bauingenieur?

Sowohl bei den professionellen als auch bei den dilettantisch arbeitenden Webdesignern tummeln sich heute deshalb Akteure aus ursprünglich artfremden Berufszweigen. Da finden sich zahlreiche Akademiker mit oder ohne Hochschulabschluss aus verschiedenen Fakultäten: Sprachwissenschaftler, Historiker, Politologen, Theologen, Betriebswirte, Bauingenieure und Techniker gehören ebenso dazu wie Künstler, Grafiker, Schriftsteller und ein ehemaliger Gemäldekopist. Doch egal, wie anspruchsvoll und interessant die Liste mit der beruflichen Vorbildung der Webdesigner auch sein mag, sie kann noch nichts über die persönlichen Kompetenzen des Einzelnen und die Qualität der erstellten Webseiten aussagen.

Wenn man schon aus der Vorgeschichte der Webdesigner nicht viel herausholen kann, sollte man zumindest einen Blick auf das Machen von Webseiten werfen. Auch wenn Webdesign eine komplexe Materie mit höchsten Anforderungen an den Webdesigner darstellt, es geht auch ganz ohne diese Kenntnisse. Es geht sogar ganz einfach.

1.5.4 Editoren

Eine wichtige Ursache für die Qualitätsunterschiede ist die Tatsache, dass noch immer viele Webseiten ohne HTML-Kenntnisse mit WYSIWYG-Editoren erstellt werden (WYSIWYG: What You See Is What You Get). Dreamweaver, GoLive, Freeway, Frontpage/Expression Web, NetObjects Fusion und viele andere sollten seit ihrer Einführung nicht nur professionellen Webworkern die Arbeit mit visuellen Vorschau- und Entwurfsdarstellungen erleichtern, sie sollten auch mit allen Browsern kompatible Webseiten generieren.

Betrachten wir nun eine Auswahl von Editoren und Lösungen, die Sie als vermeintliche oder tatsächliche Alternativen zu handcodierten Webseiten kennen sollten.

What You See Is ... How You Work

Das Problem der Editoren war nicht allein der miserable Quellcode oder die Tatsache, dass sich plötzlich viele PC-Besitzer dazu berufen fühlten, als selbst ernannte Webdesigner oder Webmaster für Vereine und kleine Firmen tätig zu werden. Viel gravierender war und ist wieder einmal ein wahrnehmungsspezifisches Qualitätsproblem. Man erstellt im WYSIWYG-Modus die Webseiten automatisch nach visuellen Gesichtspunkten. HTML-Kenntnisse sind nicht notwendig, ein miserabler Quellcode bleibt ohne Folgen. Der Webdesigner nimmt eine Webseite als visuell konzipiertes Projekt wahr und damit identisch mit der Wahrnehmung durch den Kunden und die Nutzer.

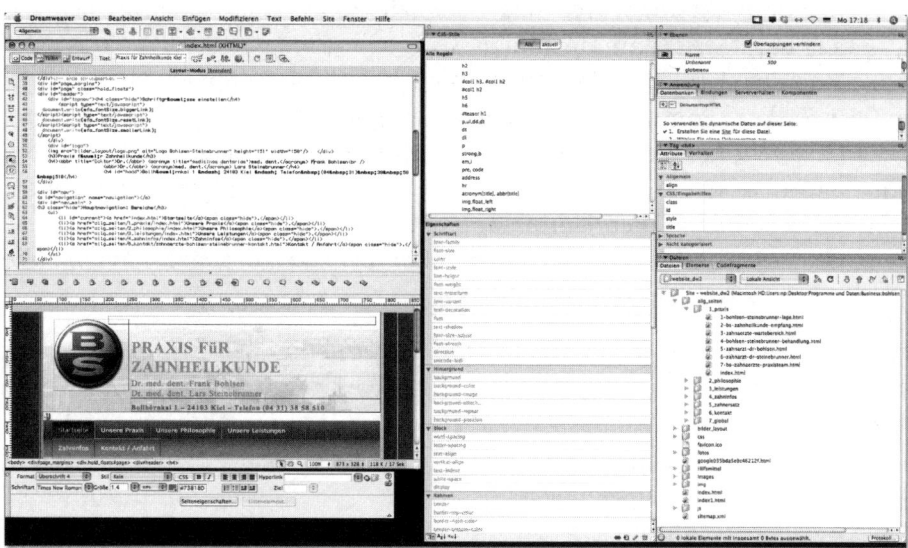

Abbildung 1.11 Das Programmfenster von Adobe Dreamweaver

Dass Hersteller bewusst auf die vergleichende Wahrnehmung der Anwender setzten, bewies die Firma Softpress mit dem Editor Freeway (*www.softpress.com*). Das Programm war vor allem für die Zielgruppe der Grafikdesigner gedacht. Softpress gestaltete die Paletten und Palettensymbole nahezu identisch zur Benutzeroberfläche des Layoutprogramms QuarkXPress.

Website-Templates

Einige Editoren setzten mit der Implementierung von Website-Vorlagen auf die Hobby-Webdesigner und Privatbetreiber. Die Templates reduzieren den Aufwand auf ein Minimum. Der Webdesigner musste lediglich die Texte und Bilder einpflegen und die Navigationsleiste in einem Frame anpassen, schon war die komplette Website fertig und per implementiertem FTP-Client im Netz.

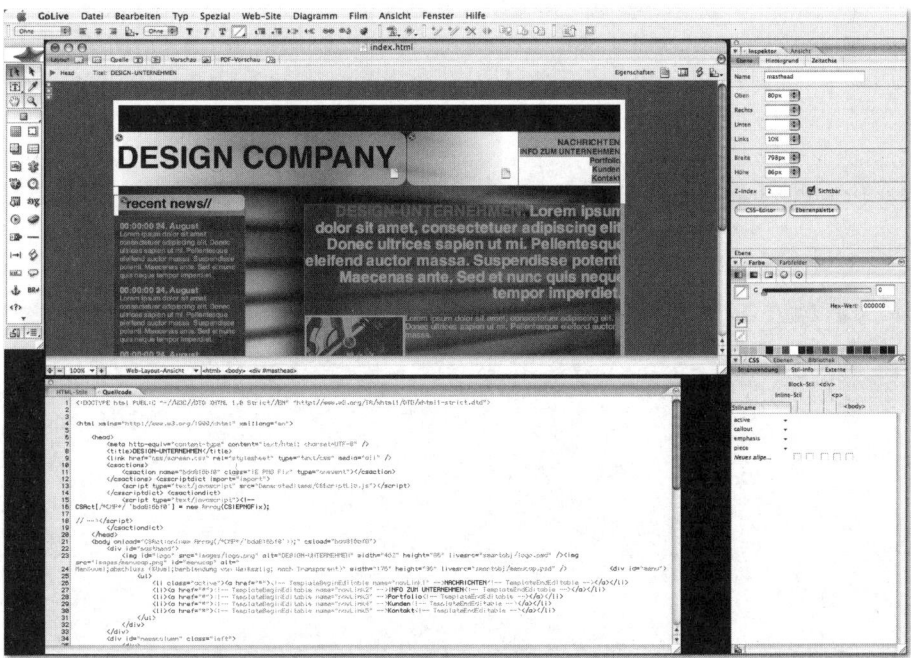

Abbildung 1.12 Design-Vorlage in Adobe GoLive

Mittlerweile können viele Editoren für ihre Templates einen relativ standardkonformen und sauberen Code produzieren. Dennoch ist weiterhin Wissen über den (X)HTML-Quellcode erforderlich, um wirklich brauchbare Seiten zu produzieren. Dennoch sollte man auch als professioneller Webdesigner diese

Editoren im Auge behalten. Selbst ausschließliche Template-Generatoren verfügen mittlerweile über simpel zu konfigurierende Fotogalerien, Ajax-Anwendungen, Tools für Mehrspaltenlayouts, kleine CMS und Weblogs. Sollte sich die Qualität weiterhin verbessern und mit den Entwicklungen im Web Schritt halten, sind sie für die Erstellung kleiner Websites eine gute Alternative zu kleinen Content-Management-Systemen, Blog-Tools oder handcodierten, statischen Webseiten.

Google Page Creator

Im »Mitmach-Web 2.0« bietet Google bekanntlich mehr als nur tolle Satellitenaufnahmen. Ein weiteres Elixier der Google Labs ist der Page Creator (*http://pages.google.com*), eine Ajax-basierte Applikation, die recht ordentliche Webseiten mit standardkonformen Quellcodes generiert. Wie fast alles im Web 2.0 ist auch diese Lösung im Dauer-Beta-Stadium. Bei Google können Sie jedoch ziemlich sicher sein, dass dieses Tool weiterentwickelt wird. Definitiv könnte daraus ein Top-Favorit für schnelle Lösungen werden, den Sie als Webdesigner im Auge behalten sollten.

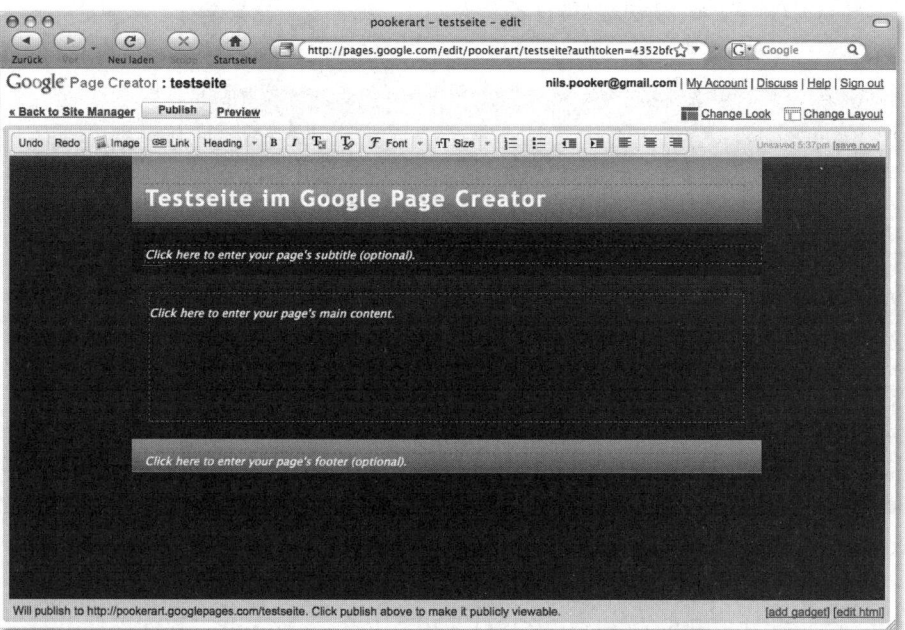

Abbildung 1.13 Google Page Creator mit ansprechenden Templates

Sie können davon ausgehen, dass weitere Unternehmen im Web 2.0 zukünftig ähnliche Tools anbieten werden. Die Dynamik neuer Lösungen wird vielleicht nicht mit der von Online-Office-Tools und Projektmanagement-Applikationen vergleichbar sein, dennoch wird der Google Page Creator sicher nicht der einzige Dienst dieser Art bleiben.

Baukastensysteme der Provider

Am Rande sei noch erwähnt, dass die großen Provider – allen voran Strato und 1&1 – Baukastensysteme mit Templates für die Zielgruppe der Webhoster anbieten. Die Systeme zur Erstellung einer eigenen Website werden als Bestandteil der Hosting-Pakete kostenlos angeboten. Anwender können mit den »Live Pages« (*www.strato.de*) beziehungsweise dem »Homepage-Baukasten« (*www.1und1.info*) ihre Webseiten über den Browser vollständig konfigurieren. Trotz eingeschränkter Gestaltungsmöglichkeiten gibt es eine Vielzahl von Templates, die wiederum über zahlreiche Farbkombinationen und Einzelelemente verfügen. Für Ihre potenziellen Kunden wird diese Lösung nicht gut genug sein. Sie sollten jedoch wissen, was Ihr Kunde meint, wenn er von kostenlosen Homepages spricht.

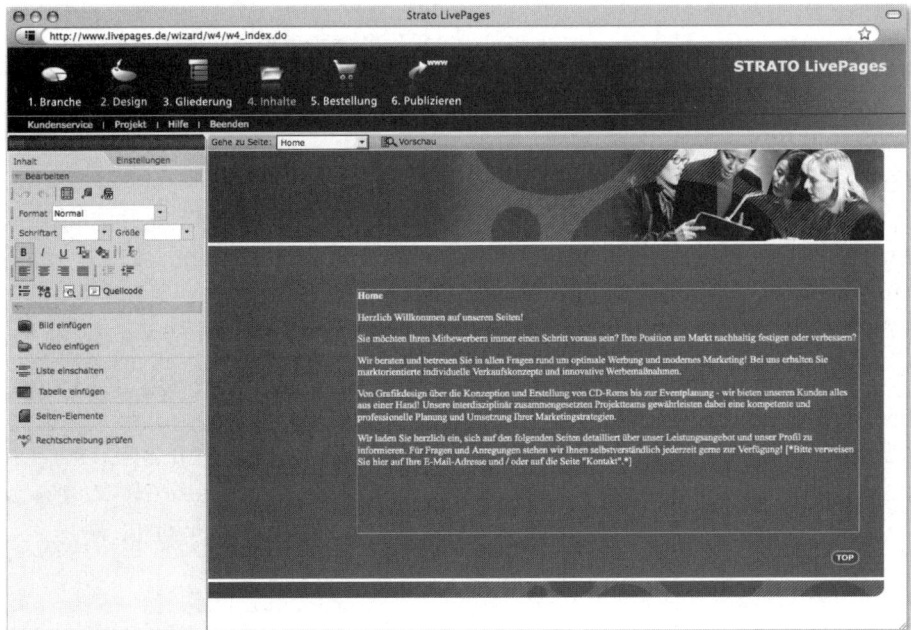

Abbildung 1.14   Strato LivePages

1 | Kunden, Kompetenzen und Kommunikation

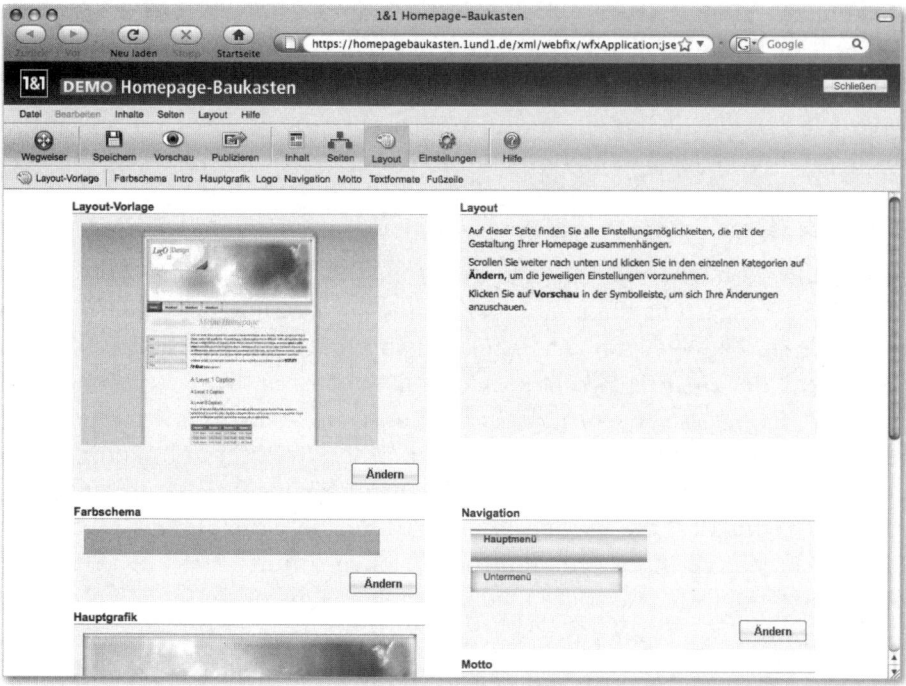

Abbildung 1.15 Der 1&1-Homepage-Baukasten, als Beispiel hier mit einem Template des Autors

CMS und Blogsoftware

Mittlerweile werden oft selbst kleine Präsenzen dynamisch erstellt. Die Auswahl an Systemen ist mehr als umfangreich. Neben den zahlreichen Content-Management-Systemen (CMS) wie Typo3, Joomla!, Drupal, CMS Made Simple oder Redaxo gibt es mit Wordpress, Textpattern oder Expression Engine kleine dynamische Lösungen auf der Basis von Weblog-Tools.

Die Blogsysteme geben in der Mehrzahl standardkonformen Quellcode aus. Leider gilt das nicht für das schier unüberschaubare Angebot von Content-Management-Systemen. Dynamische Systeme bieten heute mit fertigen Templates und einfachen Installationsroutinen die Möglichkeit, schnell Lösungen zu erstellen, unabhängig von der tatsächlichen Qualität der Websites.

Webdesign im Wettbewerb: Qualifizierung und Marktpositionierung | 1.5

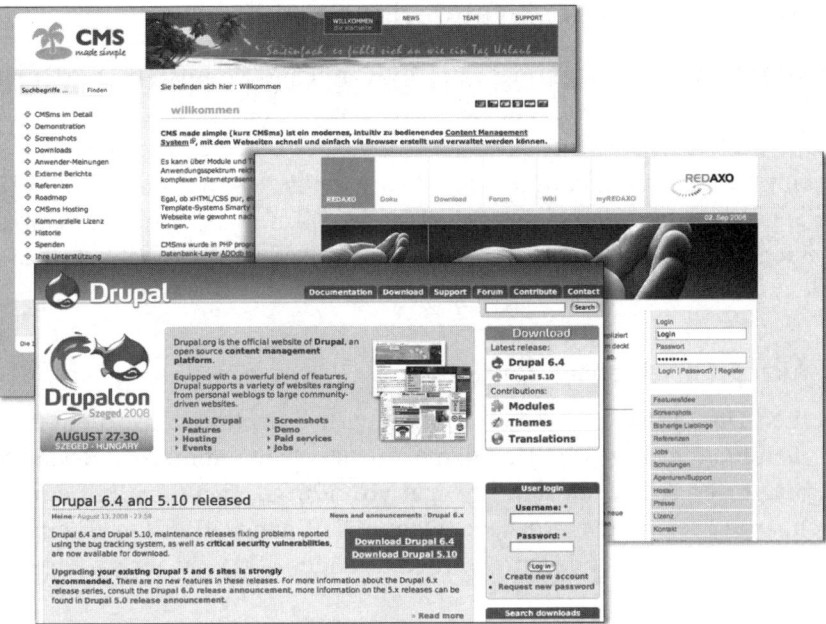

Abbildung 1.16 Beispiele für kleine Content-Management-Systeme

Abbildung 1.17 Auswahl verbreiteter Weblog-Systeme

1.6 Kompetenzen des Webdesigners

Bevor Sie sich nach der Lektüre der notwendigen Kompetenzen richtig schlecht fühlen, weil Sie meinen, nur Ihre Wissenslücken wahrzunehmen: keine Panik. Sie können nicht alles perfekt beherrschen. Das gilt insbesondere, wenn Sie als Einzelkämpfer den Markt bedienen wollen. Jeden Tag werden Sie mit neuen Entwicklungen, Trends, Tools, Workarounds, Tipps, Tricks, Büchern und Blogs konfrontiert. Sie müssen damit leben, dass Sie nicht alles aufnehmen können.

1.6.1 Akzeptanz eigener Grenzen

Eines sollten Sie als Webdesigner akzeptieren: Ihre Grenzen der Kompetenz und das Gefühl einer gewissen Unzulänglichkeit werden immer ein Bestandteil Ihrer täglichen Arbeit sein. Es ist sogar von Vorteil, sich nicht mit einem unerreichbaren Ideal unter Druck zu setzen: Die Chance, dass Sie zu einem Leonardo da Vinci des Webdesigns werden können, ist relativ gering. Eigentlich ist sie gleich null.

Wenn Sie sich dieser Tatsache aber bewusst sind, verlieren Sie auch die Angst vor den Lücken Ihrer Kompetenz. Mehr noch: Ihre Wissenslücken insgesamt verlieren ihren Schrecken.

> **Muddling Through**
>
> Den Begiff des »muddling through« sollten Sie für sich als »professionell durchwursteln« positiv übersetzen.

Wichtig ist nur, dass Sie sich dieses Bewusstsein erhalten. Verlieren Sie es, werden Sie die Haltung eines Dilettanten einnehmen. Dem ist es schließlich egal, was er nicht weiß oder nicht kann, bis ihn auch die eigene Entwicklung nicht mehr interessiert.

Von Goethe als Verfasser des Faust-Dramas war bereits die Rede. Goethe wird oft als letzter Vertreter eines Bildungsbürgers bezeichnet, der noch das gesamte Wissen seines Zeitalters besaß, und das ist mittlerweile 200 Jahre her. Goethe hat mit dem Faust die Erkenntnis dieser Grenzen menschlicher Aufnahmekapazitäten thematisiert, die einen unveränderlichen Bestandteil des Strebens nach Perfektion und Weisheit darstellt

> **Die eigenen Grenzen**
> Betrachten Sie das Bewusstsein und die Akzeptanz der eigenen Grenzen als professionell tätiger Webdesigner als eine wichtige Voraussetzung für Ihren Erfolg. Es spornt Sie täglich an, Ihr Wissen und Ihre Kompetenzen zu erweitern, ohne gleichzeitig an den Grenzen Ihrer Aufnahmekapazitäten zu verzweifeln. Anstatt auf Probleme zu starren, werden Sie Ihre Kreativität und Ihre Energie für die Lösung der Probleme einsetzen. Diese Einstellung kann im Wettbewerb durchaus wichtiger sein als Ihr technisches Know-how.

1.6.2 Selbstverständnis und Verantwortung des Handelns

Sofern Sie Webseiten nicht als *l'art pour l'art* betreiben, um den CSS Zen Garden zu füllen oder um Templates für ein Weblogsystem zu gestalten, sind Sie Dienstleister im Auftrag eines Kunden. Wem Sie dienen und was Sie leisten sollen, können und müssen, das unterliegt allein Ihrer Entscheidung und Ihrer Verantwortung.

Webdesign ist keine Tätigkeit im luft- oder sinnleeren Raum. Überlegen Sie sich stets, für wen Sie was machen und ob Sie damit leben können. Sie sind für Ihre Arbeit selbst verantwortlich, niemand anders.

Gesellschaftliche Verantwortung des Webdesigners

Radikale Gruppierungen, Volksverhetzer und kriminelle Vereinigungen haben auch eigene Webseiten. Einige davon sind sogar professionell umgesetzt. Es geht dabei nicht um die Tatsache, dass das Internet alle Sünden dokumentiert, die Sie als Webdesigner mit Tabellenlayouts angestellt haben, es geht um die Frage, mit welchem Selbstverständnis Sie Ihren Beruf als Webdesigner ausüben. Das Internet wird nicht ohne Grund als Spiegel der Gesellschaft bezeichnet. Sie haben mit der Einstellung zu Ihrer Arbeit einen Einfluss auf diese Gesellschaft, in der Sie ja auch leben wollen. Sie tragen also nicht nur eine persönliche, sondern auch eine soziale Verantwortung für Ihr Tun. Sie erstellen Webseiten, die überall und zu jeder Zeit im Web verfügbar sind.

Das mag Ihnen jetzt vielleicht zu theoretisch, idealistisch oder weltfremd klingen: Sie haben dieses Buch schließlich nicht gekauft, um die Welt zu retten, und das ist auch nicht das Ziel dieses Buches. Es geht nur darum, dass Sie die volle Verantwortung für Ihr Handeln als Webdesigner übernehmen. Oder, um ganz einfach Wilhelm Busch zu zitieren:

»Das Gute, dieser Satz steht fest, ist stets das Böse, das man lässt.«

Die Ethik des Geldverdienens

Gelegentlich hört man sogar von ansonsten kritischen Geistern die Argumentation des »wirtschaftlich Notwendigen«. Man geniert sich nicht einmal, in diesem Zusammenhang den unverdächtigen Bertolt Brecht zu zitieren: »Vor der Moral kommt das Fressen.« Mit dieser Argumentation kann man in Zeiten zunehmender Globalisierung nicht nur die Existenzberechtigung geisteswissenschaftlicher Fächer an deutschen Universitäten in Frage stellen (das passiert zurzeit überall), man kann sich auch als Webdesigner auf bequeme und zeitgemäße Art vom Vorwurf der Heuchelei reinwaschen, indem man sich auf die Notwendigkeit des wirtschaftlichen »Überlebens« beruft.

Sollte man dann nicht auch von Schäbigkeit sprechen, wenn ein Webdesigner nach dem Motto »Wes Brot ich ess, des Lied ich sing« oder »Wo gehobelt wird, fallen Späne« arbeitet, sich im Internet gleichzeitig aber über die Aufweichung des Datenschutzes, Machtkonzentrationen oder die Einschränkung persönlicher Freiheit echauffiert? Auch dazu gibt es ein Sprichwort: »Wasser predigen und Wein trinken.«

> **Sie sind, was Sie tun**
>
> Kurz gesagt: Für wen Sie was und warum machen, entscheidet auch darüber, wer Sie sind.

1.6.3 Kompetenzen im Webdesign

Über welche Kompetenzen sollten Sie als erfolgreicher Webdesigner verfügen? Vielleicht denken Sie dabei sofort und ausschließlich an das Rüstzeug Ihres technischen Know-hows. Genauso wichtig sind aber auch Kompetenzen, die scheinbar nur wenig mit Webdesign zu tun haben. Weitere Aspekte entscheiden in gleichem Maße wie Ihr technisches Können darüber, in welcher Qualität und mit welchem Erfolg Sie Ihr Projekt umsetzen. Ihre Kompetenzen sollten vier Bereiche umfassen:

1. Technische Kompetenz
2. Analytische Kompetenz
3. Interdisziplinäre Kompetenz
4. Gestaltungskompetenz

1.6.4 Technische Kompetenz

Ganz wichtig: Halten Sie sich an geltende Webstandards, und erstellen Sie semantische Webseiten.

Sie nutzen Tabellen nur für tabellarische Daten und nicht für das Layout von Webseiten. Sie trennen Inhalt und Design konsequent durch die Verwendung von *(X)HTML* und *CSS*. Sie wissen, dass *(X)HTML* strukturorientiert ist und *CSS* präsentationsorientiert. Ein *DOM* ist für Sie nicht nur das große Bauwerk in Köln oder ein Jahrmarkt in Hamburg, sondern das *Document Object Model* einer Webseite. Von *MathML* und *SVG* haben Sie zumindest schon mal was gehört. Sie kennen den Unterschied zwischen Elementen, Attributen und Tags und wissen, wie und warum Sie absolut und relativ positionierte *DIVs* verwenden. Sie kennen den Unterschied zwischen *Block-* und *Inline*-Boxen, Sie vergeben eine *ID* nur einmal pro Seite und vermeiden Divitis. Ihre Webseiten sind semantisch korrekt. Ihr Dokument zeigt also für eine Überschrift erster Ordnung:

```
<h1>Überschrift erster Ordnung</h1>
```

und nicht:

```
<span class="ueberschrift1">Überschrift erster Ordnung </span>
```

Sie missbrauchen nicht einmal die `H5` oder eine `H6` für etwas anderes als für Überschriften. Für Absatztexte verwenden Sie das `p`-Element und definieren die `p`-Attribute, damit Sie für Abstände zwischen Absätzen niemals `<br />` `<br />` verwenden müssen. Für geordnete Listen verwenden Sie `ol`, für ungeordnete Listen `ul` und für Definitionslisten `dl`. Betonungen von Textteilen erreichen Sie durch Einsatz von `em` oder `strong`, und Sie wissen, dass man für lange Zitate `blockquote` verwendet, für kurze Zitate `q` und für die Zitatquelle `cite`.

Wenn Sie das eben nicht verstanden haben und alles andere zum Thema Webstandards auch nicht wissen, sollten Sie jetzt das Literaturverzeichnis oder die Linksammlung am Ende des Buches aufschlagen.

Skriptsprachen

Ein wenig sollten Sie sich mit Skriptsprachen auskennen, zumindest sollten Sie aus Ihrer Perspektive des praktischen Anwenders wissen, dass es serverseitige Sprachen wie PHP oder ASP gibt und clientseitige wie ECMAScript (JavaScript) oder ActionScript (Flash). Dass bei Ajax-Anwendungen (Asynchronous JavaScript and XML) nur gewisse Teile einer (X)HTML-Seite bzw. reine Nutzdaten sukzessiv bei Bedarf nachgeladen werden, sollte Ihnen ebenfalls geläufig sein. Sie sollten auch wissen, dass XSLT, ASP und Perl ebenfalls Sprachen sind und nichts mit ESP oder ABS zu tun haben.

Web 2.0

Das Buzzword »Web 2.0« ist in aller Munde, jeder Webdesigner hat davon gehört, aber nicht alle wissen, was das tatsächlich im Detail bedeutet. Dennoch ist unübersehbar, dass sich das Web, wie man es bisher kannte, grundlegend verändert hat. Webgestützte Applikationen schießen wie Pilze aus dem Boden; einige davon werden Sie später noch kennenlernen. Bezeichnend für diese Applikationen ist ihr »Dauer-Beta-Status«. Man erinnert sich an unfertige Desktop-Programme, auch bekannt unter dem Begriff der Bananen-Software (»reift beim Anwender«). Sie müssen sich jetzt nicht mit jedem dieser Programme bis ins Detail auseinandersetzen. Einerseits wissen Sie nicht, wie lange die eine oder andere Webapplikation noch existiert, andererseits würde es Ihre Zeit über Gebühr in Anspruch nehmen, in der Sie sich auch noch um alles andere kümmern müssen. Wichtig ist, dass Sie die Grundlagen verstehen. Die webzweinulligen Tag-Clouds auf webzweinulligen Webseiten zeigen Ihnen typische webzweinullige Anwendungen: Ajax, Mashups, Mikroformate, Weblogs, Wikis und Podcasts.

Sekundäre Aspekte der Webtechnologie

Webdesigner vernachlässigen oft die peripheren Aspekte der Internettechnologie jenseits der Browser. Ob Sie wollen oder nicht, als Webdesigner müssen Sie sich mit diesen Aspekten befassen, die nichts mit Webdesign zu tun haben, aber nach dem Launch als Fragen oder Probleme an Sie herangetragen werden. Diese Kompetenzen sind vor allem in der Kundenkommunikation von Bedeutung. Sie arbeiten mit einem Mac und öffnen die Windows-Emulation ausschließlich zum Testen Ihrer Webseiten? Auch wenn das für Sie in Ordnung geht und für Ihre Arbeit ausreicht, irgendwann wird ein Kunde Sie um Rat fragen, wie er denn nun das E-Mail-Programm aktivieren und das Postfach auf seinem PC einrichten soll, nachdem Sie ihm ja eine so schöne E-Mail-Adresse bei seinem Provider eingerichtet haben.

Mit der zunehmenden Verbreitung der Mac-Plattform sollten sich auch hartgesottene PC-Werktätige zumindest mit der Browser- und E-Mail-Grundausstattung der Apfelkisten auskennen. Sie werden als Webdesigner ganz klar

Kompetenzdiskussionen bekommen, wenn Sie Ihren Kunden zu den Hot Spots in Afrika befragen, nur weil er eine Bemerkung zu seinen »Internetoptionen bei Safari« gemacht hat. Und die Mitteilung »mein Mail öffnet sich nicht!«, heißt nicht, dass Ihr Mac-Kunde der deutschen Sprache nicht mächtig ist, er meint vielmehr den gleichnamigen E-Mail-Client unter Mac OS X. Sparen Sie sich also eine unbedachte Antwort wie »das heißt aber die E-Mail«.

Sie sollten also einen Blick auf die Bezeichnungen, Unterschiede und Grundfunktionen der wichtigsten E-Mail-Clients und Browser werfen.

E-Mail-Clients

E-Mail-Programme für Mac OS X:

- Apple Mail
- Microsoft Entourage

E-Mail-Programme für Windows:

- Microsoft Outlook (systemabhängige Versionen)
- Pegasus Mail

E-Mail-Programme für Mac und Windows:

- Mozilla Thunderbird
- Eudora
- Microsoft Outlook Express (Mac OS 8.1–9.x)

Browser

Gängige Browser für Mac OS X:

- Safari
- Firefox
- Camino
- Opera

Verbreitete Browser für Windows:

- Microsoft Internet Explorer 7
- Microsoft Internet Explorer 6
- Firefox

- Opera
- Safari

1.6.5 Analytische Kompetenz

Hohe technische Kompetenz ist bei Weitem nicht ausreichend, um ein erfolgreiches Webprojekt auf die Beine zu stellen. Genau genommen, bezeichnet Ihr Know-how von Webstandards, Tools und Systemen nur die notwendige Bedingung, um den technischen Workflow professionell umzusetzen. Sie müssen ebenso analytisch an das individuelle Projekt herangehen.

Beschaffung und Verarbeitung von Informationen

Als Erstes steht die Informationsbeschaffung im Vordergrund. Sie müssen eine Materialsammlung erstellen – ein wichtiges Fundament für Ihre Projektplanung und für die Kundenkommunikation. Es ist sinnvoll, diese Informationen als ersten Schritt auf dem Weg zur Umsetzung eines Projektes zu sammeln und zu ordnen. Hier gilt es, das richtige Maß im Aufwand zu finden. Schnell konstruiert man bei Recherchen komplizierte Zusammenhänge und abenteuerliche Kausalitäten, die sich schon im ersten Kundengespräch als falsch oder zumindest vollkommen irrelevant für das Projekt erweisen können. Ein Informationschaos ist ebenso zu vermeiden wie eine Materialsammlung, die die kritische Masse des Auswertbaren überschreitet.

Für das Kundenprojekt bedeutet die analytische Kompetenz vor allem die Informationsbeschaffung zu wirtschaftlichen Sachverhalten des Unternehmens:

- Branche und verfügbare Unternehmensdaten (Verein oder Ähnliches: Kategorie, Anliegen, Finanzierungsmodell, Vorstand)
- Branchenspezifisches Marktumfeld (Wettbewerb)
- Marktpositionierung (Stellung im Markt relativ zu den Mitbewerbern)
- Globale Präsenz im Internet (Anzahl der Suchergebnisse, PageRank, Qualität der Verlinkungen)
- Qualität, Umfang, Struktur einer vorhandenen Webseite

Einige Informationen werden Sie direkt vom Kunden erhalten. Denken Sie daran, dass es sich dabei immer um Marketingmittel handelt, die nicht immer eine realistische Einschätzung der tatsächlichen wirtschaftlichen Faktoren und Qualitätsmerkmale zulassen. Stutzig dürfen Sie werden, wenn Sie bei

Ihrer Internetrecherche hauptsächlich auf wüste Beschimpfungen und schlechte Kritiken bezüglich der Kundenleistungen stoßen.

1.6.6 Interdisziplinäre Kompetenz

Neben der technischen und analytischen Kompetenz sind auch Ihr Knowhow und die Herangehensweise an die Grundlagen interdisziplinärer Bereiche gefragt. Diese Themen werden oft unterschätzt. Als Webdesigner müssen Sie sich aber mit diesen Themen befassen, da sie den wirtschaftlichen Erfolg, die Qualität und die rechtliche Absicherung einer Website mitbestimmen. Das sind vor allem:

> **Interdisziplinäre Kompetenzen**
> - **Prozesse der Kommunikation** (Wahrnehmung, Kommunikation, Verhaltenstheorie)
> - **Gestaltungstheorie** (Grundlagen zu Design und Typografie)
> - **Marketing, Werbung und PR**
> - **Recht** (Internetrecht, Wettbewerbsrecht, Urheberrecht)
> - **Wirtschaft** (Grundlagen der Volks- und Betriebswirtschaft, Kalkulation)

Die meisten Themenkomplexe interdisziplinärer Kompetenz werden in diesem Buch behandelt. Für Sie als Webdesigner sind die Prozesse der Kommunikation am wichtigsten. Kommunikation ist mehr als der Dialog mit Ihrem Kunden. Webdesign können Sie als Kommunikationsdienstleistung betrachten. Eine Webseite kommuniziert Inhalte, Design und Funktionalität.

Von der herausragenden Bedeutung der Gedankenkonstrukte war bereits die Rede. Die damit verbundenen Fallstricke in der praktischen Kundenkommunikation und erfolgreiche Lösungswege werden Sie auf den nächsten Seiten kennenlernen.

Mit Ihren Erläuterungen und Erklärungen stoßen Sie im Kundengespräch immer auf den harten Granit von offensichtlichem Unverständnis. Sie können Ihrem Kunden zwar eine wirklich gute und professionell umgesetzte Webseite anbieten, aber Sie wissen nie genau, ob Sie das immer richtig kommunizieren.

2 Der erfolgreiche Umgang mit Kunden

Im ersten Kapitel haben Sie gesehen, dass gerade im Webdesign eine falsche Wahrnehmung zu falschen Zuordnungen und Mustern führt. Sie haben die Hintergründe für die »Gedankenkonstrukte« der Nutzer und Kunden kennengelernt, und es wurde der Nachweis erbracht, dass Ihre Kunden weder dumm noch begriffsstutzig sind.

Auf den folgenden Seiten erfahren Sie etwas über Ihre eigenen Konstruktionen, nämlich Ihre Sicht der Dinge als Webdesigner. Sie erfahren auch, warum Ihre Konstruktionen für die Kommunikation genauso entscheidend sind wie die Konstruktionen Ihrer Kunden.

> **Erfolgreiche Kommunikation**
>
> Erst wenn Sie wissen, wie Sie vom ersten Gespräch bis zum Ende der Projektbetreuung mit Ihren Kunden kommunizieren, werden Sie Ihren persönlichen Weg für eine erfolgreiche Kommunikation finden.

Bei dem Begriff »Kommunikation« sollte man zunächst zwischen der nonverbalen und der verbalen Kommunikation unterscheiden.

Nonverbale Kommunikation ist hauptsächlich die Körpersprache, also Ihre Gestik, Ihre Mimik und Ihr Auftreten gegenüber einem Kunden. Das alles ist zwar auch wichtig, im Folgenden geht es aber vor allem um die *verbale* Kommunikation, die Sie als Dialog mit Ihren Kunden erleben. Mehr über nonverbale Kommunikation finden Sie im Abschnitt 4.3.

2.1 Grundlagen für die erfolgreiche Kommunikation

Wir kommunizieren auf vielen Ebenen und mit einer immer größer werdenden Anzahl verschiedener Medien. Vor 30 Jahren waren die Möglichkeiten der Kommunikation im direkten Vergleich zur heutigen Situation geradezu minimalistisch: Neben dem direkten Dialog gab es als verbale Kommunikation das Telefon, und als schriftliche Kommunikation gab es den Brief und das Telegramm, für ausgewählte Gesellschaftsgruppen noch das Telex.

2.1.1 Medien und Kommunikation

Heute kommuniziert alles und jeder miteinander, und das überall. Fast jedes Elektrogerät verfügt über die sprichwörtliche Kommunikationsschnittstelle. Mit dem Hang zum Dritt- oder Vierttelefon haben wir uns an die ständige Erreichbarkeit gewöhnt; vielleicht greift man auch noch zu einem Blackberry oder iPhone und hat sein Büro überall.

> **Das Internet als Kommunikationsmedium**
>
> Wir kommunizieren per E-Mail und Instant-Messenger-Software, über Foren, Mailinglisten, Communitys und Gästebücher. Skype und ähnliche Tools sind sogar »Alleskönner«: Telefonate, Videokonferenzen, Kurzmitteilungen und Datenversand, alles und alles auf einmal ist heute möglich.

Das Mitmach-Web 2.0 generiert neue und unentdeckte Welten der Kommunikation: Twitter, die Fotosammlung bei Flickr, GoogleMaps statt Anfahrtsbeschreibung, Online-Office-Tools für die Teamarbeit, und das alles in Echtzeit aktualisiert. V-Cards kommunizieren dann alle Kontaktdaten mit einem Mausklick, und man nutzt Twitter als zusätzlichen Kommunikationsweg.

Von evolutionären Entwicklungen ist da schon lange nicht mehr die Rede, überall haben wir es mit »revolutionären Innovationen« in einer Mediengesellschaft zu tun. Könnte man nicht gleich von einer Kommunikationsgesellschaft sprechen? Kommunikation beherrscht unser Leben doch auch außerhalb der Technikwelt: In nahezu jeder Kleinstadt und einmal im Monat gibt es ein tolles Kommunikationsseminar mit den neusten Strategien, an jeder Ecke locken Kommunikationstrainer mit ihren Angeboten für eine bessere Verständigung.

Abbildung 2.1   Flickr – Austausch von Bildern

2.1.2 Kommunikation als menschliche Handlung

Dummerweise unterliegt menschliches Verhalten nicht nur technischen, sondern auch evolutionären Gegebenheiten. Egal, wie rasant die Informationsverbreitung über die Medien geworden ist: Die grundsätzliche Art, wie wir Kommunikation betreiben, hat sich weder in den vergangenen 30 noch in den letzten 30.000 Jahren grundlegend verändert. Im Gegenteil: Die Medien der Kommunikation von Telefon bis Internet funktionieren nur deshalb, weil sie mit unserer Art zu kommunizieren kompatibel sind.

Das heißt aber auch: Wenn sich die grundsätzliche Art unserer Kommunikation nicht grundlegend geändert hat, können sich wohl auch unsere Probleme in der Kommunikation nicht geändert haben; da können wir noch so viele technische »Revolutionen« feiern und zahllose Kommunikationsseminare besuchen. Es ist auch egal, ob wir uns nun in einer Kommunikations-, Medien- oder Informationsgesellschaft wähnen: Einfacher ist menschliche Kommunikation auch durch die Medien nicht geworden.

2 | Der erfolgreiche Umgang mit Kunden

Abbildung 2.2 XING – Austausch von Kontaktdaten

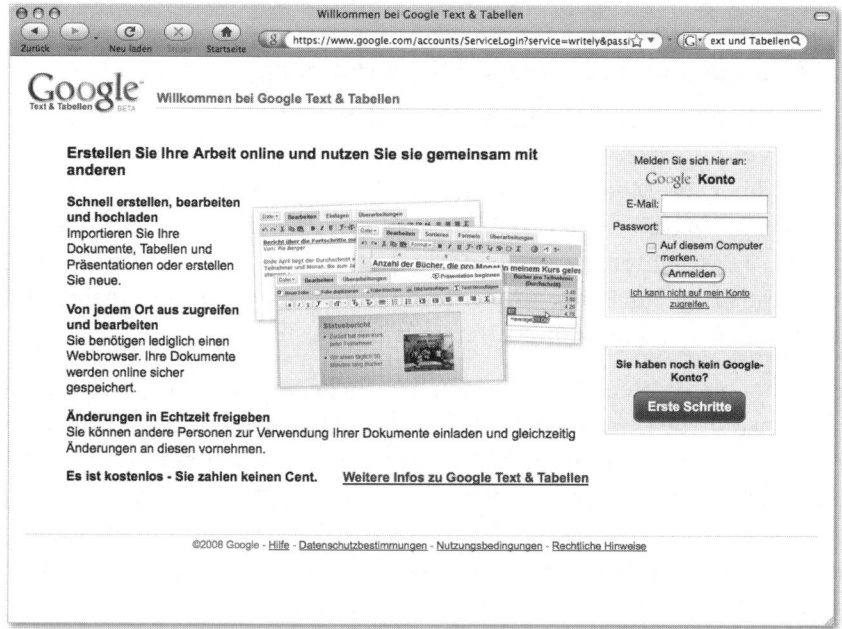

Abbildung 2.3 Google Text & Tabellen – Austausch von Dokumenten

Grundlagen für die erfolgreiche Kommunikation | 2.1

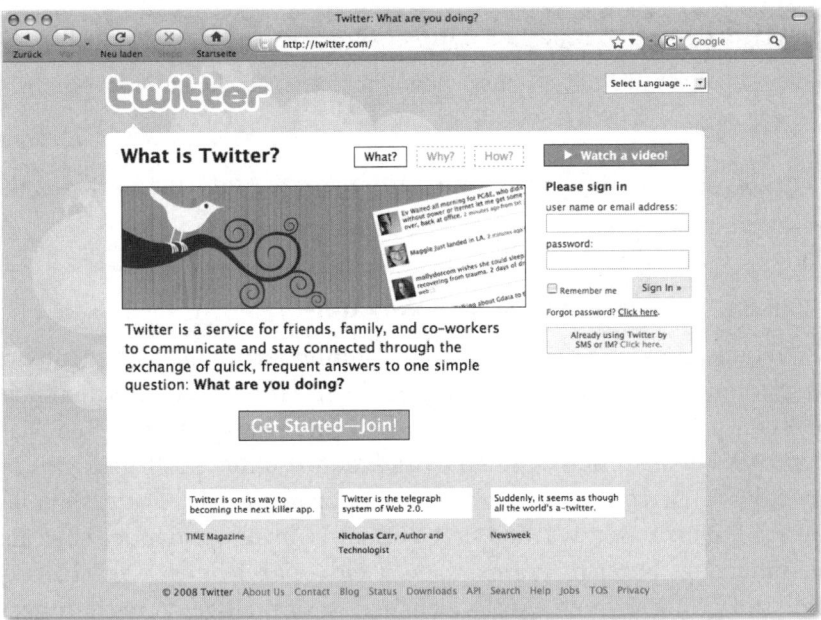

Abbildung 2.4 Twitter – für die einen Austausch von Kurzmitteilungen, für die anderen der ultimative Zeitfresser

Abbildung 2.5 Web.de FreeMail: Schreiben muss immer noch der Mensch.

> **Kommunikation ist menschlich**
>
> Es sind die Menschen, die miteinander kommunizieren. Maschinen und Technologien bleiben nur Mittel oder Medien der menschlichen Kommunikation.

Bevor es also darum geht, wie man erfolgreich kommuniziert, muss man wissen, was Kommunikation bedeutet und wie sie funktioniert.

2.1.3 Exkurs: Kommunikation als »Verkauf«

Für viele Webdesigner ist eine erfolgreiche Kommunikation gleichbedeutend mit dem erfolgreichen Verkaufen eines Website-Projekts. Wahrscheinlich fällt Ihnen erst jetzt auf, dass der Begriff »Verkaufen« eben zum ersten Mal gefallen ist. Das hat auch seinen guten Grund, denn zu diesem Begriff gibt es weder eine klare Definition noch klare Qualitätsmerkmale. Professionelle Verkäufer im Finanzwesen würden den Verkäufer im Einzelhandel eher als »Tauschhändler im Bereich Ware gegen Geld« bezeichnen. Gleichzeitig würde der für große Firmen erfolgreich und seriös tätige Versicherungsexperte jeglichen Vergleich mit dem erfolgreichen, aber etwas windigen Versicherungsverkäufer ablehnen, der sich mit speziellen Policen für Berufsunfähigkeit, Komfort-Zahnersatz und Ausbildungsversicherung zielgruppengerecht auf die Bewohner von Alten- und Pflegeeinrichtungen spezialisiert hat. Außerdem gibt es natürlich auch noch die zahlreichen Verkäufer bei eBay und Amazon und andere Verkäufer im Internet.

> **Was heißt verkaufen?**
>
> Verkaufen im positiven Sinne ist dann eine Form erfolgreicher Kommunikation, wenn der Kunde das erhält, was seinen Anforderungen und Wünschen gerecht wird.

In der Praxis des Kundengespräches – um ein Website-Projekt erfolgreich zu positionieren – hilft Ihnen dieser schöne Satz natürlich nicht weiter. In der Werbesprache heißt das ja noch viel schöner: »Der Kunde steht bei uns im Mittelpunkt« oder »Bei uns ist der Kunde König«. Diese und ähnliche Floskeln nehmen wir als Kunden nur noch am Rande wahr. Wir wissen nämlich, dass uns die Hersteller mit wohlklingenden Werbesprüchen ihre Waren und Dienstleistungen verkaufen müssen, da wir in keiner Mangelgesellschaft leben – die Nachfrage muss also ein wenig forciert werden.

> **Verkauf als künstlich geschaffene Nachfrage**
>
> »Menschen kaufen mit Geld, das sie nicht haben, Sachen, die sie nicht brauchen, um damit Leute zu beeindrucken, die sie nicht mögen.« (Sprichwort)

Als Käufer stehen wir auch nicht als König im Mittelpunkt. Beim Bäcker um die Ecke stehen wir Samstagsmorgens allenfalls im Mittelpunkt einer Schlange. Und was nützt uns die schönste Königswürde, wenn der Versicherungsmakler »Kaiser« heißt?

Fragen Sie doch mal zehn Webdesigner-Kollegen, wie man ein Website-Projekt erfolgreich »verkaufen« kann – Sie erhalten zehn verschiedene Antworten. Wenn Verkaufen im positiven Sinne bedeutet, dass Ihr Kunde das erhält, was seinen Anforderungen und Wünschen gerecht wird, dann müssen Sie diese Anforderungen und Wünsche Ihres Kunden zunächst einmal genau kennen. Sie benötigen also einen Wegweiser, um herauszufinden, was Sie überhaupt »verkaufen« können.

> **Aus Sicht des Käufers**
>
> ▶ Seriosität versus Werbung
> ▶ Kompetenz versus Manipulation

> **Aus Sicht des Verkäufers**
>
> ▶ Beratung versus Misstrauen
> ▶ Qualität versus Schnäppchenjagd

Jetzt wissen Sie, warum der Begriff Verkaufen in diesem Buch so selten verwendet wird. Wir verlassen lieber den Nebel verwirrender Definitionen und konzentrieren uns auf den Überbegriff der Kommunikation als wichtigste Grundlage Ihrer Tätigkeit.

2.2 Kommunikation und Konstrukte

Kommen wir noch einmal auf die beiden Strategien zurück, die von Webdesignern immer wieder situationsabhängig angewendet werden.

Dabei ging es ja auch um den Versuch, ein Website-Projekt zu »verkaufen«, und die Herangehensweise bei beiden Strategien ist trotz aller Unterschiede dieselbe: Ein Webdesigner geht mit bestimmten Vorstellungen in das Kundengespräch. Er hat sich im Voraus und noch vor dem ersten Termin Konfliktsituationen, Dialogabläufe und mögliche Problemlösungen vorgestellt, die den erfolgreichen Abschluss für ein Projekt zum Ziel haben.

2.2.1 Kundenkommunikation als Inszenierung

Das spätere Kundengespräch wird also im Vorfeld im Kopf des Webdesigners wie eine Theateraufführung inszeniert. Der Webdesigner ist in dieser Inszenierung nicht nur der Dialogpartner des Kunden, er ist gleichzeitig der Regisseur seines Stücks und spielt mögliche Konfliktsituationen auf seiner imaginären Bühne durch.

> **Sie sind der Regisseur**
> Strategien für Kundengespräche sind vorgestellte Inszenierungen.

Der *selbstgefällige Webdesigner*, der bereits schlechte Erfahrungen mit den Fehlkonstrukten der Kunden gemacht hat, stellt sich vor, wie er seine »Basta!«-Strategie im Gespräch effektiv umsetzen kann. Seine positiven wie negativen Erfahrungen dienen ihm dabei als Drehbuch für verschiedene Dialoge.

Der *bequem-devote* Webdesigner stellt sich dagegen vor, welche Wünsche ein Kunde wahrscheinlich haben wird. Das Drehbuch seiner »Wünsch-dir-was«-Strategie besteht aus allgemeinen Ja-Sager-Floskeln und anbiedernden Dialogen. Sein Drehbuch basiert auf Aussagen, Gestik und Mimik des Kunden, eventuell noch auf den Inhalten einer bestehenden Kunden-Webseite.

> **Inszenierungen sind Konstrukte**
> Inszenierungen sind nichts anderes als künstliche Konstrukte. Das gilt damit auch für die Strategien selbst.

Als Webdesigner hat man leider keine magische Glaskugel, in der man den tatsächlichen Verlauf eines Kundengespräches vorhersehen kann (da ist die Vorsilbe »vor« schon wieder). Und da ein Webdesigner eben kein Wahrsager ist, bastelt er sich selbst allerlei Dialoge, mögliche Konfliktsituationen und scheinbar gute Lösungen zurecht, um dann im Kundengespräch sein jeweiliges Ziel zu erreichen.

2.2.2 Kundenkommunikation als Brettspiel

Scheinbar gleicht er einem Schachspieler, der nach jahrelangen Erfahrungen alle wichtigen Züge und zahllose Varianten kennt. Und so sieht er sich auch gern, als Strategen eben. Doch im Gegensatz zum Schachspieler bleibt der Webdesigner mit seiner konstruierten Strategie erfolglos. In seinem inszenierten Spiel ist er der einzige Spielteilnehmer.

> **Konstitutive Kommunikationsregeln**
>
> Die Regeln einer Strategie hat der Webdesigner allein in seinem Kopf konstruiert. Diese Regeln gelten also nur für ihn selbst, nicht für den Kunden.

Im Schach spielen zwei Charaktere – zwei kulturell und gesellschaftlich unterschiedlich geprägte Individuen also, die nicht einmal die gleiche Sprache sprechen müssen. Das Schachspiel funktioniert aber, weil beide Individuen sich an identische und bis ins Detail festgelegte Regeln halten, die sie kennen. Diese Regeln haben den verbindlichen Charakter von Gesetzen und sind ebenfalls nichts anderes als künstliche Konstrukte, die den Spielablauf exakt definieren. Würde ein Spieler von vornherein oder mitten im Spiel andere Regeln verwenden, wäre es eben kein Schach mehr. Sie kennen selbst die Folgen, wenn ein Spielteilnehmer nicht mehr so genau weiß, wie die Regeln lauten: Man spielt aneinander vorbei, oder man bekommt sich in die Haare. Meistens geschieht beides, hübsch nacheinander.

> **Regulative Kommunikationsregeln**
>
> Eine Kommunikation nach Regeln funktioniert nur dann, wenn die Teilnehmer die Regeln auch kennen und anwenden.

Tatsächlich unterliegt die individuelle menschliche Kommunikation – und damit auch Ihr persönliches Gespräch mit einem Kunden – auch den sogenannten weichen Faktoren, die unmittelbar die Reaktion Ihres Gegenübers bestimmen: zum Beispiel Ihr Benehmen, Ihr Auftreten, Ihre Werte und Ihre soziale Kompetenz. Diese Faktoren sind vorwiegend kulturell geprägt und regeln das Zusammenkommen und Zusammenleben von Menschen in einer Gesellschaft.

Kurz gesagt, wenn Sie sich im Termin so richtig daneben benehmen, wird Ihr Kunde eher wenig Sympathie für Sie entwickeln. Seien Sie ehrlich: Erteilen Sie jemanden einen Auftrag, der Ihnen unsympathisch ist und dafür auch noch Ihr Geld erhalten soll? Und wie viel zählt dann noch die Kompetenz?

Weitaus häufiger als das Aneinandervorbeispielen ist freilich das Aneinandervorbeireden. Dort gibt nicht wie im Schachspiel ein vorher festgelegtes, detailliertes Regelwerk, das für Kommunikationsabläufe und die Dialogpartner verbindlich ist und auf das sich die Kommunikationsteilnehmer im Konfliktfall berufen könnten.

2.2.3 Kundenkommunikation als Selffulfilling Prophecy

Sie sehen: Auch Ihre eigenen Vorstellungen vom Kundenverhalten und die daraus folgenden gedanklichen Inszenierungen in Ihrem Kopf sind künstliche Konstruktionen: Sie bestimmen nicht nur den Ablauf des Kundengesprächs, sondern ebenso das Scheitern bzw. das Gelingen Ihrer Kommunikation.

Der populäre Psychiater und Kommunikationswissenschafter Paul Watzlawick bringt in seinem Buch »Anleitung zum Unglücklichsein« dazu ein überspitztes, aber dennoch sehr schönes Beispiel. Er zeigt, wie sich ein inszeniertes Konstrukt im Kopf auf eine – hier sehr kurze – verbale Kommunikation auswirken kann:

> **Der Mann mit dem Hammer**
>
> Watzlawick beschreibt einen Mann, der ein Bild aufhängen will und deshalb einen Hammer benötigt. Er überlegt, seinen Nachbarn zu fragen. In seinen Gedanken kommen ihm Zweifel, ob der Nachbar ihm überhaupt einen Hammer leihen würde. Er malt sich dann aus, dass der Nachbar am Tage zuvor nicht nur aus Zeitnot so flüchtig grüßte, sondern vielleicht aus fehlender Sympathie ihm gegenüber. Er verrennt sich gedanklich so sehr in dieses konstruierte Szenario vom griesgrämigen Nachbarn, dass er ihn für grundsätzlich wenig hilfsbereit gegenüber anderen Menschen hält, und dass Menschen wie er jedem anderen Menschen das Leben vergiften. Am Ende denkt der Mann nur noch negativ über seinen Nachbarn und daran, dass er ihm klarmachen muss, nicht auf ihn und seinen Hammer angewiesen zu sein.
>
> Sein Urteil steht fest und die Reaktion auch. Er stürmt hinüber, klingelt und brüllt den nichts ahnenden und verdutzten Nachbarn sofort an: »Behalten Sie Ihren Hammer, Sie Rüpel!« (nach Watzlawick 2007, S. 37f.)

Natürlich macht sich hier der psychotherapeutische Hintergrund von Watzlawick bemerkbar. Aber ist das Beispiel tatsächlich so realitätsfern? Ist der Webdesigner mit seinen ausgeklügelt inszenierten Strategien wirklich so weit weg von dem Mann mit dem Hammer? Erinnern wir uns: Für den Webdesigner mit der »Basta!-Strategie« sind die Kunden potenziell immer unbelehrbare Besserwisser. Der Webdesigner mit der »Wünsch-dir-was«-Strategie ist sich dagegen ganz sicher, dass die Kunden potenziell immer entscheidungsunwillige Schaumschläger sind.

Tragisch daran ist, dass der Webdesigner mit seiner Strategie immer wieder bestätigt bekommt, dass seine Kunden – je nach Strategie – entweder Besserwisser oder Schaumschläger sind. Der Webdesigner lernt im Laufe zahlreicher Dialoge mit seinen Kunden immer neue Varianten der Gesprächsführung kennen. Diese Erfahrungen führen nun aber nicht dazu, die eigene Strategie zu überdenken oder zu verwerfen, sondern die festgesetzten Inszenierungen noch weiter zu perfektionieren und zu verfeinern.

Ein Webdesigner ist zwar kein Hellseher, der in die Zukunft eines Kundengespräches blicken kann, aber viele Webdesigner glauben doch genau zu wissen, wie Kunden »so sind« und dass sie mit ihrer Einschätzung von Kunden schon immer recht hatten. Selbst die raffiniertesten Methoden zur scheinbaren Verbesserung einer Strategie führen nun aber nicht zu einer Veränderung des Kundenverhaltens. Ein Webdesigner wird dadurch aber immer wieder in seiner Überzeugung bestätigt, der Kunde sei ein Besserwisser, Schaumschläger, Dummkopf, Ignorant oder Dickkopf.

Damit sind wir beim Phänomen der Selffulfilling Prophecy gelandet, also der selbsterfüllenden Prophezeiung. Menschen mit einem Hang zum Aberglauben verfallen besonders häufig den eigenen Gesetzen solcher Prophezeiungen.

> **Selffulfilling Prophecy in Action**
>
> ▶ Wer morgens in seinem Horoskop liest, dass die Woche unter dem sprichwörtlich schlechten Stern steht, wird – sofern er daran glaubt – schon am Montag die kleinsten negativen Geschehnisse als Bestätigung der Voraussage betrachten, seien sie noch so normal und alltäglich.
>
> ▶ Der Dienstag wird ein Albtraum, der Mittwoch die reinste Hölle. Die folgende Nacht bleibt schlaflos und voller Panik: Der Wetterdienst hat Sturmböen vorausgesagt, wahrscheinlich passiert etwas Furchtbares. Ist überhaupt die letzte Versicherung gezahlt worden, ist die Überweisung überhaupt ausgeführt worden? Suchen, kontrollieren, prüfen, und um 3.20 Uhr kann man wieder ins Bett: alles bezahlt.
>
> ▶ Es gab zwar keine Sturmschäden, doch die ungewöhnliche Müdigkeit am Donnerstagmorgen kann nur Symptom einer schweren Krankheit sein. Man bleibt zu Hause, abends bestätigt sich mit zunehmender Trägheit die Gewissheit des Schlimmsten. Die Kündigung für den Arbeitgeber schreibt man noch am gleichen Tag.

> ▶ Den Rest des Wochenendes verbringt man lieber im Bett mit Chips und Schokolade. Das Völlegefühl in der Magengegend am Sonntagabend weist eindeutig auf etwas Bösartiges im Endstadium hin.
> ▶ Am Montag lebt man zwar noch, aber im Nachhinein haben sich alle Voraussagen bestätigt: Eine furchtbare Woche liegt hinter einem! Und das nächste Horoskop wartet schon auf dem Küchentisch.

Denken Sie noch einmal an den Mann mit dem Hammer aus dem Beispiel von Paul Watzlawick: Wie, glauben Sie, reagiert wohl der Nachbar, wenn er ihm das nächste Mal begegnet? Offen und freundlich bestimmt nicht, oder? Der Nachbar wird doch eher versuchen, dem Mann aus dem Weg zu gehen. Vielleicht verhält er sich sogar etwas unfreundlich. Es ist aber auch völlig egal, wie er sich verhalten wird: Unser Mann mit dem Hammer wird sich auf jeden Fall in seiner negativen Einschätzung bestätigt fühlen.

2.3 Konstruierte Kommunikationsversuche im Webdesign

Inszenierte Konstrukte bleiben oft unbemerkt, setzen sich fest und können pathologische Qualitäten erreichen: Die Gefahr von extremen Reaktionen hart am Rande von cholerischen Ausbrüchen kennen Sie von sich selbst, wenn Ihr Kunde zum wiederholten Male abstruse Wünsche für die Gestaltung oder Anmerkung zur Funktionalität seiner Webseite äußert.

2.3.1 Die Unkalkulierbarkeit der Kommunikation

Stellen Sie sich folgende – nicht unrealistische – Situation vor: Mehrfach hat Ihr Kunde Sie kontaktiert. Einmal waren es die Bilder, die seiner Meinung nach in der Breite zwei Millimeter zu klein sind, nachgemessen mit dem Lineal. Dann beschwert er sich über die unterschiedliche Schriftdarstellung auf seinem Monitor (Firefox) und dem der Assistentin (IE 6). Schließlich bemerkt er, dass die Seite auf seinem alten Laptop (800 × 600 Pixel) nur gerade mal so zu sehen und durch die kurzen Sätze auch noch schlecht zu lesen ist, während das auf dem großen Bildschirm seines Sohnes (1920 × 1200 Pixel) ganz anders und schöner in die Breite läuft, wenn auch große Ränder entstehen, sobald man das Fenster auf die volle Breite aufzieht.

Spätestens bei einer vierten oder fünften Kontaktaufnahme gehen Sie nicht mehr davon aus, dass Ihr Kunde sich nur mal eben melden möchte, um Ihnen gutes Gelingen bei Ihrer komplexen Tätigkeit zu wünschen. Nein, Sie wissen ja schon, dass jetzt ein weiterer wahnwitziger Vorschlag zur Umsetzung der Webseite kommt, der – wenn Sie diesen Vorschlag umsetzen – Ihre Reputation als professioneller Webdesigner endgültig und für immer vernichten würde. Sie sehen die Kundennummer im Telefondisplay und fühlen sich sofort genötigt, »endlich mal Klartext« mit dem Kunden zu reden. In Ihrer – konstruierten – Sicht ist das eine Art Selbstschutz: Sie ordnen das Verhalten Ihres Kunden ebenso in eine logische Abfolge ein, wie Sie auch das Verhalten eines zu schnell fahrenden Autos einordnen, wenn Sie eine Straße überqueren möchten.

Sie können aber vorher nicht wissen, ob Ihr Kunde tatsächlich anruft, um einen wahnwitzigen Vorschlag zu machen. Sie »sehen es nur voraus«; mit anderen Worten: Sie konstruieren es. Was aber, wenn der Kunde die Irrelevanz seiner Vorschläge und die Professionalität Ihrer Arbeit erkannt hat, die vielleicht noch zusätzlich von Dritten bestätigt wurde? Er ruft an, um Ihnen gutes Gelingen bei Ihrer komplexen Tätigkeit zu wünschen. In diesem Fall werden Sie eine wirklich gelungene Überraschung erleben, damit haben Sie ja nicht gerechnet. Man könnte auch sagen, Sie haben es nicht vorausgesehen. In dem Moment, in dem Sie die Telefonnummer des Kunden im Display erkannt haben, konstruieren Sie nämlich – emotional durch vorhergehende Anrufe schon vorgewarnt – Ihre persönliche Theatervorstellung. Sie sind auf »Krawall« gepolt, liegen damit aber völlig daneben.

Ein klarer Fall von Fehleinschätzung also. Erinnern Sie sich an das Beispiel des Kunden, der vergeblich versuchte, seine soeben freigeschaltete Webseite über das vermeintliche Adressfeld im Google-Fenster von T-Online zu finden, und überrascht war, seine Website nicht zu finden? Seine Fehleinschätzung des vorgestellten Funktionsablaufs beruhte auf einer falschen Wahrnehmungskonstruktion webspezifischer Zusammenhänge. Die soeben dargestellte Fehleinschätzung des Kundenanrufs beruhte auf einer falschen Wahrnehmungskonstruktion kommunikationsspezifischer Zusammenhänge.

Positive oder negative Veränderungen werden in konstruierten Kommunikationsabläufen überhaupt nicht einkalkuliert.

Vielleicht ahnen Sie bereits, dass diese Konstruktionen in der Kommunikation überaus wichtig sind.

2.3.2 Der blinde Fleck

Der Webdesigner merkt oft nicht, auf welch dünnes Eis er sich mit seinen vorgefertigten und vorgestellten Dialogen begibt. Er kann nicht als unabhängiger Regisseur im Hintergrund agieren, denn gleichzeitig ist er ein Akteur auf seiner Bühne. Selbst wenn die Dialoge oder Strategien sehr genau und mit vielen Variationsmöglichkeiten konstruiert werden, wie soll der Webdesigner die Relevanz oder Realitätsnähe seiner Konstruktion objektiv beurteilen?

Kein Regisseur, der gleichzeitig Drehbuchschreiber, Hauptdarsteller und Nebenaktor in Personalunion ist, wird auch noch eine objektive Theaterkritik verfassen können. Diese Tatsache ist auch der Grund dafür, dass offensichtlich erfolglose Strategien und Taktiken der Gesprächsführung immer wieder angewendet werden: Auch Sie können in Ihrer Vorstellung Dialoge ganz bewusst und bis ins Detail konstruieren, aber Sie können nicht aus sich heraustreten und sich dabei beobachten, wie Sie das machen. Eine »objektive« Kontrollinstanz gibt es nicht. Deshalb erscheinen die eigenen Vorstellungen, Inszenierungen oder Konstrukte so stimmig, vollständig und scheinbar objektiv.

Die bisherigen Beispiele für Fehleinschätzungen, falsche Voraussagen und Verwirrungen haben schon gezeigt, dass die eigenen Konstruktionen eine individuell erfassbare Objektivität unmöglich machen. Das gilt auch für die Kommunikation: Selbst wenn Sie Ihre eigenen Konstruktionen mit wildesten Spekulationen, Strategien, Vorsichtsmaßnahmen und »Wenn-dann-Funktionen« ausgefüllt haben – vor dem Kundentermin werden Sie niemals eine Antwort darauf finden, ob das, was Sie sich alles so vorstellen, überhaupt realistisch ist.

> **Auch in der Kommunikation gilt**
> »Meistens kommt es anders als man denkt.«

Dass die eigenen Konstruktionen eben nicht alle Aspekte eines Dialogs oder der Objektivität beinhalten, nimmt man überhaupt nicht wahr. Man spricht deshalb auch von den sogenannten »blinden Flecken« in der Wahrnehmung.

Im Augeninneren besitzen wir alle eine Stelle, wo die Fasern der Sehnerven zusammenlaufen und gemeinsam gebündelt aus dem Auge heraustreten. Diese Stelle besitzt also keine Stäbchen und Zäpfchen, die uns das Sehen erst ermöglichen. Die Stelle wird folgerichtig blinder Fleck genannt, denn tatsächlich handelt es sich hier um eine lokale Blindheit aller Menschen. Für alle Menschen gilt aber auch, dass dieser blinde Fleck nicht als »irgendetwas« – beispielsweise als Lücke oder als dunkler Punkt – wahrgenommen wird. Der blinde Fleck wird *überhaupt nicht* wahrgenommen, er befindet sich *jenseits unserer Wahrnehmung*. Man könnte auch sagen, wir sind blind gegenüber dem blinden Fleck.

Der Beweis im Selbsttest

Halten Sie das Buch mit der rechten Hand. Schließen Sie das linke Auge und fixieren Sie das Kreuz mit dem rechten Auge. Bewegen Sie das Buch entlang Ihrer Sehachse nun vor und zurück. In einem Abstand von etwa 30 bis 35 cm wird das kleine Quadrat unsichtbar. Auch wenn Sie nun das Buch nach links oder rechts bewegen, bleibt das Quadrat unsichtbar.

Abbildung 2.6 Der blinde Fleck für den Selbsttest

Sie sehen nicht irgendetwas, Sie sehen nichts.

Anders ausgedrückt: Hätten Sie aufgrund einer Augenentzündung eine Augenklappe auf dem linken Auge und würden dann das Buch zufällig im richtigen Abstand aufschlagen, wären Sie absolut sicher, dass das Quadrat auf dieser Seite überhaupt nicht existiert.

> **Terra Incognita**
>
> ▶ **1492** – Die besten Entdecker, Seefahrer und Naturforscher ihrer Zeit treffen sich an einem Ort, um alle »blinden Flecken« auf einem der frühen Globen (die gab es damals schon) mit ihren Erkenntnissen zu tilgen. Jeder gibt sein Wissen weiter, und am Ende des Tages ist der Globus vollständig. Die Gruppe trennt sich in der Überzeugung, das wahre und objektive Abbild der Erde geschaffen zu haben.

> ▶ **Zur gleichen Zeit:** Weit entfernt vom Ort der Zusammenkunft erreicht ein gewisser Christoph Columbus auf seinem Weg nach Indien unbekannte Inseln. Eine neue *terra incognita*, die als blinder Fleck noch lange die Globen bedecken wird.

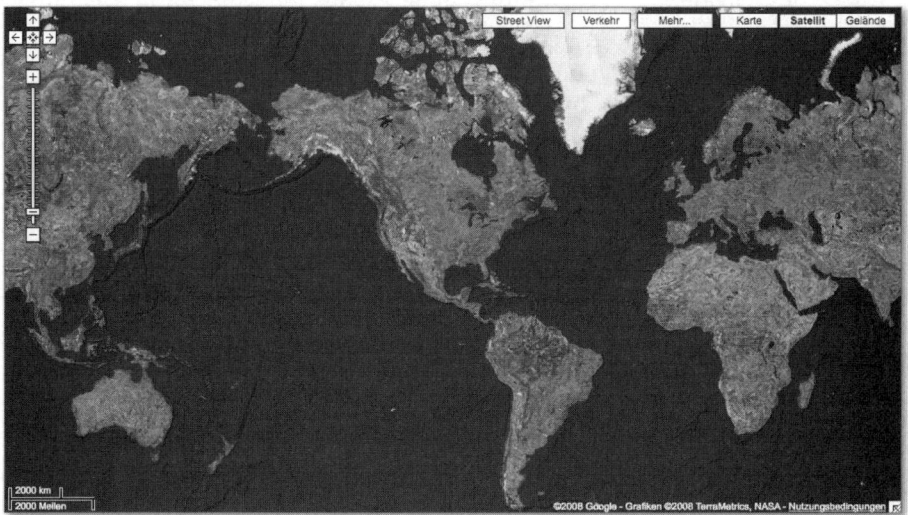

Abbildung 2.7 Der blinde Fleck XXL: Auf dem westlichen Seeweg von Europa nach Asien entdeckt man bei genauem Hinsehen auch Amerika.

2.4 Objektivität in der Kommunikation

Den blinden Fleck besitzen Sie nicht nur beim Sehen, er existiert auch in all Ihren Handlungen, in Ihrer Wahrnehmung und in der Art und Weise Ihrer Kommunikation. Die im Vorfeld inszenierten Kommunikationsstrategien von Webdesignern, das Verhalten von Watzlawicks Mann mit dem Hammer, die Fehlinterpretationen von Kunden und Nutzern, Ihre eigenen Fehlinterpretationen, das alles sind Folgen zahlreicher blinder Flecken.

Immer bleibt nämlich die Tatsache bestehen, dass wir uns selbst nicht dabei beobachten können, wo sich unser blinder Fleck befindet. Sie kennen das aus der Textkorrektur: Selbst wenn Sie zehnmal einen langen Text durchlesen, Sie werden garantiert zehnmal einen Fehler überlesen, er bleibt trotz Ihrer noch so wachen Aufmerksamkeit unentdeckt. Und glauben Sie mir, er wird mit größter Wahrscheinlichkeit auch nach weiteren 10 oder 20 Korrekturläufen unentdeckt bleiben.

2.4.1 Wirklichkeit in der Kommunikation

Wenn wir denken oder handeln, sind wir Beobachter erster Ordnung mit unseren eigenen blinden Flecken. Eine dritte Person erkennt vielleicht die blinden Flecken bei uns – was der Grund für das sogenannte Vier- oder Sechs-Augen-Prinzip beim Korrekturlesen und auch für die Inanspruchnahme eines Coaches, Kommunikationstrainers oder Therapeuten ist. Doch auch diese dritte Person – ein Beobachter zweiter Ordnung – hat ihre eigenen blinden Flecken.

Die Feststellung, dass eine universelle Wahrheit im Sinne »objektiver Wirklichkeiten« nicht greifbar ist, spielt auch für die Kundenkommunikation eine große Rolle. Diese Erkenntnis erweitert fast automatisch Ihren Horizont und Ihre Toleranz gegenüber den scheinbar dummen oder falschen Vorstellungen Ihrer Kunden (und, nebenbei, auch gegenüber den »Wahrheiten und Wirklichkeiten« anderer Menschen): Was Ihnen als Webdesigner wahr oder objektiv erscheint, ist Ihre individuelle Wirklichkeitskonstruktion in *Ihrem* Kopf. Umgekehrt ist das, was Ihrem Kunden wahr oder objektiv erscheint, auch nur die Wirklichkeitskonstruktion in *seinem* Kopf.

> **Kommunikation von Wirklichkeiten**
>
> Wenn Sie sich als Webdesigner mit dem Kunden austauschen, müssen Sie Ihre Wirklichkeit und die Wirklichkeit Ihres Kunden in Einklang bringen.

Sie können immer behaupten, Ihre Sicht der Wirklichkeit sei die »richtige«, aber das kann Ihr Kunde ebenso behaupten: Die bisherigen Beispiele und Ihre eigenen Erfahrungen mit Kunden zeigen ja, dass es gerade im Webdesign diese Kommunikation als Nullsummenspiel gibt. Ein Nullsummenspiel bleibt aber ohne Ergebnis und ist deshalb sinnlos.

2.4.2 Wie Menschen kommunizieren

Zunächst einmal verfügen fast alle Menschen über die gleichen Voraussetzungen der »Hardware« für eine erfolgreiche Kommunikation: Wir haben unsere Augen zum Sehen, unsere Ohren zum Hören, unseren Mund zum Sprechen und ein Gehirn, das sich im Laufe der Evolution zu einem hochkomplexen und äußerst effektiven Organ entwickelt hat. Die Nase kann in der Kommunikation auch eine Rolle spielen: Wenn man jemanden »nicht riechen« kann, ist das eine bekannte Umschreibung für fehlende Sympathie. Der Geruchsinn spielt im Kundengespräch aber nur eine kleine Rolle, selbst wenn die Parfum-Industrie unzählige Tests für ihre Produkte durchführt und besonders verführerische, geschlechtsspezifische und als wohlriechend empfundene Düfte produziert. Grundsätzlich gilt also: Diese Voraussetzungen sind bei uns identisch.

Wie aber sieht es mit der Software aus, also mit der Art, wie wir zu einer Kommunikation kommen, für die vor allem unsere Sprechfähigkeit von Bedeutung ist? Nun, wir gehen einfach davon aus, dass unser Kommunikationspartner die Sprache in gleicher oder zumindest ähnlicher Art und Weise verwendet wie wir selbst. Und natürlich gehen wir ebenfalls davon aus, dass unser Gesprächspartner über die Inhalte der Kommunikation genauso denkt wie wir.

Vorausgesetzt, es kommt einmal nicht zu Verständnisschwierigkeiten oder groben Missverständnissen: Wie kann man allein das Thema Web mit seinen hochkomplexen und technisch komplizierten Inhalten in der Kommunikation ordnen, strukturieren und austauschen? Anders gefragt: Wieso klappt eine Kommunikation überhaupt ohne Chaos, wenn doch jeder nur seine eigenen Wirklichkeitskonstruktionen zum Inhalt der Kommunikation machen kann? Und wie klappt das gelegentlich sogar in der Kommunikation von Webdesignern und Neukunden, also Menschen, die sich vorher noch nie begegnet sind, einen völlig unterschiedlichen Lebensweg hinter sich haben und nur die Sprache als Mittel der Kommunikation verwenden? Mehr noch: Wieso ist es problemlos möglich, eine erfolgreiche Website nur per Telefon- und E-Mail-Kontakt zu realisieren?

2.5 Kategorien und Wirklichkeitsmodelle

Der Kommunikationswissenschaftler Siegfried J. Schmidt hat eine interessante Theorie aufgestellt. Seine These: Wir alle haben zunächst unsere Wirklichkeitsmodelle, die auf festgelegten Kategorien beruhen. Solche Kategorien haben Sie ja schon im ersten Kapitel bei der Kundenwahrnehmung des Webs kennengelernt.

Unser Thema »Webdesign« gehört zur Hauptkategorie »Medien«. Diese Hauptkategorie könnte man in elektronische und nichtelektronische Medien aufteilen. Die nichtelektronischen Medien wären z. B. Bücher, Tageszeitungen, Zeitschriften, die elektronischen demnach Telefon, Radio, Fernsehen und Internet. Kategorien leben von den Unterscheidungen: Wenn wir vom

Web sprechen, sprechen wir definitiv nicht von Büchern und nicht vom Fernsehen. Diese Kategorien kann man weiter unterteilen. Die Kategorie Web könnte man in die Themen Webstandards, Usability, Accessibility und Design gliedern. Oder auch in statische Sites und Content-Management-Systeme. Oder in JavaScript, jQuery, Ajax und PHP. Oder so, wie Sie es für richtig halten. Die Unterkategorie Webstandards wiederum könnte man weiter unterteilen in die Bereiche Validierung, CSS, CSS-Layouts und semantische Webseiten.

Kommt Ihnen die Kategorisierung bekannt vor? Nach genau diesem Prinzip funktionieren nämlich Bookmark-Lösungen wie *Delicious* oder *Mister Wong*. Die »Tags« zu einem Link sind ja nichts anderes als Sammlungen von Kategorien und Unterkategorien.

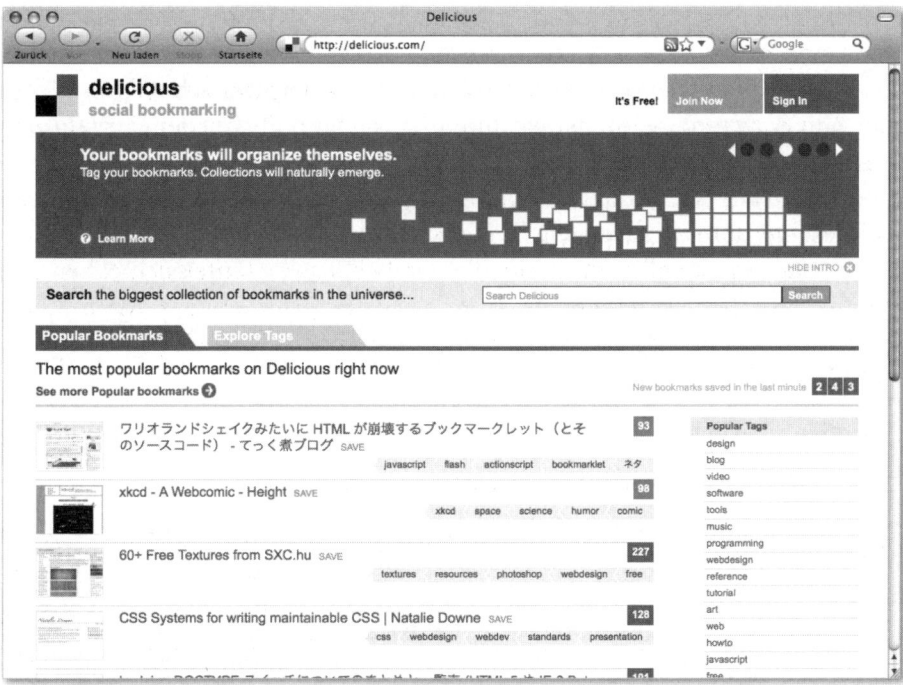

Abbildung 2.8 Delicious – social bookmarking

Ob meine Kategorieebenen (also meine Wirklichkeiten) auch für die Kunden oder Nutzer A bis Z gelten, kann ich nicht als objektiv oder wahrhaftig bestimmen. Weblog-Artikel in verschiedenen Kategorien ermöglichen dem Nutzer nicht nur verschiedene Wege zum Ziel. Der Nutzer wählt seinen eigenen Weg; die anderen Kategorien müssen ihn dann ja nicht mehr interessieren.

Und wenn wir schon bei Kategorien sind: »Der Kunde an sich« existiert so garantiert nicht. Verwendet wurde und wird dieser Begriff in diesem Buch als Differenzierung zum Webdesigner. Aber geben Sie ruhig zu, dass Sie den Kunden an vielen Stellen als Ihr in Beton gegossenes Wirklichkeitsmodell interpretiert haben: »der Kunde« als Sammelbegriff vergleichbar mit Beamten, Ausländer, Politiker oder Terroristen »an sich«. Unser Denken ist voll von diesen Schemata: Ärzte wissen alles, Lehrer wissen alles besser, und Anwälte wollen alles genau wissen.

Im Extremfall verhält sich ein Webdesigner dann so, wie er überspitzt mit seinen Strategien schon dargestellt wurde: Egal ob er auf Manipulation oder auf Bequemlichkeit setzt, in beiden Fällen sieht er den Kunden nur als den Vertreter einer negativ bewerteten und mit gemeinsamen Attributen behafteten Personengruppe. Dieses Schubladendenken führt deshalb schnell dazu, dass man – in Abwandlung eines bekannten Sprichworts – vor lauter Wald den einzelnen Baum nicht mehr sieht.

2.5.1 Kategorien und Unterscheidungen

Als Webdesigner kann man die Kategorien zum Thema Web übrigens sehr gut als roten Faden im Kundengespräch nutzen: Man orientiert sich vom Allgemeinen zum Besonderen und redet nicht aneinander vorbei. Vielmehr erkennt man schnell die falsche Fährte einer Kundenwahrnehmung. Dieses Vorgehen werden Sie noch genauer in der erfolgreichen Gesprächsführung kennenlernen.

Erläutere ich einem Kunden beispielsweise die Vorteile einer nach aktuellen Webstandards validen, semantisch korrekten und barrierefreien Website, treffe ich damit – zunächst oft unbewusst – eine klare Unterscheidung zu einer veralteten, nicht validen, tabellenbasierten, semantisch irrelevanten Website. Man kann auch im Gespräch ganz bewusst auf diese Qualitätsunterschiede eingehen.

> **Klare Definitionen sind klare Abgrenzungen vom Gegenteil**
> Die eindeutige Differenzierung innerhalb einer Kategorie beinhaltet immer auch die klare Abgrenzung vom jeweiligen Gegenteil.

Durch die Kategorisierungen und Differenzierungen im Handeln und in der Kommunikation bilden sich grobe Strukturen innerhalb unserer Gesellschaft. Man kann solche Strukturen als Modelle von Wirklichkeiten betrachten, und diese Wirklichkeitsmodelle werden immer wieder durch neue Handlungen und Kommunikation hinterfragt – sie sind das Wissen unserer Gesellschaft. Wirklichkeitsmodelle regeln damit unser gesellschaftliches Zusammenleben in allen wichtigen Beziehungen und bilden damit auch den Rahmen von Gesellschaft und Kultur.

2.5.2 Wirklichkeitsmodelle und Moral

Auf diesem Wege entsteht beispielsweise auch ein »Allgemeinwissen über das Web«. Wir haben ja schon festgestellt, dass dieses Wissen bei Webdesignern und Kunden sehr unterschiedlich ist. Das eigene Wissen wird automatisch mit Wahrheit gleichgestellt: Sie würden nie behaupten, etwas zu wissen, wenn Sie nicht gleichzeitig davon überzeugt wären, Ihr Wissen entspräche der Wahrheit. Diese Gleichsetzung von Wissen und Wahrheit ist auch der Grund für die Hartnäckigkeit von Mythen, Märchen und schlicht falschen Vorstellungen, die viele Kunden vom Web noch immer haben und die diese auch vehement als »Wahrheit« vertreten.

> **Das Gerüst der Kommunikation**
>
> Kategorien sind die Ordnungsstrukturen unserer Wirklichkeitsmodelle und bilden das Gerüst unserer Kommunikation.

Kategorien der Wirklichkeitsmodelle werden durch unsere Gesellschaft ständig auf ihre praktische Relevanz hin überprüft. Eine Kategorie »Webadressen« bei Delicious wäre ebenso sinnlos wie die Kategorie »Fotos« bei Flickr.

Ein guter Redakteur oder Autor wird sich auf das »typische« Nutzerverhalten einstellen, bei der Auswahl also auf die »Wirklichkeitsmodelle« relevanter Kategorien achten. Bookmark-Services, Flickr und Weblogs sind ja typische Vertreter des »Mitmach-Webs 2.0«, bei dem die Nutzer gleichzeitig Anbieter der Inhalte werden. Das Verhalten der Nutzer deckt sich aber nur dann erfolgreich mit dem Nutzungswunsch des Betreibers, wenn die Kategorien der jeweiligen Wirklichkeitsmodelle übereinstimmen: Wohl niemand sucht einen Artikel zu CSS-Layouts unter der Rubrik »Persönliches«, »Literatur« oder »Katzencontent«.

Abbildung 2.9 Flickr-Fotoeintrag mit Tags als zugeordneten Kategorien

Was aber, wenn das Layout narzisstisch mit Selbstportraits gepflastert ist, für Hobby-Literaten erstellt oder in der Form einer Katzen-Silhouette gestaltet wurde?

Ändert das etwas an Ihrem Verhalten? Nein: Sie würden die Artikel trotzdem in Rubriken wie Webdesign, Layouts oder CSS suchen. Alles andere würde nämlich den bei Webdesignern etablierten Wirklichkeitsmodellen zum Thema »CSS-Layouts« widersprechen.

Erfolgreiche Kommunikation beruht auf allgemein gültigen Wirklichkeitsmodellen. Die Kategorien eines Wirklichkeitsmodells sind mehr oder weniger moralisch besetzt. Das gilt sogar im Webdesign. Besitzt das Web eine Moral? Von der sozialen Verantwortung des individuellen Webdesigners war ja schon die Rede, hier geht es aber um die allgemeingültigen Bewertungen: Selbst, wenn man das Web so akzeptiert, wie es ist, angesichts der allgemein frei zugänglichen Inhalte werden immer wieder die moralischen Aspekte des Webs diskutiert: Transparenz, Weiterbildung, Wissen und Freiheit versus Pornografie, Terroristennetzwerke und Datenmissbrauch. Eine Rubrik »Tabellenlayouts« im Blog eines Webstandard-Verfechters wird von anderen »Standardistas« automatisch mit der negativ besetzten Webdesign-Praxis vergangener Zeiten gleichgesetzt.

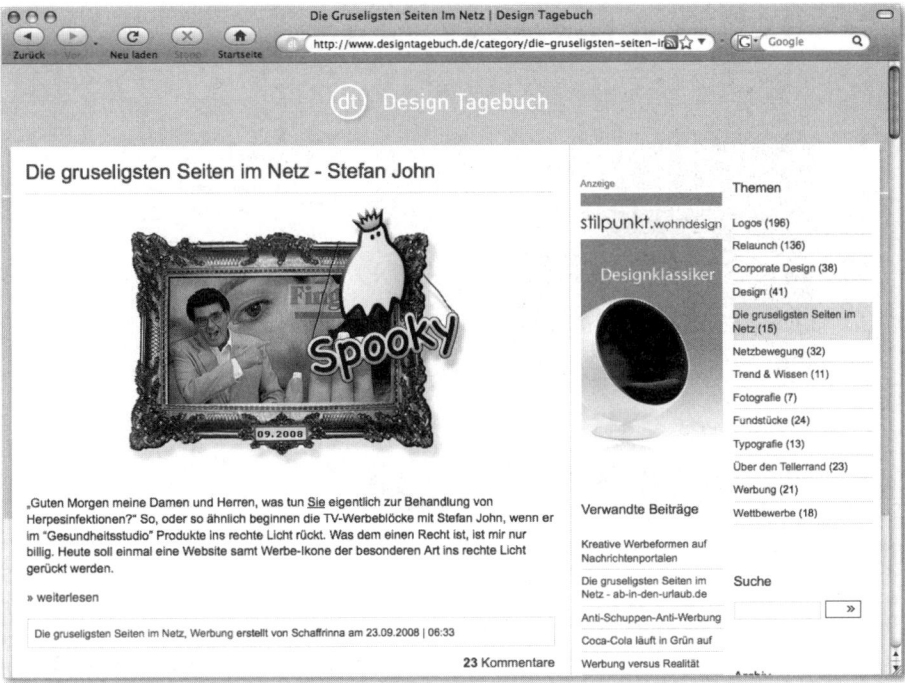

Abbildung 2.10   Kategorie »Die gruseligsten Seiten im Web« beim Design Tagebuch (nur echt ohne Bindestrich: www.designtagebuch.de)

Sie sehen, hier gab es bereits mehrfach direkte Anknüpfungspunkte sowohl zu den Themen Web 2.0, Usability und der Navigation einer Informationsarchitektur. Wir werden darauf zurückkommen, wenn es um die Planungs- und Konzeptionierungsphase einer erfolgreichen Website geht.

2.5.3   Kommunikation von (Lebens-)Geschichten

Ist Ihnen die Kategorie »Katzencontent« ungewöhnlich erschienen? Nein? Dann kennen Sie sich mit Weblogs aus, beziehungsweise mit den Diskussionen um Sinn oder Unsinn privater Online-Tagebücher, obwohl Blogsysteme ja gerade dafür entwickelt wurden.

Abbildung 2.11   Ein Blog mit Katzencontent

Um es einmal im Sinne des bisherigen Textes auszudrücken: *Katzencontent* ist eine Differenzierung der Unterkategorie *Weblog* in der Kategorie *Webdesign*. Und Webdesign gehört ja zum Wirklichkeitsmodell »Web«.

Da Sie sich im Web auskennen, sind Blogs irgendwann Teil Ihres Wissens als Webdesigner geworden. Sie haben irgendwann darüber gelesen, in den Blogs von Webdesignern haben Sie interessante Artikel gefunden, Sie haben sich dann über die Weblogs informiert, Sie haben sich mit anderen Webdesignern ausgetauscht und vielleicht selbst ein eigenes Blog veröffentlicht. Theorie und erfolgreiche Praxis des Bloggens – und das ist auch für die Kundenkommunikation äußerst wichtig – haben Sie eben nicht mit dem Frühstück am 16.08.2003 um 08:12 Uhr eingenommen. Es stand auch keine gute Web-Fee an Ihrer Haustür, die einmal mit dem Zauberstab wedelte und sagte: »Glückwunsch, Du bist ab sofort ein erfolgreicher Blogger!« Wahrscheinlich können Sie nicht einmal verbindlich sagen, wann und wo Sie den Begriff »Weblog« oder »Blog« zum ersten Mal gehört oder gesehen haben. Garantiert haben Sie erst bei der vierten, fünften oder zehnten losen Begegnung mit diesem Begriff die Initiative ergriffen und sich überhaupt persönlich damit befasst. Sie haben sich aber nur deshalb damit befasst, weil Sie Webdesigner sind.

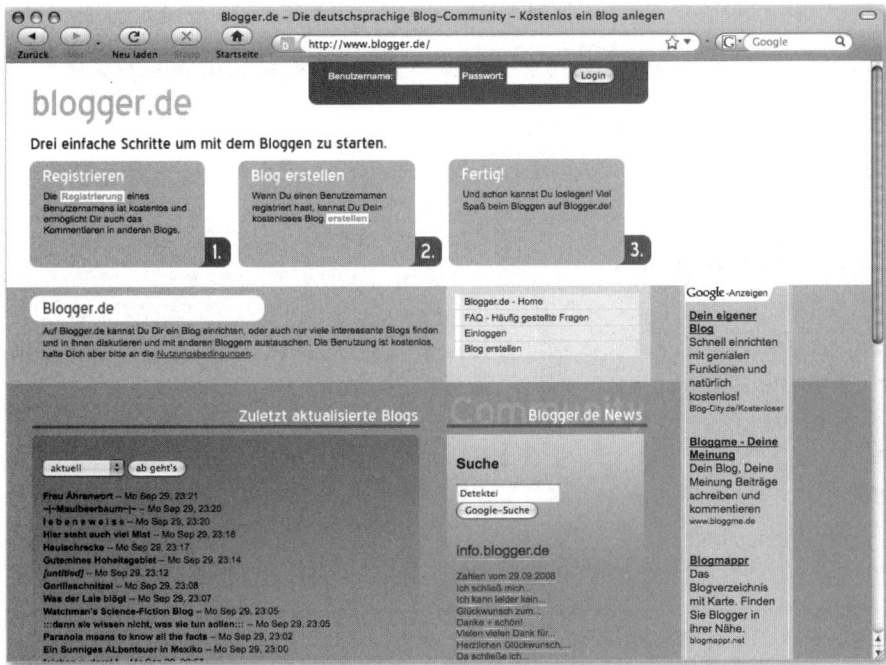

Abbildung 2.12 blogger.de – der einfache Blog-Dienst

2.5.4 Geschichten innerhalb der eigenen Lebensgeschichte

Webdesign ist nun mal Ihr Thema, es ist ein Kapitel Ihrer »Geschichte«. Dieses Kapitel teilen Sie auch mit anderen Menschen. Damit ist nicht ausschließlich ein Kollege gemeint, dem Sie von dem Projekt erzählen, auch nicht nur ein Freelancer, der Ihnen bestimmte Teile der Projektarbeit abnimmt, sondern Ihr Kunde. Sie erstellen eine Website nicht nur für, sondern vor allem mit Ihrem Kunden. Die Summe der Handlungen und Kommunikation wird zu einer »gemeinsamen Geschichte«.

Ahnen Sie schon, was dieses Gerede um Geschichten mit Kundenkommunikation zu tun hat? Ich habe Ihnen zu Beginn des Buches einige Inhalte dieses Kapitels in einer allgemein verständlichen Form präsentiert, um Sie auf die Inhalte dieses Kapitels vorzubereiten. Dieses Kapitel »Grundlagen der Kommunikation« ist zwar meine Geschichte, aber eben nicht *Ihre*. Falls doch, haben Sie sich ebenfalls intensiv mit erkenntnistheoretischen Dingen beschäftigt und gehören damit zur Ausnahme innerhalb meiner Lesergruppe. Damit die Kommunikation zwischen mir als Autor und Ihnen als Leser funktioniert, musste ich meine Geschichte so aufbereiten, dass sie zu Ihrer Geschichte passt. Ansonsten hätte ich Sie überfordert, denn auch ich bin keine Fee, die Ihnen theoretische Sachverhalte mit dem Zauberstab vermitteln kann.

> **Die Verknüpfung mit Persönlichem**
> Wirklichkeitsmodelle werden durch Verknüpfung mit persönlichen Geschichten zur Grundlage der Kommunikation.

Wenn Sie beispielsweise behaupten würden, noch nie etwas von Weblogs gehört zu haben, wäre das jetzt schon falsch. Das haben Sie schon mehrfach gelesen, nämlich in diesem Buch. Und dass Sie das Buch eben erst aufgeschlagen und zufällig diese Sätze zuerst gelesen haben – Sie sind gerade in einer Buchhandlung? – ist doch eher unwahrscheinlich. Sie können jetzt aber selbst entscheiden, ob Sie sich mit diesem Thema weiter auseinandersetzen wollen oder nicht; Sie können die Texte zum Thema Blogs einfach überspringen, oder Sie recherchieren im Internet bzw. in Fachbüchern. Sie können auch einen Weblog-Betreiber kontaktieren.

> **Erfolgreiche Kommunikation = gemeinsame Geschichte**
> In einer erfolgreichen Kommunikation gestalten die Kommunikationsteilnehmer eine gemeinsame Geschichte.

In diesem Kapitel geht es aber nicht um das bekannte Thema Weblogs, sondern um recht komplizierte Sachverhalte aus der Erkenntnistheorie und der Kommunikationspsychologie. Wenn Sie einem Kunden etwas über Weblogs nahebringen wollen, müssen Sie sich zuerst klarmachen, dass die Thematik Weblogs nur Ihnen bekannt ist. Als ausgewiesener Experte auf diesem Gebiet haben Sie eine noch größere Anstrengung vor sich: Sie wollen Ihre Geschichte zum Thema Weblogs mit Ihrem Kunden teilen, doch in seinen Geschichten ist das Thema noch nicht einmal einen Nebensatz wert gewesen.

> **Rahmenbedingungen für Kommunikation**
> - Wir konstruieren unsere Wirklichkeit der Welt so, wie sie sich uns subjektiv darstellt.
> - Wir handeln und kommunizieren über Kategorien und Differenzierungen.
> - Allgemein etablierte Kategorien bilden die gesellschaftliche bzw. kulturelle Identität.
> - Wir erfahren unsere Identität über eigene Geschichten und mittels Kommunikation.

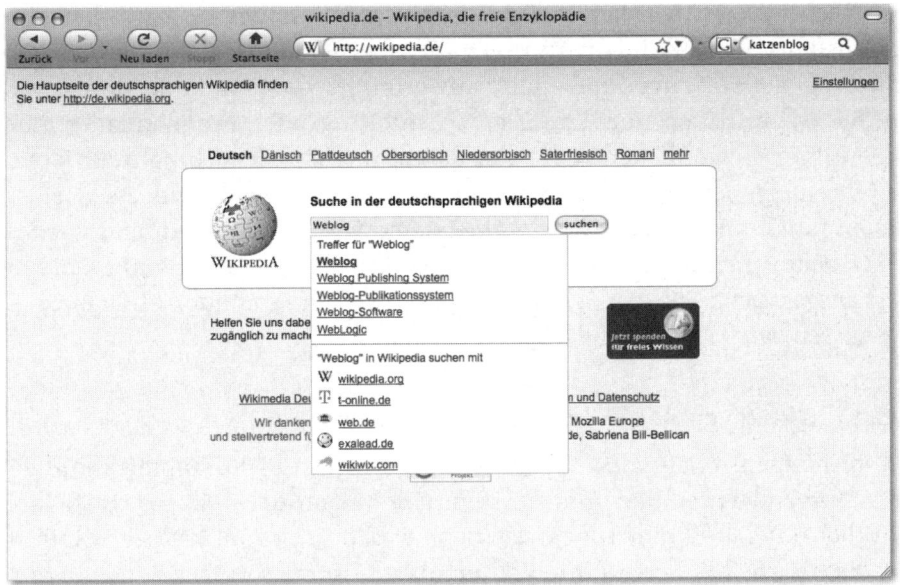

Abbildung 2.13 Treffer für »Weblog« bei Wikipedia

2.6 Kommunikation zwischen Webdesigner und Kunde

Sie haben sich nun erfolgreich durch eine erkenntnistheoretische Theorie gekämpft. Vielleicht hat diese schwer verdauliche Kost schon dazu geführt, dass Sie bereits ahnen, wo die Stolperfallen in der Kundenkommunikation von Webdesignern liegen.

Vergeblich aber haben Sie bisher darauf gewartet, endlich konkrete *Handlungsanweisungen* für Ihre Kundengespräche zu erhalten. Die hohe Kunst der ultimativen Gesprächsführung, klare Anweisungen für Killer-Dialoge, todsichere Verkaufsgespräche – nichts davon war bisher Teil des Buches. Wenn Sie jedoch alles aufmerksam gelesen haben, wissen Sie auch, warum derartige Anleitungen und Instant-Lösungen für Kundengespräche nur selten erfolgreiche Früchte tragen:

> **Nichts ist voraussehbar**
>
> Genauso individuell, wie Sie in Ihrem subjektiven Denken und Handeln sind, ist auch jeder Ihrer Kunden. Daraus folgt, dass auch jedes Kundengespräch, jeder Dialog, sogar jeder einzelne Satz im Vorfeld weder voraussehbar, noch konstruierbar und auch nicht kalkulierbar ist.

Der Büchermarkt füllt sich täglich mit neuen Titeln zur erfolgreichen Gesprächsführung im Kundentermin. Es gibt aber nicht das klar umrissene Patentrezept auf 50 Seiten für die ultimativ erfolgreiche Kommunikation – egal, ob Sie es Verkaufen nennen, Gesprächsführung oder Argumentation. Sie haben Ihren persönlichen Weg, und darauf müssen Sie sich konzentrieren. Um Ihren eigenen Weg zu finden, müssen Sie zuerst genau wissen, wie das Gehen funktioniert, auf welche Stolpersteine Sie achten sollten und wie Sie bei Gabelungen und Kreuzungen nicht das Ziel aus den Augen verlieren. Anders ausgedrückt: Für den Erfolg Ihrer persönlichen Kommunikation müssen Sie wissen, *wie* Sie als Webdesigner kommunizieren.

2.6.1 Die Psychologie der Kommunikation

Die bisherigen Inhalte des Buches haben gezeigt, dass Kommunikation vor allem mit bewussten und unbewussten Handlungen zu tun hat. Dass Sie Ihre Wirklichkeiten in Ihrem Kopf erschaffen, wissen Sie schon. Welchen Einfluss hat diese Tatsache aber auf Ihre Kommunikationspraxis in Einzel- oder Gruppengesprächen, in Ihren Telefonaten oder im E-Mail-Verkehr? Mit dieser Thematik und den Antworten auf diese Frage sind wir schon mitten in der Kommunikationspsychologie. Im Folgenden soll anhand der psychologischen Grundlagen gezeigt werden, wie Sie und Ihr Kunde sich in konkreten Kommunikationssituationen verhalten und warum Sie beide das tun.

Die Inhalte der folgenden Seiten beziehen sich auf das Buch »Einführung in die Kommunikationspsychologie« von Wolfgang Frindte. Der Leiter der Abteilung Kommunikationspsychologie an der Universität Jena hat mit seinem Werk nicht nur eine verständliche Einführung zum Thema geschrieben, von ihm stammt auch das Vorwort zum ersten Teil dieses Buches.

2.6.2 Fünf Kernsätze der Kommunikation

Von Paul Watzlawick war bereits im ersten Kapitel die Rede. Seine Geschichte vom »Mann mit dem Hammer« war dort ein wunderbares Beispiel einer Selffulfilling Prophecy, ausgelöst durch die abstruse Kopfgeburt des tragikomischen Titelhelden. Watzlawick ist vor allem bekannt durch fünf Kernsätze zur Kommunikation, die er mit seinen Kollegen schon in den 1960er-Jahren aufstellte. Diese theoretisch angenommenen Axiome bilden einen Entwurf, um Kommunikation ganz pragmatisch zu erklären.

Betrachten wir uns nun diese Kernsätze aus der Kommunikationsperspektive von Webdesigner und Kunden.

> **Erster Kernsatz: Man kann nicht nicht kommunizieren.**
>
> In Gegenwart einer anderen Person ist Ihr Verhalten immer eine Form von Kommunikation.

Sie möchten jetzt vielleicht erwidern, dass Sie und Ihr Kunde schließlich um die Wette schweigen könnten. Aha, Schweigen ist also keine Kommunikation? Es gibt für Dialogsituationen immerhin das Sprichwort »Keine Antwort ist auch eine Antwort«. Und dass Schweigen Gold, Reden Silber sein soll, bezieht sich ja nicht auf den Eremiten in einsamer Einöde, sondern versinnbildlicht den Rat für eine situationsbedingte Kommunikation in Gegenwart einer anderen Person.

Auch Schweigen ist Kommunikation

Gehen wir trotzdem einmal davon aus, dass Sie und Ihr Kunde sich tatsächlich anschweigen – wobei die Vorsilbe »an« ja schon eine Handlung formuliert. Nach kürzester Zeit würde bei Ihnen oder Ihrem Kunden das durchbrechen, was Ihnen die Evolution ins Stammhirn mitgegeben hat: eine nonverbale Kommunikationshandlung. Man zeigt eine eindeutige Mimik, macht eine Geste oder räuspert sich. Sie und Ihr Kunde könnten sich natürlich darauf konzentrieren, keine Gestik, Mimik oder Lautäußerung zu tätigen. Sie könnten auch beide in meditativer Kontemplation verharren wie Mönche bei der Morgenandacht. Doch darauf müssen Sie sich stillschweigend einigen: Sie müssen auch die Nichtkommunikation vorher kommunizieren.

Angestrengte Konzentration oder meditative Stille werden Sie bei einem Kundentermin wohl nie erleben (müssen). Sie und Ihr Kunde treffen sich mit klaren Absichten; beide Parteien haben Ziele, die nur über Kommunikation zu erreichen ist: Ihr Kunde will eine Website, Sie wollen den Auftrag.

Kommunikation im Workflow

Gerade deshalb ist dieses Axiom für Sie besonders wichtig: In der Planungsphase eines Website-Projektes pflegen Sie noch einen engen Kontakt zu Ihrem Kunden. Sie kommunizieren oft und intensiv miteinander, das Projekt wird zu Ihrem gemeinsamen Thema. In der Konzeptionierungsphase ist der Austausch nicht mehr so intensiv, es geht dann eher um inhaltliche Details. Spätestens in der Umsetzungsphase beschränkt sich Ihr Interesse an der Kundenkommunikation auf die freundliche, aber bestimmte Bitte um Lieferung der noch fehlenden Inhalte.

Sobald Sie mit der Umsetzung des Projektes beginnen, erwarten Sie seitens des Kunden ansonsten Funkstille, und zwar absolute. Fehlende Inhalte wollen Sie gern sofort haben, aber am besten per Mail oder per Post, möglichst ohne überflüssige Kommentare und definitiv ohne neue Wünsche des Kunden. Als Webdesigner konzentrieren Sie sich intensiv auf die professionelle Umsetzung des Projekts.

Und jetzt versetzen Sie sich einmal in die Lage Ihres Kunden: Anfangs ist der Webdesigner engagiert, motiviert, voll bei der Sache und interessiert an dem gemeinsamen Projekt. Das lässt aber schon bald spürbar nach. Es kommen kaum noch Anrufe oder Mails. Die haben nahezu den Charakter des Vorwands, es geht nur noch um kleine Details, die Motivation lässt offensichtlich nach. Irgendwann kommen dann ausschließlich Mails, sporadisch und unverschämt dazu: Das einzige, was den Webdesigner noch interessiert, sind ein paar Texte und Fotos. Da kann eigentlich nichts Gutes daraus werden ...

> **Aufrechterhalten der Kommunikation**
> Vermeiden Sie Kommunikationslücken!

Sie sehen, dass aus Ihrer vermeintlichen Nicht-Kommunikation in der Wirklichkeitskonstruktion Ihres Kunden ein vielsagendes Schweigen geworden ist. Ihr Kunde versteht nicht, warum Sie die Kommunikation mit ihm meiden. Er befürchtet den Verlust der hohen Projektqualität, von der Sie ihn anfangs durch Ihr professionelles Engagement überzeugen konnten. All das kann Ihnen spätestens bei der Projektabnahme um die Ohren fliegen, und dann sind Sie es, der das Kundenverhalten nicht mehr versteht.

Fazit für die Kommunikation

Aus Watzlawicks erstem Kernsatz »Man kann nicht nicht kommunizieren« kann man einen ersten Kommunikationsgrundsatz für Webdesigner ableiten.

> **Erster Kommunikationsgrundsatz**
> In allen Projektphasen ist die konstante Kommunikation mit dem Kunden wichtig.

Viele Ihrer Kunden suchen aufgrund Ihrer nachlassenden Kommunikationstätigkeit unbewusst den Kontakt zu Ihnen, um sicherzugehen, dass Sie noch immer motiviert an dem gemeinsamen Projekt arbeiten. Aus der Sicht

Ihres Kunden entwickelt sich die gemeinsame Projektgeschichte »Website« zunächst sehr erfreulich und flacht dann ab. Am Ende sieht er wieder zwei Projektgeschichten: seine, erfüllt mit Euphorie und Vorfreude auf seine Website, und Ihre, erfüllt vom schnellen Geld und fehlender Motivation. Das Ganze erinnert ein wenig an den arg strapazierten Begriff der Entfremdung in Ehekrisen. Doch im Gegensatz zu vielen Ehen, die wenigstens ein paar Jahre halten, kann hier fehlende Kommunikation dazu führen, dass ein gemeinsam getragenes Projekt schon nach wenigen Wochen in die Grütze geht.

> **Zweiter Kernsatz: Kommunikation hat einen Inhalts- und einen Beziehungsaspekt.**
>
> Es gibt nicht nur den Inhalt einer Mitteilung, sondern auch Hinweise darauf, wie der Inhalt vom Gesprächspartner verstanden werden soll.

Inhalts- und der Beziehungsaspekte einer Mitteilung können identisch, differenziert oder vollkommen widersprüchlich sein. Inhalte werden in der Regel lausprachlich durch Sprache kommuniziert, Beziehungsaspekte zusätzlich oder ausschließlich nonverbal.

Glauben Sie, dass Sponsoring die Gesundheit eines Webdesigners erhalten kann? Wahrscheinlich nicht, diese Frage macht auch inhaltlich keinen Sinn. Jedenfalls nicht ohne Kontext.

> **Der Sizilianer**
>
> Sie erzählen einem Kunden, dass Sie eine »erstklassige Website zu einem Superpreis« machen, ein »Spitzenangebot« zu unschlagbaren Konditionen mit einem Höchstmaß an Leistungen. Sie möchten Ihren Kunden aber durch lustige Vertragsklauseln, rabiat eingeschränkte Nutzungsrechte und versteckte Kostenexplosionen so richtig über den Tisch zu ziehen.
>
> Der Kunde ist reich. Sie wissen nicht, dass er der weltweit gesuchte Sizilianer mit großer Menschenkenntnis und noch größerer Familie ist, und er erkennt durch Ihre offensichtliche Gesichtsakrobatik Ihre wahren Absichten. Da der Inhalts- und der Beziehungsaspekt Ihrer Mitteilung so widersprüchlich sind, schweigt er – passend zum ersten Kernsatz – und erteilt Ihnen mit dem freundlichsten Lächeln den Auftrag. Sie triumphieren, erstellen die Website und schreiben Ihre maßlos überteuerte Rechnung.
>
> Ihr Kunde sitzt in seinem Büro. Ohne das Gesicht von der Rechnung zu wenden, teilt er seinem Sekretär in ruhiger Stimme mit: »Ich mache ihm ein Angebot, das er nicht ablehnen kann«.

> Der Sekretär nickt. Sie erhalten wenige Tage später überraschend Besuch. Der Sekretär Ihres Kunden fragt Sie lächelnd: »Glauben Sie auch, dass Sponsoring die Gesundheit eines Webdesigners erhalten kann?«
>
> Beachten Sie nur diesen Inhaltsaspekt und antworten mit einem freundlichen »nö«, erhalten Sie in Kürze noch einen zweiten Besuch. Wahrscheinlich den letzten Ihres Lebens.

Als Leser haben Sie den Beziehungsaspekt sofort verstanden, wenn Sie die Verfilmung von Mario Puzos »Der Pate« kennen. Hier streifen wir auch noch einmal die gemeinsame »Geschichte« von Menschen in einer Kultur, nämlich in Form des weltbekannten Satzes: »Ich mache ihm ein Angebot, das er nicht ablehnen kann.«

Was sagt man wie?

Wichtig ist die Tatsache, dass es keine Mitteilung gibt, die *nur* einen Inhalts- oder *nur* einen Beziehungsaspekt hat. Das heißt für Sie als Webdesigner, dass Sie nicht nur sehr genau auf die **Wortwahl** achten müssen (Inhalt), Sie sollten auch darauf achten, **wie** Sie etwas sagen (Beziehung).

Ein Beispiel: Ihr Kunde zeigt Ihnen eine Webseite, die er gut findet. Sie sind sich sicher: Er ist garantiert der *einzige* Mensch auf diesem Planeten, der diese Webseite *gut* findet. Fassungslos betrachten Sie das Gebilde am Bildschirm und möchten zunächst nur eines wissen:

> **Frage an den Kunden**
>
> »*Warum* findet der Kunde diese Webseite gut?«

Sie wissen, dass die schlechtesten Seiten im Web gelegentlich auch deshalb als gut empfunden werden, weil der Urheber solcher Machwerke im familiären oder geschäftlichen Umfeld des Kunden zu finden ist. Bei der Kommunikation der eigenen Haltung als Webdesigner ist also immer Vorsicht angesagt.

Vernachlässigen Sie nun den Beziehungsaspekt, könnten Sie mit einem lauten Lachen sehr direkt fragen:

> **Direkte Frage an den Kunden**
>
> »HAHA, *das* finden Sie gut? Wer hat *das* denn gemacht?«

Dumm gelaufen, wenn die Website vom Sohn oder Neffen des stolzen Kunden umgesetzt wurde. Sie haben vielleicht eine inhaltlich korrekte Frage gestellt, aber die Art Ihrer Fragestellung beinhaltete gleichzeitig Ihre *Meinung*. Ihr Kunde nimmt vermutlich nur diesen Beziehungsaspekt wahr und wird deshalb kein ehrliches Interesse mehr an einer inhaltlichen Kommunikation haben.

Nonverbale Gefahren

Sie könnten den Beziehungsaspekt Ihrer Frage nicht nur mit lautsprachlicher Betonung hervorheben. Es geht – wie der zweite Kernsatz beschreibt – auch nonverbal: Die Frage »Aha, das finden Sie gut. Warum finden Sie das gut, und wer hat die Webseite gemacht?« kann inhaltlich noch so sachlich und ruhig formuliert werden, mit zurückweichendem Kopf, dem Zeigefinger in Richtung der Webseite, aufgerissenen Augen und dem unverhohlenen Grinsen, mit dem Sie Ihr prustendes Gelächter gerade noch unterdrücken können, bleibt der Beziehungsaspekt noch immer wichtiger als der Inhaltsaspekt – und das entgeht auch nicht Ihrem Kunden.

Egal, ob der Beziehungsaspekt Ihrer Mitteilung eher auf einer sprachlichen Betonung oder auf der nonverbalen Ebene liegt, Sie vergrätzen in den genannten Beispielen auf jeden Fall Ihren Kunden: Beziehungsaspekte nonverbaler Art lassen sich nicht so leicht verbergen wie sprachliche, egal ob Sie heucheln, lügen, etwas verschweigen oder Ihren Kunden tatsächlich über den Tisch ziehen wollen (in letzterem Fall gehören Sie ohnehin nicht zur Profiliga der Webdesigner).

Fazit für die Kommunikation

Aus Watzlawicks zweitem Kernsatz »Kommunikation hat einen Inhalts- und einen Beziehungsaspekt« kann man einen zweiten Kommunikationsgrundsatz für Webdesigner ableiten:

> **Zweiter Kommunikationsgrundsatz**
>
> Besteht die Gefahr, dass eine Mitteilung missverstanden werden könnte, kommuniziert man die Inhalte klar und in einer sachlichen Art und Weise.

Erfolgreich sind Sie gerade mit einer kritischen Mitteilung nur dann, wenn Sie den Beziehungsaspekt durch Sachlichkeit so wie möglich reduzieren. Das gelingt im genannten Beispiel am besten durch die klare und sachlich formulierte Frage: »Wer hat diese Website gemacht?«

> **Dritter Kernsatz: Kommunikationsabläufe werden unterschiedlich strukturiert.**
>
> Kommunikationsabläufe werden von den Teilnehmern subjektiv nach den eigenen Vorstellungen, Erfahrungen und Einstellungen »interpunktiert«.

Kurz gesagt: Man kommuniziert – sachlich oder emotional – eben nicht automatisch in einer festen Abfolge. Die eigenen Mitteilungen sind vielmehr Reaktionen auf die Mitteilungen des anderen.

Wir haben es also erneut mit der Tatsache der eigenen Wirklichkeit zu tun, die sich uns nur subjektiv darstellt und die wir so interpretieren, wie wir es für richtig erachten. Für konkrete Kommunikationsabläufe heißt das: Die Kommunikationsteilnehmer beziehen alle Mitteilungen auf sich selbst. Dieser Sachverhalt wird sehr gut mit der Redewendung »Man redet aneinander vorbei« umschrieben. Die unangenehme Folge ist nämlich, dass es anstatt einer *zielführenden* Abfolge nur einen *Kreislauf* von Mitteilungen gibt. Dieser Teufelskreis führt garantiert niemals zum Ziel, weil er das eigentliche Thema nicht mehr berührt.

Im Kreislauf der Interpretationen

Der dritte Kernsatz von der Strukturierung von Mitteilungen ist für Sie als Webdesigner überaus wichtig. Interpunktionen in Kommunikationsabläufen sind nicht nur der Hauptgrund für zahlreiche Konflikte mit dem Kunden, sie treten darüber hinaus nicht offen zutage: Weder Sie noch Ihr Kunde können feststellen, an welcher Stelle des Gesprächs der Teufelskreis beginnt. Selbst im Nachhinein wird meistens nicht mehr klar, ab welchem Zeitpunkt man »aneinander vorbeigeredet« hat.

Diese Interpunktion begegnet Ihnen als Webdesigner vor allem in Bezug auf die Missverständnisse und falschen Wahrnehmungen bezüglich des Webs, ein Gebiet, das ausführlich im ersten Kapitel behandelt wurde. Diese Missverständnisse führen im Kommunikationsablauf sehr schnell zu Interpunktionen, die weder Ihr Kunde noch Sie unmittelbar wahrnehmen. Zwei Arten von Interpunktionen bestimmen dabei den Gesprächsverlauf.

> **Interpunktion des Webdesigners**
>
> »Die Vorstellungen des Kunden sind falsch, weil er nichts vom Web versteht.«

Interpunktion des Kunden
»Weil mir der Webdesigner das Web nicht erklären kann, verteidige ich meine Vorstellungen.«

In der Praxis sieht ein Dialog zu diesem Thema ungefähr so aus:

Kunde: »*Warum kann man das nicht größer machen?*«

Webdesigner: »Sie haben einen 20-Zoll-Flachbildschirm, den haben aber nicht alle.«

Kunde: »*Das sieht alles so verloren aus. Die Bilder hätte ich auch gern größer.*«

Webdesigner: »Ds ist keine gute Idee: Größere Bilder brauchen länger zum Laden.«

Kunde: »*Das stimmt nicht. Auf der Seite von Meier geht das auch ganz schnell.*«

Webdesigner: »Sie haben hier auch DSL, aber viele gehen noch mit Modem ins Netz.«

Kunde: »*Meine Kunden haben auch DSL. Und so viel länger braucht es doch nicht.*«

Webdesigner: »Aber Sie wollen auch noch Animationen und grafische Navigation.«

Kunde: »*Es soll da Bewegung rein. Und meine Hausschrift, aber das wollen Sie nicht.*«

Webdesigner: »Diese Schrift ist zu exotisch, das geht höchstens in Überschriften und Navigation.«

Kunde: »*Ach, und wieso hat mein Geschäftspartner Müller das alles im Internet?*«

Webdesigner: »Das ist auch eine reine Flash-Seite, und das ist gar nicht zu empfehlen.«

Kunde: »*Wieso? Warum können Sie mir so was nicht machen? Er wird ständig gelobt.*«

Webdesigner: »Sie wollen bei Google gefunden werden. Und Google liest nur HTML.«

Kunde: »Müller wird gefunden, schauen Sie hier. Das stimmt ja nicht, was Sie sagen.«

Webdesigner: »Sehen Sie das hier? Müller hat zusätzlich noch eine komplette HTML-Version.«

Kunde: »Ja, dann machen Sie mir das eben auch so, Sie sind doch Profi, oder?«

Webdesigner: »Ja, Sie wollen aber nicht so viel bezahlen, Ihr Budget reicht dafür nicht.«

Kunde: »Müller hat nicht viel bezahlt, das hat einer gemacht, der studiert sogar was mit Film.«

Webdesigner: »Ja, Film, das sieht man: Die Texte sind schlecht, und der HTML-Code ist eine Katastrophe!«

Kunde: »Moment: Alle finden die Seite gut, alle! Sieht doch toll aus! Ich verstehe nicht, wieso das nicht gehen soll.«

Webdesigner: »Professionell umgesetzt dauert so etwas, das muss ordentlich geplant und sorgfältig codiert werden!«

Kunde: »Wir haben aber doch schon alles in PowerPoint. Mit allen Bildern und Texten, so viel Arbeit kann das doch nicht mehr sein!«

Webdesigner: »Eine Website ist nicht PowerPoint und kein Fernsehprogramm, das ist HTML, und so einfach das geht so nicht!«

Kunde: »Dann machen Sie mir für das viele Geld wenigstens auch die Bilder größer mit Überblendungen!«

Webdesigner: »Ich sagte Ihnen doch, das sollte man nicht tun, das ist total unprofessionell und benutzerunfreundlich!«

Kunde: »Ich glaube das nicht, und ich will das so haben wie bei Müller. Ich finde, es ist sehr benutzerfreundlich.«

Und so weiter ...

Kommunikation im Teufelskreis

Es ist wohl klar, dass solche Interpunktionen in den Mitteilungen niemals zu einem Ziel führen: Als Webdesigner werden Sie nicht müde, Ihrem Kunden die Unmöglichkeit seiner Vorstellungen vorzuhalten – Ihre Waffe ist die Kompetenz. Ihr Kunde setzt alles daran, seine Vorstellungen vehement zu verteidigen – seine Waffe ist das Misstrauen. Jeder von Ihnen sucht in jeder neuen Mitteilung nach besseren, neuen Argumenten. Für einen Beobachter erscheint der Dialog zunächst wie eine logische Folge von Mitteilungen, die irgendwann einen Kompromiss oder die Lösung bringen. Das ist aber nicht so, theoretisch könnten Sie diesen Diskurs mit Ihrem Kunden über eine Ewigkeit hinweg führen, ohne dass es eine einigende Lösung gibt.

Das Dilemma: Sie nehmen konfliktbeladene Interpunktionen entweder *zu spät* oder *überhaupt nicht* wahr. Es braucht dann nicht viele Kundengespräche, die auf solchen Interpunktionen beruhen, bis Sie entsprechend reagieren: Unbewusst bedienen Sie sich fortan den mehrfach beschriebenen Strategien, um diese in Ihren Augen unnötigen Diskussionen zu vermeiden.

Als Webdesigner sollten Sie also darauf achten, ob im Dialog noch immer vom eigentlichen Kernthema die Rede ist oder ob die subjektive Strukturierung als zielloser Schlagabtausch in einen Teufelskreis gerät. Die Frage lautet nun: Können Sie solche subjektiven Interpunktionen *verhindern*?

Das dargestellte fiktive Beispiel zeigt bereits, dass das grundsätzlich nicht möglich ist. Sie können ja nicht den genauen Zeitpunkt erahnen oder vorhersehen, wann und wieso Ihr Kunde ein Detail falsch versteht, etwas grundsätzlich falsch verstanden hat oder sowieso alles falsch kategorisiert. Selbst als neutraler Beobachter, der den Dialog im Wortlaut nachlesen kann, können Sie nicht eine genaue Trennlinie ziehen, bei der im Dialog die logische Abfolge von Mitteilungen endet und der Teufelskreis beginnt. Strategien – in welcher Form auch immer – bieten auch keinen Ausweg, das haben wir ja schon längst festgestellt.

Aufmerksamkeit in der Kommunikation

Sie haben die Möglichkeit, fehlerhafte Interpunktionen über eine erfolgreiche Gesprächsführung zumindest rechtzeitig zu erkennen und aus dem Weg zu räumen. Wie das im Detail aussieht, erfahren Sie im nächsten Kapitel, nur so viel vorweg: Über die richtigen Fragen erhalten Sie mit den Antworten auch Hinweise dazu, wann und zu welchem Thema des Webdesigns eine fehlerhafte Interpunktion auftreten kann.

Aus Watzlawicks drittem Kernsatz »Kommunikationsabläufe werden unterschiedlich strukturiert« kann man einen dritten Kommunikationsgrundsatz für Webdesigner ableiten:

> **Dritter Kommunikationsgrundsatz**
> Ziellose Dialoge durch fehlerhafte Interpunktionen sind zu vermeiden und lassen sich durch klärende Fragen erkennen.

Sie können versuchen, die Position eines Beobachters zweiter Ordnung einzunehmen. Grundsätzlich ist das eine unmögliche Aufgabe, wie wir zu Beginn dieses Kapitels gesehen haben: Sie sind ja bereits Akteur des Dialogs und selbst in Ihrer Welt mit all Ihren blinden Flecken gefangen. Dennoch sollten Sie stets den Versuch wagen, nicht nur die Interpunktion Ihres Kunden, sondern auch die eigene zu erkennen. Kategorien und Differenzierungen, die Sie und Ihr Kunde im Dialog ständig bilden, dienen Ihnen dabei als »Krücke«. Dieses Zusammenspiel aus Fragen und Beobachtung verringert zumindest die Gefahr endloser Dialoge ohne Sinn und Ziel.

Als Webdesigner erkennen Sie fehlerhafte Interpunktionen nur durch Selbstreflexion, also durch den Versuch, die Position eines außen stehenden Beobachters einzunehmen.

> **Vierter Kernsatz: Kommunikation bedient sich digitaler und analoger Modalitäten.**
>
> Es gibt immer zwei Möglichkeiten, etwas darzustellen oder mitzuteilen: Digitale Mitteilungen werden über verbale Sprache kommuniziert, analoge über nonverbale Formen wie Körpersprache.

Digitale Kommunikation bedeutet, etwas wird als Name, Zeichen oder Symbol mitgeteilt. Die drei Buchstabenzeichen W, E und B bilden das Wort »Web«. Dieses Wort hat in unserem Bewusstsein die semantische Entsprechung für das World Wide Web mit all seinen Differenzierungen und Kategorien.

Um das einzelne Wort inhaltlich richtig zu erfassen, benötigt man allerdings das *Wissen*, was das Wort »Web« bedeutet. Das Wort »Web« hat ja nichts besonders »Webartiges« an sich. Auch das Wort »Buch« hat nichts unmittelbar »Buchartiges« an sich. Die Bedeutung eines gesprochenen oder geschriebenen Wortes erschließt sich dem Zuhörer oder Leser also nicht unmittelbar, die Bedeutung muss im Kopf zunächst »digital umgerechnet« werden. Wäre das nicht so, würden wir auch die Bedeutung eines jeden uns unbekannten Fremdwortes sofort verstehen.

Kommunikation jenseits der Sprache

Analoge Kommunikation erschließt sich uns dagegen *unmittelbar*, wie die analogen Entsprechungen unserer Mimik für Wut, Freude oder Schmerz. Diese Kommunikationsform ist unabhängig von semantischen Umrechnungen. In Finnland, Ungarn oder einem anderen Land mit exotischer Sprache können Sie sich zumindest durch Handzeichen, Nicken, Schulterzucken und Lächeln – kurz: durch Gestik und Mimik – verständigen. Analoge Kommunikation ist als archaische Kommunikationsform eng verbunden mit unserer evolutionären Entwicklung und damit in weiten Teilen unabhängig von unserem Sprachvermögen. Die Sprache eines Pantomimen wird überall verstanden, wir verstehen sogar weitgehend die nonverbale Sprache eines afrikanischen Buschmannes, wenn er Eigenheiten und das Verhalten eines Tieres nachahmt.

Verbale und nonverbale Sprache war bereits das Thema des zweiten Kernsatzes von den Inhalts- und Beziehungsaspekten einer Mitteilung. Tatsächlich kann man sagen, dass der *Inhaltsaspekt* der *digitalen* Kommunikationsform entspricht, der *Beziehungsaspekt* wird dagegen überwiegend *analog* kommuniziert. Auf die Relevanz der nonverbalen Kommunikation für Sie als Dienstleister werden wir später noch einmal eingehen.

Klare Aussagen mit klarer Bedeutung

Wahrscheinlich ahnen Sie bereits, warum dieser Kernsatz für Sie als Webdesigner ebenso wichtig ist wie das Problem der Interpunktion: Im Kundengespräch zwischen Ihnen und Ihrem Kunden geht es überwiegend um *digitale* Kommunikation. Sie sprechen eben nicht von Blumen, Tischen und Vasen oder anderen Kategorien, deren Bedeutung für alle Menschen ersichtlich ist und die damit keine Missverständnisse erzeugen. Der fiktive Dialog zum zweiten Kernsatz des Inhalts- und Beziehungsaspektes hat ja gezeigt, dass dem Kunden die Medienkompetenz zum Web fehlte. Er hat dadurch weder die Zusammenhänge noch die Bedeutung der Aussagen des Webdesigners verstanden.

Als Webdesigner müssen Sie also peinlich genau darauf achten, Begriffe zu verwenden, die Ihr Kunde *kennt*, und deren *Bedeutung* ihm geläufig ist. Damit kommen wir auch umgehend zu den Krebsgeschwüren der Kommunikation: Das Fachchinesisch vieler Webdesigner gehört wie die Sprache wissenschaftlicher Fakultäten zu einem weit verbreiteten Versuch, eigene Kompetenzen und großes Fachwissen möglichst kompliziert zu vermitteln, frei nach dem Motto: »Was der sagt und schreibt, verstehe ich kaum, der muss also ein ganz großer Experte sein!«

Das Gift der Kommunikation

Der Mumpitz, selbst einfache Zusammenhänge mit kompliziertesten Sprach- und Wortgebilden darzustellen, ist besonders im deutschsprachigen Raum eine verbreitete Kommunikationskrankheit. Ein Blick in die Feuilletons großer Tageszeitungen genügt: Da glänzen Buchrezensionen, Theaterkritiken und Besprechungen von Vernissagen mit esoterischem Begriffswirrwarr, wertlosen Wortschöpfungen, inhaltlich aufgeblähtem Dünnsinn und mit Satzkonstruktionen, die in ihrer Länge und Verschachtelungshierarchie nicht einmal Thomas Mann zustande gebracht hat.

Die wichtigtuerische Geheimsprache für Eingeweihte hat sich in den letzten 40 Jahren in Philosophie, Literaturwissenschaft und Technik derart eingenistet, dass sie nicht einmal Halt macht vor der Werbung und der Sprache in der Politik – sie ist längst ein fester Bestandteil der selbst ernannten Eliten unserer Gesellschaft geworden.

Leider gilt das auch für viele professionelle Webdesigner, die selten in Texten, aber fast immer in der Kundenansprache auf diese Taktik zurückgreifen: Je höher die Kompetenzen, der eigene Status, die gefühlte Professionalität und der eigene Erfolg herausgestellt werden soll, umso komplexer, esoterischer und chaotischer wird die Wortwahl im Kundengespräch.

> **Fachsprache – Fachidiotie**
>
> Die Vermeidung allgemeinverständlicher Syntax und Semantik nennt man auch Fachidiotie. Dieser Begriff definiert eine überaus erfolgreiche Methode des Schreibens und Sprechens, sich selbst als kommunikationsunfähigen und größtmöglichen Idioten eines Fachgebietes darzustellen.

Dieser Automatismus ist für die Vermittlung von Webdesign nicht nur falsch, er ist absolut fehl am Platze: *Fachsprache* kann allenfalls innerhalb von *Fachkreisen* eine Basis für Kommunikation bilden. Im Kundengespräch wird daraus eine lächerlich wirkende Fachidiotie, die allenfalls Bedauern oder Erstaunen über einen zur verständlichen Kommunikation unfähigen Webdesigner erzeugt, aber niemals Vertrauen, Akzeptanz oder ehrlichen Respekt. Wir kommen auf das Fachchinesisch auch noch einmal beim Thema Texten für Webseiten zurück.

Die oben beschriebenen Probleme in der Kundenkommunikation, die durch Missverständnisse bei der sprachlichen Verständigung und durch unterschiedliche Interpunktion der Gesprächspartner entstehen, werden übrigens oft schon zu Beginn des Kundengesprächs offenbar.

> **Vermeiden Sie Missverständnisse**
>
> Verzichten Sie auf eventuell unbekannte Fachwörter und Anglizismen, und vermeiden Sie Abkürzungen.

Aus Watzlawicks viertem Kernsatz »Kommunikation bedient sich digitaler und analoger Modalitäten« kann man einen vierten Kommunikationsgrundsatz für Webdesigner ableiten:

> **Vierter Kommunikationsgrundsatz**
>
> Die digitalen Modalitäten der Kommunikation erfordern eine klare und eindeutige Sprache, die den bekannten Kategorien und Differenzierungen des Gesprächspartners entspricht.

Orientieren Sie sich an den Differenzierungen und Kategorien, die Ihrem Kunden aller Voraussicht nach geläufig sind. Wenn Sie auf bestimmte Fachbegriffe nicht verzichten können, sollten Sie sich entweder sicher sein, dass er sie kennt, oder Sie erklären diese Fachbegriffe auf verständliche Art und Weise. Im Zweifel können Sie wie in einem englischen Dictionary Fachbegriffe und Zusammenhänge *umschreiben*, oder Sie suchen allgemein verständliche *Metaphern und Vergleiche*.

> **Fünfter Kernsatz: Kommunikation verläuft entweder symmetrisch oder komplementär.**
>
> Kommunikation kann entweder auf einem Über- und Unterordnungsverhältnis beruhen (komplementärer Verlauf) oder zwischen gleichberechtigten Partnern stattfinden (symmetrischer Verlauf).

Über- und Unterordnungsverhältnisse gibt es zum Beispiel zwischen Arbeitgeber und Arbeitnehmer oder zwischen Professoren und Studenten.

Der Vergleich zum Universitätsbetrieb hinkt etwas, die Anonymität der Massenabfertigung lässt eine klare Trennung kaum noch zu, wie der folgende Witz belegt.

> **Schweine und Adler**
>
> Der Student in der Mensa wird vom bereits speisenden Professor belehrt: »Wissen Sie nicht, dass Schweine und Adler niemals zusammen essen?« Darauf der Student: »Na, dann will ich doch mal schnell weiter fliegen«.

Symmetrisch sollte dagegen die Kommunikation zwischen Ihnen als Webdesigner und Ihrem Kunden verlaufen. Leider sieht die Realität des Kundengespräches anders aus.

Die (falsche) Kunst der Unterordnung

Bereits zum vierten Kernsatz der digitalen Modalitäten wurde die Fachsprache als (idiotisches) Mittel erwähnt, um sich selbst als Webdesigner in einem besonders kompetenten Licht darzustellen. Dahinter steht – nicht nur bei Webdesignern – auch die perfide Möglichkeit, ein Über- und Unterordnungsverhältnis herzustellen. Fachchinesisch erzeugt ja nicht nur eine intellektuelle Distanz zum Kunden, man schafft damit eine Unterordnung des Kunden unter der Knute elitärer Arroganz; dem Kunden wird der tatsächliche Inhalt der Fachausdrücke und Abkürzungen absichtlich vorenthalten, wodurch er vom Webdesigner auf subtile Art und Weise zum »dummen August« gemacht wird.

Die Klaviatur der Unterordnung beherrscht – Sie ahnen es bereits – der Vertreter der »Basta!-Strategie« perfekt, ein Webdesigner, der uns seit dem erstem Kapitel verfolgt.

> **Gleichberechtigung**
>
> Jegliche Versuche, den Kunden in eine untergeordnete Position zu bringen, werden definitiv scheitern!

Ganz dämlich wird es, wenn man den Kunden am Ende sogar zum Gegner hat. Er wird seine Position verteidigen, und auch ohne Fachkompetenz hat er eine hervorragende Position: Er besitzt das *Geld*, das *Sie* nach Fertigstellung des Projektes für Ihre Arbeit *haben wollen*. Er lässt sich dann einfach Zeit mit der Begleichung Ihrer Rechnung. Viel Zeit. Und – wenn er will – geht er in die nächste Instanz mit guten Anwälten. Das ganze Projekt endet für den Webdesigner in einer finanziellen und persönlichen Niederlage – die er verdient hat, muss man sagen.

Wie machen Sie es nun besser? Sprechen Sie mit Ihrem Kunden so, als würden Sie einem *guten Freund* etwas erklären: einem Freund gegenüber wollen Sie nicht als Besserwisser oder Vorgesetzter dastehen, Ihrem Kunden gegenüber sollten Sie also die gleiche Haltung einnehmen. Nur eine symmetrisch verlaufende Kommunikation zwischen Webdesigner und Kunde kann erfolgreich sein. Das wichtigste, was Sie Ihrem Kunden gegenüber entgegenbringen sollten, ist der *Respekt*, den Sie auch von Ihrem Kunden verlangen.

Die Harmonie der Symmetrie

Umgekehrt kann ein Kunde gelegentlich auch versuchen, Sie mit einer ähnlichen Taktik unterzuordnen. Besonders beliebt ist die Methode, die eigenen Vorstellungen durch die Aussagen von unbekannten Dritten zu untermauern – in seiner Argumentation sind das mindestens ebenso kompetente »Fachleute« wie Sie. Oft wird das vom Kunden nicht einmal falsch oder übertrieben dargestellt, es geht dabei aber um Menschen, die ebenfalls keine höhere Medienkompetenz des Webs besitzen als Ihr Kunde. Sie sind dann in dieser »Geschichte« plötzlich der einzige Akteur, der die Kundenwünsche als unprofessionell bezeichnet.

Auch in diesem Fall müssen Sie einen »offenen Kampf« vermeiden; einen Sieger wird es nicht geben. Diesen Konflikt können Sie nur durch das Vertrauen des Kunden in Ihre Kompetenz auflösen, indem Sie wiederum sachlich, verständlich und respektvoll Ihrem Kunden die Problematik seiner Wünsche erläutern.

Hinter der scheinbaren Taktik der Unterordnung versteckt sich oft nur die Unsicherheit und die Furcht vor einer Niederlage. Das gilt für Sie und ebenso für Ihren Kunden. Sie können laut werden, sarkastisch argumentieren oder das ganze Vorhaben ehrlich und offen in Zweifel ziehen. Sobald Sie jedoch alles persönlich nehmen und mit Ihren emotionalen Äußerungen auch den Respekt vor Ihrem Kunden verlieren, wird er seinerseits auch den Respekt Ihnen gegenüber verlieren.

Aus Watzlawicks fünftem Kernsatz »Kommunikation verläuft entweder symmetrisch oder komplementär« kann man einen fünften Kommunikationsgrundsatz für Webdesigner ableiten:

> **Fünfter Kommunikationsgrundsatz**
> Webdesigner und Kunde können nur als gleichberechtigte Partner erfolgreich miteinander kommunizieren. Über- und Unterordnungsverhältnisse sollten vom Webdesigner sachlich, klar und eindeutig aufgelöst werden.

2.7 Der Webdesigner im Kundengespräch

Die fünf Grundsätze sollten Sie als Regelwerk für Ihre Kundenkommunikation immer im Hinterkopf behalten. *Kurz gesagt: Wer diese Regeln beachtet, kommuniziert erfolgreicher.*

Papier ist jedoch geduldig, und das Erinnerungsvermögen eines Webdesigners ist ebenso begrenzt wie seine Lust zum Zurückblättern – deshalb hier noch einmal die Kommunikationsgrundsätze im Überblick:

> **Die fünf Kommunikationsgrundsätze**
> 1. Pflegen Sie in allen Projektphasen eine konstante Kommunikation mit dem Kunden.
> 2. Besteht die Gefahr, dass eine Mitteilung missverstanden werden könnte, kommunizieren Sie die Inhalte möglichst klar, deutlich und sachlich.
> 3. Erkennen Sie rechtzeitig ziellose Dialoge, die durch fehlerhafte Interpunktionen entstehen.
> 4. Verwenden Sie immer eine klare und eindeutige Sprache, die den Kategorien und Differenzierungen des Gesprächspartners entspricht.
> 5. Kommunizieren Sie mit dem Kunden als gleichberechtigtem Partner.

2.7.1 Gift für die Kommunikation: kognitive Dissonanzen

Damit könnten wir uns eigentlich direkt der erfolgreichen Gesprächsführung zuwenden, wäre da nicht noch eine unselige Allianz aus Selbstbetrug, Notlüge, Schönreden und Schuldzuweisung – ein gefährlicher »Ego-Cocktail«, der in jedem von uns nur darauf wartet, schwierige Gespräche auf bequeme und schnelle Art endgültig und unweigerlich zu vergiften.

In der Kommunikationspsychologie nennt man das »Vermeiden kognitiver Dissonanzen«. Die Bezeichnung selbst müssen Sie sich nicht merken, wohl aber die Inhalte, die damit zusammenhängen.

Wolfgang Frindte beschreibt das so:

»Eine einmal getroffene Entscheidung möchten wir nicht wieder rückgängig machen, weil das zu inneren Widersprüchen, Konflikten und Inkonsistenzen führen würde. Stattdessen versuchen wir uns diese Entscheidung schönzureden oder Kommunikationssituationen zu meiden, in denen wir mit derartigen Widersprüchen und Inkonsistenzen konfrontiert werden könnten.«

Dieses Verhalten erinnert stark an das Sprichwort *»... weil nicht sein kann, was nicht sein darf ...«*. Kontraproduktiv ist dieses Verhalten besonders im laufenden Kundengespräch.

Vermeidung kognitiver Dissonanzen des Webdesigners

Vermeidung von Konflikten und Widersprüchen
Kompetenzlücken und schlichte Fehler werden nicht offen und ehrlich kommuniziert.
Komplizierte Sachverhalte werden nicht oder nicht verständlich erläutert.
Der Webdesigner greift auf Argumente zurück, die irgendwie gut passen, schön klingen und »dissonante« Diskussionen von vornherein unterbinden.

Ein harmloses aber typisches Beispiel sind die *Vorteile von Webstandards* im Kundengespräch. Für Sie als Profi steht fest: Webseiten sind nur nach aktuellen Webstandards zu erstellen. Doch anstatt diese Entscheidung jedem Kunden individuell anhand seiner Vorkenntnisse zu erläutern, werden die immer gleichen Argumente wie »Suchmaschinenoptimierung«, »Handy-Kompatibilität« und »reduzierte Traffic-Kosten« aus der Mottenkiste gezogen – Gründe, die für die Mehrzahl heutiger Webprojekte nicht nur gewagt, sondern teilweise schlicht falsch sind.

Dass eine standardkonforme Webseite vielleicht suchmaschinen*freundlich* ist, mag als Argument in Ordnung gehen – mit einer *Optimierung* hat das aber nichts zu tun. Und dass man mit einem Handy aus dem Jahr 1999 standardkonforme Webseiten betrachten kann, ist im Zeitalter von iPhone & Co. ungefähr so interessant wie der Hinweis, dass die Website auch im Netscape 4 auf dem Rechner im örtlichen Heimatmuseum funktioniert. Und zum gebetsmühlenartig vorgetragenen Argument geringerer Traffic-Kosten ist zu sagen, dass fast alle großen Provider mittlerweile Traffic-Flatrates anbieten.

Und wer es schafft, mit einer kleinen Kundenwebseite ohne großartigen Schnickschnack, begrenzter Zielgruppe und zwei jährlichen Kurzmitteilungen auf der »Aktuell«-Seite eine Traffic-Begrenzung von 50 GB zu überschreiten, der hat doch wohl die »Goldene Zitrone des Webdesigns« verdient, oder?

Aus Kompetenzlücken werden Lapalien

Noch drastischer fällt die Vermeidung solcher Dissonanzen bei konkreten Kundenwünschen aus. Wie reagieren Sie auf eine Anforderung, die in Ihrer praktischen Arbeit nicht zu Ihren Kernkompetenzen gehört? Zu Beginn des Buches war bereits die Rede davon, dass man als Webdesigner nicht alles perfekt beherrschen kann und dass man gerade als Profi diese Tatsache einfach akzeptieren muss.

Wenn Sie aber zu den Webdesignern gehören, die das nicht akzeptieren wollen, sind Sie geradezu gezwungen, im Kundengespräch Widersprüche oder andere Dissonanzen unbedingt zu vermeiden. Egal ob Sie Ihre Kompetenzlücke bei XHTML, CSS, CMS, Skriptsprachen, Grafikdesign, Bildverarbeitung oder Typografie haben: Ihre Entscheidung steht fest, dass diese Lücke möglichst aus der Kommunikation ausgeklammert und im Kundengespräch deshalb weitgehend umschifft werden sollte.

Argumentation oder Strategie?

Gehen wir mal davon aus, dass Ihnen Bildverarbeitung und Flash nicht besonders liegen. Ihr Kunde erläutert Ihnen nun aber im Gespräch, dass er sich eine Kopfzeile analog zu der einer prämierten und gestalterisch anspruchsvoll umgesetzten Webseite wünscht, die zudem mit professionellen Flash-Elementen glänzt. Wie reagieren Sie nun?

> **Erste Möglichkeit: Anforderungsgerechte Argumentation**
>
> »Dieses Beispiel ist sehr professionell und anspruchsvoll. Ich selbst beherrsche das auf diesem Niveau nicht, aber ich kümmere mich um einen Spezialisten, der Ihre Kopfzeile ebenso anspruchsvoll umsetzen kann, und frage ihn, was das kosten wird.«

> **Zweite Möglichkeit: Vermeidung kognitiver Dissonanzen**
> »Flash ist immer schlecht. Was, wenn Ihre Nutzer die notwendige Erweiterung nicht haben? Es gibt zahllose Untersuchungen darüber, dass Nutzer Animationen schnell als nervend empfinden. Am besten ist immer HTML-Text, das liest auch Google. So eine Flash-Programmierung ist außerdem aufwendig, und das rechnet sich nicht für Ihre Webseite.«

Sie sehen: Das erste Kommunikationsverhalten ist eine *sachliche, offene und direkte Argumentation* gegenüber dem Anforderungswunsch des Kunden. Das zweite Kommunikationsverhalten ist dagegen eine *Strategie*, um Kompetenzlücken nicht zu offenbaren.

Was wir von Strategien zu halten haben, war schon zur Genüge Inhalt dieses Buches. Hier kommt noch hinzu, dass die Vermeidungsreaktion zwar keine direkte Lüge enthält, aber auch *nicht die ganze Wahrheit* ausspricht.

Beispiele zum Thema »Flash ist böse«

»Flash ist immer schlecht.«

Richtig, aber nur bei ganz bestimmten Inhalten und Zielen einer Webseite.

»Was, wenn Ihre Nutzer die notwendige Erweiterung nicht haben?«

Stimmt, aber nur als Hinweis bezüglich der Notwendigkeit inhaltlicher und zugänglicher Alternativen.

»Zahllose Untersuchungen beweisen, dass Nutzer Animationen als nervend empfinden.«

Ja, aber nur, wenn es um inhaltsleere Flash-Intros geht, um Vorschaltseiten oder um überladene Werbebanner.

»Am besten ist immer HTML-Text, das liest auch Google.«

Korrekt, aber das schließt ja noch lange keine sinnvolle Verwendung von Flash aus.

»Eine Flash-Programmierung ist viel zu aufwendig, das rechnet sich nicht für Sie.«

Das kann sein, ist aber als Reaktion auf einen konkreten Kundenwunsch fehl am Platze.

Fehlende Kompetenzen werden hier also in Argumente zugunsten vorhandener Kompetenzen »umgedreht«, und genau das ist ein riskantes Spiel. Unabhängig von der Motivation dieses Verhaltens sind die Argumente vor allem eines nicht: ehrlich.

> **Keine ehrlichen Argumente**
>
> Dieses Verhalten ist nicht nur überheblich, sondern auch gefährlich. Konsultiert Ihr Kunde noch einen Wettbewerber, kann der als »Fachmann« Ihre Argumentation mit den oben beschriebenen Erläuterungen komplett aus den Angeln heben.

Keine Frage, wem der Kunde anschließend sein Vertrauen für den Auftrag schenken wird.

»Kognitive Dissonanzen« haben wir auch schon im ersten Kapitel kennengelernt: als Reaktion unserer Webdesign-Strategen auf eine Niederlage im Kundengespräch. Erinnern Sie sich? Bei dem einen war der Kunde ein Schaumschläger, bei dem anderen ein penetranter Besserwisser. Das geschieht alles nach dem Motto: »*Die anderen sind schuld*«, »*die Umstände waren schlecht*« oder »*die Voraussetzungen waren schon negativ*«. Genau genommen ist diese Reaktion auch nur eine Strategie, um mit Niederlagen und Widersprüchen fertigzuwerden; eine Art Selbstschutz, die aufgrund ihrer scheinbaren Logik eine schnelle und bequeme Lösung verspricht. Bequem und gefährlich daran ist die Tatsache, dass man mit dieser Form des Selbstbetrugs den eigenen Gehirnkasten von selbstkritischen Gedanken fernhält. Wer jedoch selbstkritische Gedanken vermeidet, vergibt unweigerlich die Chance, eigene Fehler zumindest ansatzweise zu erkennen.

Ein bunter Strauß blumiger Argumente

Menschen werden angesichts solcher Dissonanzen ganz besonders kreativ in der nachträglichen Erläuterung der genauen Gründe. Das hat dann nicht nur den Charakter einer Schönfärberei, das ist eher eine Art »post-operativer Selbstprophezeiung«. Webdesigner machen da keine Ausnahme, im Gegenteil. Geht ein Auftrag verloren, sprudelt selbst aus introvertierten Gemütern eine schier unerschöpfliche Quelle möglicher Gründe, warum der Auftrag von vornherein verloren gehen musste.

Den Kunden als beratungsresistenten Besserwisser und Schaumschläger hatten wir ja schon als Begründung für den verlorenen Auftrag, es geht aber noch viel besser.

Wer oder was trägt die Schuld?

- Zu viele Entscheider haben als sprichwörtliche Köche den Brei verdorben.
- Der Kunde/ein Entscheider/eine Assistentin/ein Assistent war von vornherein negativ eingestellt.
- Mit einem Querulanten in der Gruppe hat man eh keine Chance.
- Der Termin war nur ein Alibi, der Kunde wollte den Wettbewerber von Anfang an nicht.
- Der Lebens-/Ehepartner war schlecht gelaunt.
- Der Lebens-/Ehepartner des Kunden war vermutlich schlecht gelaunt.
- Eine Erkältung war noch nicht auskuriert.
- Der Todestag von Oma/Opa/Tante/Onkel/Hund/Katze/Meerschweinchen beeinträchtigte die Konzentration auf das Projekt.

Eine besonders raffinierte Art der Schönfärberei gesteht zunächst das tatsächliche Vorhandensein von eigenen Widersprüchen oder Fehlverhalten ein, um dann im gleichen Atemzug die genauen Umstände zu erklären, die der Webdesigner nicht zu vertreten hatte und die deshalb unweigerlich zum Scheitern führen *mussten*:

Zu spät gekommen, weil ...

... keinen Parkplatz gefunden, falsche Wegbeschreibung, zugeparkt, das Essen bei Freunden war zu fett, Kaffee war alle, Vollmond.

Schlecht vorbereitet, weil ...

... Notizblock war voll, kurzfristige Terminverschiebung, Lebens- bzw. Ehepartner hat Unterlagen verlegt, Lebens- bzw. Ehepartner hat das Büro ungefragt aufgeräumt, leider zu spät gekommen (... weil: Gründe siehe oben).

Am Kunden vorbei argumentiert, weil ...

... ständig klingelte sein Telefon, Assistentin störte mehrfach, angebotener Kaffee war ungenießbar, Ventilator summte so laut, Bürostuhl war unbequem, Kunde war schlecht angezogen, leider schlecht vorbereitet (... weil: Gründe siehe oben).

Das ist zwar alles nicht so ganz überzeugend, aber doch auch nicht ganz so fern von der Realität, oder?

> **Leben Sie mit Konflikten**
>
> Akzeptieren Sie kognitive Dissonanzen. Widersprüche und Konflikte gehören zum Leben und damit zu Ihrer Arbeit als Webdesigner. Wenn Sie das nicht akzeptieren, können Sie kaum eine erfolgreiche Kommunikation führen.

2.7.2 Vorbereitung ist der halbe Erfolg

Um alle Kommunikationsgrundsätze auch im Gespräch einzuhalten und gleichzeitig Schönrederei oder Notlügen zu vermeiden, bedarf es vor allem einer sorgfältigen *Planung* der Kundenkommunikation. Das mag jetzt wie ein Allgemeinplatz klingen, viele Webdesigner sind jedoch der Auffassung, dass es vollkommen genüge, einen Schmierzettel bereitzulegen, den Kunden zehn Minuten nach dem groben Projektumfang zu befragen, um dann zwei Stunden über den Preis zu diskutieren.

Falls Sie es noch nicht geahnt haben: Das ist nicht so gut.

Kategorien von Arbeitsweisen

Man kann grob drei unterschiedliche Arbeitsstile und dazu passende Kommunikations-Charaktere unterscheiden, die nicht auf Webdesigner beschränkt sind. Man findet sie unter fast allen Menschen, die ständig etwas Neues schaffen beziehungsweise schaffen müssen. Dazu gehören also auch Programmierer, Schriftsteller, Journalisten, Maler, Bildhauer, Grafiker, Produktdesigner, Schauspieler oder Erfinder.

Die willkürlich gezogene Unterscheidung in drei Arbeitsstile ist natürlich nur eine vereinfachte Kategorisierung, ansonsten würden die Aspekte für jeweils 33,3 % der Mitglieder aller angesprochenen Berufsgruppen gelten. Hier geht es wie bei jeder Kategorisierung nur um Konstruktionen zur Unterscheidung.

1. Der analytische Denker

Beginnen wir mit dem *kreativen Planer und Konzeptionierer*.

Stärken und Schwächen

▶ Die großen Entwürfe und großen Zusammenhänge sind das ideale Betätigungsfeld für den analytischen Denker. Er entdeckt rechtzeitig Konfliktpotenziale, Engpässe und Fehler in der Detailplanung. Er findet schnell heraus, was der Kunde will, wo er seine Kompetenzlücken hat und welche Anforderungen an die Website gestellt werden müssen. Als sachlich argumentierender Gesprächspartner bringt er emotionale Diskussionen schnell zurück auf die Inhaltsebene.

- Spontaneität bei einer unvorhergesehenen Problemlösung passt nicht zu seiner Herangehensweise. Wird die Belastung zu groß, zieht er sich zurück, was mit einem zeitweiligen Abbruch der Kundenkommunikation verbunden ist.

2. Der solide Handwerker

Der nächste Kandidat ist der *ideale Projektleiter*.

Stärken und Schwächen

- Der solide Handwerker hat gern die Zügel des ganzen Projektes in der Hand. Seine Kommunikation mit Kunden bleibt im gesamten Workflow praxis- und ergebnisorientiert. Der pragmatische Ansatz und die Machbarkeit konkreter Lösungen sind sein Gebiet. Als Gesprächspartner ist er der souveräne und zuverlässige Vertreter – solide und berechenbar, nicht nur für die Kunden, auch für Geschäftspartner, Kollegen oder Vermittler.
- Die Wege im Webdesign-Workflow bleiben solide, aber konservativ. Stößt der solide Handwerker an die Grenzen seiner Fähigkeiten oder an die des Projektes, können unvorhergesehene emotionale Ausbrüche folgen.

3. Der sorglose Chaot

Der *ideale Problemlöser* in verfahrenen Situationen.

Stärken und Schwächen

- Scheinbar festgefahrene Projektphasen bringt er durch gewagte bis brillante Einfälle wieder auf die Spur. Er arbeitet nach dem Lustprinzip und braucht sogar Druck, um gut arbeiten zu können. Mit seiner oft fröhlichen Sorglosigkeit und als Vertreter des ewigen Chaos ist er in seinem Verhalten trotzdem nicht automatisch flatterhaft. Druck und klare Vorgaben machen ihn berechenbar und damit zu einem zuverlässigen Partner.
- Der fehlende Ordnungssinn sorgt immer wieder für eine unnötige Verschwendung von Zeitressourcen. Stress führt je nach Charakter schnell zu Panikattacken oder Lethargie, begleitet durch Ablenkungsstrategien und Abwesenheit. Das innere Chaos wird dann auch nach außen und bis zum Kunden getragen.

Erfolg in Vielfalt

Die Kategorisierung zeigt, dass es nicht den ultimativen Lösungsweg für das eigene Verhalten und die eigene Kommunikation gibt. Es bringt hier jedoch keinen Mehrwert, wenn wir die drei verschiedenen Charaktere noch weiter aufdröseln, um am Ende eher auf acht verschiedene Persönlichkeitsmuster zu kommen. Auch wenn Sie sich vielleicht nicht direkt in den Charakteren wiedergefunden haben, einer groben Richtung werden Sie sich wahrscheinlich schon zuordnen können.

> **Übernehmen der Muster**
> Versuchen Sie, ein wenig von allen Mustern im Workflow zu übernehmen.

Nehmen Sie sich wie der *analytische Denker* die Ruhe, analytisch, logisch und stringent das Kundenprojekt zu planen. Steht der Umfang des Projektes in einem angemessenen Verhältnis zu den technischen, inhaltlichen und nutzerspezifischen Anforderungen der Website? Ist ein professionelles CMS sinnvoll, reicht ein kleines Blog-CMS, oder ist eine kleine statische Präsenz zugunsten von Printwerbung ideal?

Projektmanagement

Ziehen Sie das Projekt als Einzelkämpfer alleine durch, dann sollten Sie sich wie der *solide Handwerker* auf die Inhalte, auf die praktische Umsetzung und auf das Ziel konzentrieren. Betrachten Sie die eigenen Lösungen und die Wünsche des Kunden: Was ist technisch machbar, was ist inhaltlich sinnvoll, was ist für den Nutzer angemessen? Hier ist Ihr Know-how im Workflow gefragt und Ihr Können auf den Gebieten des Webdesigns von der Planung über die Konzeptionierung bis zur Umsetzung.

Kreativität und Problemlösung

Vernachlässigen Sie nicht den *kreativen Chaoten* in Ihnen. Kreativität ist für die Arbeit an einer Website notwendig. Wie der Zufall oder die unerwartete Unschärfe in einem Bild ist Kreativität nicht plan- und kontrollierbar. Achten Sie darauf, den richtigen Augenblick des Neuen zu erkennen und dann zu nutzen: Gehen Sie im Regen spazieren, spielen Sie mit Legosteinen, malen Sie mit Buntstiften, besuchen Sie ein Museum oder den Zoo.

Charaktere und Kommunikationshilfen

Kommen wir zur richtigen Vorbereitung einer erfolgreichen Kundenkommunikation zurück. Hier zeigt sich jetzt konkret, dass es allenfalls grobe Leitsätze für verschiedene Charaktere geben kann.

- Sind Sie ein *Denker und Grübler*, können Sie ja wohl kaum einen potenziellen Kunden am Telefon um einen Rückruf in einer Stunde bitten, um sich in aller Ruhe auf ein Gespräch vorzubereiten – das hat vielleicht seinen Reiz, ist aber nicht optimal.

- Als *solider Handwerker* wiederum können Sie nach der ersten Begrüßung nicht gleich nach dem Wer, Was, Wann, Wieso und Wieviel des Projektes fragen – möglichst mit genauer Ansage Ihrer knappen Zeit –, das hört sich in der Theorie effektiv an, in der Praxis ist so ein Verhalten natürlich unverschämt und erfolglos.

- Sind Sie ein *kreativer Chaot*, sollten Sie den Kunden am anderen Ende der Leitung nicht warten lassen, bis Sie nach minutenlanger Suche endlich einen Schreibblock und einen funktionsfähigen Kugelschreiber für Gesprächsnotizen gefunden haben – auch das ist wenig unterhaltsam und wirft kein gutes Licht auf Ihre Professionalität.

2.7.3 Die richtige Kommunikationsumgebung

Unabhängig von Ihrem eigenen Charakter können Sie dennoch einige Regeln beachten und Fehler bei der Organisation Ihrer »Kommunikationszentrale« vermeiden:

> **Bereiten Sie sich auf die Kommunikation vor.**
>
> Sie sollten grundsätzlich immer auf einen Anruf, eine E-Mail, ein Fax oder eine Postsendung Ihres Kunden vorbereitet sein. »Bereit sein« heißt nicht, dass Sie stets täglich von 9–17 Uhr in einem tollen Büro erreichbar sein müssen, es bedeutet aber, dass Ihre Kunden Sie erreichen können.

Schlafen Sie bis mittags und arbeiten am liebsten in der Nacht? Kein Problem, sorgen Sie lediglich dafür, dass Ihre Kunden Sie irgendwie zu fassen kriegen: Sie müssen keine Sekretärin einstellen, aber es sollte zumindest ein Anrufbeantworter oder auch ein Büroservice vorhanden sein.

Kommunikation mit Kunden

> **Der kategorische Webdesigner-Imperativ**
> Behandeln Sie Ihre Kunden stets so, wie Sie als Kunde von Profis selbst behandelt werden möchten.

Akzeptieren Sie grundsätzlich, dass Kunden ab 8.00 Uhr anrufen können, weil ihnen da noch was zu »der einen Frage von letztens« (»letztens« war vor 3 Monaten) eingefallen ist. Wenn Sie zu üblichen Bürozeiten tief in Ihrer Arbeit versunken sind und der IE6 mal wieder kreativ in der Umsetzung Ihrer CSS-Datei ist, heißt das nicht, dass man jedem Anrufer seine Stimmung ungefiltert mit einem »Was gibt es denn nun schon wieder?« mitteilen sollte. Das hat erstens etwas mit Anstand zu tun, Sie könnten aber auch gerade den sensiblen Kunden von letzter Woche vergraulen.

> **Bleiben Sie stets professionell**
> Sollten Sie sich einmal nicht in der Lage fühlen, ein Kundentelefonat entgegenzunehmen: Lassen Sie es lieber klingeln, oder schalten Sie Ihren Anrufbeantworter ein.

Unabhängig davon, dass ein rüder Ton allenfalls gegenüber Hunden oder in seltenen familiären Auseinandersetzungen geläufig ist, jeder bestehende oder potenzielle Kunde hat bei jedem Telefonat das Recht auf professionelles Verhalten des Webdesigners.

Prioritäten in der Kommunikation

> **Setzen Sie Prioritäten**
> Organisieren Sie Inhalte und Zeiten Ihrer Kommunikationsleistungen anhand der Vorgabe, was wann getan werden muss, und nicht daran, und was Sie am liebsten tun würden.

Das, was getan werden *muss*, und da spreche ich aus eigener Erfahrung, ist oft das, was eigentlich gerade *am wenigsten Spaß macht*. Stattdessen wählt man gern das, was man entweder routiniert, bequem und ohne nachdenken zu müssen abarbeiten kann.

Oder man macht das, was eben am meisten Spaß macht: aktiv über den Schreibtisch gucken, Ablage vorbereiten, Aufräumen der Gedanken oder Praxis des *E-Commerce – powered by Ebay*. Das nennt man übrigens auch Vermeidungsstrategie.

> **Unangenehme Kommunikation**
>
> Zu den nicht ganz so angenehmen Kommunikationsaufgaben gehören Kundengespräche zu den Themen Preisverhandlungen, unhaltbare Kundenvorgaben und ungewollte Terminverschiebungen.

Nehmen Sie diese Aufgaben auch als solche wahr, und geben Sie ihnen eine hohe Priorität. Sind solche Gespräche für Sie geradezu ein Albtraum, legen Sie sich auf Ihrem virtuellen Zeitplaner oder Kalender eine eigene Rubrik an. Sie können auch den klassischen »Offline-Papierkalender« nutzen. Notieren Sie unangenehme Aufgaben mit einem dafür reservierten Farbstift.

Relevanzabhängige Kommunikation

> **Setzen Sie Prioritäten in der richtigen Relevanz**
>
> Gewichten Sie die Kundenkommunikation nach ihrer Relevanz.

Damit ist nicht gemeint, dass der megawichtige GmbH-Geschäftsführer Otto mit der aus der Portokasse bar bezahlten G-Klasse vor der Tür grundsätzlich zu jeder Tageszeit erreichbar und damit wichtiger ist als Pommes-Udo mit seiner Seite *www.du-bist-currywurst.de*.

Die konkrete Webseitenstruktur für Pommes-Udo ist durchaus wichtiger als der Wunsch von GmbH-Otto bezüglich der Linienfarbe im unteren Seitenteil der Sitemap. Und auch das zehnte Gespräch ohne Ergebnis zu einem 15.000-Euro-Auftrag ist definitiv weniger interessant als das effektive Erstgespräch zur kleinen 800-Euro-Website.

> **Ordnung ist Voraussetzung**
>
> 1. Die Relevanz wird immer durch die Aufgabenstellung bestimmt, nie durch die Wichtigkeit von Projekt oder Kunde an sich.
> 2. Machen Sie Projektzettel. Das kann ein Word-Dokument sein, echte oder virtuelle Post-it-Zettel oder ein Blatt Papier auf Ihrem Schreibtisch (dem aus Holz, Glas oder Resopal).
> 3. Notieren Sie Kommunikationsaufgaben nach den drei Prioritäten *Wichtig*, *ToDo* und *Sonstiges*.

Sie werden feststellen, dass Sie eigentlich immer recht genau wissen, was wichtig ist und was nicht. Im Kopf sortiert es sich aber nicht so leicht: Schnell wird im hektischen Alltag daraus ein kleines Chaos, man ruft einen Kunden wegen einer eher unwichtigen Sache an, die einem gerade eingefallen ist, und vergisst dabei, dass ein wichtigeres Projekt schnellstmöglich eine Entscheidung eines Kunden verlangt, der noch heute in seinen dreiwöchigen Urlaub fliegt.

Zeit für Kommunikation

> **Angemessener Raum für Kommunikation**
>
> Kalkulieren Sie Gespräche, Telefonate und E-Mail-Verkehr fest in Ihr Tagesgeschäft als Webdesigner ein. All Ihre Kommunikationsleistungen erledigen sich nicht von selbst.

Haben Sie schon einmal darüber nachgedacht, wie viel Prozent Ihres *aktiven Tagesgeschäftes* auf die Kundenkommunikation entfällt? Vielleicht gehen Sie davon aus, dass es etwa 15 % sind. Gilt das für Telefonate? Oder gilt das zusätzlich auch für Fax, E-Mail, Post und die damit verbundene Organisation von Form und Inhalt dieser Kommunikationsformen? Wahrscheinlich sind es nämlich etwa 30–40 % Kommunikation.

> **Feste Zeit einplanen**
>
> Warum nicht gleich feste Zeiten für Gespräche, E-Mails und sonstige Kommunikation einplanen? Das beliebte »Verzetteln« im Tagesgeschäft oder Projektalltag ist oft eine Folge davon, dass diese vielfältigen Kommunikationsaktivitäten im Tagesplan eines Webdesigners vernachlässigt werden.

Es ist ja nicht so, dass an einem x-beliebigen Projekttag Ihrer Wahl kein Mensch ungefragt anrufen, mailen oder Post schicken würde, nur weil Sie lieber gern reine Projektarbeit machen wollen. Am Ende so eines Tages stehen eben doch Frustration und die Gewissheit, dass 24 Stunden für einen Webdesigner-Tag zu wenig sind.

> **Zeit nach Priorität**
>
> Sie haben ja Ihre drei Prioritäten *Wichtig*, *ToDo* und *Sonstiges*. Jetzt planen Sie noch entsprechende Zeiten ein: Schon ist die Gefahr weitgehend gebannt, dass Sie zukünftig von unvorhergesehenen Kommunikationsaktivitäten überrascht oder überfordert werden.

Wenn Sie zu den Webdesignern gehören, die während der Arbeit die Zeit vergessen, sollten Sie eine Lösung für Ihren PC wählen, die eine Reminder-Funktion beinhaltet, analog zu Apples iChat: Man kann sich selbst eine Erinnerungs-Mail für den Kalendereintrag zusenden. Der Kalendereintrag, z. B. »Telefonat mit Meier – Sitestruktur« erscheint dann als E-Mail-Text.

Die Umgebung für erfolgreiche Kommunikation

Ganz wichtig: Sorgen Sie für eine kommunikationsfördernde Peripherie.

> **Das Genie beherrscht das Chaos?**
>
> Beliebt ist bei vielen Webdesignern das Chaos auf dem Schreibtisch: Da sieht man fünf bis fünfzehn Hängeregister, und zwar nicht im Hängeregisterordner, sondern dekorativ auf dem Schreibtisch – womöglich direkt auf dem Telefon. Das Faxgerät ist ein Staubparadies, die Faxfolie längst verbraucht. Der Papiervorrat ist irgendwo im Schrank, ansonsten gibt es ja den beliebten Griff in den Papierkorb. Kugelschreiber findet man überall: im Badezimmer, im Keller, in der Jackentasche, im Wäscheschrank – nur leider nicht auf dem Schreibtisch.

Sie ahnen es schon, für eine gute Kommunikation ist *das* eine nicht ganz so vorbildliche Umgebung.

Sorgen Sie nicht nur für volle Akkus Ihres schnurlosen Bürotelefons, halten Sie immer einen in Reserve. Das ist weder ein Witz, noch idiotisch. Wem schon einmal das Telefon aus der Hand fiel, wobei die Erschütterung die Akkuleistung auf null brachte, der weiß, wovon ich spreche. Bis die neuen Akkus in der Ladestation voll sind, dauert es eine schier endlose Zeit, in der natürlich genau die Anrufe reinkommen, auf die man dringend wartet.

> **Vorsorge ist besser**
>
> Sorgen Sie immer für ausreichend vorhandenes Verbrauchsmaterial aller Art.

Toner bzw. Tintenpatronen sowie Faxrollen und überhaupt Papier fehlen grundsätzlich immer dann, wenn man sie dringend braucht.

> **Den Schreibtisch aufräumen**
>
> Organisieren Sie Ihren Schreibtisch wenigstens in gewissen Zeitabständen so, dass Sie zumindest wissen, wo was liegen sollte.

Sie müssen nicht den aufgeräumten Arbeitsplatz eines Buchhalters haben, um erfolgreich zu kommunizieren. Sie können aber Hektik und Kommunikationsprobleme vermeiden, die aufgrund des allseits beliebten Schreibtisch-Chaos entstehen können.

> **Feste Plätze fürs Arbeitsgerät**
>
> Neben Monitor(en), Rechner, Peripherie und Maus sollten auch für Telefon und andere Geräte feste »Parkplätze« vorhanden sein.

Eine gewohnte Umgebung sorgt für intuitives (»blindes«) Handeln im Büroalltag.

> **Die richtige Position**
>
> Für Rechtshänder sollten Telefon und Faxgerät rechts und *maximal eine Armlänge* von ihrem Sitzplatz entfernt sein.

Halten Sie dort ebenfalls das Schreibmaterial bereit (genau, cooles Retro-Posting mit echtem Papier, ohne Internetzugang und mit der Hand geschrieben). Das kann ein DIN-A5-Schreibblock sein, ein kleiner Post-it-Zettelblock oder ein paar DIN-A4-Blätter.

> **Niemals ohne Schreibunterlage**
>
> Halten Sie Papier immer griffbereit in Ihrer Nähe.

Ein »*Moment bitte*« beim Gang zum Materialschrank ist als Start eines Kundentelefonats suboptimal, wenn Sie den Schrank mit lautem Getöse öffnen, um ein unbedachtes »*Mist*« vor sich hin und damit direkt ins Telefon zu sprechen, weil da nur ein Einkaufszettel mit der Notiz »*Papier kaufen!*« liegt.

> **Der Uralt-Tipp**
>
> Fehldrucke, Kladden und Korrekturfahnen für Website-Texte haben immer eine blanke Rückseite – ideal für handschriftlich vorbereitete Notizen im Telefonat oder Vier-Augen-Gespräch. Wenn Sie jetzt denken, das sei etwas zu viel Aufwand, dann denken Sie mal daran, warum täglich ganze Wälder für die Millionen von papierlosen Büros gerodet werden.

Schreiber schreibt wieder nicht?

Ganz besonders großzügig sollten Sie bei der Menge verschiedener Schreibwerkzeuge sein.

> **Besser viel als gut**
>
> Bei Schreibmaterial gilt: Quantität steht eindeutig über Qualität: Kein Werbegeschenk-Kugelschreiber ist zu schade für den Stifte-Eimer.

Weitaus häufiger als beim Verbrauchsmaterial gilt nämlich: Je wichtiger die Notiz, umso größer die Garantie, dass der Stift seinen Geist aufgibt.

Jede Wette, Ihre Finger reichen nicht aus, um zu zählen, wie oft Sie schon ins Telefon flöten mussten: »*Oh, kleinen Moment bitte, der Stift schreibt gerade nicht.*« Wichtig ist auch eine große Auswahl an Stiften für CD-Beschriftungen. Das kann entscheidend für den erfolgreichen Workflow sein, da Kunden gern unbeschriftete CDs versenden.

> **Deshalb**
>
> Halten Sie immer Schreibwerkzeuge für verschiedene Zwecke in ausreichender Stückzahl bereit.

Wozu große Blätter?

Kennen Sie diese beliebten Zettelquader? Genau: mit zirka 10 x 10 cm gerade mal groß genug für stenografische Notizen à la »Oma Burtstag !!«. Soll's etwas detaillierter sein, brauchen Sie definitiv schon zwei Zettel: »Sonntag Oma Meckpomm Geburtstag Tchibo«. Mittlerweile weiß ich, warum ich hier erstens mehrere »weitergereichte« Zettelquader habe und warum die als Werbegeschenke zufällig von Personal- oder Büroservice-Agenturen stammen. Hat man nämlich versucht, für seine Gesprächsnotizen diese kaum als Blätter zu bezeichnenden Briefmarkenabschnitte zu nutzen, will man sofort eine Sekretärin.

Eine der wichtigsten Voraussetzungen für eine erfolgreiche Kundenkommunikation ist die Notwendigkeit der Kombination *Kugelschreiber, Buntstifte, DIN-A4-Schreibblock, DIN-A4-Blätter und am besten noch zusätzlich ein DIN-A4-Papiervorrat.*

> **Filtern Sie die Informationen**
> Viele Telefonate zu einem Projekt beginnen relativ harmlos. Widerstehen Sie unbedingt der Versuchung, zum Zettelquader zu greifen.

Dem Kunden fällt nämlich *immer* noch was ein. Vielleicht ein Hinweis zu der *Farbe auf Seite XY*, die soll etwas *wärmer im Ton* und *heller* werden. Dann soll man doch bitte mal bei *www.wettbewerber-yz.de* und auch noch mal bei *www.konkurrent-zy.de* gucken – bei einem auf die *Navigationsoptik der Produktgruppen*, beim anderen auf die *Struktur der Unternavigation bei den Produktgruppen*. Und dann ist da noch die tolle Animation auf *www.wichtiggetue.de*, das hätte der Kunde gern für die *Kopfzeile*, allerdings *wie beim Friseur seiner Frau*, also wie auf der *Vorstellungsseite* von *www.jetztwirdshaarig.de*. Und wenn man schon dabei sei, soll man noch auf einer Seite der Kundenwebsite – »*Sie wissen schon, die mit Produkt ZYX*« – den dritten Absatz ändern, »*ich gebe Ihnen das jetzt mal schnell zum Mitschreiben durch*«

Kursiv stehen übrigens alle Inhalte, die für das Projekt wichtig sind und die Sie nicht vergessen dürfen. Jetzt wissen Sie auch, warum A4-Blätter griffbereit und in ausreichender Stückzahl sinnvoll sind.

Eine erfolgreiche Kundenkommunikation beginnt also schon vor Ihrem ersten Gesprächstermin. In einigen Fällen ist ein direktes Vier-Augen-Gespräch nicht einmal notwendig, um einen Auftrag zu erhalten. Je länger und nachhaltiger Sie sich als professioneller Webdesigner positioniert haben, umso häufiger werden Sie auch von Ihren Kunden an Dritte empfohlen.

3 Betreuung und Begleitung des Kunden

3.1 Die Kundenbeziehung

Sie wissen, dass auch im Zeitalter der digitalisierten Welt die Mundpropaganda noch immer die beste Werbung darstellt. Es ist keine Seltenheit, dass Webdesigner aufgrund einer erfolgreichen und gelungenen Referenz überregionale Anfragen erhalten, die dann auch ohne ein einziges persönliches Gespräch zur Erteilung des Auftrags führen. Beherrschen Sie die Fremdsprache eines exotischen Landes, können Sie dort nicht nur Kunden akquirieren, Sie können über E-Mail-Kontakte und Webapplikationen komplette Aufträge abwickeln.

> **Ihr Vorteil**
> Es spielt keine große Rolle, ob Sie in einem repräsentativen Großstadtbüro logieren oder in einem beschaulichen Provinznest. Eine Webseite ist und bleibt ein virtuelles »Produkt« – ein unschlagbarer Vorteil Ihrer Tätigkeit gegenüber anderen Dienstleistern.

Der Preis, den Sie für diesen Vorteil zahlen müssen, ist die Notwendigkeit einer intensiven Kundenkommunikation, die einer umfassenden Betreuung gleichkommt. Dennoch ist Ihre Aufgabe nur bedingt mit den Anforderungen beratender Berufe zu vergleichen – weder das Steuerbüro noch ein Bankberater oder Anwalt, nicht einmal Ihr Versicherungsvertreter muss mit Kunden einen derart intensiven Kontakt pflegen: Alle können auf allgemein bekannte und geregelte Vorgaben zurückgreifen. Würden Sie etwa einem Steuerberater oder Anwalt versuchen klarzumachen, dass Ihre Meinung zu einem Gesetz wichtiger ist als das Gesetz selbst?

Der Coach und seine Coachees

Die notwendige Kommunikationskompetenz eines Webdesigners lässt sich eher mit der eines *Coaches* vergleichen, der seinen Kunden (»Coachees«) über einem bestimmten Zeitraum hinweg eine Prozessbegleitung bietet. Auch für Sie als Webdesigner geht es nicht um eine informierende Beratung, sondern um eine kommunikationsintensive und zielorientierte Begleitung. Die notwendige Kundenbetreuung umfasst den gesamten Zeitraum des Projekt-Workflows, der mit der ersten Kontaktaufnahme beginnt und mit der Online-Stellung der fertig codierten Webseite noch lange nicht endet.

3.1.1 Der Mythos von leichten und schwierigen Kunden

Sie müssen also Dissonanzen und Fehler in der Kommunikation akzeptieren und Ihren Kunden eine umfassende Betreuung und zielorientierte Begleitung bieten. Gleichzeitig besagt der fünfte Kommunikationsgrundsatz, dass Sie als Webdesigner mit Ihrem Kunden nur als gleichberechtigte Partner miteinander erfolgreich kommunizieren können.

> **Auch wenn viele Webdesigner diesen Wunschtraum haben**
>
> Es wird niemals passieren, dass ein Kunde Sie anruft, Ihr Angebot und den Preis ohne Nachfrage akzeptiert, artig seinen Auftrag platziert, alle Inhalte pünktlich liefert und bis zur Begleichung Ihrer Rechnung keine weiteren Anmerkungen mehr hat.

Es gibt natürlich den einen oder anderen Auftraggeber, der diesem Wunschbild eines Kunden zumindest in einigen Punkten nahekommt. Webdesigner sprechen dann gern von »leichten« Kunden. Das klingt nicht nur nach »leichter Beute«, genau so ist es gemeint. Vor allem der erfolglose Webdesigner ist immer auf der Jagd nach dieser seltenen Spezies seiner potenziellen Kundenklientel. Als Webdesigner trifft man in der freien Wildbahn des Marktes aber auf Individuen – und jeder dieser Kunden hat subjektive Vorstellungen und Wünsche, subjektive Vorkenntnisse und subjektive Wirklichkeitskonstruktionen, und jeder Kunde lebt in seinen subjektiven Geschichten. Schubladendenken ist also fehl am Platze. Weil das für den Webdesigner aber so unbequem ist, werden diese zahllosen Schubladen einfach zusammengefasst unter dem Begriff »schwierige Kunden«.

Die Kundenbeziehung | **3.1**

Es gibt keine »Kunden-Schubladen«

Wer jetzt glaubt, dass diese Schwarzweiß-Differenzierung klar definiert werden kann, irrt gewaltig. Ein anfangs leichter Kunde wird im Laufe des Projekts plötzlich zu einem schwierigen, um nach schneller Bezahlung der Endrechnung letztlich doch seinen Platz unter den leichten Kunden zu finden. Natürlich haben Sie längst gemerkt, dass wir es hier auch nur mit willkürlich konstruierten Schemata des Webdesigners zu tun haben, also Wirklichkeitskonstruktionen, die »kognitive Dissonanzen« vermeiden sollen.

3.1.2 Weder dafür noch dagegen: Die Strategie des »dritten Weges«

Alles daranzusetzen, aus jedem Kunden einen leichten Kunden zu machen, das haben wir schon bei der »Wünsch-dir-was«-Strategie kennengelernt. Hier versucht der Webdesigner erfolglos, den Kunden in ein Schema zu pressen. Genauso erfolglos ist der Versuch, in jedem Kunden grundsätzlich einen schwierigen Kunden zu sehen, wie es der Vertreter der »Basta!«-Strategie macht.

Fakt ist
Kunden sind weder leicht noch schwierig.

Jeder Kunde ist ein menschliches Individuum, egal wie verlockend die Schematisierung in Bildungsniveau, Berufsstand, Generation, ethnische Gruppe oder Kulturkreis auch sein mag.

Die Lösung
Anstatt den Kunden als leicht oder schwierig zu klassifizieren, kann man solche Kategorien von vornherein ausschließen. Unbefangenheit ist der wichtigste Erfolgsfaktor der Kommunikation.

Diese »Weder-noch-Festlegung« ist neben dem Für und Wider eine dritte Möglichkeit und wird in der Kommunikationstheorie oft mit der Haltung eines Agnostikers verglichen, den man weder als Gläubigen noch als Atheisten einordnen kann: Er beteiligt sich nicht an einer Festlegung »für oder gegen den Gottesglauben«. Ähnliches gilt auch für den »Nicht-Wähler«, der sich lediglich der Festlegung für eine Partei widersetzt.

Wie sieht der pragmatische Ansatz für Ihre Einstellung zu Kunden und die Praxis erfolgreicher Gesprächsführung aus?

3.1.3 Die innere Einstellung des Webdesigners zum Kunden

Sie wissen durch Ihre Erfahrung und die zahlreichen Beispiele dieses Buches, was schiefgehen kann und was Sie von den Wirklichkeitskonstruktionen eines Kunden erwarten können. Damit wissen auch, worauf Sie sich in der Kommunikation einstellen müssen: Termine, Telefonate und E-Mail-Kontakte können wahnsinnig kompliziert werden, ein anstrengender Kunde kann Sie an die Grenzen Ihrer Beherrschung bringen. Es kann aber auch noch schlimmer werden.

Ihre Erfahrungen mit Kunden bilden Ihre »Geschichten von Kunden«; Sie können sich nicht von diesen Konstruktionen, den Kategorien und Differenzierungen freimachen. Sie sind auch unfähig, die eigenen blinden Flecken Ihrer Wahrnehmung und Ihres Verhaltens zu erkennen. Ist Ihre eigene Geschichte von Kunden vielleicht schon ein ausgewachsenes Vorurteil, das eine erfolgreiche Kommunikation bisher verhinderte?

Sie müssen jetzt aber kein zackiges Verkaufsseminar buchen oder auf dem Himalaya die große spirituelle Erleuchtung suchen. Sie sollten nur das, was Sie bisher über Kommunikation gelesen haben mit eventuell erfolglosen Verhaltensaspekten Ihrerseits in Verbindung bringen und dadurch mögliche Kommunikationslücken erkennen.

> **Unvoreingenommenheit ist Trumpf**
> Akzeptieren Sie zunächst einmal Ihren Kunden so, wie er ist – mit all seinen individuellen Fehlern und Vorzügen, seinen falschen Wahrnehmungen und seinem kreativen Potenzial.

Es lohnt sich nicht, auch nur eine Minute in den Versuch zu stecken, einen Kunden so zurechtzubiegen, wie Sie ihn gern hätten. Dieses Ziel werden Sie niemals erreichen, nicht mit einer Strategie und auch nicht mit psychologischen Tricks. Verbringen Sie Ihre Zeit damit, Ihr Verhalten zu ändern, um erfolgreich kommunizieren zu können.

Sie verbringen bereits sehr viel Zeit mit der Praxis und Theorie des Webdesigns. Sie verbringen aber auch unendlich viel Zeit mit unnötigen Gedanken an den entscheidungsunwilligen, unfähigen, arroganten oder überheblichen Kunden. Selbst wenn die Klassifizierungen auf Ihre Kunden zutreffen sollten: *Akzeptieren Sie es einfach.* Die Akzeptanz solcher Gegebenheiten gehört für einen Webdesigner zu den schwierigsten Aufgaben in der Kommunikation, aber es ist Ihre einzige Möglichkeit, angemessen und erfolgreich mit Ihren Kunden zu kommunizieren. Sie können sich nicht nur eine Menge unnötiger Konflikte sparen, Sie können sich auch auf das Wesentliche konzentrieren: die Erstellung professioneller Webseiten.

3.1.4 Die Persönlichkeit des Kunden

Die Akzeptanz der Kundenpersönlichkeit bedeutet natürlich nicht, dass Sie sich von Kunden alles gefallen lassen müssen. Unverschämtheiten, cholerische Anfälle und persönliche Angriffe ohne sachlichen Hintergrund sind ohne Frage Beispiele eines zweifelhaften Verhaltens. Falls Sie so etwas noch nicht kennengelernt haben, keine Sorge: Sie werden damit früher oder später konfrontiert. Sie werden schnell merken, ob dieses Verhalten auf einer Charakterschwäche beruht, die Ihnen eventuell die Zusammenarbeit unmöglich macht, oder ob es nur gelegentliche emotionale Aussetzer Ihres Kunden sind. Für diese Ausbrüche sind Sie dann nur der ideale Katalysator, weil die Sekretärin oder andere Mitarbeiter gerade nicht zur Verfügung standen.

> **Sie dürfen nie vergessen** [!]
>
> Selten sind Ihre Kunden Menschen, mit denen Sie Ihre knappe Freizeit verbringen.

Wer sind die Entscheider?

Entscheider sind entweder Geschäftsführer, Führungskräfte oder zumindest Verantwortliche, die für das Projekt »Website« zuständig sind. Diese Menschen haben also keinen üblichen Job von 8 bis 17 Uhr inklusive Frühstückspause mit Käsebrot und Mittagspause mit Kartoffelsalat aus der Tupperdose. Oft gilt das auch für Vereinsvorstände, die erfolgreich im Berufsleben stehen oder standen. Ihre Kunden sind es gewohnt, sehr lange und intensiv zu arbeiten, auch am Wochenende. Zeit ist das wertvollste Gut, und diesem Gut müssen auch Sie sich als externer Dienstleister unterordnen. Kurz gesagt: Die meisten Ihrer Kunden stehen erstens unter Dauerstress und zweitens unter Erfolgsdruck.

Bevor Sie jetzt denken, dass Stress noch lange kein Grund für schlechtes Benehmen ist, stellen Sie sich mal einen Ihrer typischen Stresstage vor: Ständig gehen Telefonate von Kunden, Freunden und Vertretern von Geldanlagen ein, Ihr E-Mail-Postfach ist mit Bitten um schnelle Website-Änderungen gefüllt, ein Backup ist längst überfällig, Ihre Buchhaltung auch, Sie kämpfen immer noch mit einem Patch für den IE6 und haben darüber den Arzttermin verpennt, am nächsten Tag ist dieser wichtige Kundentermin, und Sie müssen auch noch dringend ein Geburtstagsgeschenk für Ihre Mutter besorgen, wenn Sie denn mal wüssten, was Sie kaufen sollen.

So, und nun erhalten Sie schon wieder einen Anruf: Es ist der Handwerker, der bei Ihnen das Waschbecken im Badezimmer austauschen soll. Er fragt, ob Sie mal bitte kurz das Teil ausmessen und die Maße telefonisch durchgeben können, weil er die Maße nicht mehr findet. Na, wie reagieren Sie nun? Mit einem souverän-freundlichen »kein Problem, Fehler machen wir doch alle«? Oder doch eher gereizt und kurz angebunden? Vielleicht sogar stinksauer, weil Sie sich mal wieder um alles selbst kümmern müssen und sicher sind, nur von Idioten umgeben zu sein?

3.1.5 Der Umgang mit negativer Kommunikation

Fakt ist, dass nur wenige Menschen »von Natur aus« einen miesen oder zumindest zweifelhaften Charakter haben. Und diejenigen Kunden, auf die das zutrifft, haben sich Ihr unleidliches Verhalten oft nur als Schutzschild nach außen angelegt, eine Abgrenzungsstrategie gegenüber emotionaler »Schwäche« in ihrer Welt des Erfolgsdrucks. Das ist für die Mitmenschen nicht angenehm, im hierarchischen Umfeld aber durchaus gängig.

Aggression hinterfragen

Und noch etwas sollten Sie bedenken, bevor Sie Ihren Kunden in die Kategorie »Stinkstiefel« einordnen: Gehen wir davon aus, dass Ihr Kunde tatsächlich *keine Ahnung* vom Thema Web hat und Sie ihm das schonend und professionell beigebracht haben. Meistens kommt ihm diese Erkenntnis erst im Laufe des Projekts, frühestens in der Planungsphase, gelegentlich auch erst in der Umsetzungsphase. Er steckt dann im Dilemma, dass er entgegen seiner täglichen Praxis das Projekt einem externen Dienstleister überlassen musste, dem er sein volles Vertrauen geschenkt hat. Diese Erkenntnis, dem Webdesigner nun ausgeliefert zu sein, verursacht bei diesen Kunden schnell Frustration, die sich dann als verbale Attacke in Ihren Gehörgang entladen kann.

Sie haben mehrere Möglichkeiten, auf herablassend-persönliche Attacken zu reagieren. Doch egal, wie Ihre Reaktion abläuft, lassen Sie sich nicht von Ihren Emotionen leiten. Tatsächlich benötigen Sie sogar »Ihr Bauchgefühl«, so wie das Gefühl für den richtigen Moment einer Entscheidung. Wichtig ist lediglich, dass Ihre Emotionen weder die Art und Weise noch die Inhalte Ihrer Kommunikation bestimmen sollten. Versuchen Sie, kühlen Kopf zu bewahren und so zu reagieren, wie es Ihrem individuellen Charakter entspricht.

3.2 Kundentypen: Einzelkunden, Entscheider, Stabsstellen, Vermittler

Verzichten Sie auf voreilige oder simple Kategorien: Sie können nicht wissen, warum Ihr Kunde in einer bestimmten Situation giftig reagiert und in einer anderen sehr freundlich. Akzeptieren Sie auch diese Kundeneigenschaften so, wie sie sind. Konzentrieren Sie sich auf die sachliche Kommunikation: Sagen Sie Ihrem Kunden freundlich, aber bestimmt, wenn Sie wissen, dass Sie ungerechtfertigterweise angegriffen wurden: Reagieren Sie einfach mit dem berechtigten Satz: »Das ist jetzt nicht fair.«.

Fairness überzeugt

Fairness hat bei den meisten Menschen noch immer einen hohen Stellenwert: Sie werden dann feststellen, dass auch selbstherrliche Kunden zurückrudern oder sich entschuldigen können.

Wenn auch jeder Kunde individuell zu betrachten ist und anhand seiner Wirklichkeitskonstrukte, Geschichten und kulturellen Gegebenheiten eine individuelle Kommunikation erfordert, so kann man doch zwischen verschiedenen Arten von Kundentypen unterscheiden.

Die folgende Einteilung sollten Sie wie jede Kategorisierung nicht als ehernes Gesetz betrachten. Als Autor kann ich nur auf diejenigen Erfahrungen zurückgreifen, die ich selbst im Laufe von fast 15 Jahren Selbstständigkeit gemacht habe. Dass es dabei Lücken gibt, ist bei dieser subjektiven Sicht natürlich nicht zu vermeiden.

Kundentyp	Mitglieder
Einzelentscheider in Unternehmen	Langjährig selbstständig (Unternehmensgründer)
	Ehemalige Führungskräfte
	Junge Existenzgründer
	Freiberufler (Anwälte, Ärzte, Steuerberater)
Entscheidergruppen	Personengesellschaften (GbRs, GmbHs usw.)
	Freiberufler (Gemeinschaften: Anwälte, Ärzte, Steuerberater)
	Vereine und Verbände
Stabsstellen	Verwaltungen und politische Vertretungen (Kommunen)
	Marketingleiter
	Abgestellte Führungskraft
	Abgestelltes Vereinsmitglied
Vermittler	Agenturen
	Grafikdesigner

Tabelle 3.1 Kundentypen

3.2.1 Einzelentscheider: Unternehmer und Freiberufler

Ein großer Teil Ihrer Projekte wird von Einzelpersonen betreut. Das kann ein freiberuflich tätiger Einzelkämpfer sein, ein Gewerbetreibender oder der Geschäftsführer einer kleinen GmbH. Hier muss man jedoch weiter unterscheiden.

Verschiedene Einzelentscheider

- erfolgreiche Inhaber eines bestehenden Unternehmens
- ältere Existenzgründer, die als ehemalige Führungskräfte erfolgreich waren
- junge Existenzgründer, die den Erfolg suchen
- Freiberufler, die bisher kaum Marketing betreiben (Ärzte, Zahnärzte)
- Freiberufler, die zunehmend Marketing betreiben (Anwälte, Steuerberater)

Das mag jetzt etwas zu fein gestrickt erscheinen, aber in der Kommunikationspraxis gibt es bei diesen Unterkategorien der Einzelkunden tatsächlich riesige Unterschiede.

3.2.2 Der erfolgreiche Unternehmer

Für viele der älteren Unternehmer ist der berufliche Erfolg gleichbedeutend mit dem persönlichen Erfolg: Diese Kunden definieren sich über das Unternehmertum. Die »Geschichten« und Wirklichkeitskonstruktionen des Kunden sind geprägt von erfolgreichen Zielen, vom Umgang mit erfolgreichen Weggefährten, von erfolgreicher Mitarbeiterführung, von erfolgreicher Außenwirkung und von erfolgreicher Selbstdarstellung. Erfolgreiche Unternehmer – insbesondere die älteren – haben ein hohes Selbstvertrauen, verfügen über eine gute Menschenkenntnis und vertrauen ihrem »Instinkt«, der nichts anderes darstellt als eine Entscheidungsfindung auf der Grundlage langjähriger Erfahrung.

Charaktereigenschaften

Der erfolgreiche Unternehmer ist häufig
▶ konservativ,
▶ selbstbewusst,
▶ erfahren und
▶ entscheidungssicher.

Konservativ heißt hier: Erfolgreich sind Wege, die sich schon früher und nachhaltig als erfolgreich erwiesen haben.

Erfolgreiche Unternehmer sind selten engstirnige Spießer: Nachhaltig erfolgreiche Wege können auch unkonventionelle Lösungen und ständige Innovationsbereitschaft bedeuten. Der Kunde wählt aber immer und zuerst die bewährten Lösungen, die stets erfolgreich waren. Neue Wege kommen überhaupt nur dann in Frage, wenn es eine klar messbare Chance auf noch größeren Erfolg gibt oder die Gefahr besteht, einen erfolgreichen Weg zu verpassen.

Konsequenz für Webdesigner

Für Sie als Webdesigner bedeutet das zweierlei: Sie haben erstens noch lange keinen Auftrag in der Tasche, nur weil Sie zu einem Termin geladen werden, denn der Kunde will sich vielleicht nur über die Notwendigkeit einer neuen Webseite oder eines Relaunches von Ihnen beraten lassen. Zweitens müssen Sie den Kunden davon überzeugen, dass eine Website notwendig und als Bestandteil erfolgreichen Marketings heute selbstverständlich ist. Ihre persönliche Meinung ist dabei noch weniger gefragt als die des Hausmeisters: Der Kunde erwartet klare Fakten und verifizierbare Aussagen zu den Erfolgsaussichten seiner Investition in die Website.

Kundenverhalten in der Kommunikation

Der Erfolg eines »Selfmademan« beruht meistens auf einer gesunden Portion Engstirnigkeit, gern kombiniert mit eigenwilligen Entscheidungen und dem Hang zur guten alten Gutsherrenmentalität.

Gehört Ihr Kunde zur Unterkategorie *Herrschertyp*, will er sofort gegen gleichwertige Partner im Ring boxen, ängstliche Sparring-Partner nimmt er nicht ernst. Sie erkennen den Herrschertyp am Verhalten seiner Mitarbeiter und an der Kommunikation im Unternehmen, die bei genauem Hinsehen durchaus mit Zeremonien eines absolutistischen Hofstaats vergleichbar sind. Dieser Kunde vom Typ »August der Starke« ist hart im Verteilen und zäh im Einstecken.

Wichtig: Er ist der einzige Kundentyp, den Sie – sozusagen als spiegelbildliche Reaktion auf sein Verhalten – direkt und verbal angreifen dürfen.

Die Unterkategorie *Leistungstyp* beschreibt einen ähnlich komplexen Charakter. Für diesen Unternehmer sind seine Mitarbeiter und leider oft auch alle andere Mitmenschen Leistungserbringer. Wer viel leistet, der ist für ihn viel wert, umgekehrt gilt das natürlich auch. Alles muss mit höchster Leistung erbracht und von Erfolg gekrönt sein, auch Freizeitaktivitäten und Hobbys gehören dazu.

Diesen Typ erkennen Sie daran, dass er die Früchte seines Erfolges öffentlich zur Schau stellt: Glasvitrinen mit gut geputzten Sportpokalen stehen im Besprechungszimmer (natürlich nur erste bis dritte Platzierungen, allenfalls ein Ehrenpokal darf noch auf das unterste Regal). An den Wänden hängen seine »Trophäen des Erfolgs« – einheitlich und hochwertig gerahmte Fotos vom Kunden mit erfolgreichen Promis: Arm in Arm auf dem Golfplatz, in der VIP-Lounge oder beim Wiener Opernball, mit sicherem Blick in die Linse des (bezahlten) Fotografen – fröhlich lachend, arrogant grinsend oder beides. Ihr Kunde erhält durch die obligatorische Signatur des Promis die Aura einer verehrungswürdigen Ikone.

Beratungsresistente Kunden

Je älter und erfolgreicher der Unternehmer ist, umso »beratungsresistenter« ist er Ihnen gegenüber in der Formulierung seiner Vorstellungen: Hier sind es weniger fehlende Medienkompetenz oder Wahrnehmungsfehler, sondern das Verhalten eines Menschen, der mit seinem Verhalten grundsätzlich erfolgreich ist. Ihre Hoffnung auf einen flauschig-seichten Kundentermin mit null Widerständen und leichter Auftragsvergabe können Sie also gleich fahren lassen. Bei diesem Kundentyp sollten Sie sich und Ihr Nervenkostüm schön warm anziehen, und der Wintermantel bleibt im laufenden Projekt Ihr bester Freund.

Typische Argumentationen

Das Medium Web

»Das sieht alles gleich aus, ich will aber was Einzigartiges.«
»Wieso haben Sie das nun nicht umgesetzt wie in meinem Prospekt?«
»Mein sehr erfolgreicher Kollege XXX hat das so auf seiner Seite.«

Die eigene Webseite

»Ich habe schon vor 40 Jahren Werbung gemacht.«
»Unsere Helvetica/Times hat schon viele Moden überlebt.«
»Ob Ihre Vorschläge tatsächlich nachhaltig sind, das werde ich kontrollieren. Abwarten.«

Preisgestaltung

»Der bekannte Heinz XXX, ein guter Freund, hat viel weniger bezahlt.«
»Ich bin für Sie doch eine ganz tolle Referenz.«
»In Ihrem Alter habe ich überhaupt kein Geld verdient.«

Konfliktpotenzial in der Kommunikation

Der erfolgreiche Unternehmer hat oft ein Problem damit, zu akzeptieren, dass seine Vorstellungen vom Web falsch oder fehlerhaft sein könnten. Er beharrt auf seinen Ideen und akzeptiert bessere Alternativen erst dann, wenn Sie ihn restlos von deren Vorteilen überzeugt haben. Vielleicht versucht er, Sie als Webdesigner unterzuordnen (fünfter Kommunikationsgrundsatz), um seine Ideen durchzusetzen. Er argumentiert dann schnell auf arrogante Art mit seinen langjährigen Erfahrungen und erfolgreichen Entscheidungen, auch »gegen alle Widerstände«. Je größer Ihr Altersunterschied zum Kunden ist, umso mehr müssen Sie sich den Respekt als kompetenter Ansprechpartner erkämpfen.

Vorteile für die Kommunikation

Haben Sie einen erfolgreichen Unternehmer von Ihrem Projektkonzept überzeugt, werden Sie als Webdesigner kaum einen Kunden finden, der zuverlässiger ist. Er hält selbstbewusst und konservativ an seinen Entscheidungen fest; das gilt nicht nur für seine Zusagen, sondern auch für Ihre Vorgaben bezüglich Zeitrahmen oder Pflichtenheft für die Website. Einen plötzlichen Abbruch oder ein »lähmendes Einschlafen« des laufenden Projekts müssen Sie nicht befürchten.

Erfolgreich kommunizieren – Fehler vermeiden

> **Inhalte klar und eindeutig kommunizieren**
>
> Als Webdesigner sollten Sie bei erfolgreichen Unternehmern vor allem den vierten Kommunikationsgrundsatz beachten, also eine klare und eindeutige Sprache, die den Kategorien und Differenzierungen des Gesprächspartners entspricht. Sie müssen einem Unternehmer komplizierte Sachverhalte einfach und verständlich erklären können und dann noch beweisen, dass Ihr Weg der erfolgreiche für ihn ist.

Vermeiden Sie Fachbegriffe und Fremdwörter. Ältere Unternehmer kennen nur wenig von Ihrer »Wirklichkeit«, und oft sprechen sie nur wenig Englisch. Für Sie als Webdesigner sind Sachen wie *header*, *footer*, *content*, *Navi* oder »CMYK in Hexadezimalwerten« selbstverständlich, für den älteren Unternehmer aber nicht. Er hat es nicht nötig, solche Sachen zu verstehen, es ist auch nicht sein Job. Sich so etwas anhören zu müssen ist für ihn wertlose Zeitverschwendung – und diese Einstellung ist sein gutes Recht.

> **Zielgerichtet kommunizieren**
>
> Der erfolgreiche Unternehmer will nicht wissen, was alles machbar ist, Moden und Experimente hat er genug gesehen. Er will von Ihnen wissen, was für den Erfolg seiner Website nötig ist.

Was ihn überhaupt nicht interessiert, sind Ihre noch so tollen Referenzen im Web oder Ihre Mitgliedschaft im Marketingverein Bottrop-Ost. Mit großspurig kommunizierten Auszeichnungen und Awards machen Sie sich sogar lächerlich: Ihr Kunde wird Sie väterlich anlächeln, kurz auf seine Pressemappe verweisen (drei Aktenordner), lapidar auf einen Schrank voller beruflicher Auszeichnungen zeigen und dann erwidern: »Davon hab' ich auch haufenweise.«

> **Prägnant kommunizieren**
> Egal, was auch immer Sie dem erfolgreichen Unternehmer mitteilen wollen, tun Sie es kurz, knapp und selbstbewusst. Bleiben Sie ernsthaft in Ihren Argumentationen, und halten Sie sich immer wieder die Prämisse des Kunden vor Augen: den Erfolg der Website.

Falls der Kunde persönlich wird: Reagieren Sie bloß nicht empfindlich oder beleidigt, er würde das als kindische Unreife betrachten.

Sie haben verstanden

Sagen Sie auch nicht »Das habe ich nicht richtig verstanden«, in der Hoffnung, dass sich dem Kunden durch ausführliche Wiederholung die Ausweglosigkeit seiner Vorstellungen und Wünsche erschließt. Diese spezielle Frage mag bei anderen Kundentypen zum gewünschten Ergebnis führen, beim erfolgreichen Unternehmer geht das aber nach hinten los: Er interpretiert Ihre Frage entweder als fehlenden Respekt (»Dieser arrogante Webfritze hat mir nicht mal richtig zugehört«), fehlende Erfahrung (»Der Frischling hat gutes Zuhören noch nicht gelernt«) oder fehlende Intelligenz (»Der arme Kerl ist ja schon nach fünf Minuten mit komplizierten Sachverhalten überfordert«).

3.2.3 Der ältere Existenzgründer (ehemalige Führungskraft)

Wir leben im Zeitalter kritischer Diskussionen über Heuschrecken, lernen jeden Tag in der Presse einen ökonomischen Rohrkrepierer in Nadelstreifen kennen, denken über Manager-Abfindungen in zweistelliger Millionenhöhe nach und würden Schwarzgeldkonten nicht mehr inmitten schönster Alpenlandschaften eröffnen.

Wir leben auch im Zeitalter von Massenentlassungen, Altersarbeitslosigkeit, Know-how-Transfer und Produktionsverlagerungen ins Ausland. Schnell vergisst man dabei, dass es trotzdem nicht immer die Besten sind, die gehen müssen. Ganz besonders gilt das für sogenannte »Führungskräfte«, denen der schnelle Abgang vergoldet wurde, damit sie nicht noch mehr Schaden im Unternehmen anrichten können.

Eben noch Führungskraft, jetzt Selbstständigkeit – dieser Sprung ist nicht immer gewollt, und selten kündigt der leitende Angestellte eine gute Position, nur um endlich sein eigener Herr zu sein. Der ehemalige Führungstyp merkt erstens, dass auch eine hohe Abfindung nicht bis zur Beerdigung ausreicht, und zweitens, dass er sich plötzlich allein im Markt bewegen muss, ohne das Image und die Strukturen und Ressourcen eines größeren Unternehmens.

> [!] **Achtung!**
> Wenn Sie noch keine Erfahrung mit diesem Kundentyp gemacht haben: Nehmen Sie sich als Webdesigner vor genau diesen Neu-Selbstständigen in Acht.

Charaktereigenschaften

Der ehemals führende Angestellte ist als frischer Selbstständiger häufig
▶ selbstüberschätzend-arrogant
▶ unerfahren, naiv und sprunghaft
▶ unzuverlässig, mit Hang zu Übervorteilung bis zum Betrug

Die Selbstüberschätzung führt bei diesem Kundentyp zu einem Verhalten, das als Paradebeispiel für einen erfolgreichen Unternehmer dienen könnte, wenn dieser Kunde wenigstens eine Unternehmerpersönlichkeit wäre. Das ist er aber nicht; hier haben wir es vielmehr mit dem Paradebeispiel eines erfolgreichen Blenders zu tun. Niemals würde er seine gesamte Abfindung in das eigene Unternehmen investieren oder auf liebgewonnene Sicherheiten verzichten. Dieser Typus behält seine Bausparverträge und Lebensversicherungen, er behauptet natürlich das Gegenteil. Er nimmt nur ein Risiko in Kauf, bei dem er nur wenig verlieren kann. Er macht sich nach einer gescheiterten Angestelltenkarriere mit großem Theater und noch größeren Ambitionen selbstständig, nur um wenige Jahre später vielleicht mit fliehenden Fahnen zurück ins Angestelltenverhältnis zu gehen oder als Privatier die Rente abzuwarten. Andere nehmen auf dem Niveau eines Scheinselbstständigen die Position als Freelancer oder Handelsvertreter mit festem Kundenstamm und geregelten Arbeitsabläufen an. Nachhaltig erfolgreich und selbstständig bleiben nur die wenigsten von ihnen.

Kundenverhalten in der Kommunikation

Als Webdesigner sind Sie ein Dienstleister, und dieser Kunde behandelt externe Dienstleister am liebsten wie untergeordnete Angestellte: überheblich, arrogant, entwertend und hochmütig. Sein Verhalten entspricht auch nach mehreren Jahren in der Selbstständigkeit noch immer dem einer sogenannten »Führungskraft« als leitender Angestellter oder Manager einer Stabsstelle. Jedenfalls entspricht das seinem Verhalten, bevor er hochkant oder in Raten rausgeschmissen wurde. Übrigens ist die Entlassung von Führungskräften oft eine logische Folge des Peter-Prinzips. Dieses Prinzip besagt, dass jeder Beschäftigte in seine eigene Stufe der Inkompetenz aufsteigen kann; dazu braucht es nur eine ausreichend große Hierarchie.

Je größer die Unfähigkeiten und je geringer die Kompetenzen, umso besser kann dieser Kundentyp diese Mängel verbergen. Machen Sie sich nicht sehr viel daraus, wenn Sie auf so einen Blender hereinfallen; dass der edle Nadelstreifen nur eine Flasche ziert, das hat sogar der letzte Arbeitgeber zu spät gemerkt und dafür teuer bezahlt. Achten Sie auf typische Merkmale, die so einen Frischling vom echten Unternehmertypen unterscheiden:

- inflationärer und oft falscher Gebrauch von Anglizismen aus der Marketing-Sprache
- respektlose Verhaltensmuster wie z. B. Gähnen im Telefongespräch
- manipulative Verwirrung durch Themensprung oder plötzlichen Gesprächsabbruch

Der echte Unternehmer löst gern alle Probleme selbst, er behält gern die Kontrolle und ist stolz auf seine Meinung. Der erfolgreiche Unternehmer verschweigt sogar, wenn er sich auf die Meinung Dritter verlassen hat: Die Personen hinter seinen Name-Droppings sind ebenfalls erfolgreiche und selbstständige Unternehmer.

Der Blender beruft sich oft und gern auf Netzwerke, die nach seiner Aussage immer nur aus Profis bestehen, die anscheinend nur darauf warten, ihm die perfekten Lösungen zu bieten und ihn jederzeit zu unterstützen. Tatsächlich existieren diese Netzwerke meistens nur in der Fantasie dieses Kundentyps und dienen ihm als hochwillkommenes Versteck für fehlenden Entscheidungswillen. Diese Taktik hat er bereits im Unternehmen bis zur Perfektion durchgekaut: Die Verantwortung übernimmt stets ein anonymes, nicht angreifbares System, das nach esoterischen Gesetzmäßigkeiten zu funktionieren scheint und anscheinend alles beeinflusst. Das gilt nicht nur für die großen Entscheidungen, das gilt auch für unwichtige Kleinigkeiten.

Dieser Kundentyp zitiert ständig und in inflationärem Ausmaß Namen und Positionen. Meistens sind das Namen, von denen Sie noch nie etwas gehört haben. Auch hier geht es nämlich nur um eine Absicherung des Kunden: Da er ja (vorgeblich) in ein wichtiges Netzwerk wichtiger Kontakte von wichtigen Personen eingebunden ist, gibt es plötzlich auch weitaus wichtigere Sachen als Fragen und Entscheidungen zur eigenen Website.

Typische Argumentationen

Verhältnis Kunde/Webdesigner

»Ich habe top connections, alles high performer. Ich kann viele Türen öffnen.«

»Genug geplaudert, ich muss jetzt in eine wichtige TelCo, tschüss.«

»Das dauert mir zu lange, bis Sie ans Telefon kommen oder meine Mails beantworten.«

Workflow und Vorgaben

»Ich werde das prüfen. Morgen erstmal wichtiges Meeting mit VIP-Kunden in Milano.«

»Haben Sie nicht genug zu tun, oder warum wollen Sie so schnell meine Antwort?«

»Sieht schon ganz gut aus, aber da müssen wir noch dran feilen. Ich melde mich wieder.«

Preisgestaltung, Zuverlässigkeit

»Bevor ich hier was unterschreibe, erwarte ich von Ihnen aber etwas mehr Output.«

»Sie bekommen Ihr Geld. Mein Cash Flow war im Moment etwas suboptimal.«

»Ein wichtiger Netzwerkpartner macht mir das jetzt, trotzdem vielen Dank für Ihre Mühe.«

Konfliktpotenzial in der Kommunikation

Mit der Darstellung der Charaktereigenschaften dieses Kunden haben Sie eigentlich schon genug Anhaltspunkte für mögliche Konfliktquellen in der Kommunikation. Sie sollten immer davon ausgehen, dass sich hinter der größten Arroganz, den penetranten Name-Droppings und unverschämten Verhaltensweisen vor allem Unsicherheit und Angst des Kunden verstecken: Unsicherheit, die Kontrolle über das Website-Projekt mit seinen für ihn unbekannten Inhalten zu verlieren, Furcht vor falschen Entscheidungen und vor dem Markt, den er als Kampfarena empfindet, nicht als Chance.

Für Sie als Webdesigner ist der fehlende Entscheidungswille das größte Problem, denn Sie können nie von der tatsächlichen Ernsthaftigkeit des Kundenanliegens ausgehen. Was eben noch klar erschien, kann morgen wieder völlig im Dunkeln liegen. Die Unsicherheit des Kunden kann so weit gehen, dass er lieber mit dem miesen Charakter eines Betrügers lebt, als eine eventuell falsche Entscheidung zu treffen. Es kann Ihnen passieren, dass er nur aufgrund einer negativen Einschätzung Dritter Ihre Arbeit komplett ablehnt und die Zahlung verweigert.

Vorteile für die Kommunikation

Der einzige Vorteil, den Sie bei der Kommunikation mit diesem Kunden verbuchen können, ist die »klare Berechenbarkeit seiner Unberechenbarkeit«. Wahrscheinlich werden Sie das schwerlich als Vorteil einordnen – es ist aber von unschätzbarem Wert, wenn Sie genau wissen, worauf Sie achten können, um Enttäuschungen zu vermeiden.

Erfolgreich kommunizieren – Fehler vermeiden

> **Klare Zielsetzung**
>
> Lassen Sie den Unternehmer in Ihnen kommunizieren: Der Erfolg der sicheren Auftragsvergabe sollte Ihre Gesprächsführung bestimmen. Die Respektlosigkeit, Hochnäsigkeit oder Arroganz Ihres Kunden sollten Sie ignorieren: Solange Sie Ihr Ziel der Kommunikation nicht aus den Augen verlieren, werden die Taktiken Ihres Kunden ins Leere laufen, und er muss sich und seine wirklichen Wünsche klar und eindeutig offenbaren.

Nageln Sie den Kunden fest, und lassen Sie mit Ihren Fragen nicht ab. Wenn er versucht, Sie direkt abzubügeln und das Gespräch unvermittelt zu beenden, sollten Sie direkt und zeitnah klarstellen, dass Sie »das schlechte Benehmen ausnahmsweise und zu seinen Gunsten einmal vergessen«. Sie stellen sich damit zwar auf eine übergeordnete Stufe, aber diese Stufe kennt Ihr Kunde aus seiner Vergangenheit als Führungskraft: Dort hatte er einen Vorgesetzten.

Unterordnung

Der direkte Versuch der Unterordnung kann in die Hose gehen, aber es ist in diesem Fall immer besser, auf einen Auftrag zu verzichten, als einen frustrierenden Marathonlauf von Projektgespräch zu Projektgespräch ohne Ergebnis zu durchlaufen.

> **Kontrolle und Führung**
>
> Geben Sie klare und verbindliche Vorgaben für Entscheidungen. Dieser Kunde ist auch der einzige Kandidat für eine eventuell notwendige Anzahlung in voller Höhe. Wichtig ist nur, dass Sie sich auf die Inhalte konzentrieren; den Beziehungsaspekt der Kommunikation seitens Ihres Kunden ignorieren Sie besser.

Viele Gesprächstermine ohne Ergebnisse sind übrigens auch oft gekoppelt an bestimmte Persönlichkeitsstrukturen. Ohne jemandem nahetreten zu wollen: Lehrer, Psychologen und einige Vertreter aus sozial-karitativen Bereichen zeichnen sich nicht immer durch eine große Entschlussfreudigkeit aus. Nur selten ist dieses Verhalten jedoch an ein so offensichtlich arrogantes oder hochnäsiges Verhalten gekoppelt wie bei ehemaligen Führungskräften.

3.2.4 Junge Existenzgründer

Im Gegensatz zur ehemaligen Führungskraft, die sich aus einer Angestelltenposition heraus selbstständig macht, entspricht der junge Existenzgründer mit seiner Intention des riskanten Schrittes in die Selbstständigkeit schon eher dem Typus des klassischen Unternehmers. Natürlich kommen viele ebenfalls aus verschiedenen Berufen, nicht jeder Existenzgründer hat vor Kurzem noch die Schulbank gedrückt oder gerade das Studium beendet oder abgebrochen. Der Unterschied zum vorherigen Typ ist die Tatsache, dass der junge Existenzgründer zwischen 20 und 35 bereit ist, das volle Risiko der Selbstständigkeit zu tragen, ohne Netz, doppelten Boden oder satte Abfindung. Eventuell vorhandenes Kapital investiert er meistens komplett in seine Geschäftsidee oder sein Unternehmen, er scheut sich auch nicht, Fremdkapital zu horrenden Zinssätzen aufzunehmen: Der junge Existenzgründer ist von seinem Vorhaben vollkommen überzeugt.

Charaktereigenschaften

Der junge Existenzgründer ist häufig ...

- euphorisch und begeisterungsfähig,
- leichtgläubig und unerfahren, aber auch
- entscheidungsfreudig und dankbar für kompetente Beratung.

Als Kunde ist der junge Existenzgründer für Webdesigner sehr interessant. Gemeinsam mit dem älteren und erfahrenen Unternehmer betrachtet dieser Kunde seine Website als erfolgreiches Marketinginstrument. Der wichtigste Unterschied zum erfolgreichen Unternehmer ist die fehlende Erfahrung. Als Webdesigner haben Sie dadurch aber einen Kunden, der noch offen für Ihre Ratschläge und Ihre kompetente Meinung ist. Konkrete Vorstellungen und Wünsche verteidigt er auch nicht so zäh und nachhaltig wie ein älterer Unternehmer. Die Unerfahrenheit des Existenzgründers bedeutet für Sie, dass der Kunde zunächst von Ihrer Kompetenz überzeugt werden muss. Als Existenzgründer hat man keine Erfahrung und keine Ahnung, ob der Steuerberater, der Anwalt, der eventuell konsultierte Unternehmensberater, die Agentur für die Printsachen oder eben der Webdesigner die erste Wahl oder zumindest kompetent sind.

Anhand dieser Aufzählung merken Sie auch, dass Sie eben nicht der einzige sind, von dem der Kunde überzeugt sein will. Er ist zwar begeisterungsfähig, aber die vielfältigen Aufgaben der beginnenden Selbstständigkeit führen schnell zu psychischen Belastungen und einem für ihn unbekannten Entscheidungsdruck.

Kundenverhalten in der Kommunikation

Wahrscheinlich werden Sie als Webdesigner vom Kunden schon in der Anfangsphase der Selbstständigkeit konsultiert. Diese Phase ist für den Existenzgründer voller Belastungen: Er wird schnell fahrig, barsche Reaktionen aus heiterem Himmel sind keine Seltenheit. Auch der euphorischste Vertreter dieses Kundentyps ist sich schon der latenten Gefahr bewusst, dass er aufgrund fehlender Erfahrungen ein beliebtes Opfer für Berater aller Art ist und schnell übers Ohr gehauen werden kann.

> **Beständige Kommunikation**
>
> Sie sollten als Dienstleister den ersten Kommunikationsgrundsatz beherzigen und in allen Projektphasen eine konstante Kommunikation mit dem Kunden pflegen.

Ein Existenzgründer ist dankbar für eine kompetente und ehrliche Beratung und Betreuung. Er bringt sich selbst mehr ein als viele andere Kunden, ist in seinen Wünschen und Vorstellungen kreativ und begeisterungsfähig, auch wenn er dabei gelegentlich übers Ziel hinaus schießt. Dieser Kunde ist auf die externe Betreuung und Beratung angewiesen, und er hat sie verdient, auch wenn die Praxis für Sie als Webdesigner gelegentlich anstrengend sein kann.

3.2.5 Exkurs: Vorsicht bei den »passiven Gründern«

Sie müssen unbedingt den *passiven* Existenzgründer vom *aktiven* unterscheiden. Auch der passive Gründer lässt sich beraten, er nimmt auch jede Gelegenheit wahr, Seminare, Arbeitskreise und Vorträge zur Existenzgründung zu besuchen. Jedem erzählt er davon, dass er sich mit der ultimativen Geschäftsidee selbstständig machen will. Dummerweise bleibt es immer nur beim Erzählen: Er denkt so lange über die Selbstständigkeit nach, bis er entweder das Interesse daran verloren hat oder selbst irgendwann als Berater für Existenzgründungen in den Gelben Seiten zu finden ist.

[!]
> **Vorsicht!**
>
> Dieser besondere Typus tarnt sich nahezu perfekt als Existenzgründer. Als Webdesigner müssen Sie diese Tarnung erkennen – der passive Gründer versteht es, Ihre ganze Energie auf ihn zu fokussieren anstatt auf wichtige Neukunden.

Das einzig fehlende Charakteristikum eines echten Gründers ist der tatsächlich vollzogene erste Schritt in die Selbstständigkeit. Also: Fragen Sie diesen theoretisch perfekt durchgeglühten »Neukunden«, in welcher Branche oder in welchem Bereich er sich selbstständig gemacht hat. Fragen Sie auch gleich nach Büroadresse, Telefon- und Faxnummer. Erhalten Sie eine Antwort nach dem Motto »Ist noch eine geheime Geschäftsidee« oder »Unterlagen vom Gewerbeamt schon angefordert, aber da fehlt noch ein Gespräch mit ...«, sollten Sie freundlich, aber bestimmt erwidern, dass Ihre »Erfahrung als Webdesigner gezeigt hat, dass man erst nach diesen wichtigen Schritten der geschäftlichen Existenz mit einer Website beginnen sollte«. Vom Geheimniskrämer werden Sie wahrscheinlich nie wieder etwas hören. Klar und sicher wird nur der ernsthafte Existenzgründer Ihre Fragen beantworten, und diesem Kundentyp wollen wir uns deshalb wieder zuwenden.

Typische Argumentationen

Innovative Ideen für die Website
»Ich hätte da noch eine Idee von einer tollen Website. Was meinen Sie dazu?« »Kann ich das so haben, dass alles über das Web gesteuert/automatisiert ist?« »Da sollen sich meine Kunden einloggen und alles sofort ausfüllen/bestellen können.«

Überschätzung des Mediums Web
»Brauche ich eine Image-Broschüre? Marketing über das Web reicht heute doch, oder?« »Sie bringen mich bei Google nach oben, dann mach ich doch den Markt platt, oder?« »Modem-Nutzer mit alten Browsern sind doch nicht meine potenziellen Kunden, oder?«

Überreaktionen im Gründungsstress
»Nein, ich bin nicht dazu gekommen, ich habe hier gerade Wichtigeres um die Ohren!« »Ja, stimmt, ich wollte das unbedingt, ist mir jetzt aber doch zu teuer, verstehen Sie das bitte!« »Die Anzahlung geht morgen raus, das reicht ja dann wohl, oder?!«

Konfliktpotenzial in der Kommunikation

Als Webdesigner müssen Sie aufpassen, dass Sie nicht zusammen mit dem Kunden ins Chaos der Existenzgründung rutschen. Die Grenze zwischen umfassender Betreuung und umfassender Vereinnahmung durch den Kunden ist fließend und für Sie immer eine Quelle möglicher Konflikte. Das Gefühl von zu viel Betreuung entspricht vielleicht Ihrer Wahrnehmung, Ihr Kunde sieht das aber genau anders herum: Für ihn sind Sie eigentlich nicht engagiert genug. Er fordert immer vehementer diese Betreuung, je mehr Sie sich zurückziehen wollen. Schneller, als Sie denken, geht es dann nicht mehr um den ersten Kommunikationsgrundsatz, sondern um den vierten: Ziellose Dialoge durch fehlerhafte Interpunktionen führen zu einem Teufelskreis, der überhaupt nichts mehr mit dem Projekt zu tun hat, sondern nur noch das Verhältnis zwischen Ihnen und dem Existenzgründer beinhaltet.

Vorteile für die Kommunikation

Sie haben als Webdesigner den großen Vorteil einer hohen Einflussnahme auf das Projekt des Kunden. Je umfassender und länger der Existenzgründer von Ihnen eine betreuende Beratung erhält, umso mehr wird er Ihre Vorschläge akzeptieren. Die Zeit ist auf Ihrer Seite, und der Kunde hat auch keine andere Wahl, er muss ja irgendwann den Markt bedienen und Gewinne machen.

Diese Situation der Abhängigkeit Ihres Kunden von Ihnen als Dienstleister bedeutet auch, dass Sie in Ihrer Funktion als professioneller Webdesigner gegenüber diesem Kunden eine hohe Verantwortung tragen. Blockieren Sie den Auftrag oder kündigen Sie mitten im Workflow gar die Zusammenarbeit, sollten Sie dafür verdammt gute Gründe haben, denn beides kann für einen Existenzgründer katastrophale Folgen haben.

Erfolgreich kommunizieren – Fehler vermeiden

> **Ruhe und einen kühlen Kopf bewahren**
>
> Sie müssen als Webdesigner auf den ersten Kommunikationsgrundsatz achten und eine konstante Kommunikation mit einem Existenzgründer pflegen. Gleichzeitig laufen Sie dabei Gefahr, eine Kommunikation mit fehlerhaften Interpunktionen zu führen.

Beachten müssen Sie auch, dass der Existenzgründer aufgrund des Stresses einer beginnenden Selbstständigkeit schnell reizbar ist und dass Sie eine hohe Verantwortung für die Zukunft des Website-Projekts tragen. Zugegeben, das alles hört sich zwar nicht gerade nach einer idealen Ausgangslage für eine erfolgreiche Kommunikation an, aber tatsächlich ist das Konfliktpotenzial nicht so gravierend und die Lösung sehr einfach: Bleiben Sie in allen Phasen der Kommunikation sachlich und ruhig, und vermeiden Sie starke Emotionen.

> **Kontrolle als Betreuung**
>
> Übernehmen Sie nicht nur die Gesprächsführung; noch wichtiger ist es, dass Sie die Kontrolle über das Website-Projekt behalten. Bleiben Sie Herr der Lage: Achten Sie genau darauf, wann Sie eingreifen müssen. Nicht nur das Projekt, auch die Situation des Kunden verlangt es, dass Sie die Kunden-Website bis zum Launch souverän und sicher in ruhigem Fahrwasser halten.

Lassen Sie sich von emotionalen Ausbrüchen Ihres gestressten Kunden ebenso wenig beeindrucken wie von euphorischen Wünschen für die Website oder falschen Vorstellungen von einer umfassenden Kommunikation zwischen Kunden und Dienstleister.

3.3 Zwischen Einzelentscheidern und Entscheidergruppen: Freiberufler

Die große Gruppe der Freiberufler ist ein Sonderfall, nicht nur, weil diese Gruppe aus Einzelentscheidern und Entscheidergruppen besteht. Wichtig ist auch die Tatsache, dass spezifische Berufsgruppen zu den Freiberuflern gehören, die zwar wie Handwerker oder andere Unternehmer selbstständig tätig sind, dafür aber rechtlichen Sonderregelungen bezüglich Marketing und Werbung unterliegen. Der steuer- und wirtschaftsrechtliche Status der Freiberufler soll uns nicht interessieren, wohl aber die zukünftige Entwicklung und die Relevanz der wichtigsten freien Berufe für Sie als Webdesigner.

Freie Berufe gibt es reichlich – auch Sie gehören dazu, sofern Sie kein Gewerbe angemeldet haben. Freiberufler sind z. B. Architekten, Grafik-Designer, Fotografen und Journalisten. Als Kunden wirtschaftlich interessant sind für Sie aber vor allem Anwälte, Ärzte und Steuerberater – Architekten sind schon etwas weiter abgeschlagen. Unabhängig davon, dass Sie es zum Beispiel bei Ärzten mit Einzelpraxen, Praxisgemeinschaften, Gemeinschaftspraxen oder sogenannten »Überörtlichen Berufsausübungsgemeinschaften« zu tun haben können, gibt es große Unterschiede bezüglich der Marketingaktivitäten: Ärzte und Zahnärzte betreiben bisher kaum Marketing, Anwälte und Steuerberater setzen dagegen vermehrt darauf.

Freie Berufe – immer nah am Kunden

Sowohl die beratenden Berufe als auch die Berufe des Gesundheitswesens werden in Zukunft für die Gesellschaft immer wichtiger. Die zunehmende

Spezialisierung in vielen Wirtschaftsbereichen hat ja schon in den vergangenen Jahrzehnten zu einem überproportionalen Angebot beratender Berufe geführt, die es vorher nicht oder nur für eine kleine Zielgruppe gab, wie zum Beispiel Steuerberater oder Unternehmensberater. Mittlerweile gibt es vor allem bei Unternehmensberatern weitere Tendenzen der Spezialisierung für verschiedene Disziplinen wie Vorsorge, Geldanlage, Versicherungsschutz, Gründung oder Unternehmensabgabe.

Beratung, Gesundheit, Dienstleistung

Daneben bilden sich weitere Netzwerke mit angrenzenden Freiberuflern, die maßgeschneiderte Komplettlösungen für bestimmte Zielgruppen anbieten: Unternehmensberater, die mit spezialisierten Steuerberatern und Fachanwälten zusammenarbeiten, bzw. Rechtsanwaltskanzleien, die ihren Mandanten über dieses Netzwerk direkte Kontakte zu den speziellen Dienstleistern als Kooperationspartner vermitteln.

Die alternde Gesellschaft führt zudem zu einer weiter steigenden Nachfrage nach nahezu allen Berufsbildern des Gesundheitsbereichs. Produkte und Dienstleistungen, die den immer älter werdenden Menschen und seine Bedürfnisse berücksichtigen, werden einen immer größeren Stellenwert und eine zunehmende volkswirtschaftliche Relevanz bekommen. Kurz gesagt: Wer den demografischen Wandel unserer Gesellschaft nicht in seinem Unternehmenskonzept berücksichtigt, wird später zu den Verlierern gehören.

Freiberufler als Kunden

Die freien Berufe aus den Bereichen Beratung und Gesundheitswesen sind für Sie nicht allein deshalb so wichtig, weil diese Berufsgruppen hohe Zuwachsraten haben. Viel interessanter ist die Tatsache, dass die Mehrzahl dieser Berufsgruppen kaum oder gar nicht im Web präsent ist. In den medizinischen Berufen lag das an wettbewerbsrechtlichen Beschränkungen, die mittlerweile fast komplett aufgehoben wurden. Klare Regelungen wie Gebührenordnungen zwängten die Freiberufler außerdem in ein enges, aber komfortables Korsett, das echten Wettbewerb, Werbemaßnahmen oder Marketing unnötig machte. Es war nicht nur unüblich, es erschien fast als sittenwidrig, den Steuerberater, Anwalt oder gar Arzt um ein »Angebot« für seine Dienstleistung zu bitten. Das hat sich in einigen Berufen geändert und wird sich unweigerlich weiter ändern. Kurz gesagt: Noch lange nicht jeder Freiberufler – Arzt, Heilpraktiker, Anwalt, Steuerberater oder Unternehmensberater – hat seine eigene Website, aber jeder wird über kurz oder lang eine benötigen.

3.4 Marketing und Kommunikation für freie Berufe

Die grundsätzliche Frage, ob und in welchem Umfang von den Freiberuflern überhaupt Marketing betrieben wird, bestimmt auch Ihre Kommunikation mit diesen Kunden.

3.4.1 Unternehmensberater

Große und bekannte Unternehmensberatungsgesellschaften bezeichnet man ja wahlweise gern als Mitarbeiter-Terminatoren, Heuschrecken-Schergen, Standort-Killer oder schlicht Totengräber. Unter diesem wenig schmeichelhaften Image leiden auch die kleinen und freiberuflich tätigen Berater, auch wenn diese Klientel das Trommeln in der Werbung am ehesten gewohnt ist.

Unternehmensberater sind einem ähnlich großen Wettbewerb ausgesetzt wie Architekten, Grafik-Designer oder Fotografen. Die meisten dieser Berater kommen aus dem Rechnungswesen/Controlling größerer Unternehmen, selten aus dem Marketing. Da der typische Vertreter dieser Berufsgruppe dem Umfeld einer Banken-Karriere entspringt, ist es auch kein Wunder, dass keine Freiberufler-Branche in der Werbung derart konservativ-langweilig vertreten ist wie die Unternehmensberater.

> **Blender und Seriöse**
>
> Natürlich haben Sie es hier auch mit den Vertretern der späten Selbstständigen zu tun, also den Blendern, die sich als ehemalige Führungskräfte in einem hart umkämpften Dienstleistungswettbewerb als Unternehmer betätigen wollen (und oft scheitern, wie wir gesehen haben). Die sollen uns nicht erneut interessieren, hier geht es um seriöse und erfolgreiche Unternehmensberater.

Verständnis von Marketing

Als Webdesigner müssen Sie den Unternehmensberater nicht mehr von der grundsätzlichen Notwendigkeit oder dem Sinn einer Website überzeugen. Dafür müssen Sie ihn überzeugen, dass es jenseits von Schwarz, Weiß und der noch so verlockenden Grautöne so etwas gibt wie Farben.

> **[!] Der Berater lebt Sachlichkeit**
>
> Denken Sie daran, dass der Unternehmensberater in seinem Beruf Sachlichkeit »lebt«. Kreative Gestaltung, Schönheit, Farbspiele, das alles ist schon von den Begriffen her emotional besetzt und für ihn oft ein Tabu.

Sie sollten den Kunden mit hilfreichen Links darauf aufmerksam machen, dass eine Webseite nicht zwingend die Optik eines 50er-Jahre-Plattenbaus haben muss und dass man sogar Grafik und Farbe einsetzen kann, um ganz bewusst Seriosität zu kommunizieren.

Die Kunden des Unternehmensberaters erwarten sachliche und nüchterne Analysen des Ist-Zustands und Wege in einen besseren Soll-Zustand. Sein Hang zur Nüchternheit ist nicht nur in der Vorliebe für die Farben Grau, Weiß und Schwarz in seiner Büroeinrichtung zu erkennen, nein, genauso möchte er auch das Corporate Design umgesetzt sehen.

Kundenverhalten und Kommunikation

Unternehmensberater können schon sehr genau Ihren Ausführungen zu den Chancen und möglichen Problemen des Websites-Projekts folgen. Gute Unternehmensberater sind immer gute Zuhörer, eigene Vorstellungen treten zunächst in den Hintergrund und werden nur am Ende und sehr sachlich kommuniziert. Der Unternehmensberater stellt nicht nur viele Fragen, er stellt auch Ihre Ausführungen komplett in Frage – wenn Sie nämlich Ihre Ausführungen nicht genau belegen oder verifizieren können.

> **Erste Regel**
>
> Sie sollten sich niemals auf dem Felde der Betriebswirtschaftslehre mit einem Unternehmensberater messen.

Der Kunde verwendet zwar eine Geheimsprache mit Fachbegriffen aus Rechnungswesen und Controlling. Das ist aber weder Wichtigtuerei noch zeugt es von hochnäsigem Verhalten. Es ist seine (Fach-)Sprache, und es interessiert den Unternehmensberater nicht, ob Sie etwas davon verstehen oder nicht, er erwartet dieses Wissen von Ihnen aber nicht. Er verwendet diese Sprache gegenüber seinen Kunden, und die verstehen ihn, denn seine Kunden sind neben den Geschäftsführern ebenfalls Fachleute aus Personalmanagement und Controlling, die in den Unternehmen seine Vorschläge umsetzen sollen.

Wenn Sie etwas aus der Fachterminologie des Unternehmensberaters nicht verstehen, fragen Sie nach, es geht um wichtige Inhalte einer Website – Eitelkeit ist da nicht angebracht.

> **Zweite Regel**
> Bleiben Sie in Ihrer Kommunikation sachlich, logisch und stringent.

Unternehmensberater sind ständig von Emotionen umgeben: Von den Mitarbeitern oder anderen Dienstleistern des Kunden wird er missbilligt oder gefürchtet. Selbst wenn bei der Beratung herauskommt, dass ein Unternehmen eher Mitarbeiter einstellen als entlassen muss, dem externen Berater wird nicht getraut.

In der Selbstwahrnehmung vieler Unternehmensberater ist ein Dienstleister jemand, der seinen Job folgendermaßen auszuführen hat: klar, sachlich, korrekt und ohne Schnickschnack. Für Sie als Webdesigner heißt das: Sparen Sie sich humorvolle Anekdoten, allzu blumige Vergleiche und emotionale Aspekte der Selbstdarstellung.

In Gestaltungsfragen setzen Unternehmensberater im Zweifel lieber auf Sicherheit und besonders gern auf konventionelle Langeweile (»Wir dachten da an einen stilisierten Paragraphen als Logo«). Hier ist also Ihre Überzeugungskunst gefragt.

3.4.2 Rechtsanwälte

Viele Rechtsanwälte haben bereits eine eigene Website, einige können sogar ein komplettes Marketingsystem vom professionellen Logo bis hin zu verschiedenen Info-Broschüren für Mandanten vorweisen. Es bleibt ihnen allerdings auch nichts anderes übrig: Die Anzahl der niedergelassenen Kollegen wächst ständig, und selbst etablierte und gut eingeführte Kanzleien haben teilweise separate Budgets für nachhaltige Werbemaßnahmen in Print- und Online-Medien. Die Spezialisierung in Fachanwaltskanzleien und die Kooperationen in Netzwerken sorgen für zusätzliche Werbeaktivitäten.

Verständnis von Marketing

Anwälte sind in der praktischen Umsetzung von ihren Marketingaktivitäten nicht immer so konservativ-langweilig, wie das ihr Ruf vielleicht erwarten ließe. Es gibt wundervolle Beispiele hochprofessioneller Webseiten, hinter denen ein komplettes Corporate Design mit allen Schikanen und durchgeglühte Werbemaßnahmen bis zu großen Anzeigen in zielgruppenspezifischen Fachzeitschriften stehen.

Rechtsanwälte sind aufgrund ihrer täglichen Arbeit sehr gut in der Lage, das Wesentliche einer Aufgabe oder eines Projekts zu erfassen. Im Gegensatz zu Unternehmensberatern ist ihre strukturelle Vorgehensweise, ihre Vorstellungskraft und ihr Verhalten jedoch weniger klischeehaft und erheblich kreativer. Dafür orientieren sie sich sehr streng an Terminen und zeitlichen Abläufen.

> [!] **Achtung: Genaue Prüfung**
> Rechtsanwälte verlassen sich selbstbewusst auf ihre Fähigkeiten und sind es durch ihre Tätigkeit gewohnt, vorhandenes »Material« sorgfältig und bis ins Detail zu prüfen.

Nicht alle Rechtsanwälte haben eine eigene Website, und damit sind nicht nur alteingesessene Kanzleien mit der Visitenkarte als einzigem Marketinginstrument gemeint. Einige sind noch immer der Überzeugung, dass aufgrund der Singularität eines jeden Rechtsfalles ein Eintrag im Branchenbuch mit Informationen zu den Schwerpunkten ausreicht.

Bezüglich der *Gestaltung und Präsentation* sind Rechtsanwaltskanzleien mit den Unternehmensberatern vergleichbar. Viele bevorzugen einen klaren, nüchternen Auftritt, der in dezenter Farbgebung das Auge nicht unnötig herausfordert.

3.4.3 Steuerberater

Noch nicht so ganz angekommen in der Welt von Werbung, Markt und Marketing sind viele Steuerberater und Steuerberatungskanzleien. Der Hauptgrund, warum Steuerberater nicht oder kaum Marketing betreiben, ist die enge Bindung zwischen Berater und Mandant. Diese Bindung ähnelt der zwischen Arzt und Patienten; nicht der Anwalt, nicht das Finanzamt, oft nicht einmal der Ehe- oder Lebenspartner wissen so genau über die finanziellen Zustände Bescheid wie der Steuerberater. Und wer so viel weiß, den tauscht man nicht so schnell aus wie seinen Friseur. Die Tätigkeiten des Steuerberaters sind außerdem immer gleich und damit auch immer gleich teuer. Es spielt ja keine Rolle, ob der Mandant ein Einzelkämpfer mit Einnahmen-

Überschussrechnung ist oder eine Kapitalgesellschaft mit Bilanzierungspflicht. Die Fristen zur Abgabe von irgendwelchen Anmeldungen oder Voranmeldungen sind immer identisch.

Wettbewerb, das unbekannte Phänomen

Mittlerweile verlangen die Mandanten immer mehr Leistung für ihr Geld, und für viele Steuerberater ist es deshalb unter Umständen sinnvoller, auf alte Mandanten zu verzichten und neue Mandanten über Werbemaßnahmen zu akquirieren. Diese Tendenz wird in den kommenden Jahren noch erheblich zunehmen. Seit der Jahrtausendwende haben sich auch die Anforderungen der Mandanten an die Steuerberater verändert. Das Web ist ein selbstverständliches Informations- und Kommunikationsmedium bei den jüngeren Mandanten. Da erscheint es doch paradox, wenn man einen Berater, der auch für die zukünftige Entwicklung seiner Mandanten tätig ist, nach wie vor nur über Telefon und Fax erreicht.

Kundenverhalten und Kommunikation

Das klare, strukturelle und lineare Denken von Rechtsanwälten und Steuerberatern verträgt sich nicht immer mit den oft chaotisch-kreativen Zügen eines Webdesigners. In ihrer täglichen Arbeit fordern Anwälte und setzen Termine, und genau darauf können Sie sich als Webdesigner auch einstellen. Die sorgfältige Vorbereitung und Genauigkeit der Arbeit lässt den Rechtsanwalt und den Steuerberater in der Kommunikation pingelig erscheinen, dafür können Sie sich auf eine äußerst zuverlässige und termingerechte Lieferung der Inhalte verlassen.

> **Offener als man denkt ...**
>
> Rechtsanwälte und Steuerberater sind grundsätzlich offen für innovative und interessant gestaltete Webseiten. Das Problem langweiliger Webseiten haben gelegentlich auch diejenigen Webdesigner zu vertreten, die grundsätzlich vom trockenen und konservativen Geschmack eines Anwalts oder Steuerberaters ausgehen.

Zeigen Sie Ihrem Kunden interessante und professionell umgesetzte Seiten von größeren Kanzleien. Sie können auch innovative Webentwicklungen ansprechen und auf die Marketing-Vorteile für die Kanzlei eingehen.

3.4.4 Ärzte und Zahnärzte

Die Mehrzahl der niedergelassenen Mediziner und Zahnmediziner ist noch immer der festen Überzeugung, dass Marketing im Allgemeinen und die Website im Speziellen vollkommen sinnlos für die Patientengewinnung sind.

Sarkastisch betrachtet gibt es in Bezug auf eine Praxis-Website zwei Kategorien von Ärzten und Zahnärzten: die Älteren – zu alt für eine Website, und die Jüngeren – zu jung für eine Website.

Verständnis von Marketing

Die strengen Wettbewerbsbeschränkungen für Ärzte und Zahnärzte wurden schon 2001 aufgehoben. Seitdem gelten nur noch die allgemein üblichen Beschränkungen des Wettbewerbsrechtes.

Heute dürfen Ärzte und Zahnärzte alles das tun, was andere Berufsgruppen in der Werbung auch dürfen. Trotzdem scheuen viele von ihnen zeitgemäße und durchaus sinnvolle Marketingmaßnahmen.

Ein wichtiger Grund für die Zurückhaltung ist auch das Alter der typischen Zielgruppen. Die Patienten sind im Schnitt über 50 Jahre alt. Die Ärzte gehen davon aus, dass sich diese Zielgruppe nur bei ihnen im direkten Arztgespräch informiert, ausschließlich auf Empfehlung kommt und über eine unendliche Bindungsqualität verfügt. Laut Statistiken besucht jeder zweite von ihnen das Internet, auch um gezielt nach Gesundheitsinformationen zu suchen (*www.50plus-ans-netz.de*, *www.nonliner-atlas.de*).

> **Schaffen Sie Bewusstsein**
>
> Dass sich der moderne Patient im Internet informiert und den Arzt, Facharzt oder Zahnarzt auch anhand des Vorhandenseins und der Qualität einer Website aussucht, ist vielen Medizinern und Zahnmedizinern noch immer nicht bewusst.

Immerhin wird die Website noch am ehesten als Marketinginstrument akzeptiert, leider auf Kosten klassischer Werbemittel wie individuelles Briefpapier, Wort-/Bildmarke, Terminzettel und Praxisbroschüren.

Kundenverhalten und Kommunikation

Die Mehrzahl der Ärzte und Zahnärzte verfügt über eine schier unendlich große Trägheit des Handelns, wenn es um eine Website geht. Zeit wird in der

Kommunikation mit dieser Berufsgruppe buchstäblich relativ, sie dehnt und krümmt sich in astronomischen Ausmaßen.

> **Unendliche Weiten der Zeit**
>
> Die Zähigkeit des Workflows kann sich als unbeschreibliche Reaktionsverzögerung auf letztlich verzweifelte E-Mails, Anrufe und Fax-Dokumente des Webdesigners bemerkbar machen oder als nicht getroffene Entscheidung zu Farbsystem, Logo, Template oder zur Seite »Impressum«.
> Gelegentlich erwartet den Webdesigner auch die apokalyptische Kombination all dieser Möglichkeiten.

Ärzte und Zahnärzte zeigen so ein Verhalten jedoch aus guten Gründen. Früher sprach man von der sogenannten »Schein-Selbstständigkeit« der Mediziner. Gemeint war damit die Tatsache, dass ein Arzt oder Zahnarzt automatisch nach Anzahl der Krankenscheine sein Geld verdiente. Diese recht komfortablen Zeiten sind vorbei, und damit auch die Luxusprobleme der Spritpreise für die Zweit-Motoryacht.

Spezifische Faktoren von Ärzten und Zahnärzten

Nun würde so eine Regelung wohl bei uns allen eine gewisse Behäbigkeit hervorrufen. Die psychische Belastung eines Arztes oder Zahnarztes ist außerdem erheblich höher als bei den meisten anderen Freiberuflern.

> **Erwartungen**
>
> Von Patienten, Kollegen, Vereinigungen und Krankenkassen wird verlangt oder zumindest erwartet, dass der Mediziner und Fachmediziner alles wissen soll, täglich Höchstleistungen erbringt, und das alles mit vollem Engagement, stets motiviert, auf dem neuesten Stand der Medizin und mit einer Null-Fehler-Quote.

Natürlich geht es nicht jeden Tag um Leben oder Tod, wie uns die Titel der Groschenheftchen und B-Produktionen deutscher TV-Serien versprechen. Da muss auch nicht dreimal stündlich ein Notfall-Patient reanimiert werden. Dafür geht es bei jedem Patienten um eine sorgfältige Diagnose, eine erfolgreiche Therapie und eine umfassende Nachsorge. Und mittendrin kommen Sie nun noch als Webdesigner dazu, verlangen zu bestimmten Zeiten bestimmte Aussagen, Leistungen, Inhalte und Entscheidungen, und das auch noch klar formuliert, fehlerfrei und eindeutig.

> **Reagieren Sie schnell**
>
> Für die Kommunikation mit Ärzten und Zahnärzten gilt: Schmieden Sie das Eisen, solange es heiß ist!

Dieses Sprichwort passt ideal zur Kommunikationsanforderung für Ärzte und Zahnärzte. Die beschriebene Trägheit der Entscheidungen zwingt Sie in die Rolle des stets fordernden Kommunikationspartners. Verlieren Sie einmal den heißen Draht zu diesem Kunden, kann es Wochen dauern, bis er die längst überfälligen Entscheidungen trifft. Der Webdesign-Workflow ist hier mit einer Maschine zu vergleichen, die ständig geölt werden muss.

> **Ohne Druck funktioniert es nicht**
>
> Es ist manchmal unvermeidlich, dass Sie ständig die wichtigen Rückmeldungen anmahnen müssen und sich damit am Rande der Unverschämtheit bewegen.

Mediziner und Zahnmediziner sind da ziemlich dickfellig und tolerant, sie empfinden das im Gegensatz zu allen anderen Kunden nicht als penetrante Belästigung.

Die penetrante Art des Kommunikationsflusses müssen Sie übrigens vom ersten Gespräch bis zum Launch zwingend einhalten – dieser Rat ist keine Übertreibung. Absolut ernst gemeint ist auch der Ratschlag, dass Sie in Ihrem Offline- oder Online-Kalender notieren, wann die nächste Erinnerungs-Mail oder der nächste Anruf fällig ist.

3.4.5 Psychologen, freie Therapeuten und Heilpraktiker

Psychologen, Physiotherapeuten und Heilpraktiker sind keine Ärzte (so ein Vergleich nimmt Ihnen jeder Arzt auch richtig übel). Es gibt weltoffene Ärzte, die offen und überzeugt als Homöopathen auftreten, es gibt aber auch Homöopathen, die letztes Jahr noch Hauptgefreite bei der Bundeswehr waren. Und das Maß an Trägheit oder Unwissenheit bezüglich des Webs, mit dem Sie auch bei Ärzten und Zahnärzten rechnen müssen, kann sich vor allem bei Psychologen locker potenzieren.

Psychotherapeuten

Ganz besondere Vorsicht sollten Sie bei esoterisch durchgeglühten Therapeuten und Psychologen walten lassen, die auf der ewigen Suche nach sich selbst auch »eine schöne und harmonische HP« haben wollen. Für 250 Euro.

Während ein Psychiater nach allgemeinmedizinischem Studium und dem Fachstudium der Psychiatrie oft mehrere Jahre Erfahrung im ungeschminkten Klinikalltag gemacht hat, kann mancher Psychologe allenfalls auf viele gute und ausführliche Gespräche zurückgreifen.

Ausführliche Gespräche haben bei den Klienten schon nach drei Jahren zu spürbaren Verbesserungen geführt. Darauf dürfen Sie sich als Webdesigner auch einstellen – nicht auf die Verbesserungen, sondern auf die Ausführlichkeit der Gespräche.

Beinahe schön wird es, wenn Ihr Kunde ein sogenannter Gestalttherapeut ist: Dann heißt es vielleicht »Tanz' Deine Website«, und von anderen bekommen Sie eine Einladung zur wöchentlichen Männererfahrungsgruppe. Planen Sie am besten gleich dreißig bis vierzig Sitzungen (Gesprächstermine) ein, bevor es danach sofort, aber sorgfältig an die Struktur und – natürlich parallel – an das Design geht. Machen Sie bloß nicht den Fehler, sich als wenig belastbaren Gesprächspartner zu outen, indem Sie ständig auf die Notwendigkeit der strikten Trennung von Inhalt, Design und Verhalten hinweisen.

Man wird Ihnen schon zeigen: Alles fließt, und alles muss eine Symbiose ergeben, Ying und Yang und überhaupt: Lockerlassen von verkrusteten Standards, alles ist frei und universell, ohne böse Trennungen oder schlimme Fachdiskussionen. Fachdiskussionen sind für viele Therapeuten ohnehin negativer Stress. »Wir wollen doch eine schöne Hompäitsch in totaler Harmonie gestalten, nicht wahr?!«

Immerhin besteht eine gute Chance, dass Sie die Therapie, die Sie dann eventuell nötig haben, mit der Erstellung der Webseite verrechnen können.

3.5 Entscheidergruppen

Bei den Entscheidergruppen begegnen uns ebenfalls zahlreiche Freiberufler in Kanzlei- und Praxisgemeinschaften, Gemeinschaftspraxen oder den »Überörtlichen Berufsausübungsgemeinschaften« (ja, eine ganz tolle Wortschöpfung, ganz aktuell, nicht aus dem letzten Jahrhundert). Auch der Unternehmer, der zusammen mit dem Management entscheidet, wird für Sie als externer Dienstleister Teil einer Entscheidergruppe, ebenso die GbR mit zwei Entscheidern und Vereine und Verbände, die im Vorstand oder durch Vorstandsmitglieder entscheiden lassen.

3.5.1 Gruppendynamik und die Verbindlichkeit von Entscheidungen

Es gibt wichtige Aspekte, die Sie in der Kommunikation mit Entscheidergruppen unbedingt beachten sollten. Grundsätzlich sind Entscheidergruppen für Sie als Anbieter einer komplexen Dienstleistung die ideale Voraussetzung für ein erfolgreiches Website-Projekt. Entscheidergruppen zeichnen sich nicht nur durch eine klare Hierarchie aus, die für eine strukturierte Kommunikation vorteilhaft ist.

> **Gruppendynamik**
>
> Gruppen zeichnen sich vor allem durch eine hohe Eigendynamik aus. Diese als Gruppendynamik bekannte Tatsache bedeutet für Sie, dass mehrere Entscheider eher bereit sind, neue innovative Wege zu gehen, und eher das Risiko von Fehlentscheidungen in Kauf nehmen.

Hat ein Einzelentscheider für die Website ein klassisches Graukästchendesign mit minimaler Inhaltstiefe als Vorgabe geplant, ist es für Sie in der Kommunikation schwer, daraus etwas völlig anderes zu stricken. In der Entscheidergruppe kann das aber sehr schnell gehen: Nach kurzer Gesprächszeit ist aus der statischen Mikroseite dann plötzlich ein großes CMS mit innovativem Design und raffinierten jQuery-Anwendungen geworden, für das Sie nun ein Angebot machen sollen.

> **Verantwortung in der Gruppe**
>
> Ein wichtiger Grund für die Eigendynamik ist die geteilte Verantwortung für Entscheidungen. Diese Teilung macht es dem Einzelnen leichter, Entscheidungen zu treffen bzw. mitzutragen.

Geteilte Verantwortung

Das gilt im Übrigen auch für die perfide Eigendynamik von Unterordnung oder Unrecht. Nicht umsonst besteht ein Erschießungskommando nicht nur aus einer Person. Auch Tribunale zeichnen sich zwar durch einen »Vorsitzenden« aus, der wird jedoch immer von unterstützenden Personen flankiert, die die Entscheidungen mittragen. Und je raffinierter die scheinbare Einstimmigkeit einer Meinung oder Entscheidung dem Herdentier Mensch kommuniziert wird, umso wahrhaftiger erscheint sie. Ein Gesetzestext wird dann zur Grundlage für Urteile, die nicht im Namen eines Gesetzesvertreters gesprochen werden, das muss dann schon im Namen des Volkes geschehen.

Entscheidungen einer Gruppe sind weitaus verbindlicher als bei Einzelentscheidern. Oft sind Gruppenentscheidungen sogar im Bereich Webdesign unantastbar. Diese Verbindlichkeit gilt dann für alle. Das müssen auch Sie bedenken, wenn Sie sich gemeinsam mit Ihren Kunden auf den Projektfahrplan und eventuelle Details geeinigt haben.

> **Änderungen vermeiden**
>
> Änderungen – für Sie vielleicht durchaus legitim und gängig – werden von der Gruppe nicht so gern gesehen. Sie sind nicht Teil der Entscheidergruppe, in der Kundenwahrnehmung nehmen Sie sich aber die »Frechheit« heraus, die von allen getragenen und damit »richtigen« Entscheidungen in Frage zu stellen oder den Zeitplan über den Haufen zu werfen.

Das bedeutet für Sie im positiven Sinne aber auch: Wenn der Fahrplan für eine Website steht, werden Sie als Webdesigner auch keine Überraschungen bezüglich großer Änderungen oder gar einen Abbruch des Projekts befürchten müssen.

3.5.2 Die wichtigste Regel: Anwesenheitspflicht für alle

Für Sie als Webdesigner sind Entscheidergruppen nur dann positiv, wenn auch wirklich alle Mitglieder der Gruppe für die Entscheidungen anwesend sind. Es spielt dabei auch keine Rolle, ob es sich um die Entscheidungsträger eines Vereins, eines Unternehmens, einer Praxisgemeinschaft oder einer Gemeinschaftskanzlei handelt.

> **Anwesenheitspflicht**
>
> Achten Sie darauf, dass alle wichtigen Entscheider anwesend sind. Die Anwesenheitspflicht ist tatsächlich die wichtigste Regel für einen erfolgreichen Gesprächstermin.

Zeichnet sich bei der Terminsuche ab, dass mehr als eine Person nicht erscheinen kann, suchen Sie eine Alternative! Sie vereinbaren besser unter großem Gezeter einen neuen Termin, bei dem Sie dann auch eine hohe Garantie haben, dass wirklich jeder dabei ist. Machen Sie sich keine Gedanken darüber, ob Ihr Gesprächspartner überhaupt einen anderen verbindlichen Termin mit der Gruppe absprechen will. Ist er dazu nicht bereit, hat die Website keine wirklich hohe Relevanz, und gerade in einer Gruppe sind die Kommunikationswege zu komplex und aufwendig, als dass Sie es sich leisten können, einen faulen Auftrag unter schlechten Startbedingungen anzunehmen. In den meisten Fällen wird Ihr Gesprächspartner aber einen neuen Termin akzeptieren, denn es ist ihm auch unangenehm, wenn plötzlich jemand abspringt, womöglich ohne triftigen Grund.

Argumentieren Sie nüchtern mit den tatsächlichen Sachverhalten. Es geht um Kompetenzen und ihre Verteilung im Entscheidungsprozess.

> **Verzichten Sie nicht auf einen Entscheider**
>
> Der Workflow ist die Summe vieler Entscheidungsprozesse und beginnt mit Gesprächen zwischen Entscheidern und dem Dienstleister. Etwas übertrieben formuliert heißt das:
>
> Fehlt zu Beginn ein Entscheider, fehlt auch ein Entscheidungsprozess für den Workflow der Website.

Falls Sie jetzt denken, dass man auch mal auf einen Entscheider verzichten könnte, um überhaupt voranzukommen. FALSCH! Bleiben Sie dabei. Entweder alle sind dabei, oder es wird ein neuer Termin festgelegt!

Drei gute Gründe für Anwesenheitspflicht

> **Erster Grund**
>
> Sie erkennen die Relevanz einer Website für die Gruppe.

Einem wichtigen Termin bleibt man eigentlich nur fern, wenn Krankheit dazwischenkommt, richtig? Viele Webdesigner sind aber schon froh, wenn zumindest die Hälfte der Entscheider anwesend ist. Irgendwann, nach einigen Erfahrungen sind diese Webdesigner dann der festen Überzeugung, dass Entscheidergruppen eh zu keiner Lösung fähig und undankbare Kunden sind.

Nachdem sich der Webdesigner ja stets mit einem Teil der Entscheidergruppe zufriedengegeben hat, hört er ständig: »Wir überlegen uns das lieber nochmal alles und melden uns dann bei Ihnen.« Unnötig zu erwähnen, dass da keine Meldung mehr folgt, und wenn, dann ein Jahr später unter völlig neuen Prämissen und Anforderungen.

> **Zweiter Grund**
>
> Der Querulant offenbart sich selbst.

Meistens gibt es in jeder Gruppe einen Querulanten, und den gibt es auch oft in der Entscheidergruppe für eine Website, die Sie gern umsetzen wollen. Die einfachste Methode des Querulanten, ein Projekt zu torpedieren ist – unabhängig von seiner Motivation – das Fernbleiben von entscheidungsrelevanten Terminen. Es ist sozusagen ein kleines Machtspielchen, auf das Sie sich mit ihm einlassen. In dem Moment, in dem Sie den Raum mit den übrigen Entscheidern betreten, hat der Querulant einen kleinen Kampf gewonnen: Der Herrscher lässt schließlich den Bittsteller warten, nicht umgekehrt. Sind Sie es jedoch, der den Termin ständig wegen Abwesenheit einer Person umwirft, hat der Querulant ein Problem – er wird nicht mehr ernst genommen und kann es sich auch nicht ständig erlauben, Termine platzen zu lassen.

> **Dritter Grund**
>
> Das Kaninchen im Hut

Eine häufige Motivation absichtlichen Fernbleibens ist nicht Querulantentum, sondern Wettbewerb. Ein Entscheider in der Gruppe nutzt unbewusst oder bewusst die Tatsache, dass Sie als professioneller Webdesigner zunächst geladen werden, um professionelle Ideen für eine professionelle Website zu machen. Nach dem zweiten oder dritten Termin präsentieren Sie den anwesenden Entscheidern das Ergebnis zäher Arbeit: Anforderung an die Website, Struktur und besondere Aspekte von Benutzerführung und Design – das Ganze womöglich als umfangreiche E-Mail-Anlage zu Ihrem Angebot.

Wahrscheinlich ahnen Sie jetzt, wohin die Reise geht: Nach zwei Wochen erfahren Sie, dass man sich für einen Wettbewerber entschieden hat. Das wäre an sich kein Problem und auch nicht ungewöhnlich. Auf Ihre Nachfragen, warum Sie den Auftrag nicht erhalten haben, taucht im Gespräch plötzlich Mister X auf, der ominöse Entscheider, der bisher an keinem Termin anwesend sein konnte und nicht mal in der Kommunikation in Erscheinung getreten ist.

> **Mister X**
>
> Mister X kennen Sie nicht, und Sie erfahren auch nichts über ihn. Sie erfahren nur, dass sich Mister X spontan um ein weiteres Angebot bei einem guten Freund, Bekannten oder Kunden gekümmert hat. Und genau dieser Wettbewerber hat nun zufällig den Auftrag bekommen, weil er billiger ist.

Vielleicht kommt Ihre Vorarbeit noch zu Ehren. Ihre Struktur, Ihre Elemente der Benutzerführung und Ihre Vorschläge zum Design werden vom Wettbewerber dankbar übernommen, auch wenn Sie in der Umsetzung merken, dass er von Webdesign überhaupt keine Ahnung hat ...

3.5.3 Wer entscheidet was in welchem Umfang?

Beim Einzelkunden ist klar: Ihr Gesprächspartner entscheidet über alles, er verteilt die Kompetenzen, er äußert seine eigenen Wünsche und Vorstellungen, er bestimmt, wohin die Reise geht, er bezahlt die Rechnung.

Bei einer Entscheidergruppe ist das nicht so eindeutig. Sie haben oft auch nur einen Gesprächspartner, aber Sie wissen am Anfang nicht, ob er die wichtigste Person in der Hierarchie ist, ein eher unwichtiger Kontakter bzw. Vermittler. Er könnte auch eine Stabsstelle darstellen, also direkt dem Vorstand oder dem Hauptverantwortlichen zugeordnet und mit weitreichenden Entscheidungskompetenzen ausgestattet sein, wobei der Vorstand bzw. Hauptverantwortliche Ihnen gegenüber auch nicht offensichtlich als Entscheider auftritt.

Sie müssen aber nicht nur zügig wissen, wer Entscheidungen trifft. Wichtig ist auch zu wissen, was die einzelnen Gruppenmitglieder entscheiden – also die Frage, welche Kompetenzen und welchen Entscheidungsumfang der Einzelne hat.

Die Hierarchie in Entscheidergruppen: Kompetenzen oder schöne Titel?

Die Art der Hierarchie einer Gruppe bestimmt mehr als andere Faktoren die Kommunikation und den weiteren Verlauf des Projekts. Diese gruppeninterne Struktur wird auch über den Erfolg der Website mitentscheiden, unabhängig von Ihrer Kommunikationskompetenz und Ihren Fähigkeiten als Webdesigner.

Bis heute bestimmen in einigen Unternehmen Titel und Auszeichnungen über den Rang des Einzelnen. Es geht natürlich nicht um die Vorteile von tollen Adels- oder Offizierstiteln, auch nicht um Kriegsauszeichnungen als Beispiel für Tapferkeit. Gemeint sind hier Doktor-, Professoren-, Bachelor- und sonstige Titel und die hervorragenden Zeugnisse aus Studium und Beruf. Je mehr Titel, umso größer der finanzielle Ritterschlag, wie jährliche Gehaltssummen im sechs- oder siebenstelligen Bereich dokumentieren, die auch an große Management-Nieten gezahlt werden.

> **Top-Tipp**
> Erfolglose Top-Manager sterben nicht auf dem Schlachtfeld. Mit Top-Abschlüssen und Top-Refenzen schaffen sie es in Top-Zeit, eine Firma in die Grütze zu reiten, bevor sie mit Top-Abfindung gehen dürfen.

Immerhin haben sie es heute nicht mehr ganz so leicht, wieder in entsprechenden Top-Positionen Fuß zu fassen, deshalb begegnet man ihnen ja auch häufig als »neue Selbstständige«, die wir ja schon bei den Einzelentscheidern abgehakt haben.

Kommunikation in hierarchischen Gruppen

Als Webdesigner können Sie nicht wissen, ob eine Entscheidergruppe oder einzelne Mitglieder nur aufgrund von Titel, Herkunft und Stand auf ihren Stühlen sitzen und ob die für das Unternehmen relevanten Kompetenzen tatsächlich vorhanden sind. Sie können daran nichts ändern und müssen mit den Gesprächspartnern klarkommen, die vor Ihnen sitzen. Eine Unternehmenshierarchie dieser Art führt aber häufig zu Fehlentscheidungen, und die führen dann auch zum Misserfolg der Website – egal wie gut Sie gearbeitet haben.

Sie merken sehr schnell, ob eine Gruppe derart autokratisch geführt wird oder ob sich Kompetenz nach bestem Können frei entfalten kann. Die Kommunikation innerhalb der autokratischen Gruppe wirkt kontrolliert. Geredet wird auf Aufforderung oder gezielt – dabei darf nur der Ranghöchste auch auf emotionaler Ebene kommunizieren. Der Ton ist sachlich, Humor oder Smalltalk sind allenfalls in homöopathischen Dosen und nur vom Ranghöchsten zu erwarten. Diese Spiegelung der Hierarchie in der Kommunikation ist selten ein bewusstes Verhalten, es ist eher eine unbewusste Anpassung der einzelnen Gruppenmitglieder.

Wer ist der Ranghöchste?

Je größer die Gruppe, umso wichtiger ist es für Sie zu wissen, wer der Ranghöchste ist. Das ist im ersten Gespräch eben nicht immer und automatisch Ihr Gesprächspartner. Zunächst werden Sie vielleicht nur von einer Stabsstelle oder einem Vermittler kontaktiert, bevor Sie zum Gespräch mit der Gruppe der eigentlichen Entscheider geladen werden. Im Eifer von Shakehands und Vorstellungsrunde kann es passieren, dass Sie kurze Zeit später nicht mehr genau wissen, wer denn nun der Geschäftsführer, wer Gesellschafter mit

Marketingerfahrung und wer Prokurist mit der Entscheidung der Investitionshöhe ist.

> **So erkennen Sie den Ranghöchsten**
>
> Der Ranghöchste einer Gruppe kommuniziert am souveränsten. Das kann auf sachlicher Ebene erfolgen, kann aber auch über den Versuch der Unterordnung geschehen, was auch über arrogant-emotionale Bemerkungen passieren kann.

Ein Chef ist übrigens in jeder Gruppe vorhanden, auch bei gemeinnützigen Vereinen und Brüderschaften. Der Ranghöchste ist nicht nur zuständig für die Koordination der Entscheidungsprozesse. Verscherzen Sie es sich mit ihm, ist der Termin gelaufen.

Begehen Sie nun nicht den Fehler, nur das Gespräch mit dem Boss zu suchen, halten Sie zu allen Entscheidern zumindest Augenkontakt. Eine gut funktionierende Gruppe zeichnet sich schließlich dadurch aus, dass alle Beteiligten in den Entscheidungsprozess involviert sind. Als Webdesigner müssen Sie deshalb alle überzeugen, nicht nur den vermeintlichen oder tatsächlichen Chef der Gruppe. Den Rest der Truppe sehen wir uns jetzt genauer an.

Der Narr

Gesprächig ist vor allem der lockere Spaßmacher – der Narr am Hofe, der dennoch die Wahrheit sagen darf und dessen Mitteilungen Sie sehr genau folgen sollten. Der Narr ist jemand, der Ihnen auf humorvolle Art und Weise direkte Hinweise auf den Querulanten geben kann. Oft steht dahinter jemand, der sich lediglich persönlich mitteilen will. Gibt es dann aber zwei oder drei lockere Typen in der Entscheiderrunde und mit Ihnen zusammen womöglich noch einen mehr, dann müssen Sie gut aufpassen, dass der Termin nicht zu einer fröhlichen Operette mutiert: lustig, locker, aber leider ohne Tiefe. Operettenhaft flüchtig bleibt dann nämlich auch die Erinnerung an Ihre Kompetenzen.

> **Sorgen Sie für die nötige Ernsthaftigkeit**
>
> Selbstverständlich ist eine angenehme Atmosphäre der gedeckten Stimmung eines Beerdigungskaffees vorzuziehen. Ein Website-Projekt ist jedoch eine überaus komplexe Angelegenheit und verlangt im Detail immer eine sachlich-konzentrierte Kommunikation.

Wenn das Gespräch um Details oder grundlegende Anforderungen aus dem Ruder zu laufen droht, können Sie sich im Zweifel lieber inhaltlich oder auch ganz real an den Fragen und Punkten einer Checkliste »entlanghangeln« (siehe Kapitel 4, *Checklisten*) und diese sachlich abarbeiten.

Der Querulant

Den Querulanten haben wir ja schon kennengelernt: als wichtigen Faktor für die Anwesenheitspflicht aller Entscheider. Der Querulant macht Ihnen schon nach den ersten Sätzen klar, dass Sie für ihn – und damit grundsätzlich – die falsche Lösung sind. Die Guerilla-Taktik des Querulanten zeichnet sich erstens dadurch aus, dass Sie nicht sofort merken, worum es geht, und zweitens, dass Sie in Nullkommanix aus dem ganzen Projekt katapultiert werden – egal, wie hoch Ihre Lobby bei anderen Entscheidern ist.

> **So erkennen Sie den Querulanten**
>
> Der Querulant ist meistens intelligent, karrierebewusst, im Unternehmen ein schlauer Intrigant und fast immer ein Mann. In der Hierarchie des Unternehmens finden Sie ihn in der Nähe von Geschäftsführung oder Vorstand.

Natürlich ist es Ihnen vollkommen egal, *warum* Sie als Dienstleister vom Querulanten ausgebremst werden. Sie können so ein Verhalten innerhalb des Kundenkreises nicht verstehen, denn *Sie* wollen ja Niemandem etwas Böses.

Sobald Sie den Querulanten ausfindig gemacht haben, wollen Sie ihn lieber loswerden, damit er Ihnen, Ihrem Vorhaben und dem Projekt nicht mehr in die Quere kommen kann. Dieses Verhalten von Dienstleistern ist allgemein üblich, und es ist total verkehrt.

Als Webdesigner sind und bleiben Sie nur ein »Externer«. Egal, wie hoch Ihre Reputation und das Vertrauen der Entscheider in Ihre Arbeit ist – selbst der abwesende Querulant aus der dritten Reihe hat im Unternehmen eine größere Lobby als Sie.

> **Binden Sie den Querulanten ein**
>
> Den Querulanten müssen Sie in das Website-Projekt unbedingt einbinden. Im Gegensatz zum Querulanten sind Sie nicht Teil der großen Familie und schon gar nicht Teil des inneren Zirkels der Entscheidergruppe!

Die Motivation des Querulanten

Als Erstes sollten Sie feststellen, warum sich ein Mitglied der Entscheidergruppe überhaupt als Querulant verhält, das kann nämlich verschiedene Gründe haben:

- Gruppenfremdes und Externes ist immer und von vornherein »schlecht«.
- Es gibt einen konkreten Grund für die persönliche Abneigung.
- Fehlendes Selbstwertgefühl trifft auf Unterordnungsversuche.

Oft steckt im Querulanten tatsächlich neben persönlicher Antipathie fehlendes Selbstwertgefühl. Solche Menschen haben gelegentlich einen Hang zur Selbstdarstellung, den sie auf Kosten externer Personen oder Dritter ausleben können, die das Unternehmen (und damit auch den Querulanten) als Kunden gewinnen wollen.

> **Sie sind das Opfer**
>
> Da Sie in idealer Weise beide Voraussetzungen erfüllen, sind Sie als Webdesigner das ideale »Opfer« dieses Querulanten. Diese Tatsache und der daraus resultierende Konfrontationskurs des Querulanten hat aber nichts mit Webdesign oder Ihren Kompetenzen zu tun.

Auch wenn die Gründe für das Querulantentum nicht greifbar sind, Sie erkennen entsprechendes Verhalten recht schnell anhand des emotional motivierten und sachlich oft unbegründeten Kommunikationsverhaltens.

Erfolgreiche Kommunikation auf der Inhaltsebene

Erinnern Sie sich an die Inhalts- und die Beziehungsebene? Hier dürfen Sie in Ihrer Kommunikation eben nicht so emotional reagieren wie der Querulant. Sie sollten sich auf dem sicheren Boden der Inhaltsebene bewegen, denn einen emotional geführten Angriff können Sie souverän und erfolgreich nur mit Sachlichkeit parieren.

Selten ist der konkrete Grund für die persönliche Abneigung Ihr Aussehen, Ihr Auftreten oder Ihr Humor. Es geht auch gar nicht um Ihre Person direkt. Meistens ist es lediglich die Tatsache, dass nicht der Favorit, Bekannte oder Schwager des Querulanten den Auftrag erhalten hat. Diese Konstellation haben wir ebenfalls schon unter dem Aspekt der Anwesenheitspflicht kennen gelernt. In diesem Falle ist das Verhalten des Querulanten auch oft untypisch, das heißt, selbst enge Mitarbeiter »verstehen nicht ganz, wo das Problem liegt«.

Retter in der Not – der falsche Fuffziger

Der Umgang mit dem »Netzwerker«, der als Kaninchenzauberer den Auftrag am Ende doch noch an einen Spezi vermitteln will, ist daher auch etwas schwieriger. Vielleicht wurde er mit seinen »connections« von der Mehrheit der Entscheider zurückgewiesen – in diesem Falle haben Sie es mit einem verletzten und damit gefährlichen Gegner zu tun.

> **Trauen Sie dem Querulanten nicht**
>
> Da der Querulant auch ein begabter Intrigant ist, tarnt er sich zunächst gern als interessierter und wohlwollender »Freund« Ihrer Ideen. Er wird Sie überreden, dass Sie konzeptionelle Leistungen erbringen.

Normalerweise erbringen Sie Leistungen wie Strukturarbeiten und Layoutvorschläge erst nach der Auftragsbestätigung, aber der Querulant überzeugt Sie davon, dass Sie damit die gesamte Entscheidergruppe schnell und endgültig für sich gewinnen können.

Der Querulant wird Sie hetzen und immer neue Vorschläge von Ihnen erwarten. Der Teufel steckt ja nie in einem Detail, er steckt in der Verwirrung durch zu viele Details. Läuft es ganz perfide zu Ihren Ungunsten, werden Sie in der Überzeugung der Entscheidergruppe zu schnell zu viele Ideen bringen. Sie verausgaben sich zwar nicht, aber Sie verwirren die Entscheider und verspielen damit Ihre Chancen.

Das ist natürlich die Stunde des Querulanten: Er kann jetzt die übrigen Entscheider davon überzeugen, dass er – trotz seines anfänglichen Wohlwollens Ihnen gegenüber – angesichts der etwas chaotischen Projektplanung nun doch lieber Abstand von Ihren Leistungen nehmen möchte. Er wird in der Gruppe nun sachlich und ruhig argumentieren, dass er da zum großen Glück in der Firma noch einen guten Freund hat, einen Profi natürlich, den er mal ganz unverbindlich fragen könnte, ob der Zeit für den Auftrag hätte.

Die Frage ist nun, wie Sie mit einem Querulanten umgehen sollten. Natürlich kann es hier keine Patentlösung für den idealen Gesprächsverlauf geben, zu unterschiedlich sind die Bedingungen, unter den Sie einem Querulanten gegenüberstehen oder -sitzen. Sie haben zwei Möglichkeiten der Kommunikation: Entweder Sie setzen auf persönliche oder auf inhaltliche Auseinandersetzung.

»Meinen Sie das im Sinne von ...?«

Beide Möglichkeiten beruhen auf klaren Fragestellungen. In der persönlichen Auseinandersetzung können Sie versuchen, den Querulanten in Anwesenheit und im Bewusstsein der Entscheidergruppe quasi »die Maske vom Gesicht« zu ziehen. Er torpediert das Projekt aus verschiedenen Gründen und wird versuchen, Ihre Kompetenz, Ihr Know-how oder Ihren Ruf in Zweifel zu ziehen. Je direkter und angriffslustiger der Querulant dabei vorgeht, umso eher sollten Sie in der persönlichen Auseinandersetzung direkt darauf eingehen. Kommunizieren Sie dennoch sachlich, auch wenn Sie dem Querulanten unfaires Verhalten vorwerfen. Reagieren Sie ehrlich und ohne große Emotionen auf Angriffe.

Ihr Vorteil ist, dass die Argumente des Querulanten nur selten verifizierbar sind – sein Ziel ist es ja, Sie aus dem Projekt zu werfen. Es geht ihm dabei nicht in erster Linie um die Qualität des Projekts selbst – seine Argumente zu Benutzerführung, Inhalten, Technik und Design bilden also nur einen Vorwand.

Eine konstruierte Krücke also, die mit den tatsächlichen Anforderungen der Website nur sehr wenig zu tun hat. Und genau hier können Sie den Querulanten dazu bringen, sich als solchen zu offenbaren. Geben Sie sich mit den schwammig formulierten und ungenau definierten Inhalten nicht zufrieden, haken Sie beharrlich nach – egal, wie zäh die Diskussion wird und wie lange es dauert.

Mögliche Fragen

Hier ein paar Beispiele von Argumentationen die Ihre Kompetenz in Frage stellen sollen. Achten Sie auf die Wortwahl: Es wird immer ein direkter Bezug zwischen Ihrer Person und dem zu kritisierenden Aspekt des Projekts hergestellt.

- »Ihr Designvorschlag passt aber nicht hundertprozentig zu unserer CI, oder?«
- »Ich finde Ihre Benutzerführung verwirrend und nicht wirklich überzeugend.«
- »Hätten Sie da nicht eine passende Farbkombination nehmen müssen?«
- »Ihre Kalkulation erscheint mir ein bisschen undurchsichtig und zu hoch.«

Mögliche Antworten

Als Antworten würden Sie sich wahrscheinlich automatisch rechtfertigen. Tatsächlich geht es ja auch um einen persönlichen Angriff des Querulanten, dadurch tritt die schwammige Kritik an undefinierten Inhalten in den Hintergrund.

Sie müssen jetzt nur den Vorwand (Technik, Design, Usability) zum Aufhänger Ihrer Fragestunde machen. Sie können hier nach herkömmlichen Mustern Ihre Fragen stellen nach dem Motto:

- »Was meinen Sie damit genau?«
- »Meinen Sie das im Sinne von ...?«
- »Könnten Sie das bitte etwas exakter definieren?«
- »Meinen Sie damit dieses oder jenes?«

Der Querulant muss nun Farbe bekennen. Da er in den meisten Fällen die Aspekte seiner Argumentation wahllos und willkürlich herausgefischt hat, wird er bei der Argumentationskette schnell ins Schwimmen geraten. Und selbst wenn es ihm gelingt, gut aus der Diskussion zu kommen, wird er sich genau überlegen, wie er weiter verfährt – er weiß ja, dass seine Strategie für ihn auch auf brüchigem Eis enden kann.

»Ich hätte da noch eine Frage.«

Kennen Sie *Inspektor Columbo*? Das war in den Siebzigern und Achtzigern ein Fernseh-Hit. Ein schusseliger Polizist, der im Gammel-Trenchcoat und mit Billig-Zigarren die Mordfälle in den Kreisen der High Society von Beverly Hills ermittelt.

> **Harmlos wie Columbo?**
> Columbos Erfolg ist ein Kommunikationsmix aus gespielter Naivität, Tollpatschigkeit, Vergesslichkeit, Dilettantismus und dem Vortäuschen purer Harmlosigkeit.

Columbo sucht die Hilfe und Unterstützung der Hauptverdächtigen, die sich dadurch in der Rolle des unverdächtigen Informationsgebers sicher wähnen. Sie können als Webdesigner ebenso vorgehen. Sicher nicht so raffiniert und so vorhersehbar wie ein konstruiertes Verhalten, aber dennoch so intelligent, dass Sie Ihr Projekt mit allen Beteiligten erfolgreich durchziehen können.

Fragen Sie den Querulanten nach Verbesserungsvorschlägen, und bitten Sie um seine Mithilfe. Machen Sie ihn zu einem engen Verbündeten, binden Sie ihn eng an das Projekt, bis er es nicht mehr torpedieren kann. Das bedeutet auch: Vorschläge, die das Projekt qualitativ nach unten ziehen, kann er nicht machen, ohne selbst betroffen zu sein – das Projekt ist ja durch Ihre Taktik auch sein Projekt geworden.

Sie können sogar erleben, dass der ehemals feindlich gesinnte Querulant plötzlich zu einem Anhänger Ihrer Arbeit wird. Da seine negative Energie durch Ihr Verhalten ins Leere läuft, profitiert das Projekt von den analytischen Fähigkeiten solcher Menschen. Glauben Sie jedoch nicht, dass das schnell, nachhaltig und automatisch immer so läuft: Es bleibt die Ausnahme.

3.5.4 Unterschiede bei Entscheidergruppen

Wahrscheinlich haben Sie schon die Erfahrung gemacht, dass es bei Entscheidergruppen wichtige Unterschiede gibt – grobe Klassifizierungen sind also auch hier nicht angesagt. Diese Unterschiede erscheinen zunächst nur marginal, können aber in der Kommunikation entscheidend für Erfolg oder Misserfolg sein.

Personengesellschaften: GbRs, GmbHs, KGs, OHGs

Die Entscheidungsgrundlage bei Unternehmen vom 2-Mann-Betrieb bis zur mittelständischen GmbH ist die Zielorientierung einer Website, also Effizienz und Erfolg. Für den Kunden interessant sind die Aspekte Marktpositionierung, Kundenbindung und -gewinnung, Investitionssicherheit und Gewinnsteigerung. Das sind die Ankerpunkte, an denen sich Ihre Gesprächsführung orientieren sollte. Innerhalb der Entscheidergruppen sind die Aufgaben, Kompetenzen und Entscheidungsfelder meistens klar differenziert.

> **Über Träumer und Macher**
>
> Bei kleinen GmbHs und den meisten GbRs gibt es fast immer einen »kühlen Rechner« und einen »idealistischen Träumer«. Je nach Branche können beide Charaktere auch den Macher definieren, der den Umsatzerlösen direkt zuzuordnen ist. Meistens ist der Träumer auch der Macher.

Als Webdesigner müssen Sie sehr gut aufpassen, den kühlen Rechner nicht zu unterschätzen! Der sitzt nämlich gern ruhig und gelassen am Tisch, während Sie mit dem »Macher« die tollsten Geschichten für die Website aushecken. Und gerade in dem Moment, in dem Sie sich so schön in kreative Höhen geredet haben, beugt der sich vor und sagt: »Hört sich ja toll an, aber Sie wissen, dass wir nur ein sehr kleines Budget für die Website haben. Oder?« In diesem Moment heißt es: Ruhe bewahren, freundlich zustimmen oder lächeln und ansonsten Klappe halten.

Meistens wird nun der idealistische Macher intervenieren, auf den großen Wurf hinweisen, der in der Zukunft liegt, oder – was auch vorkommen kann – mit dem »Rechner« oder der ganzen Entscheidergruppe einen schönen Streit über die Belanglosigkeit des schnöden Mammon im Vergleich zu den höheren Zielen einer Website anzetteln.

Auch hier gilt: Sie gehören nicht zu den Entscheidern. Sie können aber beschwichtigen, indem Sie im Falle eines Streits die Rolle des außen stehenden Schlichters einnehmen. Merken Sie zu spät, dass Sie den kühlen Rechner zu stark vernachlässigt haben, sollten Sie mit ihm ein separates Gespräch führen, eventuell auch nach dem Termin per Telefon.

Praxisgemeinschaften und Gemeinschaftspraxen

Zu den Freiberuflern wurde schon viel gesagt, eine weitere Besonderheit sind die auf den ersten Blick nicht genau zu unterscheidenden Sonderformen verschiedener Gemeinschaften. Solche Gemeinschaften finden Sie hauptsächlich bei Ärzten, Anwälten, Steuerberatern und Unternehmensberatern.

Praxisgemeinschaft oder Gemeinschaftspraxis?

> **Definition Praxisgemeinschaft**
>
> Grundlage einer Praxis- bzw. Kanzleigemeinschaft von Ärzten, Anwälten oder Steuerberatern ist die *Kooperation* der Einzelnen.

Die »Gemeinschaft« bezieht sich vor allem auf eine schlaue Kostenteilung. Eine Praxis- oder Kanzleigemeinschaft ist also mit einer Wohngemeinschaft vergleichbar. Die rechtlich völlig selbstständigen Partner nutzen Räume oder Technik vielleicht gemeinsam, treten gegenüber Kunden und Behörden aber als selbstständige Personen auf.

> **Definition Gemeinschaftspraxis**
>
> Bei der Gemeinschaftspraxis oder -kanzlei geht es um einen wirtschaftlichen und organisatorischen *Zusammenschluss* als Einheit.

Die Vertragspartner binden sich freiwillig sehr eng aneinander, um rechtliche und wirtschaftliche Vorteile zu genießen, die eine lockere Praxisgemeinschaft so nicht bieten kann. Gemeinschaftspraxen oder Gemeinschaftskanzleien sind mehr als Kooperationen: Hier geht es auch um die Zusammenarbeit in organisatorischen Fragen. Diese Gemeinschaftsunternehmen treten gegenüber Kunden, Mandanten oder Patienten als wirtschaftliche Einheit auf.

Im medizinischen Bereich ist auch das »Medizinische Versorgungszentrum« (MVZ) meistens eine Gemeinschaftspraxis, ebenso wie die nagelneue Rechtsform der »Überörtlichen Berufsausübungsgemeinschaft« – übrigens ein herrliches Beispiel für die Kunst irrsinniger Wortungetüme, die sich offensichtlich als große deutsche Tugend ins 21. Jahrhundert retten konnte.

> **Befragen Sie Ihre Ansprechpartner**
>
> Achten Sie darauf, mit welchen Entscheidergruppen Sie es tatsächlich zu tun haben. Im Zweifel sollten Sie Ihre Ansprechpartner sehr genau befragen.

Missverständnisse und Unkenntnis Ihrerseits kann auch nach der Planungsphase und Grundsatzgesprächen im späteren Workflow zu unangenehmem Mehraufwand führen, wenn Sie oder Ihre Kunden zum Beispiel bemerken, dass eine Website-Struktur die wirtschaftliche und rechtliche Form einer Gemeinschaftspraxis nicht korrekt wiedergibt.

> **Alle reden mit**
>
> In den etwas locker zusammengeschlossenen Praxis- oder Kanzleigemeinschaften gibt es bezüglich der Website oft sehr unterschiedliche Meinungen. Gerade weil der Verbund so einer Kooperationsgemeinschaft oft recht locker gehandhabt wird, wollen alle Mitglieder der Gemeinschaft mitreden.

Dummerweise führt das oft zum gleichen Erfolg wie die Frage nach einer neuen Außenlampe in der Eigentümergemeinschaft eines Mehrfamilienhauses: Es wird unendlich lange über den Entscheidungsfahrplan diskutiert, dann über die Details, abschließend über den Preis. Am Ende steht die klare Entscheidung, dass man das eigentlich gar nicht mehr braucht. Im Falle der Eigentümergemeinschaft macht die angebrochene Sommerzeit das Projekt hinfällig, im Fall der Kooperationsgemeinschaft beschließt man aufgrund der vergifteten Atmosphäre, dass jeder doch seine eigene kleine Website haben will oder auch nicht. Auf jeden Fall folgen neue Diskussionsrunden, sofern Sie dann noch die Kraft dazu haben.

> **Tipp für die Kommunikation**
> Damit Sie nicht in die Räder eines ziel-, plan- und erfolglosen Entscheidungsmarathons geraten, müssen Sie von Beginn an das Gespräch ausschließlich auf die konkrete Umsetzung des Projekts fokussieren, erst recht, wenn kein konkreter »Hauptentscheider« erkennbar ist.

Nach spätestens zwei Kundenterminen mit den Partnern von Praxisgemeinschaften oder Gemeinschaftspraxen muss Folgendes geklärt sein:

- Wird definitiv eine Website umgesetzt?
- Welchen (zumindest vorläufigen) Umfang erhält die Website?
- Wann soll die Website voraussichtlich veröffentlicht werden?
- Zu welchem Preis wird die Website umgesetzt?

Ist das nicht der Fall, sparen Sie sich zunächst weitere Termine, diese vier Aspekte der Planungsphase können nach den zwei Terminen zweifellos auch ohne Sie und innerhalb der Kooperationsgemeinschaft bestimmt werden.

> **Fordern Sie konkrete Ergebnisse**
> Oft ist es nur eine versteckte Form der Bequemlichkeit, dass Sie von einer Kooperationsgemeinschaft ständig zum Gespräch geladen werden. Erfolg haben mehrfach wiederholte Endlossitzungen fast nie, es ist also besser, klar und deutlich zu sagen, dass Sie von den Entscheidern zum gewünschten Termin konkrete Ergebnisse erwarten.

Wenn Sie jetzt glauben, dass Sie sich damit umgehend ins Abseits stellen, irren Sie sich. Gerade die Kooperationsgemeinschaften sind intern einem Harmoniezwang und damit einer Gruppendisziplin unterworfen. Das gilt vor allem für gemeinsam getragene Investitionen und Kosten. Dieser Konflikt, eigenständig zu bleiben und gleichzeitig Kompromisse eingehen zu müssen, ist der eigentliche Grund für die beschriebenen Endlosdiskussionen ohne Ergebnis. Sie dürfen das nicht mit fehlerhaften Interpunktionen verwechseln, die im dritten Kommunikationsgrundsatz beschrieben wurden.

> **Vorsicht!**
> Fehlende Entscheidungen haben ihre Ursache in diversen Über- und Unterordnungsversuchen innerhalb der internen Kommunikation der Entscheider. Sie stehen als Webdesigner dabei außen vor, merken das aber nicht.

[!]

Die einfachste und bequemste Variante ist es ja, überhaupt keine Entscheidungen zu treffen: keine Konflikte, kein Streit und ein Ende der Diskussionen.

Und nun kommen Sie mit einer klaren Ansage. Ohne es zu wollen, werden Sie dadurch zu einem Coach oder Mediator: Sie nehmen der Kooperationsgemeinschaft sämtliche Konflikte bezüglich Zeitplan, Zuständigkeiten, Details und Preisgestaltung ab. *Bevor sich die Kooperationspartner untereinander in die Haare geraten, können sie jetzt auf Ihre Person als »Angriffsziel« zurückgreifen.* Als Webdesigner müssen Sie also damit rechnen, dass Sie ohnehin der Prellball für versteckt oder offen ausgetragene Konflikte der Kooperationsgemeinschaft werden. Wenn Sie aber schon den Kopf hinhalten, können Sie wenigstens derjenige sein, der allen klar sagt, wo's lang geht.

3.6 Vereine und Verbände

Deutschland ist bekanntlich nicht nur das Land der Dichter und Denker, es ist auch die Heimat für unzählige Vereine in ebenso unzähligen Kategorien: Sportvereine, Kultur treibende Vereine, auf Natur und Umwelt bezogene Vereine und viele mehr.

Als Webdesigner werden Sie immer wieder verschiedenen Entscheidergruppen aus Vereinen und Verbänden gegenüberstehen. Als Kunden können diese Gruppen durchaus interessant und dankbar sein. Hinter dem Verein der Kleintierzüchter oder dem Kleingärtnerverein muss nicht immer ein Verein von Kleingeistern stehen. Ausnahmen gibt es auch hier. Theoretisch jedenfalls.

3.6.1 Vorstände, Strukturen und Inhalte

Tatsächlich werden viele Vereine und Verbände oft professionell geführt und verwaltet. Der Marketingverein einer Großstadt oder ein Verein für Tourismus auf einer elitären Nordseeinsel sind alles andere als spießige Bruderschaften mit Sitzungsabenden in der Kneipe »Zum röhrenden Hirschen«. Selbst der Teckelclub »Hassos Jagdrevier e. V.« kann durchaus ein interessanter Kunde sein, solange Sie nicht Katzenbesitzer oder Vegetarier sind.

Umgekehrt ist es natürlich ebenso möglich, dass der Marketing-Verein Ihres Heimatortes nichts anderes ist als eine schlafmützige Trauerveranstaltung, deren Mitglieder lediglich meinen, »irgendso eine Mitgliedschaft mit Marketing hört sich in Gesprächen immer gut an«. Da erhalten Sie dann vielleicht mal eine gelangweilte Anfrage bezüglich einer Webseite, aber realisiert wird garantiert nichts.

> **Keine Vorurteile**
>
> Wie überall, kommt es auch bei Vereinen und Verbänden auf die einzelnen Köpfe der Entscheidergruppe an. Gehen Sie vorurteilsfrei und ohne Gedanken an eventuell schlechte Erfahrungen an jede Anfrage eines Vereins heran.

Lassen Sie sich auch nicht durch eventuelle Unprofessionalität im Außenauftritt anschrecken: Oft ist die Anfrage bezüglich einer Website verbunden mit dem Wunsch nach einer eigenständigen und professionellen CI, weil ein völlig neuer Vorstand am Ruder ist.

Interessen und Konfliktpotenziale

Aufgrund der schier undurchschaubaren Vielfalt an Vereinen sollten Sie von vornherein also nie daran zweifeln, ob sich ein Gespräch mit dem Vereinsvorstand oder einem vom Vorstand beauftragten Gesprächspartner überhaupt lohnt. Viele Vereinsvorstände sind Privatleute, Rentner oder Angestellte und arbeiten dort in ihrer Freizeit aus Überzeugung, Liebe zur Thematik und immer ehrenamtlich.

Ob man dort Ihre Vorstellungen von Zeitmanagement, Effektivität und Kalkulation nachvollziehen kann, dürfen Sie zumindest bei vielen Vereinen bezweifeln. Kurz gesagt: Seien Sie gegenüber Vereinen etwas nachsichtiger und toleranter, Sie haben es hier nur selten mit knallharten Geschäftsleuten zu tun, die von Ihnen möglichste viel Leistung für möglichst wenig Geld haben wollen. Ihre Toleranz ist ebenso gefragt wie Ihre guten Nerven.

> **Schreiben Sie mit, notieren Sie alles!**
>
> Gehen Sie nicht davon aus, dass mit einem Gespräch alle Entscheidungen sofort und komplett getroffen werden. Wenn Sie einen Verein überzeugt haben, werden Sie einen zuverlässigen und langjährigen Kunden gewinnen. Bis es so weit ist, kann bis zur Entscheidung im Vergleich zu einer Firma die doppelte oder dreifache Zeit ins Land gehen.

Vereinsvorstände lieben Tagesordnungspunkte und Protokolle, und der Schriftführer ist eine wichtige Person. Folgendes kann nämlich passieren: Nachdem Sie mehrere Gespräche mit dem Verein über eine Website geführt haben, wechselt der Vorstand, natürlich komplett. Bei der Übergabe wird der neue Vorstand auch über den letzten Stand der Gespräche mit Ihnen unterrichtet (Protokolle des Schriftführers), anschließend werden Sie eingeladen, »doch mal kurz« Ihre Protokolle mit denen des Vereins abzugleichen.

Die Suche nach dem Gesprächstermin

Besonders kompliziert ist die Suche nach freien Gesprächsterminen für Sie und für den Vereinsvorstand. Wenn Sie es noch nicht wussten, werden Sie spätestens bei den ehrenamtlich tätigen Vereinsleuten feststellen, dass vor allem Rentner und Pensionäre ständig busy sind und eigentlich nie Zeit haben.

> **Ausnahme von der Anwesenheitspflicht**
>
> Bei Vereinen dürfen Sie eine Ausnahme von der strikten Anwesenheitspflicht aller Entscheider machen. Angesichts des ehrenamtlichen Charakters einer Vereinstätigkeit ist es oft besser, zwei Termine einzuplanen. Ehrenamt heißt nämlich auch: Es besteht immer ein Risiko, dass der nach langer Suche festgelegte Termin durch anderweitige ehrenamtliche, private oder berufliche Termine einzelner Vereinsmitglieder nicht mit voller Besetzung stattfinden kann.

Je älter und konservativer Ihnen ein Vereinsvorstand erscheint, umso sorgfältiger müssen Sie auf die Wahl Ihrer Worte und Inhalte achten. Wahrscheinlich wissen Sie, dass eine Agentur immer nur für eine bestimmte Automarke zuständig sein kann, niemals für einen konkurrierenden Wettbewerber, und das ist bei Vereinen nicht anders.

Im Falle des Jagd- oder Teckelvereins könnte es beispielsweise zu Interessenkonflikten und Diskussionen kommen, wenn Sie parallel eine Website für autonome Tierschützer unter *www.jagd-ist-tiermord.de* erstellen. Ähnliches Konfliktpotenzial gilt natürlich auch für politische Vertretungen, Parteien und Kirchen, für die Sie eine Webseite erstellen sollen.

3.6.2 Kommunikation mit Vereinsvorständen

Aufgrund der üblichen Altersstruktur sind Vereinsvorstände selten mit jungen Leuten besetzt. Das Ehrenamt macht es viel wahrscheinlicher, dass Sie es mit älteren Semestern zu tun haben.

> **Geringe Medienkompetenz**
>
> Für eine kundengerechte Kommunikation sollten Sie zunächst immer davon ausgehen, dass der Vorstand eines Vereins vom Web und von Webdesign überhaupt keine Ahnung hat. Oft ist nicht einmal eine rudimentäre Medienkompetenz bezüglich der PC-Nutzung vorhanden.

Vereine, die sich mit einem Gegenstand fern der Medien befassen, wie den Teckelverein, hatten wir ja schon. Fehlende Medienkompetenz betrifft aber auch Vereine, von denen man eigentlich das Gegenteil erwarten sollte.

Der Vorstandsvorsitzende des Marketingvereins ist dann ein gelernter Schriftsetzer in den besten Jahren des letzten Lebensabschnitts, der schon 1969 »Reklame« machte. Sein Stellvertreter ist ein Werbemittel-Profi – der Elektrohändler, nur unwesentlich älter als der Vorsitzende, außerdem sein Schwager und zuständig für die Leuchtreklame bei Stadtfest und Weihnachtsmarkt. Schriftführer ist der erfolgreiche Versicherungskaufmann, bekannt durch regelmäßig Verkaufsseminare an der Volkshochschule. Er benutzt E-Mail und weiß, wie er ins Web kommt. Den Kassenwart macht der aufstrebende Bankangestellte (49) – ein Zahlenmensch, der gelegentlich per W-LAN (Telekom) im Internet bei eBay was ersteigert und damit der heimliche Webprofi des Vorstands ist.

> **Verlangen und erwarten Sie nicht die Professionalität anderer Kunden und Entscheidergruppen**
>
> Gehen Sie in allen Aspekten der Kommunikation und bezogen auf Ihre Arbeit immer davon aus, dass man bei verschiedenen Vereinen keine Ahnung von dem hat, worum es geht, was Sie tun und was Sie leisten.

Ihr Glück: Es gibt das Vereinsrecht, es gibt einen Vorstand, und es gibt einen Ersten Vorsitzenden. Im Vergleich zu diesen Regelungen verkörpert manch eine Entscheidergruppe in Unternehmen geradezu pure Anarchie. Sie müssen den Vorstand und den Vorsitzenden von Ihrer Leistung und Ihren Vorstellungen überzeugen, der Rest des Vereins kann Ihnen tatsächlich egal sein.

Auch für den Verein gilt: Content is King

Beschäftigen Sie sich intensiv mit den Inhalten des Vereins. Was auf den ersten Blick eindeutig und simpel erscheint, entpuppt sich schnell als eine hochkomplexe Materie, mit der Sie sich als Webdesigner schon im Vorfeld befassen müssen. Nicht alle Vorstände beherrschen die Kunst der Kommunikation:

Lassen Sie sich wie bei den Unternehmen der freien Wirtschaft alle Informationsmaterialen geben, die Sie zum jeweiligen Verein bekommen können.

> **Kämpfen Sie um das Vertrauen des Vorstandes**
>
> Haben Sie erst das Vertrauen eines Vorstandes erhalten, haben Sie oft auch die größtmögliche Freiheit in der Umsetzung, mehr jedenfalls, als bei vielen anderen Entscheidergruppen.

Auch wenn es bei Vereinen etwas länger dauert und diese Entscheidergruppe oftmals nicht die geringste Medienkompetenz zum Thema Web oder Webdesign besitzt: Sie merken bald, dass kaum eine Kundenklientel so dankbar ist wie der Vorstand und die Mitglieder eines Vereins. Und bei aller Frotzelei der vergangenen Absätze darf man nicht vergessen, dass wichtige soziale Bindungen in Deutschland den Vereinen zu verdanken sind, insbesondere dort, wo sich sowohl der Staat als auch die Familien und Einzelpersonen aus dem gesellschaftlichen Engagement zurückgezogen haben.

3.7 Stabsstellen

Außer mit Einzelkunden und Gruppen haben Sie es oft mit Stabsstellen als Entscheidern zu tun.

> **Die Stabsstelle**
>
> Unter einer Stabsstelle versteht man normalerweise eine im Unternehmen aus der Hierarchie abgekoppelte Stelle, die direkt der Unternehmensleitung unterstellt und nur ihr gegenüber Rechenschaft schuldig ist.

Um es nicht noch komplizierter zu machen, wollen wir hier auch Strukturen der *politischen Selbstverwaltung* auf kommunaler Ebene dazuzählen, da sie ihrem Charakter nach und bezüglich der Entscheidungsfindung mit der klassischen Stabsstelle vergleichbar ist.

3.7.1 Stabsstellen im Verwaltungsbereich

Bleiben wir doch gleich in der politischen Verwaltungslandschaft. Sollen Sie für eine Kommune oder einen Verwaltungsbereich eine Webseite erstellen, haben Sie es nicht nur mit dem Bürgermeister zu tun, fast immer will auch noch der Bürgervorsteher seinen Senf dazugeben. Und alle politischen Vertreter fühlen sich plötzlich für das »stattliche« Budget verantwortlich, das Sie für das Projekt in den Raum gestellt haben. Auch wenn Sie als Sieger aus einer Ausschreibung hervorgegangen sind, die Diskussionen rund um Preis, Sinn und technische Angemessenheit der Website gehen trotzdem weiter.

Verantwortung und Rechenschaft

Perfide sind vor allem Konstellationen, bei denen die Stabsstelle nur gegenüber einem abstrakten Gebilde verantwortlich ist. Ein Paradebeispiel ist der Bürgervorsteher einer Kommune: Er darf sich zu allem äußern und ist nur den Bürgern gegenüber verantwortlich. Ist er also so was wie ein Berufspolitiker? Nein, der muss sich über viele Jahre als Parteisoldat hochdienen und Kompetenz zeigen.

> **Vorsteher**
>
> Bürgervorsteher werden meistens gewählt, weil sie der Verwaltung ordentlich Kontra geben und populistisch argumentieren können. Die Beschäftigung mit Inhalten, das Formulieren konstruktiver Kritik oder die Aneignung umfangreicher Kompetenzen sind da weniger gefragt.

Wenn Sie als Webdesigner mit solchen Menschen eine konstruktive Kommunikation führen müssen, sollten Sie darauf achten, dass alles gut dokumentiert wird (wie Sie das bei den Vereinen schon erlebt haben).

> **Beliebigkeit verhinden**
>
> Schwammige Anforderungen wie »gute Qualität und gutes Design« müssen Sie unbedingt auf exakt formulierte Begriffe bringen.
> Fehlende Verantwortung verführt Stabsstellen schnell zu Beliebigkeit und unverbindlichen Aussagen!

3.7.2 Stabsstellen in der freien Wirtschaft

In freien Unternehmen haben Sie es als Webdesigner oft mit Stabsstellen zu tun, die von der Unternehmensleitung abbestellt werden, um mit Ihnen die Verhandlungen zu führen:

▶ Marketing-, PR- oder IT-Mitarbeiter
▶ Führungskraft aus dem allgemeinen Management
▶ Assistentin/Sekretärin der Geschäftsführung oder des Marketingleiters

Ist Ihr Kunde ein mittelständisches Unternehmen, wird das Website-Projekt nicht immer durch ein Team oder eine ganze Entscheidergruppe koordiniert. Oft werden Sie auch nur einen Ansprechpartner haben, der von der Geschäftsleitung für die Koordination und das Projektmanagement abbestellt wurde.

Kommunikation als Trainee-Programm

Aufregend wird es, wenn das Projekt als Kompetenztest dient. Schulterklopfend und mit einem »Sie machen das schon, achten Sie auf das Budget« wird der abgestellte Marketing-, PR- oder IT-Mitarbeiter auf das Gespräch mit Ihnen losgelassen. Für die Unternehmensleitung ist das Website-Projekt nämlich die ideale Möglichkeit, die Fähigkeiten des Mitarbeiters zu testen. Für den wiederum ist das Projekt die ideale Möglichkeit zu zeigen, wie unerbittlich er Verhandlungen mit externen Dienstleistern zu führen vermag.

In diesem Fall spielt es auch übrigens keine Rolle, welche fachlichen Kompetenzen Ihr Ansprechpartner tatsächlich hat – die Nummer wird für Sie eh ein ganz harter Brocken. Sie bemerken diesen Umstand der Auftragsvergabe vor allem anhand der Unterordnungsversuche ihres Ansprechpartners, die schon in der ersten Minute des ersten Termins beginnen, wenn Sie bereits beim Händeschütteln in den Stuhl gedrückt werden.

Sie haben einen unschätzbaren Vorteil: Als Teil des »Experiments« können Sie das Projekt zu Fall und Ihren Ansprechpartner in Erklärungsnot bringen.

> **Lassen Sie sich nicht unterordnen**
>
> Eine Unterordnung müssen Sie sich keinesfalls gefallen lassen – ein kurzer Hinweis auf die Möglichkeit, den Abbruch des Projekts schriftlich der Geschäftsführung mitzuteilen, bewirkt urplötzlich eine deutlich spürbare Verbesserung des Kommunikationsklimas.

Kompetenzen im Wettbewerb

Wenn die Website nicht als Trainingsprojekt herhalten muss, ist es oft der *fachliche Hintergrund* Ihres Ansprechpartners, der zu großen Problemen in der Kommunikation führen kann.

Egal, ob es sich um einen Marketing-, PR- oder IT-Mitarbeiter handelt: Sie werden schnell erfahren, dass diese Mitarbeiter Ihres Kunden auch im Bereich professioneller Webentwicklung Top-Experten und unentdeckte Spitzenkräfte sind – die Rohdiamanten des Unternehmens sozusagen.

Ihr Ansprechpartner ist von folgenden Annahmen fest überzeugt.

> **Er ist der richtige Verhandlungspartner für das Projekt.**
>
> Ihr Ansprechpartner sieht sich als Auserwählter, um mit Ihnen die Gespräche zu führen, weil das Potenzial seines Könnens endlich bis zur Unternehmensleitung vorgedrungen ist. Der Bereich Webdesign ist für ihn ohnehin nur ein zweitklassiges Thema, das er sich in zwei Stunden Online-Recherche aneignen kann.

> **Er ist als kreativer Experte für das Projekt verantwortlich.**
>
> Ihr Ansprechpartner fühlt sich dazu berufen, ganz wichtige Vorschläge für die Website machen zu müssen und die Umsetzung genau zu kontrollieren. Wichtig sind für ihn vor allem kleinste Details, etwa die innovative Idee, eine PDF-Datei gleich direkt über die Hauptnavigation als Download zu verlinken.

Webdesign – Marketing, PR oder IT?

Die verschiedenen Experten-Persönlichkeiten haben auch ihre Eigenheiten in der Kommunikation. Der *Marketingleiter* wird Ihnen genau erklären, warum die Webseite dem *Branding* und der *Corporate Identity* des Unternehmens entsprechen muss. Vom *PR-Experten* lernen Sie dagegen, warum die *zielgruppenorientierte Aussage* wichtig ist und Webstandards unwichtiger Technik-Schnickschnack sind. Und der *IT-Spezialist* gibt Ihnen eine technische Vorgabe zur Einbindung der *Homepage* in irgendwelche Hardware-Netzwerk-Server-Dingenskirchens.

> **Sachlichkeit**
>
> Bleiben Sie in Ihrer Kommunikation immer auf der sachlichen Ebene. Machen Sie Ihrem Ansprechpartner klar, dass Sie ebenfalls ein Experte sind, nämlich der für den Bereich Webdesign und Webentwicklung.

Die beschriebenen Fachkonflikte begegnen uns auch noch einmal in Form der Printdesigner, die Ihnen erzählen wollen, wie eine Webseite auszusehen (!) hat, doch dazu kommen wir später.

Probleme erkennen – Konflikte vermeiden

Hinter dem häufig hervorbrechenden Kompetenzkampf zwischen Webdesigner und Stabsstelle steckt einerseits der Versuch des entsprechenden Mitarbeiters, die eigene Kompetenz und den eigenen Bereich besonders relevant darzustellen. Andererseits zeigt sich der Webdesigner nach mehreren und ähnlich gelagerten Erfahrungen sensibilisiert und empfindlich, was die »Teamarbeit« mit Dritten an »seiner Webseite« angeht. Für ihn wird daraus nämlich schnell die Einmischung in Angelegenheiten, die seiner Ansicht nach niemand sonst beherrscht außer ihm selbst.

Locker bleiben

Es sind eben nicht immer nur die anderen, die sich in der Kommunikation nicht korrekt verhalten. Selbst, wenn sich Marketing-, PR- oder IT-Mitarbeiter so ähnlich verhalten wie beschrieben – müssen Sie sich in Ihrem Bereich auch so verhalten?

> **Fokus Projekt**
>
> Bleiben Sie stets locker, und rechnen Sie einfach damit, dass man Ihnen aus einem fachlich angrenzenden Kundenbereich immer wieder gern von der Seite an den Karren fahren möchte. Sie wissen jetzt aber auch, warum das so ist. Nehmen Sie das nicht ernst, kümmern Sie sich lieber um das Projekt.

Und noch etwas: Nur auf den ersten Blick und für Dritte lassen sich die Bereiche Webentwicklung, Marketing, PR oder IT miteinander vergleichen, doch schon allein diese theoretische Möglichkeit eines Vergleiches durch Dritte führt ja zu den Streitigkeiten. Schnell geht es darum, welcher Bereich am wichtigsten sei – dabei wissen die Beteiligten selbst am besten, dass für die erfolgreiche Projektarbeit an einer Website der gegenseitige Respekt notwendig ist und nicht ein idiotischer Konflikt um berufliche Wertigkeiten.

> **Unnötige Konflikte**
>
> Die Stabsstelle darf zwar entscheiden, das letzte Wort hat aber immer die Geschäftsführung, die über der Stabsstelle und dem Webdesigner steht. Da Sie der Webdesigner sind, sollten Sie sich deshalb die Blödsinnigkeit dieses Konflikts vor Augen führen.

Klar, Sie würden gegenüber diesem oder jenem selbst ernannten Experten, der dazu nur von der Geschäftsführung als Ihr Ansprechpartner abgestellt wurde, zu gern eine klare Ansage machen, wer hier gefälligst auf wen zu hören hat. Vergessen Sie aber nicht, dass es eigentlich immer eine bewusste und gewollte Entscheidung der Geschäftsführung ist, warum Sie gerade den

Marketing-, PR- oder IT-Mitarbeiter als Ansprechpartner haben. Nehmen Sie diese Entscheidung des Kunden ohne Wertung oder Vorurteil zur Kenntnis!

Konflikte und Probleme ansprechen!

Nur wenn Ihnen eine Personalentscheidung aus konkreten Gründen unprofessionell erscheint und für Sie indiskutabel ist, sollten Sie handeln – zum Beispiel bei fehlender Kompetenz oder fehlendem Willen zur Zusammenarbeit.

> **Verschwenden Sie keine Zeit mit den falschen Gesprächspartnern**
>
> Fragen Sie offen und sachlich entweder die Geschäftsführung oder Ihren Ansprechpartner direkt, warum gerade er für das Projekt als Stabsstelle gewählt wurde. Zu verlieren haben Sie nur etwas, wenn Sie mit falschen Gesprächspartnern Zeit verschwenden.

Diese Konflikte haben Sie nicht, wenn Ihr Ansprechpartner eine Führungskraft aus dem allgemeinen Management ist. Oft ist das dann ein Vertreter aus dem Verkaufs- oder Vertriebsbereich.

Vorsicht bei übersteigerter Hoffnung auf einen lukrativen Auftrag ist angebracht, wenn kurz vor dem Geschäftsabschluss ein etwas trockener Typ auf Sie zukommt und sich als *Führungskraft aus dem Rechnungswesen* vorstellt. Sie brauchen nicht viel Fantasie, um zu erkennen, dass es im Gespräch nur um »eine angemessene Kalkulation und faire Preise« gehen wird und deshalb auch eher weniger bis gar nicht um Design, Funktionalität, Technik oder Inhalte.

Es kann auch sein, dass Ihr Ansprechpartner eine *Führungskraft aus dem Kerngeschäft* Ihres Kunden ist. In diesem Fall können Sie davon ausgehen, dass die Unternehmensleitung großen Wert auf die Inhalte setzt – für Sie als Webdesigner der Idealfall, denn das entspricht ja Ihrer Profession.

Die Assistentin oder »Endstation Vorzimmer«

Als Stabsstelle für die Website kommt neben den erwähnten Führungskräften selbst auch deren Assistentin oder Sekretärin in Frage. Dass eine Führungskraft oder die Unternehmensleitung nicht gleich mit Ihnen sprechen möchte, kann erstens auf schlechten Erfahrungen beruhen und zweitens auf der Gewissheit, dass eine erstklassige Assistentin ganz schnell Klarheit im Kommunikationsablauf schafft.

Tatsächlich ist es zunächst durchaus verständlich und in der Betrachtung des Kunden auch logisch, dass die Assistentin der Geschäftsführung neben allen anderen Aufgaben auch noch das Projekt »Unsere Homepage« auf den gut gefüllten Schreibtisch bekommt.

> **Die Sekretärin**
>
> Eine vorbildliche Sekretärin kennt alle Abteilungen, weiß, wen man wo fragen kann und wen nicht, sie hat den ganzen Laden im Griff, sie ist flexibel und belastbar. Sie weiß, wie man Leute blitzschnell abwimmelt, und sie hat schon vor Jahren die Begriffe Überstundenabbau, Freizeit und Arbeitszeittarifvereinbarung aus ihrem Wortschatz gestrichen.

Und nun kommt die Führungskraft und teilt der Assistentin mit, dass sie doch aufgrund ihrer vorzüglichen Kompetenzen mal eben mit dem Webdesigner oder der Agentur sprechen könne, weil die Führungsriege gerade so viel um die Ohren habe, und überhaupt, sie wisse ja, »wie das immer so ist«. Das weiß die Assistentin aus jahrelanger Erfahrung und hat somit einen neuen Punkt auf Ihrer To-do-Liste.

Kommunikation mit der Assistentin

Als Webdesigner haben Sie schon vorher aus dem Management oder der Unternehmensleitung die Nachricht erhalten, dass sich die Assistentin Frau Meier-Schulze bei Ihnen melden wird, um weitere Details mit Ihnen abzusprechen.

[!] **Achtung!**
Der größte Fehler, den Sie jetzt machen können, ist ein direkter Hinweis auf Wissenslücken oder gar -schluchten in der notwendigen Fachkompetenz einer Sekretärin. Vergessen Sie nicht: Die Assistentin hat sich den Job, den sie mit Ihnen durchzuziehen hat, nur in den allerseltensten Fällen freiwillig ausgesucht. Sie wurde vielmehr von oben zur Freiwilligen erkoren.

Also: Selbst wenn die Sekretärin mit an Sicherheit grenzender Wahrscheinlichkeit tatsächlich keine Ahnung von Web und von Webdesign hat, kommen Sie bloß nicht auf die Idee herauszuposaunen, dass Sie der Profi sind, der nur mit den Führungskräften sprechen möchte, wenn nicht gar mit dem Chef höchstpersönlich. Ihre Chancen, den Auftrag zu erhalten, sinken dann nämlich rapide.

> **Keine Überheblichkeit**
>
> Zeigen Sie Respekt und die nötige Offenheit gegenüber einer Assistentin – vielleicht wird sie nur das erste Kontaktgespräch mit Ihnen führen, vielleicht wird sie aber auch das ganze Projekt begleiten.

Gehen Sie auch nicht automatisch davon aus, dass die Sekretärin überhaupt keine Ahnung von der Materie hat.

Sie wissen nicht, ob vielleicht der Bruder, Ehepartner oder sonstige Mensch im unmittelbaren Umfeld der Assistentin ein ausgewiesener Marketing-, PR- oder IT-Experte ist. Solche Verbindungen, Beziehungen und familiären Konstellationen sind keine Seltenheit.

Ist die Führungskraft in den ersten Minuten im Erstgespräch mit dabei, versuchen viele Webdesigner, die Sekretärin in der Kommunikation unterzuordnen. Soll die Assistentin den Prozess allein betreuen, ist das natürlich ebenfalls eine sichere Methode, den Auftrag gar nicht erst zu erhalten.

> **Die Assistentin durchschaut Sie**
>
> Glauben Sie nicht, dass Sie mit freundlichem Auftreten, guten Manieren und zuvorkommendem Verhalten automatisch eine stress- und problemfreie Kommunikation genießen dürfen. Sie haben es mit einer guten Assistentin zu tun, die schon ganz andere Kaliber durchschaut hat.

Ihre Ansprechpartnerin versteht vor allem etwas von guten Strategien und Taktiken. In erster Linie geht es dabei um Strategien, Führungskräfte oder Unternehmensleitung zu managen und zu entlasten.

Sie werden niemals an einer guten Sekretärin vorbeikommen, wenn Sie nicht die private Telefonnummer des Geschäftsführers haben, und selbst da könnte es sein, dass er eine Weiterleitung ins Büro-Vorzimmer geschaltet hat.

3.8 Vermittler

Nachdem wir mit Marketing-, IT- und Führungskräften normale Stabsstellen und mit der Assistentin auch gleich den Generalstab kennengelernt haben, gibt es auch reine Vermittler von Aufträgen. Damit sind meistens Einzelentscheider gemeint, die ähnlich einer Stabsstelle nur gegenüber dem Kunden selbst weisungsgebunden sind, aber so wie Sie als externer Dienstleister keine sonstige Verbindung zum Kunden haben und nicht in die interne Kundenhierarchie fest eingebunden sind.

Als Webdesigner haben Sie es meistens mit zwei Arten von Vermittlern zu tun:

Vermittler von Aufträgen
▶ Grafikdesigner
▶ Werbe- und Marketingagenturen

3.8.1 Grafikdesigner als Vermittler

Fremde Designer, die Ihnen einen Auftrag vermitteln, sind in der Regel selbstständig und kommen aus dem Print- bzw. Grafikbereich. Es handelt sich also um Einzelkämpfer wie Sie, die den harten Wettbewerb mit großen Agenturen, Druckereien und Hobby-Grafikern nicht scheuen. Sie sitzen beide eigentlich im gleichen Boot – gegenseitiger Respekt und die Anerkennung der Fachkompetenzen sollten eigentlich selbstverständlich sein, oder? Leider sieht die Realität oft anders aus.

Die Vermittlung eines Webdesign-Auftrags durch einen Grafikdesigner ist nur selten die Weitergabe von Kontaktdaten des Kunden. Hier geht es vielmehr um regen Informationsaustausch und eine enge Zusammenarbeit. Diese Zusammenarbeit gleicht aber eher einer Vernunft- denn einer Liebesheirat. Es kommt grundsätzlich immer darauf an, wie der Kontakt zu Ihnen zustande kommt und welche Rolle der Grafikdesigner im Workflow spielt.

Erste Variante: Der Grafikdesigner vermittelt freiwillig

Wenn der Grafiker aus eigenen Stücken freiwillig als Vermittler auftritt, ist das für Sie als Webdesigner die beste Variante.

Der Profi kennt seine Grenzen
Ein professioneller Grafikdesigner kennt seine Fähigkeiten und damit auch seine fachlichen Grenzen. Er hat Ihre Referenzen im Web gefunden oder von Ihnen gehört, und im Zuge umfangreicher Marketingmaßnahmen für den Kunden spricht er Sie direkt auf ein Angebot für eine Website an.

Oft spricht der Grafikdesigner im Kundengespräch nur rudimentäre Grundlagen des Website-Projekts ab. Er merkt, wo seine eigenen Kompetenzen enden, er weiß auch, wann er Sie kontaktieren muss, um Ihnen eine sachliche Aufstellung der Anforderungen und Wünsche des Kunden zu geben. Sie können anschließend direkt den Kontakt zum Kunden aufnehmen, um alle webspezifischen Aspekte zu klären. In diesen Fällen können Sie davon ausgehen, dass der Grafikdesigner entweder selbst etwas Erfahrung mit HTML hat oder zumindest aus mehreren Projekten weiß, was für den Webentwickler wichtig ist.

Voll und ganz auf Design eingestellt

Stören Sie sich nicht daran, dass der Grafikdesigner seiner Profession der visuellen Gestaltung folgt und im Kundengespräch dementsprechend designrelevante Aspekte behandelt. Design und Grafik sind seine Welt, nicht HTML und CSS.

Leider ist das für viele Webdesigner die erste Gelegenheit, dem Grafiker unprofessionelles Verhalten vorzuwerfen. Selten wird dabei beachtet, dass jeder Kunde das Web als visuelles Medium wahrnimmt und auch der Webdesigner selbst oft lange diskutieren muss, um den Kunden von der Wichtigkeit der Inhalte zu überzeugen.

Problemlose Kommunikation, erfolgreicher Workflow

Mit einem professionellen Grafikdesigner als Vermittler können Sie sich auf einen inspirierenden Workflow einstellen, eine echte Teamarbeit und eventuell eine langfristige freundschaftliche Zusammenarbeit.

Etablierte und erfolgreiche Grafikdesigner mit einem ungestörten Selbstwertgefühl sind sogar dann unproblematisch, wenn sie vom Kunden *aufgefordert* werden, sich mit Ihnen in Verbindung zu setzen – wenn also der Kunde ohne Rücksprache mit dem Grafikdesigner Sie für den Bereich Web ausgesucht hat.

Der gute Grafikdesigner hat keine Angst vor Ihnen

Er weiß, dass Sie als Webdesigner keine Gefahr für ihn darstellen. Die Kompetenzen sind klar differenziert, die Arbeitsfelder eindeutig getrennt.

Zweite Variante: Der Grafikdesigner vermittelt unfreiwillig

Ganz anders sieht die Situation jedoch bei zahllosen Grafikern aus (auch diese Berufsbezeichnung ist nicht geschützt), die irgendwie so vor sich hinwurschteln und von allem etwas, aber von nichts viel verstehen. Diese Grafiker kennen ihre Defizite und haben deshalb oft ein gestörtes Verhältnis zu allen anderen Kreativen.

> **Sensibilität**
>
> Ganz sensibel wird es für Sie, wenn sich so ein Grafiker durch den Kunden zum Werkstofflieferanten des Webdesigners degradiert fühlt. Das schlägt dann eine richtig tiefe Wunde ins Selbstwertgefühl des Grafikers, und das werden Sie auch direkt zu spüren bekommen, egal wie freundlich, sachlich und verständnisvoll Sie reagieren.

Dieser Grafiker wird versuchen, sich Ihnen innerhalb des Projekts überzuordnen. Er macht das aus dem Gefühl heraus, eventuell zu wenig Know-how einzubringen und dadurch den ganzen Grafikbereich an einen (besseren) Kollegen von Ihnen zu verlieren. Er wird also alles daransetzen, Sie zu diskreditieren.

Selten wird er gegenüber dem Kunden dabei so weit gehen, dass Sie komplett aus dem Projekt geworfen werden könnten, aber er kann dafür sorgen, dass der Kunde Ihr Projekt »Website« und Sie als Person als nicht so wichtig empfindet.

Konflikte kommunizieren

Aus jedem Naturfilm weiß man: Verletzte Lebewesen sind am gefährlichsten. Das gilt auch und ganz besonders für jede Art von Kollegen aus der kreativen Ecke, bei denen die Verletzung eher im psychischen Bereich liegt. Hier bringt es oft nicht einmal die sachliche Informations- und Aufklärungslösung, die im folgenden Absatz noch beschrieben wird.

> **Konfrontation**
>
> Oft hilft leider nur die Konfrontation des Kunden mit den vorliegenden Sachverhalten: Wenden Sie sich direkt an den gemeinsamen Kunden, legen Sie ihm Ihre Sicht der Dinge dar. Bleiben Sie unbedingt auf der sachlichen Ebene (Inhaltsaspekt) – Meinungen und Wertungen (Beziehungsaspekt) sollten Sie so weit wie möglich ausklammern.

Argumentieren Sie ruhig, prägnant und anhand konkreter Beispiele nachvollziehbar, warum das Verhalten des Grafikers schädlich für das Projekt ist – genau darum geht es schließlich.

> **Es geht nicht um Emotionen!**
> Es geht nicht um Ihre Befindlichkeit oder die des Grafikers, es geht überhaupt nicht um Emotionen – es geht nur um die Umsetzung einer professionellen Website!

[!]

Sie sind selbst keine Maschine, Sie sind damit auch nicht frei von Emotionen oder persönlichen Empfindsamkeiten, doch hier ist es wichtig, dass Sie stets das Ziel der ganzen Auseinandersetzung im Auge behalten: *den Launch einer Website*, nicht die Auseinandersetzung selbst.

Webdesign als Add-On von Grafikdesign

Problematisch sind auch diejenigen Grafikdesigner oder Kreativen, die irgendwann mal in Frontpage, GoLive oder Dreamweaver *eine* Webseite erstellt haben, nach Print-Layouts selbstverständlich. Dabei haben sie gemerkt, dass »Homepagebasteln« auch ohne HTML-Kenntnisse funktioniert. Diese Grafikdesigner sind seitdem und bis heute der Überzeugung, Webdesign sei so anspruchsvoll wie vorgefertigte Druckplatten in eine Druckpresse zu schieben, Webentwicklung sei also höchstens mit einer Hilfsarbeiter-Tätigkeit vergleichbar.

An dieser Überzeugung ändert sich auch nichts, wenn der Kunde explizit um die Vermittlung eines professionellen Webdesigners bittet. Der Grafiker sucht dann zwar einen und findet vielleicht Sie, er bleibt aber bei der felsenfesten Überzeugung, dass er das eigentlich viel besser könnte, wenn er denn die Zeit hätte.

Die Kostenkeule: Website vs. Printmedien

Ganz blöd läuft es, wenn das Kundenbudget für die Website annähernd so groß ist wie für die Imagebroschüre und verschiedene Kundenflyer zusammengenommen.

> **Das Budget**
> Sobald ein Grafiker Angst hat, mit der Bezahlung seiner Leistungen zu kurz zu kommen, wird er Webdesign schnell als »überbezahlte Leistung« bezeichnen. Dabei spielt es auch keine Rolle, wie knapp das Budget für die tatsächliche Website-Anforderung eventuell bemessen ist.

Diese Meinung wird er dem Kunden gegenüber vermitteln – nicht direkt, wohl aber durch die Blume mit den Argumenten Investition, Kosten-Nutzen-Analyse und kompetenzunabhängige Mediennutzung.

Da werden dann so ganz nebenbei Billigparolen, Vorurteile und Allgemeinplätze kolportiert, alles schön auf Stammtischniveau, nur in der aufgemotzten Verpackung scheinbarer Kompetenz. Der Kunde bekommt dann zu hören:

- »So kompliziert ist das alles nicht mit diesem Webdesign. Das habe ich auch mal nebenbei gemacht. Das könnten Sie sogar selbst, wenn ich Ihnen das zeigen würde.«
- »Webdesign ist noch viel zu teuer. Wenn ich daran denke, dass der Webdesigner meine Arbeit nur umsetzen muss.«
- »Wie viel will der Webdesigner für seine Arbeit haben? Und das haben Sie akzeptiert?«
- »Womit will der Webdesigner seinen Preis rechtfertigen? Ich habe da einen Bekannten, der macht so was für mich immer für ganz kleines Geld, soll ich den fragen?«
- »Er arbeitet nach Webstandards? Ich arbeite auch nach Standards, aber ich berechne Ihnen dafür doch nicht ein Vermögen extra.«
- »Vielleicht sind seine Seiten gut bei Google zu finden. Dafür sind sie grafisch unteres Mittelmaß, vergleichen Sie das mal mit der Imagebroschüre, die ich Ihnen gemacht habe!«
- »Ich wusste gar nicht, dass Behinderte zu Ihrer Kernzielgruppe gehören, wenn Sie so viel Geld dafür in eine sogenannte barrierefreie Webseite investieren.«

Sie bekommen als Webdesigner übrigens nichts oder nur sehr wenig davon mit. Spielt der Grafiker sein Spiel bis zum Ende, werden Sie entweder mit ebenso plötzlichen wie exorbitanten Preisnachlässen seitens des Kunden konfrontiert, oder Sie fliegen sogar ganz aus dem Projekt, wenn es da noch einen »Bekannten« des Grafikers gibt, der das alles mit seinen Uralt-Versionen von Frontpage, NetObjects Fusion oder sonstwie umsetzt – für ein Taschengeld natürlich.

Kommunikation des Grafikers

Ihnen gegenüber ist der Ton des Grafikers von Beginn an fordernd und forsch, ein Paradebeispiel für den Versuch der Unterordnung. Er macht

Ihnen klar, dass er sich als der eigentliche Chef Ihrer erzwungenen Kreativ-Connection sieht, wobei er ebenso klarstellt, dass er diese Zusammenarbeit weder für sinnvoll noch für zielführend hält.

> **Der Nischenspezialist**
> Der Grafiker akzeptiert Sie als Webdesigner allenfalls als Nischenspezialisten für die technischen Besonderheiten des Webs.

Der Vergleich mit dem Hilfsarbeiter wurde ja schon genannt, und in einigen Fällen behandeln Grafiker jeden Webdesigner tatsächlich so.

Mediation und Aufklärung als erfolgreiche Kommunikation

Auch hier stellt sich die Frage, wie Sie im Dreieck zwischen Kunde und Grafiker am sinnvollsten kommunizieren.

Die einfachste Möglichkeit wäre ein *Kompetenzkrieg* mit dem Ziel, den bezüglich Web inkompetenten Grafiker gegenüber dem Kunden hart auflaufen zu lassen – das kann funktionieren, ist aber weder fair noch angemessen.

Es kann durchaus sein, dass der Kunde dieses Kompetenzgerangel zu Recht für kindisch hält, um dann eine Full-Service-Agentur mit dem gesamten Auftragsvolumen zu beauftragen: Dann sind Sie ebenfalls aus dem Rennen.

Die bessere Alternative ist wie so oft die *sachliche Aufklärung* gegenüber Kunden und Grafiker gleichermaßen.

> **Auf der DVD**
> Sie finden das Dokument auf der DVD und weiter in Abschnitt 4.4.7 ein entsprechendes Dokument (»Das Handout für Kunden«).

Dieses Dokument sollten Sie auch allen anderen Mitentscheidern und Personen zukommen lassen, die in den Workflow einer Website involviert sind, aber keine Medienkompetenz in diesem Bereich haben. Dazu gehört auch der Grafiker.

Auch wenn der Begriff »Aufklärung« gefallen ist: Haben Sie keine Angst davor, dass man Sie als Hobby-Mediatoren oder Pseudo-Schulmeister nicht ernst nimmt. Ihr Kunde ist auf jeden Fall dankbar für jede sachliche Aufklärung.

Der Grafiker erfährt nicht nur etwas zur Komplexität Ihrer Arbeit, er erfährt auch etwas über sein Fehlverhalten, denn Sie verhalten sich ihm gegenüber ja loyal, respektvoll und angemessen.

Im Gegensatz zu einem ausgetragenen Konflikt gibt es hier keinen Gewinner und Verlierer, das wäre auch wenig förderlich für ein komplexes Projekt wie eine Website.

Der Grafiker erhält die Möglichkeit, sein Verhalten Ihnen gegenüber zu ändern, ohne dass er dabei seine Eitelkeit oder sein Selbstwertgefühl verliert. Er könnte sogar eine grundsätzliche Arroganz beibehalten, nun allerdings ohne die Chance, gegenüber dem Kunden Ihre fachliche oder soziale Kompetenz in Frage zu stellen.

> **Die letzte Möglichkeit: sachlicher Kontakt zum Kunden**
>
> Erst, wenn selbst das nicht fruchtet und der Grafiker auf seinem allzu hohen Ross des Weisungsbefugten bleiben will, können Sie noch einmal den direkten und sachlichen Kontakt zum Kunden suchen.

3.8.2 Werbeagenturen als Vermittler

Gelegentlich sind auch Werbeagenturen darauf angewiesen, direkt Kontakt zu einem Webdesigner aufzunehmen.

Selten erfolgt die Kontaktaufnahme auf Veranlassung des Kunden, weil dem die Leistungen des Agentur-Webentwicklers nicht genügen. Eher ist es so, dass der Kunde eine Ausschreibung gemacht hat und Sie für den Bereich Webdesign ein besseres, professionelleres oder günstigeres Angebot gemacht haben, die Agentur aber alle anderen Arbeiten übernimmt und sich deshalb mit Ihnen in Verbindung setzt.

> **Webentwicklung ist selten Kernkompetenz**
>
> Oft ist es nicht einmal ein Problem für die Agentur, den Webdesign-Auftrag nicht selbst abzuwickeln. Keine Agentur kann es sich heute noch leisten, Webentwicklung als Leistung *nicht* anzubieten, das heißt aber nicht, dass dieser Bereich auch zu den Kernkompetenzen der Agentur gehören muss.

Viele Agenturen mit dem Schwerpunkt Print setzen deshalb auf Freelancer als Netzwerkpartner, die dann namentlich nicht erscheinen, aber für ihre Leistung ordentlich bezahlt wurden. Völlig unproblematisch ist diese Zusammenarbeit und Kommunikation mit einer Agentur, die viele Jahre existieren kann, ja oft sogar verbunden ist mit persönlichen Freundschaften.

Agenturen, Werbung und Webdesign

Anhand der Referenzen auf der Website einer alteingesessenen Agentur können Sie nicht nur schnell feststellen, wie sich der Kundenkreis zusammensetzt, Sie sehen auch, worauf die Agentur bei der Umsetzung von Kunden-Websites Wert legt. Vielleicht werden Sie feststellen, dass die Präsenz einer »alten« Agentur technisch ebenfalls alt und alles andere als standardkonform ist, lassen Sie sich davon aber auf keinen Fall zu einer abschätzigen Meinung hinreißen – hier gilt sehr oft das Sprichwort, dass der Schuster die schlechtesten Schuhe anhat.

Sie dürfen auch nicht glauben, dass die Geschäftsführer oder Agenturinhaber automatisch eine hohe Kompetenz vom Web haben müssen. In der Webdesigner-Gemeinde gilt man ja schon mit 35 als *alt*, und die Agenturinhaber um die 50 gelten dementsprechend schon als *gerade noch lebendig*, Exemplare vergangener Zeitalter eben. Viele haben aber vor zehn Jahren selbst Webseiten »gebaut«, mitten im Browserkrieg und mit den ersten Versionen der WYSIWYG-Editoren – sie wissen also zumindest, worum es geht.

Erfahrung der Agenturen – Ihr Vorteil in der Kommunikation

Im Laufe der Jahre haben sich die meisten dieser aus dem Print kommenden Kreativen wieder aus dem Webdesign verabschiedet, nachdem sie die zunehmende Komplexität und die steigenden Anforderungen einer spezialisierten Disziplin erkannt haben. Hier ist jetzt nicht der Platz, auf die oft rezitierte Geschichte des Webs und des Webdesigns einzugehen – aber Sie wissen ja, dass es üblich war, Webseiten mit Tabellen zu erstellen, oder besser gesagt: zu basteln. Schlechter Stil also, teilweise bis heute.

Da bekanntlich nichts so wertvoll ist wie die Einsicht in die eigenen Grenzen, sind auch diese Agenturen als Gesprächs- und Kooperationspartner in einem Webseite-Projekt wertvoll. Als Webdesigner können Sie sich auf einen professionellen Workflow einstellen.

> **Ihr Vorteil ist das Wissen der Agentur, das mit der Erstellung einer Website verbunden ist. Dazu zählt**
>
> - der zeitliche Aufwand,
> - das erforderliche Know-how,
> - medienspezifische, vom Print abweichende Gestaltungsaspekte und
> - kein allgemeingültiges Verhalten und Aussehen von Webseiten.

So eine Agentur kommt nicht auf den Gedanken, Ihnen als Webdesigner kurz mitzuteilen, dass Sie »morgen Illustrator-, Freehand- oder Photoshop-Dateien bekommen, alles in Ebenen, sogar mit Maus-Über-Effekten«, damit Sie das »einfach nur ordentlich umsetzen müssen und fertig – zirka eine Woche Arbeit«.

Die Gönner & Blender GmbH

Werbeagenturen verhalten sich manchmal aber auch wie die großen Gönner am Himmelszelt der Werbung. Man lässt sich dazu herab, Ihnen als kleinem, freiberuflich tätigen Webdesigner gelegentlich einen Auftrag zu vermitteln und Ihnen dadurch eine große Ehre zuteil werden zu lassen, ganz großzügig und ohne Recherche, ob Sie das überhaupt verdienen.

> **Ignoranz oder Taktik**
>
> Die Rolle des großen Gönners einiger Agenturen gegenüber den Webdesignern beruht oft entweder auf schlichter Ignoranz gegenüber der Arbeit und Qualität eines selbstständig tätigen Webdesigners, oder auf purer Taktik, um von den eigenen Defiziten gegenüber einer anspruchsvollen Kundenklientel abzulenken.

Benötigt man Know-how und Zeit eines externen Webdesigners, ist es für viele Agenturen unangenehm, als Bittsteller aufzutauchen, der Hilfe benötigt – obwohl das doch eigentlich den Kern der Sache trifft!

Achten Sie genau darauf, *wie* das Anliegen einer Zusammenarbeit oder die Bitte zur Abgabe eines Angebots kommuniziert wird. Die schmalzig-gönnerhafte Nummer (Stichwort: Unterordnung) beherrschen vor allem spezielle Kontakter, die ihrerseits von den Agenturen als Vermittler eingesetzt werden.

> **Kontakter**
> Wenn Sie mit einem Kontakter sprechen, sprechen Sie also immer nur mit der dritten Wahl – investieren Sie also nicht zu viel Herzblut, Zeit und freundliche Worte.

Die große Verschaukelung

Vielleicht möchte Ihnen die Agentur direkt oder über den Kontakter verkaufen, dass Sie sich erstens glücklich schätzen können, überhaupt gefragt zu werden, und dass zweitens eine große Zukunft auf Sie wartet, wenn Ihre Leistungen besonders hoch und Ihr Angebot besonders günstig ausfallen.

Übertrieben? Nur ein bisschen.

> **Die Gönner-Masche**
> Die Gönner-Masche funktioniert immer wieder. Viele Webdesigner hegen die heimliche Hoffnung, tatsächlich den ultimativen Jahrhundert-Kundenauftrag zu bekommen und damit den ganz großen (und bequemen) Fang zu machen.

Vielleicht haben Sie es auch schon einmal versucht, nur leider bisher vergeblich? Sie suchen doch auch das ultimative Schnäppchen, offline im Geschäft und online bei Ebay, oder? Und das selbst noch, wenn der Verkäufer das selten dämliche und offensichtlich-marktschreierische Dutzend-Verkaufsschild mit der Aufschrift »Pssst... Schnäppchen!« in Gelb auf Rot aufstellt? Natürlich bleiben Sie stehen bzw. klicken darauf, das machen wir alle!

Es könnte ja klappen mit dem Mega-Auftrag, nicht wahr? Klar, vielleicht gewinnen Sie auch den nächsten Jackpot im Samstagslotto, und dann ist jeden Tag Weihnachten.

> **Haben Sie es nötig?**
> Klartext: Haben Sie es mit all Ihren Investitionen in Ihr Know-how wirklich nötig, dem bislang nur potenziellen Auftrag eines wichtig erscheinenden Kunden hinterherzuhecheln, vermittelt von einer Agentur, die sich zwar total wichtig nimmt, aber nicht Sie?

Bedenken Sie: Hier geht es um eine Vermittlung, Sie haben keinen Direktkontakt zum Kunden.

Fragen Sie zunächst, worum es genau geht: wer, was, für wen, wann und wie viel. Sie müssen nicht unfreundlich werden, auch wenn Ihr Ansprechpartner versucht, Sie unterzuordnen; Sie müssen aber auch nicht freundlicher sein als nötig.

Vielleicht geht es tatsächlich um eine ehrliche Aufforderung an Sie, ein Angebot abzugeben. In diesem Fall kann Ihr Ansprechpartner auch eindeutige Antworten geben. Eventuell geht es aber nur darum, den billigsten Anbieter für eine Webseite zu finden, bei der ein großer Name des Kunden auch nur eine Verkaufsmasche ist.

Eine dritte Möglichkeit ist, dass es sich um die versteckte Aufforderung handelt, an einem Pitch teilzunehmen.

Keine spekulative Arbeit – Angebot, Ausschreibung, Abzocke

Stellen Sie sich folgendes Szenario vor: Sie leiten eine Full-Service-Agentur, die sich mit Print- und Webdesign auskennt. CI, PR, CMYK, CSS sind für Sie mit klaren Inhalten belegt. Logoentwicklung, Grafikdesign und Typografie für die Druckvorstufe beherrschen Sie ebenso wie HTML-Prototyping, IE-Parser-Bugs und CSS-Layouts. Mal ganz ehrlich: *Welche Motivation müssten Sie haben, einen externen, freiberuflich tätigen Webdesigner um die Abgabe eines lukrativen Webdesign-Angebots zu bitten?*

> **Zeitliche Schwierigkeiten**
>
> Es wäre nur ein einziges Argument statthaft: Sie können den Auftrag zeitlich und organisatorisch nicht bedienen.

Sie hätten also zu viel zu tun, und die Webentwickler in Ihrer Agentur wären vollständig ausgelastet.

Kurz: Sie hätten ein Problem. Weiter spekuliert: Wie würden Sie in dieser Situation auf der Suche nach professioneller Hilfe für einen wichtigen Kundenauftrag folgende Anfrage per Post, E-Mail oder Telefon starten?

Vielleicht so:

> »Guten Tag. Wir sind eine Top-Agentur im Großraum XXX und suchen ständig hoch qualifizierte und flexible Webdesigner mit guten Referenzen. Für einen wichtigen Kunden steht in Kürze der Relaunch der Website an. Gern würden wir Sie um ein Angebot bitten. Sie erhalten von uns den

Anforderungskatalog, dann können Sie sich um die Informationsarchitektur und das Design kümmern, beides sollte bereits Teil Ihres aussagekräftigen Angebots sein. Teilen Sie uns bitte bis zum XX.XX. mit, ob wir mit einem Angebot von Ihnen rechnen können. Auf eine gute Zusammenarbeit, Ihre Agentur Pitch'n'Black Creations.«

Klingt so ein echter Hilferuf, spricht daraus der geradezu quälende Wunsch nach einem zuverlässigen und kompetenten Partner, den man unbedingt kennenlernen möchte?

Sie haben es erkannt, das ist weder eine seriöse, geschweige denn sympathische Anfrage nach einem Angebot oder einer Zusammenarbeit an einem Webprojekt.

Hier geht es um etwas ganz anderes.

Die große Abzocke

Wir sind beim Thema »No Spec«. Spec steht dabei für Spekulation, man spekuliert darauf, dass man für Entwürfe Geld bekommt oder nicht. Mit warmer Empfehlung wird man für heiße Entwürfe eiskalt abserviert.

Das hat etwas von Gezocke mit kurzläufigen Optionsscheinen an der Börse an sich; diese Form der Ausschreibung kommt aber aus der Werbebranche. Die oben beschriebene und beispielhafte Anzeige einer imaginären Werbeagentur ist überall anzutreffen: in Fachzeitschriften, im Web und gelegentlich als direkte Anmache per E-Mail oder Telefon.

> **Der Preis ist heiß**
>
> Es geht dabei nicht um Zusammenarbeit, es geht um den billigsten Preis, gekoppelt an möglichst viel kostenlose Arbeit des Webdesigners. Die Zeit und das Know-how des Webdesigners werden von solchen Agenturen auf raffinierte Art und Weise abgezogen.

Früher lief so etwas ja ganz offiziell über den Begriff »Pitch« ab. Dahinter steckt bekanntlich die Aufforderung zur Abgabe eines Angebots, inklusive ausgearbeiteter Entwürfe, vor allem aber inklusive aller Nutzungsrechte an diesen Entwürfen.

Man will Ihr Know-how und Ihre Zeit, kurz: das Blut Ihrer Arbeit. Der Kunde steigt als moderner Vampir aber nicht mehr des Nachts in Ihr Schlafzimmer, heutzutage schickt er einen PR-Profi, einen guten Verkäufer oder den Vertreter einer renommierten Werbeagentur als Vermittler. Der kommt tagsüber und bringt die Opfer dazu, auch noch freiwillig und literweise ihr Blut abzuzapfen.

Die falsche Hoffnung auf eine rosige Zukunft mit einem wichtigen Kunden sorgt dann für zahlreiche, freundlich lächelnde Teilnehmer mit blutleeren Blicken am Rande der Anämie.

> **Kein Kunde erreichbar**
>
> Tatsächlich ist der Kunde bei diesen Pitches nur selten direkt erreichbar. Der Vermittler ist für den Kreativen immer der Ansprechpartner, analog zur Stabsstelle im Unternehmen.

Sonderformen des Pitches sind übrigens nicht nur diese beispielhaft beschriebenen »Angebote zur Zusammenarbeit«, dazu gehören auch bestimmte Webdesign-Wettbewerbe für ausgearbeitete Layouts oder Templates. Auch dort ist die Übertragung der Nutzungsrechte Voraussetzung für eine Teilnahme. Hier muss man allerdings den möglichen PR-Nutzen für den Webdesigner dagegenhalten – wir kommen darauf zurück.

Der Pitch als Teil des spekulativen Werbezirkus

In den 90er-Jahren waren Pitches geradezu in Mode. Diese Vorgehensweise von Kunden oder größeren Agenturen wurde von den teilnehmenden Parteien auch nicht als verwerflich betrachtet, und oft war es eine geeignete Methode, um einen guten Auftrag zu erhalten.

> **Damals waren die Umstände anders**
>
> Die Voraussetzungen im Markt waren andere: Die Budgets waren üppiger, die Wirtschaft boomte; das Jahrbuch der Werbung verzeichnete jedes Jahr üppige Zuwächse und steile Umsatzkurven.

Der wichtigste Grund war aber die Tatsache, dass der Markt transparenter war. Bis zur Jahrtausendwende fand man in den Gelben Seiten unter der Rubrik »Werbeagenturen« zahlreiche Unternehmen, die es auch schon zehn Jahre zuvor gegeben hatte. Viele Werbeagenturen, große und kleine, kamen aus dem klassischen Printbereich der Druckvorstufe. Die Agenturleiter waren oft ausgebildete Handwerker der Druckerzunft. Viele Handwerker, wenige Diplom-Designer.

Eine Agentur zu betreiben, beinhaltete viel höhere Investitionskosten und damit ein viel höheres finanzielles Risiko als heute. Vor gut zehn Jahren kam man für eine rudimentäre Agenturausstattung um ein Darlehen im größeren fünfstelligen Bereich nicht herum.

Das Layoutprogramm Quark XPress war faktisch Alleinherrscher und kostete mehrere Tausend Mark. Ein voll ausgestatteter Apple-Rechner kostete bis zu 10.000 Mark, und das kostete auch ein professioneller Flachbettscanner inklusive Durchlichteinheit für Mittelformat-Dias mit 1.500 dpi. Zusätzlich war noch ein Filmscanner für Kleinbildnegative und -Dias notwendig, also nochmal bis zu 5.000 Mark extra – ein Preis, der dann auch noch für den kalibrierbaren 20-Zoll-Röhrenmonitor fällig war und für den Laserdrucker mit 600 dpi oder den Proof-Tintenstrahldrucker in DIN A3.

Heute ist eine komplette DTP-Anlage mit schnellem Rechner, hochauflösendem Scanner für alle Vorlagen, RIP-Software, Proof-Drucker, Profi-Monitor schon mit 3.500 Euro zu realisieren. Die Nutzung von Shareware oder Open-Source-Lösungen reicht für die meisten Agenturleistungen vollkommen aus. Für die leidgeprüften Druckereien ist es heute nicht mal mehr ein Problem, aus den schlimmsten Word- oder Excel-Dokumenten die schönsten Hochglanz-Prospekte zu zaubern – ihnen bleibt auch nichts anderes übrig.

Die Werbebranche war damals unter sich, die Konkurrenz kam aus dem gleichen Stall, es gab nicht die zahllosen Hobby-Designer, die heute nach Schulschluss gefragt werden und gern auch mal ein Angebot abgeben.

Natürlich ändert das nichts an der Tatsache, dass Pitches immer schon ein bitteres »Geschmäckle« hatten und dass viele gute Agenturen und Designer sich niemals daran beteiligten. Dafür gibt es mehrere gute Gründe.

Es ist weniger die Konkurrenz der Studenten, die eher die Herausforderungen des praxisnahen Webdesigns suchen als Ruhm und Ehre. Auch die Hobby-Designer sind nicht das große Problem. Sie bedrohen den Markt mit ihren Mindestlöhnen von 3 Euro die Stunde, dafür sind die »Hompäitsches« bestenfalls auch nur die 350 Euro wert, die sie kosten – wir hatten das ja schon im ersten Kapitel zum Thema »Preis und Wert«.

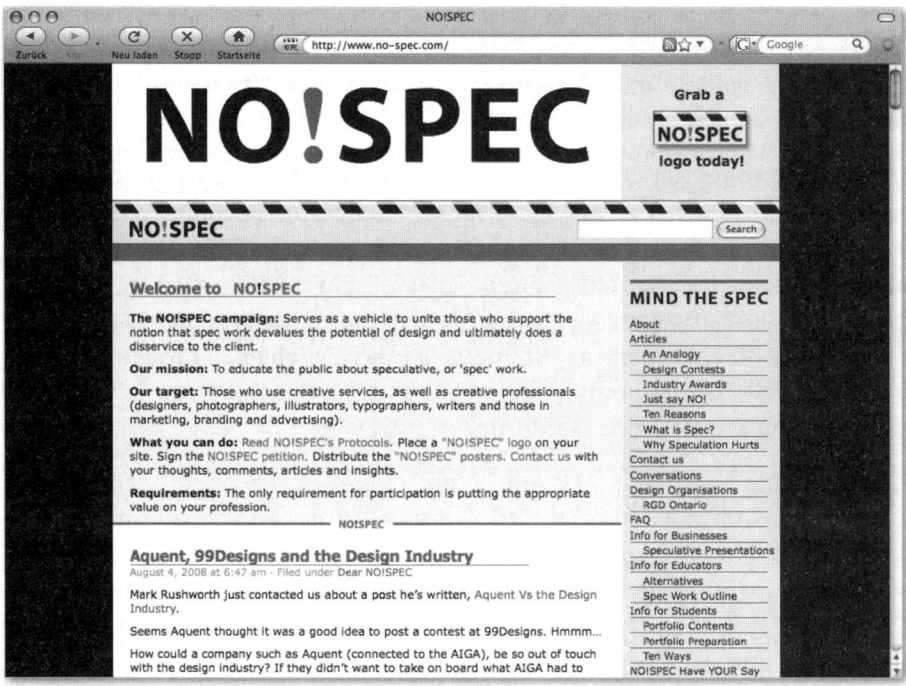

Abbildung 3.1 www.no-spec.com – keine spekulative Arbeit leisten!

Was nichts kostet ...

Das erste Argument des Auftraggebers oder Vermittlers ist ja stets, dass die *Freigabe der Nutzungsrechte notwendig* sei, da man sonst keine rechtlich eindeutige Möglichkeit hätte, einen ähnlichen Entwurf aus Gründen des Urheberrechtes zu verwenden. Das hört sich dann gerade so an, als ob die Summe aller Möglichkeiten für Entwürfe im Print- oder Webdesign doch sehr beschränkt seien.

Erstaunlicherweise schaffen es aber immer noch genug Grafik- und Webdesigner, täglich neue Entwürfe aus ihren Gehirnwindungen zu generieren, die keine 1:1-Plagiate sind.

3.8 Vermittler

> **The winner takes it all**
>
> Bei dieser Veranstaltung gibt es immer nur einen Sieger, zweite und dritte Plätze werden nicht vergeben, die sind so viel wert wie der letzte.
>
> Manchmal ist für den Kunden schon von vornherein klar, wer die Website umsetzen soll, es fehlen nur die passenden Entwürfe, und über einen Pitch bekommt man die kostenlos.
>
> Pitches können sich finanziell nur die Agenturen und Webdesigner leisten, die Zeit und Know-how verschenken können.
>
> Wenn Ihr in langwieriger Arbeit entstandener Entwurf auch in großen Teilen übernommen wird, können Sie Ihren Kunden das gern erzählen. Ihr Name steht da trotzdem nicht.

Wenn Sie als Webdesigner trotzdem glauben, unbedingt an einem Pitch teilnehmen zu müssen, sollten *folgende Voraussetzungen* bei Ihnen gegeben sein:

- Sie sind ein Spieler und sind am Auftrag selbst nicht interessiert.
- Sie wollen spaßeshalber nur mal sehen, wie so ein Pitch überhaupt abläuft.
- Sie finden die Aufgabenstellung interessant und sehen das als anforderungsorientierte Alternative zu freien Entwürfen.
- Sie haben gerade nichts zu tun und haben auch keine Aufträge, und ein Pitch ist für Sie besser als Langeweile, Depressionen oder die nächste Flasche Schnaps.

> **Für alle anderen Webdesigner gilt:**
> Finger weg!

[!]

In diesem Kapitel wenden wir uns der konkreten Arbeit mit dem Kunden zu: Lernen Sie Ihren neuen Kunden und seine Wünsche kennen, um das Projekt zielführend umzusetzen.

4 Checklisten

Das wichtigste Mittel der Planung sind Checklisten.

4.1 Die Aufgabe von Checklisten

Die Checkliste für Webdesigner ist ein modular aufgebauter Fragenkatalog, mit dem Sie vier wichtige Ziele erreichen:

- **Qualifizierung Ihres Kunden**
  Gezielte Fragen geben Ihnen Auskunft über das Ausmaß der Medienkompetenz Ihres Kunden, über seine Wünsche und Vorstellungen bezüglich der Website. Sie erhalten also ein genaues Kundenprofil für den erfolgreichen Workflow und eine erfolgreiche Kundenkommunikation.

- **Aufklärung des Kunden**
  Die Fragen orientieren sich am Workflow einer Website. Ihr Kunde muss sich Gedanken über die Antworten machen, er muss also aktiv mitarbeiten. Der Dialog führt bei ihm schneller und nachhaltiger zu den richtigen Schlussfolgerungen als ein vom Webdesigner einseitig kommunizierter Aufklärungsmonolog.

- **Transparenz der Anforderungen**
  Sie können für fast alle Bereiche der Planungsphase auf die Antworten der Checkliste zurückgreifen. Dadurch haben Sie einen umfassenden Überblick über die Anforderungen an die Kunden-Website. Inhaltliche, technische oder gestalterische Konfliktpotentziale bei der Konzeptionierung oder Umsetzung der Website sind sofort erkennbar.

- **Sicherheit durch Standardisierung**
  Die folgende Checkliste ist wie ein CSS-Framework eine solide und flexible Grundlage für Ihre eigenen Checkliste(n). Die festgelegte Abfolge

des Fragenkatalogs ist zielorientiert und garantiert, dass Sie in allen Gesprächssituationen und bei unterschiedlichen Kundentypen immer den roten Faden in der Kommunikation im Auge behalten.

Natürlich sind auch Checklisten nichts anderes als vorgefertigte Konstrukte. Checklisten sorgen im Gespräch aber für die *sachliche Ebene der Inhalte* und ermöglichen so einen umfassenden Schutz vor Widersprüchen und eine gewisse Sicherheit in der Kommunikation.

Ähnliche Hilfsmittel als Gesprächsleitfaden werden in den meisten beratenden Berufen eingesetzt: Checklisten haben sich als erfolgreich erweisen.

4.1.1 Wer, wie, was?

Theoretisch könnte man unendlich viele verschiedene Checklisten erstellen: kategorisiert nach Verwendung (E-Mail-Anhang, Post, Gesprächsnotiz), nach Fortschritt (Erst- und Zweitgespräch), nach Kunden (Einzelkunden, Entscheidergruppen, Vermittler), nach Umfang der Webseite oder auch nach Kundenstruktur, also ob man es mit einem Unternehmen, einem Freiberufler oder einem Verein zu tun hat.

Eine zu differenzierte Kategorisierung bringt jedoch kaum einen Mehrwert, weder für den Webdesigner noch für den Erfolg des Projekts selbst – das jedenfalls hat die Praxis gezeigt. Es gibt in einigen Beratungs- und Coachingbranchen verschiedene Analysebögen, die für bestimmte Kundenkategorien erstellt wurden und detaillierte Fragen enthalten. Webdesign umfasst aber ein derart komplexes Feld, dass eine kundenspezifische Kategorisierung nicht zu empfehlen ist.

Aufgrund der Komplexität des Themas ist es sinnvoller, eine Basis-Checkliste *flexibel* zu gestalten, bezogen auf Zweck, Kundenstruktur und Website-Anforderungen. Die Basis-Checkliste ist dabei sozusagen die große Lösung für das Gespräch. Wie in einem komplett fertig konfigurierten CSS-Framework muss man nur wenig ergänzen, und nicht benötigte Elemente werden entfernt.

4.1.2 Die Basis-Checkliste

Die folgende Basis-Checkliste eignet sich als System für alle Kundenkategorien, alle Funktionen und für jeden Umfang einer Website. Diese Basis-Checkliste können Sie einfach und schnell den Anforderungen Ihrer Kunden entsprechend individualisieren, und genau das sollten Sie auch tun. Die

Checkliste ist weder als Gesetzestext noch als Katechismus unveränderlich, sondern eher ein Angebot an Sie als Basis für individuelle Modifizierungen.

> **Basis-Checkliste**
> Die Basis-Checkliste bezieht sich im Folgenden auf das normale Gespräch in Anwesenheit des Kunden.

Nur im direkten Kundengespräch und mit der Möglichkeit, aufs Internet zuzugreifen, haben Sie die idealen Bedingungen zum Abarbeiten der Checkliste. Der Versand per Post, Fax oder E-Mail ist nur die zweitbeste Lösung. Das Telefonat ist zwar direkter, dafür ist das Zeitfenster für diese Art der Kommunikation meistens nicht ausreichend. Aus diesem Grunde muss die Basis-Checkliste für diese speziellen Kommunikationsformen modifiziert werden. Diese Varianten werden später auch noch vorgestellt. Sämtliche Dokumente finden Sie für Ihre eigenen Kundengespräche auch auf der DVD zum Buch.

Die Checkliste im direkten Kundengespräch

Eine der häufigsten Varianten ist die Checkliste im direkten Kundengespräch. Diese Lösung ist besonders einfach; sie funktioniert äußerst flexibel ohne zusätzliches Medium der Übermittlung. Für das direkte Kundengespräch sollten Sie Ihren Fragenkatalog ausdrucken. Auch wenn Sie mit kleiner Handschrift schreiben, sollten Sie dennoch genug Platz auf den Dokumenten lassen. Nehmen Sie zusätzlich genug leere Blätter für Notizen mit. Sofern Sie gern etwas großzügiger schreiben, sollte Sie ausschließlich leere Blätter verwenden. Sie werden im Vorfeld meistens direkte Hinweise Ihres Kunden per E-Mail oder Telefon bekommen haben, worauf er Wert legt oder was er bei welcher Webseite von Wettbewerbern gut findet. Diese Hinweise müssen Sie natürlich auch notieren und im Termin ansprechen. Wichtig ist hier die souveräne Gesprächsführung: Arbeiten Sie die Liste Punkt für Punkt ab, und verzetteln Sie sich nicht in Anekdoten oder privatem Meinungsaustausch. Auch wenn die Checkliste im Kundengespräch am einfachsten ist, sie ist auch für die Beteiligten anstrengend. Sie und Ihr(e) Kunde(n) müssen im Zeitrahmen des Termins zumindest die wichtigsten Punkte abarbeiten, um den Termin zu rechtfertigen. Nur selten kann die Vorbereitung eines Kunden so vorbildlich sein, dass er auf alle Ihre Fragen direkt antworten kann.

Der Fragenkatalog ist das Ergebnis zahlreicher Kundentermine, die ich nicht nur in den Jahren als selbstständiger Webdesigner erlebt habe; vieles stammt auch noch aus meiner Zeit als Auftragskünstler, Kopist und Bildausstatter für

Hotels und Kreuzfahrtschiffe. Seit 1993 sind so im Laufe der Jahre bei mir immer mehr Fragen anderer Autoren und Werbeagenturen dazugekommen.

4.1.3 Trockentraining: Selbstversuch mit Erfolgsgarantie

Kommen Sie nicht auf die Idee, die Checkliste gleich morgen und direkt am nächsten Kunden auszuprobieren.

> [!] **Nehmen Sie die Kundenrolle ein**
>
> Arbeiten Sie die Liste zunächst selbst als imaginärer Kunde durch. Lesen Sie sich die Fragen und Hinweise laut vor, das fördert die Suche nach Verständnisproblemen und entspricht der Situation Sprecher/Zuhörer im tatsächlichen Kundengespräch.

Jede Frage wird von zahlreichen und umfangreichen Anmerkungen begleitet. Diese Anmerkungen sind Hinweise für Sie und sollten auch nicht in einer ausgedruckten Checkliste für das Kundengespräch erscheinen. Denken Sie daran, dass Ihr Kunde eventuell neugierig die Checkliste ansehen oder zumindest überfliegen möchte – ein legitimer Wunsch, den Sie akzeptieren sollten. Wenn die Checkliste dann voller Hinweise für Sie ist, könnte das peinlich wirken.

Wichtig ist nur: Lesen Sie sich die Anmerkungen sorgfältig durch. Sie werden erkennen, dass die Abfolge der Fragen durchdacht ist, und Sie werden feststellen, warum einige Fragen so formuliert wurden wie sie in der Checkliste stehen und nicht anders. Die Anmerkungen haben Sie natürlich längst wieder vergessen, wenn Sie mit Ihrer eigenen Checkliste ins Kundengespräch gehen, aber diese Erläuterungen sollen Ihnen helfen, eigene Fragen, Hierarchien und Formulierungen gezielt und an der richtigen Stelle in Ihre Checkliste aufzunehmen.

4.1.4 Thema: Tätigkeitsbereich und Zielgruppe

Starten wir nun mit der Checkliste. In diesem Bereich geht es um den Kunden und um das, was Sie von ihm wissen sollten. Nicht alles muss primär relevant für die einzelnen Seiteninhalte der Website werden, aber es könnte für Sie durchaus relevant sein, etwas über das Selbstverständnis des Kunden zu erfahren.

Die erste Frage betrifft die Inhalte des Angebots, die Ihr Kunde grundsätzlich zu bieten hat.

> **Tätigkeitsbereich** [✓]
>
> Beschreiben Sie die Leistungsinhalte Ihres Unternehmens (Ihres Informationsangebots/Ihres Vereins) mit einem Wort.

Hier geht es um die klare Abgrenzung zwischen Dienstleitung, Handel oder Handwerk und die Analyse, in welchen Bereich das Leistungsspektrum des Kunden gehört.

> **Leistungsspektrum** [✓]
>
> Welche Kernbereiche gehören zu Ihrem Leistungsspektrum?

Ein Beispiel: Im Normalfall erzählt Ihnen der Kunde nur das, was er auf seiner Website haben will. Natürlich will der Kunde auch die Unternehmensbereiche dargestellt sehen, die erfolgreich laufen; er hält es aber nicht für nötig, Ihnen gegenüber diese Selbstläufer überhaupt zu erwähnen. Als Webdesigner müssen Sie diese wichtigen Bereiche aber unbedingt kennen und mit in die Planung einbeziehen, das ist auch für das gesamte Marketing von großer Bedeutung. Der Kunde merkt ja erst, dass da etwas Wichtiges fehlt, wenn Sie schon mitten im Workflow sind – er wird Ihnen aber den Vorwurf machen, dass Sie etwas Wichtiges vergessen haben.

Also: Verifizieren Sie die Inhalte genau, und fragen Sie im Zweifelsfall immer nach! Selbst wenn Sie glauben, alles über Ihren Kunden zu wissen, haken Sie trotzdem genau nach.

> **Bereiche der Website** [✓]
>
> ▶ Welcher dieser Bereiche ist für die Generierung der Gewinne (für Sie/für Ihren Verein) am wichtigsten?
> ▶ Ist dieser Bereich auch für die Webseite am wichtigsten?
> ▶ Gibt es einen Bereich, der zukünftig stärker als bisher in der Außendarstellung und in der Webseite hervorgehoben werden soll?
> ▶ Falls ja: Gibt es schon eine Strategie, wie dieser Bereich zukünftig hervorgehoben werden soll?

Manchmal soll ein Bereich besonders hervorgehoben werden, der nicht genug Gewinne generiert. Die Gründe des Kunden dafür sind vielfältig: Bequemlichkeit, Tradition, Steckenpferd, Nostalgie. Oft sind es aber auch betriebswirtschaftliche Fehlinvestitionen, Versäumnisse im Marketing, falsche Markteinschätzung oder schlicht falsche Angebote im Markt.

Wichtig für Sie ist dabei nur: Der Kunde hängt entweder an dem Bereich, oder er muss auf Druck der Bank oder eines externen Beraters etwas tun – er wird Ihnen solche Gründe aber niemals offenbaren!

Sie müssen versuchen, an den Kern der Sache zu gelangen, ohne den Kunden in die Enge zu treiben. Fragen Sie deshalb nicht: »Warum soll dieser Bereich plötzlich hervorgehoben werden, und warum ist das bisher nicht geschehen?« Besser ist immer eine Frage nach der Strategie und dem Wie der Umsetzung: »Wie stellen Sie sich die Hervorhebung vor, haben Sie schon konkrete Vorschläge oder Ideen?«

> [✓] **Zusammensetzung der Zielgruppe**
> - Wie setzt sich Ihre Zielgruppe zusammen?
> - Was ist Ihre wichtigste Zielgruppe?
> - Können Sie die Untergruppen inhaltlich oder nach anderen Gesichtspunkten differenzieren?

Hier sind Differenzierungen durch den Kunden gefragt, z. B. nach Alter, Geschlecht, sozialer Status.

> [✓] **Differenzierung der Zielgruppe**
> - Aus welchem regionalen Bereich kommt Ihre Zielgruppe?
> - Was erwartet die Zielgruppe von Ihnen und Ihren Leistungen, was ist Ihrer Meinung nach für die Zielgruppe am wichtigsten?
> - Warum sollte Ihre Zielgruppe Ihr Angebot wählen (und nicht das eines Wettbewerbers)?
> - Was, glauben Sie, macht Ihr Angebot für die Zielgruppe so ideal?

Wie genau kennt der Kunde seine Zielgruppe?

> [✓] **Zusatzfrage für Unternehmen**
> Gab oder gibt es eine konkrete Media-, Marketing- oder Zielgruppenanalyse?

Woher weiß der Kunde, wie seine Zielgruppe strukturiert ist – sind die Grundlagen dieses Wissens nur Wunschdenken, konkrete Marktforschungsergebnisse oder zehn Jahre alte Annahmen aufgrund einer nicht repräsentativen Kundenumfrage?

> **Wahrnehmung der Zielgruppe** [✓]
>
> Wie, glauben Sie, werden Sie von Ihrer Zielgruppe wahrgenommen: so, wie Sie sich das wünschen, oder eher fehlerhaft?

Wie ist das eigene Bild des Kunden von der Zielgruppe?

> **Wahrnehmung der Zielgruppe** [✓]
>
> ▸ Woran können Sie die Wahrnehmung festmachen?
> ▸ Entspricht die bisherige Zusammensetzung Ihrer Zielgruppe auch Ihren Zielen und Erwartungen?

Die Fragen dienen der genauen Funktionsbestimmung der Website. Wieder ist von neuen Bereichen oder Inhalten die Rede, diesmal jedoch in Bezug auf die *Funktion* innerhalb von Vertrieb, Marketing oder PR.

> **Vertrieb, Marketing oder PR** [✓]
>
> ▸ Dient die Website vorrangig der Gewinnung neuer Zielgruppen oder der Bindung bestehender Zielgruppen?
> ▸ Falls beides zu etwa gleichen Teilen zutrifft: Welche Funktion wünschen Sie sich persönlich?
> ▸ Soll die Website regionale, soziale oder eher wirtschaftliche Gesichtspunkte bei der Erschließung von neuen Zielgruppen hervorheben?
> ▸ Falls neue Zielgruppen erschlossen werden sollen, gab es schon entsprechende Versuche, und waren diese erfolgreich?
> ▸ Sie erwähnten den (neuen/besonderen) Bereich:
> ▸ Wie relevant ist dieser Bereich bisher, und soll er in der Außendarstellung ausgebaut werden?

4.1.5 Thema: Leitbild

Kunden können Ihnen detailliert etwas über Inhalte, Produkte oder Leistungen erzählen. Kunden haben auch Ziele, die sind aber innerhalb der Kategorien überall identisch. Unternehmer haben als Ziel Marktmacht, Marktbeherrschung und am liebsten ein Monopol. Der kleine oder große Verein möchte eine größere Einflussnahme in seinem Tätigkeitsbereich Sport, Lebenshilfe, Kultur oder Politik und der Freiberufler hat als Ziel Zufriedenheit und wirtschaftliche Sicherheit.

Nur Wenige machen sich jedoch über ihr Leitbild konkrete Gedanken. Das Leitbild ist hier nicht zu verwechseln mit dem Begriff Leitkultur, der vor allem durch die Politik, arg strapaziert wurde. Das Leitbild Ihres Kunden ist sozusagen die Summe seiner Geschichten, Wertvorstellungen und Ziele. Es umfasst damit auch das Selbstverständnis des Handelns und Tuns – kurz gesagt:

> **Leitbild**
>
> Das Leitbild ist der eigentliche Grund, was Ihren Kunden täglich antreibt und ihn dazu motiviert, seine Ziele zu verfolgen.

Ihre Kunden werden übrigens verblüfft sein, dass ausgerechnet der »Webseitenbauer« so eine Selbstreflexion erwartet. Es ist zwar kein Ziel dieser Fragen, aber eines ist Ihnen sicher: Man wird Sie ab sofort ernst nehmen, und man wird Ihnen vertrauen, weil Sie dem Kunden etwas gegeben haben, was oft nicht einmal der Unternehmens- oder Steuerberater geschafft hat: Erkenntnisse vom eigenen »Selbst-Verständnis«.

[✓] Leitbild
- Notieren Sie fünf bis zehn Ideen, Zitate, Begriffe oder freie Assoziationen, die Ihre Tätigkeit am besten definieren: Was beschreibt Sie und Ihr Selbstverständnis am besten, was macht Sie und Ihr Team aus, was treibt Sie und Ihr Team täglich an? Was fällt Ihnen spontan und aus dem Bauch heraus dazu ein?
- Ich lese Ihnen die Punkte noch einmal vor: ...
- Welcher der Begriffe ist Ihrer Meinung nach der wichtigste, zentrale aus der Sammlung? Dieser Punkt ist Ihr eigenes Leitbild und damit auch das Kernthema Ihrer Internetpräsenz.
- Wie würden Sie für sich die anderen Punkte nach ihrer Relevanz einordnen? Ich lese Ihnen noch einmal die Punkte vor.

ALLES mitschreiben! Das will ich hier aus guten Gründen besonders betonen. Es ist überaus wichtig, dass Sie dem Kunden völlig freie Bahn in seinen Assoziationen lassen. Reden Sie nicht dazwischen, und lassen Sie Ihrem Kunden genügend Zeit zu antworten. Sie haben ja mit den Hinweisen auf »spontane« Begriffe »aus dem Bauch heraus« schon dafür gesorgt, dass das Ganze nicht allzu kopflastig wird, mit einem »genug nachgedacht« veranstalten Sie aber einen sinnlosen Wettlauf – abgesehen davon, dass der Ausspruch »Sei spontan« eine vielzitierte Paradoxie wäre.

Ganz wichtig: Nehmen Sie die Aussagen Ihres Kunden wertfrei hin.

> **Reine Dokumentation**
>
> Denken Sie an die persönlichen und sozialen Konstruktionen, in denen sich jeder von uns befindet. Egal, was Einzelkunde oder Entscheidergruppe auch verbalisieren – Sie sollen nur dokumentieren, ohne Einmischung, ohne Wertung!

Und »noch einmal vorlesen« heißt nicht »noch einmal runterleiern«. Dieser Fragenbereich ist kein Schnelldurchlauf am Ende einer Castingshow – sprechen Sie also langsam, normal und ohne phonetische Höhen und Tiefen, vermeiden Sie aber auch Monotonie: Ihr Gesprächspartner soll aufmerksam zuhören, ohne einzuschlafen.

4.1.6 Thema: Gestaltung und Werbemittel

> **Corporate Design** [✓]
>
> ▸ Gibt es ein ausgearbeitetes visuelles Erscheinungsbild, also ein sogenanntes Corporate Design mit Farbsystem, Hausschrift und Logo bzw. Signet?
> ▸ Falls ja: Haben Sie Kontakt zur Werbeagentur oder zum Grafikdesigner, die Daten sollten ja professionell und digital vorliegen?

Auch wenn Sie nicht gerade der geborene Grafiker sind – mit dieser Frage klären Sie gleich, wie brauchbar das CD vermutlich ist. Die Benutzung der Wörter *Werbeagentur*, *Grafikdesigner* impliziert ja Ihre Annahme, dass es sich bei dem Dienstleister um einen Profi handelt. *Professionell* mit *digital* gleichzusetzen ist natürlich auch nur der Notwendigkeit verwertbarer Design-Elemente für das Web geschuldet. Es gibt aber durchaus Beispiele, dass die professionelle Erstellung von Daten noch aus Zeiten der prädigitalen Ära stammt. Das Logo erhalten Sie dann als Ektachrome zum Einscannen, oder Sie werden gefragt, in welcher Größe der Grafiker das Logo ausplotten soll.

> **Corporate Design** [✓]
>
> Falls ja: Sind in naher Zukunft eine Änderung des Erscheinungsbildes oder einzelner Teile des Corporate Designs geplant?

Das folgende Szenario ist leicht zu vermeiden und passiert zum Glück nur selten. Der Kunde stellt Ihnen zunächst alles in digitaler Form zur Verfügung, was er hat. Sie bekommen alle Schriften, das Signet als EPS, Illustrator-, Freehand-, PDF- und JPEG-Datei – den ganzen Blumenstrauß der Gestaltung also. Sie beginnen mit Ihrer Arbeit, orientieren sich in ersten Layout-Entwürfen am Farbsystem des Logos und konstruieren anhand der Hausschrift eine passende Webtypografie mit kopierten Texten aus dem Flyer.

Irgendwann erreicht Sie dann eine trockene Mail, ein kurzer Anruf oder gleich eine Postsendung mit der Ankündigung, dass nächste Woche die neuen Flyer in Druck gehen – mit dem farblich komplett veränderten Logo, einer neuen Schrift und zusätzlich einigen Schlüsselbildern zu den einzelnen Leistungen als visuelle Ergänzung zum Logo. Der Kunde wird Sie trösten, dass »ja nur die Farben des Logos geändert wurden« und die Hausschrift für ihn »so ähnlich aussieht wie die alte«. Natürlich hilft Ihnen das dann nicht mehr weiter, und Sie müssen entscheiden, ob Sie ohne Mehrberechnung wieder ein paar Schritte zurückgehen oder sich auf einen Konflikt mit Ihrem Kunden einlassen wollen.

Weil diese Konstellation aber nicht unrealistisch ist, sollten Sie genau nachfragen, ob und in welchem Umfang Änderungen geplant werden. Ihr Kunde weiß nur in den seltensten Fällen, das schon geringe Änderungen eine völlige Umgestaltung des Website-Designs erfordern.

Haben Sie die Frage nach möglichen Veränderungen gestellt und sollte die beschriebene Situation mit neuen Flyern oder anderen Elementen des CD vorkommen, scheuen Sie sich auch nicht, die dadurch verursachte Mehrarbeit voll zu berechnen – es ist eine Bringschuld und damit der Job Ihres Kunden, so etwas zu kommunizieren.

> **[✓] Design der bisherigen Werbemittel**
> Verwenden Sie professionelle Werbemittel – Flyer, Visitenkarten oder Briefpapier – und wenn ja, welche?

Lassen Sie sich unbedingt *alle* Werbemittel aushändigen oder zuschicken – Sie dürfen nie vergessen: Die Abwesenheit von Professionalität und Corporate Design bedeutet nicht, dass Ihr Kunde darauf spart und solange auf Werbemittel verzichtet. Visitenkarten bekommt er in vielen Varianten schnell im Copyshop; Flyer, ja sogar Prospekte lassen sich auch ohne Agentur mit PowerPoint, Word oder Excel gestalten, und die Team- und Produktfotos aus dem Handy korrespondieren perfekt mit den beliebten Clip-Arts und einer sympathischen Comic Sans auf dem Briefbogen. Der Ausdruck solcher Dokumente ist über den hauseigenen Farblaserdrucker möglich, ansonsten hilft auch hier gern der Copyshop.

Das war jetzt weder eine Übertreibung noch gilt das ausschließlich für *Chantal's Nail's-Design-Studio*. Diese Praxis ist noch immer weit verbreitet – auch in einigen Teilen des deutschen Mittelstands ist man erstaunlich anspruchslos und extrem preisbewusst. Es geht hier auch nicht um die Billiglösungen verschiedener Anbieter im Web (wir kommen darauf zurück). In Verbindung mit einem begabten Hobby-Grafiker sind diese Anbieter für kleine Kunden mit begrenztem Werbebudget durchaus eine Alternative für verschiedene Marketingwerkzeuge und noch um Welten besser als die in Eigenregie selbst gezimmerten Werbemittel.

> **Corporate Design gewünscht?** [v]
>
> Falls kein visuelles Erscheinungsbild vorhanden ist: Soll für professionelles Marketing und Printmedien parallel zur Website ein umfassendes visuelles Erscheinungsbild erstellt werden, oder wollen Sie zunächst nur ein einfaches Basiskonzept für die Webseite?

Für Sie als Webdesigner ist die Formulierung dieser Frage genauso wichtig wie die Abfolge der Prioritäten. Zunächst geben Sie einen erneuten Hinweis auf ein *professionelles Marketing*, damit der Kunde nicht jetzt auf die glorreiche Idee kommt, den Neffen des Schwagers für das Corporate Design zu beauftragen. Nicht zu unterschätzen ist auch der Hinweis *Print parallel zur Webseite* – es wäre ja ärgerlich, wenn der Kunde einen Grafiker besorgt, der dann seinen Frontpage-Kumpel für die Website einbindet, und Sie den Kunden verlieren oder mit ihm unter Ihrem Niveau diskutieren müssen. Es ist wichtig, dass Sie sich als derjenige darstellen, der sich um das Corporate Design kümmert, wenn auch nur mittelbar.

Sie sollten den Kunden aber nicht dazu nötigen, unbedingt ein komplettes CD erstellen zu lassen, deshalb wird die Frage mit dem Hinweis beendet, dass für eine Website nur ein Basiskonzept *notwendig* ist. Der Kunde kann ja entscheiden, ob er dieses Basiskonzept später zu einem umfassenden CD für weitere Marketingwerkzeuge ausarbeiten lässt.

> **[✓] Logo**
> Falls ja: Ist auch ein Logo erwünscht?

Auch die Kunden ohne jegliches Design-Konzept wollen zumindest ein »Logo« – auch wenn dieser Begriff selten zu dem passt, was die Kunden sich darunter vorstellen.

> **[✓] Wort- oder Bildmarke**
> Falls ein Logo erwünscht ist: Stellen Sie sich dabei eher eine *Wortmarke* vor (Beispiele: Coca-Cola, Google oder amazon), oder eine *Bildmarke* (VW, BMW, Mercedes-Stern) oder eine kombinierte *Wort-Bild-Marke* (Puma – mit stilisierter Raubkatze, Shell – mit stilisierter Muschel, Nike – mit stilisiertem Flügel)?

Die Differenzierung ist hier schon wichtig, auch in Hinblick auf eventuelle Kontakten zu externen Grafikdesignern, die bei dem Einzelbegriff »Logo« nicht gerade von einem kompetenten Webdesigner ausgehen werden.

> **[✓] Farben**
> Falls ein Basiskonzept für die Website ausreicht – welche Farbrichtung bevorzugen Sie:
> - Vollfarben, leuchtend und klar, z. B. Sonnengelb, Grasgrün, Leuchtendblau, Knallrot
> - warme Mischtöne, z. B. Rottöne, Orange-Gelb, Gold, Braun
> - kühle Mischtöne, z. B. Weiß, Blau, Blautöne, Grauverläufe, Anthrazit
> - warme Pastelltöne in zarten, leichten Farbnuancen
> - kalte Pastelltöne in kaum wahrnehmbaren Farbnuancen

Wichtig: Legen Sie kurze Sprechpausen zwischen der Aufzählung der Farbtöne ein; Ihr Kunde muss ja diese auditiv vorgetragene Auswahl zusätzlich vor seinem geistigen Auge visualisieren und mit Bekanntem vergleichen. Erhalten Sie dennoch nur einen etwas unschlüssigen oder verwirrten Blick, fragen Sie, ob Sie die Auswahl noch einmal wiederholen sollen.

Sie können hier auch auf gedrucktes Material zurückgreifen – aber nur, weil es hier nicht um die Farbwirkungen am Monitor geht, sondern um die grundsätzlichen Farbwünsche des Kunden.

PDF-Dokumente in Farbe und zum Ausdrucken finden Sie auf der Buch-DVD.

Die Aufgabe von Checklisten | 4.1

> **Schrift** [✓]
> ▸ Haben Sie eine Hausschrift?
> ▸ Keine Hausschrift: Bevorzugen Sie eher Serifenschriften wie Times New Roman oder bevorzugen Sie serifenlose Schriften wie zum Beispiel Arial?

Während fast jeder Kunde zum Bereich Gestaltung etwas zu sagen hat, bleibt es beim Thema Typografie meistens ziemlich ruhig, auf diesem Terrain fühlen sich die meisten Kunden unsicher. Der Begriff Hausschrift ist kein Problem, wohl aber die Frage nach der *genauen Bezeichnung der Hausschrift*. Oft reagiert der Kunde mit der Bemerkung: »Ja, wir haben eine Hausschrift, ich werde dem Grafiker sagen, dass er Sie deswegen kontaktieren soll.«

Das Thema Typografie wird von Webdesignern besonders gern benutzt, um Kompetenz gegenüber dem Kunden zu zeigen. Das sollten Sie unbedingt vermeiden. Im Gegensatz zur Erläuterung von Wort- oder Bildmarken können Sie den Schnitt einer Schrift ja nicht erklären. Sie müssten einen mehrseitigen Ausdruck mit den wichtigsten Unterscheidungsmerkmalen und zumindest einer repräsentativen Auswahl an Schriften dabei haben. Angesichts der Thematik von tausend möglichen Hausschriften und parallel dazu der engen Auswahl an Webschriften ist dieses Vorgehen also umständlich, verwirrend und deshalb vollkommen sinnlos für die Planung der Website.

Hier gilt vielmehr der vierte Kommunikationsgrundsatz, nach dem Sie sich an den Kategorien und Differenzierungen Ihres Kunden orientieren sollten; unterscheiden Sie Serifen- und Sans-Serifen nur durch die allgemein bekannten Schriften Times und Arial. Es reicht ja aus, um den Zweck Ihrer Frage zu erfüllen. Sie merken ja schnell, wenn Ihr Kunde durch seine Antworten Interesse am Thema Typografie zeigt, er wird dann auch eine exotische Hausschrift benennen können. In diesem Falle können Sie dann auch weitergehen und zum Beispiel auf die Unterschiede von Helvetica und Arial eingehen oder mit dem Kunden eine Lösung für den Spagat zwischen Hausschrift und verfügbaren Webschriften finden.

> **Schrift** [✓]
> ▸ Welche Assoziationen entsprechen eher Ihren Vorstellungen, den Anforderungen an die Website und Ihrem Selbstverständnis:
> ▹ sachlich und klar, also geordnet, geradlinig, Rechteck, Dreieck, Quadrat
> ▹ kreativ und frei, also fantasievoll, rund, flexibel, Kreis, Kurve, Ellipse

Für die Entwicklung einer Website erscheint dieser Fragenblock weder wichtig noch zielgerichtet. Tatsächlich bilden diese Assoziationen aber eine wichtige Grundlage für die Gestaltung der Kunden-Website. Diese Fragen helfen Ihnen vor allem dabei, nicht in den üblichen Kategorien zu denken, und kaum eine Frage der Checkliste birgt so viele Überraschungen wie die nach den Assoziationen. Das liegt weniger an der Fragestellung als an den Überlegungen, die man sich als Webdesigner im Vorfeld macht.

Sie konstruieren unbewusst ein Profil Ihres Kunden, nur weil Sie sein Foto gesehen oder einen nicht repräsentativen Text von ihm gelesen haben. Der total ausgeflippte Künstlertyp entscheidet sich zu dann Ihrer Verwunderung für die sachlich-klare Linie, und der Steuerberater wählt ohne nachzudenken die kreativ-fantasievolle Variante.

Aus eigener Erfahrung weiß ich, dass man selbst bei möglichst offener Beurteilung der Kundenwünsche oft die falschen Rückschlüsse zieht. Wenn Sie also auf diesen Fragenbereich verzichten, riskieren Sie die große Gefahr, sich an ihre falschen Vorstellungen zu halten und an den tatsächlichen Wünschen des Kunden »vorbeizugestalten«. Glauben Sie mir, Sie merken das nicht einmal. Bei einigen Charakteren konstruieren Sie *anhand Ihrer Kategorien und Differenzierungen* konkrete Gestaltungsaspekte. Und das tun Sie nicht nur im Kopf: Umgehend bekommt der erste Design-Entwurf für den Lebenskünstler runde Ecken und das Layout für den Steuerberater hellgraue Kästen mit 1-Pixel-Rändern in Dunkelgrau. Dass dieses Vorgehen klischeehaft und trotzdem falsch sein kann, merken Sie dann erst an der für Sie enttäuschenden Ablehnung durch einen ebenfalls enttäuschten Kunden.

4.1.7 Thema: Website

Vielleicht erstaunt Sie die späte Einführung des Themas »Webseite« innerhalb der Checkliste. Ihr Kunde wird noch erstaunter sein, aber das ist auch ganz gut so. Erinnern Sie sich an die ersten Kapitel dieses Buches und an das ewige Thema vom jammernden Webdesigner, der vom Kunden nicht ernst genommen wird? Hier, im Marathon seiner Antworten, erlebt der Kunde hautnah, dass die Komplexität und inhaltliche Tiefe des Themas Webentwicklung mehr ist als die Frage nach Optik oder Verhalten eines Navigationspunktes auf der Startseite.

Viele Kunden sprechen nach dem Abarbeiten der Checkliste offen aus, dass sie sich das nicht so umfassend vorgestellt haben. Eine derartige Feststellung sollte Sie als Webdesigner nicht zu einer überheblich-arroganten Reaktion verleiten. Doch egal, wie sich der Kunde Ihnen gegenüber verhalten hat, nach dem »Checklisten-Gespräch« wird er der Relevanz, Funktion und den Inhalten seiner Website mit einer größeren Aufmerksamkeit begegnen und Ihnen den Respekt entgegenbringen, den Sie als Profi auch verdient haben.

4.1.8 Medienkompetenz – Selbsteinschätzung des Kunden

Sie sollten bei Kunden ohne eigene Website immer zuerst die Medienkompetenz abfragen. Es bringt nicht viel, die Intelligenz Ihres Kunden zu beleidigen, indem Sie ihm erklären, dass man mit Google fremde Internetseiten finden kann und dass »Spam« so etwas wie Internet-Massenwerbung ist. Andererseits sollten Sie nicht über die gelungene Benutzerführung einer Navigationsliste sprechen, wenn Ihr Kunde den Begriff Navigation vielleicht nur aus dem Film »Titanic« kennt (da ging's schon mal nicht gut aus) oder als PKW-Sonderausstattung. Hier geht es also um den vierten Kommunikationsgrundsatz, der eine klare und eindeutige Sprache erfordert, die den Kategorien und Differenzierungen des Gesprächspartners entsprechen muss.

Die wichtigste Voraussetzung für ein erfolgreiches Gespräch zum Thema ist also eine gewisse Medienkompetenz Ihres Kunden. Die Gruppe der Nonliner ohne jeglichen Bezug zum Medium Web ist zwar eher bei den Endnutzern als bei Ihren Kunden anzutreffen, dennoch müssen Sie zuerst herausfinden, *wie groß* die Kompetenz tatsächlich ist. Einige Kunden, die vom Internet überhaupt keine Ahnung haben, können das in der Kommunikation erstklassig verbergen. Oft wird fehlende Kompetenz Ihnen gegenüber als Desinteresse vermittelt, oder die Relevanz des Mediums wird einfach in Zweifel gezogen – und damit auch Ihr Beruf. Bleiben Sie als Webdesigner deshalb immer sachlich: Die Arroganz des Kunden ist dann nichts anderes als der Versuch, eigene Kompetenzlücken zu verbergen.

Das absichtliche Verbergen von Kompetenzlücken bedeutet natürlich auch, dass Sie diese Absicht respektieren sollten. Der Kunde wartet eben nicht darauf, dass Sie seine Kompetenzlücken offenlegen – er würde sein Gesicht verlieren und wahrscheinlich auch die Lust, Sie als Webdesigner für sein Projekt zu beauftragen.

Fazit: Sie müssen zuerst feststellen, über welche Medienkompetenz Ihr Kunde verfügt, die Lücken sollten im Dialog jedoch nicht offensichtlich hervortreten.

4 | Checklisten

1. Schritt: Grobe Einschätzung

Zwei Fragen sind bereits ausreichend, um die grundsätzliche Medienkompetenz grob einzugrenzen.

[✓] **Wie würden Sich sich bezüglich Ihrer Internetnutzung bezeichnen?**
- als Stammgast
- als Gelegenheitsbesucher
- als seltener Gast

Der Kunde muss nicht in klassischen Kategorien des Webdesigners antworten, in denen es außer »Poweruser« nur »Normalo-Surfer« und »Web-DAU« (*dümmster anzunehmender User*) gibt. Die Klassifizierung bedient sich hier des harmlosen Bildes eines Gastes, der zu bestimmten Zeiten kommt und geht. Der Stammgast einer Kneipe oder eines Restaurants ist ja nicht besser als der seltene, Ihr Kunde kann und wird also wahrheitsgemäß antworten.

[✓] **Wie oft nutzen Sie im Vergleich zu anderen Wegen den E-Mail-Verkehr für den Versand Ihrer Dokumente?**
- mehrmals täglich
- öfter
- selten

Auch hier wird nicht danach gefragt, ob, wie oft und mit welchem Potenzial Ihr Kunde überhaupt die E-Mail-Funktionen verwendet. Die Frage berührt nicht die grundsätzliche Medienkompetenz zum Thema E-Mail-Verkehr. Es geht nur darum, in welchem Umfang Ihr Kunde im Vergleich zu Fax oder Post E-Mail-Kommunikation verwendet. Ihr Kunde kann also wahrheitsgemäß antworten. Wenn er Word-Dateien in Vergleich zu Fax oder Post eher selten per E-Mail versendet, kommt das natürlich aufs Gleiche raus wie »ich nutze selten E-Mails«.

2. Schritt: Eingrenzung

Hat Ihr Kunde sich als ein seltener Gast im Web geoutet, der außerdem nur selten E-Mails verschickt, ist hier für Sie Schluss zum Thema Medienkompetenz. Die nächsten Schritte beginnen mit der Frage, ob ein Launch oder ein Relaunch ansteht.

Für die anderen geht es weiter, denn Sie müssen als Webdesigner wissen, was Sie Ihrem Kunden an Fachbegriffen und Erläuterungen zu Webstandards, Usability oder barrierefreiem Webdesign zumuten können.

> **Internetaffinität** [✓]
>
> ▸ Nutzen Sie in Ihrer Kundenkommunikation auch Links zum Routenplaner oder zu einer Karte von GoogleMaps?
> ▸ Besuchen und kommentieren Sie regelmäßig in Blogs?

GoogleMaps ist allgemein bekannt, wird aber selten von den Nutzern effektiv eingesetzt. Den Link zu einer GoogleMap zu finden und einzubinden benötigt schon etwas Routine im interaktiven Umgang mit dem Web. Ähnliches gilt für Blogs. Hier sind es nicht nur Handlungen, die eine gewisse Kompetenz widerspiegeln, es geht auch um die Bekanntheit der Kategorie »Blog« im Weltbild des Kunden und um den tatsächlichen Nutzen als Informationspool. Sie können auch fragen, ob Ihr Kunde ein Xing-Profil hat, das er selbst eingerichtet und konfiguriert hat: Auch hier ist der gelegentliche Websurfer eindeutig überfordert.

Dritter Schritt: Qualifizierung

Es kann durchaus sein, dass Ihr Kunde eine hohe Medienkompetenz besitzt. Bejahte er die beiden vorhergehenden Fragen, können Sie direkt dort ansetzen. Eine Frage reicht vollkommen:

> **HTML-Kenntnisse** [✓]
>
> Haben Sie bei Kommentaren in Blogs oder Foren selbst schon mal HTML-Code verwendet?

Es ist müßig zu fragen, ob Ihr Kunde schon mal eine eigene Webseite »gebastelt« hat – Sie sind als Profi geladen, und Ihr Kunde wird Ihnen garantiert nichts von irgendeinem Hobbykram seiner Jugend- oder Freizeit erzählen und damit die Position als ernst zu nehmender Entscheider gefährden. Der Profi und Poweruser unter den Nutzern ist aber tatsächlich in der Lage, seine Kommentare mit rudimentären HTML-Kenntnissen zu modifizieren. Einige Kunden verwenden privat ein Weblog oder haben für ein Familienmitglied eines eingerichtet, auch das wird bei dieser Fragestellung eventuell in einem Nebensatz beiläufig kommuniziert.

4.1.9 Was, wo und weshalb

Nachdem Sie sich von einer zumindest ausreichenden Medienkompetenz Ihres Kunden überzeugt haben, können Sie ihn jetzt über seine Favoriten im Web ausfragen.

> [✓] **Vorbilder**
> Bevor wir uns mit Ihrer Internetseite befassen, geht es darum, ein paar Vorbilder zu suchen: Können Sie mir Webseiten nennen, die Ihnen besonders gut gefallen?

Ihr Kunde wird hier mit Sicherheit konkrete Antworten geben. Achten Sie auf die Verbindung zwischen der Kundenwebsite und den Vorbildern im Web in der ersten Frage. Würden Sie einfach nur nach Lieblingssites fragen, würden Sie vielleicht Amazon, eBay und Youtube als Antwort erhalten. Die Frage nach den Favoriten Ihres Kunden ist aber zielgerichtet, Sie brauchen Anhaltspunkte für die Planung der zukünftigen Kunden-Website, Sie benötigen also konkrete Hinweise, was der Kunde gut findet, was er sich schon überlegt hat und welche Richtung er bevorzugt. Hier ist auch wichtig: Der Weg über Visualisierungen ist immer einfacher und damit besser als das zähe Ringen um die richtigen Wörter.

Ihr Kunde kommt nicht immer und automatisch selbst darauf, Ihnen aus freien Stücken zu erzählen, welche Seiten er als Vorbilder für seine eigene Website betrachtet. Er hat zwar Favoriten, die für ihn ganz besonders gelungen erscheinen – entweder vergisst er aber, Ihnen die Favoriten zu nennen, wenn Sie ihn nicht direkt darauf stoßen, oder es ist Absicht. Einige Kunden versuchen die Ideen aus fremden Webseiten als ihre eigenen zu verkaufen, um dann so lange warten, bis Sie auf die richtigen »Lösungen« kommen. Weil ein Kunde sich aber nicht als Webdesigner ausdrücken kann, kann so etwas richtig lange dauern. Besser also, wenn Sie ihn direkt und offen und ohne Ausweg nach Vorbildern fragen.

> [✓] **Vorbilder**
> Was genau gefällt Ihnen daran besonders gut?

Stellen Sie Ihrem Kunden niemals Fragen ohne einen konkreten Bezug. Sie wollen herausfinden, was der Kunde für seine Webseite für Wünsche und Vorstellungen hat, stellen Sie deshalb nie die allgemeine Frage: »Was für eine

Webseite möchten Sie denn gern haben?« Die Antworten sind nämlich bei allen Kunden nahezu identisch.

Die Website soll immer toll aussehen, bei Google auf Seite 1 stehen und mindestens die Plätze 1 bis Platz 5 belegen. Die Seite soll ferner unter allen Wettbewerbern etwas ganz Besonderes sein, sie soll tolle Features haben, möglichst barrierefrei sein und dennoch der Corporate Identity entsprechen, schöne große Grafiken haben und schnelle Ladezeiten für Modemnutzer gewährleisten, spamsichere Formularfunktionen sollen vorhanden sein und ein benutzerfreundliches Backend. Vor allem darf der ganze Spaß natürlich nicht viel kosten – am liebsten wäre dem Kunden ein Sponsoring aus der Kategorie »1A-Referenz für die Zukunft«.

All diese Vorstellungen, Wünsche und Anforderungen sind verständlich und entsprechen den allgemein gängigen Kategorien unter der Rubrik »Kundenwünsche«. Nun ist Ihr Kunde aber ein Individuum mit seinen subjektiven Geschichten und Inhalten zu jeder dieser Kategorien.

Sie müssten also den üblichen und zähen Weg vieler Webdesigner gehen, nämlich jedes einzelne Element herausgreifen und ausführlich mit dem Kunden erörtern. Diese Analyse ist aber abhängig vom Umfang seiner Medienkompetenz. Sie müssen sich als Webdesigner mit Ihren Argumentationen, Nachfragen und Aufklärungsversuchen also komplett nach dieser Kompetenz richten, von einer Gesprächs-«Führung« kann somit keine Rede sein. Sie führen mit Ihrem Kunden höchstens eine Fachdiskussion über technische, inhaltliche und gestalterische Details – eine Diskussion, die zu Beginn der Kundenkommunikation und am Anfang Ihrer Checkliste unendlich viel Zeit kostet, die Sie nicht weiterbringt und Ihren Kunden inhaltlich überfordert.

Die konkrete Frage nach dem »Was genau« erzwingt dagegen konkrete Antworten vom Kunden. Bleibt er lieber bei allgemeinen Antworten wie »Mir gefällt die Navigation.«, dann können Sie umgehend nachfragen »Was genau gefällt Ihnen an der Navigation?«. Diese Nachfragen sind übrigens sehr wichtig: Achten Sie dabei aber auch auf die verbale und nonverbale Kommunikation Ihres Kunden: Vielleicht kann er sich tatsächlich nicht genauer ausdrücken, in diesem Fall wird aus dem Kundengespräch ein Verhör.

Vielleicht regt Ihre Frage den Kunden aber auch zum Nachdenken an, weil er sich selbst nicht mehr sicher ist, was er will. So können Sie auch erfahren, dass die von ihm gepriesene Navigation als Tipp eigentlich von einem Mitarbeiter, Familienangehörigen oder Freund stammt. In diesem Falle lohnt sich ein Weiterbohren – Ihr Kunde soll nicht »weichgekocht« werden, durch Ihre Fragen wird er aber seine eigenen Konstruktionen und die von Dritten übernommenen einer genauen Prüfung unterziehen.

4.1.10 Launch oder Relaunch?

Hier beginnt jetzt die erste und einzige große Trennung der Checkliste, nämlich anhand des Kriteriums, ob Ihr Kunde bereits eine Website hat oder nicht. Diese Trennung ist aus zwei Gründen sinnvoll:

- Geht es an die Checkliste, wissen Sie sowieso anhand der ersten Kontakte, ob der Kunde eine Website hat oder nicht.
- Das Thema Website steht als Fragenkomplex ganz hinten in der Checkliste, ein Austausch der entsprechenden Blätter ist also schnell erledigt.

Eine ähnliche und auf den ersten Blick naheliegende Trennung bezüglich des Corporate Designs zu Beginn der Checkliste hat sich übrigens als nicht praktikabel erwiesen. Oft sind es dort ja nur einzelne Aspekte, die fehlen oder vorhanden sind – bei der Website ist ganz klar: Entweder hat der Kunde eine oder er hat keine.

4.1.11 Website ist nicht vorhanden

Unternehmer aus dem mittelständischen Bereich gehören heute eher nicht mehr zu dieser Kundengruppe, dafür sind noch erstaunlich viele Freiberufler der Meinung, eine Website wäre für sie in etwa so sinnvoll wie eine Niederlassung auf dem Mars. In den vergangenen Jahren sind aber einige Berufsgruppen aber aus diesem Dornröschenschlaf erwacht, lediglich Ärzte und Zahnärzte sind mit einer Verbreitung von nur zirka 6 % (2008) im Web präsent – unterdurchschnittlich ist dabei meistens auch die Qualität. Die Gründe für die Zurückhaltung von Freiberuflern, das Web als Marketinginstrument zu begreifen und zu nutzen, sind vielfältig und waren bereits Thema in Kapitel 3, *Betreuung und Begleitung des Kunden*.

Kunden ohne jegliche Medienkompetenz sind selten, deshalb folgt hier ein Fragenkomplex für Kunden, die zu den durchschnittlichen Internetnutzern gehören.

Hat der Kunde noch keine Website und ist seine Medienkompetenz gering, können jetzt abfragen, ob Ihr Kunde eine Affinität zu einer bestimmten Webseite hat und warum.

> **Geschmack** [✓]
> ▶ Können Sie mir eine Internetseite nennen, die Ihnen besonders gut gefallen hat?
> ▶ Was genau hat Ihnen daran besonders gut gefallen?

Bei Kunden mit fehlender oder nur geringer Medienkompetenz sollten Sie einige wichtige Sachverhalte unbedingt beachten:

Die Vergangenheitsform der Frage ist Absicht: Der Kunde geht selten ins Internet, vielleicht hat er seinen Favoriten vor einigen Wochen gefunden und war danach auch nicht mehr online. Nehmen Sie den oder die Favoriten Ihres Kunden so hin, wie sie kommen. Sie werden vielleicht extrem schreckliche Codierung, mieses Design und unmögliche Typografie-Kombinationen kennenlernen. Vielleicht wird Ihnen ein Kunde sogar die Mutter aller Webdesign-Albträume präsentieren.

Egal, was Sie zu sehen bekommen, betrachten Sie es wie eine Mutprobe. Atmen Sie ruhig, zeigen Sie wenig Reaktion, und wenn, reagieren Sie sachlich, verzichten Sie möglichst auf Gestik oder Mimik. Vergessen Sie nicht: Die Checkliste ist ein Fragenkatalog ohne Platz für Wertungen.

Der Kunde ohne Medienkompetenz kann nicht immer genau verifizieren, *was genau* er an seiner Favoritenseite gut findet. Fehlende Medienkompetenz geht ja mit fehlender Kategorisierung und fehlenden Differenzierungen einher, kurz gesagt: Dieser Kunde hat keine Vergleiche. Bleibt er Ihnen eine konkrete Antwort schuldig, notieren Sie nur die URI, und fragen Sie nicht weiter nach. Fragen Sie diesen Kunden deshalb auch *nicht*, was er an seiner Favoritenseite eventuell *nicht so gelungen* findet.

4.1.12 Website ist vorhanden

Bestehende URL

Es sind meistens die scheinbar unbedeutenden Details, die den gut geschmierten, bunt geschmückten und perfekt ausgestatteten Karren eines Website-Projekts in den Dreck ziehen können. Diese Tatsache gehört zu den bitteren Erfahrungen eines jeden Webdesigners, der sich kurz vor dem Launch bereits am Ziel wähnte, um dann doch noch unerwartete Stunden, Tage oder Wochen mit Zusatzarbeiten beschäftigt zu sein.

Nicht große Technik, edles Design oder anspruchsvoll umgesetztes Verhalten stehen deshalb am Beginn des Themenkomplexes Website, sondern die schlichte URL.

> **[✓] Domainname**
> - Wie wichtig ist für Sie Ihre Adresse *www.kunde.de*?
> - Sind Sie mit dieser Adresse zufrieden, oder würden Sie gern unter einer anderen Domain im Web vertreten sein?
> - Haben Sie die Adresse ausgesucht und gesichert?
> - Gibt es zusätzliche Domains, die Ihnen gehören?

Auch eine miese »Homepage-Adresse« mit vier Bindestrichen, Abkürzungen und Fremdwörtern ist für viele Kunden *wichtig* und damit auch immer ein Grund für lange Diskussionen und unvorhergesehene Probleme. Klar, ein Host wie *www.mueller-gbr-ist-guenstig-und.net* ist etwas zu lang, ein wenig ungenau, extrem schlecht zu merken und zu peinlich, als dass man damit eine professionellen Webseite verbinden möchte. Logisch ist auch, dass dieser Hostname zu schönen Vertippern verleitet. Der ein oder andere Nervenzusammenbruch ist auf Nutzerseite durchaus realistisch – keine sehr gute Vorgabe für florierende Geschäfte also.

Viele Webdesigner machen sich aber nicht bewusst, dass selbst die mieseste Second-Level-Domain für den Kunden einen sehr hohen Stellenwert hat und überall stolz kommuniziert wird. Diese Tatsache wird im Kundengespräch zum ersten Stolperstein, wenn der Webdesigner in trockener Besserwissermanier als Erstes auf die Unprofessionalität der URL eingeht, die »sowieso nicht funktioniert, da kein Mensch sie im Web findet«, stattdessen eigene Vorschläge präsentiert und sich dann wundert, dass der Kunde nicht Hurra schreit.

Sie können aber auch erleben, dass ein Kunde überhaupt kein Problem damit hat, eine neue URL auf allen Werbemitteln zu akzeptieren, nämlich dann, wenn Sie ihn überzeugen, dass er damit seine Ziele schneller und nachhaltiger erreichen kann.

> **Tipp: Nach Kundenrelevanz fragen**
> Sie sollten sich immer zuerst vergewissern, wie wichtig der Domainname für den Kunden tatsächlich ist. Fragen Sie direkt und ohne Umschweife nach der Relevanz für den Kunden.

Sie erfahren dadurch zu Beginn des Themas und gleichsam durch die Hintertür auch sehr viel über die Medienkompetenz Ihres Kunden. Die Reaktionen sind durchaus unterschiedlich: Es gibt Kunden, die sich sehr intensiv mit ihrer Webadresse beschäftigt haben, einige Kunden erwähnen im Gespräch lapidar, dass der Webdesigner das aussuchte, andere haben mit einem Pauschalvertrag bei einem Provider eine Auswahl willkürlich vorgeschlagener Adressen erhalten, und manche kommen mit kuriosen und wahnwitzigen Gründen. Mein persönlicher Favorit ist ein Kunde mit der felsenfesten Überzeugung, ein Triple-A am Beginn seines Domainnamens garantiere eine gute Platzierung bei den Suchmaschinen (*www.aaa-firma.de*).

Ergebnis der Google-Suche (deutsche Seiten) nach »www.aaa«: 29.000.

> **Tipp: Vertagen**
>
> Macht der Kunde Ihnen klar, dass er zwar die Problematik einer schlechten Adresse erkannt hat, aber auf keinen Fall eine neue URL bewerben möchte, sollten Sie diese Thematik zunächst nach hinten stellen.

Es bringt weder Ihnen noch Ihrem Kunden etwas, zu diesem Zeitpunkt eine endlose Diskussion anzufangen, dafür ist die URL zu unwichtig. Vergessen Sie das Thema aber nicht, legen Sie nur das Blatt nach hinten, ganz ans Ende; sobald die wichtigsten Aspekte der Website besprochen sind, ist es erfahrungsgemäß leichter, den Kunden anhand dieser Anforderungen und seiner Wünsche davon zu überzeugen, warum eine andere URL sinnvoller ist.

In wirklich allerletzter Sekunde vor oder einige Tage nach dem Launch erreicht Sie folgender Telefonanruf: »Hören Sie, wir haben da noch eine weitere Domain, *www.hattichvergessen.de*. Was halten Sie davon? Ist das nicht sogar besser als *www.wir-sind-ja-so-megaschlau.org*, und kann man das nicht noch schnell alles auf diese Adresse ändern?«

Natürlich sind Sie schlau genug und klären diese Unsicherheiten *vorher* ab. Fragen Sie nach möglichen Domains in anderen Paketen, fragen Sie nach Domains von anderen Providern, fragen Sie, ob sonst noch irgendwo etwas schlummert, was auch nur am Rande mit einer Domain zu tun haben könnte. Es kann durchaus sein, dass unter einer perfekten URL schon seit Jahren eine bei Google gelistete Baustellenseite existiert.

Provider- und Vertragsfragen

Selten gibt es so unangenehme Aufgaben der Problembewältigung wie im Falle von Kundenverträgen mit Providern, Agenturen und SEO-Firmen. Da werden nicht nur unbedarfte Vereine seit vielen Jahren über den Tisch gezogen, auch mittelständische Unternehmen unterschreiben windige Knebelverträge von ebenso windigen Anbietern. Selbst ernannte Webagenturen berechnen horrende Kosten für sogenannte Wartungs- und Pflegearbeiten. Kündigungsfristen von 6 Monaten zu einem festen Termin oder noch länger sind keine Seltenheit.

Glauben Sie jetzt bloß nicht, das sei ja alles nicht Ihre Angelegenheit. Ihr Kunde hat sich wahrscheinlich irgendwann nicht mehr mit dem Thema befasst, aber Sie müssen als Webdesigner mit den Vertragsinhalten arbeiten. Es geht nicht um die technischen Gegebenheiten des Providers und die vertraglich festgelegten Leistungen, es geht auch um den Service, den Ihr Kunde von Ihnen verlangen kann. Im Zweifel sind Sie also immer der Glückliche, der auch die Verträge prüfen darf.

Lassen Sie sich zunächst alle Provider-Verträge oder Kopien zur Durchsicht und Prüfung geben.

[✓] **Domainrechte**
- Haben Sie die Rechte an Ihrer Domain bzw. allen Domains?
- Falls nein: Ist der Rechteinhaber Webdesigner oder eine Agentur, und pflegte er bisher die Webseite?
- Bei welchem Provider ist Ihre Seite gehostet, also mit wem haben Sie einen Vertrag bezüglich Ihrer Internetpräsenz?

Bis zur Jahrtausendwende war es bei vielen Webdesignern gängige Praxis, die Registrierung einer Domain auf eigenen Namen und eigene Rechnung zu vollziehen. Es ging dabei überhaupt nicht um die eigentlichen Rechte an einer Domain, sondern um reinen Pragmatismus: Die Prozeduren von Vertragsabschlüssen, Unterschriften und KK-Anträgen waren vor einigen Jahren bei den meisten Providern ungefähr so kompliziert wie heute eine Zollabwicklung zur Ausfuhr radioaktiven Materials in den Nahen Osten.

Eine professionelle Domainregistrierung erledigt der seriöse Webdesigner heute komplett und mit ein paar Mausklicks im Namen und für den Kunden. Der Kunde wird dadurch automatisch Inhaber der Domain.

Gelegentlich kann es aber mit Dilettanten der Webbranche zu Problemen kommen. Sie können sogar davon ausgehen, dass es keine größeren und derart unsinnigen Zeitfresser in Ihrem Workflow geben kann als die Diskussion mit Möchtegern-Webmastern und -Webdesignern, die irgendwann mal im Zuge einer Schrott-Webseite die Kunden-Domain auf ihren eigenen Namen registriert haben und diese Rechte nun nicht mehr oder allenfalls gegen Bares abgegeben wollen, weil der Kunde »untreu« geworden ist – das sind dann die Momente, in denen man als Webdesigner durchaus die gute alte Zeit der Höhlenmenschen herbeisehnt, in der körperliche Verweise erlaubt waren und durch die Argumentationen einer Keule zusätzlich unterstützt wurden.

Jetzt kennen Sie auch den Grund für die merkwürdige Frage, ob der Rechteinhaber auch die Webseite gepflegt hat. Rufen Sie nämlich dort an, haben Sie es eventuell mit einem beleidigten Kindergartenjungen zu tun, der nach jahrelanger Betreuung plötzlich Eigentum auf eine für ihn unbrauchbare Domain anmeldet.

Grundsätzlich gilt zwar: Wer auf *www.denic.de* zu einer Domain als Inhaber gelistet ist, dem gehört sie damit auch, basta. Sofern aber jemand sogenannte »prioritäts-ältere« Rechte besitzt, vor allem Namens- oder Markenrechte, genießen diese eventuell Vorrang. Apropos *DENIC*: Die mischt sich übrigens nicht ein, wenn es zu einem Streit kommt.

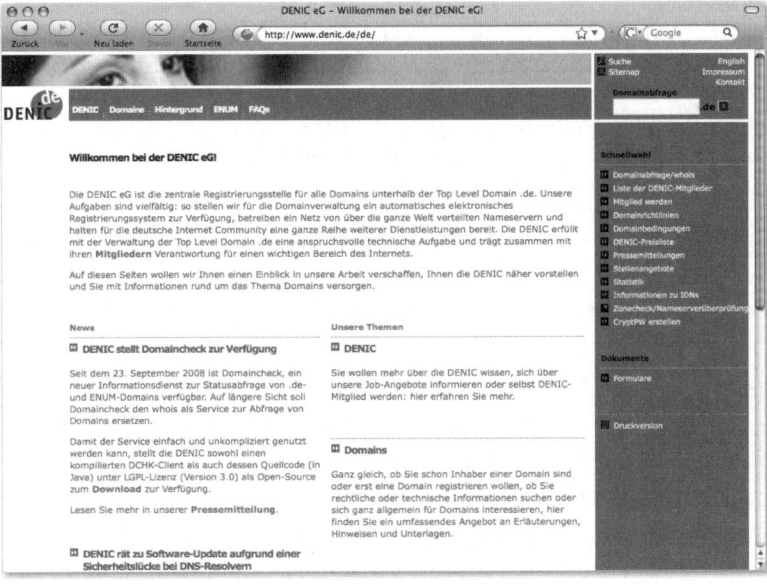

Abbildung 4.1   DENIC

Es empfiehlt sich bekanntlich immer, auf den betreffenden Rechteinhaber zuzugehen. Diesen Schritt sollten Sie als Webdesigner machen; *bitten* Sie ihn schriftlich(!), die Rechte freizugeben.

> [!] **Freigabe ohne Kündigung**
> Ganz wichtig ist der Hinweis auf die alleinige Freigabe der Domain, ausdrücklich ohne Kündigung!

Ganz fiese Typen kündigen nämlich klammheimlich die Domain, die dann – schwupps – ab dem nächsten Tag bei einem Domaingrabber käuflich zu erwerben ist. Und wenn der Grabber nicht im sehr fernen Ausland sitzt, gibt es rechtlich keine Handhabe. Ja älter die Domain und je besser der Google-PageRank, umso teurer wird die Sache. Und wer wird dann zum stinksauren Kunden zitiert? Bingo: Sie.

Sie sind ja sozusagen sein professioneller Nachfolger, und wenn dieser Freizeit-Entwickler merkt, auf welcher Klaviatur Sie spielen, wird er meistens schon einlenken. Passiert nichts, ist Ihr Kunde gefragt: Er muss die Person nun auffordert, die Rechte freizugeben. Gibt es weiterhin keine Reaktion, bleibt nur die ehrliche Drohung des Kunden mit einem Rechtsanwalt.

> [✓] **Renommée**
> Ist der Provider bekannt oder eher unbekannt?

Ist er unbekannt, handelt es sich vielleicht nur um einen lokalen Reseller, der Ihrem Kunden ein überteuertes Hostingpaket verkauft hat. Prüfen Sie deshalb besonders den Leistungsumfang und Kündigungsfristen.

> [✓] **Leistungsumfang**
> Entsprechen die Vertragsinhalte den heute gängigen Leistungen?

Viele Kundenverträge wurden schon zwischen 1996 und 1998 mit Providern abgeschlossen, auch wenn eine Website erst später erschien. Die großen Provider setzen jedoch wenig daran, ihre Kunden über neue und weitaus günstigere Angebote aufzuklären. Sie werden feststellen, dass einige Kunden für eine Mikro-Website heute das Mega-Maxi-XXL-Paket mit 120 GB Webspace, 64 Domains, 139 E-Mail-Postfächern und 16 SQL-Datenbanken haben, weil der ursprüngliche Vertrag mit den Mondpreisen von 1996 so lukrativ ist, dass man die gestiegenen Leistungen lieber an die Preise angeglichen hat als umgekehrt. Prüfen Sie deshalb genau, ob die Anforderungen an die Website und der Leistungsumfang des Vertrages zusammenpassen.

Superfirma@aol.com

Als Webdesigner müssen Sie nicht nur darauf achten, ob Ihr Kunde tatsächlich nur eine Domain hat. Wichtig ist auch die Frage nach verwendeten E-Mail-Postfächern, uralten Webseiten und ungenutzten Internetzugängen. Achten Sie besonders auf verwendete E-Mail-Adressen.

> **E-Mail-Adresse** [✓]
> Haben Sie mehrere E-Mail-Postfächer in Bearbeitung?

Einige Kunde verwenden für bestimmte Bereiche nicht nur unprofessionelle Webmailer-Adressen, sondern auch alte AOL-Adressen. Die Dienstanbieter AOL, Compuserve und später Telekom ermöglichen mit ihren Software-Paketen den Internetzugang inklusive E-Mail-Adresse. Für viele Selbstständige, Freiberufler und Mittelständler war das eine praktikable Möglichkeit, das noch junge Web sinnvoll zur Kommunikation zu nutzen. Die E-Mail-Adresse wurde über viele Jahre kommuniziert, einige Kunden scheuen sich deshalb noch immer, ausschließlich die an eine Domain gebundene Adresse zu verwenden.

> **E-Mail-Adresse**
> Sprechen Sie Ihren Kunden an dieser Stelle direkt auf eine Webmailer- oder AOL-Adresse an. Klären Sie ihn zunächst darüber auf, dass er ohne großen technischen Aufwand auch weiterhin alle Mails empfangen kann, anschließend erläutern Sie, dass nur die an eine Domain gebundenen E-Mail-Adressen Professionalität kommunizieren.

Im Laufe der mittlerweile fünfzehnjährigen Existenz des Webs haben einige Kunden neben mehreren E-Mail-Adressen auch mehrere Internetzugänge gesammelt.

> **Provider** [✓]
> Haben Sie mehrere Vertragspartner für verschiedene E-Mail-Postfächer, Webseiten und Internetzugänge?

Als Webdesigner sollten Sie nicht unbedingt von Schlampigkeit Ihres Kunden ausgehen. Mit diesen Diensten verhält es sich ähnlich wie mit den eigenen Versicherungen: Man hat da irgendwas zu viel und müsste da auch mal ran, aber dafür müsste man mehrere Ordner sortieren, Verträge prüfen, telefonieren und eventuell schriftlich tätig werden. Und weil das Zeit kostet, legt man sich das »auf Termin«. Nächstes Jahr. Wie immer.

Es gibt Kunden, die mehrere Webseiten haben, von denen die Mehrheit der Kunden und Sie auch nichts wissen. Teilweise haben die Kunden das sogar selbst vergessen, wo noch im letzten Winkel des Web-Universums eine alte »Homepage« liegt. Der ein oder andere Satellit der Haupt-Webseite Ihres Kunden wartet vielleicht ohne Impressum oder andere Anbieterkennzeichnung nur darauf, von einem Wettbewerber entdeckt zu werden.

> **Alte Domains**
>
> Klären Sie ab, ob in der Vergangenheit zu einer eventuell noch nicht angesprochenen Domain eine Website existierte, die irgendwie mit den Inhalten zu tun hatte. Prüfen Sie, ob die noch im Netz ist.

Die Gelddruckmaschine

Es ist nicht gerade ein leichtes Geschäft, mit Webseiten sein Geld zu verdienen. Glaubt man nicht nur an das Gute im Menschen, könnte man glauben, es waren entlassene Heizungsbauer oder erfolglose KfZ-Mechaniker, die irgendwann um 1996 herum als marktfrische Webdesigner auf die glorreiche Idee kamen, die lukrativen »Wartungspauschalen« für das neue Handwerk der Webseitenbauer zu übernehmen. Eine andere Inspirationsquelle war entweder eine morgendliche Fahrt zum Kinderhort oder der Besuch bei Oma im Heim, die zu den alternativen und ebenfalls beliebten *Betreuungskosten* der Webseiten führte.

[v] **Wartung und Betreuung**

Gibt es als separate Vereinbarung oder als Teil des Hauptvertrages auch eine Vereinbarung über feste Wartungs- oder Betreuungskosten?

Grob geschätzt kann man davon ausgehen, dass 90 % dieser Wegelagererpauschalen reine Abzocke sind, *money for nothing*. Oder wollen Sie irgendjemandem erzählen, dass selbst regelmäßige Updates eines CMS oder von Blog-

Software fair und mit einer monatlichen Pauschale berechnet werden können? Wenn es denn wenigstens zum Großteil dynamische Systeme wären!

Das Beste, was ich selbst je dazu hören durfte, war das Argument der »*Pixel, die plötzlich auf Nimmerwiedersehen verschwinden können, wenn man nicht aufpasst*«. Das war tatsächlich der Inhalt einer Mitteilung zur Begründung monatlicher Betreuungskosten für ein statisches(!) Psychologen-Portal im Web.

Deshalb der dringende Rat: Lassen Sie sich alle Verträge zeigen – noch besser, lassen Sie sich Kopien geben. Ihr Kunde ist Ihnen für eine Prüfung ohnehin immer dankbar.

Ein ganz besonderes Erlebnis ist immer die folgende Frage:

Kosten	[√]
Wie viel Geld insgesamt kostet Sie im Monat Ihre Website?	

Da ist plötzlich Bewegung auf den Stühlen. Vorne links dicke Backen, rechts hinten rollende Augen und in der Mitte ein leerer Blick und Kopfkratzen. Vielleicht sitzt der Leiter des Buchhaltung mit im Termin, zumindest der kann ungefähr sagen, was dem Kunden das Medium Web kostet.

Dem Sanierer vertraut man, dem Verschwender nicht

Nicht selten ist der Kunde schockiert, wenn er erfährt, wie viel Geld vor allem für komplett sinnlose oder ungenutzte Dienste, E-Mail-Postfächer und »Wartungsleistungen« verschwendet wird. Diese Analyse führt zur Aufdeckung von Einsparungspotenzialen, und für Sie wird es dadurch im gesamten Workflow auch viel leichter, Qualität und Standards durchzusetzen, da man Ihnen stärker vertraut und nicht jede Ihrer Vorgaben nach Sinnhaftigkeit hinterfragt.

Kundenanalyse der bestehenden Website

In *Ihrem* Thema Webdesign dürfen Sie nicht den einfachen Sinn und Zweck der Checkliste vergessen. Es geht hier um ein Frage- und Antwort-Spiel: Sie stehen als Webdesigner dem Kunden gegenüber, und der soll Ihre Fragen zu seiner Webseite beantworten. Oder ganz kurz: Sie stellen Fragen, der Kunde antwortet, Sie notieren die Antworten, fertig.

4 | Checklisten

> **Wichtig: Der Vorläufer**
>
> Nichts ist für ein neues Projekt so wertvoll wie ein Vorläufer. Die Beschäftigung mit einer bestehenden Kunden-Website sollte deshalb breiten Raum in Ihrer Checkliste einnehmen.

Mit den richtigen Fragen zur bestehenden Website erhalten Sie vom Kunden konkrete Hinweise auf:

- seine Einschätzung zur Qualität der bestehenden Website
- seine Einschätzung zur Qualität des vorherigen Dienstleisters
- seine Wünsche bezüglich der neuen Website
- seine Kompetenz zu einzelnen Aspekten des Webdesigns

Kein Fragenkomplex verleitet so leicht zum Abgleiten in die Mission von gutem und schlechtem Webdesign. Seien Sie also gewarnt, Ihre *Meinung* ist hier unbedeutend. Wenn Ihnen das schwerfällt, denken Sie daran, dass Sie noch genügend Zeit haben werden, um den Kunden über gutes Webdesign aufzuklären oder meinetwegen auch zu missionieren. Auch in diesem Buch folgt die erfolgreiche Vermittlung von gutem Webdesign weiter hinten und nicht hier.

[✓] **Bestehende Website**
- Wann waren Sie mit Ihrer ersten Website im Internet vertreten?
- Seit wann ist die jetzige Website im Netz?

Sie glauben, dass sei eine Frage zu viel? Falsch. Die Frage nach dem ersten Launch überhaupt bringt den Kunden zunächst auf die richtige Fährte, weg von der bestehenden Website. Fragen Sie nämlich nur nach der jetzigen Website, erfahren Sie vielleicht, dass die 2001 online gegangen ist. Sie erfahren aber *nicht*, dass es seit 1996 eine, zwei oder drei andere Sites gab. Viele Kunden haben das verständlicherweise auch vergessen, solange sie nicht explizit auf ihre erste Website hingewiesen werden. Wenn man eine durchschnittliche Lebensdauer von 4 bis 6 Jahren für eine Website zugrunde legt, ist es also wahrscheinlich, dass Sie nun für die zweite oder dritte Version einer Kunden-Website zuständig sind.

Sie können ja nicht aus Ihren konstruierten Geschichten zum Thema Webdesign mit Ihren persönlichen Kategorien und Differenzierungen ausbrechen. Sie bilden sich sofort eine Meinung zur bestehenden Website Ihres Kunden, wenn Sie die im Browser öffnen. Mit großer Wahrscheinlichkeit werden Sie nicht denken: »*Wow, viel besser als das, was ich jemals vorschlagen oder umsetzen würde.*« Nein, Sie achten eher auf Fehler und Mängel bezüglich Inhalt, Benutzerfreundlichkeit, Technik und Design.

Die Fragen nach Alter und Evolution der aktuellen Kunden-Website öffnen Ihnen zumindest die Augen für den Prozess, den diese Website bereits hinter sich gebracht hat. Natürlich werden Sie haufenweise Kunden-Websites kennenlernen, für die der Begriff Pfusch noch zu fein wäre und die nicht einmal durch tausendfache Änderungen zu entschuldigen sind. Ihr gesunder Menschenverstand sagt Ihnen aber auch, dass jede Website, die inhaltlich x-mal erweitert, modifiziert und überarbeitet wurde, irgendwann anfällig ist für Mängel in der Benutzerführung, technische Fehler in der Umsetzung und Inkonsequenzen in der Gestaltung.

> **Fakten aufnehmen**
> Denken Sie also auch hier daran, zunächst sachlich und unvoreingenommen die Fakten aufzunehmen, bevor Sie sich ein Urteil bilden.

Über die Kundentypen haben Sie schon einiges erfahren, die »Historie« einer Kunden-Website gibt Ihnen dazu weitere wichtige Anhaltspunkte. Der eher konservative Patriarch zum Beispiel fand seine Website 1996 ganz gut und die aktuelle ebenso – kein Wunder, sofern es ist noch dieselbe ist. Für diesen Kunden darf eine gute Website schon aus wirtschaftlichen Gründen so alt werden wie ein PKW.

Dagegen zeigt der ewige Träumer schon mehr Mut für Neues. Erst letztes Jahr beauftragte er eine neue Interactive-Agentur mit der Überarbeitung seiner Webseite, um nun mit Ihnen schon wieder etwas Neues zu wagen – Sie wären dann der fünfte Dienstleister. Der Kunde erinnert sich nicht mehr genau an seine erste Website, für ihn ist das Jahr 2005 eine Ewigkeit her.

Das genaue Alter der Kunden-Website ist auch deshalb wichtig, da Sie durch Ihr Know-how sehr schnell die Qualität einschätzen könne. Eine professionelle Website aus dem Jahre 2005 sollte den geltenden Webstandards entsprechen, also ein tabellenloses Layout per CSS, semantisch korrekte Inhalte und sinnvoll eingesetzte Skriptelemente aufweisen.

Handelt es sich um ein seltenes Sammlerstück kurioser Exemplare aus dem letzen Jahrtausend, *dann darf sogar* die (ehemals) professionelle Website von

1998 auch noch mit Tabellenlayouts, Font-Tags und DHTML-Elementen glänzen. In diesem Fall wäre es sogar schlecht, würden Sie Ihrem Kunden seine vermeintlich »miese Website« zum Vorwurf machen. Vielleicht ist der Webdesigner in diesem Fall nämlich schon verstorben.

> **[✓] Geschichte der Website**
> ▸ Wurde die Website damals so erstellt, wie sie sich auch heute noch inhaltlich und vom Design her dem Besucher präsentiert?
> ▸ Falls nein: Gab es die Notwendigkeit von großen inhaltlichen Änderungen, oder waren es eher viele kleine Anpassungen, die zum heutigen Erscheinungsbild der Website führten?
> ▸ War der Dienstleister die ganze Zeit über für das Projekt verantwortlich?

Das, was Sie da am Monitor zu sehen bekommen und über das Sie sich Ihr Urteil gebildet haben, ist in der Regel der Zustand innerhalb eines evolutionären Prozesses. Selbst bei einer statischen Webseite wissen Sie ja nicht, ob die Website seit dem Launch nahezu unverändert geblieben ist oder ständig modifiziert wurde.

Anhand des Ist-Zustandes fällen Sie auch Ihr Urteil über die Seite und teilen dem Kunden dummerweise mit, dass seine Seite grottenschlecht ist. Ihr Urteil mag technisch durchaus berechtigt sein, trotzdem ist diese Reaktion dumm, denn Sie kennen nicht die »wahre Geschichte« der Website.

Der ursprüngliche Webdesigner reagierte vielleicht mit einer statischen Webseite auf den ausdrücklichen Wunsch des Kunden nach einer Mikropräsenz ohne großen Pflegebedarf. Leider erkannte der Kunde kurze Zeit nach dem Launch das Potenzial des Mediums und bombardierte den Webdesigner mit immer neuen Änderungswünschen. Der Webdesigner wiederum konterte mit der Implementierung eines großen Content-Management-Systems, um endlich wieder freie Wochenenden zu genießen. Die Schulungen zur redaktionellen Bearbeitung begriff der Kunde mehr schlecht als recht, und der Auftritt entwickelte sich in den folgenden Jahren zu einem Monstrum – eben zu dem Ergebnis, das Ihnen nun der Kunde stolz als Ist-Zustand präsentiert.

Es reicht also nicht, nur nach der Aktualität zu fragen, Sie müssen auch herausfinden, welche Geschichte die Kunden-Website hat – dazu gehört auch die Frage nach Anzahl und Qualität Ihrer Vorgänger in der Disziplin des Webseitenbastelns.

> **Bestehende Website**   [✓]
> ▸ Wer hat die bestehende Website realisiert?
> ▸ Nach welchen Kriterien haben Sie den vorherigen Dienstleister ausgesucht?
> ▸ Welches der Kriterien war am wichtigsten?

Als Webdesigner vergisst man gelegentlich, die wichtigsten Fragen zu stellen, weil es oft die unscheinbaren Fragen sind. Dazu gehören auch die ganz profanen Informationen zum »alten« Dienstleister.

Die Frage nach den Kriterien und der Relevanz mehrerer Kriterien ist sehr wichtig: Natürlich können Sie schnell über den Quellcode oder das Impressum den zuständigen Designer oder die Agentur herausfinden, manchmal ist das aber nur der unwichtigste Teil der ganzen Geschichte.

Ein Beispiel

Eine Website ist professionell, erstklassig und anspruchsvoll umgesetzt. Bei Ihren Recherchen führt Sie der Name im Impressum jedoch zu Referenzen des Grauens – zumindest bezogen auf die Qualität der Webseiten. Sie erfahren dann im Kundengespräch den Werdegang: Die Website war ursprünglich eine kostenlose Leistung, abgerechnet nach »Vitamin B« sozusagen. Nachdem der Kontakt abbrach, wurde ein neuer und günstiger Webdesigner für die Pflege der Website gesucht.

Und so kam man auf den Webdesigner im Impressum, der zwar mit Dumping-Preisen und extremer Unfähigkeit glänzte, aber kaum Veränderungen an der anspruchsvollen Webseite vornahm.

In solchen wichtigen Momenten werden Sie als Webdesigner wieder auf den Boden der Realitäten Ihrer Tätigkeit zurückgeholt. Sie wissen, dass Sie Ihre finanziellen Ansprüche etwas reduzieren sollten und dafür zumindest Top-Qualität abliefern dürfen.

Einige Kunden sagen Ihnen auch sofort und ganz offen, dass das Hauptkriterium der günstige Preis war (das ist es meistens) oder auch die langjährige Zusammenarbeit oder weil der Webdesigner der Neffe der Chefsekretärin ist. Das wichtigste ist jedoch, dass Sie genau wissen, was Sie in den Gesprächen rund um den Workflow noch zu erwarten haben.

> **[✓] Erfahrung**
> ▸ Waren Sie mit der Arbeit des Dienstleisters zufrieden oder nicht zufrieden?
> ▸ Ist Ihnen dazu eine ganz besondere Erfahrung in Erinnerung geblieben?

Diese Fragen können Ihnen einen eventuellen Blick in Ihre Zukunft als betreuender Webentwickler geben. Spricht der Kunde trotz einer recht gelungenen Website ausnahmslos schlecht von allen bisherigen Webdesignern, werden Sie sich wahrscheinlich auch irgendwann einen Platz auf dieser »Liste der Looser« verdient haben, aus welchem Grund auch immer. Es kann natürlich auch sein, dass der Kunde für seine gelungene Website nur deshalb einen neuen Webdesigner sucht, weil er keine andere Wahl hat. Manchmal wechselt der Webdesigner ins Angestelltenverhältnis oder zieht weg. Hier haben Sie es dann mit einem zuverlässigen und dankbaren Kunden zu tun, der großen Wert auf eine langjährige Zusammenarbeit legt.

Die entsprechenden Antworten auf beide Fragen sollten Sie sich bei Ihrer Kalkulation wieder in Erinnerung rufen. Dem Kunden mit hoher Webdesigner-Fluktuation sollten Sie keinen Multiplikator- oder anderen Sonderrabatt zugestehen, denn nach dem Launch haben Sie für den Kunden ungefähr den gleichen Wert wie die kinderlosen Ehefrauen für Heinrich VIII. Der dankbare Kunde wird Ihnen dagegen gewogen bleiben, hier können Sie guten Gewissens knapp, günstig und mit spitzem Bleistift zugunsten des Kunden kalkulieren.

> **[✓] Bisheriger Workflow**
> ▸ Pflegen Sie Ihre Seiten selbst?
> ▸ Falls ja: Pflegen Sie Ihre Seiten mit einem Programm oder über den Browser?
> ▸ Warum verwenden Sie dieses Programm/Redaktionssystem?

Auch hier geht es erneut um den vierten Kommunikationsgrundsatz, der zur Vermeidung von Fachidiotie ermahnt. Vermeiden Sie Begriffe und Abkürzungen wie Frontend, Backend, CMS, FTP, dynamisch oder Datenbank. Das, was *Sie* damit verbinden, entspricht garantiert nicht den Kategorien Ihres Kunden. Versuchen Sie nicht, sich diese Kategorien vorzustellen, dafür reicht Ihre Fantasie nicht aus.

Ihr Kunde wird Ihnen schon mitteilen, dass er ein Content-Management-System verwendet, wenn er weiß, was das ist. Weiß er es nicht, ist es sowieso der falsche Zeitpunkt, ihm das zu erklären, oder wollen Sie die Checkliste jetzt für zwei Stunden beiseite legen?

Das Wort Browser können Sie übrigens verwenden: Wenn Ihr Kunde seine Seiten selbst pflegt, wird er den Begriff kennen. Fragen Sie dagegen nicht danach, wer die Entscheidung »Browser versus FTP-Programm« getroffen hat. Je nach Charakter wird der Kunde klarstellen, dass er natürlich nach Abwägung aller Aspekte die alleinige Entscheidung für NVU oder Typo3 getroffen hat. Fragen Sie lieber danach, *warum* die vorhandene Lösung gewählt wurde. Auch hier spielt der Ton die Musik der Wahrheit: Meistens kommt dann direkt und ehrlich die Antwort, dass der Webdesigner die entsprechende Empfehlung ausgesprochen hat.

> **Erfahrungswerte**
> - So wie sich die Website heute präsentiert: Finden Sie sie *besser* als am Anfang oder *schlechter*?
> - Was ist Ihrer Meinung nach der *wichtigste* Grund dafür?

[✓]

Umfassende Änderungen, eine Erweiterung der Inhalte auf das Vielfache, mehrere Änderungen am Layout oder an Designelementen nehmen auch immer wieder Einfluss auf die ursprünglichen oder veränderten Wünsche des Kunden. Hier geht es also nicht um die Kundenmeinung zur absoluten Qualität, sondern um die Einschätzung der relativen Qualität im zeitlichen Vergleich.

Nur die wenigsten Ihrer Kunden sind in der Lage, Wünsche, Vorstellungen und Meinungen klar, eindeutig und umfassend zu verifizieren und zu kommunizieren. Am liebsten würden fast alle sagen: »Sieht gut aus, das gefällt mir einfach, fragen Sie mich bitte nicht nach Details«. Stattdessen wird Ihr Kunde sich aber in einer Art ausdrücken, *von der er meint*, dass Sie sie verstehen. Er praktiziert den vierten Kommunikationsgrundsatz und kommuniziert also unbewusst so, wie Sie es die ganze Zeit bewusst tun: Er versucht, *mit Ihnen in Ihrer Sprache zu sprechen*. Würden Sie Frage, was ihm am besten an seiner Website gefällt, zuerst stellen, laufen Sie Gefahr, dass er mit Begriffen wie »Branding«, »CI« oder Ähnlichem reagiert, interessant klingende Wörter, die er immer wieder in Meetings, Small-Talks oder Seminaren und Vorträgen hört. Ihr Kunde geht davon aus, dass solche Begriffe wichtig für die Kommunikation auf Augenhöhe mit Ihnen sind.

Vergleichsfragen vermeiden eine solche »Leerhülsen-Kommunikation«. Es ist ja auch für Sie viel einfacher zu sagen, warum Ihnen die Website von Veerle Pieters (*www.veerle.duoh.com*) besser gefällt als die von Jakob Nielsen (*www.alertbox.com*), anstatt zu antworten, *was* Ihnen an der Seite von Veerle Pieters gefällt. Es ist viel einfacher, auf Anhieb mit vergleichenden Aspekten zu argumentieren, nichts anderes also als Kategorisierungen und Differenzierungen, und die – das haben wir bereits festgestellt – sind Teil unserer ganz normalen und ständigen Wirklichkeitskonstruktionen.

Die Frage nach der Einschätzung seiner aktuellen Website gibt dem Kunden die Möglichkeit, die Aspekte herauszugreifen, die für ihn wichtig sind. Sie geben ihm mit Ihrer Frage diese Freiheit der Entscheidung, und Sie sollten diese Unverbindlichkeit auch auf keinen Fall durch detaillierte Nachfragen gefährden, nur weil Sie vielleicht meinen, Ihren Kunden damit auf die richtige Fährte von guten oder schlechten Aspekten seiner Website zu bringen – dafür ist die Frage nicht gedacht.

Sie erhalten jetzt auch Antworten auf wichtige, aber nie gestellte Fragen wie »Was ist Ihnen bei einer Website wichtig?« oder »Legen Sie mehr Wert auf Inhalte, Technik oder Gestaltung?«. Diese Fragen sollten Sie übrigens nie *direkt* stellen. Sie würden fast alle Kunden damit überfordern und könnten genauso gut fragen: »Haben Sie aus Gründen der Usability die GUI des Navi-Containers horizontal bevorzugt oder waren es eine Entscheidung zugunsten der Figur-Grund-Beziehung im Verhältnis zum Goldenen Schnitt des Wrappers?«

Sie müssen lediglich gut zuhören, was und in welcher Abfolge der Kunde antwortet. Keine Antwort erhalten Sie ja nur, wenn zwei Voraussetzungen erfüllt sind: Es hat sich weder an der Website etwas geändert noch an den Vorstellungen des Kunden von seiner Website. Das heißt im Umkehrschluss: Sie erhalten auch definitiv eine Antwort, wenn der Kunde nur mit der Technik, mit der Gestaltung oder mit den Inhalten seiner Website unzufrieden ist.

Jetzt können Sie zusammen mit dem Kunden auch direkt in die Details der Website-Analyse gehen:

[✓] **Erfahrungswerte**
- Was gefällt Ihnen an Ihrer Website besonders gut, was halten Sie für besonders gelungen?
- Soll das auch in der neuen Website berücksichtigt oder ähnlich umgesetzt werden?

Dadurch, dass Ihr Kunde im Vorfeld durch Kategorien und Differenzierungen Vergleiche vorgenommen hat, ist es nun erheblich einfacher, auf die konkreten Aspekte seiner Website einzugehen. Es bringt überhaupt nichts, wenn Sie lediglich danach fragen, was Ihr Kunde für eine Website haben möchte. Er wird Ihnen das antworten, was jeder Kunde antwortet – wir hatten das bereits: Soll toll aussehen, bei Google ganz oben stehen und nichts kosten.

Die Frage nach den konkreten Aspekten gibt Ihrem Kunden die Möglichkeit, seine Wünsche direkt und ohne Umwege allgemeiner Anforderungen zu kommunizieren. Sie erfahren genau, *was* er im Einzelnen haben will und was er von Ihnen als Webdesigner erwartet. Hier sehen Sie, dass der aus diesem Buch komplett ausgeschlossene Begriff »Verkauf« nichts mit dem »Volltexten« eines Kunden bezüglich Vorteilen, Mehrwert oder Nutzen zu tun hat, sondern eine Folge gezielter Abfragen ist. Ihr Ziel ist also nicht die Manipulation, sondern die Analyse der Kundenanforderungen.

Sie müssen die Frage nach den vom Kunden bevorzugten Aspekten seiner Website weiter differenzieren, denn egal, wie toll er das Layout, die Navigation oder die Inhalte fand – das heißt noch lange nicht, dass Sie das auch in seiner neuen Website genauso umsetzen sollen.

Zukunftswünsche [✓]
- Was gefällt Ihnen an Ihrer Website *überhaupt nicht* bzw. *nicht mehr?*
- Was würden Sie bei Ihrer bestehenden Website heute anders machen?

Um genau zu erfahren, was Ihr Kunde will, ist es gelegentlich noch wichtiger zu wissen, was er nicht will. Auch hier bietet sich die Wirklichkeitskonstruktion der Differenzierungen als ideale Hilfe an Fragen Sie danach, *was genau* und *im Detail* ihm an seiner Website nicht gefällt. Sie sitzen ja aus einem bestimmten Grund bei Ihrem Kunden (oder er sitzt bei Ihnen). Der Grund ist nicht, dass er mit Ihnen über seine Website im Speziellen oder Webdesign im Allgemeinen plaudern will, nein – er will eine neue Website, und Sie wollen wissen, wie Sie diese Website umsetzen sollen.

Sie müssen also herausfinden, *warum* er was will. Glauben Sie nicht, dass eine Katastrophen-Website mit grauenhaften Farben, unzumutbarer Textredaktion und irrelevanten Inhalten den Wunsch nach etwas Neuem zwingend erfordert – es ist vielleicht nur das kleine gelbe Dreieck im Kopfbereich der Seite, das den Kunden maßlos ärgert. Vielleicht ist es auch die Tatsache, dass der Webdesigner nie zum Friseur geht.

Ganz wichtig: Geben Sie Ihrem Kunden genug Zeit zu antworten, reden Sie ihm nicht dazwischen, und verzichten Sie auf jedwede Manipulationsversuche à la: »Was gefällt Ihnen überhaupt nicht – doch bestimmt diese furchtbare Farbkombination, nicht wahr?«

Denken Sie daran: Die Checkliste ist ein Fragenkatalog, nehmen Sie die Antworten zur Kenntnis, bringen Sie sie zu Papier, und vermeiden Sie jegliche Meinungsäußerung. Ihre Kommunikation sollte den Beziehungsaspekt so weit wie möglich ausklammern. Lediglich Ihr Kunde darf sagen, was er will – das gilt auch für scheinbar irrelevante Aussagen, die oft erst im Gesamtbild der Planung einen Sinn ergeben.

Die zukünftige Website

Die meisten Webdesigner beginnen immer mit den Fragen nach der zukünftigen Website und wundern sich dann im Workflow über die vielen Missverständnisse, spontanen Änderungswünsche und komplett fehlgeleiteten Vorstellungen der Kunden.

Vielleicht haben Sie auch erst jetzt bemerkt, dass bisher keine Frage der Checkliste direkt auf die Technik, die Struktur, die Inhalte und das Design der Kunden-Website einging. Stattdessen wurde über Kategorisierungen und Differenzierungen (Vergleiche) sozusagen ein genaues Kundenprofil erstellt.

Der unschlagbare Vorteil ist jetzt, dass der Kunde an seiner Profilierung selbst aktiv mitgearbeitet hat. Er besitzt jetzt also mit Ihnen zusammen eine »Geschichte« der gemeinsamen Website, bevor Sie sich beide an die eigentliche Planung machen. Ihr Kunde hat sich über verschiedene Aspekte Gedanken gemacht, die er bisher überhaupt nicht als relevant für seine Website betrachtet hatte. Sie sind eben nicht mit der Tür ins Haus gefallen und haben ihm nach der Begrüßung sofort Fragen zu seiner neuen Website gestellt.

Nach den zahlreichen Fragen wird der Kunde Ihnen spätestens jetzt und in den kommenden Phasen des Workflows vertrauen. Ihr Kunde hat an diesem Punkt der Checkliste in der Regel alle Vorwände und »Versteckspielchen« abgelegt; er ist Ihnen und Ihren Ausführungen gegenüber offen und sehr aufmerksam.

Und damit kommen wir zur letzten Frage der Checkliste:

> **Navigation** [✓]
> Haben Sie sich schon eine Grundstruktur als Navigationsliste für Ihre Website überlegt?

Achten Sie auf die Feinheiten: Hier wird der Begriff Navigationsliste verwendet, aber glauben Sie mir, das versteht eigentlich jeder Kunde.

Gehen Sie zunächst davon aus, dass sich Ihr Kunde Gedanken über die Struktur gemacht hat. Tatsächlich ist das aber ziemlich selten der Fall. Der Vorteil: Er macht sich die Gedanken, nachdem Sie ihn darauf angesprochen haben. Stellen Sie diese Frage nicht am Anfang des Gesprächs, denn dann erhalten Sie eine Antwort wie »Sie wollen doch sicher erst einmal wissen, was uns wichtig ist, oder? Das ist nämlich...« – und dann kommt wieder das Übliche: Google-1A, Top-Design und billig.

Mit dieser Frage muss die Checkliste enden, Sie können für eine positive Antwort allenfalls ein Ja auf Ihrer Checkliste notieren, dann schließen Sie die Akte. Jetzt geht es darum, das Rückgrat und den originären Zweck der Website zu definieren, und das ist und bleibt bei allen Innovationen die Navigation – die Hierarchie der Orientierung und Organisation von Dokumenten.

4.1.13 Die Checkliste im Überblick

Nachdem nun alle Fragen ausführlich erläutert worden sind, soll die komplette Checkliste noch einmal als zusammenhängendes Dokument dargestellt werden:

> **Tätigkeitsbereich und Zielgruppe** [✓]
> - Welcher dieser Bereiche ist für die Generierung der Gewinne (für Sie/für Ihren Verein) am wichtigsten?
> - Ist dieser Bereich auch für die Webseite am wichtigsten?
> - Gibt es einen Bereich, der zukünftig stärker als bisher in der Außendarstellung und in der Webseite hervorgehoben werden soll?
> - Falls ja: Gibt es schon eine Strategie, wie der Bereich zukünftig hervorgehoben werden soll?
> - Wie setzt sich Ihre Zielgruppe zusammen?
> - Was ist Ihre wichtigste Zielgruppe?
> - Können Sie die Untergruppen inhaltlich oder nach anderen Gesichtspunkten differenzieren?

- ▸ Können Sie die Untergruppen inhaltlich oder nach anderen Gesichtspunkten differenzieren?
- ▸ Aus welchem regionalen Bereich kommt Ihre Zielgruppe?
- ▸ Was erwartet die Zielgruppe von Ihnen und Ihren Leistungen, was ist Ihrer Meinung nach für die Zielgruppe am wichtigsten?
- ▸ Warum sollte Ihre Zielgruppe Ihr Angebot wählen (und nicht das eines Wettbewerbers)?
- ▸ Was, glauben Sie, macht Ihr Angebot für die Zielgruppe so ideal?
- ▸ Gab oder gibt es eine konkrete Media-, Marketing- oder Zielgruppenanalyse?
- ▸ Wie, glauben Sie, werden Sie von Ihrer Zielgruppe wahrgenommen: so, wie Sie sich das wünschen, oder eher fehlerhaft?
- ▸ Woran können Sie die Wahrnehmung festmachen?
- ▸ Entspricht die bisherige Zusammensetzung Ihrer Zielgruppe auch Ihren Zielen und Erwartungen?
- ▸ Dient die Website vorrangig der Gewinnung neuer Zielgruppen oder der Bindung bestehender Zielgruppen?
- ▸ Falls beides zu etwa gleichen Teilen zutrifft: Welche Funktion wünschen Sie sich persönlich?
- ▸ Soll die Website regionale, soziale oder eher wirtschaftliche Gesichtspunkte bei der Erschließung von neuen Zielgruppen hervorheben?
- ▸ Falls neue Zielgruppen erschlossen werden sollen, gab es schon entsprechende Versuche, und waren diese erfolgreich?
- ▸ Sie erwähnten den (neuen/besonderen) Bereich:
  _____
- ▸ Wie relevant ist dieser Bereich bisher und soll er in der Außendarstellung ausgebaut werden?

[✓] **Leitbild**

- ▸ Notieren Sie fünf bis zehn Ideen, Zitate, Begriffe oder freie Assoziationen, die Ihre Tätigkeit am besten definieren: Was beschreibt Sie und Ihr Selbstverständnis am besten, was macht Sie und Ihr Team aus, was treibt Sie und Ihr Team täglich an? Was fällt Ihnen spontan und aus dem Bauch heraus dazu ein?
- ▸ Ich lese Ihnen die Punkte noch einmal vor: ...
- ▸ Welcher der Begriffe ist Ihrer Meinung nach der wichtigste, zentrale aus der Sammlung? Dieser Punkt ist Ihr eigenes Leitbild und damit auch das Kernthema Ihrer Internetpräsenz.
- ▸ Wie würden Sie für sich die anderen Punkte nach ihrer Relevanz einordnen? Ich lese Ihnen noch einmal die Punkte vor.

4.1 Die Aufgabe von Checklisten

Gestaltung und Werbemittel [✓]

- Gibt es ein ausgearbeitetes visuelles Erscheinungsbild, also ein sogenanntes Corporate Design mit Farbsystem, Hausschrift und Logo bzw. Signet?
- Falls ja: Haben Sie Kontakt zur Werbeagentur oder zum Grafikdesigner, die Daten sollten ja professionell und digital vorliegen?
- Falls ja: Sind in naher Zukunft eine Änderung des Erscheinungsbildes oder einzelner Teile des Corporate Designs geplant?
- Verwenden Sie professionelle Werbemittel – Flyer, Visitenkarten oder Briefpapier – und wenn ja, welche?
- Falls kein visuelles Erscheinungsbild vorhanden ist: Soll für professionelles Marketing und Printmedien parallel zur Website ein umfassendes visuelles Erscheinungsbild erstellt werden, oder wollen Sie zunächst nur ein einfaches Basiskonzept für die Webseite?
- Falls ja: Ist auch ein Logo erwünscht?
- Falls ein Logo erwünscht ist: Stellen Sie sich dabei eher eine *Wortmarke* vor (Beispiele: Coca-Cola, Google oder amazon), oder eine *Bildmarke* (VW, BMW, Mercedes-Stern) oder eine kombinierte *Wort-Bild-Marke* (Puma – mit stilisierter Raubkatze, Shell – mit stilisierter Muschel, Nike – mit stilisiertem Flügel)?
- Falls ein Basiskonzept für die Website ausreicht – welche Farbrichtung bevorzugen Sie:
  - Vollfarben, leuchtend und klar, z. B. Sonnengelb, Grasgrün, Leuchtendblau, Knallrot
  - warme Mischtöne, z. B. Rottöne, Orange-Gelb, Gold, Braun
  - kühle Mischtöne, z. B. Weiß, Blau, Blautöne, Grauverläufe, Anthrazit
  - warme Pastelltöne in zarten, leichten Farbnuancen
  - kalte Pastelltöne in kaum wahrnehmbaren Farbnuancen
- Haben Sie eine Hausschrift?
- Keine Hausschrift: Bevorzugen Sie eher Serifenschriften wie Times New Roman oder bevorzugen Sie serifenlose Schriften wie zum Beispiel Arial?
- Welche Assoziationen entsprechen eher Ihren Vorstellungen, den Anforderungen an die Website und Ihrem Selbstverständnis:
  - Sachlich und klar, also: geordnet, geradlinig, Rechteck, Dreieck, Quadrat.
  - Kreativ und frei, also: phantasievoll, rund, flexibel, Kreis, Kurve, Ellipse.

Medienkompetenz [✓]

Bevor wir uns mit Ihrer Internetseite befassen, geht es darum, ein paar Vorbilder zu suchen: Können Sie mir Webseiten nennen, die Ihnen besonders gut gefallen?

4 | Checklisten

[✓] **Website nicht vorhanden**
- Können Sie mir eine Internetseite nennen, die Ihnen besonders gut gefallen hat?
- Was genau hat Ihnen daran besonders gut gefallen?

[✓] **Website vorhanden**
- Wie wichtig ist für Sie Ihre Adresse www.kunde.de?
- Sind Sie mit dieser Adresse zufrieden, oder würden Sie gern unter einer anderen Domain im Web vertreten sein?
- Haben Sie die Adresse ausgesucht und gesichert?
- Gibt es zusätzliche Domains, die Ihnen gehören?
- Haben Sie die Rechte an Ihrer Domain bzw. allen Domains?
- Falls nein: Ist der Rechteinhaber Webdesigner oder eine Agentur, und pflegte er bisher die Webseite?
- Bei welchem Provider ist Ihre Seite gehostet, also mit wem haben Sie einen Vertrag bezüglich Ihrer Internetpräsenz?
- Haben Sie mehrere E-Mail-Postfächer in Bearbeitung?
- Haben Sie mehrere Vertragspartner für verschiedene E-Mail-Postfächer, Webseiten und Internetzugänge?
- Gibt es als separate Vereinbarung oder als Teil des Hauptvertrages auch eine Vereinbarung über feste Wartungs- oder Betreuungskosten?
- Wie viel Geld insgesamt kostet Sie im Monat Ihre Website?
- Wann waren Sie mit Ihrer ersten Website im Internet vertreten?
- Seit wann ist die jetzige Website im Netz?
- Wurde die Website damals so erstellt, wie sie sich auch heute noch inhaltlich und vom Design her dem Besucher präsentiert?
- Falls nein: Gab es die Notwendigkeit von großen inhaltlichen Änderungen, oder waren es eher viele kleine Anpassungen, die zum heutigen Erscheinungsbild der Webseite führten?
- War der Dienstleister die ganze Zeit über für das Projekt verantwortlich?
- Wer hat die bestehende Website realisiert?
- Nach welchen Kriterien haben Sie den vorherigen Dienstleister ausgesucht?
- Welches der Kriterien war am wichtigsten?
- Waren Sie mit der Arbeit des Dienstleisters zufrieden oder nicht zufrieden?

- Ist Ihnen dazu eine ganz besondere Erfahrung in Erinnerung geblieben?
- Pflegen Sie Ihre Seiten selbst?
- Falls ja: Pflegen Sie Ihre Seiten mit einem Programm oder über den Browser?
- Warum verwenden Sie dieses Programm/Redaktionssystem?
- So wie sich die Webseite heute präsentiert: Finden Sie sie *besser* als am Anfang oder *schlechter*?
- Was ist Ihrer Meinung nach der *wichtigste* Grund dafür?
- Was gefällt Ihnen an Ihrer Website besonders gut, was halten Sie für besonders gelungen?
- Soll das auch in der neuen Website berücksichtigt oder ähnlich umgesetzt werden?
- Was gefällt Ihnen an Ihrer Website *überhaupt nicht* bzw. *nicht mehr*?
- Was würden Sie bei Ihrer bestehenden Website heute anders machen?
- Haben Sie sich schon eine Grundstruktur als Navigationsliste für Ihre Website überlegt?

Fazit

Die Checkliste im direkten Kundengespräch ist besonders effektiv, sie funktioniert äußerst flexibel ohne zusätzliches Medium der Übermittlung. Das direkte Gespräch beinhaltet alles, was die Kommunikation ausmacht: Neben dem gesprochenen Wort, das sich ohne Weiteres aufschreiben lässt, auch noch die nonverbale Kommunikation wie Auftreten, Gestik und Mimik. Mit dieser Kombination kommunizieren Menschen überaus erfolgreich, und das seit hunderttausend Jahren. Das persönliche Gespräch von Angesicht zu Angesicht bleibt die beste Voraussetzung für eine erfolgreiche Kundenkommunikation.

> **Immer die erste Wahl: Das persönliche Gespräch**
>
> Gegenüber dem persönlichen Gespräch ist jede Alternative immer nur die zweite Wahl, egal wie innovativ und sinnvoll sie erscheinen mag.

Vergessen Sie diese Tatsache nicht, wenn Ihnen irgendjemand erzählt, er habe das ultimative Tool oder das beste Konzept für eine erfolgreiche Kundenkommunikation.

4.2 Die Checkliste in anderen Medien

Modifizierte Checklisten können Sie auch in anderen Medien einsetzen. Sofern Ihr Kunde für ein direktes Gespräch nicht verfügbar ist, sollten Sie ihn direkt fragen, wie *er* mit *Ihnen* (nicht umgekehrt) die Checkliste durcharbeiten möchte, eben per Telefon oder E-Mail bzw. als Ausdruck per Fax oder Postversand – Ihrem Kunden sind auf jeden Fall diese Möglichkeiten und Kategorien bekannt.

Als Webdesigner ist es für Sie selbstverständlich, alle Dokumente per E-Mail zu versenden. Bei der ersten Kontaktaufnahme mit Ihrem Kunden wissen Sie aber noch nichts über seine Medienkompetenz.

> **Probleme vermeiden**
>
> Indem Sie sich auf dem kleinsten gemeinsamen Nenner bewegen, vermeiden Sie automatisch die bekannten Kommunikationsprobleme.

Klären Sie Ihren Kunden sachlich über die Vor- und Nachteile der verschiedenen Möglichkeiten auf.

Telefon

Vorteil: Direkter und persönlicher Kontakt zum Kunden, dadurch genaue Wahrnehmung von sprachlichen Signalen: Inhaltliche Missverständnisse können so ausgeschlossen oder umgehend geklärt werden.

Nachteil: Für die Kommunikation muss ein Zeitfenster festgelegt werden. Sobald der Kommunikationsfluss von externen Faktoren gestört oder beendet wird, muss der Dialog erneut aufgebaut werden.

E-Mail

Vorteil: Für die beteiligten Kommunikationspartner zeitunabhängiges, allgemein verbreitetes Medium; die Checkliste kann als E-Mail-Text oder als angehängtes Dokument versendet werden.

Nachteil: Kein persönlicher Kontakt, die Kommunikation bleibt einseitig, kommunikative Signale sind nicht transportierbar. E-Mails müssen abgerufen, also angefordert werden.

Fax

Vorteil: Weit verbreitet, keine Aktion des Empfängers notwendig, nach Versand sofort und ohne Zeitverzögerung verfügbar.

Nachteil: Faxmöglichkeit muss vorhanden sein, schlechteste Dokumentenqualität zur Kenntnisnahme, nur externe Bearbeitung möglich, keine verlustfreie Dokumentenkopie.

Postversand

Vorteil: Originaldokument auf individuellem Briefpapier, persönlich, höchste Wertigkeit.

Nachteil: Zeitverzögerung von mehreren Tagen, nur externe Bearbeitung möglich, für zeitnahe Lösungen am wenigsten geeignet.

4.2.1 Die Checkliste am Telefon

Die ersten Kundenkontakte erhalten Sie nicht per Post, Fax oder E-Mail, sondern über das Telefon. Es wird zwar nicht sehr oft vorkommen, trotzdem ist es möglich, dass Sie den für dieses Medium optimierten Fragenkatalog auch am Telefon komplett durchgehen können. Dieses Vorgehen ist dann sinnvoll, wenn Ihr Kunde durch vorhandene Werbemittel, eine Website und professionelle Marketingaktivitäten so positioniert ist, dass Sie ganze Blöcke der Checkliste überspringen können, oder weil der Kunde es einfach gewohnt ist, grundsätzlich alles telefonisch zu regeln, weil er sowohl Computertechnologien als auch Formularen zum handschriftlichen Ausfüllen allgemein nicht viel abgewinnen kann.

Bei den Kundentypen haben wir gesehen, dass einige Kunden immer zielorientiert sind. Diese Kunden erwarten auch von einem Telefonat ein unmittelbares Ergebnis.

Wichtig ist, dass Sie Ihrem Kunden von vornherein klarmachen, dass die Bearbeitung einen für Telefongespräche untypisch hohen Zeitaufwand bedeutet. Begehen Sie nicht den großen Fehler vieler Anbieter von Befragungen per Internet oder Telefon, durch schwammige und falsche Angaben der benötigten Zeit zu versuchen, den Befragten die Mitarbeit schmackhaft und erträglich zu machen. Den Klassiker kennen Sie als Aussage, das Ganze dauere »nur ein paar Minuten« oder »maximal ein halbes Stündchen« – freilich ohne dass der Anrufer erwähnt, dass Sie nach dieser Zeit höchstens ein Drittel aller Fragen beantwortet haben.

> **Keine billigen Tricks**
> Ersparen Sie Ihrem Kunden billige Telefonverkäufertricks, die kennt er nämlich schon. Geben Sie lieber zu Ihren Erfahrungswerten noch etwas Zeit dazu – Ihr Kunde wird sich freuen, wenn es dann schneller geht.

Auch wenn Ihr Kunde sich die Zeit am Telefon nehmen möchte: Es kann gut sein, dass er innerhalb der notwendigen Zeit gestört wird. Vereinbaren Sie mit ihm deshalb immer als »Zeitplan B« einen zeitnahen Termin für eine eventuelle Fortsetzung des Gespräches.

Die Praxis

Lesen Sie die Checkliste nur dann wortwörtlich vom Blatt ab, wenn Sie das zumindest mehrfach geübt haben, Sie sollten wie ein guter Nachrichtensprecher im Fernsehen noch gelegentlich Ihren Gesprächspartner anblicken können. Geschriebener Text wird zusätzlich zum »inneren auditiven Vorlesen« auch visuell wahrgenommen – übrigens der Hauptgrund für die differenzierte Wahrnehmung von Hörbüchern im Vergleich zum gelesenen Buch. Sie sollten immer ein paar Exemplare der Checkliste in der Schublade haben: Um einzelne Punkte zu überspringen oder um schnelle Notizen zu machen, ist der Rechner denkbar ungeeignet. Sie verzetteln sich viel schneller als mit handschriftlichen Notizen: Wenn Sie bei Punkt 9 sind, aber der Kunde nebenbei noch etwas Wichtiges zu den Punkten 2 und 4 erwähnt, scrollen Sie sich einen Wolf. Tippen können Sie nur mit 10-Finger-System und Headset, ansonsten sind Sie mit den handschriftlichen Notizen immer schneller.

4.2.2 Die Checkliste für das Telefonat

Sie haben gesehen, dass die Checkliste für das persönliche Gespräch beim Kunden am besten geeignet ist. Das bedeutet auch, dass Ihr Kunde Ihnen am Telefon nichts zeigen kann, weder Mimik und Gestik noch eine Internetseite oder Details davon. Dann müssen Sie das bereits erwähnte Zeitproblem einplanen und die Tatsache, dass man beim Telefonieren nicht wirklich multitasking-fähig ist. Diese Faktoren müssen beachtet und die Checkliste dementsprechend verändert werden.

Die notwendigen Modifizierungen der Checkliste für das Telefon kann man vornehmen, indem man sich vorstellt, ob auch ein Gesprächspartner auf jede Frage angemessen antworten kann, der mit einer Hand das Telefon ans Ohr hält und ansonsten bewegungsunfähig in einem dunklen Raum sitzt. Diese Vorstellung ist nicht sehr nett, konzentriert die Aufmerksamkeit aber auf das Wesentliche – Sie bewegen sich kommunikationstechnisch ja nur auf der auditiven Ebene. Die Checkliste für das Telefonat muss also folgenden Anforderungen genügen:

- kurze, akustisch und inhaltlich leicht verständliche Hauptsätze
- eindeutige Fragen, die nur eindeutige Antworten zulassen
- eine Kommunikation, die nur den auditiven Weg benötigt

Die Liste müsste entsprechend wie folgt angepasst werden:

Tätigkeitsbereich und Zielgruppe [✓]

- Gibt es einen Leistungsbereich, der in der Website besonders hervorgehoben werden soll?
- Was ist Ihre wichtigste Zielgruppe?
- Aus welchem regionalen Bereich kommt Ihre Zielgruppe?
- Was ist Ihrer Meinung nach für die Zielgruppe am wichtigsten?
- Entspricht die Zielgruppe Ihren Wünschen und Erwartungen?
- Wollen Sie mit der Website eher neue Zielgruppen gewinnen oder eher bestehende an sich binden?
- Falls beides zu etwa gleichen Teilen zutrifft: Welche Funktion wünschen Sie sich persönlich?
- Gibt es einen neuen/besonderen Bereich für die Website?

Leitbild [✓]

- Nennen Sie mir fünf bis zehn Begriffe, die Ihre Tätigkeit am besten beschreiben: Was macht Sie aus, was treibt Sie täglich an?
- Ich lese Ihnen die Punkte noch einmal vor: …
- Welcher der Begriffe ist Ihrer Meinung nach der wichtigste?

[✓] **Gestaltung und Werbemittel**
- Gibt es ein ausgearbeitetes visuelles Erscheinungsbild mit Farbsystem, Hausschrift und Logo?
- Falls ja: Liegen die Daten digital vor?
- Falls ja: Sind in naher Zukunft Änderungen geplant?
- Haben Sie schon Flyer, Visitenkarten und Briefpapier?
- Falls kein visuelles Erscheinungsbild vorhanden ist: Wollen Sie ein umfassendes visuelles Erscheinungsbild oder ein einfaches Basiskonzept für die Webseite?
- Falls ja: Ist auch ein Logo erwünscht?
- Falls ein Basiskonzept für die Website ausreicht – welche Farbrichtung bevorzugen Sie: Vollfarben, warme Mischtöne oder kühle Mischtöne?
- Haben Sie eine Hausschrift?
- Keine Hausschrift: Bevorzugen Sie eher Times New Roman oder eine Arial?
- Was entspricht Ihren Vorstellungen: geordnet, geradlinig, Quadrat oder rund, flexibel, kreativ?

[✓] **Website nicht vorhanden**
Können Sie mir eine Internetseite nennen, die Ihnen besonders gut gefallen hat?

[✓] **Website vorhanden**
- Soll die Adresse www.kunde.de die Hauptadresse sein oder eine andere?
- Bei welchem Provider ist Ihre Seite gehostet, also mit wem haben Sie einen Vertrag bezüglich Ihrer Internetpräsenz?
- Haben Sie mehrere E-Mail-Postfächer in Bearbeitung?
- Zahlen Sie an einen Anbieter monatliche Wartungs- oder Betreuungskosten?
- Seit wann ist die jetzige Website ungefähr im Netz?
- Gab es große inhaltliche Änderungen?
- Wer hat die bestehende Website realisiert, und war der Dienstleister die ganze Zeit über für das Projekt verantwortlich?
- Waren Sie mit der Arbeit des Dienstleisters zufrieden oder nicht?
- Pflegen Sie Ihre Seiten selbst?
- Falls ja: Pflegen Sie Ihre Seiten mit einem Programm oder über den Browser?
- Was gefällt Ihnen an Ihrer Website besonders gut, was halten Sie für besonders gelungen?

> ▶ Soll das auch in der neuen Website berücksichtigt oder ähnlich umgesetzt werden?
> ▶ Haben Sie sich schon eine Grundstruktur als Navigationsliste für Ihre Website überlegt?

4.2.3 E-Mail

Die gute Möglichkeit, effektiv, um schnell und inhaltlich zielführend einen erstklassigen Output des Fragenkatalogs zu erhalten, ist die Kombination aus E-Mail und anschließendem persönlichen Gespräch.

E-Mail-Text oder Anhang?

Sofern Sie die Checkliste als integrierten E-Mail-Text versenden wollen, verzichten Sie besser auf die HTML-Formatierung – es kann sein, dass Ihr Kunde den Text kopiert und in ein Textverarbeitungsprogramm importiert. Es wird unangenehm, wenn er Ihre Formatierungen dort nicht haben will. Die Meinungen über den richtigen E-Mail-Versand relevanter Dokumente sind unterschiedlich, es gibt hier auch keinen Königsweg. Wichtig ist nicht, ob Sie Inhalte als E-Mail-Text oder als separaten Anhang versenden. Es kommt immer darauf an, wie Ihr Kunde individuell mit E-Mails verfährt. Wer seine Antworten als eingeschobene Texte in der zitierten Mail formuliert, dem können Sie auch den ganzen Fragenkatalog direkt in die E-Mail tippen. Ein Kunde, der die Antworten-Funktion nicht zu kennen scheint, sollte die Checkliste besser als angehängte Datei erhalten.

Verwenden Sie ein gängiges Office-Format (MS Word oder Open Office), damit die Checkliste für den Kunden editierbar ist – PDF ist hier obsolet und damit immer tabu!

E-Mails und Medienkompetenz

Apropos E-Mails und webscheue Kunden: Frankierte, klassische Postsendungen könnten Sie zwar ankündigen, aber es wäre eigentlich blödsinnig, denn man leert seinen Briefkasten in der Regel täglich. Eine E-Mail ist jedoch völlig anders, die muss der Empfänger abrufen, und das macht er unter Umständen weder stündlich noch täglich.

> **Wirklichkeit der E-Mail-Kommunikation**
> - E-Mails werden nicht gelesen.
> - Anhänge werden gern übersehen.
> - Links im Text werden sofort angeklickt.

E-Mails werden nicht gelesen: Ist ein zeitnaher Empfang Ihrer E-Mail wichtig, sollten Sie den Versand im Zweifelsfall immer telefonisch ankündigen – das gilt besonders, wenn Sie von der Medienkompetenz Ihres Kunden nicht restlos überzeugt sind.

E-Mail-Anhänge werden übersehen: Gehen Sie niemals davon aus, dass Ihr Kunde Anhänge automatisch entdeckt und öffnet. Sie sollten im Text explizit auf den Anhang eingehen und dies im Zweifelsfall mit Sternchen markieren. Empfangen Sie von dem Kunden HTML-Mails, nutzen Sie die Texthervorhebung durch einfache HTML-Formatierung.

Links im Text werden sofort angeklickt: Egal, was Sie noch in Ihrer E-Mail an wichtigen Informationen vermitteln wollen – setzen Sie den Link zu einer erwähnten Website niemals an den Anfang Ihres Textes. Viele Menschen klicken sofort darauf, ohne die E-Mail weiterzulesen. Diese von vielen Webdesignern unterschätzte Tatsache führt dazu, dass der Kunde mit dem Klick ja automatisch den E-Mail-Client verlässt und seine Aufmerksamkeit der verlinkten Website widmet. In der Kundenkommunikation kann das zu Problemen führen, beispielsweise, wenn Sie erst im nachfolgenden E-Mail-Text nur auf ein kleines Detail der verlinkten Website eingehen wollten – Ihr Kunde wüsste in diesem Fall überhaupt nicht, was er mit der geöffneten Website anfangen soll. Schreiben Sie also zuerst alles in die E-Mail, was Sie zu sagen haben. Links – wohin auch immer – sollten Sie erst im Anschluss setzen.

E-Mail-Anhänge

Mehr Möglichkeiten haben Sie bei der Strukturierung der Inhalte, wenn Sie ein MS-Word-Dokument versenden. Vorsicht: Versenden Sie Anhänge nie mit der neuesten Version, Abwärtskompatibilität ist hier die wichtigste Voraussetzung für einen spannungsfreien Kommunikationsablauf. Sinnvoll ist ein RTF-Dokument mit einem kurzen, aber notwendigen Hinweis im E-Mail-Text, dass der Kunde die Datei mit seinem Textverarbeitungsprogramm öffnen kann. Sollte es zu Problemen kommen, wird sich der Kunde bei Ihnen schon melden.

Als Anhang können Sie die vollständige Checkliste unverändert versenden. Sie haben zwei Möglichkeiten. Sie können ein RTF-Dokument verwenden, das sowohl mit kommerziellen als auch mit frei verfügbaren Office-Programmen auf allen Betriebssystemen geöffnet werden kann. Ihr Kunde hat dann die Möglichkeit, direkt das Dokument zu bearbeiten. Verzichten Sie dabei unbedingt auf anspruchsvolle Formatvorlagen oder eigene Kreationen – Sie wissen nicht, welches Programm und welche Programmversion Ihr Kunde zum Öffnen und Bearbeiten verwendet.

Sie finden auch eine für den E-Mail-Versand vorbereitete Checkliste als RTF-Dokument auf der DVD zu diesem Buch.

Die zweite Möglichkeit ist die klassisch-umständliche Methode, die dennoch einige Kunden bevorzugen: Sie versenden einen schön gestalteten Fragenkatalog als PDF-Datei, den der Kunde ausdrucken kann, um dann auf separaten Blättern seine Antworten zu notieren. Das ist dann nur einen Schritt vom Versand per Post entfernt. Und wenn der Kunde die PDF-Datei zum Ausdrucken und Ausfüllen will, kann es gut sein, dass er einer der Kandidaten ist, die ihre E-Mails nur monatlich abrufen. Fragen Sie ihn deshalb, ob Sie ihm nicht gleich einen Ausdruck der Checkliste per Post zusenden sollen.

E-Mail-Text

Bei E-Mail-Text sollten Sie auf eine eindeutige Strukturierung der Checkliste achten: Vermeiden Sie Textwüsten und zu lange Absätze, und weisen Sie den Kunden explizit darauf hin, dass er direkt in seiner Antwort-Mail Notizen, Anmerkungen und Antworten formulieren kann.

Die Checkliste als E-Mail-Text muss nicht nur rudimentär formatiert sein, sie sollte auch gekürzt werden. Das hat allerdings mehr mit Gründen der Usability zu tun als mit inhaltlichen Notwendigkeiten. Niemand verschickt E-Mail-Texte, die in dem kleinen Viewport eines E-Mail-Clients das Scrollen zur Qual machen, ganz zu schweigen von einer ökonomischen Textbearbeitung. Weniger ist hier also mehr. Oft wird diese Lösung übrigens von Kunden gewünscht, die immer eine schnelle Lösung und schnelle Ergebnisse bevorzugen. Machen Sie ihnen zu Beginn des E-Mail-Textes klar, dass sie »aus Gründen einer sinnvollen Textlänge leider nur einen Teil der ganzen Checkliste erhalten«. Einige Kunden bearbeiten den E-Mail-Text dann gar nicht mehr und wünschen dann doch einen Termin oder zumindest die gesamte Checkliste – in welcher Form auch immer.

Die Checkliste entspricht in Inhalt und Umfang etwa der Checkliste für Telefonate und würde unformatiert in der E-Mail etwa so aussehen:

```
## Tätigkeitsbereich und Zielgruppe
Gibt es einen Leistungsbereich, der in der Außendarstellung und in der
Website besonders hervorgehoben werden soll?
Was ist Ihre wichtigste Zielgruppe?
Aus welchem regionalen Bereich kommt Ihre Zielgruppe?
Was ist Ihrer Meinung nach für die Zielgruppe am wichtigsten?
Entspricht die Zielgruppe Ihren Wünschen und Erwartungen?
Dient die Funktion der Website vorrangig der Gewinnung neuer Zielgruppe
oder der Bindung bestehender Kunden?
Falls beides zu etwa gleichen Teilen zutrifft: Welche Funktion wünschen Sie
sich persönlich?
Gibt es einen neuen/besonderen Bereich für die Website?


## Leitbild
Notieren Sie fünf bis zehn Begriffe, die Ihre Tätigkeit am besten
beschreiben: Was macht Sie aus, was treibt Sie täglich an?
Welcher der Begriffe ist Ihrer Meinung nach der wichtigste?


## Gestaltung und Werbemittel
Gibt es ein ausgearbeitetes visuelles Erscheinungsbild mit Farbsystem,
Hausschrift und Logo?
Falls ja: Liegen die Daten digital vor?
Haben Sie schon Flyer, Visitenkarten und Briefpapier?
Falls kein visuelles Erscheinungsbild vorhanden ist: Wollen Sie ein
umfassendes visuelles Erscheinungsbild oder ein einfaches Basiskonzept für
die Webseite?
Falls ja: Ist auch ein Logo erwünscht?
Falls ein Basiskonzept für die Website ausreicht – welche Farbrichtung
bevorzugen Sie: Vollfarben, warme Mischtöne oder kühle Mischtöne?
Haben Sie eine Hausschrift (z. B. Times New Roman oder Arial)?
Welche Begriffe entsprechen Ihren Vorstellungen besser: geordnet,
geradlinig, Quadrat oder eher rund, flexibel, kreativ?


## Website
Können Sie Internetseiten notieren, die Ihnen besonders gut gefallen haben?
Was gefällt Ihnen daran besonders gut, was gefällt Ihnen nicht?
Soll Ihre Adresse www.kunde.de die Hauptadresse sein oder eine andere?
Seit wann ist die jetzige Website ungefähr im Netz, und gab es große
inhaltliche Änderungen?
Wer hat die bestehende Website realisiert, und war der Dienstleister die
ganze Zeit über für das Projekt verantwortlich?
```

Was gefällt Ihnen an Ihrer Website besonders gut, was halten Sie für besonders gelungen?

Haben Sie sich schon eine Grundstruktur als Navigationsliste für Ihre Website überlegt?

4.2.4 Versand per Fax

Es macht eigentlich überhaupt keinen Sinn, die Checkliste als Fax zu versenden. Ein Fax ist nur zur rudimentären Kenntnisnahme durch den Kunden geeignet, trotzdem ist vielen älteren Kunden diese Form des Dokumententransfers am liebsten, weil sie das seit Jahrzehnten kennen.

Mit dem Internet teilt sich das Faxgerät die Eigenschaft, dass Sie nie wissen können, wie Ihr Kunde ausgestattet ist: Es kann sein, dass er zwar ein Normalpapier-Gerät besitzt, dieses aber noch mit Folie arbeitet. Es kann sein, dass die Verbindung abbricht. Es kann sein, dass die Druckqualität so schlecht ist, dass der Kunde Sie bitten muss, alles doch noch einmal per Post zu senden. Es reicht also nicht, Ihr Dokument mit einer 10-Punkt-Schrift aufs Faxgerät (oder eingescannt per Modem) zu senden. Drucken Sie die Checkliste mit nicht zu geringer Schriftgröße aus, nutzen Sie das Papierformat ökonomisch, beachten Sie aber auch die nicht druckbaren Ränder – halten Sie sicherheitshalber einen Raum von 3 cm links und rechts, 4 cm oben und 5 cm unten ein – Sie wissen nicht, wie alt das Faxgerät Ihres Kunden ist. Informieren Sie ihn vorher unbedingt, wie viele Seiten die Checkliste beinhaltet. Zusätzlich sollten Sie ein Deckblatt versenden. Auf dem Deckblatt notieren Sie Datum, Ansprechpartner, gewählte Faxnummer, Anzahl der Blätter inklusive Deckblatt und einen kurzen Gruß mit Ihrer Unterschrift.

4.2.5 Versand per Post

Die Checkliste für den Postversand kann ausreichend Platz zum direkten handschriftlichen Ausfüllen durch den Kunden beinhalten. Denken Sie jedoch daran, dass erstens reichlich Papier zusammenkommt, was zweitens den Kunden schon beim Anblick überfordern kann. Selbstverständlich können Sie die Checkliste deshalb auch komplett ohne Freiräume versenden und es dem Kunden überlassen, seine Antworten auf Leerblättern zu verfassen.

Sie finden eine Checkliste zum Ausfüllen als RTF-Dokument auf der DVD zu diesem Buch.

Eine weitere Möglichkeit (zumindest für internet-affine Kunden) ist ein Online-Formular im Web – schließlich sind Sie Webdesigner, Ihren Kunden wird diese Möglichkeit deshalb nicht unbedingt überraschen. Da man nur ungern Dinge wie Unsicherheiten bei der Zielgruppendefinition, Lücken in einer Erfolgsbilanz oder eine schlechte Website öffentlich kommuniziert, sollten Sie wenigstens aus psychologischen Gründen das Formular in einem geschützten Bereich einrichten, für den der Kunde einen persönlichen Zugangscode erhält. Auch wenn es für die Sicherheit nicht nötig ist und sich außerdem wohl niemand für die Antworten des Kunden interessiert – Ihr Kunde hat zumindest das Gefühl, dass niemand sonst lauschen kann.

4.3 Nonverbale Kommunikation

Wir haben bereits bei den Kommunikationsgrundsätzen festgestellt, dass

- analoge Mitteilungen direkt und unverschlüsselt und damit meistens nonverbal kommuniziert werden, während
- digitale Mitteilungen Verschlüsselungen enthalten, also rein verbal kommuniziert werden können.

Wir haben auch gesehen, dass die sachlichen Inhaltsaspekte einer Mitteilung hauptsächlich verbal kommuniziert werden und doch immer einen zusätzlichen Beziehungsaspekt enthalten, der teilweise oder ausschließlich einen nonverbalen Charakter hat.

In der Kommunikation zwischen Ihnen als Webdesigner und Ihrem Kunden spielt die nonverbale Kommunikation eine nicht so große Rolle wie die verbale – das ist durch die zahlreichen Kommunikationsprobleme auf verbaler Ebene bereits klar geworden. Nahezu jeder Webdesigner legt den Fokus jedoch allenfalls auf die verbalen Aspekte seiner Kommunikation – das wurde bereits bei den Strategien der Webdesigner ersichtlich –, und genau das ist zu kurz gedacht. Um zu verstehen, ob und welche Bedeutung diese Aspekte auf Ihren Erfolg haben, wollen wir deshalb kurz auf das Thema der nonverbalen Kommunikation eingehen.

Was bedeutet »nonverbal«?

Bevor wir auf die konkreten Aspekte für die Praxis eingehen, müssen wir zunächst den Begriff »nonverbal« eingrenzen. Wolfgang Frindte bringt dazu in seinem Buch (siehe Litaturverzeichnis) folgende Übersicht. Kommunikation durch ...

- Blickverhalten (Blickkontakt)
- Gesichtsausdruck (Mimik)
- Körperhaltung und Körperbewegung
- Berührung
- (räumliche) Distanz zum Kommunikationspartner
- vokale nonverbale Zeichen (z. B. Stimmhöhe, Sprechgeschwindigkeit, Lautstärke)
- Staffage (z. B. Kleidung, Statussymbole, Raumgestaltung)

Nonverbale Kommunikation ist also ein Verhalten mit verschiedenen Aspekten. Im Gegensatz zur verbalen Kommunikation können Sie aber Ihre Körpersprache oder zwischenmenschliche Verhaltensformen nicht so schnell ablegen oder ändern wie beispielsweise eine zu leise oder zu laute Stimme.

Die nonverbalen Aspekte der Kommunikation sind Teil unserer Identität in der sozialen Struktur, in der wir leben. Dazu gehört beispielsweise, dass Bankangestellte Anzug bzw. Kostüm tragen, um damit Kompetenz zu kommunizieren. Auch wenn der achtzehnjährige Auszubildende nicht mehr Kompetenz im Bankgeschäft hat als die meisten älteren Kunden, genießt er in seinem Anzug doch einen gewissen Respekt. Mit Erfolg hat ein Anzug übrigens nichts zu tun. Erfolgreiche Menschen treten auch mit ihrer Kleidung oft individuell bis provozierend auf.

Angelsächsische Unterschiede

Dass die Aspekte nonverbaler Kommunikation weniger mit Instinkten, sondern eher mit sozialen Konstruktionen zu tun haben, zeigt das bekannte Beispiel vom Zusammentreffen der britischen Bevölkerung mit den US-amerikanischen Truppen vor der alliierten Invasion. Obwohl beide Kommunikationsteilnehmer der angelsächsischen »Kultur« angehören, verbreitete sich bei den britischen Mädchen schnell der Ruf, die Amerikaner seien unverschämt und aufdringlich, während die amerikanischen Soldaten davon überzeugt waren, dass die britischen Mädchen offenherzige Flittchen wären. Das Missverständnis auf beiden Seiten war die Fehlinterpretation von nonverbalen Signalen: In Amerika küsst man sich schon zu Beginn einer Bekanntschaft, während in Großbritannien der Kuss direkt vor dem Sex kommt. Beide Kommunikationsteilnehmer fühlten sich also um die wichtigen Stufen der Liebeswerbung »betrogen«.

Nonverbale Kommunikation als Geschäft

Ihre vokalen nonverbalen Zeichen kann man bereits als Teil der verbalen Kommunikation betrachten, und die sind noch relativ einfach zu beeinflussen. Fühlen Sie sich hier unsicher, finden Sie im Buchhandel ausreichend Hilfe, die – in Maßen genossen – durchaus sinnvoll sein kann. Gerade Unsicherheit führt jedoch auch immer wieder zur fatalen Überschätzung der verschiedenen Aspekte nonverbaler Kommunikation. Was dabei vor allem vergessen wird: Nonverbale Kommunikationszeichen lassen sich weniger beeinflussen als verbale Kommunikationszeichen.

Dieser Tatsache zum Trotz bietet der Buchmarkt leider auch eine Fülle von Werken an, die stets die schnelle Lösung für sicheres Auftreten, Sprechen und Präsentieren versprechen. Auch in diesem Buch kommen wir noch auf Präsentations- und Vortragstechniken zurück, vergessen Sie aber jede Form von Schnellschuss-Lösungen. Es geht ja nicht nur um die weitaus härtere Arbeit, die nötig ist, bevor sich Ihre nonverbalen Kommunikationszeichen verändert haben, schlimm werden diese leeren Versprechen dadurch, dass der Anwender solcher Blitzerfolgsratgeber wahrscheinlich größere Misserfolge erlebt als vorher, einfach weil jedem Gesprächspartner die versuchte Manipulation nonverbaler Kommunikationszeichen sofort und unangenehm auffällt, weil sie *unaufrichtig* ist.

Neben den zahlreichen Ratgebern in Buchform hat sich auch ein Markt der Seminar- und Coaching-Anbieter gebildet, die ähnliche Instantlösungen durch den Besuch möglichst vieler Spezialseminare versprechen oder zumindest in Aussicht stellen. Freilich gibt es auch hier seriöse Anbieter, die von vornherein klarstellen, dass die erfolgreiche Veränderung nonverbaler Kommunikationszeichen ein langer Weg ist, auf dem der Seminarleiter nur ein kurzzeitiger Begleiter ist.

Nonverbale Kommunikation und falsche Strategien

Die willkürliche Veränderung von Staffage, Mimik, Gesichtsausdruck und Sprache erscheint auch vielen Webdesignern als attraktive Möglichkeit, um Kunden zu beeindrucken. Diese Strategie ist jedoch genauso erfolglos wie die schon zitierten verbalen Strategien des ersten Kapitels. Ohne Kompetenz ist der Anzug des Bankangestellten nur eine nichtssagende Uniform, und erfolgreiche Menschen haben ihren Erfolg nicht *wegen*, sondern *trotz* provokanter oder eigenwilliger Verhaltensweisen – bei Schauspielern gehört dieses Image ja schon fast dazu.

Barfuß oder Lackschuh?

Als Webdesigner machen Sie sich gegenüber Ihrem Kunden dagegen komplett lächerlich, wenn Sie beispielsweise außer auf Beerdigungen oder auf Hochzeiten niemals Anzüge tragen, aber ausgerechnet zum Kundentermin in einen teuren Anzug erscheinen, nur weil Ihr Kunde eine Bank oder ein Versicherungsunternehmen ist. Ihr Unbehagen in dem engen Zwirn werden Sie unbewusst kommunizieren, ob Sie wollen oder nicht. Erinnern Sie sich an den lauernden Säbelzahntiger, den Ihr steinzeitlicher Vorfahre intuitiv als Gefahr erkannt hat? Genauso intuitiv bemerkt Ihr Kunde auch, dass Sie sich in einem Anzug nicht wohlfühlen – das kommunizieren Sie nonverbal durch Sprachunsicherheiten, kurze Phasen geistiger Abwesenheit, unbequeme Sitzhaltung oder gelegentliches Zerren an der schlecht sitzenden Krawatte.

Das wichtigste ist, dass Sie sich in der Kleidung wohlfühlen, die Sie am Leib tragen. Auch die konservativen Kunden der alten Schule erwarten von Ihnen übrigens nicht, dass Sie im Anzug erscheinen. Wenn Sie auf Nummer sicher gehen wollen, können Sie als Kompromiss eine Anzugjacke mit einer guten Jeans kombinieren. Frauen haben es etwas einfacher: Während es bei Männern zwischen Freizeitdress und Anzug kaum Graustufen gibt, ist das Spektrum und damit die Auswahl von Alltagskleidung bis Business-Outfit bei Frauen sehr breit gefächert.

> **Authentizität**
> Verstellen Sie sich nicht, bleiben Sie so und geben Sie sich so, wie Sie sind.

Egal, was für ein persönliches Handicap Sie bei Ihren Gesprächen zu entdecken glauben, nehmen Sie es lieber hin, als ständig mit sich, Ihrem Aussehen oder einem eventuellen Fehler zu hadern. Handeln Sie selbstbewusst, auch in der Kommunikation: Ihr Kunde erwartet einen kompetenten Gesprächspartner und nicht einen Clown.

Auch wenn Sie sich nicht zum Clown machen sollen, einige Tipps gibt es hier doch – zumindest Tipps zur Körpersprache –, die Sie sinnvoll und einfach umsetzen können.

Verschlossene und offene Körpersprache

Wenn Menschen ihre Überlegenheit und Unnahbarkeit demonstrieren wollen, *verschränken sie die Arme* und *heben den Kopf* wie ein klischeehafter Häuptling in einem Karl-May-Western.

Sowohl Unnahbarkeit als auch Überheblichkeit sind die großen Gefahren für den Webdesigner; wir haben das anhand zahlreicher Beispiele verbaler Kommunikation festgestellt. Es ist deshalb auch nicht überraschend, dass sich im Laufe einer anstrengenden Diskussion mit einem arroganten oder beratungsresistenten Kunden die Arme des Webdesigners bei zu großem Ärger irgendwann automatisch und unbewusst verschränken. Diese Reaktion ist als Schutzmechanismus zu erklären, aber es ist trotzdem eine schlechte Reaktion, denn Sie können davon ausgehen, dass nun auch der Kunde »dicht macht« – *Sie* haben danach aber wieder die Aufgabe, das Knäuel von Dissonanzen und Kommunikationsproblemen erneut zu entwirren.

> **Armhaltung**
>
> Besser ist es, wenn Sie Ihre Arme geöffnet lassen. Da Sie Ihre Körpersprache aber nicht ständig kontrollieren können, können Sie außerdem Ihre Hände hinter dem Rücken falten oder eine Hand in die Hüfte verschränken.

Etwas anderes ist es freilich, wenn die verschränkten Arme über den ganzen Kommunikationsfluss hinweg zu Ihrem persönlichen Markenzeichen gehören – einfach weil Sie sich in dieser Haltung wohl fühlen. Es kann dann zwar am Anfang des Zusammentreffens für einige Verwirrung bei Ihrem Kunden sorgen, das endet aber sehr schnell, wenn Ihr Kunde merkt, dass Sie die Arme auch bei einer sonst sehr offen geführten Diskussion verschränkt halten.

Ähnliches gilt beim Sitzen für Ihre Beine.

> **Beinhaltung**
>
> Vermeiden Sie es als Mann, die Beine übereinanderzuschlagen.

Sie können übrigens anhand der Beinsprache auch etwas über die Aufmerksamkeit Ihrer Gesprächspartner in der Entscheidergruppe lernen: Weist ein übergeschlagenes Bein in Ihre Richtung, gilt Ihnen die Aufmerksamkeit. Im Stehen ist es meist der Fuß des Spielbeins, das im Dialog zum gerade relevanten Gesprächspartner zeigt. Diese kleinen Tipps haben nicht den Anspruch der Allgemeingültigkeit oder eines Gesetzes, aber sie helfen, die Situation kontrolliert zu beobachten.

> **Blickkontakt**
>
> Ein weiteres wichtiges Merkmal für gute nonverbale Kommunikation ist der Blickkontakt, den Sie immer dann zu Ihrem Kunden suchen sollten, wenn Sie etwas erklären.

Oft fällt es nicht leicht, wenn man möglichst einfache Erläuterungen zu komplizierten Sachverhalten finden und nebenbei seinem Gesprächspartner in die Augen blicken soll. Auch hier gibt es kein Patentrezept. Wenn Sie jedoch zu den Menschen gehören, die normalerweise gern wegsehen, dann können Sie sich den Blickkontakt bis zu einem gewissen Grad zumindest antrainieren. Das klappt auch allein ganz gut vor einem Spiegel.

Ein weiterer Tipp: Sie können ab einem gewissen Abstand auch knapp über die Augen schauen – Ihrem Gesprächspartner fällt das ebenso wenig auf wie Ihnen, wenn Sie einem vermeintlich frei sprechenden Fernsehmoderator zusehen, der von einem Teleprompter abliest.

4.4 Souveränes Gesprächsmanagement

Bei Spaziergängen im Park oder in der freien Natur werden Sie immer wieder auf Hundebesitzer treffen, bei denen Sie nie genau sagen können, ob der Besitzer mit dem Hund oder der Hund mit dem Besitzer spazieren geht. Alle Hundebesitzer werden Ihnen aber erzählen, dass sie führen und nicht die Hunde. Ähnlich kann es auch in der Kommunikation zwischen Webdesigner und Kunde laufen: Zu oft lässt man sich vom Kunden führen, man fügt sich in seine Diskussionen und lässt ihn den Kommunikationsweg bestimmen. Dabei vergessen viele Webdesigner, dass ein Kunde nur dann die Gesprächsführung übernimmt, wenn er das Gefühl hat, ihm bleibt nichts anderes übrig – meistens hält er seinen Gesprächspartner für überfordert. Auch hier passt der Vergleich mit dem Hundehalter: Ein Hund will weder einen herrischen noch einen unterwürfigen Rudelführer, er erwartet einen Manager, der wichtige Entscheidungen trifft und ihm diese auch abnimmt. Handelt der Hundebesitzer nicht souverän genug, fühlt sich der Hund gezwungen, alle Entscheidungen zu treffen und seinen Halter zu beschützen. Überforderte, kläffende und im Zweifel beißende Vierbeiner sind dann die Folge.

Management statt Führung

Es ist deshalb auch sinnvoll, den alten Begriff »Gesprächsführung« durch die passende Bezeichnung »Gesprächsmanagement« abzulösen. Führung klingt nicht nur ein wenig zu sehr nach der »Basta!-Strategie« – es gibt leider auch so viele Bücher, Seminare und Workshops zum Thema Gesprächsführung, die Ihnen weismachen wollen, wie Sie sich im Gespräch besser verkaufen können. Wir haben ja nun schon mehrfach festgestellt, dass konstruiertes Kommunikationsverhalten selten erfolgreich ist und noch seltener zu Ihrer eigenen, unverwechselbaren Art der Kommunikation passt.

Viele Webdesigner meinen, möglichst alles zum Thema Webdesign im Kundengespräch thematisieren zu müssen – unabhängig von der Medienkompetenz des Kunden, von dessen Wünschen und den Anforderungen an die Website.

So landet man jedoch unweigerlich bei den endlosen Monologen oder dem berüchtigten Sendungsbewusstsein zum Thema Webstandards und gutes Webdesign: gut gemeint, aber alles vollkommen sinnlos.

[!] **Reden ist Silber ...**
Sie müssen viel wissen, aber Sie müssen nicht alles kommunizieren.

Sie brauchen nicht das komplexe Thema Webdesign kommunizieren, Sie müssen einen effektiven Workflow planen. Sie brauchen nicht kommunizieren, was der Nutzer will, denn Sie werden ja eine benutzerfreundliche Webseite erstellen. Sie müssen nicht kommunizieren, was Webstandards sind, Ihre Webseiten sind standardkonform. Sie müssen nicht kommunizieren, was barrierefreies Webdesign bedeutet, Sie setzen aber alles daran, eine zugängliche Webseite umzusetzen. Sie müssen nicht kommunizieren, was schlechtes Webdesign ist, Sie achten auf eine gute Gestaltung. Sie müssen auch nicht kommunizieren, dass Webseite A gut ist und Webseite B schlecht, Sie werden nur eine gute Webseite veröffentlichen.

4.4.1 Die erfolgreiche Vermittlung von Fachwissen

Die konstruktive Aufklärung Ihres Kunden orientiert sich an seinem Verhalten und nicht an Ihren Vorstellungen. Insgesamt gibt es vier typische Situationen, die sich gegenseitig ständig beeinflussen und auf die Sie mit verschiedenen Kommunikationsmitteln reagieren sollten:

> **Falsche Vorstellungen vom Web**
>
> Verzichten Sie auf Belehrungen – unterstützen Sie Ihren Kunden dabei, die richtige Lösung zu finden.
> *Werkzeug*: Frage, Gegenfrage und Vergleich

> **Kundenwünsche und Anforderungen an die Website**
>
> Verzichten Sie auf Vorschläge – finden Sie heraus, was der Kunde erwartet und welche Lösungen angemessen sind.
> *Werkzeug*: Checkliste

> **Funktion einer Webseite**
>
> Verzichten Sie auf lange Erklärungen – zeigen Sie konkret, wie eine gute Webseite funktioniert.
> *Werkzeug*: Demonstration von Beispielen im Web

> **Gutes Webdesign**
>
> Verzichten Sie auf Statements – überreichen Sie Ihrem Kunden ein leicht verständliches Dokument zum Nachlesen.
> *Werkzeug*: gedrucktes Handout

4.4.2 Die Kunst der Frage

Es gibt erfolgreiche Verhaltensweisen in der Kommunikation, die im konkreten Dialog zwischen Webdesigner und Kunde funktionieren und sich einfach aus den Kommunikationsgrundsätzen ableiten lassen. Erfolgreich zu kommunizieren heißt ja, sachlich zu kommunizieren (Inhalts- und Beziehungsaspekt), seinen Gesprächspartner nicht mit Eigenlob (kognitive Dissonanzen), ziellosen Dialogen (Interpunktion) und Fachbegriffen (digitale Modalitäten) zu überfordern und den Kunden ernst zu nehmen (gleichberechtigte Kommunikation).

Die Einsicht in eine bessere Lösung als diejenige, die man für sich selbst als beste Lösung definiert hat, kommt niemals von selbst, sondern immer von außen.

> **In Frage stellen**
>
> Man sagt zwar, dass man eines Besseren belehrt wurde, aber bevor es so weit ist, müssen wir ja bereit sein, die eigene Weltsicht ins Wanken zu bringen: Wir müssen zuerst das in Frage stellen, was wir bisher als richtig angesehen haben, bevor wir bereit für neue Einsichten sind.

Kurz gesagt: Es ist nicht nur Ihr Job herauszufinden, was Ihr Kunde will, Sie müssen dafür sorgen, dass er falsche Kategorien und Differenzierungen aufgibt und einen Zugang zu den relevanten Themen des Webdesigns erhält. Wenn Sie jetzt das Gefühl haben, Ähnliches gelte doch auch für die Webdesigner der alten Zeit oder den Grafikdesigner, mit dem Sie zusammenarbeiten sollen, haben Sie vollkommen recht – Sie müssen ja tatsächlich *jeden* Kommunikationspartner von der Theorie und Praxis professionellen Webdesigns überzeugen.

Sie müssen Ihren Kunden zunächst »verwirren«, damit er überhaupt zugänglich wird für ein Überdenken und eine mögliche Veränderung seiner Weltsicht. Statements sind nicht geeignet, die verleiten den Kunden – aus welchen Gründen auch immer – eher zur Rechtfertigung und Beharrlichkeit und führen ihn nicht in die notwendige Selbstreflexion. Die zweite Möglichkeit, die oft der ersten folgt, ist bereits aus den ersten Buchkapiteln bekannt: Das bisweilen komplexe Thema Webdesign lässt sich am besten mit Kategorien und Differenzierungen erläutern, die dem Kunden bekannt sind.

> **Fragen helfen**
>
> Managen Sie den Gesprächsablauf effektiv und erfolgreich: Fragen sorgen dafür, dass Ihr Kunde seine Fehlkonstruktionen zunächst in Frage stellt und sich für neue Einsichten öffnet, bevor Sie mit der Aufklärung beginnen.

Für jede Aussage eine Gegenfrage?

Sie könnten zu einer in allen Aspekten katastrophalen Website des Kunden trocken und ehrlich bemerken: »Da haben Sie ja eine grauenhafte Website!« – Sie könnten aber auch die Frage stellen: »Haben Sie schon einmal recherchiert, wie viele Besucher Sie in den letzten Jahren verloren haben?« Was wird den Kunden wohl eher dazu bringen, die Qualität seiner Webseite überhaupt in Frage zu stellen – das Statement oder die Frage?

In Kommunikationsseminaren lernt man, wie man nur durch Gegenfragen einen Dialog führen kann, ohne selbst eine Meinung oder eine Antwort zum Thema abzugeben. Sie können das gern einmal ausprobieren, bedenken Sie aber, dass Sie die folgende Übung *nur* im Privatbereich durchführen, denn auch dort wird Ihr Gesprächspartner immer frustrierter, bis er sich feindselig oder aggressiv aus dem Dialog entfernt.

> **Beantworten Sie jede Aussage mit diesen Gegenfragen**
>
> ▶ »Wie meinst du das?/Was meinst du mit ...?« (Wiederholung der Frage oder Bemerkung)
> ▶ »Aha, du glaubst also, dass ...?« (Wiederholung der Frage oder Bemerkung)
> ▶ »Wie kommst du darauf?«

ELIZA

Die Idee ist übrigens nicht neu. 1966 entwickelte Joseph Weizenbaum ein Computerprogramm mit dem Namen ELIZA, das als »Computer-Psychotherapeut« bekannt wurde. ELIZA arbeitete nach dem Prinzip, Aussagen des menschlichen Programmnutzers in Fragen umzuformulieren. Also gab es auch hier nur eine simulierte Antwort. Bemerkte der Anwender beispielsweise »Ich habe ein Problem mit meiner Mutter«, dann antwortete das Programm: »Erzählen Sie mehr über Ihre Familie« oder »Warum, sagen Sie, haben Sie ein Problem mit Ihrer Mutter?«. Weizenbaum entschied sich übrigens deshalb für den Psychotherapeuten als Rolle für den Computer, da der Therapeut keinerlei Wissen kommunizieren muss, ohne dadurch unglaubwürdig zu werden.

Sparsam würzen

Natürlich können Sie Ihrem Kunden nicht ständig irgendwelche Gegenfragen stellen, weil er Sie nämlich irgendwann aus dem Büro wirft. Sie wollen mit und für Ihren Kunden eine professionelle Website planen, konzipieren und umsetzen. Sie sollten die Möglichkeiten gezielter Gegenfragen deshalb subtil und nicht zu häufig einsetzen.

Ideal für Gegenfragen sind Kommunikationssituationen, in denen Ihr Kunde versucht, Sie mittels seiner festen Wünsche und Vorstellungen unterzuordnen. Wenn Sie auf einen katastrophalen Kundenwunsch (»Ich will das alles größer!«) nur mit einem Statement reagieren, stecken Sie sofort in einem ziellosen Dialog fest.

> **Gezielte Gegenfragen**
>
> Mit gezielten Fragen bringen Sie Ihren Kunden dazu, sich zu den Hintergründen seiner Wünsche zu äußern – er muss sich dann durch Inhalte rechtfertigen. Nur wenige Kunden reagieren auf so eine Gegenfrage mit einem erneuten Statement: »Ich will das aber so – basta.«

Übertreiben Sie nie das Spielchen mit zu vielen Gegenfragen. Gebrauchen Sie Gegenfragen wie ein scharfes Gewürz zur geschmacklichen Unterstützung eines süßen Desserts, nämlich äußerst sparsam. Das heißt: Beantworten Sie nicht jede erste, zweite und auch nicht jede dritte Aussage Ihres Kunden mit einer Frage oder Gegenfrage, nur weil Sie auch die nächste Kundenaussage als unpassend abqualifizieren. Nehmen Sie sich lieber ein bis zwei Sekunden Zeit zum Nachdenken, wie Sie in der jeweiligen Situation kommunizieren. Denken Sie immer daran, dass Sie ein Gespräch mit Ihrem Kunden managen. Ihr Job ist es, dem Kunden auf den richtigen Weg zu helfen und nicht, ihn zu knechten oder nachhaltig zu manipulieren. Ihr Kunde kann sich nicht alles selbst erklären, dazu reicht weder sein Wissen noch seine Geduld. Es wäre auch unverschämt, wenn Sie das als Ziel festlegen würden. Die Verwirrung und das »Infragestellen« reicht aus, um den Kopf für neue Einsichten zu öffnen – und nur das ist das Ziel dieser Methode.

Vergessen Sie nicht: Ihr Gesprächspartner könnte nicht nur zornig auf diese Methode reagieren, er könnte Sie mit Ihrer ewigen Fragerei auch für einen Webdesigner mit geistig beschränkter Aufnahmekapazität halten oder für einen arroganten Witzbold, der ihn für dumm verkaufen will. In diesen Fällen hätten Sie mit einigen Fragen zu viel auch den ganzen Auftrag verdorben – so, wie Sie ein mehrgängiges Menu eben durch ein verdorbenes Dessert ruinieren können.

»Ich will das Logo größer«

Ein perfektes Beispiel für die Praxis gezielter Gegenfragen sind die klassischen Kundenwünsche. Darauf werden wir im Anschluss auch noch eingehen. Hier geht es zunächst nur um mögliche Reaktionen Ihrerseits auf die Kundenbemerkung »Ich will das Logo größer haben!« Oft wird das geschickt mit der Aussage »das sagen hier alle« oder »bei XY ist das ganz groß« verbunden. Gern genommen wird ebenfalls »meine Frau findet das auch«.

Unter Webworkern wäre die Reaktion: »Blödsinn, das Logo ist groß genug«. Genau so werden übrigens viele Fragen, Bemerkungen und Aussagen in Mailinglisten und Foren kommentiert, was dann wiederum oft zur falschen Wahrnehmung scheinbar »arroganter Listenteilnehmer« oder »rüden Umgangsformen« führt, aber das nur so am Rande.

Nun, unser Logo-Kunde ist natürlich kein gleichgesinnter Webworker, und das weiß auch der Webdesigner. In unserem Logo-Beispiel lautet deshalb die häufige und abgeschwächte Reaktion des Webdesigners im Gespräch: »Glauben Sie mir, das Logo ist so groß genug.« Wie kann man den Kunden nun mit gezielten Gegenfragen auf den richtigen Weg führen, indem man seinen Weg in Frage stellt?

> **Mögliche Reaktion des Webdesigners**
>
> ▶ »Wieso, wollen Sie den Inhalt weiter unten im Browserfenster haben?«
> ▶ »Warum möchten Sie/Ihre Frau das Logo größer haben?«
> ▶ »Die das gesagt haben, haben die das auf ihren Webseiten auch größer?«
> ▶ »Wie kommen Sie darauf, dass das notwendig ist?«
> ▶ »Wieso, haben Sie irgendwo anders große Logos gesehen?«
> ▶ »Sie meinen, dass die Seite dadurch länger wird?«
> ▶ »Sie wollen die längere Ladezeit der Startseite also in Kauf nehmen?«

Im Vergleich zu einfachen Statements haben Sie mit solchen Fragen reichlich kreative »Munition«. Es geht eben nicht um einen ziellosen Schlagabtausch von persönlichen Argumenten, sondern um ein »Umschalten« in der Wahrnehmung des Kunden.

Bei Statements oder Gegenargumenten könnte Ihr Kunde annehmen, Sie hätten keine Lust, das Logo »mal eben« größer zu machen. Mit Fragen bringen Sie Ihren Kunden vielmehr dazu, selbst auf die problematischen Aspekte seiner eigenen Ansichten zu kommen, die Sie ja von ihm – sozusagen als ergebener Diener – gerne etwas genauer erläutert hätten.

> **Vorsichtig!**
> Nutzen Sie die Methode der Gegenfrage als Mittel zum Zweck der Qualitätssicherung nur mit Bedacht!

[!]

4.4.3 Kundenaussagen: Die Website als Wille und Vorstellung

Den beliebten Wunsch nach einem größeren Logo auf der Webseite hatten wir bereits als Beispiel für häufige Kundenwünsche erwähnt, es gibt jedoch noch einige mehr. Erstaunlich ist dabei die Tatsache, dass sich die Erfahrungen der Webdesigner zu diesem Thema weitgehend decken. Es gibt international Beiträge, Essays, Artikel und Blogbeiträge zu diesem Thema. Meistens steht der Wunsch nach einem größeren Logo an erster Stelle. Aber es gibt noch mehr. Neben Wünschen und Forderungen kommen auch einfache Aussagen, scheinbar harmlose Bemerkungen und nett gemeinte Fragen vor.

Auswahl üblicher Kundenaussagen

- »Meine Frau/mein Sohn/meine Tochter/meine Sekretärin hat gesagt, dass ...«
- »Unsere PR-Abteilung sagt, das da müsste noch drei Millimeter weiter nach rechts/links/oben/unten.«
- »Ja, so wollte ich das, aber nun ist mir das alles doch irgendwie zu blass/zu knallig/zu bunt/zu eintönig.«
- »Wieso benutzerunfreundlich? Wir haben bisher nur Lob erhalten, und ein paar Fehler sind schnell beseitigt.«
- »Können Sie das noch mal eben ändern?«
- »Ich komme eh erst morgen wieder. Kann ich das dann so gegen Mittag im Netz ansehen?«
- »Ich schicke Ihnen alles vor meinem Urlaub zu, dann haben Sie in den zwei Wochen schon mal was zu tun.«
- »Auf meinem Laptop wirkt das alles irgendwie größer und farblich anders.«
- »Wir wollen das alles selbst pflegen. Die Teilzeitkraft kann das machen.«
- »Wozu brauchen wir eine Schulung? Sie sagten, das sei ganz einfach über den Browser zu pflegen.«
- »Bei Google bringen Sie die Webseite aber an die erste Stelle, ja?«
- »Was heißt Webstandards? Die Seite von XYZ ist doch prima. Die hüpfenden Briefkästen müssen wir ja nicht genauso haben.«
- »Wozu barrierefrei, unsere Seite guckt sich garantiert kein Behinderter an, und die gehören auch nicht zu unserer Zielgruppe.«
- »Ist das mit der Barrierefreiheit/den Webstandards der Grund, warum Sie teurer sind als der andere Webdesigner?«
- »Ja, die Seite ist fertig, aber können wir da noch mal andere Farben haben?«
- »Bei Verein/Firma XYZ ist das aber auf der Startseite ganz anders gelöst. Können wir das auch so haben?«
- »Schicken Sie uns die Rechnung, da kommen Sie uns ja wohl noch etwas entgegen, oder?«

Diese Wünsche, Vorstellungen, Anforderungen, Fehleinschätzungen und Unwissenheit seitens der Kunden sind nur eine kleine repräsentative Auswahl. Hätte ich Platz für weitere 20 Beispiele gelassen, könnten Sie jetzt wahrscheinlich problemlos selbst die Zeilen mit eigenen Erfahrungen füllen.

Da Sie nicht auf jede Kundenaussage mit der Methode der Gegenfrage reagieren können, müssen Sie in der Lage sein, Ihrem Kunden auf eine konkrete Frage auch eine konkrete Antwort zu geben.

Als Webdesigner erwarten Sie dafür jetzt vielleicht die ultimative Lösung für jede einzelne Kundenaussage – in der Hoffnung, dass es in der Kommunikation zukünftig keine Konflikte mehr gibt. Eine Instant-Lösung, die ultimative Strategie oder eine todsichere Methode für die Kundenkommunikation gibt es aber auch hier nicht, und wenn Sie dieses Buch aufmerksam bis hierhin gelesen haben, wird Sie das auch nicht überraschen. Die Methode der Gegenfrage ist eine Möglichkeit in der Kundenkommunikation, die die eigentlich wichtige Aufklärung nur *unterstützen* kann. Die Frage beziehungsweise Gegenfrage hat jedoch Grenzen: Sie ist weder konstruktiv noch vermittelt sie direktes Wissen. Ein Beispiel: Nehmen wir an, Sie beantworten den Kundenwunsch nach einem größeren Logo mit der Gegenfrage »Wollen Sie den Inhalt im Browserfenster weiter unten haben?«. Sie haben ihn damit sicher verwirrt und dadurch auch ein Stück weit für neue Einsichten geöffnet, aber konstruktiv ist das ja noch lange nicht.

Wichtig: Notieren Sie nicht nur die Äußerungen Ihres Kunden, sondern auch seine Antworten auf Ihre Fragen oder Gegenfragen.

4.4.4 Vergleiche, Bilder, Metaphern

Eine konstruktive Möglichkeit, die man sich als Webdesigner unbedingt aneignen sollte, bietet die Metapher. Dieses Buch ist zum Beispiel voll von Metaphern. Der ganze Komplex zur Kommunikation wäre in einer angenehmen Leseform nicht ohne die bildhaften Vergleiche ausgekommen. Sie hätten ansonsten einem zum Gähnen langweiligen und trockenen Text lesen müssen. Vielleicht wären Sie nie bis zu diesem Satz gekommen, weil Sie nur die Hälfte auf Anhieb und ohne Nachzudenken verstanden hätten – nicht gerade eine motivierende Voraussetzung.

Es geht also darum, Ihrem Kunden komplizierte Sachverhalte dadurch zu erklären, dass Sie *Vergleiche* mit bekannten Geschichten, Kategorien und Differenzierungen des Kunden verwenden. Das entspricht dem vierten Kommunikationsgrundsatz, nach dem die digitalen Modalitäten der Kommunikation eine eindeutige Sprache erfordern, die den Kategorien und Differenzierungen des Gesprächspartners entspricht. Man kann auch sagen, dass nicht nur die Syntax (Sprache), sondern auch die Semantik (Bedeutung) der Inhalte bei den Kommunikationspartnern übereinstimmen muss. Vor allem die Semantik und ihre Funktion als Standard für den einheitlichen und allgemeingültigen Aufbau von Dokumenten im Web wird uns noch intensiver beschäftigen.

Dass Vergleiche eine sinnvolle und erfolgreiche Methode der Kommunikation sein sollen, mag Ihnen vielleicht paradox erscheinen, denn die zahlreichen Fehlinterpretationen, falschen Kategorien und fehlerhaften Wahrnehmungen Ihrer Kunden bezüglich des Webs beruhen ja auch auf solchen Vergleichen mit anderen Medien. Doch im Gegensatz zu einem Kunden, der den erstbesten Vergleich ohne das Wissen um die tatsächlichen Zusammenhänge anstellt, wissen Sie ganz genau, was Sie vermitteln sollen.

> **Vergleiche**
>
> Im Gegensatz zur Methode der Gegenfrage sollen Vergleiche nichts anzweifeln – sie dienen zur Aufklärung und Richtigstellung von Sachverhalten.

Vergleiche in der Kundenkommunikation

Es ist natürlich nicht realisierbar, alle möglichen Kundenäußerungen mit einem entsprechenden Vergleich aufzulisten. Diese Aufgabe würde jedes Buchprojekt sprengen und wäre für Sie dennoch nur begrenzt sinnvoll – außerdem wäre das ein weiteres, konstruiertes Theater, das mit dem Verlauf des Kundengesprächs doch nichts zu tun hat.

Wichtig ist auch die Feststellung, dass sich Vergleiche nicht automatisch für *alle* Aspekte zum komplexen Thema Webdesign eignen. Jede Kommunikationsmethode hat Grenzen – bevor Sie also minutenlang nach einer passenden Metapher suchen, ist es besser, den Sachverhalt direkt zu erläutern, ihn zu zeigen oder den Kunden auf das Handout zu verweisen.

Erfolgreich sind natürlich nur Vergleiche, die Ihr Kunde seinen Kategorien und Differenzierungen zuordnen kann. Sie könnten natürlich den ewig gestrigen Tabellenbastler, der alle Webstandards verdammt, mit Darth Vader vergleichen. Dieser Vergleich könnte trotzdem danebengehen: Was ist, wenn Ihr Kunde *Star Wars* nie gesehen hat und *Darth Vader* für den neuen Männerduft von Karl Lagerfeld hält?

> **Eingägige Vergleiche**
>
> Die Vergleiche müssen so eingängig und bekannt sein, dass man sie automatisch im Bewusstsein abrufen kann.

Weil solche Beispiele aus dem täglichen Leben stets abrufbereit sind, entsprechen sie teilweise auch den Beispielen, die Ihr Kunde für seine *falschen* Vergleiche anstellt. Der Vorteil dabei: Die Kommunikation verläuft für Sie beide in bekannten und sicheren Kategorien und damit ohne großes Risiko, aneinander vorbeizureden oder mit unbekannten Fachbegriffen zu argumentieren.

Die Beispiele aus dem täglichen Leben müssen natürlich inhaltlich gut zu den Themen aus Web und Webentwicklung passen, denn die wollen Sie ja erklären. Die Themen sind das Medium Web, die Eigenschaften einer Webseite, das Nutzerverhalten, Webdesign und Suchmaschinen. Einige Vergleiche finden Sie auch im Handout für Kunden.

Beispiele zur Thematik: Was ist das Web?

Das Web lässt sich gut mit einem globalen PC-Netzwerk zum *Austausch, Betrachten und Bearbeiten von Dokumenten* vergleichen, und allzu weit hergeholt ist dieser Vergleich ja auch nicht. Bei Unternehmen ist auch der Vergleich mit Intranet-Lösungen wie Lotus Notes oder SAP sinnvoll. Bei Kunden ohne jegliche Medienkompetenz oder gar ohne PC-Kenntnisse kann man eine imaginäre Kombination aus Telefon, Fax, Schreibmaschine, Radio und Fernsehen anbringen, die bei allen Besitzern wie beim Telefon miteinander verbunden ist – zum Surfen mit Modem reicht ja bis heute tatsächlich ein normaler Telefonanschluss.

Beispiele/Vergleiche zur Thematik: Was ist eine Webseite?

Kunden und leider auch zu viele Webdesigner der alten Schule vernachlässigen stets den Charakter der einzelnen Webseite als ein Dokument – inklusive der Syntax einer Auszeichnungssprache und vor allem einer eigenen Semantik, die sich an den Inhalten orientiert und an der Eigenschaft als verknüpfte Seite im Web. Im Vordergrund stehen stattdessen fast immer zuerst der Aspekt eines Marketinginstruments, dann der Pagerank bei Google, dann die Anforderung an eine schöne Gestaltung, dann die Bezeichnung der Navigationspunkte und dann die Qualität der Navigation. Erst danach folgt die Funktion als verknüpftes Dokument – von Semantik noch immer keine Spur.

Konzentrieren Sie sich bei der Richtigstellung deshalb auf das einzelne Dokument einer Website, lenken Sie die Aufmerksamkeit Ihres Kunden auf die inhaltliche Semantik – und darauf, dass eine »nackte« Webseite auch ohne Gestaltung noch immer eine abrufbare Webseite ist. Die korrekte HTML-Struktur, DOM, Doctype und die Einbettung externer CSS-Dateien interessieren den Kunden nicht, und es ist auch nicht wichtig, dass er das versteht – das Web hätte ja schon gewonnen, wenn wenigstens alle Webdesigner das wüssten. Sämtliche Gestaltungsaspekte sollten Sie von der inhaltlichen Thematik genauso konsequent trennen, wie Sie das in der tatsächlichen Umsetzung einer Website tun: kein Vergleich der Webseite also mit Imagebroschüren, Flyern oder anderen schönen Printprodukten – ansonsten haben Sie wieder das leidige Problem der schädlichen Vermischung von Inhalt und Präsentation in der Kundenwahrnehmung.

Vergleich mit einem Office-Dokument

Eingängig und leicht nachzuvollziehen ist der Vergleich einer Webseite mit der Seite einer Zeitung oder einem Word-Dokument. *Office-Dokumente* setzen zwar grundlegende Erfahrungen in Sachen PC-Arbeit voraus, mittlerweile kann man aber bei fast allen Kunden von dieser Kompetenz ausgehen. Außerdem eignet sich so ein Textdokument besonders gut als Vergleich: Es ist wie die Webseite ein virtuelles Dokument und beinhaltet eine bestimmte Semantik der Inhalte, die jeder Kunde versteht. Word verwendet ja Überschriften, Standard-/Absatztexte, geordnete Listen und ungeordnete Listen. Eigentlich reichen diese Elemente schon aus, um zu erläutern, was eine Webseite in ihren Grundfesten eigentlich ist.

Leider gibt es nun aber eine erschreckend große Zahl von Kunden mit komplett fehlender Kompetenz bezüglich der Semantik von Office-Programmen. Fragen Sie Ihren Kunden also zuerst, ob er die Formatvorlagen in Word kennt oder Überschriften, Listen und Absätze jedes Mal neu formatiert. Ist das nämlich der Fall, sollten Sie lieber eine *Zeitungsseite* als Vergleich nehmen, denn die beinhaltet nicht nur eine heterogene Anordnung verschiedener Rubriken, sondern auch weiterführende Verweise zu Kommentaren oder anderen Zeitungsteilen. Sie müssen die journalistische Semantik der Zeitung nicht beherrschen, aber Sie können den Aufbau sehr gut mit dem der Webseite vergleichend erklären, denn auch hier orientiert sich die Präsentation in Zeilen und Spalten an der Abfolge und Relevanz der Inhalte.

Beispiele/Vergleiche zur Thematik: Wie funktionieren Browser und Webseite?

Eine beliebte Quelle für kuriose Fehlinterpretationen des Webs ist das Zusammenspiel einer Webseite und den Funktionen eines Browsers. Ein großer Fehler ist dann oft der Versuch, Web, Webseite und Browser getrennt zu erläutern. Ihr Kunde könnte tatsächlich antworten »Aha, verstanden – aber wo ist nun *mein* Internet?« Die Verwechslung von Internetdiensten wie T-Online oder AOL mit dem Web hatten wir schon, deshalb der Rat: Vergleiche sollten Sie hier nur knapp und mit der Konzentration auf das Wichtigste anstellen. Grundsätzlich gilt, dass Sie und Ihr Kunde mehr davon haben, wenn Sie dieses Zusammenspiel *konkret am PC demonstrieren*. Trotzdem gibt es Situationen, z. B. am Telefon oder im Falle einer schlichten Abwesenheit jeglicher Hardware, dass Sie dieses Thema erläutern müssen.

Sie müssen mit einem passenden Vergleich versuchen zu erläutern, dass es eben doch Unterschiede in der Darstellung einer Internetseite geben kann. Hier bietet sich aber nicht der Vergleich mit einer PowerPoint-Präsentation an, sondern mit dem Fernsehen. Tatsächlich gibt es bei der Übertragung und Darstellung von Fernsehprogrammen Probleme, die in ihrer Wahrnehmung mit den Darstellungsproblemen von Browsern vergleichbar sind: Das Bild sieht fast immer gleich aus, aber eben nicht immer. Bei beiden Medien werden Informationen übertragen, die von den »Empfangsgeräten« unterschiedlich interpretiert werden können.

Das Wort *Interpretation* hat sich übrigens als verständlicher Begriff für die Funktionen und Grenzen der Browser erwiesen. Der Fernseher muss alles verarbeiten, was er bekommt: Farb- und Schwarz-Weiß-Filme muss er richtig darstellen können, er muss US-amerikanische Fernsehsignale des NTSC- und französische des SECAM-Standards ebenso korrekt interpretieren können wie die Signale des europäischen PAL-Standards. Formate, die eine Fernsehmattscheibe komplett ausfüllen, wechseln mit Programmen, die im 16:9-Format oder heute in HD-TV senden. Die Abwärtskompatibilität muss ebenso gewährleistet sein wie eine gleichbleibend hohe Qualität. Daneben gibt es unterschiedliche Geräte zur Anzeige von Fernsehsignalen. Der PC-Monitor muss mit seiner ungleich höheren Auflösung das standardisierte Fernsehformat befriedigend für den Zuschauer übertragen können, und das tragbare Mini-TV-Gerät im Westentaschenformat soll bei der Fußballübertragung noch den Ball sichtbar machen. Und ein Blick in die Fernsehabteilung großer Elektronikmärkte zeigt ja, dass nahezu jedes Gerät ein anderes Bild zeigt.

Beispiele/Vergleiche zur Thematik: Was macht eine technisch gute Webseite aus?

Grundsätzlich begeistert man sich besonders für Dinge, die einem den größten Nutzen bringen. Für den Kunden sind das – bezogen auf seine Webseite – eine Top-Platzierung bei Google, ein schönes Design und ein günstiger Preis.

Es reicht übrigens schon, wenn Sie einmal erwähnen, dass Sie nach Webstandards arbeiten. Erstens haben Sie für Ihren Kunden noch ein Handout, zweitens interessiert es ihn sowieso nicht weiter. Jeder Vergleich hinkt, aber Ihrem Kunden gegenüber können Sie erwähnen, dass Standards für Webseiten so etwas wie TÜV/ISO/DIN-Normen sind, die ein weitgehend einheitliches Qualitätsniveau gewährleisten. Die Transparenz des Quellcodes kann man mit den (leider oft nur theoretischen) Qualitätskriterien im Handwerk vergleichen, die ebenfalls für jeden professionellen Handwerker zwischen Flensburg und Passau gelten.

Werden Sie von Ihrem Kunden jedoch mit Fehlinterpretationen, unprofessionellen Wünschen und falschen Vorstellungen zur Web-Nutzung geradezu bombardiert, müssen Sie ihm die Grundlagen von Webstandards mit unaufdringlichem JavaScript und zugänglichen Flash-Dateien nahebringen. Für Sie als Webdesigner liegen die Vorteile von Webstandards auf der Hand, Ihrem Kunden müssen Sie aber zunächst klar machen, was das überhaupt für Standards sind und dass diese Vorteile auch für ihn beziehungsweise für seine Webseite gelten.

Vergleiche bieten sich nicht nur in Bezug auf vorhandene Webstandards an, sondern auch auf die noch immer in der Überzahl vorhandenen schlechten Beispiele im Web. Ihr Kunde wählt zu irgendeinem Aspekt seiner Vorstellungen garantiert eines dieser Exemplare als Favoriten. Es ist deshalb gelegentlich notwendig, dass Sie auch gute Vergleiche für die schlechten Beispiele parat haben. Meistens handelt es sich dabei um einen Tabellenverhau der Webseitenschmiede bekannter WYSIWYG-Editoren. Hier hat sich der Vergleich bewährt, dass man eine *mehrseitige Hochglanzbroschüre niemals mit einem Kalkulationsprogramm wie Excel und Datentabellen erstellen würde.* Funktioniert hat auch schon die Feststellung, dass eine Datentabelle als Grundgerüst für eine Website ungefähr so widersinnig ist, als würde man die Augsburger Puppenkiste als Drehort für einen neuen Star Wars-Film wählen.

Beispiele/Vergleiche zur Thematik: Was erwartet der Nutzer von einer Website?

Jede Website bekommt die Nutzer, die sie verdient – so jedenfalls könnte man Usability auch beschreiben. Viele Kunden haben vollkommen falsche Vorstellungen vom Nutzerverhalten und von den Anforderungen der Nutzer an eine Webseite. Zum Thema Nutzung passt sehr gut der Vergleich mit einem Haus: Treppen als Hauptnavigation, Innentüren als Unternavigation, Haustüren als externe Links und Räume als Seiten.

Ein Vergleich mit Dokumenten ist hier nicht so ideal, denn die Nutzung einer Website unterscheidet sich doch erheblich von der Nutzung aller anderen bekannten Medien. Sie können zum Beispiel die vom Kunden gewünschte Navigationsbezeichnung »Info« gut mit einem Innentürschild vergleichen, auf dem »Raum« steht.

Links und Navigationspunkte, die ins Leere führen, können Sie mit aufgemalten Türen vergleichen und Navigationspunkte, die unmittelbar PDF-Dateien öffnen sollen, die können Sie mit einer Tür vergleichen, aus der beim Öffnen ein Karton mit Dokumenten springt – Futter für passende Horrorfilme also.

Der Hausvergleich bietet sich auch an, wenn es um Sackgassen in einer Website gibt, die Positionierung von Suchfunktion und Sitemap (Wegweiser) oder die Logik des Grundrisses (Aufbau und Hierarchie der Website).

4.4.5 Kein Vergleich ohne Regeln

Auch Vergleiche haben Regeln, an die Sie sich im Gespräch halten können.

> **Vergleiche sind zweckgebunden.**
> Verzichten Sie auf Vergleiche, wenn es dafür keine Notwendigkeit gibt.

Was für Statements gilt, gilt natürlich auch für Vergleiche: Nicht jedes Gespräch muss automatisch mit falschen Wahrnehmungen, Fehlinterpretationen und falschen Kategorien des Kunden durchsetzt sein. Das heißt, Sie müssen nicht bei jedem Fachbegriff und jeder Erläuterung sozusagen in vorauseilendem Gehorsam einen bildhaften Vergleich anstrengen. Sie werden in Ihrer Praxis immer wieder Termine erleben, die auch bei mehrstündiger Dauer komplett ohne Erklärungen auskommen, die auch irgendwelche Vergleich unnötig machen – auch wenn sich die fehlende Medienkompetenz des Kunden dann im Laufe des späteren Workflows durch unqualifizierte Bemerkungen und kuriose Wünsche bemerkbar macht.

Falls Ihr Kunde mit seinen Aussagen oder suggestiven Fragen versucht, Sie schon in den ersten Minuten auf seine (verkorkste) Interpretation des Webs einzuschwören, ist die beste Reaktion immer noch die Bemerkung: »Ja, darauf kommen wir später noch genauer zurück.« Ein wunderbarer Satz, den Sie lieben werden, weil er Ihnen in zahllosen Situationen scheinbarer Ausweglosigkeit immer ein Tor öffnet und die nötige Zeit zum Nachdenken über die angemessene Reaktion schenkt. Manchmal vergisst der Kunde auch seine Aussage.

> **Vergleiche benötigen den richtigen Zeitpunkt.**
> Finden Sie das richtige Timing für Ihre Vergleiche, und vermeiden Sie einen inflationären Gebrauch.

Genauso wenig, wie die Vergleiche Selbstzweck sein dürfen, ist es auch wichtig, stets den richtigen Zeitpunkt für einen passenden Vergleich zu finden. Wenn Ihr Kunde Sie unmittelbar nach der Begrüßung an den Besprechungstisch bittet und freundlich bemerkt, dass Sie sich jetzt »an die neue Homepage machen« werden, sollten Sie nicht gleich stehen bleiben und mit erhobenem Finger erwidern: »Na, da haben wir wohl nicht aufgepasst am Telefon, wie? Homepage heißt nur die Startseite und deshalb nennt sich das Website, muss ja mal gesagt werden.«

Wichtig: Während Sie mit der Checkliste arbeiten, ist eine direkte Erwiderung auf die Fehlinterpretation des Kunden kontraproduktiv, egal, wie genötigt Sie sich fühlen, mit Gegenfragen, Vergleichen oder kurzen Statements einen Sachverhalt klarzustellen.

[!] **Keine Metaphern während der Checkliste**
Vor und während der Arbeit mit der Checkliste ist auch die schönste Metapher tabu.

Eigentlich logisch: Je mehr Sie erläutern, klarstellen oder erklären, umso tiefere Schluchten fehlender oder lückenhafter Medienkompetenz tun sich beim Kunden auf. Und das in einer Phase, in der Sie mit Ihrer Checkliste nur als Dialogpartner in Erscheinung treten sollen, in der Sie lediglich Fragen stellen und allenfalls die Antworten aufschreiben. Der beste Zeitpunkt für passende Vergleiche ist übrigens die *Planungsphase*, also nachdem Ihr Kunde mit Ihnen die Checkliste abgearbeitet hat und durch konkrete Beispiele im Web oder durch das Handout einige Grundlagen zu den Themen Web, Webseiten und Webentwicklung kennengelernt hat. Erfahrungsgemäß ist Ihr Kunde mit Ihnen dann schon vertraut, er hat Sie als ernsthaften Webdesigner kennen und schätzen gelernt und ist nun auch eher bereit, Ihren Ausführungen zu den komplizierten Aspekten des Webs und der Webentwicklung zuzuhören. Zu lange dürfen Sie freilich auch nicht warten, denn die Konzeptionierungsphase sollten Sie bereits frei von grundsätzlichen Fehlinterpretationen Ihres Kunden beginnen, die dort auch schon sehr zeitraubend und damit unwirtschaftlich sein können.

> **Vergleiche sollten der Relevanz einer Aussage folgen.**
> Nicht jede falsche Wahrnehmung oder Fehlinterpretation verdient eine Erwiderung mit dem passenden Vergleich.

Vergleiche sind immer nur dann notwendig, wenn eine Fehlinterpretation Ihres Kunden vermutlich zu Konflikten in der weiteren Kommunikation oder zu Qualitätsproblemen im späteren Workflow führen könnte.

Sie müssen hier sehr genau darauf achten, was Ihr Kunde Ihnen oder anderen Entscheidungsträgern in einer Gruppe mitteilt. Grenzen Sie das Konfliktpotenzial der Aussage ein, und entscheiden Sie dann, ob Sie darauf mit einer Gegenfrage, einem ausführlichen Vergleich, einer simplen Klarstellung oder gar nicht reagieren sollten.

Erläutert Ihr Kunde im Gespräch, dass er eine grauenhafte Kombination von monströsen JavaScript-Anwendungen und DHTML-Features mit einem Frameset und steinzeitlichem Doctype als »vorbildliches Beispiel« definiert, könnten Sie die Frage stellen, ob er bei den Browserupdates die Gefahr zerschossener Layouts oder fehlender Funktionalität jedes Mal freiwillig in Kauf nimmt. Sie könnten dann zum Beispiel einen Vergleich mit einem hochmodernen Fernseher konstruieren, der als einziges Programm lediglich uralte Stummfilme sendet. Sie brauchen so nicht explizit darauf hinzuweisen, dass sein Favorit nicht gerade die Königsklasse des Webs repräsentiert. Sie könnten parallel dazu aber auch überlegen, ob es für eine derartige Interaktion eventuell eine anspruchsvolle Ajax-Lösung geben könnte. Es ist im Zweifel immer besser, den rosaroten Wunschtraum eines Kunden nicht gleich mit abwiegelnden Argumenten zerplatzen zu lassen, sofern es eine professionelle Lösung geben *könnte*, selbst wenn die Chance noch so klein ist.

Sie führen Ihren Kunden durch eine Frage zunächst auf den richtigen Weg. Ihr Vergleich sorgt dafür, dass er sich mit der Problematik seines bisherigen Favoriten kritisch auseinandersetzt, und Ihre Suche nach einer passenden Lösung ist wiederum die Grundlage für die Erfüllung der Kundenwünsche auf dem professionellen Niveau moderner Webentwicklung. Viele Webdesigner rechtfertigen veraltete Techniken und benutzerunfreundliche Webseiten gern damit, dass der Kunde mit seinen Wünschen dem Webdesigner keine andere Wahl lasse. Mit der vorangestellten Methode schafft man es aber tatsächlich, auch hartnäckige Fehlinterpretationen des Webs aus dem Weg zu räumen und den Kunden von professionellen Lösungen zu überzeugen.

4.4.6 Das Handout für Kunden

Sie können als Webdesigner Ihrem Kunden nicht alles direkt erläutern. Das schaffen Sie nicht am Telefon, nicht in zahllosen E-Mail-Kontakten und nicht in mehreren persönlichen Gesprächen. Ihr Kunde hat Sie auch nicht für eine Einführung in professionelles Webdesign bestellt, sondern für die Planung und Umsetzung einer Website – dass Sie das professionell machen und wissen, worauf Sie achten müssen, das setzt Ihr Kunde voraus. Als Webdesigner wissen Sie aber auch, dass Ihr Kunde einige Grundlagen zum Thema professioneller Webentwicklung kennen sollte, damit die Kommunikation während des Workflows möglichst spannungsfrei verläuft.

Eine gute Hilfe ist ein Handout, das Sie Ihrem Kunden jederzeit mit der Bemerkung überreichen können, er möge es bitte aufmerksam lesen. Papier ist geduldig – und Texte, die man sich selbst nicht zum Lesen aussucht, strapazieren die Geduld aufs Äußerste. Ihr Kunde muss wahrnehmen, dass das Handout für ihn wichtig ist und genauso wie die Checkliste als Teil der Kommunikation zum Workflow gehört. Hier bietet es sich ebenso an, dem Dokument als Anlage zur Checkliste eine hohe Relevanz zu geben.

Die Beantwortung der letzten Frage Ihrer Checkliste ist deshalb ein guter Zeitpunkt, um Ihrem Kunden das Handout zu überreichen.

Sie können das Handout auch noch später und zusammen mit dem Angebot per Post versenden. Ebenso wie die Checkliste ist das folgende Handout nur ein Vorschlag, eine Grundlage für Ihre eigene Kundenkommunikation.

Sie finden das Dokument auch auf der DVD zum Buch.

4.4.7 Das Handout für Kunden

Sehr geehrter Kunde,

Sie erhalten eine professionelle Website. Die Internetpräsenz genügt allen Ansprüchen an zeitgemäßes Webdesign – inhaltlich, technisch und bezüglich des Aussehens. Was Sie als Auftraggeber einer Internetpräsenz zu diesem komplexen Thema wissen sollten, erfahren Sie im folgenden Text.

Eigenschaften einer Website

Eine Website ist eine Sammlung verknüpfter HTML-Seiten (HTML steht für »*HyperText Markup Language*«). Eine HTML-Seite besteht, wie ein Word-Dokument, zunächst aus Überschriften, Absätzen und Listen. Sie können aus einem schlichten Word-Dokument durch Hintergrundbilder, Fotos und eingefügte Clip-Art-Dateien eine bunte Broschüre gestalten, die kaum noch an eine Textdatei erinnert. Genauso bleibt die Dokumenteneigenschaft einer HTML-Datei den meisten Nutzern verborgen. HTML sieht man nicht direkt. Es ist ja auch Aufgabe des Webdesigners, eine Internetseite durch anspruchsvolle Gestaltung und interessante Funktionen so zu gestalten, dass sie als ein visuell ansprechendes Dokument wahrgenommen wird.

HTML wurde ursprünglich geschaffen, um Texten eine klare Struktur zu geben – es ging dabei lediglich um den plattformunabhängigen Austausch von wissenschaftlichen Dokumenten im Internet. Als Werbeagenturen das Web entdeckten, nutzten sie die Tabellen zur Gestaltung von Internetseiten. Die Tabellen waren wie in jedem normalen Dokument eigentlich für Daten gedacht. Angesichts fehlender Alternativen zur Gestaltung wurden sie auf den Internetseiten als »Layout-Krücken« verwendet, vergleichbar mit Rastersystemen bei Drucksachen.

In die HTML-Seite wurden auch Elemente geschrieben, die das Layout und die Gestaltung definierten. Es gab über viele Jahre keine Alternative zu diesem Vorgehen, weil Browser wie der Netscape Navigator, der Internet Explorer oder der AOL-Browser das HTML unterschiedlich interpretierten. Anstatt schlanker und plattformunabhängiger Dokumente hatte man dadurch aufgeblähte Internetseiten, »optimiert für Internet Explorer in der Monitorauflösung 1024 x 768 Pixel«.

Schlechte Internetpräsenzen besitzen also nur eine Anforderung: den PC in einer ganz bestimmten Konfiguration und den stereotypen Nutzer mit einem ebenso typischen Verhalten.

Eine professionelle Website orientiert sich an möglichst allen Anforderungen des Nutzers im Web. Das bedeutet: Eine Website besitzt die größtmögliche Flexibilität in der Zugänglichkeit, ohne Beschränkung auf die Kenntnisse und die technischen Vorgaben des Nutzers.

Anforderungen an eine professionelle Website

Die Zeiten, als die Mehrzahl der Nutzer mit einem Betriebssystem, einer Monitorgröße und einem Browser im Web unterwegs waren, sind seit der Jahrtausendwende endgültig vorbei, und die Beschränkung auf diese »typischen« Vorgaben hat die Möglichkeiten des Mediums auch eher behindert als gefördert.

Es wurde deshalb immer wieder versucht, die Inhalte der HTML-Seiten von der Gestaltung zu trennen. Als Lösung bot sich die Idee der Stilvorlagen an, die schon lange im Printbereich bekannt sind. Die Stilvorlage (bei Word heißt sie Formatvorlage) definiert zum Beispiel bei einem Katalog das genaue Gestaltungsraster mit der Anordnung von Texten und Bildern – oder auch das exakt definierte Erscheinungsbild der Texte. Diese Definitionen werden auf alle Einzeldokumente angewendet. Der Grafiker muss sie nicht bei jeder neuen Seite und für jeden Textabschnitt neu vergeben.

Diese Praxis kann man heute auch auf eine Website anwenden. Das HTML-Dokument beinhaltet nur den strukturierten Text. Das Design wird dagegen über eine separate, externe Stilvorlage gesteuert, auf die jede einzelne HTML-Seite zugreift.

In der Stilvorlage wird zum Beispiel definiert, dass die »Überschrift 1« dunkelrot und in großer Schrift (*Times*) erscheinen soll. Im HTML-Dokument steht nur »Überschrift 1«, auf Ihrem Monitor erscheint sie dann aber auf der Internetseite als dunkelrote, große Times.

Die Anforderungen an eine professionelle Website

Die strikte Trennung von Inhalt und Design mit Hilfe von Stilvorlagen ist heute das wichtigste Merkmal einer guten Website und die Grundlage dafür, dass Nutzer mit ganz unterschiedlicher Hardware und individuellem Verhalten Ihre Website betrachten können.

Die erste Anforderung betrifft Betriebssystem und Browser

Ihre Nutzer verwenden Windows-PCs, Apple-Computer und Linux-Rechner. Für diese Betriebssysteme gibt es jenseits von Internet Explorer oder Firefox weitere Browser, die ständig weiterentwickelt werden, zum Beispiel Opera oder den Safari-Browser. Ihre professionelle Website wird in allen gängigen Browsern auf allen gängigen Betriebssystemen korrekt dargestellt, heute und in Zukunft.

Die zweite Anforderung betrifft die Monitordarstellung

Röhrenmonitore mit zwei bis drei Standardauflösungen sind Geschichte: Ihre Nutzer haben heute den 30- oder 24-Zoll-Breitbildmonitor, einen klassischen 19-Zöller oder einen Mini-Laptop EeePC oder das iPhone mit vergleichsweise kleinem Display. Im Gegensatz zum Fernsehbildschirm, der unabhängig von der Bildschirmgröße immer das gleiche Bild wiedergibt, bietet ein 24-Zoll-Monitor mehr Platz für die Internetseite als ein 19-Zoll-Monitor oder gar ein iPhone.

Ihre professionelle Website wird in allen Monitorgrößen korrekt dargestellt und ist dadurch überall bedienbar. Korrekt heißt hier übrigens nicht identisch. Aufgrund bestimmter technischer Vorgaben der Browser wird eine Internetseite auch nicht automatisch in allen Browser identisch dargestellt.

Die dritte Anforderung ist der Drucker des Nutzers

Da das Lesen von Texten am PC-Monitor anstrengend ist, bevorzugen Nutzer gerade bei längeren Textseiten den Ausdruck auf Papier. Eine professionelle Website bietet Ihren Nutzern die Möglichkeit, das reine Textdokument der HTML-Seiten auszudrucken. Navigation, unwichtige Designelemente und Hintergrundfarben werden nicht mitgedruckt, der Nutzer erhält also ein Textdokument mit Bildern, sofern diese zum Inhalt gehören.

Die vierte Anforderung betrifft alternative Zugangsmöglichkeiten

Viele PCs in Firmen, Institutionen und Behörden sind noch immer mit veralteten Browsern ausgestattet. Aus Sicherheitsgründen ist es oft auch nicht möglich, Filme und Animationen zu betrachten oder spezielle Funktionen zu aktivieren, weil die notwendigen Erweiterungen und Skripte nicht zugelassen sind. Eine Website, deren Navigationsmenü nur mit einem Skript funktioniert, ist für eine große Zahl von Nutzern faktisch nicht bedienbar. Ihre professionelle Website bleibt auch ohne Skripte bedienbar.

Die fünfte Anforderung sind die Suchmaschinen

Früher indizierten Suchmaschinen vor allem die Angaben für sogenannte Schlüsselwörter und Suchbegriffe, die in einen bestimmten Bereich der Internetseite geschrieben wurden. Google indiziert hingegen die tatsächlichen HTML-Inhalte der einzelnen Internetseiten. Schlüsselwörter spielen überhaupt keine Rolle mehr, viel wichtiger ist aber die korrekte Strukturierung der HTML-Texte – Google achtet bei der Indizierung zunächst auf die Überschriften und erst dann auf Listen und Absatztexte. Ihre professionelle Website ist durch die korrekte Strukturierung der HTML-Seiten per se und ohne zusätzliche Tricks suchmaschinenfreundlich.

Die sechste und wichtigste Anforderung ist der individuelle Nutzer

Die Hardware, die verwendeten Browser und die Einstellungen bei den Funktionen sind Entscheidungen Ihrer Nutzer. Eine professionelle Website ist nicht für PCs, Monitore und Browser optimiert, sie orientiert sich flexibel an den individuellen Anforderungen von Menschen. Einige Nutzer verwenden kleine Browserfenster auf großen Monitoren, andere lassen sich grundsätzlich immer eine größere Schrift einstellen oder verzichten bewusst auf die Darstellung von Filmen oder skriptgesteuerten Funktionen. Einschränkungen betreffen in einem noch höheren Maße behinderte Menschen, die die relevanten Informationen einer Website über alternative Ausgabegeräte beziehen. Ihre professionelle Website bleibt für möglichst alle Menschen zugänglich.

TEIL II
Erfolgreiches Werben – Selbstvermarktung

Die Selbstvermarktung ist natürlich für den selbstständigen Webdesigner von besonderer Relevanz. Es schadet aber auch dem angestellten Entwickler nicht, kurz über den Tellerrand der sozialen Absicherung zu blicken, denn die Sicherheit des Angestellten ist ja oft nur eine auf Zeit – unabhängig davon, ob der Webdesigner ganz freiwillig geht oder ob das nur fast freiwillig geschieht.

5 Marketing für Webdesigner

Die Werkzeuge der Selbstvermarktung reichen über klassische Werbemaßnahmen über PR, Spezialisierungen und Mitgliedschaften in Netzwerken bis hin zu den Lösungen im Web wie Partnerprogramme, Affiliate- oder Ad-Sense-Werbung.

5.1 Soziale Kontakte

Wie amerikanische Wissenschaftler festgestellt haben – ja, so beginnen noch immer die schönsten Mythen und ich kann nicht das Gegenteil beweisen, ob die folgende Aussage stimmt oder nicht. Sei's drum: Wie amerikanische Wissenschaftler festgestellt haben, kennt jeder jeden über sechs Ecken. Es bleibt die Frage, welche Rolle XING dabei spielt.

Sie dürfen jetzt nicht hoffen, dass Sie demnächst bei Prinz Charles zum Tee auf Schloss Balmoral vorbeischauen können, weil Ihr Aldi-Filialleiter jemanden kennt, der den Chauffeur von Charles' Landschaftsarchitekten beinahe mal zum Schwager bekommen hätte. Sie müssen dafür andererseits auch keine Angst haben, dass bei Ihnen demnächst ein Taliban-Kämpfer auf ein Wasserpfeifchen vorbeikommt, weil die Putzfrau Ihres Nachbarn 1998 mal einen Job bei einem pensionierten Drogenfahnder hatte, der im März 1981 einen Afghanen beim Kiffen erwischte und so weiter ...

Die Frage ist hier eben: Was bedeutet »kennen«? Ich gebe zu, dass ich selbst kein sehr großer Freund von XING bin (*www.xing.com*), was jedoch nichts heißen soll. Als Instrument zur Beschaffung von Informationen ist dieses

Netzwerk durch die große Verbreitung tatsächlich eine gute Anlaufstelle. Netzwerke oder soziale Kontakte, die der Geschäftsanbahnung dienen, gibt es so lange, wie es Medien gibt. Nichts jedoch kann das persönliche Kennenlernen und das persönliche Gespräch von Angesicht zu Angesicht ersetzen, das war bereits Thema bei der nonverbalen Kommunikation (siehe Abschnitt 2.6, *Kommunikation zwischen Webdesigner und Kunde*) und (bezüglich der Grenzen medialer Kommunikation) bei der Checkliste für Ihre Kunden aus Abschnitt 4.2.

Grundsätzlich ist der Weg von der Kontaktaufnahme bis zum unterschriebenen Auftrag eines Neukunden mit Sicherheit genauso steinig geblieben wie vor 100 Jahren. Die Frage ist also nicht unbedingt, wie Sie Ihre Selbstvermarktung gestalten können, sondern welche Voraussetzungen Sie schaffen sollten, damit Ihr Marketing überhaupt erfolgreich sein kann.

5.2 Kompetenzen als Voraussetzung für erfolgreiches Marketing

Zunächst einmal müssen Sie für sich selbst feststellen, welche Kompetenzen Sie schon besitzen und welche Sie noch ausbauen müssen. Im ersten Kapitel war bereits die Rede vom »professionellen Durchwursteln« – ein gesundes Halbwissen, gepaart mit teilweise vorhandenen Fachkompetenzen in allen wichtigen Bereichen sozusagen.

5.2.1 Webstandards und andere Webtechnologien

Auch hier noch einmal der Hinweis, dass eine Professionalität als Webdesigner nur in Verbindung mit standardkonformem Webdesign zukunftsfähig ist. Die Beherrschung von Webstandards sollte für Sie selbstverständlich sein, einen Mangel an dieser Kompetenz können Sie auch nicht über Kooperationen und Netzwerklösungen kompensieren.

Auskennen sollten Sie sich auch mit der grundsätzlichen Funktionsweise von Content-Management-Systemen. Welches CMS Sie persönlich bevorzugen, ist Ihre individuelle Entscheidung, die Sie auf Ihre Kundenklientel abstimmen sollten. Halten Sie sich zumindest auf dem Laufenden darüber, welche Systeme verbreitet sind, lesen Sie auch die Meinungen und Fachartikel in Blogs oder Fachzeitschriften. PHP und MySQL dürfen Sie dagegen auch einem überzeugten Programmierer überlassen.

5.2.2 (Web-)Design und Typografie

Sie müssen als Webdesigner nicht der große Photoshop- oder Illustrator-Experte sein. Und weder Kunden noch Kollegen erwarten von Ihnen bezüglich Typografie und Layout die gleiche Fachkompetenz wie zur Praxis der Webstandards. Sie sollten so viel Erfahrung mitbringen, dass Sie gutes Design von schlechtem unterscheiden können. Ein gutes Gespür für aktuelle Entwicklungen im Webdesign ist jedoch noch wichtiger als Ihre Fähigkeit, jede Schrift exakt zu benennen oder den Hexadezimalwert des Promille-Zeichens genau zu zitieren.

Versuchen Sie, so viele gute Webseiten wie möglich zu sehen, schlechte Beispiele finden Sie automatisch und schon genug. Lassen Sie sich durch Kunst und Natur inspirieren, legen Sie CSS-Galerien und den CSS-Zen-Garden ganz oben in Ihre Bookmarks. Bleiben Sie nicht länger als nötig auf schlecht gestalteten Seiten: Das durch Ästhetik geschulte Auge fördert und fordert automatisch das ästhetische Empfinden.

5.3 Kooperationen und Kompetenznetzwerke

Da es immer einige Bereiche geben wird, in denen Sie allenfalls mit gesundem Halbwissen glänzen können, müssen Sie sich Netzwerke schaffen mit Kollegen, Zuarbeitern oder auch Auftraggebern, die Ihre Kompetenzlücken auffüllen.

Die leider viel zu häufig angewandte Alternative kann man als *gezielte Vernachlässigung entsprechender Kernkompetenzen* bezeichnen. Große Kunden, die ein ausgewachsenes CMS benötigen würden, gehen dann plötzlich mit einem mehrfach aufgebohrten WordPress-System an den Start.

5.3.1 Für das Grundrecht auf Gestaltung

Noch besser: Eine mittelständische und international tätige Firma lässt sich trotz vorhandenem und professionellem Corporate Design eine Website aufschwatzen, die – hässlich wie eine Laterne – bei Typografen zu Heulkrämpfen und bei empfindlichen Ästheten zur Todessehnsucht führt: alles in Verdana, Schriftgröße überall mit gefühlten 10 Pixel zu viel und Webfarben in einer albtraumfördernden Kombination.

Hüten Sie sich vor solchen Machern, die meistens stolz darauf sind, zu entwickeln und nicht zu gestalten und dann bei leisester Kritik mit dem Argument kommen, die Seite sei »dafür aber schlank und barrierefrei«. Selbst wenn das stimmen sollte, barrierefreies Webdesign ist nicht gleichbedeutend mit Abwesenheit von guter Gestaltung oder gar ästhetischer Körperverletzung.

5.3.2   Gefahren von Kompetenzlücken

Tragisch ist dabei immer wieder die Tatsache, dass die erwähnten Webdesigner und -entwickler nicht verstehen können, dass sie entweder erfolglos sind oder ständige Diskussionen mit ihren Kunden führen müssen. Dass der Erfolg für diese verkrampften Einzelkämpfernaturen aus gutem Grund ausbleibt, sollte Ihnen Lehre genug sein.

Bevor Sie auch nach Wochen oder Monaten die Feinheiten von PHP, Photoshop, Typografie oder Vektorgrafiken noch lange nicht verstanden haben, sollten Sie lieber auf die Suche nach Kooperations- und Kompetenzpartnern gehen, denen Sie vertrauen können.

5.3.3   Vertrauen und Vereinsmeierei

Fehlendes Vertrauen in eine zunächst fremde Person ist der häufigste Grund dafür, keine Partnerschaften einzugehen (also kein großer Unterschied zum Privatleben). Ein wenig gesundes Misstrauen ist tatsächlich sinnvoll, Sie können ja nicht wissen, ob derjenige, dem Sie ein Stück Ihres Kuchens anbieten, es eventuell auf die ganze Bäckerei abgesehen hat.

Der einfachste und meistens auch sinnvollste Weg führt über Mitgliedschaften, die damit sozusagen als Kontaktbörse dienen. Der Hauptgrund für beruflich relevante Mitgliedschaft ist ja offiziell immer die Lobbyarbeit. Für den Einzelnen ist aber eigentlich nur der direkte wirtschaftliche Vorteil wichtig – darunter fällt auch die Pflege zu Bestandskunden unter den Mitgliedern.

5.3.4   Mitgliedschaften

Grundsätzlich hat die Mitgliedschaft – auch in einem Verein – weder etwas Verwerfliches an sich, noch ist sie lächerlich. Wichtig ist, dass Sie sich bewusst die Menschen aussuchen, mit denen Sie einen Teil Ihrer Freizeit verbringen wollen. Sie merken das, wenn Sie sich im elitären Golfclub nicht richtig wohlfühlen, weil Ihr Vereinskollege seiner verloren gegangenen Rolex nur bedingt nachtrauert (»zum Glück war's die mit den hässlichen Brillis«), während Sie noch überlegen, ob Sie überhaupt die neue Aldi-Uhr bezahlen können, nach dem der Club den Mitgliedsbeitrag für den ersten Monat abgebucht hat – dann werden Sie kühl rechnen müssen, wie lange Sie sich solche »Freunde« leisten können.

5.3.5 Mailinglisten und Direktkontakte

Kleine Mailinglisten sind ideal für Kooperationsanfragen oder – im Fall eines Marketingclubs oder Wirtschaftsvereins – wenn sich die Mitglieder schon länger untereinander kennen. Das Ganze hört sich zwar ein wenig nach der großen sizilianischen »Famiglia« an, aber der Gruppenzwang, verbunden mit dem Zusammengehörigkeitsgefühl bietet tatsächlich eine gewisse Sicherheit für Ihr Vorhaben. Sie können jedenfalls recht offen Ihren Kooperationswunsch kommunizieren ohne die große Gefahr, dass Sie übers Ohr gehauen werden und den eigenen Kunden an diesen Partner verlieren.

Eine weitere Möglichkeit ist die Kontaktaufnahme zu einem befreundeten Webdesigner. Oft lohnt sich so eine Anfrage. Auch wenn Sie davon ausgehen, dass der Angesprochene alles in Eigenregie macht, erfahren Sie dann oft im direkten Kontakt, dass auch er als »Lohnarbeiter« einen Freelancer für bestimmte Aufgaben hat, dem Sie dann in der Regel auch voll vertrauen können.

5.3.6 Eigene Kunden an Dritte vermitteln

Die Gefahr, einen Kunden zu verlieren, ist natürlich umso größer, je »kleiner« Sie als Dienstleister am Markt sind und »große« Kompetenzen einkaufen müssen. Selbstverständlich können Sie auch als Einzelunternehmer ganze Agenturleistungen in Anspruch nehmen, das kann auch wunderbar und sogar langfristig gut gehen. Sie sollten sich bei solchen Konstellationen aber immer die Frage stellen, ob Sie Ihrem Kunden dann nicht ehrlicherweise raten sollten, eine größere Agentur in Anspruch zu nehmen.

Einen guten und investitionsfreudigen Kunden zu verlieren erscheint auf den ersten Blick weder sinnvoll noch erfolgreich, aber ein guter Kunde wird Sie im Gegenzug bei jeder sich bietenden Gelegenheit seinen Geschäftspartnern und Freunden empfehlen, die dann auch eher zu Ihrer Kragenweite passen.

5.4 Die Präsenz des Webdesigners

Das naheliegende Medium zur Eigenwerbung für Webdesigner ist natürlich nicht die monatliche Anzeigenschaltung in der *Bäckerblume*, sondern die Präsentation der eigenen Arbeit im Web. Viele Webdesigner scheinen die eigene Präsenz komplett zu vernachlässigen, und das in dem Medium, mit dem sie Geld verdienen wollen. Auch wenn der Schuster tatsächlich die schlechtesten Schuhe anhaben sollte – das spricht ja nicht automatisch für eine hohe Qualität der Schusterarbeit.

5.4.1 Qualität zählt

Ihre Website ist Ihre Visitenkarte, Ihre Imagebroschüre, Ihre Referenzliste und Ihr Meisterbrief zugleich. Sie sollten also besser auf eine Website verzichten, als mit einer schlechten Präsenz im Web vertreten zu sein.

Nehmen Sie Ihre Website selbst so ernst, wie Sie das von den Besuchern und potenziellen Kunden wünschen.

[!] **Repariert der Schuster seine eigenen Schuhe?**
Der Schuster hat nur deshalb die schlechtesten Schuhe an, weil er es sich nicht leisten kann, auch nur einen der stets schlecht bezahlten Aufträge abzulehnen, und deshalb auch keine Zeit für die Reparatur seines eigenen Schuhwerks hat.

Kommunizieren Sie den hohen Anspruch Ihrer Arbeit auch durch eine anspruchsvolle Website. Es reicht nicht, lediglich gute Referenzen zu haben – Sie wissen selbst genau, dass auf einer ansonsten drittklassigen Präsenz viele Besucher überhaupt nicht bis zum Portfolio kommen würden.

5.4.2 Kunden, Kollegen, Konkurrenten

Viele Webdesigner begehen auch den Fehler der »Zielgruppenvermischung«, etwas, das man immer wieder gern bei den Kunden kritisiert – nämlich wenn der Kunde sich unbewusst auf seine Kollegen und Wettbewerber fokussiert, wenn es um die Zielgruppe seiner eigenen Website geht.

Viele professionell tätige Webdesigner stecken da tatsächlich in einem Dilemma, wenn sie einerseits gegenüber der Kundenklientel werbewirksam und mit hohem Anspruch die eigenen Leistungen mit gezielter Lobhudelei wie auf dem Wochenmarkt anpreisen müssen, aber andererseits gleichzeitig gut frequentierte und anspruchsvolle Fachartikel für andere Webdesigner schreiben und veröffentlichen.

Dieses Tanzen auf mehreren Hochzeiten führt dann schon fast zwangsläufig zu den Mischgebilden aus einem fachbezogenen Weblog, einer Corporate-Website, der Referenzseite veröffentlichter Artikel und einem Portfolio betreuter Kundenprojekte.

Solche Ungetüme sollten Sie unbedingt vermeiden, denn ein Werbemittel ohne klare Zielgruppenfokussierung kann nicht erfolgreich funktionieren. Ihre Kunden nehmen vielleicht wahr, dass Sie auch Fachartikel schreiben, aber da Ihre Kunden davon erstens nichts verstehen und es sie zweitens auch nicht interessiert, gibt es auch keinen Grund, sie damit über Gebühr zu belästigen.

Wie wichtig bin ich als Kunde?

Ein ganz anderes und schwerwiegendes Problem, das bei der Vermischung der Zielgruppen immer wieder unterschätz wird, ist die Tatsache, dass der Kunde sich nicht gerade als König fühlt, wenn er mit zahlreichen Essays und Fachartikeln konfrontiert wird, deren Inhalte er nun überhaupt nicht versteht und die offensichtlich auch gar nicht für ihn gedacht sind. Es geht also nicht um die Frage, welche Relevanz Ihr Kunde tatsächlich für Sie hat, sondern um die Wahrnehmung des Kunden, wie er sich – beziehungsweise seinesgleichen – von Ihnen vertreten fühlt.

Ein echtes Problem kann das für Sie dann werden, wenn Sie zwar ständig neue Fachartikel schreiben und auf Ihrer Seite veröffentlichen, aber die Referenzliste vernachlässigen, weil Sie entweder die Referenzen nicht für so gelungen halten, weil Sie wenige und dafür größere Projekte umsetzen oder weil Sie tatsächlich lieber Artikel schreiben, als Webseiten umzusetzen. Würden Sie aber für einen Umbau an Ihrem Haus einen Architekten engagieren, der in seinem schönen Prospekt lauter Fachartikel abdrucken lässt und nur auf einer Seite ein paar kleine Referenzen zeigt?

> **Trennung nach Frequenz**
> Trennen Sie die Präsenz für Kunden strikt von einer ständig aktualisierten Plattform mit Fachartikeln.

Sobald Sie merken, dass Sie mit dem Portfolio im Vergleich zu Fachartikeln in einen erheblichen Rückstand geraten, eröffnen Sie ein (neues) Weblog für diese Beiträge. Marketing ist ein zähes Geschäft, es kann auch dauern, bis sich der große Fisch für den Wurm an Ihrer Angel interessiert. Die für Sie wirtschaftlich interessanten Besucher haben Ihre Website vielleicht schon länger in den Bookmarks: Diese Präsenz sollte also immer Ihrem Portfolio und Ihrer Leistungsbeschreibung vorbehalten sein.

5.4.3 Fachartikel und Vorträge als PR-Mittel

Wenn es für Ihre Kunden auch nicht annähernd so interessant ist, Fachartikel oder Essays zu Themen des Webdesigns zu lesen, einen gehörigen Eindruck kann es in Maßen eben doch machen.

Aber Vorsicht: Hier ist Understatement angesagt. Gut platzierte Hinweise, dass Sie Fachartikel zum Thema Webdesign veröffentlichen, sind auch auf der Startseite in einer separaten Box oder einer dritten Spalte sinnvoll. Schreiben Sie noch, wo Sie Ihre Artikel veröffentlichen (Fachzeitschriften, Online-Magazine, eigenes Weblog), setzen Sie vielleicht noch einen Link, fertig. Sie können die Titel der veröffentlichten Artikel kommunizieren, sollte sich ein Kunde tatsächlich dafür interessieren, kann er dann weiterklicken und Ihren Aufsatz »Die 100 schrecklichsten IE-Bugs aller Zeiten« lesen.

5.4.4 Website und/oder Weblog?

Zwei verschiedene Möglichkeiten der Selbstdarstellung haben sich durchgesetzt: die Website als *Corporate Site* mit der Darstellung des eigenen Leistungsspektrums und ein Weblog. Bei vielen Webdesignern findet man beide Formen, bei einigen auch nur ein Blog beziehungsweise nur eine Corporate Site.

Grundsätzlich spielt es keine Rolle, für welche Form Sie sich entscheiden, Sie müssen nur auf ein paar Besonderheiten achten.

Eine Corporate Site ...

- ist ideal als Werkzeug für die Kundenzielgruppe,
- kann auch statisch umgesetzt werden,
- muss nicht regelmäßig gepflegt werden,
- eignet sich für ein individuell gestaltetes Portfolio und
- eignet sich nicht für ständige Änderungen.

Ihre Corporate Site ist zunächst nichts anderes als eine ganz normale Website, wie Sie die auch für Kunden entwickeln. Und tatsächlich wird Ihre Arbeit und werden Ihre Leistungen an so einer Corporate Site gemessen. Sie dürfen trotzdem auch etwas Experimentelles wagen, was vor allem Ihnen gefällt. Wichtig ist nur, dass Sie ein aussagekräftiges Portfolio haben.

Viele Webdesigner unterschätzen die Referenzliste und beschränken sich auf ein bis drei Sahnestücke mit einem Kurztext. Dummerweise erkennt der Kunde auf der Suche nach einem Webdesigner auch hier nicht unbedingt den Unterschied zum Homepage-Hobby-Bastler, der ebenfalls mit insgesamt drei Referenzen glänzen kann, wenn auch als Gesamtliste.

Ein Weblog ...

- ist ideal für die Zielgruppe der Webdesigner,
- vereinfacht die Kategorisierung von Fachartikeln,
- verlangt regelmäßige redaktionelle Pflege,
- bietet sich für Partnerprogramme und Bezahlsysteme an und
- eignet sich nur bedingt für das eigene Portfolio.

Sie dürfen nicht vergessen, dass ein Blog ständig und zwingend neue Artikel erfordert. Sie sollten ein Blog nicht über längere Zeit verwaist lassen, denn im Gegensatz zu einer Corporate Site verlangen die Nutzer regelmäßig neues Material in Form von Artikeln, Essays oder sonstigen Textformen. Weblogs haben deshalb auch *keine Nutzer, sondern Leser* – nicht umsonst sind zum Beispiel die Möglichkeiten der Bilderverwaltung bei vielen Blog-Systemen mangelhaft, jedenfalls im Vergleich zu klassischen Content-Management-Systemen.

Ein Blog lebt auch nicht nur von den redaktionellen Beiträgen, die Kommentare zu den Beiträgen sind mindestens ebenso wichtig. Oft sind die Diskussionen sogar weitaus interessanter als die ursprünglichen Artikel, und genau das erwarten auch die Leser der Blogs.

5.4.5 Das Portfolio des Webdesigners

Wichtig ist nicht nur die ansprechende Präsentation Ihrer Referenzen. Auch hier gilt: *Content is king!* Wenn Sie sich an einige grundsätzliche Regeln halten, werden Sie die Besucher Ihrer Website oder Weblogs von Ihren Leistungen überzeugen.

Kategorisierung nach Zielgruppen
Ordnen Sie Ihre Referenzen zielgruppenspezifisch nach Kategorien.

Auch Sie fühlen sich ja bei einer Recherche nicht unbedingt zielgruppenspezifisch angesprochen, wenn der Webdesigner in einer gleichen Kategorie steht wie der Klempner, der Versicherungsmakler und *Ramonas Bierschwemme*.

Tun Sie sich, Ihren bestehenden und vor allem Ihren potenziellen Kunden also den Gefallen, und suchen Sie passende Kategorien für einzelne Referenzen. Wenn Sie sich dafür keine Zeit nehmen, gehen die Kunden davon aus, dass Sie sich nach Abwicklung Ihrer Aufträge auch nicht mehr um die Kunden kümmern.

> **Das Portfolio**
> Investieren Sie Zeit in die Inhalte und Gestaltung Ihres Portfolios.

Die Besucher müssen spüren, wie wichtig Ihnen die Referenzen waren und noch immer sind, Sie müssen zeigen, dass Sie Ihr Herzblut für einige Referenzen gegeben haben – das alles ist auch eine Frage Ihrer Sorgfaltspflicht und Ihrer Gewissenhaftigkeit gegenüber Ihren Bestandskunden.

Es spielt nicht einmal die größte Rolle, ob Sie viele Abbildungen verschiedener Einzelseiten zu jeder Referenz abgespeichert haben oder wie lang Ihre Textbeiträge ausfallen. Wichtig ist, dass Sie auf die *Qualität* des Portfolios achten. Speichern Sie kleine Abbildungen in hoher Qualitätsstufe ab: Als Besucher kommt auch der entsprechende Kunde, der seine eigene Site nochmals auf Ihrer Referenzliste begutachtet. Achten Sie auch auf gutes Deutsch und eine möglichst fehlerfreie Rechtschreibung.

> **Verlinkung**
> Jede Abbildung einer Referenz muss per Link direkt zur Site führen.

Es ist immer wieder erstaunlich, wie viele Portfolios auf direkte Links zu den Referenzseiten verzichten. Da öffnet sich eine toll gestaltete Lightbox mit dem schönen Screenshot einer tollen Referenzsite, es gibt nett gestaltete Galerien mit interessanten Details der Referenzsites – aber man kann keine Abbildung anklicken. Teilweise erscheint erst erst auf der dritten Hierarchieebene der direkte Link, und dann womöglich auch nur als Textlink.

Geben Sie Ihren Besuchern *zu jeder Zeit und in jeder Hierarchie* die Möglichkeit, direkt die Referenzseite zu öffnen. Für Sie bedeutet das Portfolio zwar eine Selbstdarstellung Ihrer Referenzen, für den Nutzer – auch für einen potenziellen Neukunden – ist das Portfolio vor allem eine Linksammlung, von der er einen direkten Zugang zu den von Ihnen entwickelten Websites erwartet.

> **Einfache Ordnung**
> Verzichten Sie auf allzu tiefe Hierarchieebenen im Portfolio.

Gerade die Differenzierung und Aufteilung Ihrer Referenzen in verschiedene Kategorien birgt immer die Gefahr, dass die Hierarchieebenen zu tief werden. Auch hier zeugen die schlechten Beispiele meistens von zu wenig Beschäftigung mit dem Portfolio, denn dieselben Websites verfügen oft über eine hervorragende und gut durchdachte Navigation.

Sie sollten Ihre Referenzen tatsächlich wie eine interne Navigation anlegen. Und nichts hält Sie davon ab, auch in der Hauptnavigation unter einem Menüpunkt PORTFOLIO oder REFERENZEN eine eingeschobene Navigationsebene mit mehreren Kategorien zu zeigen.

Denken Sie an den Wunsch der Nutzer, Referenzen möglichst überall anklicken zu können: Auf der Übersichtsseite können Sie gleich eine mit Kategorieüberschriften strukturierte Linkliste anbieten, ohne Thumbnails oder größere Abbildungen. Wichtig ist auf den Unterseiten nur, dass Sie dann zumindest zwei bis drei Beispiele pro Kategorie bringen können.

> **Klare Sprache**
> Erstellen Sie die Referenztexte objektiv, klar und ehrlich.

Wenn der Wurm dem Fisch schmecken soll und nicht dem Angler, dann sind Sie der Wurmverkäufer. Das heißt aber auch, dass Ihnen nicht alles *gefallen* muss, was Sie für Ihre Kunden ins Netz bringen. Dementsprechend ist es absolut in Ordnung, wenn Sie ganz ehrlich Ihre Meinung zu diesem oder jenem Feature bringen, weil es sich vielleicht um einen unumstößlichen Kundenwunsch gehandelt hat.

Denken Sie daran: Sie machen das ja alles auch fürs Geld. Solange Sie sich nicht verbiegen, sind Kompromisse ein wichtiger Teil Ihres Jobs – und genau auf diese Kompromisse und den Preis, den Sie dafür als Zugeständnis gezahlt haben, können Sie offen und sachlich eingehen.

Übrigens erwartet der Besucher Ihrer Referenzseite keine Besinnungsaufsätze zu jedem Beispiel. Schreiben Sie knackig kurz, klar und vor allem verständlich – auch hier sind allgemein unbekannte Fremdwörter tabu! Gehen Sie auf die konkreten Besonderheiten einer Website ein. Das kann ein schönes Design oder eine besonders raffinierte grafische Spielerei sein, ein interessantes jQuery- basiertes Verhalten, professionelle Fotos oder informative Inhalte.

5.5 Die Werbemittel des Webdesigners

Ja, es ist immer noch ausreichend, eine gute Website und ein paar gute Referenzen zu haben. Es ist dann auch möglich, jedem Kunden knapp an der Wahrheit vorbei zu erzählen, die eigenen Visitenkarten seien »gerade ausgegangen« oder »zurzeit im Druck«, was im Übrigen natürlich auch für das Briefpapier und die 200-seitige Imagebroschüre gelte.

So eine Lüge wird spätestens dann unangenehm, wenn Ihr Kunde wiederholt nach den Visitenkarten oder der Imagebroschüre fragt.

Eine grundsätzliche Ausstattung an Werbemitteln sollte für Sie so selbstverständlich sein wie für Ihre Kunden.

Ausstattungsvarianten
▶ Visitenkarte (Grundausstattung)
▶ Briefpapier (Grundausstattung)
▶ Adressaufkleber
▶ MOO-Karten (als Give-aways)
▶ Flyer (eventuell)

5.5.1 Gestaltung

Was für Ihre Website gilt, gilt genauso für die Werbemittel: kein Plunder, keine Billigware, keine »Dafür-war-es-ein-Schnäppchen-Qualität«. Wenn Sie als Profi bezahlt werden wollen, sollten Ihnen die eigenen Werbemittel in professioneller Qualität auch etwas wert sein.

Sofern Sie nicht gerade ein Meister in Kommunikations- oder Grafikdesign sind, suchen Sie sich einen entsprechenden Experten, der Ihnen zunächst das Werbematerial gestaltet. Nicht nur für den Anfang, sondern grundsätzlich reichen eigentlich eine Visitenkarte und ein professionelles Briefpapier. Die

Visitenkarte sollten Sie gleich in hoher Stückzahl bestellen, die Mehrkosten bei 500 Stück zusätzlich sind geradezu lächerlich. Die Visitenkarte können und sollten Sie auch großzügig verteilen. Sie ist bei jedem schnell zur Hand, benötigt im Gegensatz zu einem Flyer oder gar einer Imagebroschüre keinen Platz und kann durch professionelle Gestaltung trotzdem exklusiv wirken.

Sie können beim Briefpapier selbst entscheiden, ob Sie nur ein Deckblatt benötigen oder noch zusätzlich ein Folgeblatt für mehrseitige Briefdokumente brauchen. Meistens reicht ein Standarddeckblatt, Sie können ja auf die Absenderzeile verzichten, die Sie zusammen mit der Adresse über Ihren Drucker ausgeben können.

Richtig sparen können Sie bei Duplex- oder Monochromdruck übrigens auch nicht mehr. Die Kostendifferenz zum 4-Farb-Druck ist so marginal, dass Sie oder Ihr Gestalter im Design auf nichts verzichten müssen.

Nehmen Sie sich Zeit für ein ausführliches Gespräch mit dem Grafikdesigner und der Druckerei. Lassen Sie sich ausführlich beraten, und seien Sie offen für die Kompetenz des Grafikers – er weiß garantiert besser als Sie, was Kunden von einer Visitenkarte erwarten und was nicht. Wenn Sie oder der Grafiker eine eher unkonventionelle Lösung anstreben, ist sogar ein gemeinsamer Termin in der Druckerei ratsam, um eventuell auftretende Probleme in der Druckvorstufe oder beim Druck selbst von vornherein abzuwägen oder auszuschließen.

5.5.2 Jenseits von Visitenkarte und Briefpapier

Was sich neben der Grundausstattung wirklich lohnt, sind Adressaufkleber. Diese Aufkleber haben in der Regel nicht nur die Größe von Visitenkarten, sie können auch so gestaltet sein. Die Möglichkeiten in der Anwendung sind vielfältig und flexibel. Als Erstes können Sie sich bedruckte Umschläge sparen, denn die gehen im Vergleich zum Briefpapier ziemlich ins Geld, wenn das Ergebnis in einer hohen Druckqualität vorliegen soll. Da Sie wichtige Post nicht nur in einer Umschlagsgröße versenden, müssten Sie eine ganze Palette verschiedener Umschlaggrößen in Ihrem Büro bereithalten. Der Aufkleber ist vollkommen frei in der Verwendung, Sie können ihn auch direkt auf beliebige Pakete oder sogar auf Objekte wie kleine Kundengeschenke kleben.

> **Alternative: MOO-Karten**
> Eine interessante Alternative zu den Visitenkarten sind MOO-Karten, die über die eigene Flickr-Fotodatenbank bestellt werden können.

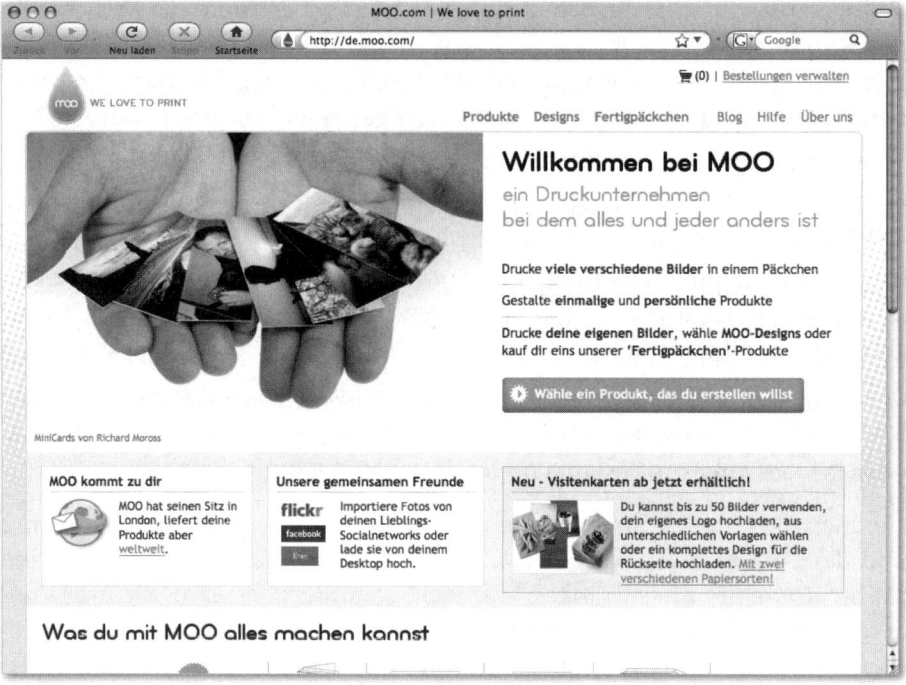

Abbildung 5.1 MOO-Karten

Die Preise sind tatsächlich moderat, und auch ich kann die gute Druckqualität bestätigen. Ein erster Test bei einem guten Kunden mit einem Satz Karten erzeugte umgehend ein großes Interesse an den Karten und den individuellen Motiven. Sie sollten das auf jeden Fall einmal probieren, wenn Sie einen Flickr-Account und einige interessante Fotos haben. Als Give-away sind diese ein überaus attraktives Werbemittel, das auch Ihre Kunden wieder weitergeben können, wenn Sie interessante, ungewöhnliche oder einfach nur schöne Bildmotive auf den Moo-Karten zeigen können.

5.5.3 Flyer für Webdesigner

Es mag vielleicht wie ein Anachronismus wirken, wenn ein Webdesigner eindringlich vor dem printbasierten Denken bei der Umsetzung von Webseiten warnt und dabei gleichzeitig seinen Flyer zückt. Grundsätzlich spricht aber nichts gegen ein Faltblatt im DIN-lang-Format.

Es ist natürlich klar, dass ein Flyer nie die neuesten Referenzen enthalten kann, aber dafür ist er auch nicht gedacht. Ideal ist er beispielsweise für allgemeine Informationen zu Webstandards und Qualitätsaspekten im Webdesign. Der Flyer wird damit zu einem Werbemittel, das Sie im Gegensatz zum Kunden-Handout auch an potenzielle Interessenten verteilen können. Daneben können Sie als Webdesigner eine kleine Auswahl Ihrer eigenen Referenzen präsentieren und auf einer weiteren Seite die Grundsätze des eigenen Handelns erläutern oder einen Überblick zu Ihrem Leistungsspektrum geben.

Es ist heute kein Problem mehr, auch kleine Auflagen zu drucken, die Qualität der Druckereien ist gut, und die Kosten sind so gering geworden, dass es schon sinnvoll sein kann, jeweils kleine Auflagen eines ständig aktualisierten Dokuments drucken zu lassen. Und damit sind wir auch beim eigentlichen Problem: Es ist nicht das Problem der *Druckkosten*, das die meisten Webdesigner von einem klassischen DIN-lang-Flyer abhält (mich eingeschlossen). Es ist wie immer die Notwendigkeit regelmäßiger *Aktualisierungen* der Inhalte.

5.5.4 Qualität und Druckkosten

Druckkosten zu sparen ist heutzutage also schon eine Kunst an sich, denn selbst die lokalen Druckereien bieten heute hervorragende Qualität zu relativ kleinen Preisen an.

Das, was Sie bei einer Billigdruckerei im Internet sparen, können Sie eventuell bei der nächsten Bestellung durch Fehldrucke wieder zusetzen, denn die meisten dieser Discounter sammeln die Aufträge und lassen Ihren Auftrag irgendwo mitlaufen. Es kann dann durchaus auch vorkommen, dass der Ton Ihrer »Hausfarbe« auf der Visitenkarte stimmt, auf dem Briefpapier aber nicht. Und noch einen Hauch anders sieht das dann auf dem Adressaufkleber aus. Sparen Sie sich solche Experimente, außer Sie ärgern sich gern und lieben rechtliche Auseinandersetzungen.

Bei Ihrer lokalen Druckerei haben Sie fast immer einen festen Ansprechpartner. Sie können beim Andruck dabei sein und das Ergebnis mit Ihrem Proof abgleichen. Sie zahlen etwas mehr, aber Sie können dafür in der Regel auch mehr erwarten.

Sie erwarten ja schließlcih auch von Ihrem Kunden, dass er sich nicht einem Schnäppchen-Designer an den Hals wirft, der dann mithilfe des »1&1-Homepage-Baukastens« oder von »Strato LivePages« eine »Spitzen-Homepage« für den Kunden gestaltet.

> **Wahrnehmbar schlechte Qualität**
>
> Eines ist sicher: Auch wenn Ihr Kunde vom Web keine Ahnung hat, von der Qualität Ihres von der Druckerei versauten Briefpapiers versteht er etwas.

Er wird Sie deshalb darüber aufklären, worauf Sie beim nächsten Mal achten sollten, dass Sie noch einiges lernen müssen und hoffentlich wissen, was Sie als Webdesigner tun. Jedenfalls sagt er nicht das, was Sie von ihm gerne hören würden.

Sparen Sie also nicht am falschen Ende, und investieren Sie in gute Druckqualität. Selbst die schönste Gestaltung wird durch eine schlechte Druckqualität restlos versaut. Sie ärgern sich so lange, bis Sie irgendwann den ganzen Druckauftrag im Altpapier entsorgen.

Apropos Qualität: Heute noch auf Tintenstrahldruck zu setzen grenzt schon fast an Geiz. Laserdrucker bieten ein ungleich besseres Schriftbild, die Kosten pro Seite sind gering, der Toner ist außerdem wasserfest und hält bei Normalverbrauch ewig.

5.6 Erfolgreiche Texte für die eigenen Werbemaßnahmen

Dass Sie der größte Webdesigner im Lande sind, ist ja ebenso klar wie die Tatsache, dass Sie Ihr Licht nicht unter den Scheffel stellen, denn einen so großen Scheffel gibt es sowieso nicht. Kurz gesagt: Gegen Hochbegabung können auch Sie sich nicht wehren, und das möchten Sie auch Ihren Kunden klarmachen.

Es ist ungleich einfacher, über fremde Menschen und deren Leistungen zu schreiben als über sich selbst und die eigenen Leistungen. Dabei geht es weniger um das grundsätzliche Verfassen von Werbetexten als vielmehr um die Unsicherheit und ständige Reflexion darüber, ob die Inhalte auch zutreffen. Einen Kunden müssen Sie immer gut und werbewirksam in Szene setzen, das ist ja auch Ihr Job als Webdesigner. Viel schwieriger wird es aber, wenn Sie Ihre eigenen Leistungen und Kenntnisse werbewirksam zu Papier und auf die Internetseite bringen müssen, um sich selbst zu vermarkten.

Ihre bestehenden und potenziellen Kunden erwarten einen professionellen und selbstbewussten Webdesigner als Ansprechpartner. Also jemand, der weiß, was er (oder sie) kann, und konkrete Lösungen umsetzt. Eine Mimose als sensiblen Träumer, der wie Goethes Werther womöglich am Leben zerbricht, bevor die Website online gegangen ist – das will der Kunde definitiv nicht. Nun haben Sie hier aber schon mehrfach gelesen, dass gerade Sensibilität im Umgang mit Ihren Kunden notwendig ist, um erfolgreich zu sein. Eine kleine Portion Selbstbewusstsein kann schon eine große Hilfe sein, zu viel davon kann dann aber schnell zur platten Lobhudelei der eigenen Person führen, die eben nicht bei allen Kunden positiv ankommt. Egomanen und narzisstisch veranlagte Webdesigner haben ja stets nur einen engen Korridor im Markt.

Es geht also wie bei der nonverbalen Kommunikation darum, wie Sie sich als Person mit Ihren Leistungen als Webdesigner in Ihren Texten präsentieren.

5.6.1 Authentizität

Bleiben Sie in Ihren Texten unbedingt authentisch. Dabei spielt es auch keine Rolle, ob Sie für Ihre Website oder für einen Flyer Ihren Text verfassen, der in der Rubrik oder unter dem Menüpunkt ZUR PERSON über Ihren Werdegang, Ihre Leistungen oder Ihre Hobbys berichtet.

Was einem das Schreiben über sich selbst so schwierig werden lässt, ist der ständige Gedanke an das, was der Rezipient in seinem Kopf als Bild von einem konstruiert. Diese Überlegungen haben übrigens nichts mit einer zielgruppenorientierten Textansprache zu tun, die ja tatsächlich sinnvoll ist. Stellen Sie sich also nicht die Frage »Wie sieht mich der Leser?«, stellen Sie lieber die Frage »Was erwartet der Leser von meinem Text?«. Authentisch heißt also konkret, dass Sie sich beim Verfassen Ihrer Texte auf die Wünsche, Vorstellungen und Fragen Ihrer Kunden konzentrieren. Machen Sie also nicht nur eine Liste mit Ihrem Leistungsspektrum, Ihrem Selbstverständnis und Ihrer »Philosophie«, versuchen Sie diese Liste auch anhand der Interessen Ihrer Kunden zu sortieren.

Wichtig ist nur, dass Sie das alles in Ihren eigenen Worten tun. Es ist absolut in Ordnung, wenn Sie ein gesundes Selbstvertrauen in Ihre Arbeit und in Ihren Charakter haben. Schreiben Sie zunächst frei heraus, »wie Ihnen der Schnabel gewachsen ist«. Änderungen am Stil, an der Wortwahl oder den Satzlängen können Sie später immer noch vornehmen. Achten Sie beim Schreiben nicht auf Rechtschreib- oder Kommasetzungsfehler, mit denen befassen Sie sich später. Denken Sie immer nur an die Frage: »Was kann ich als Webdesigner meinen potenziellen Kunden bieten?«

Es ist nicht ratsam, einen »Ghostwriter« für diese Zwecke zu engagieren, selbst wenn es ein guter Freund oder langjähriger Kollege ist, der Sie gut kennt und dessen Schreibstil Ihnen gefällt. Das Ergebnis kann immer nur ein unpersönlicher und damit unpassender Werbetext sein.

> **Selbst ist der Autor**
>
> Schreiben Sie Ihren Text immer selbst. Fremde Hilfe können Sie später für die Rechtschreibung oder für grundsätzliche formale Aspekte einholen.

5.6.2 Schreiben, ruhen lassen, redigieren

Wenn Sie den Text fertiggestellt haben, drucken Sie ihn aus und legen ihn für mehrere Tage in eine Schublade. Rühren Sie ihn in dieser Zeit auch nicht an. Nach etwa einer Woche nehmen Sie das mittlerweile gut abgehangene und fertig gereifte Dokument erneut zur Hand und lesen es noch einmal komplett durch. Je länger das Schreiben des Textes zurückliegt, umso neutraler werden Sie als Leser den Text aufnehmen. Dabei werden Ihnen größere und kleinere stilistische, inhaltliche und unlogische Patzer sofort auffallen. Jetzt sollten Sie sich noch einmal genügend Zeit nehmen, den Text zu bearbeiten: als Korrekturlauf, mit Änderungen einzelner Textteile oder auch als komplette Überarbeitung. Wenn Sie damit fertig sind, lassen Sie den Text so und veröffentlichen ihn.

Dieses Vorgehen erscheint im Zeitalter der schnellen Beiträge und Artikel in Blogs und Content-Management-Systemen antiquiert und langwierig. Das mag schon sein, aber hier geht es um den Text zu Ihrer Person und zu Ihren Leistungen, der neben Ihrem Portfolio entscheidend für die Kontaktaufnahme eines potenziellen Kunden sein kann. Einmal im Web oder in einem anderen Werbemittel veröffentlicht, werden Sie den Text außerdem nicht mehr so schnell anfassen und bearbeiten, da erscheint ein wenig mehr Aufwand als sonst durchaus vertretbar.

5.7 Erfolgschance Branchenspezialisierung

Irgendwann im Laufe des Jahres 2005 sprach mich ein guter Kunde darauf an, ob ich mich nicht als Webdesigner auf die Branche der Mediziner spezialisieren wolle. Als Unternehmensberater, der mit einer Augenärztin verheiratet ist, hatte sich der Kunde selbst vor mehreren Jahren auf die Beratung von niedergelassenen Ärzten spezialisiert.

Der Hintergrund seiner Frage war die Tatsache, dass in den Beratungsgesprächen immer auch die Notwendigkeit von Marketing und Werbung für Ärzte thematisiert wurde. Das Problem für den Unternehmensberater war weniger, seinen Kunden die Notwendigkeit zu kommunizieren, sondern eher, *geeignete Ansprechpartner und Anbieter* zu nennen, besonders zum Marketingmittel Website. Da ich als Webdesigner schon mehrere Ärzte, Zahnärzte und Unternehmen aus dem medizinischen Bereich betreut hatte, war es für den Unternehmensberater naheliegend, mir eine praktische Lösung seines Problems vorzuschlagen: Ich spezialisiere mich zukünftig verstärkt auf die Erstellung von Websites für niedergelassene Ärzte, die vor allem standes- und wettbewerbsrechtlich einwandfrei sein müssen, und kann dafür im Beratungsgespräch und bei Bedarf sofort einen konkreten Ansprechpartner nennen.

Ich benötigte noch einige Wochen, bis ich mich tatsächlich für den Schritt der Spezialisierung entschloss, und ich habe diese Entscheidung nie bereut.

5.7.1 Grundsätzliche Überlegungen

Spezialisierungen sind in der Werbebranche weder etwas Neues noch etwas Besonderes. Es ist vielmehr Standard, dass sich eine Agentur auf wenige Branchen spezialisiert, die zudem inhaltlich oft noch Synergien aufweisen. Meistens ergeben sich solche Spezialisierungen durch den einfachen Umstand, dass die Agentur branchenintern weiterempfohlen und dadurch wiederum als »Branchen-Spezi« wahrgenommen wird.

Was für Agenturen oder Agenturnetzwerke selbstverständlich ist, gilt aber noch lange nicht für Webdesigner. Man sieht als Webdesigner nur die Abhängigkeit von einer Branche und den Verlust aller anderen. Kurz gesagt, man fürchtet sich eher und sieht zunächst nur die negativen Aspekte.

> **Spezialisierung kann Vorteile bringen**
>
> Branchenspezialisierung ist kein ultimatives Erfolgsrezept, aber es kann Ihnen entscheidende Wettbewerbsvorteile bringen.

Man übersieht schnell, dass auch die spezialisierten Agenturen eben nicht die Tür zuschlagen, wenn ein Kunde aus einer vollkommen artfremden Branche um ein Angebot bittet. Natürlich kommt das nicht so häufig vor, jedenfalls solange die Agentur mit den branchentypischen Kunden genug zu tun hat und sich deshalb nicht um andere Kunden kümmern muss.

> **Wann spezialisieren?**
>
> Haben Sie mehrere branchenspezifische Aufträge abgewickelt, sollten Sie sich mit dem Gedanken an eine Spezialisierung befassen.
>
> Sind Sie dagegen in vielen Branchen aktiv und gut aufgestellt, wird sich eine Spezialisierung wahrscheinlich nicht lohnen.

Eine Spezialisierung bedeutet also nicht unbedingt, sich von der Kundenklientel einer einzigen Branche abhängig zu machen.

Grundsätzlich ist die Frage nach der Abhängigkeit zwar berechtigt, ebenso gut könnte man aber auch feststellen, dass Sie als Webdesigner sowieso von Ihren Kunden abhängig sind, unabhängig davon, aus welcher Branche diese Kunden kommen. Die ethische Vertretbarkeit von Kundenaufträgen hatten wir schon, aber darum geht es ja nicht.

5.7.2 Chance oder Abhängigkeit?

Wenn Sie also ohnehin von Kundenaufträgen abhängig sind, welche Chancen bietet Ihnen dann noch die Branchenspezialisierung?

> **Feste Zielgruppe**
>
> Mit der Spezialisierung auf eine Branche bestimmen und formen Sie eine feste Zielgruppe.

Eigentlich bringt Ihnen das nur einen Nutzen, der ist aber für den Erfolg oder den Misserfolg in allen Märkten entscheidend, Sie haben entscheidende Wettbewerbsvorteile gegenüber nicht spezialisierten Mitbewerbern.

> **Wettbewerbsvorteile**
>
> - Überschaubare Menge an brancheninternem Know-how
> - Beherrschung der brancheninternen »Kundensprache«
> - Kenntnisse brancheninterner Denkmuster und -kategorien
> - Kenntnisse branchenspezifischer und rechtlicher Aspekte
> - Wahrnehmung als »Webdesigner der Branche«
> - Aufträge durch persönliche Kontakte und Empfehlungen

Sie sehen, dass eine Branchenspezialisierung gerade für selbstständig tätige Webdesigner und für kleine inhabergeführte Agenturen sinnvoll ist. Nachdem Sie mehrere Aufträge in einer Berufsgruppe erfolgreich abgeschlossen haben, kennen Sie die inhaltlichen Fachbegriffe. Niemand muss Ihnen mehr wichtige Zusammenhänge erläutern, die innerhalb des Branchenumfelds ineinandergreifen. Dazu zählen irgendwann auch Ihre Kenntnisse zu rechtlichen, steuerlichen oder formaljuristischen Details der Branche, sofern sie für eine Website relevant sind. Sobald Sie diese Kenntnisse haben, werden Sie merken, dass neue Kunden diesen Umstand sehr genau wahrnehmen – gelegentlich erstaunt, aber immer positiv. Immerhin bedeutet jeder Wissensvorsprung von Ihnen gleichzeitig auch eine Zeitersparnis für Ihren Kunden, denn er muss Ihnen nicht alles erläutern.

Sie werden feststellen, dass jede Branche auch eine eigene *Sprache* generiert. Diese »Kundensprache« besteht nicht nur aus einer eigenen Syntax mit Fachbegriffen, sie besitzt vor allem eine eigene Semantik. Erst im Laufe mehrerer Aufträge werden Sie gerade die Semantik zahlreicher Fachbegriffe richtig verstehen. Als Beispiel kann genau hier der Begriff der »Syntax« dienen, der ja für den Linguisten und auch in diesem Absatz die Bedeutung »*Formale Beziehung zwischen sprachlichen Zeichen*« hat. Diese Bedeutung hat er auch für den Webentwickler, nur da bezieht sich die Syntax auf die *Auszeichnungssprache* (X)HTML.

Sofern Sie Ihre Kunden mit Ihrer Arbeit als Webdesigner zufriedenstellen, wird die Spezialisierung garantiert dazu führen, dass Sie schon nach relativ kurzer Zeit zu einem »Hoflieferanten« innerhalb der Branche werden. Meistens wird sich das auch im regionalen Umfeld abspielen, da Sie über persönliche Kontakte und Empfehlungen schnell als externer, spezifischer Dienstleister ein Teil dieser Branche werden.

5.7.3 Bedingungen für eine Spezialisierung

Falsch wäre es jetzt, wenn Sie sich gleich morgen auf die ganz bestimmte Branche spezialisieren würden, die Sie schon immer höchst interessant fanden. Das wäre ja auch zu schön, weil Sie sich als Webdesignerin vielleicht auf Schuhe von Manolo Blahnik und Taschen von Prada spezialisieren würden, auf Baumärkte (Abteilung Garten oder Dekoration), gegebenenfalls auch auf Kunst und natürlich auf schwedisches Möbeldesign. Dagegen wären Sie als einfach gestrickter Webdesign-Mann vielleicht schon zufrieden mit der Umsetzung unspektakulärer Sportwagenmagazine, simpler Werkzeugshops, klassischer Comedy-Portale oder schlichter Erotikseiten.

Natürlich ist eine Branchenspezialisierung ausschließlich nach dem »Ich-wünsch-mir-was-Prinzip« nicht unbedingt erfolgreich. Es geht zunächst auch nicht um eine ganz bestimmte Branche. Die beste Voraussetzung für die Fokussierung ist Folgendes: Werfen Sie einen genauen Blick auf Ihre bisherige Kunden- und Branchenstruktur. Sofern Sie gerade ganz am Anfang Ihrer Selbstständigkeit stehen, können Sie jetzt zur nächsten Zwischenüberschrift springen.

Wenn Sie Ihre Kundenstruktur betrachten, zeichnet sich mit Sicherheit ein gewisser Trend ab, jedenfalls, wenn Sie mehr als zehn Aufträge erfolgreich abgewickelt haben.

[✓] **Spezialisierungsbedingungen**
- Welche Branche generierte die für Sie besten Aufträge?
- Zu welcher Kategorie gehört die Mehrzahl Ihrer Kunden (Verein, Unternehmer, Freiberufler)?
- Können Sie die Branche einer Kundenkategorie zuordnen?
- War die am häufigsten vertretene Branche oder Kundenkategorie gleichzeitig die für Sie positivste?
- Wenn nicht, welche Branche/Kundenkategorie würden Sie gern verstärkt akquirieren?

Um die Fragen für sich selbst und möglichst objektiv zu beantworten, sollten Sie sich ein Blatt Papier nehmen und zunächst Ihre Aufträge in eine Liste schreiben. Anschließend versuchen Sie anhand der Fragestellungen die häufigsten und für Sie besten Aufträge herauszusuchen.

In den Fragen ist absichtlich keine Rede von den »lukrativsten« oder den »wirtschaftlich erfolgreichsten« Aufträgen. Mit den besten Aufträgen ist tatsächlich der gesamte Ablauf gemeint, vom ersten Kundengespräch bis zum Launch, bezogen auf die Inhalte, die technischen Anforderungen und Kundenwünsche, die gesamte Kommunikation und auch bezüglich der Zahlungsmoral, die ja ebenfalls branchenabhängig und damit sehr unterschiedlich sein kann.

Im Endeffekt haben Sie es hier also doch mit ein wenig »Wünsch-dir-was« zu tun. Versuchen Sie ernsthaft zu ergründen, ob die Kunden, die Sie bisher betreut und bedient haben, auch diejenigen sind, auf die Sie sich spezialisieren *wollen*.

Sofern Sie also anhand der Fragen oder nur aufgrund eigener Überlegungen die Branche gefunden haben, mit der Sie sich näher und intensiver beschäftigen wollen, müssen Sie gezielt vorgehen, um die Kunden innerhalb der Branche auch zu erreichen.

5.7.4 Der Kunde als Mentor

Ein direkter und fast immer erfolgreicher Weg führt über Bestandskunden. Nehmen Sie Kontakt zu einem früheren Kunden auf, den Sie mit Ihrer Arbeit vollkommen zufriedenstellen konnten, und den Sie möglichst noch immer betreuen. Normalerweise ist es ja der Kunde, der etwas von Ihnen will, der Ihre Arbeit und Zeit und Ihre Meinung in Anspruch nimmt, auch wenn er Sie gut und regelmäßig dafür bezahlt. Gehen Sie offen auf diesen Menschen zu, erläutern Sie ihm Ihr Vorhaben der Branchenspezialisierung, und bitten Sie ihn um seine Ratschläge als »Branchenexperte«. Sie werden erstaunt sein, wie gern die meisten Kunden bereit sind, Ihnen zu helfen.

Das wertvollste Marketingwerkzeug ist immer noch die persönliche Empfehlung. Merkt Ihr Bestandskunde, dass Ihr Vorhaben aufrichtig ist und Sie ihn nicht nur wegen ein paar Empfehlungen oder gar Adressen »anhauen«, dann wird er Ihnen auch gern Türen öffnen. Natürlich sollten Sie sich zumindest erkenntlich zeigen, indem Sie eine Aktualisierung oder etwas Ähnliches kostenfrei vornehmen – als ehrliches Dankeschön wohlgemerkt, nicht als Ersatz einer Bezahlung.

5.7.5 Berater und Betreuer

Vom Unternehmensberater als Multiplikator war bereits die Rede. Sie sollten jedoch schon über einen gewissen Zeitraum den persönlichen Kontakt zu einem Unternehmensberater pflegen, bevor Sie mit ihm in Kontakt treten. Es kann auch sein, dass Sie eine Adresse oder eine direkte Weiterempfehlung über den oben beschriebenen Bestandskunden erhalten, was ähnlich effektiv ist wie ein bestehender Direktkontakt.

Eine direkte Akquise kann aber auch hier zum Ziel führen. Viele Unternehmensberater wissen sehr gut, dass Ihre Mandanten und Kunden oft schon durch die üblichen Marketingmaßnahmen erfolgreicher sein würden. Hier kann es sehr wohl vorkommen, dass ein Unternehmens- oder Steuerberater dankbar für einen direkten Kontakt ist. Natürlich müssen Sie immer das gesamte Marketingpaket – zumindest als Netzwerk – anbieten, nicht nur Webdesign. Wenn es um effektive Marketingmaßnahmen geht, gehören alle Werbemittel dazu.

5.7.6 Vereine und Verbände

Gehen wir noch einmal zurück zur Branchenspezialisierung. Neben den Bestandskunden und beratenden Berufen gibt es auch noch Vereine und Berufsverbände, die die Interessen der einzelnen Mitglieder wahren. Hier kann man ohne Ausnahme davon abraten, mit einem dieser Verbände telefonischen Kontakt aufzunehmen, um Informationen zu erhalten – das können Sie bequemer und besser im Web. Die Problematik ist vermutlich in der Struktur eines Verbandes begründet, der seine Existenzberechtigung allein aus der Vertretung eben dieser Branche zieht. Infos oder gar Hilfe für Ihre Vorhaben dürfen Sie jedenfalls nicht erwarten.

5.7.7 Branchen für eine Spezialisierung

Bleibt noch die Frage, ob es besonders geeignete Branchen für eine Spezialisierung gibt. Grundsätzlich sollte man festhalten, dass es darauf ankommt, wie Sie als Webdesigner strukturiert sind. Als Einzelunternehmer beziehungsweise Freiberufler sollten Sie sich ebenfalls Branchen aussuchen, deren durchschnittliche Mitarbeiteranzahl im einstelligen Bereich liegt. Freiberufler sind hier das Stichwort: einzelne Handwerksberufe oder kleine Unternehmen.

Sie sollten zwar ein wenig darauf achten, wie es wirtschaftlich um die Branche bestellt ist, die Sie gerade im Auge haben – aber auch das hat nicht viel zu sagen. »Gut« laufende Branchen werden ständig von allen möglichen Anbietern aus Werbung und Direktmarketing akquiriert, da sind Sie auch mit Ihrem Spezialisierungsvorhaben weder der erste noch allein. Wenn Sie sich aber ein fruchtbares Feld mit vielen Mitbewerbern teilen müssen, können Sie genauso gut allein ein nicht so fruchtbares Feld bestellen, das vielleicht schon bald wieder bessere Früchte tragen wird.

Wenn Sie in einem festen Netzwerk arbeiten oder eine Agentur haben, können Sie Ihre Tätigkeit auch auf mittelständische Unternehmen, Kommunen oder große Vereine fokussieren.

5.7.8 Die Branchenspezialisierung systematisieren

Bevor Sie der Welt nun überall mitteilen, dass Sie der weltbeste Webdesigner für eine Branche sind, sollten Sie sich wirklich gut in der Branche auskennen.

Viel schlimmer als eine fehlende Branchenspezialisierung ist es nämlich, *keine Ahnung* von der Branche zu haben, in der man sich nun großspurig als Spezialist präsentiert.

Es reicht übrigens nicht, Informationen zu sammeln, alles gut zu studieren, Branchenkenner zu befragen und mit Branchenvertretern zu reden. Sie sollten außerdem schon mehrere Kunden dieser Branche mit einer Website beglückt haben. Nichts ist so überraschend wie tatsächliche Abweichungen der Kunden von der Konstruktion, die Sie sich vom »typischen Branchenvertreter« gemacht haben.

Ein wirklich spezialisierter Webdesigner für eine Branche sind Sie erst dann, wenn Sie nicht mehr die gleichen Fragen und Nachfragen Ihrer nicht spezialisierten Wettbewerber stellen müssen. Sie sollten auf keinen Fall versuchen, den Kunden etwas vorzumachen. Die merken dann sofort als Erste, dass Sie eigentlich doch nur ein »Wannabe« sind und nicht der Branchenkenner.

Ein ganz wichtiger Punkt und außerdem eine ideale Möglichkeit, Ihr tatsächlich vorhandenes Branchenwissen zu kommunizieren, ist eine modifizierte Checkliste (siehe Abschnitt 4.2). Die Checkliste ist ja nichts anderes als Ihr Fragenkatalog für den Kunden. Hier sollten Sie also zeigen, dass Sie die richtigen Fragen stellen.

5.7.9 Die Bewerbung auf der Website

Wenn Sie selbst überzeugt sein können, dass Sie über ausreichendes Wissen verfügen und auch genügend Erfahrungen mit der Branche als Kundenpool gemacht haben, sollten Sie Ihre Corporate Site überarbeiten. Ein Weblog eignet sich übrigens nicht so gut zur Bewerbung einer speziellen Branche, denn es geht eher um feststehende, statische Inhalte als um die Veröffentlichung von Textbeiträgen.

Die Branchenspezialisierung auf der Website

- Branchenschwerpunkt schon auf der Startseite sichtbar kommunizieren
- Hervorhebung in der Informationsarchitektur (Referenzen und/oder Leistungen)
- Erworbene Erfahrungen und Fachkenntnisse durch konkrete und branchentypische Kundenansprache kommunizieren
- Für Besucher der Branche einen Mehrwert durch eine spezielle FAQ-Seite oder durch Infoseiten schaffen

5.7.10 Synergien nutzen

Mehrere Aufträge, die ich für eine Kieler Werbeagentur annahm, waren größere Corporate-Websites für Zahntechniker. Zahntechnik ist ein Handwerk und gleichbedeutend mit Prothetik. Den Zahnersatz bekommen Sie zwar vom Zahnarzt eingesetzt, und der Zahnarzt stellt Ihnen auch die Rechnung – hergestellt wird er aber in der Regel in einem zahntechnischen Meisterbetrieb. Über das Know-how zu diesem Bereich und den angrenzenden Themen Zahnpflege und Zahninfos allgemein war es kein Problem, eine exklusive Zahnarztpraxis als Kunden zu gewinnen, da ich sämtliche Texte komplett schreiben und passendes Bildmaterial heraussuchen konnte.

Wenn Sie in Ihrer Branche Fuß gefasst haben, werden Sie schnell feststellen, dass kein Berufsfeld vollständig abgeschottet ist. Viele Branchen haben mehrere Schnittstellen mit angrenzenden Berufszweigen, weiteren Spezialisierungen und Diversifikationen im Berufsbild. Einige Verknüpfungen werden Sie auch über bestimmte Kunden kennenlernen. Über solche Kontakte können Sie idealerweise neue Akquisitionen in angrenzende Branchen starten.

5.8 Provisionen

Kommen wir hier und konkret auf die Branchenspezialisierung bezogen zu einem Thema, das gerade in Deutschland immer wieder unter dem Deckmantel der Verschwiegenheit gehalten und immer am Rand der Korruptionsschmuddelecke gesehen wird: Es geht um Provisionszahlungen für vermittelte Aufträge.

Vermittelt beispielsweise ein Elektriker jede Woche mehrere Aufträge an einen Maler oder Tischler, würden es viele Menschen zumindest als unangemessen oder gar schäbig empfinden, würde der Elektriker dafür auch nur einen Euro pro Vermittlung verlangen. Es gibt tatsächlich einige Branchen im Handwerk, die nur von Mund-zu-Mund-Propaganda leben, ohne auch nur einen Cent dafür zu bezahlen (auch nicht für Anzeigen oder sonstige Werbung), während andere mit großformatigen Anzeigen, Sonderaktionen und der Teilnahme an Ausschreibungen versuchen, ihr Unternehmen zu retten. Es ist ja auch der schlechte Ruf der Provisionen, der zur Korruption beiträgt. Das ist ebenfalls ein System des bezahlten Dankes, nur illegal, zum großen Schaden der Gemeinschaft und niemals öffentlich.

Provisionszahlungen – für wen?

In den angelsächsischen Ländern sieht man Provisionen übrigens weitaus entspannter. In Großbritannien und auch in den USA gibt es beispielsweise große Innenarchitektur-Firmen, die einzelne Dienstleister oder Lieferanten und Ausstatter vermitteln und von diesen eine bestimmte Auftragsprovision verlangen. Das ist bekannt, und das wissen auch die Kunden. Würden die Kunden die Firmen direkt beauftragen, würden sie nichts sparen, denn das, was die Firmen an Provisionen abgeben, ziehen sie von ihrem üblichen Verdienst ab: der überschaubare Preis für ein Vermögen an gesparten Werbungskosten.

Ist dies also ein uneingeschränktes Plädoyer für Provisionszahlungen an jedermann? Nein, natürlich nicht. Wenn überhaupt sind Sie es, der Provisionen anbietet. Falls Ihnen jemand ein Geschäft auf Gegenseitigkeit anbietet, ohne große Vorwarnung und ohne dass Sie wissen, mit wem Sie es überhaupt zu tun haben – lassen Sie unbedingt die Finger davon. Bei Provisionen müssen Sie feste Spielregeln beachten, und diese Spielregeln sollten *Sie* aufstellen.

Die Grundlage jeglicher Gedanken an ein Provisionssystem muss sein, dass Sie sich wirklich an Ihren Qualitätsanspruch halten. Das bedeutet auch, dass Sie nicht auf der Jagd nach Aufträgen jedem Menschen eine Provision zahlen müssen.

> **Erster Ratschlag**
> Zahlen Sie nur Provisionen an Menschen, die von der Qualität Ihrer Arbeit voll überzeugt und finanziell nicht auf Provisionen angewiesen sind.

Provisionszahlungen sind Vertrauenssache. Trauen Sie keinem, der Ihre Arbeit überhaupt nicht kennt oder richtig beurteilen kann. Provisionen zahlt man auch nur an gut verdienende Multiplikatoren wie Unternehmensberater, Steuerberater, Firmenchefs oder Rechtsanwälte.

Anders gesagt: Wer dem Leiter eines Sonnenstudios Provisionen anbietet, muss sich nicht wundern, wenn er regelmäßig im Hochsommer die idiotischsten Aufträge vermittelt bekommt.

> **Zweiter Ratschlag**
> Zahlen Sie keine Unsummen, und zahlen Sie vom verdienten Geld.

Sie sollten in der Regel nicht mehr als 15 % Provision zahlen, egal wie rosig Ihre Zukunft durch das Potenzial eines Multiplikators werden könnte. Auch das ist eine Frage der Seriosität. Wichtig ist auch, dass Sie nicht im Vorfeld irgendeine Summe zahlen, sondern immer erst dann, wenn Sie selbst den kompletten Rechnungsbetrag vom Kunden erhalten haben. Und selbstverständlich zahlen Sie Provisionen nur offiziell auf Rechnung!

> **Dritter Ratschlag**
> Berechnen Sie dem Endkunden niemals mehr, nur weil Sie einer Provisionszahlung zugestimmt haben.

Es ist immer eine verlockende Versuchung, die zu zahlende Provision noch schnell auf die Endrechnung für den Kunden aufzuschlagen, doch hier geht es um Ihre Redlichkeit als Marktteilnehmer: Sie haben eine Provision akzeptiert und vielleicht auch deshalb einen Auftrag erhalten. Denken Sie an den Elektriker, der regelmäßig für lau Aufträge vermittelt: Sie haben kein Geld für Werbung ausgegeben, Sie haben nur einen Auftrag angenommen und das Vertrauen eines Kunden gewonnen. Provisionszahlungen anderen zu berechnen, das ist schäbig.

5.9 Design-Wettbewerbe

Die Problematik von Pitches hatten wir schon in Kapitel 3, *Betreuung und Begleitung des Kunden*, bei den Vermittlern von Aufträgen thematisiert, nämlich als Methode zur Erlangung kostenloser Entwurfsarbeiten inklusive aller Nutzungsrechte. Noch einmal zur Erinnerung: Von Pitches und Ausschreibungen ähnlicher Kaliber sollten Sie grundsätzlich immer die Finger lassen.

Auf den ersten Blick ähnlich gelagert sind einige Design-Wettbewerbe, von denen man gelegentlich in Foren oder Blogs etwas liest. Diese Webdesign-Wettbewerbe sind teilweise dotiert, teilweise gibt es auch nur einen ideellen Preis zu gewinnen. Es gibt seriöse Wettbewerbe, die regelmäßig stattfinden und bereits bekannt sind, es gibt auch einmalige und themenbezogene Wettbewerbe, es gibt Wettbewerbe von bekannten Ausrichtern und solche von völlig unbekannten Firmen oder Vereinigungen.

Es stimmt, dass sich viele Wettbewerbe bei näherer Betrachtung auch nur als eine weitere Pitch-Variante erweisen. Trotzdem lohnt immer ein genauer Blick hinter die Kulissen. Hier geht es um Ihr Marketing, und gerade am Anfang Ihrer Karriere als Webdesigner kann es vorteilhaft sein, wenn Sie statt erstklassiger und anspruchsvoller Referenzen eine gute Platzierung in einem Webdesign-Wettbewerb vorweisen können. Als Branchenanfänger bekommen Sie eben nicht die Aufträge, bei denen Sie einmal richtig zeigen können, was Sie alles beherrschen. Als Anfänger bekommen Sie Aufträge, bei denen Sie froh sein können, überhaupt irgendwas von Ihrem Know-how zeigen zu können.

5.9.1 Die Spreu vom Weizen trennen

Wenn Sie also etwas Zeit haben und nicht nur den CSS-Zen-Garden oder andere CSS-Galerien mit Ihren Entwürfen verschönern wollen, sondern den Wettbewerb mit Gleichgesinnten suchen, dann sollten Sie sich auch den richtigen Wettbewerb anhand der folgenden Fragen aussuchen:

> **Wettbewerbe** [✓]
> - Wer steckt als Verantwortlicher hinter dem Wettbewerb, und welche Motivation steckt offen oder vermutlich dahinter?
> - Werden Webstandards eingehalten, ist der Wettbewerb inhaltlich und technisch überhaupt anspruchsvoll genug?
> - Habe ich mit dem Ausrichter des Wettbewerbs kein persönliches oder ethisches Problem?
> - Ist der Wettbewerb in der Branche bekannt, ist er seriös, eignet er sich für meine Marketing- oder PR-Inhalte?
> - Passt der Wettbewerb zu meinen Schwerpunkten (Design-, PHP-, Themenwettbewerb)?
> - Wie groß sind meine realistischen Chancen, eine gute Platzierung zu erreichen?

Erst einmal sind Wettbewerbe nicht verwerflich, illegal oder schlecht. Es ist nur ähnlich wie bei Preisausschreiben oder Gewinnspielen. Jeder Veranstalter bekommt die Teilnehmer, die er verdient hat. Sie kennen das aus dem Fernsehen von den Fragen, bei denen es Geld zu gewinnen gibt, in der Art von »*Wie nannten sich Dieter Bohlen und Thomas Anders? A: Modern Talking; B: Dirty Dancing*« – dann ist man in Erinnerung an unselige Dorf-Diskotheken zwar geneigt, sofort *B* zu wählen, aber man selbst ruft da ebenso wenig an wie der Feuilleton-Chef der FAZ.

Startet zum Beispiel Ihr lokaler Marketing-Club einen Wettbewerb »Unsere Homepage soll schöner werden«, könnten Sie natürlich gleich absagen, weil

Homepage als Begriff schon mal gar nicht geht. Vielleicht sind Sie ohnehin der einzige professionelle Webdesigner im Umkreis von 40 Kilometern und deshalb überzeugt davon, dass man Sie auf billige Art und Weise ködern will. Meistens ist es aber so, dass nicht nur Vereine und Verbände, sondern auch mittelständische Firmen solche Wettbewerbe ohne bösen Hintergedanken an freie Nutzungsrechte oder kostenfreie Dienstleistungen starten.

Sie sollten deshalb nicht nur abwägen, sondern sich im Zweifel gut informieren. Jeder einigermaßen seriöse Veranstalter bietet Ihnen die Möglichkeit, Fragen zu den Hintergründen, dem Wettbewerb und den Teilnahmebedingungen zu stellen.

5.9.2 Bleiben Sie realistisch

Ein bekannter und regelmäßig stattfindender Wettbewerb ist der BIENE-Award der *Aktion Mensch*. BIENE steht für »Barrierefreies Internet eröffnet neue Einsichten«, und der Award ist im deutschsprachigen Raum das Synonym für herausragende Beispiele zum Thema barrierefreies Webdesign. Nun ist dieser Wettbewerb nicht nur super seriös, super bekannt und damit super geeignet, um mit einer goldenen oder silbernen BIENE auf der eigenen Website Eindruck zu machen. Der BIENE-Wettbewerb ist vor allem super schwierig, und wenn Sie sich mit barrierefreiem Webdesign nicht hundertprozentig auskennen, sind Ihre Chancen nicht besonders groß, überhaupt die Endrunde zu erreichen.

Niemand nimmt übrigens nur so aus Spaß an einem Wettbewerb teil, ob es sich nun um den BIENE-Award handelt oder um einen lokal ausgerichteten Homepage-Wettbewerb für den Marketingclub. Das ist auch absolut in Ordnung so. Gerade der BIENE-Award lebt ja nicht nur vom Mitmachen, er lebt auch vom Wettstreit um die besseren Lösungen oder um neue Ideen der Umsetzungen, von denen die ganze Branche der Webdesigner profitiert.

5.10 Vorträge, Interviews, Artikel und aktive Fachmitgliedschaften

Wenn Sie sich bereits als Webdesigner in einer (Kunden-)Branche oder auch innerhalb von Fachkreisen wie den Webkrauts einen Namen gemacht haben, werden Sie irgendwann gebeten, Vorträge zu halten oder Interviews zu geben. Es geht dabei nicht immer um die ganz große Geschichte zu einem

Thema, und selten werden Sie dafür auch nur einen Cent sehen, aber dieses Einbinden in solche kommunikativen Events generiert mit neuen Kontakten auch neue Ansätze für Kooperationen – unabhängig davon, dass es auch Spaß macht, Kollegen, bestehende Geschäftspartner oder auch alte Kunden wieder zu treffen.

Vorträge und Veröffentlichungen können Sie auch gut als PR nutzen. Gegenüber Ihren Kunden zeigen Sie so, dass Sie Ihren Beruf ernst nehmen, dass Sie etwas zu sagen haben und dass Ihre Kollegen Sie für das schätzen, was Sie sagen, und dass Sie dafür sogar als Teilnehmer oder Vortragender engagiert werden. Ist das bei Ihnen der Fall, kommunizieren Sie das: Schreiben Sie es als Hinweis auf Ihre Corporate Site, schreiben Sie darüber etwas in Ihrem Blog, setzen Sie es in Ihre Signatur.

Viele Webdesigner suchen deshalb bestimmte Mitgliedschaften. Leider ist es ja überall Standard, dass es immer viele Mitglieder gibt, die gern in einer Liste stehen, aber nur wenige, die auch aktiv mitarbeiten wollen. Natürlich ist jede Mitgliedschaft zunächst ein Zeichen der Zugehörigkeit. Wer zum Beispiel Mitglied bei den Webkrauts wird, tritt definitiv für Webstandards ein. Auch »Gründungsvater« Jens Grochtdreis verlangt nicht, dass man sich zwingend mit Texten oder Beiträgen an Aktionen beteiligt. Sie sollten aber immer nur einer Fachvereinigung, einem Verein oder einem Club beitreten, den Sie zumindest theoretisch gern aktiv unterstützen würden.

Sofern Ihre Mitgliedschaft etwas mit Webdesign zu tun hat oder für Ihre Zielgruppe interessant ist, gehört ein Hinweis darauf selbstverständlich auch auf Ihre Website!

5.11 Sponsoring

Wenn Sie aus freien Stücken für einen Verein, für einen Existenzgründer, für eine Kommune, für ein Unternehmen oder für eine Privatperson eine kostenlose Website erstellen und auch noch die Kosten für das Hosting bezahlen, nennt man das in der Branche entweder »Wahnsinn« oder »Selbstmord auf Raten« – man kann aber auch Sponsoring dazu sagen.

Zu Recht wird in den meisten Beiträgen zum Thema Sponsoring immer wieder auf die grundsätzliche Problematik von kostenlosen Designarbeiten und Websites für lau eingegangen. Es lohnt jedoch auch hier wieder, genau hinzusehen und ebenso genau zu differenzieren, worum es jeweils geht.

5.11.1 Faule Anfragen: Region, Zusammenhalt und Lokalkolorit

Während die schillernden Pitches der mittleren und großen Werbebranche vorbehalten sind, bedient man sich im kleinen Bereich aus regionaler Kundenklientel, Stammtischdunstkreis und Freundschaftsdiensten gern einer persönlichen Variante, die man auch als »faule Anfrage« bezeichnen kann.

Sie müssen noch nicht einmal in der Provinz leben und Sie müssen auch noch nicht lange im Geschäft sein, aber wird man Sie schon bald fragen, ob Sie nicht Lust hätten, eine kleine Homepage zu erstellen.

»Es geht nur um was ganz Kleines für ...

- ... unseren Verein.«
- ... meine kleine Firma.«
- ... meine Schwester mit neuem Geschäft.«
- ... meinen Schwager mit neuem Geschäft.«

Was man Ihnen erst einmal verschweigt, ist die Tatsache, dass es vor allem um einen kleinen Preis geht und eigentlich sowieso für ganz umsonst, ist ja klar. Das Vorgehen ist ebenso einfach wie wirkungsvoll. Alle Kernargumente zusammen genommen würden folgenden Satz ergeben: »In diesen Zeiten muss man zusammenhalten, Sie machen uns ein tollen Preis, wie leben hier doch alle so schön, und es ist für einen guten Zweck, und alles ist so teuer geworden, und Geld ist doch keines da, und wir wussten gleich, Sie sind ein Netter, wir finden das toll, danke.«

Wir haben nichts

Sie werden herzzerreißende Geschichten hören (oder zumindest tragische von Steuernachzahlungen, unerwartetem Reparaturbedarf und sonstigen Engpässen), und dass einfach kein Geld mehr für die notwendige Website übrig ist. Die soll aber nach Aussage und Ansicht Ihres Gesprächspartners ohnehin nur die Nanoausgabe einer Mikrosite sein.

Wie bei einem Initiationsritus erzählt man Ihnen diese Geschichten an einem bedeutungsschwangeren Ort, natürlich im Flüsterton. Vor allem Vereinsvorstände haben dafür eine hohe Begabung. Sie stehen am Ende daneben und denken »die Armen, schlimmer geht es wirklich nicht.«

Natürlich ist die Lage nicht ansatzweise so schlimm. Schlimm ist vielmehr die Tatsache, dass Sie plötzlich mit den tollsten Wünschen konfrontiert werden, sobald Sie zugesagt haben. Und dann merken Sie plötzlich, dass die Gesprächspartner mit den fünf bis sechs Seiten offensichtlich nur den Umfang der Sitemap beschreiben wollten. Das wiederum erfahren Sie natürlich erst bei der hochoffiziellen Verkündung der frohen Botschaft, dass Sie die Website für einen dreistelligen Betrag erstellen.

> **Nichts aufdrücken lassen** [!]
> Lassen Sie sich nicht auf Anfrage ein Sponsoring aufschwatzen!

Der kostenlose Entwurf: Wie viel dürfen es denn sein?

Nicht ganz so verbreitet wie die Anfrage nach einer kostenlosen Website für Verein, Schwester oder Schwager ist die kleine Variante des kostenlosen Entwurfs. Auch hier begehen Sie einen Fehler, wenn Sie einfach so und ohne genaue Vorgaben Ihrerseits zusagen, einen Entwurf für eine Website zu erstellen, der dann vom vereinseigenen Kassenwart oder sonst jemanden umgesetzt wird.

Da das, was nichts kostet, auch nichts wert ist, können Sie sich gleich auf die Anfertigung mehrerer Entwürfe einstellen. Dahinter steckt nun wirklich nicht automatisch irgendeine böse Absicht. Mehrere Entwürfe zu machen kommt ja auch bei einem normal abgerechneten Auftrag gelegentlich vor. Der Unterschied besteht aber gerade darin, dass die Nachfrage nach einem neuen Entwurf umso einfacher und schneller bei Ihnen auf dem Tisch liegt, wenn es nichts kostet, während sich der zahlende Kunde gut überlegt, ob er den bestehenden Entwurf noch etwas genauer prüft, weil er ja für einen neuen Entwurf bezahlen muss.

5.11.2 Beruf oder Hobby – oder Hobby als Beruf?

Viele Auftraggeber verstehen nicht, dass Sie aus echter »Überzeugung für die Sache« nur bereit sind, den ersten Entwurf kostenfrei zu erstellen. Das Hauptproblem dabei ist übrigens, wie bei dem vorhergehenden Beispiel der günstigen Website, nicht purer Geiz, kühle Berechnung oder Spaß am Foppen, sondern die Tatsache, dass man mit einem Beruf, der auch nur partiell mit Gestaltung zu tun hat, eher als Hobbyist angesehen wird. Das ist übrigens ein typisch deutsches Phänomen. Dave Shea, Jeffrey Zeldman, Molly Holzschlag, Cameron Moll oder Andy Clark würde niemand als Lebenskünstler ansehen, die sich ein bisschen Geld mit der Erstellung von Websites dazuverdienen.

Hier hört man dagegen noch gelegentlich: »Hm, Webdesigner. Na ja, sowas muss es ja auch geben.«

5.12 Gute Vorträge

Vorträge als wichtige und sinnvolle Variante der Selbstvermarktung von Webdesignern wurden bereits thematisiert. Einen Vortrag zu planen ist dabei nur die eine Seite der Medaille. Einen guten Vortrag zu halten, der Ihr Publikum gleichermaßen unterhält und informiert, nicht über- und auch nicht unterfordert, das ist aber nicht ganz so einfach. Im Folgenden beziehe ich mich sowohl auf das Buch »Presentation Zen« von Garr Reynolds (*www.garrreynolds.com*), das unter dem Titel »Präsentations-Zen« auch in Deutsch erhältlich ist (siehe Literaturverzeichnis), als auch auf meine eigenen Erfahrungen als Referent vor Kunden und Kollegen.

5.12.1 Wozu überhaupt Vorträge?

Die große Kunst ist es natürlich, wenn Sie auf einer bekannten oder größeren Veranstaltung einen Vortrag halten sollen, also eine Präsentation mit Vortrag vor Publikum. Im Laufe Ihrer Karriere werden Sie das hauptsächlich vor einem Fachpublikum tun, also vor Webworkern im weitesten Sinne. Sofern Sie sich in einer Branche einen Namen als Webdesigner gemacht haben, kann es sein, dass Sie ein Publikum haben, das der entsprechenden Kundenklientel dieser Branche entspricht. Ich hatte aber auch schon ein Publikum, das noch gar nicht als potenzielle Kundenklientel einzuordnen war und zunächst über die einfachsten Grundlagen zu Web und Websites aufgeklärt werden sollte.

Machen Sie Ihre Sache gut, will man Sie gern auf weiteren oder ähnlichen Veranstaltungen sehen und hören. Machen Sie es wie die meisten Vortragenden, ist Ihre Bekanntheit oder Ihr besonderes Know-how dafür verantwortlich, dass man Sie erneut einlädt.

5.12.2 Was ist ein Vortrag?

Bevor es darum geht, zu analysieren, was bei den meisten Vorträgen schiefläuft, um dann auf mögliche Lösungen zu kommen, erstklassige Vorträge zu planen und zu halten, geht es zunächst um den Charakter eines typischen Vortrags.

Morgens, halb zehn in Deutschland: Während andere süße Riegel naschen, sitzen irgendwo in einem abgedunkelten und stickigen Raum Menschen, die sich eine schlechte PowerPoint-Präsentation ansehen und einem langweiligen Referenten zuhören müssen.

Unabhängig von meiner Überzeugung, dass das Szenario weder übertrieben noch außergewöhnlich ist, wurde hier auch alles verkehrt gemacht.

Kennzeichen für einen »typischen« Vortrag
- Ein Referent hat ein spezielles Thema.
- Der Referent kommuniziert verbal und nonverbal mit seinem Publikum.
- Der Referent verwendet als technisches Equipment einen Computer und einen Beamer.
- Der Referent verwendet zur multimedialen Unterstützung seiner Kommunikation eine »Slideware« wie PowerPoint oder Keynote.

Die Verwendung von PC, Beamer und entsprechender Software ist für uns heute bereits so selbstverständlich, dass man kaum noch Vorträge erlebt, bei denen der »Vorturner« ständig hinter einem archaischen Overheadprojektor verschwindet oder gar mit einer Flipchart aus der Ur- und Frühgeschichte arbeitet.

Vortrag ist Kommunikation
Ein Vortrag mit Präsentation ist eine themenbezogene Kommunikation zwischen einem Referenten und seinem Publikum mit visuellen, verbalen, nonverbalen und technischen Mitteln.

Der Referent ist in seiner themenbezogenen Aufgabe eher mit einem Lehrer in der Schule zu vergleichen, leider fühlt man sich aber zu oft an einen schlechten Diavortrag erinnert, den man als uninspirierte und langweilige Zeitverschwendung empfindet.

Software für Präsentation
Der Begriff des Vortrags ist heute so eng an die Benutzung von PowerPoint, Keynote oder einer anderen Slideware verknüpft, dass man sich eine andere Art kaum noch vorstellen kann.

5.12.3 Vorträge zum Webdesign

Als Webdesigner einen Vortrag ohne technisches Equipment zu halten, das erscheint vollkommen abwegig. Wahrscheinlich müssten die meisten ihren Vortrag abbrechen, sollte es zu einer technischen Störung kommen.

Sie halten übrigens nicht nur Vorträge in einem großen Saal und vor einem interessierten Fachpublikum. Oft sind es auch die kleinen Präsentationen, die scheinbar wenig mit Vortragskunst zu tun haben, die Sie aber vor mehreren Entscheidern halten und für die Sie zumindest einen Laptop als Hilfsmittel benötigen. Manchmal sind es auch kurze Einführungen zu einem Thema des Webdesigns für eine Kundengruppe, oder Sie sind Teilnehmer eines Barcamps und wollen in wenigen Minuten ein Thema »rüberbringen«. Eines ist sicher: Ein paar Folien zeigen und dazu schlaue Sätze nuscheln – das ist definitiv zu mager für die erhofften Begeisterungsstürme Ihres Publikums.

5.12.4 Die Software bestimmt die Präsentation

Der typische Vortrag wird heute nicht nur mit moderner Slideware ausgeführt, er wird vielmehr von der Software bestimmt. Ähnlich der Problematik im Webdesign wird konsequent an den Möglichkeiten des Mediums vorbei konzipiert. Während viele Webdesigner gestalterisch denken und so auch ihre Internetseiten konzipieren, vernachlässigen sie genau diesen Sinn für Gestaltung, wenn es um die Planung von Vorträgen geht. Man entscheidet sich für das erstbeste Thema und macht sich nicht einmal die Arbeit, das Template den Anforderungen an Vortrag und Zielgruppe entsprechend anzupassen.

Die Inhalte selbst werden nach und nach eingesetzt. Die Titel sind immer gleich und auch auf Folien vorhanden, die eigentlich keinen Titel benötigen. Möglichst alles wird in Listenform mit den bekannten und wahnsinnig kreativen *Bullet Points* dargestellt. Will man 30 Punkte darstellen, gibt es eben ein halbes Dutzend Folien, die nach und nach durchgeklickt werden. Eher zwang- als ernsthaft werden die Folien dann mit elendigen Clip-Arts aufgehübscht, die eigentlich jedes Publikum längst satt hat.

Auch als Webdesigner ist man konditioniert, dass »so« eine Präsentation auszusehen hat.

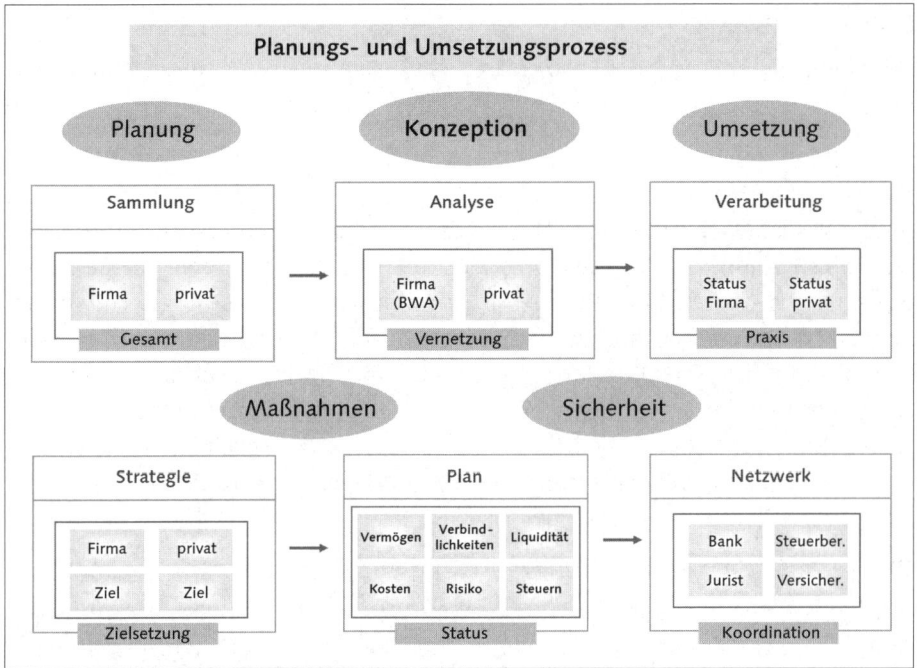

Abbildung 5.2 So spannend und benutzerfreundlich werden noch immer die meisten PowerPoint-Folien erstellt.

5.12.5 Viel hilft viel?

Das menschliche Gehirn ist so perfekt an unsere Umwelt angepasst, dass wir mit unseren Sinnen nahezu alle äußeren Einflüsse wahrnehmen können. Dummerweise stellt uns die typische PowerPoint- oder Keynote-Präsentation vor eine Aufgabe, die unser Gehirn nicht bewältigen kann. Denn obwohl Menschen nicht gleichzeitig visuell etwas wahrnehmen (lesen) und gleichzeitig zuhören können und stattdessen ständig hin- und herswitchen, werden die Folien mit Texten zutapeziert, die der Referent dann noch einmal komplett erzählt. Das ist eigentlich so idiotisch wie die Vorstellung, ein Buch zu lesen, das gleichzeitig vom gegenübersitzenden Autor Wort für Wort rezitiert wird. Als Methode der Wissensvermittlung ist dies denkbar ungeeignet.

Fazit: Entweder müssen wir bei unseren Präsentationen schweigen oder wir müssen die Folien und die Art unserer Vorträge ändern.

Abbildung 5.3 Eine Vortragsfolie des Autors zum Thema der Verbreitung von Webstandards

5.12.6 Checkliste für die eigene Präsentation

Ebenso wie für eine Website sollten Sie auch für Ihre Präsentationen eine Checkliste verwenden, damit Sie weder am Thema noch am Publikum vorbei kommunizieren.

[✓] **Die eigene Präsenz**
- Wie viel Zeit habe ich?
- Wie ist der Raum beschaffen?
- Zu welcher Zeit halte ich die Präsentation?
- Was für ein Publikum habe ich?
- Welchen fachlichen Hintergrund hat mein Publikum?
- Was erwartet das Publikum von mir?
- Warum wurde ich gefragt, die Präsentation zu halten?
- Wie lautet meine fundamentale Aussage?

- ▸ Wie bin ich eingebunden (Konferenzthema etc.)?
- ▸ Welche Geschichte(n) will ich zum Thema beitragen?
- ▸ Was ist der zentrale, inhaltliche Punkt meines Vortrags?
- ▸ Wenn sich das Publikum nur an eine Sache (ein Thema, eine Folie) erinnern soll, welche ist das?

Kernfragen [✓]

- ▸ Wer braucht das, was ich zu sagen habe, für wen ist die Präsentation relevant, wofür ist sie wichtig?
- ▸ Kann ich in 30 bis 45 Sekunden den Inhalt und die Aussage meines gesamten Vortrags ausdrücken?

5.12.7 Präsentation planen

Vermeiden Sie das, was Garr Reynolds passend »slidument« nennt: ein Mischmasch aus Präsentationsfolie und Textdokument, ähnlich dem Trennungsprinzip im Webdesign. Eine Folie ist ein gestaltetes Dokument für Ihre Präsentation. Ein Handout ist dagegen ein gedrucktes Dokument zum Nachlesen und keine Präsentation. Und die Notizen sind für den Vortragenden eine Hilfe zum Vortrag, keine Präsentation und auch kein Handout für das Publikum.

Trennen Sie Ihre Medien!

- ▸ Die Slideware-Präsentation
- ▸ Ihre Notizen für Sie als Referenten
- ▸ Ein Handout für Ihr Publikum

Wichtig: Nichts vorher verteilen [!]

Wichtig: Verteilen Sie Handouts nicht vorher an das Publikum, das gilt auch für vorherige Ausdrucke der Folien!

Sechs Prinzipien

Einfachheit: Wenn alles wichtig zu sein scheint, ist eigentlich nichts wirklich relevant. Trennen Sie Wichtiges von Unwichtigem. Wo sind die Kernaussagen, was sind die springenden Punkte?

> **Magie**: Überraschen Sie Ihr Publikum. Wecken Sie Interesse mit unerwarteten Fragen oder Geschichten. Unterhalten Sie das Publikum, und nehmen Sie es mit auf die Reise Ihres Themas.
> **Prägnanz**: Bleiben Sie konkret. Benutzen Sie eine klare und eindeutige Sprache, die alle verstehen. Verwenden Sie auch Bilder und Metaphern, um komplizierte Sachverhalte prägnant zu kommunizieren.
> **Glaubwürdigkeit**: Untermauern Sie Ihre Fakten mit nachprüfbaren Hinweisen (Quellen in der Fußzeile der Slides und im Handout), benutzen Sie auch bei Daten und Fakten bildhafte Vergleiche und Metaphern.
> **Emotionen**: Unterstützen Sie die emotionalen Aspekte Ihrer Aussagen mit passenden Bildern, Grafiken und Fotos.
> **Geschichten**: Werden Sie zum Geschichtenerzähler, der das Publikum fesselt. Unterhalten Sie Ihr Publikum wie ein guter Schauspieler in einem Ein-Mann-Theaterstück.
> Eine überzeugende Vorstellung als Geschichtenerzähler ist die wichtigste Voraussetzung für einen gelungenen Vortrag.

5.12.8 Wie sollte eine Präsentation aussehen?

Worauf kommt es also an, und wie schafft man es, aus dem Zusammenspiel von eigener Person als Referent, dem Publikum und den technischen Möglichkeiten eine gelungene Präsentation zu konzipieren und durchzuführen?

> **Bestandteile einer Präsentation**
> 1. Inhalte der Story
> 2. Kreativität und Gestaltung
> 3. Die Komposition
> 4. Empathie/Einfühlung in das Publikum
> 5. Unterhaltung des Publikums
> 6. Bedeutung/Sinn des Vortrags

Garr Reynolds stellt in seinem Buch übrigens das Design vor die Inhalte, ich sehe das vielleicht aufgrund meiner schlechten Erfahrungen mit diesem Vorgehen im Webdesign anders.

Die hier beschriebenen Bestandteile verbergen nicht ihre Herkunft aus dem Filmgeschäft. Man kann aber sagen, dass eine gute Präsentation im Gegensatz zu einer Website oder einem Hochglanzprospekt tatsächlich einer Handlung gleicht. Und mit multimedialen Aspekten inklusive Filmausschnitten, Sound,

Sprache und physischer Prominenz des Referenten ist diese Handlung eine mediale Erlebniswelt für ein bestimmtes Publikum.

> **Das korrekte Vorgehen** [✓]
>
> - Führen Sie ein Brainstorming an einer Flipchart, als MindMap oder Zettelwirtschaft durch, aber unbedingt ohne PC. Planen Sie analog! Keynote oder PowerPoint dauern viel zu lange, und Sie haben die Wörter »Bild mit Strand« längst geschrieben, bevor Sie iStockphoto im Browser geladen haben.
> - Gruppieren und sortieren Sie die gefundenen Inhalte ebenfalls auf einem Papier und möglichst ohne PC.
> - Erstellen Sie ein Storyboard mit kleinen Zetteln auf dem Tisch oder Post-it-Zetteln, auch das möglichst ohne PC. Post-it-Zettel können Sie sammeln, neu legen, und am Ende ein Foto machen.
> - Übersetzen Sie das Storyboard in die Funktion des Lichtkastens beziehungsweise der Folienübersicht Ihrer Slideware.
> - Erstellen Sie eine Hierarchie wie in einer Website-Navigation: Gestalten Sie übergeordnete Kapitelfolien, die Sie aber in der eigentlichen Präsentation versteckt halten, so dass sie nur für Sie als Referenten sichtbar sind.
> - Prägnanz und Einfachheit der Inhalte
> - Streichen Sie gnadenlos alle Inhalte, die nicht zwingend in Ihre Geschichte gehören!

Als Referent möchte man nichts vergessen und alle Eventualitäten absichern. Egal, wie viel Sie reinpacken, hinterher wird Ihnen doch jemand in einer E-Mail schreiben, dass dies oder das auch noch hätte gesagt werden können. Denken Sie an die Klarheit und Einfachheit und an die Notwendigkeit, vielleicht nur 15 Minuten für Ihren einstündigen Vortrag zu haben.

Es geht dabei nicht um die Simplifizierung wie in der Boulevardpresse, sondern es ist eher mit dem Freilegen des Kerns einer Sache zu vergleichen – eine Aufgabe, die weitaus schwieriger ist als eine Materialschlacht. Streichen Sie alles weg, was Sie nicht brauchen. Und vom Rest streichen Sie dann noch mal die Hälfte, dann haben Sie den prägnanten Kern Ihrer Inhalte gefunden.

Folgen Sie Albert Einstein, der einst einmal sagte: »*Gestalte es so simpel wie möglich, aber nicht simpler.*«

Die Einfachheit fokussiert unsere Sinne auf die relevanten Inhalte und kann dadurch die Bedeutung viel stärker erhöhen als Informationen, die zu Redundanz führen.

Zeit

Begehen Sie nicht denselben Fehler wie diejenigen Referenten, deren Vorträge Sie zu Recht als überflüssig kritisieren.

> [!] **Bitte nicht!**
> Verschwenden Sie nicht die Zeit Ihrer Zuhörer!

Gestaltung

Sie wollen Ihre Inhalte möglichst »rauschfrei« an Ihr Publikum bringen. Das bedeutet: Was mit weniger Mitteln erledigt werden kann, sollten Sie auch mit weniger Mitteln umsetzen. Ergänzen können Sie dagegen Elemente, die Ihre Aussagen unterstützen können und als Bilder, Grafiken und Metaphern entsprechend wirken.

> **Mythen vom Präsentationsdesign**
> - Balkendiagramme wirken viel besser in 3D.
> - Das Logo muss auf alle Folien.
> - »Sieht kompliziert aus, muss gut sein.«
> - Es darf maximal sieben Listeneinträge pro Folie geben.

3D-Grafiken sind zunächst einmal mit Vorsicht zu genießen. Der Grund: Sie widersprechen dem Prinzip der Einfachheit. Es gibt nicht einmal optisch einen Mehrwert dreidimensionaler Balkendiagramme, da die Projektion der Pixelanzahl begrenzt ist.

Auch wenn die meisten Firmen das anders sehen, das Logo muss nur auf die erste und auf der letzte Seite. Auch hier gilt: Was überall gleich wichtig erscheint, kann nicht wichtig sein. Auf einer separaten Seite präsentiert, können Sie zusätzliche Informationen zu Ihrer Person oder Ihrer Agentur geben.

Setzen Sie Schwerpunkte, um die Relevanz einzelner Kriterien hervorzuheben. Kompliziert sieht immer nur das aus, was zu wenig Prägnanz besitzt.

Anstatt sieben Listeneinträge unmotiviert untereinander zu setzen, sollten Sie die Kernaussage bringen, diese mit einem passenden Bild unterstützen und den Rest mündlich erläutern. Doch keine Angst: Die vielleicht von Ihnen geliebten Listen dürfen Sie gern alle im Handout verwenden.

> **Tipps zur Gestaltung** [✓]
> - Was steht auf der Folie geschrieben, das Sie auch mit einer Grafik oder einem Foto kommunizieren könnten?
> - Zitate sind gut, wenn sie kurz sind und sparsam verwendet werden.
> - Setzen Sie Texte auch in Fotos mit viel Freiraum ein. Unterlegen Sie den Text bei Bedarf mit Schatten oder einer halbtransparenten Fläche.
> - Gesichter auf Fotos sollten in Richtung Textaussage zeigen.
> - Nutzen Sie für Folien das Raster der gedrittelten Fläche oder des Goldenen Schnitts als Hilfe, aber nicht als ehernes Gestaltungsgesetz.

5.12.9 Design-Prinzipien in der Präsentation

Für das Design gelten die Prinzipien von Kontrast, Wiederholung/Rhythmus, Ausrichtung und Anordnung.

- *Kontrast* bedeutet jegliche Form der visuellen Differenzierung, also Farbkontraste, Helligkeitskontraste, inhaltliche Kontraste. Wie alle Differenzierungen unterstützen die Kontraste im Foliendesign die eindeutige Prägnanz Ihrer Aussagen.
- *Wiederholungen* sind nicht nur aus der ornamentalen Kunst bekannt. Auch die Mustervorlage der Folien ist wie das Grundlayout einer Website oder die Mustervorlage einer Zeitung eine ständige Wiederholung. Ein Grundtemplate sorgt bei Präsentationen nicht nur in visueller Hinsicht für einen Rhythmus, sondern auch in zeitlicher.
- *Ausrichtung* von Elementen ist ein weiteres Design-Prinzip. Im Gegensatz zum Zufall ist die Ausrichtung Zeichen des Gestaltungswillens, und auch die Entscheidung für den Zufall sollten Sie bewusst treffen. Die Ausrichtung kann sich an einem Gestaltungsraster orientieren oder an einer anderen Regel.
- *Anordnung* wird bestimmt von Nähe und Abstand. Mehrere auf einer Folie angeordnete Elemente sind nicht nur ausgerichtet, sie sind auch immer relativ zueinander zu sehen. Anordnungen auf Folien dienen in erster Linie der Benutzerführung innerhalb der Folienabfolge Ihrer Präsentation.

5.12.10 Tipps für die Präsentation

Professionell präsentieren heißt: Seien Sie vollständig in Ihrer Aufgabe präsent. Denken Sie nicht über Technik, mögliche Fehler, Erfolg oder Misserfolg nach – schalten Sie solche inneren Dialoge ab, und präsentieren Sie.

Wiederholen Sie mehrfach Ihre Präsentation in der vorgegebenen Zeit, betrachten Sie sich auch vor einem Spiegel.

Störer der Präsentation sind keine Feinde. Wachsen Sie an der Aufgabe, lassen Sie Ärger oder Hass nicht zu, davon haben weder Sie etwas noch die Ihnen wohlgesonnene Mehrheit des Publikums. Reagieren Sie ohne große Emotionen.

Zeigen Sie dem Publikum etwas von Ihrer Persönlichkeit. Sie können besser Fehler machen in Ihrem Enthusiasmus, als fehlerfrei, aber ohne Passion zu präsentieren.

Denken Sie daran, dass nach 15 bis 20 Minuten die Konzentration des Publikums rapide abfällt. Schaffen Sie Möglichkeiten der Pause durch Interaktion mit Ihnen, oder lockern Sie ihre Präsentation durch unterhaltsame Teile auf.

90 % sind genug. Die meisten Präsentationen sind nicht zu kurz, sondern zu lang. Geben Sie auch inhaltlich nur 90 % Ihres Futters weiter. Völlegefühl lässt auch ein perfektes Mahl nicht in bester Erinnerung zurück.

Verzichten Sie darauf, den Raum abzudunkeln. Man muss Sie sehen können, und Sie müssen das Publikum sehen, damit die Kommunikation und damit die Präsentation erfolgreich funktionieren.

Verwenden Sie immer eine Fernbedienung, sinnvoll sind auch Timer zur Zeitkontrolle und der Einsatz eines Laserpointers.

TEIL III
Erfolgreiche Selbstständigkeit – Kalkulation und Management

Wahrscheinlich wundern Sie sich über die Differenzierung von Projektplanung und Projektmanagement. Diese Unterscheidung ist aber keine semantische Haarspalterei, sondern eine überaus wichtige Grundlage für die effektive, zielführende und damit erfolgreiche Entwicklung einer Website.

6 Projektplanung und Projektmanagement

Die Projektplanung einer Website ist wie jede Planung ein künstliches Konstrukt, das im Vorfeld des Projekts aufgestellt wird. Die in diesem Buch mehrfach erwähnten Strategien der Gesprächsführung sind ja auch nur Planungen des Kundengesprächs.

Projektplanung einer Website bedeutet normalerweise folgendes Szenario: Man plant nicht nur die zielgruppengerechte Konzeption anhand der Anforderungen, man plant auch die Umsetzung bis zum Launch der Website. Planung bedeutet Sicherheit, sie macht ein Projekt berechenbar. Man kann außerdem alle Probleme, Richtungsänderungen und Konflikte gleich mit in die Planung einkalkulieren, damit man keine bösen Überraschungen erlebt.

Dummerweise sieht die Realität dann doch fast immer anders aus, und die bösen Überraschungen stellen sich trotzdem ein. Solche Projektplanungen unterscheiden sich also weder im Vorgehen noch im Ergebnis von den erfolglosen Kommunikationsstrategien der Webdesigner.

Erfolgreiches Projektmanagement verhält sich gegenüber der klassischen Projektplanung ungefähr so, wie das bereits beim Thema Gesprächsführung/Gesprächsmanagement ausgeführt wurde.

Erfolgreiches Projektmanagement

- Auch der längste Marsch besteht aus vielen kleinen Schritten.
- Jeder neue Schritt kann nur auf einen vorhergehenden folgen.
- Den ganzen Weg müssen Sie zusammen mit Ihrem Kunden gehen.

Sie werden niemals eine erfolgreiche Website ohne Ihren Kunden umsetzen können. Und genau hier liegt auch der Grund, warum viele klassische Projektplanungen so oft scheitern: Die Kommunikation wird vernachlässigt, Vorgaben und Wünsche des Kunden werden dadurch übersehen oder falsch eingeschätzt, und die Planung läuft dann an den Realitäten vorbei, die Konflikte häufen sich.

Eine erhebliche Wegstrecke haben Sie bereits mit dem Abarbeiten der vielen Fragen Ihrer *Checkliste* und dem Handout für Ihren Kunden zurückgelegt. Mit der Checkliste haben Sie ein unschätzbares Instrument zur Anforderungsanalyse und ein tragfähiges Fundament für das Website-Projekt. Sie kennen die Wegstrecke, Sie kennen Ort und Datum für die Erreichung des Ziels, und Sie haben Ihren Kunden qualifiziert. Das reicht für die weitere Planung der nächsten Schritte. Hüten Sie sich aber davor, aus den Ergebnissen der Checkliste sofort die Tools für die Umsetzung, Aspekte zur Gestaltung oder eventuelle jQuery-Anwendungen abzuleiten.

6.1 Fehlende Fragen der Checkliste

Der erste Schritt des konkreten Projektmanagements beginnt mit einer Lücke. Vielleicht ist Ihnen bezüglich der Checkliste aufgefallen, dass dort ein kompletter Fragenkomplex fehlte. Tatsächlich ist der ganze Bereich zu den eigentlichen *Inhalten* der Website nicht Bestandteil der Checkliste, und dafür gibt es einen wichtigen Grund:

Entweder hat sich der Kunde schon so intensiv mit den Inhalten seiner Website beschäftigt, dass er Ihnen diese Inhalte sowieso präsentiert, oder er beschäftigt sich damit erst beim Abarbeiten der Checkliste.

Beides ist weder für Sie noch für das Projekt vorteilhaft. Nur in ganz wenigen Fällen kann ein Kunde auf die Fragen nach den Inhalten angemessen antworten. Angemessen heißt hier ja entsprechend den Anforderungen an eine umfangreiche Checkliste, also prägnant und knapp. In den meisten Fällen ziehen die Kunden dann jedoch einen ganzen Stapel von Material aus einer Schublade. Sie müssen aber schon aus Gründen der Höflichkeit den ausführlichen Erläuterungen folgen, schließlich haben *Sie* nach den Inhalten gefragt. Die Alternative ist nicht viel besser:

> **Text, Bild und Funktion**
>
> Einige Kunden machen sich erst dann intensive Gedanken zu Texten, Bildern und zur Funktionalität, wenn sie darauf gestoßen werden. Oft sind das Kunden, die sich leidenschaftlich mit der Gestaltung und dem Aussehen ihrer Website beschäftigt haben.

In beiden Fällen hätten Sie das Problem, den Faden Ihrer Checkliste wiederzufinden. Die Beschäftigung mit den Inhalten ist ja nicht nur die Beschäftigung mit dem wichtigsten Bestandteil einer Website, es geht meistens auch um den größten und arbeitsintensivsten Teil. Kaum ein Kunde ist bereit, diesen Teil zugunsten der anderen Fragen nach hinten oder auf einen anderen Termin zu verlegen. Eine klare Trennung von der Checkliste ist deshalb ratsam.

6.2 Umfang, Inhalte und Funktionalität der Website

Bevor etwas verwechselt wird: Die *Inhalte einer Website* umfassen hier neben den Texten und Bildern einzelner Internetseiten auch den Umfang der Seiten und die Funktionalität, also das Verhalten. Sie benötigen diese Informationen ja nicht nur für die weitere Planung, sondern auch für die Kalkulation Ihres Angebots.

Verglichen mit einem Hausbau bildet die Checkliste zwar eine Grundlage für ein tragfähiges Fundament, aber noch wissen Sie nicht genau, wie viele Zimmer das Haus bekommen soll und welche genauen Ausstattungsvarianten sich Ihr Kunde wünscht.

Standardfragen sind für Sie hier ebenfalls nur ein Fundament des Dialog. Wichtiger ist es, dass Sie ausführlich auf die individuellen Aspekte und Schwerpunkte Ihres Kunden eingehen.

> **Fragen nach der Checkliste**
>
> Fragen Sie die folgenden Inhalte für die Kundenwebsite möglichst direkt im Anschluss an die Checkliste ab.

Wichtig ist, dass Sie die folgenden Fragen nur in Ausnahmefällen für den Kunden umformulieren und in schriftlicher Form versenden sollten, besser ist die direkte Abfrage im Vier-Augen-Gespräch oder allenfalls am Telefon.

> **Ein Beispiel**
> Verwenden Sie die folgende und beispielhafte Liste als Orientierung für Ihre individuellen Fragen im Kundengespräch.

Im Gegensatz zur Checkliste aus Kapitel 4 kommt es hier darauf an, welche Voraussetzungen und Vorgaben schon vorhanden sind und wie intensiv sich der Kunde schon mit den Inhalten beschäftigt hat. Ihre Fragen sollten immer von den grundsätzlichen in die speziellen Inhalte gehen.

[✓] **Informationsarchitektur**
- Kann eine Informationsarchitektur auf einer bestehenden Website weiterverwendet werden?
- Hat sich der Kunde mit der Informationsarchitektur beschäftigt?
- Hat der Kunde seinen Wunsch nach einer bestimmten Navigationshierarchie oder -liste kommuniziert?

Die Checkliste endet mit der Frage zur möglichen Navigation, daran sollten Sie bezüglich der Inhalte anknüpfen.

Die Navigation ist das Rückgrat einer Website. Finden Sie anhand der Checklistenauswertung und der Ausführungen Ihres Kunden heraus, ob die Navigation einer bestehenden Website auch für die neue Website übernommen werden kann. Prüfen Sie auch, ob sich Ihr Kunde grundsätzlich mit einer Informationsarchitektur befasst hat, beziehungsweise wie konkret eine mögliche Navigationshierarchie geplant wurde.

[✓] **Umfang der Website**
- Hat der Kunde eine Vorstellung vom Gesamtumfang kommuniziert?
- Hat der Kunde konkrete Inhalte kommuniziert?
- Falls ja: Entsprechen diese Inhalte dem vollständigen Umfang der Website?

Genauso vielfältig wie die gedankliche Vorbereitung zur Informationsarchitektur ist bei vielen Kunden die Beschäftigung mit dem tatsächlichen Umfang ihrer Website. Das Spektrum reicht von einer exakt definierten Anzahl der Seitenzahl im dreistelligen Bereich bis zur Weigerung, auch nur ansatzweise darüber nachzudenken, wie viele Seiten die Website haben könnte. Der Umfang ist grundsätzlich nicht der wichtigste Faktor in der Planung und Kalkulation der Website. Die Beschäftigung damit zeigt Ihnen aber auch, ob die spätere Zusammenarbeit hauptsächlich auf Ihrer Initiative beruhen wird oder auf der Ihres Kunden.

> **Einzelne Inhalte** [✓]
> - Wer verfasst die Texte?
> - Wer liefert die redaktionell fertigen Texte für die Website?
> - Wer liefert eventuell notwendige Fotos?
> - Wer liefert eventuell notwendige Grafiken?
> - Wer liefert die bearbeiteten Bilder und Grafiken für die Website?

Genau genommen handelt es sich hier bereits um Fragen zu einem möglichen Lasten- und Pflichtenheft. Die Fragen können Sie auch dann Ihrem Kunden direkt stellen, wenn er sich nicht zu diesen Aspekten geäußert hat. Oft ist die Antwort kurz, knapp und eindeutig, manchmal bittet der Kunde Sie auch, ihm einen professionellen Vorschlag zu machen.

Die exakten Fragen nach der Qualität der gelieferten Inhalte sind ebenfalls sehr wichtig. Ihr Kunde könnte sich überrumpelt fühlen, wenn er sich selbst im Lastenheft als Lieferant der redaktionell überarbeiteten Inhalte wiederfindet, obwohl er eigentlich nur das »Rohmaterial« an Fotos, Grafiken und Texten liefern möchte.

6.3 Website-Navigation

Es wurde bereits erwähnt, dass die Navigation das eigentliche Rückgrat einer Website darstellt. Keine noch so gute Technik, keine erstklassigen Inhalte, kein überragendes Design und kein außergewöhnliches Feature können die Problematik einer schlechten Website-Navigation wieder ausgleichen. Kurz gesagt: Eine schlechte Navigation generiert automatisch eine schlechte Website, egal, wie perfekt Technik, Inhalte und Design sein mögen.

6.3.1 Was ist eine Navigation?

Eigentlich meint jeder Webdesigner und jeder Kunde genau zu wissen, was eine Website-Navigation ist: große Buttons zum Öffnen website-interner Seiten, vertikale oder horizontale Menüleisten auf einer Internetseite, die Benutzerführung, ein Pfad zur Orientierung, der interaktive Wegweiser durch die Inhalte der Website.

Das alles ist nicht falsch. Keine Erläuterung trifft aber das eigentliche Wesen einer Website-Navigation, die ja nicht aus heiterem Himmel als fertiges Menü vom Himmel fällt, sondern genau so erstellt werden muss wie die Struktur des (X)HTML-Dokuments.

> **Was ist eine Website-Navigation?**
> Eine Website-Navigation ist die zum Zwecke der Benutzerführung abgebildete Struktur der Inhalte.

Wenn es um die Inhalte geht, vergisst man als Webdesigner schnell die Tatsache, dass das Web und jede Website für Menschen geschaffen wurden. Der häufigste Fehler beim Strukturieren der Inhalte und dem anschließenden Abbilden in einer Navigation ist die Vernachlässigung der Nutzer. Die Navigation ist in erster Linie ein Instrument der Benutzerführung auf Websites, sie orientiert sich am Verhalten von Nutzern und muss den Nutzern dienen. Es geht also um mehr als nur um einen gespiegelten Index der Internetseiten. Vor der Strukturierung der Inhalte steht deshalb die Fokussierung auf die Zielgruppe.

Zielgruppenfokussierung

Bevor Sie ein Tool zur Erstellung von Strukturdiagrammen öffnen, Karten beschriften oder eine Grobstruktur aus einer anderen Website übernehmen, müssen Sie sich intensiv mit der *Nutzergruppe der Website* befassen. Finden Sie die Antwort auf die folgende Frage:

[✓] **Adressat, Interessen, Navigation**
Für wen sind die Inhalte gedacht, welche Interessen verfolgen die Nutzer, und auf welche Art und Weise sollen sich die Nutzer zurechtfinden?

Analog zum berühmten Zitat »form follows function« könnte man hier »navigation follows interests« sagen.

Und wenn wir schon beim Zitieren sind: Das Zitat »content is king« stimmt natürlich weiterhin, wenn es um die Relevanz einer Website geht. Es stimmt auch, wenn man die technische Umsetzung einer Internetseite betrachtet – dieses Zitat ist ja sozusagen die Grundlage der Webstandards. Codieren, gestalten und programmieren Sie aber an der *Nutzergruppe* vorbei, ist Ihre Website wertlos. Als Webdesigner sollten Sie also nie vergessen, dass bei aller Königswürde der Inhalte die Kaiserkrone nur dem Nutzer zusteht.

Die Fragen nach der Zielgruppe können Sie anhand der Checkliste ausführlich und umfassend beantworten. Wenn Sie alle relevanten Antworten auf die Frage nach der Nutzergruppe und den Nutzerinteressen gefunden haben, können Sie übrigens auch sehr schnell die Frage beantworten, wie die Inhalte strukturiert werden müssen und wie diese Struktur in der Navigation abgebildet werden muss.

Bei der Umsetzung der Website-Navigation müssen Sie immer die Zielgruppe im Fokus behalten. Es geht dabei also nicht um das Was oder das Wie, sondern nur darum, *für wen* Sie das machen.

6.3.2 Die Einbindung des Kunden

Schön, wenn Sie aus einer groben Informationsarchitektur eine perfekte Navigation aufsetzen können. Leider ist das in der Praxis vollkommen egal, wenn Sie Ihren Kunden nicht gleichzeitig in die Planung mit einbeziehen und auch nicht wissen, welche Navigationshierarchien Ihr Kunde bevorzugt. Vollkommen egal sind auch Ihre gestalterischen Fähigkeiten bei der benutzerfreundlichen Gestaltung von Menübuttons in verschiedenen Zuständen, wenn Sie nicht wissen, was sich Ihr Kunde sich unter einer schönen und gut funktionierenden Navigation vorstellt.

Kurz gesagt: Bevor Sie sich mit der Informationsarchitektur einer Website befassen, müssen Sie sich zuerst klarmachen, dass Ihr Kunde sich in fast allen Fällen entweder hauptsächlich mit der Gestaltung der Web-Navigation oder mit der optischen Darstellung der Seiten- und Bereichsstruktur auseinandersetzen will.

> **Vorsicht!**
> Ihr Kunde denkt auch bei der Umsetzung einer Navigation weiterhin in den Kategorien der Präsentation.

[!]

Er wird Ihnen zunächst verschiedene Websites als Referenz nennen, wie seine Navigation *aussehen* soll. Meistens geht es dabei nicht nur um völlig branchenfremde Beispiele, oft sind es auch die eher schlechten und benutzerunfreundlichen Varianten mit animierten Flash-Elementen oder scheußlichen Mouse-Over-Effekten. Bei der Darstellung der Seiten- und Bereichsstruktur wird Ihnen der Kunde dagegen die Website eines Wettbewerbers vorstellen, die oft eine benutzerfreundliche und gut strukturierte Navigation zeigt. Sein Wunsch für die eigene Navigation ist eine Kombination aus dem gut strukturierten Beispiel und den aufwendig gestalteten Menüpunkten.

Konventionen und Kundenwünsche

Bevor Sie sich also Gedanken über die richtige Strukturierung machen oder gar beginnen, eine ausgefeilte Navigationshierarchie zu entwerfen, vereinbaren Sie zuerst lieber einen *längeren Gesprächstermin* mit Ihrem Kunden.

Neben dem Design der Website ist es vor allem die Navigation, die viele Kunden in einer »unverwechselbaren Erscheinung« haben wollen. Unverwechselbar meint hier *vollkommen anders, vollkommen neu, vollkommen unkonventionell* und damit leider auch sehr oft *vollkommen falsch*. Je konkreter die Vorstellungen und Wünsche Ihres Kunden bezüglich solcher benutzerunfreundlichen Umsetzungen sind, umso schwieriger wird natürlich Ihre Aufklärungskampagne über gute Website-Navigation.

Sie können natürlich versuchen, Ihrem Kunden die Unmöglichkeit oder Erfolglosigkeit seiner Vorschläge durch sachliche Argumentationen, Gegenfragen und Vergleiche zu offenbaren.

Denken Sie nicht, dass Ihr Kunde nicht *weiß*, was eine gute Navigation ist. Das Problem ist ja nur, dass er in seiner Eigenschaft als Kunde das Besondere will, um sich im Web von den Wettbewerbern abzusetzen. Dahinter steckt der Trugschluss, dass solche *radikalen Veränderungen* einen *Wettbewerbsvorteil* generieren. Nun werden Erfolg und Benutzerfreundlichkeit einer Website-Navigation aber nicht gerade mit den evolutionären Begriffen von Mutation und Evolution in Verbindung gebracht, sondern eher mit dem bekannten Buchtitel »Don't make me think« von Steve Krug (siehe Literaturverzeichnis). Es geht also um den *Erfolg der Konvention*. Eine derartige Diskussion mit Ihrem Kunden bleibt aber nun leider eine rein akademische Diskussion, und die führt zu unterschiedlichen Interpretationen. Sparen Sie sich also entsprechende Diskussionen.

Bewährt hat sich folgende Taktik: Kontern Sie offensichtlich katastrophale Vorschläge mit der schon an anderer Stelle erwähnten Bemerkung: »Interessant, darauf kommen wir später noch einmal zurück.« Anschließend beginnen Sie gemeinsam mit Ihrem Kunden bei null und beginnen in sachlicher Atmosphäre mit der Strukturierung der Inhalte.

6.3.3 Grundlegende Aspekte der Umsetzung

Wenn auch Ihr Kunde nichts oder nicht viel davon versteht, zumindest Sie sollten als Webdesigner über die wichtigen Konventionen einer Website-Navigation Bescheid wissen. Diese Konventionen gelten übrigens unabhängig davon, für welche konkrete Zielgruppe Sie eine Navigation erstellen und wie die Inhalte beschaffen sind, die Sie strukturieren.

Hier geht es zwar nicht um DIN-Normen, aber um allgemein gültige Konventionen unserer Gesellschaft.

> **Halten Sie sich an Konventionen** [!]
>
> Konventionen sind als soziale Konstruktionen allgemeingültig und sollten eingehalten werden, weil sie funktionieren.

Dass eine Navigation eine soziale Konstruktion ist, beweisen Internetseiten aus arabischen Ländern: Da dort die Schrift von rechts nach links gelesen wird, befindet sich die vertikale Hauptnavigationsleiste rechts und nicht links.

Den Konventionen kann man auf den Grund gehen, indem man zunächst die richtigen Fragen stellt:

> **Fragen zur Navigation** [✓]
>
> ▸ Was erwarten Nutzer von einer Navigation?
> ▸ Wie und wo soll die Navigation angeordnet werden?

Erwartungen der Nutzer

Jeder Nutzer erwartet von einer Website-Navigation zunächst die gleiche *Bedeutung*, die er auch von anderen Navigationssystemen kennt. Damit sind *interaktive* Systeme der Benutzerführung gemeint, also nicht das »Navi« im PKW, sondern eher das Überweisungsterminal oder ein Geldautomat im Eingangsbereich Ihrer Hausbank.

Kategorien und Differenzierungen waren bereits Thema im ersten Teil dieses Buches, nämlich als Teil unserer Wirklichkeitskonstruktionen und als Merkmal unserer Orientierung in sozialen Systemen. Solche Zuordnungen und Unterscheidungen sind auch für die Website-Navigation wichtig, denn sie geben den Nutzern die notwendige Orientierung im System einer Website.

Jeder Nutzer erwartet von einer Website-Navigation deshalb auch die gleiche *Eindeutigkeit der Bezeichnung*, die er von Navigationssystemen kennt, wie zum Beispiel von Wegweisern, Straßenschildern oder Türschildern. Diese Eindeutigkeit bedeutet im Umkehrschluss, dass Bezeichnungen wie »Info« oder »Allgemeines« auf einer professionellen Website nur in den seltensten Fällen etwas zu suchen haben. Anhand der Frage nach Differenzierungen können Sie übrigens leicht prüfen, ob die von Ihnen gewählten Bezeichnungen sinnvoll sind. Es kann zum Beispiel keine *alternativen oder gegensätzlichen Menüpunkte* zu »Info« oder »Allgemeines« geben.

Positionierung der Navigation

Auch die Anordnung der Navigation auf einer Internetseite folgt bestimmten Konventionen, die nicht nur aus den Menüs von Programmen oder Betriebssystemen entlehnt sind. In erster Linie geht es um eine *willkürliche Orientierung* nach bestimmten Gesetzmäßigkeiten, die unser Gehirn als Ordnung interpretiert. Auch hier haben wir es also wieder mit Konstruktionen zu tun, die konventionellen Kategorien und Differenzierungen entsprechen müssen, damit sie funktionieren.

Es gibt horizontale und vertikale Navigationsleisten, beziehungsweise Kombinationen daraus. Die sogenannte *Meta-Navigation* – also die Menüpunkte für Inhaltsverzeichnis, Impressum und Datenschutz – sind entweder Teil der Hauptnavigation oder werden separat positioniert. Oft befindet sich die Meta-Navigation im Bereich der Kopfzeile oder in der Fußzeile. Bei vertikalen Navigationsleisten wird die Meta-Navigation gelegentlich auch mit etwas Abstand unterhalb des Hauptmenüs positioniert.

Navigation in einer Ebene

Abbildung 6.1   Horizontale Navigationsbereiche als Minimalismus pur bei Google

6.3 Website-Navigation

Abbildung 6.2 Kategorien als vertikale Navigationsleiste bei eBay

Navigation in mehreren Ebenen

Auch große und prominent gestaltete Buttons in bunter Web-2.0-Optik sind derart positioniert, dass man sie einer der erwähnten Kategorien zuordnen kann.

Unser Gehirn wird die Ansicht eines geschickten Webdesigners untergraben, der eine möglichst chaotische Anordnung von Navigationspunkten schaffen will. Im Beispiel aus Abbildung 6.7 könnte man rechts unten zwei mal drei horizontal ausgerichtete Icons feststellen. Oder sind es drei mal zwei vertikal ausgerichtete Icons?

Wir können gar nicht anders, als selbst im größten Chaos irgendeine Ordnung zu suchen. Das bedeutet auch, dass wir große bunte Buttons entweder als vertikale oder als horizontale Anordnung wahrnehmen, selbst wenn sie exakt im 45-Grad-Winkel angeordnet sind.

6 | Projektplanung und Projektmanagement

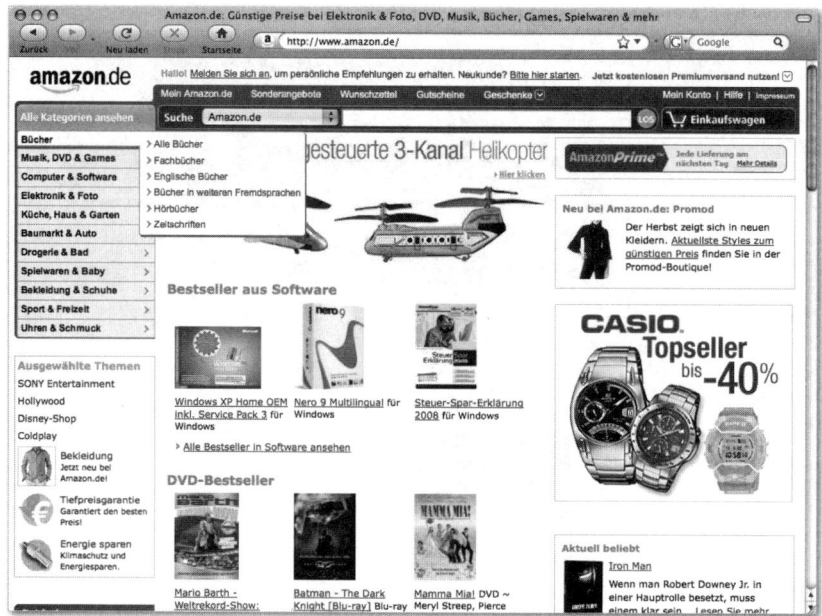

Abbildung 6.3 Komplexe Navigationsstrukturen bei amazon.de: vertikale Navigation in zwei Ebenen

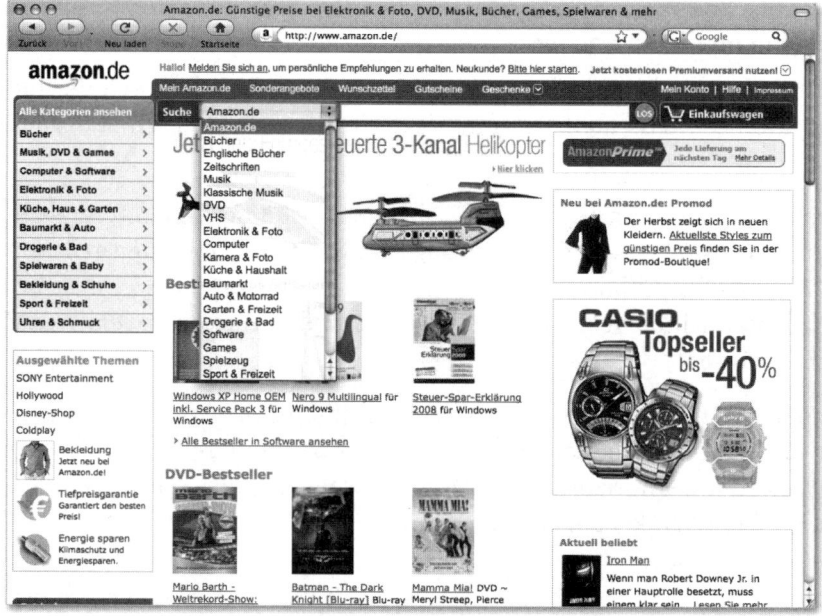

Abbildung 6.4 Ein Pulldown-Menü als Teil der Suchfunktion

Abbildung 6.5 Eine kombinierte horizontale Bereichsnavigation in der Kategorie »Bücher« und eine vertikale Liste zur Unterkategorie »Fachbücher«

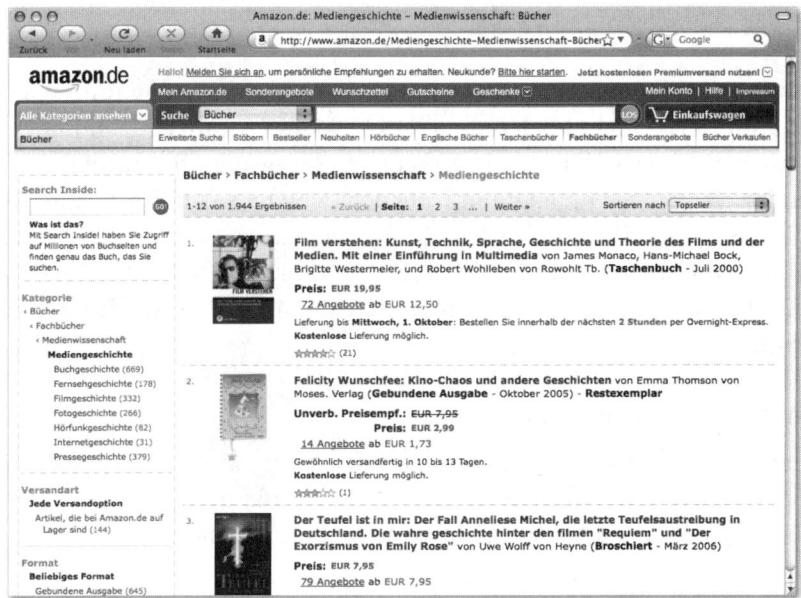

Abbildung 6.6 Titelvorschläge in der Unterkategorie »Medienwissenschaft« zum Thema »Mediengeschichte«

Abbildung 6.7 www.bartelme.at – vier große Icons in der oberen Zeile, horizontale Orientierung

Als Webdesigner sollten Sie es übrigens mit den Hierarchieebenen innerhalb einer Navigationsleiste nicht übertreiben: Drei Navigationsebenen sind noch gerade zumutbar. Alles andere kommt einer Ordnungswut gleich, die eher vom fehlenden Willen zur prägnanten Übersicht zeugt als von Professionalität. Natürlich ist es möglich, eine Website-Navigation zu schaffen, die sich über vier oder fünf Ebenen erstreckt und jeweils zehn, zwölf oder mehr Untermenüpunkte präsentiert. Welchem Nutzer will man jedoch so eine Navigation zumuten?

Strukturen, Diagramme und Tools

Der Laie befasst sich mit technischen Details, der Profi handelt zielgerichtet. Diese Binsenweisheit gilt nicht nur für Kunst, Fotografie und Design, sie gilt auch für die Webentwicklung allgemein und für die Informationsarchitektur im Speziellen.

Jedes Tool Ihres Web-Werkzeugkastens ist nur ein Hilfsmittel zur Erreichung Ihrer Ziele. Es ist zwar mehr als erstaunlich, mit welch unhandlichen Werkzeugen teilweise einfach strukturierte Navigationshierarchien entwickelt werden, aber das ist nicht entscheidend.

> **Überlegen Sie, warum Sie ein Tool benutzen** [!]
> Ein Tool ist immer nur Mittel zum Zweck. Verwenden Sie Ihr Tool, weil es für Sie erfolgreich funktioniert, und nicht, weil es bekannt, komplex oder teuer ist.

Es ist ja der Webdesigner, der die Informationsarchitektur schaffen und eine Navigationshierarchie umsetzen muss – das macht kein Tool automatisch. Grundsätzlich ist es deshalb zunächst egal, welches Tool Sie zur Erstellung einer Informationsarchitektur verwenden.

Wichtig ist immer die *Angemessenheit* des Tools in Relation zum Projekt. Selbstverständlich können Sie mit Microsoft Project auch die private Website für Ihren Onkel mit sechs Seiten planen. Das wäre allerdings genauso unverhältnismäßig wie der Einsatz von TYPO3 für die Umsetzung dieser Mikrosite.

> **Komplexe Tools nur für komplexe Sites**
> Der Einsatz komplexer Tools mit mehrstufigen Techniken und hoher Funktionalität lohnt sich nur bei umfangreichen Websites.

In technischer Hinsicht sind Flussdiagramme eine bewährte Methode zur Erstellung einer strukturierten Navigationshierarchie. Wenn Sie bereits kommerzielle Produkte erworben haben und mit diesen Programmen gern und erfolgreich arbeiten, sollten Sie unbedingt dabei bleiben. Verbreitet sind hier vor allem *Microsoft Visio* für Windows, *OmniGraffle* für den Mac oder auch *Concept Draw*, das für beide Betriebssysteme erhältlich ist.

Da Sie mit Sicherheit entweder Microsoft Office oder eine Open-Source-Alternative verwenden, können Sie auch mit PowerPoint oder beispielsweise OpenOffice Draw professionelle Flussdiagramme erstellen.

In PowerPoint können Sie zum Beispiel über die Funktion EINFÜGEN • BILD • ORGANIGRAMM einfache Darstellungen erstellen oder bearbeiten und diese Diagramme in einer Präsentation übernehmen.

6 | Projektplanung und Projektmanagement

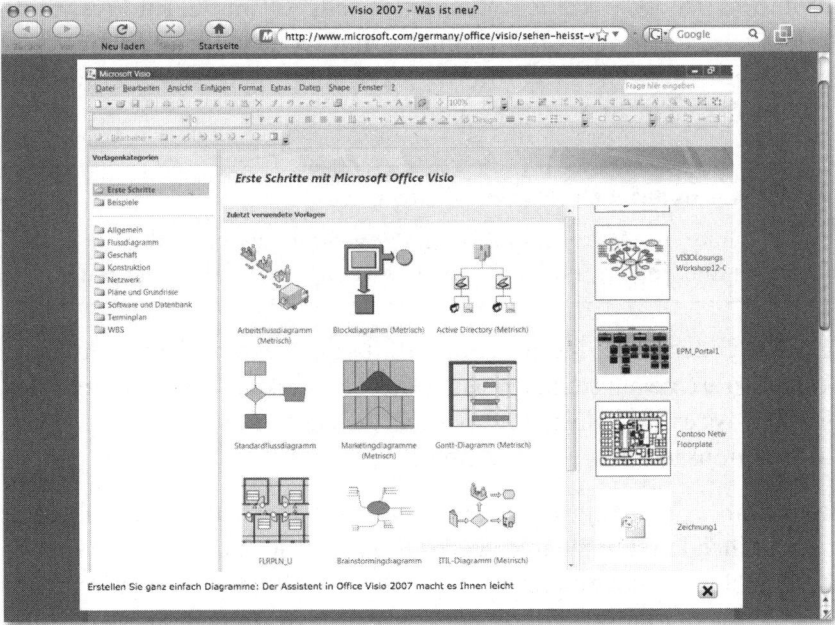

Abbildung 6.8 Microsoft Visio (Windows)

Abbildung 6.9 OmniGraffle (Mac)

Website-Navigation | **6.3**

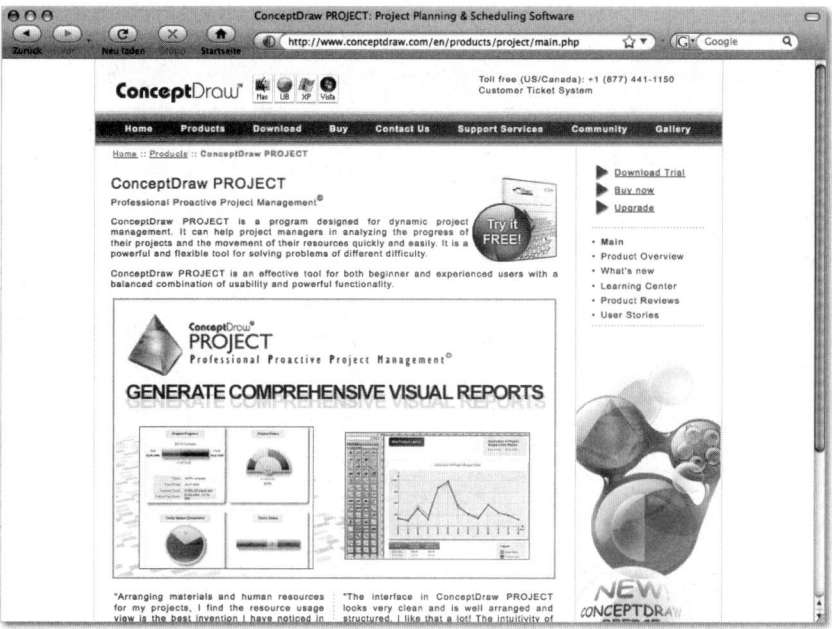

Abbildung 6.10 Concept Draw (Mac und Windows)

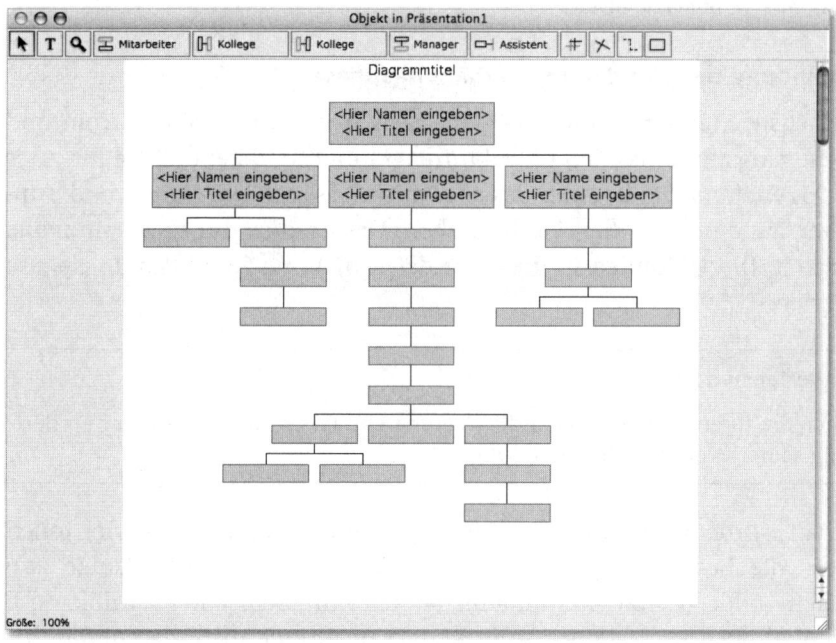

Abbildung 6.11 Organigramm in Microsoft Project

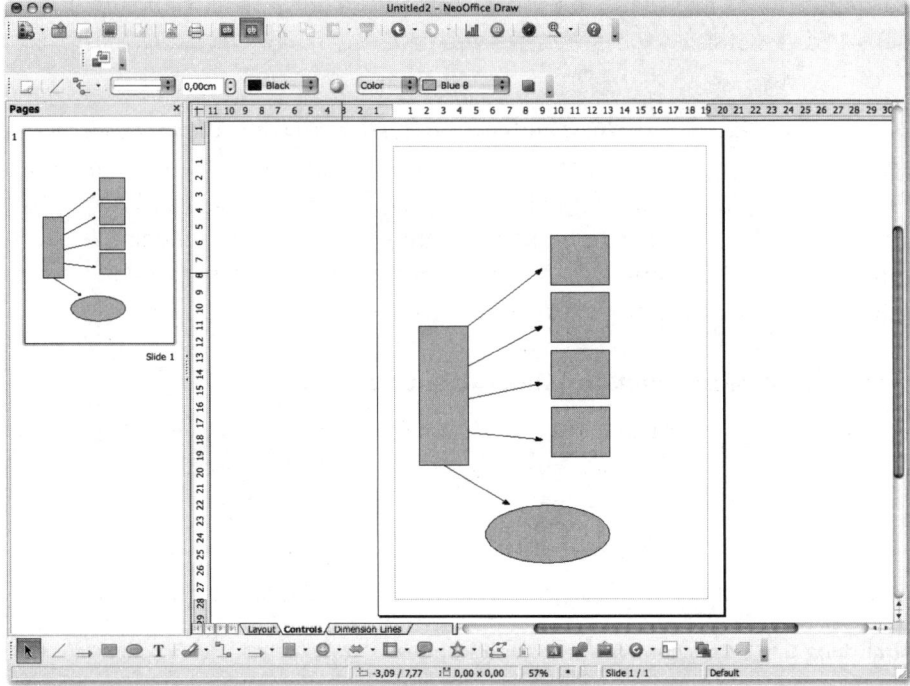

Abbildung 6.12 OpenOffice Draw

Die Einbindung des Kunden in die Planungsphase

Die einfachste Methode kommt in der Praxis noch immer ohne Strom und Internetzugang aus. Fluss- oder Strukturdiagramme sind keine Erfindung des Computerzeitalters. Sie können das alles auch klassisch mit Papier und bunten Stiften auf einem großen Tisch machen. Das ist auch die einzig sinnvolle Möglichkeit, Ihren Kunden in diese für das Projekt wichtige Planungsphase zu integrieren.

> **Miteinbeziehen des Kunden**
>
> Beziehen Sie Ihren Kunden mit in die Planung ein, lassen Sie ihn konkret an der Planung seiner Website teilhaben!

Vorteilhaft ist die Mitarbeit Ihres Kunden nicht etwa aufgrund seiner tollen Ideen für die Beschriftung – die hat oft genug eine gefühlte Länge von Leitartikeln oder besitzt die inhaltliche Relevanz schlechter Wahlkampfslogans. Viel wichtiger ist die Tatsache, dass Ihr Kunde nicht das Gefühl bekommt, schon am Anfang außerhalb seines eigenen Projekts zu stehen, mit dem er sich eventuell sehr intensiv und über eine längere Zeit beschäftigt hat.

Sofern Ihr Kunde eine Mitarbeit an der Website-Konzeption aus Zeitgründen oder aus fehlendem Interesse ablehnt, ist das als Entscheidung zu akzeptieren. Übrigens ist auch die Verwendung eines komplizierten Tools ein Grund für den Kunden, die Mitarbeit abzulehnen. Er kann ohnehin nur Ihrer Arbeit am PC oder Laptop zusehen – keine nette Form der Zusammenarbeit. Und selbst wenn Sie ihn bitten, doch selbst am Rechner etwas zu tun, die Hemmschwelle vor der Technik ist ungleich höher als bei Papier und Stift.

Lineare und assoziative Strukturierungen

Das, was am Ende als Navigation in einer (X)HTML-Seite steht, ist in der Regel eine <ul>-Liste mit der linearen Abfolge von Listeneinträgen, die mittels CSS als Menüpunkte einer Navigationsliste erscheinen.

Die naheliegende Methode zur Strukturierung, die auch tatsächlich in vielen Fällen funktionieren kann, wäre dementsprechend eine lineare Abfolge von Begriffen als simple Liste in einem Textverarbeitungsprogramm wie Word. Die Liste kann wie in der (X)HTML-Syntax eingeschobene Einträge in verschiedenen Hierarchien bekommen. Das Ergebnis wäre identisch mit der Sitemap einer Website.

Für kleine Internetpräsenzen mit eindeutiger Zielgruppendefinition und klar strukturierten Inhalten benötigen Sie ja nicht mehr als ein Blatt Papier. Eine grobe Auflistung von Menüpunkten können Sie dann gut in einem Word-Dokument als Liste umsetzen. Bei größeren Websites kommen Sie mit dieser Linearisierung aber nicht weit. Hier muss zunächst der Gesamtinhalt sinnvoll strukturiert werden, und dafür ist ein assoziatives Vorgehen ideal.

Mindmaps beruhen auf der Theorie unterschiedlicher Potenziale unserer Gehirnhälften. Die linke Gehirnhälfte ist demnach eher für unsere analytischen Fähigkeiten zuständig, die rechte eher für unser kreatives Potenzial. Mindmapping setzt neben einer (analytischen) Strukturierung und Stichwortsammlung deshalb auch auf assoziative Farben und Bilder. Auch wenn diese Theorien mittlerweile zum größten Teil widerlegt oder zumindest stark modifiziert worden sind, helfen Mindmaps sehr gut, um Licht und Ordnung in das Chaos der Informationen zu bringen. Die Bilder beziehungsweise bildhaften Vergleiche für das Mindmapping verursachen aber einen Zeitaufwand, der für die Entwicklung einer Informationsarchitektur oft zu hoch ist.

Cluster sind dagegen sozusagen die Vorstufe einer Mindmap. Clustering ist eine Sammlung von Stichwörtern, die in 15 bis 30 Minuten vollständig sein sollte.

ClusterMaps – Die grobe Strukturierung umfangreicher Inhalte

Effektiv ist eine mit Mitteln der Mindmap erweiterte Form des Clusterings, die ich als ClusterMap bezeichne und einsetze.

Für eine ClusterMap benötigen Sie einen großen Bogen Papier im Format von ungefähr DIN A2 (auch zwei zusammengeklebte A3-Blätter), normale Karteikarten in vier verschiedenen Farben im Format DIN A7, einen Satz Filzstifte und etwas zum Kleben, z. B. einen Papierklebestift oder eine Rolle Tesafilm. Sinnvoll ist außerdem noch eine Digitalkamera zum Dokumentieren der fertigen ClusterMap.

Legen Sie das Blatt im Querformat auf einen Arbeitstisch. Wir orientieren uns als Menschen am Horizont, deshalb entspricht das Querformat unseren Sehgewohnheiten am besten.

Malen Sie ganz oben mittig das typische Symbol für die Website, also ein Dokumentsymbol, von dem baumartig drei oder vier weitere Dokumente abgehen. Sie könnten auch den Begriff »Website« schreiben, das wäre jedoch nicht korrekt und vor allem für Ihren Kunden (oder die Entscheidergruppe) verwirrend: Das Symbol kennzeichnet in der Mitte nur den Start der Strukturierung, die Website beziehungsweise die Strukturierung der Inhalte ist ja erst am Ende fertig.

Positionieren Sie direkt darunter drei Kästen: in der Mitte den Kasten »Inhalte«, links den Kasten »Für Besucher« und rechts den Kasten »Über uns«. Zeichnen Sie je einen Pfeil vom Inhalt zu den beiden anderen Kästen.

Geben Sie sich und Ihrem Kunden zunächst 15 Minuten Zeit. Bilden Sie zusammen mit Ihrem Kunden freie Assoziationen, und notieren Sie diese anschließend in Ovalen oder Wolken. Machen Sie es sich zur sportlichen Aufgabe, nicht mehr als maximal zwei Wörter zu verwenden – es geht schließlich um eine Website-Navigation. Überlegen Sie sich, ob und inwieweit die Begriffe eher den Besuchern zuzuordnen sind oder eher der Selbstdarstellung. Verbinden Sie die assoziierten Begriffe miteinander, diese Linien dürfen auch über die Mitte verlaufen. Die 15 Minuten sorgen für relativ spontane und damit für unbewusste Zuordnungen.

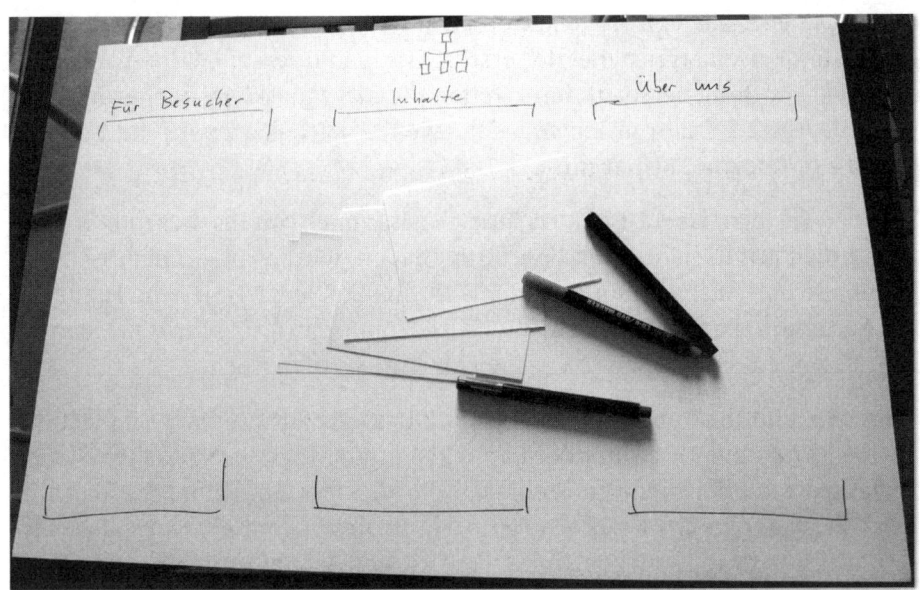

Abbildung 6.13 Beginn einer ClusterMap

Markieren Sie anschließend die wichtigsten Begriffe mit einem farbigen Filzstift ohne Rücksicht auf die Kategorien »Für Besucher« und »Über uns«.

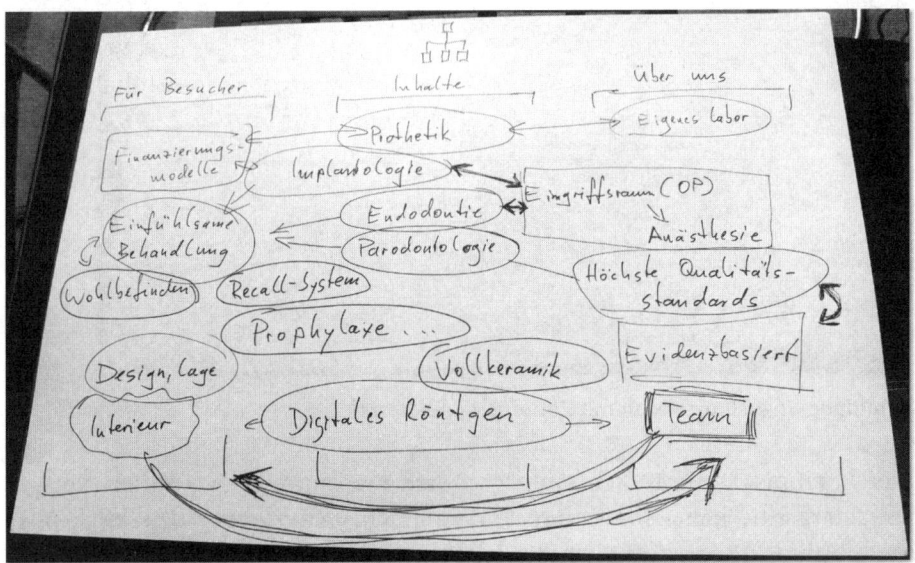

Abbildung 6.14 Freie Assoziationen auf der ClusterMap

Bilden Sie jetzt aus den Karteikarten zwei Gruppen mit je zwei Farben. Auf den ersten Karteikartenstapel der ersten Gruppe notieren Sie die markierten Begriffe »Für Besucher«, auf den zweiten die nicht markierten, eher unwichtigen Begriffe. Verfahren Sie mit der zweiten Karteikartengruppe entsprechend zur Kategorie »Über uns«.

Wenden Sie jetzt das A2-Blatt. Da Sie sich zusammen mit Ihrem Kunden recht ausführlich mit der Thematik beschäftigt haben, wird es Ihnen nicht schwerfallen, die Karteikarten nun darauf anzuordnen. Wieder ist je eine Hälfte für die Kartengruppen vorgesehen, die Sie jetzt auf das unbeschriftete Blatt legen. Beginnen Sie mit den jeweils wichtigen Begriffen oben.

Wenn Sie und Ihr Kunde sich sicher sind, dass die Struktur steht, befestigen Sie die Karten mit Tesafilm oder Papierkleber auf dem Blatt. Machen Sie zur Sicherheit ein oder mehrere Fotos von der ClusterMap. Falten Sie anschließend alles auf eine Größe, die Sie gut transportieren können. Normalerweise geht nichts verloren, und Sie können die ClusterMap im Büro ohne Probleme wieder entfalten.

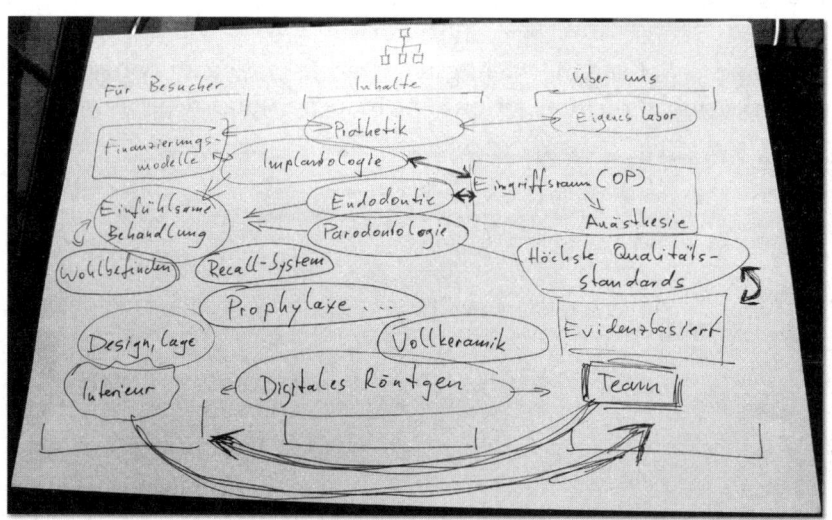

Abbildung 6.15 ClusterMap mit Zuordnung der Karten

Das Ergebnis kommt nicht nur von der Präsentation her einer Navigationshierarchie nahe. Ihr Kunde bekommt vor allem einen Überblick über seine Vorstellungen bezüglich der Relevanz, die fast immer in der Selbstdarstellung liegt und oft die Nutzer und deren Ansprache vernachlässigt. Natürlich ist der Bereich »Für Nutzer« sehr schwammig formuliert, denn auch die

Inhalte »Über uns« sind ja für den Nutzer gedacht. Ähnlich wie die Kunst der Gegenfrage führt diese Art der Strukturierung aber dazu, dass Ihr Kunde selbst und in Eigeninitiative sich von falschen Wegen entfernt und für eine bessere Lösung offen ist.

Mindmaps online mit Mindmeister

Voraussetzung für die beschriebene Form einer ClusterMap ist ja die physische Anwesenheit von Ihnen und Ihrem Kunden an einem Ort. Nun haben Sie aus verschiedenen Gründen nicht immer die Möglichkeit, einen Termin zusammen mit Ihrem Kunden zu bekommen. Für diesen Fall bietet sich Mindmeister an (*www.mindmeister.com*).

Mindmeister ist ein simpel zu bedienendes Online-Tool für Mindmaps. Gerade weil es so simpel zu bedienen und die Lernkurve äußerst flach ist, bietet es sich als ideale Möglichkeit für die Zusammenarbeit mit Ihrem Kunden an. Die Basisversion des Programms ist für alle Zwecke einer Web-Informationsarchitektur vollkommen ausreichend. Sie können Mindmaps in größeren Gruppen bearbeiten. Das Tool bietet nicht nur den Vorteil der Standortunabhängigkeit, sondern auch den der zeitlichen Flexibilität.

Abbildung 6.16 Mindmeister, ein Online-Tool für Mindmaps

Linearisierung und Kalkulation der Inhalte

Eine Materialsammlung, die über Assoziation, Struktur, Linearisierung und anschließende Gestaltung per CSS zu einer perfekten Navigation führt, ist natürlich nur ein weiterer Idealfall. In dieser Form werden Sie das vom Ablauf her und bezüglich der Kundenkommunikation nur selten in Ihrer Berufspraxis erleben.

Es wurde ja schon darauf hingewiesen, dass Kunden auch eine Navigation zunächst aus dem Blickwinkel der Präsentation betrachten. Nun ist es leider nicht immer möglich, diese Fokussierung des Kunden einfach umzuleiten, indem Sie mit einem wiederholten »ja, ja« ständig auf spätere Projektphasen hinweisen.

Die oben beschriebenen Methoden der Assoziation bieten sich deshalb nicht nur bei größeren Projekten an, sondern auch in Fällen, in denen Ihr Kunde auf einer vorhergehenden Diskussion bezüglich der Navigationsoptik beharrt – er wird schon bei der Grobstrukturierung per ClusterMap merken, dass neben den Inhalten selbst auch die Prägnanz der Bezeichnungen wichtig ist, denn diese Bezeichnungen bilden ja später die Navigationspunkte auf seiner Website.

Am Ende muss für Sie aus zwei Gründen eine klar definierte und linearisierte Struktur der Inhalte stehen: Erstens erhalten Sie und Ihr Kunde durch diese Arbeit ein klares Bild davon, wie der Gesamtinhalt anhand der Zielgruppenanforderungen strukturiert werden muss, zweitens ist diese Strukturierung die wichtigste Grundlage für eine tragfähige Kalkulation Ihres Angebots.

Die Navigation als Rückgrat der Website

Probleme mit Ihrem Kunden und in der Kommunikation haben Sie in späteren Planungs- und Umsetzungsphasen nicht deswegen, weil Ihr Kunde ein, zwei oder zehn Seiten zusätzlich wünscht. Das ist in der Regel kein Problem in der Umsetzung und wird auch nicht als Zusatzleistung vonseiten des Kunden wahrgenommen. Ihr Kunde kommuniziert stets im Nachhinein, dass er sich nicht nur viele Details, sondern auch bestimmte Strukturierungen der Inhalte »anders vorgestellt« hat. Der Kunde betrachtet eine Website eben nicht so einfach unter dem Gesichtspunkt der Trennung von Design und Verhalten. Dabei ist es egal, wie gut er Ihr Handout begriffen hat oder wie effektiv Sie ihm einige Tage zuvor die Grundlagen der Webstandards erläutert haben. Ihr Kunde kann nicht jedes Detail begreifen, von Ihrem Wissensstand ist er ja viel zu weit entfernt.

Dass die Inhalte mit der Gestaltung und dem Verhalten ineinandergreifen müssen wie die Zahnräder eines guten Uhrwerks, das begreift Ihr Kunde nicht. Ihr Kunde versteht auch nicht, warum eine Informationsarchitektur die Grundlage für die Navigation ist, und dass die Navigation wiederum das Rückgrat der Website bildet. Sie können bei der Strukturierung der Inhalte natürlich den Vergleich mit dem Rückgrat bringen, aus dem man ja auch nicht einfach einen Wirbel entfernen kann, um ihn an anderer Stelle wieder einzupflanzen – jedenfalls nicht ohne Gefahr, den filigranen Aufbau des ganzen Skeletts zum Einsturz zu bringen.

> **Nehmen Sie sich Zeit für die Navigation**
>
> Wichtig ist deshalb, dass Sie sich lieber dreimal zu viel Zeit für den Aufbau der Navigation nehmen als zu wenig und dass Sie dies in enger Zusammenarbeit mit Ihrem Kunden tun. Steht er hinter der Gesamtstruktur und hinter jedem einzelnen Navigationspunkt, ist die Gefahr späterer Änderungen, die das ganze Projekt aus der Bahn werfen können, minimal.

6.3.4 Statische und dynamische Konzepte

Steht die Informationsarchitektur, sollten Sie sich überlegen, ob zur Umsetzung besser ein Content-Management-System, ein modifiziertes Blog-System oder statische (X)HTML-Seiten geeignet sind. Für die Kalkulation selbst spielt diese Entscheidung so gut wie keine Rolle, außer Ihr Kunde verlangt die Verwendung eines bestimmten Systems, in das Sie sich erst einarbeiten müssen.

Jeder Webdesigner hat seine Lieblingstools, mit denen er arbeitet: PHP- oder JavaScript-Frameworks, Editoren sowie Programme zum Schreiben und für die Bildverarbeitung. Dazu zählen auch Content-Management-(CM-) und Blog-Systeme. Während CM-Systeme noch vor wenigen Jahren entweder funktionsbeschränkt und billig oder kompliziert und teuer waren, hat man allein an Open-Source-Lösungen heute eine große Auswahl. Es gibt natürlich auch immer wieder Stimmen, die den baldigen Tod statischer HTML-Seiten vorhersagen. Dieser Tod ist mit dem schier unendlichen Sterben des Papiers im modernen Büro oder mit dem ständig vorhergesagten und irgendwann tatsächlich vielleicht doch nahenden Ende der Computerfirma Apple vergleichbar.

Ob man nun ein Content-Management-System, ein Blog-System oder statische Seiten einsetzen sollte, hängt letztlich wieder nur von den Anforderungen an die Website ab. Die bisweilen akademisch geführten Diskussionen führen grundsätzlich zu keiner Lösung. Nur wenige Webdesigner kennen eine große Auswahl an guten Systemen, und es bleibt dabei, dass die Diskussion über persönliche Favoriten geführt wird. Im Ergebnis ebenso wenig zielführend sind Diskussionen, ob ein zum CMS aufgebohrtes Blog nun besser oder einfacher ist als ein klassisches Content-Management-System.

Grundsätzlich haben dynamische Systeme überall dort Vorrang, wo auch nur die geringste Möglichkeit besteht, dass der Kunde seine Website selbst pflegen möchte oder die Inhalte ständigen Veränderungen unterworfen sind. Dabei ist es auch unerheblich, ob die Website nun vom Kunden mit einem Editor gepflegt wird oder ob Sie das als Webdesigner übernehmen. Kennt man sich in seinem System (oder auch mehreren Systemen) gut aus, dann hat man selbst mit Browser und Backend viele Dinge viel schneller erledigt als mit dem WYSIWYG- oder Texteditor und Upload via FTP. Bedenken Sie besonders bei der Verwendung von vorgefertigten Formularen oder Skripten, dass unter Umständen regelmäßige Sicherheits-Updates notwendig sind. Verwenden Sie mehrere Systeme, kann es bei steigenden Kundenzahlen schnell zu einem ungewollten Koordinationsaufwand kommen. Und je stärker ein System von den Webdesignern frequentiert wird, umso anfälliger ist es für Angriffe von außen.

> **Statische Websites**
>
> Statische Seiten machen überall da Sinn, wo es nur selten eine kleine Änderung gibt. Meistens handelt es sich hier um kleine Corporate-Websites für Vereine, Kleinunternehmer und Freiberufler. Als Webdesigner können Sie frisch und frei und ohne Studium eines Systems Ihre HTML-Seiten codieren und sich intensiv um die Gestaltung kümmern. *Dreamweaver*-Nutzer können die Template-Engine verwenden, für einige Projekte reicht auch *Contribute* als Werkzeug zur Aktualisierung. Mittels PHP kann man sich die Arbeit übersichtlicher und einfacher machen, indem der Seitenrahmen als Template ausgelagert wird und vom Kunden nur die Inhalte geändert werden.

6.4 Content-Management-Systeme im Vergleich

Es gibt zwar eine große Auswahl an CMS-Lösungen, die Anzahl der gängigen Redaktionssysteme ist dann aber doch überschaubar. Jeder Entwickler und Webdesigner hat seine Favoriten, die er besonders gut kennt. Da niemand ein derart breites Expertenwissen allein besitzen kann, habe ich eine Reihe hochrangiger Webdesigner-Kollegen gebeten, ihr bevorzugtes CMS mit seinen Vorteilen, Leistungen und Grenzen vorzustellen. An dieser Stelle deshalb noch einmal mein besonderer Dank an meine Gastautoren Kai Laborenz, Gerrit van Aaken, Manuela Hoffmann, Ansgar Hein, Vladimir Simovic, Nicolai Schwarz, Beate Paland und Reinhard Hiebl.

6.5 TYPO3

von Kai Laborenz

TYPO3 ist ein ursprünglich vom Dänen Kaspar Skårhøj entwickeltes Web-Content-Management-System auf Basis von PHP und MySQL. Mit enormem Funktionsumfang, flexibler Erweiterbarkeit und für ein Open-Source-CMS umfassender Dokumentation hat es vor allem im deutschsprachigen Raum an Bedeutung gewonnen.

Funktionen wie Mehrsprachigkeit, Versionierung, eine kleinteilige Rechteverwaltung und die gut dokumentierte Schnittstelle für Erweiterungen machen es auch für große und leistungsfähige Websites interessant, bei denen sonst teure kommerzielle Systeme zum Einsatz kommen.

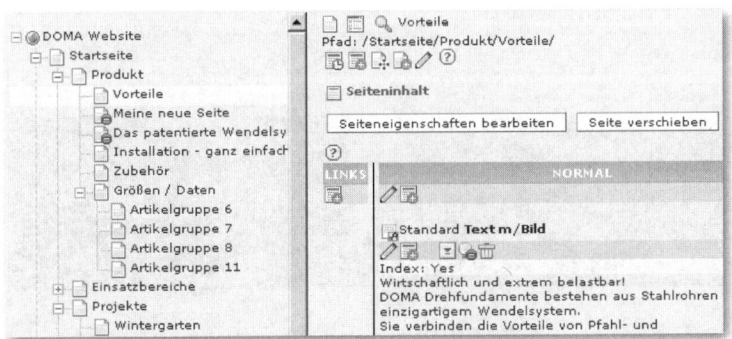

Abbildung 6.17 Ausschnitt des TYPO3-Backends mit Seitenbaum (links) und Inhaltselementen

TYPO3 ist sehr flexibel konfigurierbar und verwendet dazu ein zweistufiges Template-System. Das Grundgerüst einer Seite wird durch ein (X)HTML-Template bereitgestellt, das an den dynamisch zu erzeugenden Stellen Platzhalter verwendet – z. B. für Menüs. Diese Zuordnung kann der TYPO3-Entwickler auch halbautomatisch aus der Struktur des Dokuments erzeugen oder über einen grafischen Editor vornehmen.

Für die Steuerung der dynamischen Elemente besitzt TYPO3 eine eigene Konfigurationssprache – *TypoScript* genannt. Mithilfe von TypoScript lassen sich nahezu alle Aspekte einer TYPO3-Installation steuern. Das betrifft Aussehen und das Verhalten der Menüs, aber auch das Erscheinungsbild des Backends für verschiedene Redakteure.

TypoScript ist allerdings keine Programmiersprache – für funktionale Erweiterungen besitzt TYPO3 eine Schnittstelle zur Entwicklung eigener Extensions in PHP. Einzigartig ist das *Extension-Repository*: Aus einem öffentlichen Extension-Pool lassen sich mit wenigen Mausklicks Erweiterungen installieren, zum Beispiel:

- ein digitales Medienmanagement,
- eine seiteninterne Suchmaschine, die auch PDFs, Word-Dokumente oder die Metadaten von Bildern (!) indexiert,
- eine Extension zum Erzeugen URLs, die für Menschen lesbar sind,
- ein funktionsreiches Newssystem (optional mit Blog-Funktion) oder
- ein Konferenz-Managementsystem.

Selbst ein visuelles Tool zum »Zusammenklicken« einfacher Extensions ist vorhanden – der *Extension-Kickstarter*.

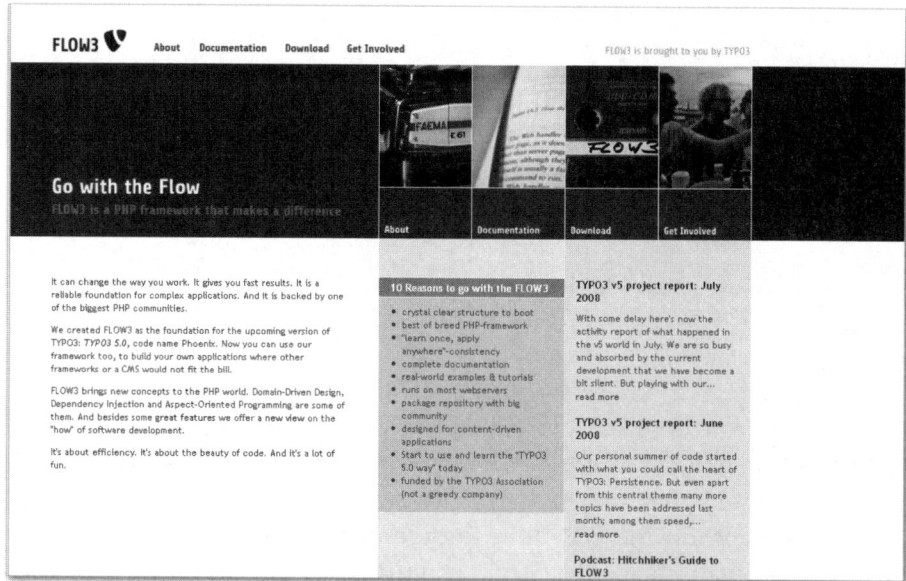

Abbildung 6.18 An der neuen Version von TYPO3 wird heftig gearbeitet. Eine komplett neue Softwarearchitektur entsteht.

Aktuell wird die Version 4 als stabiles Release angeboten, deren Grundlagen jedoch bereits viele Jahre verwendet werden und nicht mehr dem aktuellsten Stand der Softwareentwicklung entsprechen. Parallel wird daher die Version 5 als von Grund auf neu konzeptioniertes System entwickelt.

6.5.1 Marktpositionierung

Zielgruppe Kunden

Die Kunden und Einsatzgebiete von TYPO3 sind sehr vielfältig. Kleine und mittlere Unternehmen und Vereine nutzen TYPO3 vor allem aus Kostengründen. Bei größeren Projekten steht vor allem die freie Erweiterbarkeit im Vordergrund. TYPO3 wird aus den genannten Gründen sehr häufig im Bereich der Hochschulen eingesetzt – hier spielt sicher ein Rolle, dass dort ausreichend IT-Kompetenz vorhanden ist, um TYPO3 auch ohne Hilfe einer spezialisierten Agentur einzusetzen oder zumindest anzupassen und zu pflegen.

Für sehr kleine Projekte ist TYPO3 nur dann ein gute Wahl, wenn das Knowhow zum Einsatz bereits vorhanden ist. Aufgrund der großen Funktionsvielfalt ist die Lernkurve recht steil – für ein einzelnes Kleinprojekt lohnt sich dies in der Regel nicht.

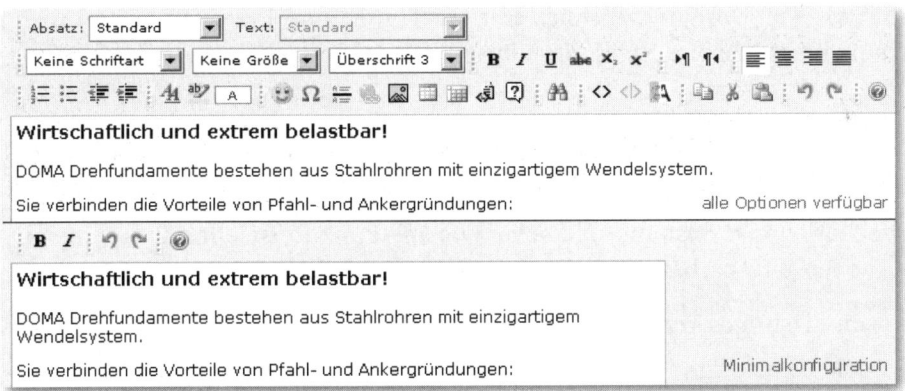

Abbildung 6.19 TYPO3 bietet einen umfangreich konfigurierbaren grafischen Editor.

Zielgruppen Webdesigner/Entwickler/Agentur

TYPO3 kann in allen Strukturen eingesetzt werden: Für Einzelkämpfer bietet TYPO3 die Möglichkeit, mit einem System nahezu alle Anforderungen abzudecken, die im Berufsalltag auftreten können. Die Vielzahl von einsetzbaren

Extensions macht es möglich, auch komplexe Funktionen anzubieten, deren Eigenentwicklung die Möglichkeiten einer Einzelperson überschreitet.

Wenn es um die Entwicklung neuer Funktionen geht, bietet TYPO3 mit seiner Extensions-Schnittstelle die Möglichkeit, überschaubare Teilbereiche eines Großprojekts zu bearbeiten und dabei auf eine gut dokumentierte Funktionsbibliothek zurückzugreifen.

Für einen einzelnen Entwickler ist es allerdings schwierig, alle Aspekte von TYPO3 zu beherrschen, so dass es sich hier anbietet, ein eigenes Netzwerk aufzubauen.

Für Agenturen spielen die genannten Eigenschaften auch ein Rolle. Insbesondere die Möglichkeit, mit einem System nahezu alle Anforderungen abzudecken und auf viele Vorarbeiten zurückzugreifen, ermöglicht eine Spezialisierung, die auf Dauer Zeit und Kosten spart. Zusätzlich ist es möglich, das eigene Team durch die große Entwickler-Community zu verstärken, was für alle Typen von Agenturen die Abhängigkeit von Einzelpersonen verringert.

Generell richtet sich TYPO3 in erster Linie an Entwickler – die Umsetzung von Projekten erfordert solides Wissen über die systemeigene Konfigurationssprache TypoScript, sowie HTML, CSS und gegebenenfalls PHP und MySQL. Für Designer, die sich mit der Umsetzung ihrer Entwürfe bislang wenig befasst haben, stellt dies eine ernst zu nehmende Hürde dar.

6.5.2 Leistungen des CMS

Stärken des Systems

Die Stärken des Systems sind seine enorme Funktionsvielfalt und seine einfache Erweiterbarkeit. Von Hause aus bietet TYPO3:

- ein mächtiges Template-System
- eine feinstufige Benutzerverwaltung für Redakteure und Website-Besucher
- eine Versionsverwaltung
- Mehrsprachigkeit und UTF-8-Unterstützung
- die Möglichkeit, unterschiedliche Datenbanken zu verwenden
- die Erzeugung und Manipulation von Grafiken durch reine Konfigurationseinstellungen

- eine große Vielfalt von Erweiterungen, wie z. B. ein Newssystem, eine Suche, die auch eingebundene Dokumente durchsucht, ein Medienmanagementsystem, ein Forensystem, mehrere Shops, diverse Bildergalerien und ein Medienmanagementsystem
- ein grafisches Werkzeug zum Erstellen eigener Extensions (»Kickstarter«)

Grenzen des Systems

Grundsätzlich gibt es kaum einen Anwendungsfall, in dem TYPO3 nicht eingesetzt werden kann – in kleinen Projekten stellt sich allerdings die Frage, ob der Einsatz von TYPO3 nicht bedeutet, »mit Kanonen auf Spatzen zu schießen«. Dies ist im Einzelfall zu entscheiden und hängt vor allem von den konkreten Anforderungen und der Routine der Entwickler ab.

Grundsätzlich ist die Trennung von Backend-Benutzern (Redakteure und Administratoren, die das System betreuen) und Website-Nutzern (die auf der öffentlich zugänglichen Website agieren) für Community-Portale, in denen die Trennung von Redakteur und Nutzer teilweise aufgehoben ist, eine Schwierigkeit. Es gibt zwar für TYPO3 bereits Lösungen, die auch den Aufbau einer Community möglich machen, aber für reine Communitys existieren spezialisierte Systeme auf dem Markt, die diese Aufgabe besser erfüllen. Anders kann es aussehen, wenn eine Community nur einen Teil einer größeren Seite darstellt, die auch Bereiche mit redaktionellen Inhalten und z. B. einen Shop enthält. Hier kann TYPO3 durch das Anbieten aller Funktionen aus einem System punkten.

TYPO3 stellt recht hohe Anforderungen an die Leistungsfähigkeit des Datenbankservers, so dass bei nicht optimaler Konfiguration Performance-Probleme auftreten können. Durch Verwendung der TYPO3-eigenen Optimierungsmöglichkeiten (Caching der Datenbankanfragen, clientseitiges Caching und gegebenenfalls Caching statischer HTML-Seiten) und der Skalierungsmöglichkeiten von MySQL ist es jedoch möglich, auch sehr stark angefragte System performant zu betreiben.

6.5.3 Weitere Infos

Links

- *TYPO3.com* – erste Anlaufstelle für Entscheider
- *TYPO3.org* – erste Anlaufstelle für Entwickler

- *http://flow3.de/* – Projektwebsite zum Framework, auf dem TYPO3 5 basiert
- *news.netfielders.de* – Mailinglisten zum TYPO3-Projekt (auch als NNTP abrufbar)
- *http://hype.yeebase.com/* – Nachrichtenportal für TYPO3 und OpenSource

Literatur

- TYPO3 4.0 – Das Handbuch für Entwickler (siehe Literaturverzeichnis)
- TYPO3: Enterprise Content Management – Das »offizielle« TYPO3-Buch für Entwickler (siehe Literaturverzeichnis)
- TYPO3 4.0 – Fortgeschrittene Techniken (Videotutorial)
- T3N – das gedruckte TYPO3-Magazin

Über den Autor

Kai Laborenz ist Webdesign-Fachautor für TYPO3 und CSS. Mit seiner Agentur *Sunbeam*, die auf TYPO3 und barrierefreie Websites spezialisiert ist, hat er Dutzende TYPO3-Projekte umgesetzt. Privat kann man von ihm in seinem Blog *http://www.laborenz.de/lab-o-log/* lesen.

6.6 Drupal

von Nicolai Schwarz

Drupal ist ein modernes Content-Management-System und Framework. Ursprünglich von Dries Buytaert entwickelt, ist es seit 2001 ein Open-Source-Projekt. Es ist ein professionelles, anpassungsfähiges und belastbares CMS, das insbesondere für seine starken Community-Eigenschaften bekannt ist.

Der Name ist an das niederländische Wort »druppel« angelehnt, das Tropfen bedeutet oder auf Englisch »drop«. Die Webseite *drop.org* benutzte einen Code, der sich langsam zu Drupal entwickelte. Buytaert wollte die Webseite eigentlich *dorp.org* nennen, mit dem niederländischen Wort »dorp« im Sinn, das Dorf bedeutet. Damit sollte der Community-Aspekt herausgestellt werden. Durch einen Tippfehler wurde aus »dorp« ein »drop« und letztendlich *Drupal*.

Drupal wird unter der GNU General Public License vertrieben. Es basiert auf PHP und verwendet MySQL oder PostgreSQL als Datenbank. Die aktuelle

Version ist 6.3 (im Juli 2008). Die nächste Version 7.x wird vermutlich im Frühjahr 2009 erscheinen.

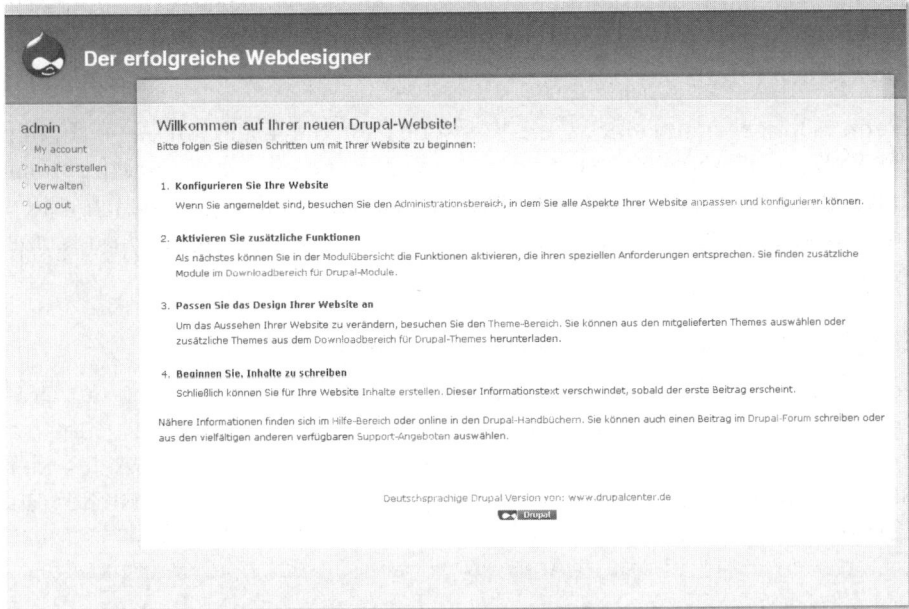

Abbildung 6.20 Start von Drupal

6.6.1 Marktposition

Drupal ist sicher nicht so bekannt wir TYPO3, aber es holt langsam auf. Immer häufiger wird es in Berichten an der Seite von TYPO3 oder Joomla! genannt.

Die Profis wissen längst, was sie an Drupal haben. Das zeigt sich auch in einigen Preisen, die das System in den letzten Monaten einheimsen konnte. Beim *Open Source CMS Award* von *Packt Publishing* hat Drupal 2007 in der Kategorie »Overall Winner« gewonnen. Ganze 20 Drupal-Projekte unterstützte Google als Ergebnis seines *Summer of Code 2007*. Beim *Webware 100 Award* von CNET konnte sich Drupal 2008 seinen Platz unter den 100 besten Web-2.0-Applikationen sichern.

Dass Drupal einiges zu bieten hat, haben in den letzten Jahren viele große Unternehmen gemerkt. So laufen zum Beispiel die Webseiten von *MTV UK*, *Ehrensenf*, *Greenpeace UK*, *Jabber* oder *Amnesty International* mit Drupal.

Zielgruppe Kunden

Drupal ist ein umfangreiches Content-Management-System. Es bietet sich dann an, wenn die Webseite viele Features wie Foren, Newsletter, umfangreiche Benutzergruppen oder verschiedene Arten von Inhalten zur Verfügung stellen soll.

Wenn es hingegen um eine kleine Webseite geht, die insgesamt vielleicht nur ein Dutzend Unterseiten hat und mit einer Suche, einem Kontaktformular und News auskommt, ist Drupal etwas überdimensioniert. In solchen Fällen empfehle ich *Textpattern*, ein kleines CMS, das übersichtlicher und für kleine Webseiten performanter ist.

Zielgruppen Webdesigner/Entwickler/Agentur

Sowohl Agenturen als auch Selbstständige und Entwickler arbeiten mit Drupal. Wer nicht im Umgang mit Content-Management-Systemen geübt ist, braucht vielleicht ein paar Tage, um zu verstehen, was Drupal mit Nodes oder Blöcken meint. Das CMS ist aber um einiges einfacher zu verstehen als TYPO3.

6.6.2 Leistungen des CMS

Ich bewerte ein CMS nach verschiedenen Kriterien. Zunächst geht es darum, was es in der Grundversion überhaupt leisten kann und welche Module es bereits gibt, um weitere Funktionen hinzuzufügen. Im Backend muss das CMS – mit einiger Einarbeitungszeit natürlich – verständlich sein: Ich muss in der Lage sein, die Module einzubinden und das Template zu ändern; der Kunde muss die Inhalte für ihn verständlich und bequem ändern können. Und beim Frontend möchte ich den Quellcode an jeder Stelle beeinflussen können. Das heißt, das System darf zum Beispiel keine unnötigen Tabellen auswerfen, die ich nur über das Umschreiben der Kernkomponenten rausbekäme.

Drupal bietet schon in der Grundinstallation viele Features, die für Community-Sites oder umfangreichere Projekte nützlich sind. Eine Suche, RSS-Feeds, lokale Übersetzungen, Kontaktformulare, Kommentarfunktionen und Statistiken bieten viele andere Systeme auch. Drupal bietet von Anfang darüber hinaus auch Foren, Umfragen, konfigurierbare Benutzerprofile, Schlagworte (Tags) oder ein Modul namens *Book* an, mit dem mehrere User gemeinsam einem Buch schreiben können. Darüber hinaus gibt es natürlich viele weitere nützliche Module, etwa Bildergalerien, Kalender, Bewertungen oder Shops.

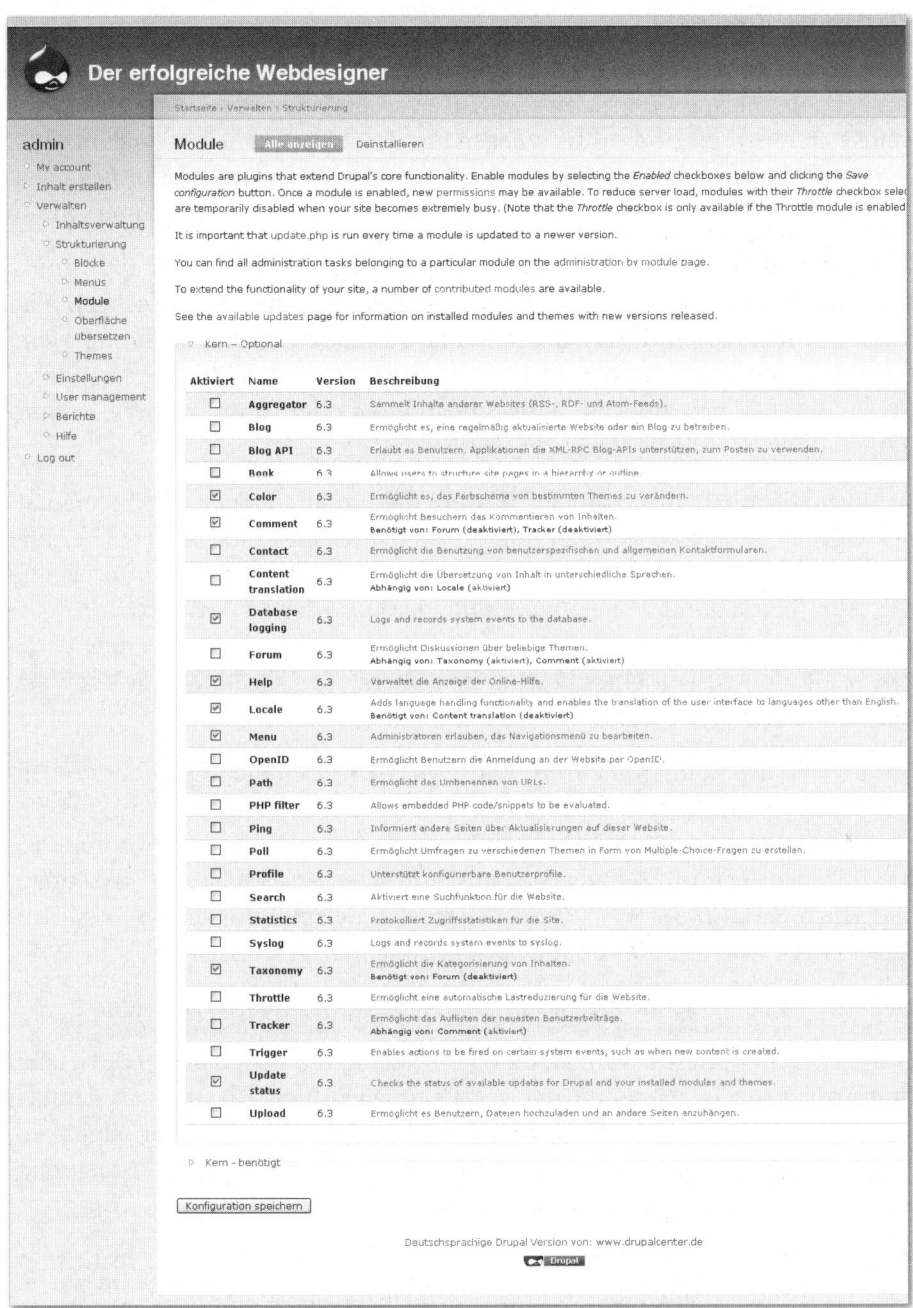

Abbildung 6.21 Nach der Installation stehen bereits viele nützliche Module zur Verfügung.

Stärken des Systems

Drupal bietet massenhaft nützliche und intuitive Features. Bei den Artikeln können zum Beispiel sofort saubere URLs vergeben werden. Autoren können neue Versionen eines Artikels anlegen, so dass man schnell wieder zu alten Versionen zurückspringen kann. Bei den Texten kann der Admin festlegen, dass nur bestimmte HTML-Tags benutzt werden dürfen. Alle nicht erlaubten Tags werden ausgefiltert.

Neue Inhaltstypen können schnell angelegt werden, um etwa zwischen Artikeln, News, Buch- und Kino-Rezensionen zu unterscheiden. Es können umfangreiche Benutzergruppen angelegt werden, so dass nur die zuständigen Rollen Rezensionen anlegen, Artikel bearbeiten oder News löschen können.

Ein wichtiges zusätzliches Modul ist *CCK* (Content Construction Kit), mit dem sich weitere Inhaltstypen anlegen lassen, die umfangreicher sein können als normale Inhalte. Zum Beispiel könnten Buch-Rezensionen neben Titel und Text der Rezension auch den Verlag, den Namen des Autors, den Preis und die ISBN beinhalten. Mit dem Modul *Views* wiederum lassen sich Inhalte passgenau sortieren, so dass sich zum Beispiel nur Rezensionen eines Verlages, alle Kino-Kritiken eines bestimmten Users oder alle News aus dem letzten Monat anzeigen lassen.

Für Redakteure können mehrere WYSIWYG-Editoren eingebunden werden, zum Beispiel auch der Open-Source-Editor *FCKeditor*, den ich nutze. Bei diesem Editor ist es recht einfach, einzelnen Usergruppen eigene Editoren-Profile zu geben. Bei Autoren, die sich mit dem Internet nicht so gut auskennen, kann man dann in der WYSIWYG-Leiste zum Beispiel nur die Icons für Absätze, Links, Listen, Bilder und Überschriften anzeigen lassen.

Der ausgegebene Quellcode ist übrigens sehr webstandards-freundlich.

Drupal arbeitet mit Blöcken, kleinen Bausteinen, die zum Beispiel die letzten fünf Artikel anzeigen oder die neusten User. Diese Blöcke lassen sich ziemlich komfortabel in Seitenbereiche, etwa die linke Spalte oder Footer, einbauen. Sie lassen sich so konfigurieren, dass sie nur auf bestimmten Seiten angezeigt werden – oder aber auf bestimmten Seiten nicht.

Auch das *Theming*, das Design der Templates also, gestaltet sich recht sinnvoll. Jede Seite, jeder Block und jeder Inhaltstyp lassen sich beeinflussen – wenn man sich ein wenig mit PHP auskennt. Ein *Node* bezeichnet in Drupal einen beliebigen Inhaltstyp.

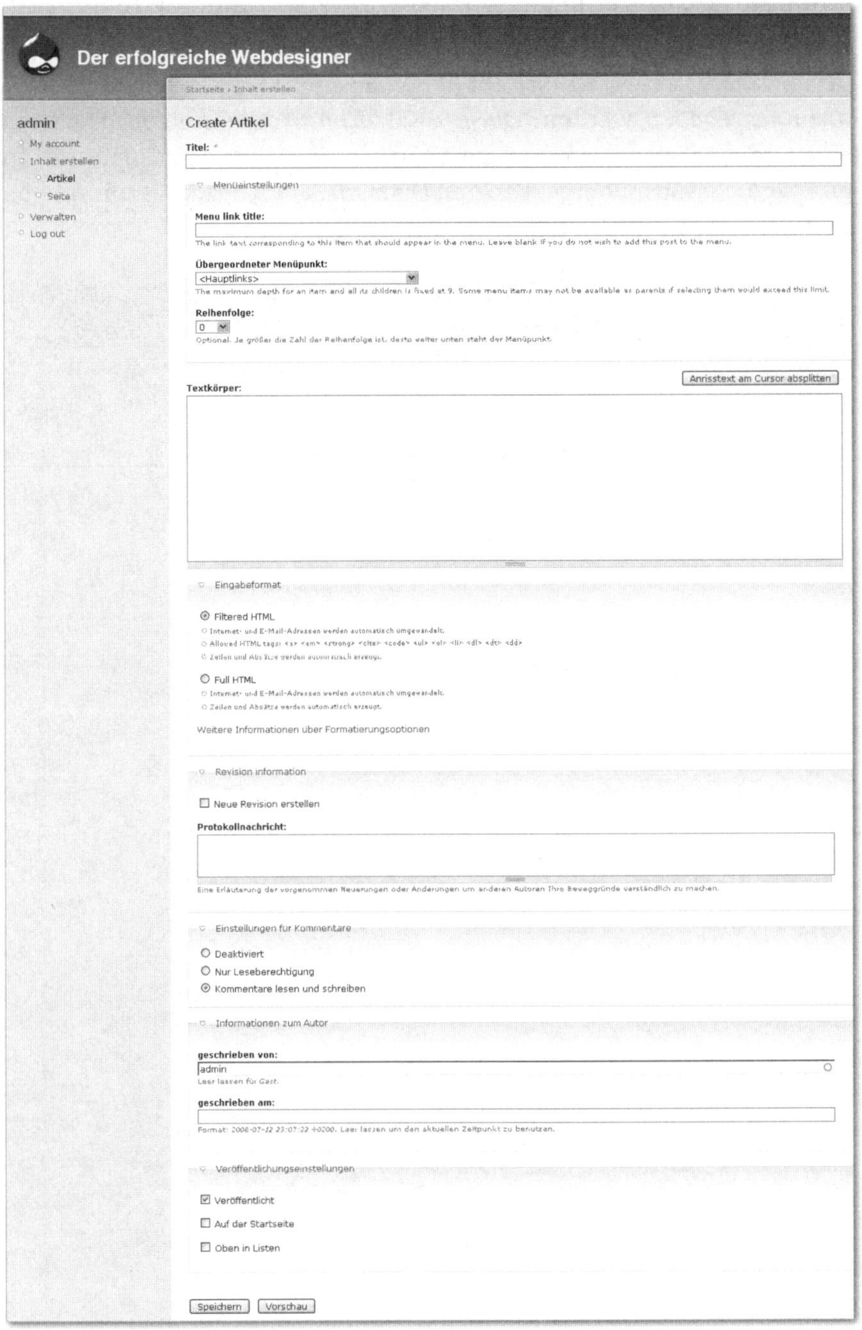

Abbildung 6.22 Ein Standard-Artikel verfügt bereits über HTML-Filter und eine Versionierung. Saubere URLs lassen sich über das entsprechende Modul dazuschalten.

Die Datei *node.tpl.php* regelt, wie jeder Node ausgegeben wird. Wollte man die Buch-Rezensionen anders ausgeben, könnte man für diesen Inhaltstyp zum Beispiel die Datei *node-buch.tpl.php* anlegen, die festlegt, wie Buchrezensionen ausgegeben werden. Diese zusätzlichen Anweisungen liegen im Template-Ordner. Drupal erkennt automatisch die Dateien und ignoriert in solchen Fällen die sonst übergeordneten Dateien. Ähnlich läuft es mit Anweisungen für spezielle Blöcke oder besondere Seiten.

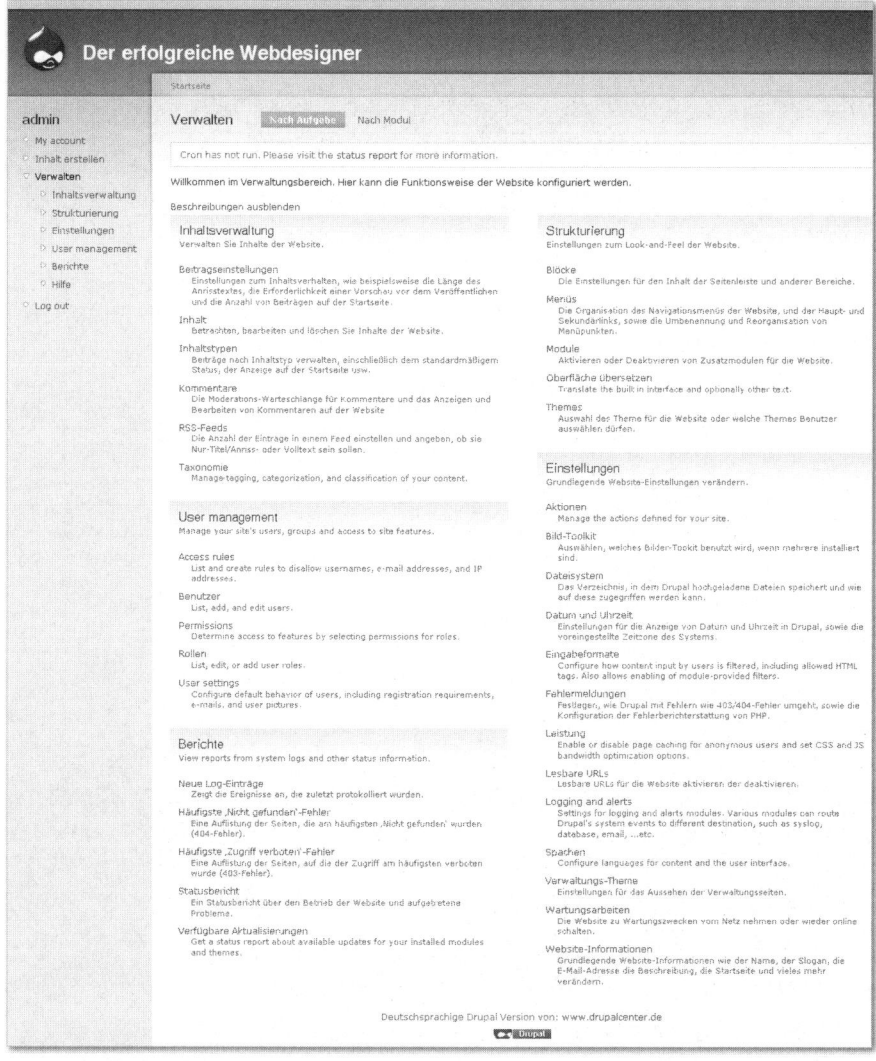

Abbildung 6.23 Das Drupal-Backend lässt sich nach Aufgaben oder nach Modulen verwalten.

Grenzen des Systems

Wie in jedem System stößt man irgendwann an gewisse Grenzen. Beispielweise arbeiten einige Module nicht ganz so umfangreich oder intuitiv, wie man es selbst gern hätte. Wer möchte und die nötigen PHP-Kenntnisse mitbringt, kann natürlich immer Module anpassen oder neu entwickeln. Das ist in Drupal nicht anders als bei anderen CMS.

Was mir persönlich regelmäßig auffällt, sind zwei Elemente, die nur suboptimal gelöst sind.

Zum einen bietet Drupal zwar eine interne Statistik, die ist aber weder übersichtlich noch umfangreich. Zurzeit binde ich externe Statistiken wie *Slimstat* ein, was andererseits auch nicht besonders schwierig ist.

Zum anderen gibt es zwar verschiedene Module, um Bilder einzubauen, aber ich habe noch keins gesehen, das meinen Bedürfnissen entspricht – ein Modul etwa, das eine kleine Galerie der vorhandenen Bilder anzeigt, die ich dann schnell und komfortabel an jede beliebige Stelle einbauen kann, ähnlich wie WordPress es regelt. Je nachdem, was für ein Projekt besser geeignet ist, greife ich derzeit auf verschiedene Bild-Module zurück.

Dass ich nur diesen Kleinkram zu bemängeln habe, spricht für Drupal.

Für Webworker, die aus der Informatik kommen, sind andere Dinge tragischer: Drupal ist zurzeit zum Beispiel nicht objektorientiert. Mit der neuen Version 7.x soll Drupal PHP 5 benötigen und dann auch die Vorteile objektorientierter Programmierung nutzen – ein Feature, das ich für meine bisherigen Projekte übrigens nicht gebraucht habe.

6.6.3 Weitere Infos

Alles, was zum Start mit Drupal nötig ist, gibt es auf der englischsprachigen Hauptseite unter *www.drupal.org*. Hierzulande ist man bei *www.drupalcenter.de* an der richtigen Stelle.

Über den Autor

Nicolai Schwarz arbeitet als selbstständiger Mediendesigner unter dem Namen »textformer mediendesign« in Dortmund (*www.textformer.de*). Dort gestaltet er Corporate Designs oder konzipiert Webseiten, die er dann mit Textpattern oder Drupal umsetzt. Als einer der Redakteure von *webkrauts.de* setzt er sich für Webstandards ein. Außerdem engagiert er sich als Vorsitzender des gemeinnützigen Vereins »51° Nord – das Dortmunder Kreativnetzwerk« mit Designprojekten auf lokaler Ebene.

Weitere Projekte von Nicolai Schwarz sind das Pisto-Magazin (*www.pistomagazin.de*) und die »Designfragen« (*www.designfragen.de*).

6.7 CMS Made Simple

von Ansgar Hein

Schon im Namen von *CMS Made Simple* steckt der Anspruch, Inhalte ganz einfach pflegen zu können. Flexibilität und Zugänglichkeit stehen bei diesem vergleichsweise jungen System im Vordergrund. Seit der Version 0.1, die im Juni 2004 erschien, wurde das System in vielen kleinen Schritten zur Version 1.4 weiterentwickelt. Zum Jahresende soll es eine ganz neue Version 2.0 geben, die eine Komplettüberarbeitung mit zahlreichen Verbesserungen darstellt und den Kerngedanken »Die besten Ideen sind einfach!« weiter ausbaut.

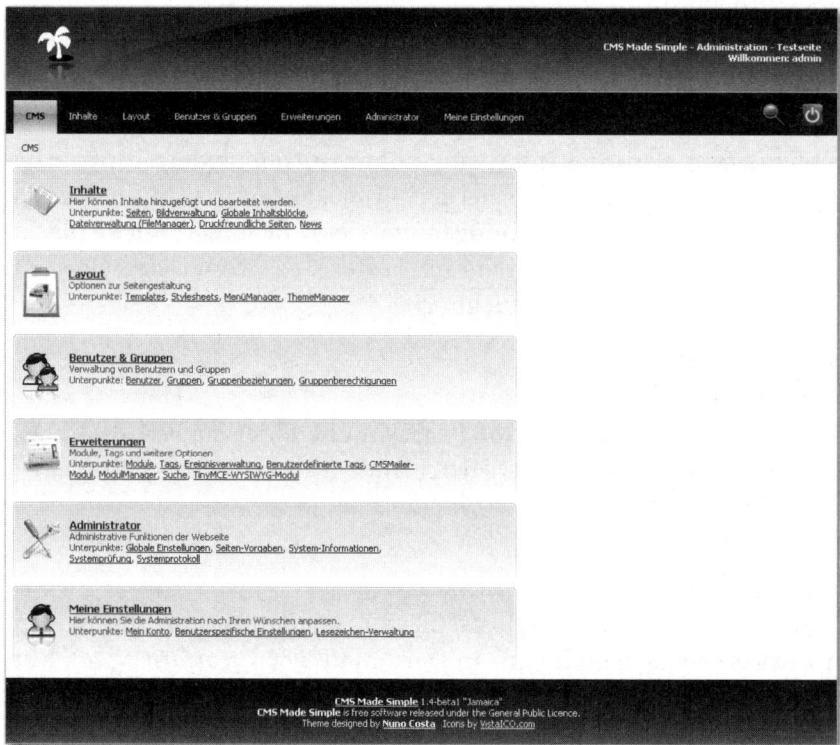

Abbildung 6.24 Die Startseite von CMS made simple

Ein paar Eckdaten vorneweg: Bei *CMS Made Simple* handelt es sich um ein Open-Source-CMS, das unter der GPL veröffentlicht wurde und auf allen gängigen Betriebssystemen lauffähig ist, sofern PHP und ein Webserver vorhanden sind. Auch bei den Datenbanken zeigt sich das System sehr tolerant und akzeptiert neben MySQL auch PostgreSQL. Die Installation ist so einfach wie der Name. Der Benutzer wird Schritt für Schritt von einem interaktiven Assistenten begleitet, so dass eine Komplettinstallation mit Demo-Inhalten auch für CMS-Neulinge schon nach wenigen Minuten lauffähig eingerichtet ist.

6.7.1 Marktpositionierung

Generell sollten Content-Management-Systeme einen gewissen Grad an Arbeitsteilung unterstützen. Ein Designer sollte nicht zwangsläufig programmieren und ein Redakteur nicht die Installation vornehmen müssen. Dieses Rollenverständnis unterstützt *CMS made simple*, und es bietet jeder Zielgruppe einen eigenen Mehrwert.

Zielgruppe Kunden

Die meisten Internetauftritte, die mit *CMS Made Simple* laufen, werden von weniger als 3000 Internetnutzern am Tag besucht. Neben privaten Homepages, Vereinsseiten und kleinen Unternehmen sind es vor allem Informationsseiten mit weniger als 1000 Besuchern, die zur Nutzergruppe zählen.

Möglicherweise ist die schlechte Performance bei größeren und komplexeren Auftritten der Grund dafür, warum das System sich nicht schneller verbreitet hat. In der Tat schränkt dieser Makel die Einsatzgebiete zurzeit auf kleine und mittlere Projekte ein, das heißt: Mehr Besucher am Tag sollten es nicht sein, und eine allzu komplexe Struktur mit vielen Verschachtelungstiefen in der Navigation sowie vielen Modulen sollte man ebenfalls vermeiden. Ausnahmen sind nur dann möglich, wenn ein leistungsfähiger Server im Hintergrund werkelt. Mit verbesserter Leistung wäre das System aufgrund der einfachen Bedienbarkeit und des Leistungsumfangs sowie der einfachen Erweiterbarkeit sicherlich ein Geheimtipp für große Websites und Portale.

Besonders gut funktioniert das System gegenwärtig für Seiten mit variablen und aktuellen Inhalten, bei denen der visuelle Stil vorgegeben wird und ein meist nicht im Web erfahrener Redakteur die Erstellung und Pflege von Inhalten übernimmt. Ein gutes Beispiel hierfür ist die Seite *www.westerntrainerin.com*, die sowohl mit grafischen Überschriften als auch mit verschiedenen Navigationen innerhalb der Seite arbeitet und dennoch hervorragende Ergebnisse in Bezug auf die Validierung nach W3C-Standards liefert, dabei optisch ansprechend wirkt und dennoch übersichtlich bleibt.

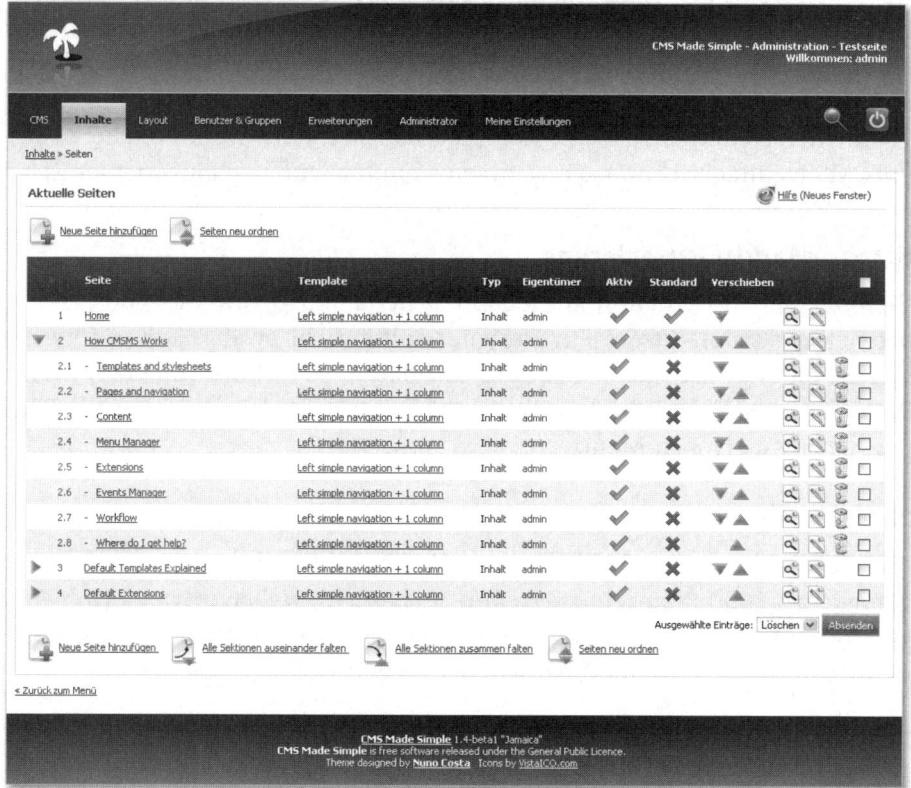

Abbildung 6.25 Die Seitenstruktur im CMS Made Simple

Zielgruppen Webdesigner/Entwickler/Agentur

Interessant ist *CMS Made Simple* nicht nur für Redakteure, sondern auch für Webdesigner. Beide Zielgruppen werden durch speziell auf die Bedürfnisse abgestimmte Funktionen optimal bedient. Mithilfe von drei vordefinierten Benutzergruppen, denen man eine Vielzahl von Rechten zuordnen oder entziehen kann, werden Redakteure, Administratoren und Webdesigner adressiert. Auf diese Weise bleiben Funktionen zur Template-Erstellung, Benutzerverwaltung und Modul-Verwaltung vor den Augen eines Redakteurs verborgen und tragen so zur Fokussierung auf die Inhaltserstellung und -pflege bei – den wesentlichen Aufgaben im Alltag.

PHP-Kenntnisse benötigt man ganz und gar nicht. Funktionen innerhalb aller Templates und Content-Felder werden mithilfe von *Smarty* realisiert – einem der großen Vorteile dieses Systems!

6.7.2 Leistungen des CMS

Stärken des Systems

Zahlreiche Content-Management-Systeme setzen auf eine eigene Template-Sprache, mit deren Hilfe man Navigationen, Inhalte und vieles mehr in einem Template verdrahtet und somit der dynamischen Erstellung von Seiten die Tür öffnet. *CMS Made Simple* nutzt die Template-Engine *Smarty*, deren mächtige Syntax und Performance einen Großteil der Flexibilität dieses CMS ausmachen. Überdies sorgt Smarty dafür, dass Webdesigner die volle Kontrolle über den augegebenen Code behalten, ohne in den kreativen Möglichkeiten eingeschränkt zu werden. Was sehr theoretisch klingt, ist Webdesigner-Alltag: Gestreifte Tabellen, bei denen der Tabellenkopf anders aussehen soll als die übrigen Zeilen, auch ohne CSS3-Unterstützung. Dank Smarty ist das kein Problem, denn man kann mit {foreach}{/foreach} oder {cycle} durch ganze Arrays gehen und entsprechende Formatierungen vornehmen. Jede zehnte Zeile kann man dann wie folgt formatieren, ohne Programmierer zu sein:

```
{if $smarty.foreach.ListenName.iteration % 10 == 1}
  <tr class="zeileZehn">
    <td colspan="3"><img src="zeilezehn.gif" alt="" />
    Eine Schmuckzeile</td>
  </tr>
{/if}
```

Derartige Smarty-Schnipsel kann man beispielsweise für die Ausgabe von kategorisierten News-Meldungen sehr vorteilhaft einsetzen, um Anleser zu erzeugen, Link-Listen darzustellen oder eine tabellarische Übersicht zu generieren. Auf diese Weise findet keine Vermischung von PHP und HTML statt, sondern eine klare Trennung von Inhalt, Funktion und Gestaltung.

Modular: Inhalte, Erweiterungen, Menüs und Vorlagen

Ähnlich flexibel wie bei den Templates oder den Inhalten präsentiert sich das System bei Modulaufrufen. Das wichtigste Modul, das gleichzeitig zum Kern des Systems gehört, ist der *Menü-Manager*. Was simpel klingt, entpuppt sich als unglaublich flexibles System zur Aufbereitung und Ausgabe von Menüs. Dabei spielt es keine Rolle, ob man ein barrierefreies Menü oder ein mit JavaScript gesteuertes Ausklappmenü erstellen möchte. Auch getrennte Navigationen im Portalstil, bei dem die Hauptnavigation am Seitenanfang horizontal und etwas weiter unten die Unternavigation in einer linken oder rechten Spalte ausgegeben werden sollen, sind problemlos möglich. Auch das Vergeben von Tastaturkürzeln via Accesskey sowie die Tab-Reihenfolge sind auf Wunsch mit dem Menü-Manager zu steuern. Möglich sind verschiedene Templates mit jeweils eigener Smarty-Logik, sprich: verschiedene Menüs innerhalb einer Seite mit unterschiedlichem Look & Feel. Somit sind nahezu unendlich viele Menüvarianten möglich. Alle Menüs werden aus dem gleichen Seitenbaum generiert, und so ist es nicht weiter verwunderlich, dass man den Menü-Manager auch zum Erzeugen einer Sitemap nutzen kann.

Alternativ kann man eine Sitemap aber auch über ein sogenanntes *Tag* erzeugen. Unter *Tags* versteht man bei *CMS Made Simple* ein Stück PHP-Code, das mit oder ohne Parameter aufgerufen wird und eine bestimmte Funktion ausführt. Am Beispiel der Sitemap könnte ein solcher Aufruf innerhalb einer Seite oder eines Templates wie folgt aussehen:

```
{sitemap class='sitemap'}
```

Damit wird eine <ul>-Liste des gesamten Seitenstrukturbaums ausgegeben. Weitere Parameter sind möglich, um die Ausgabe zu steuern. Wie gesagt: Wer mehr als eine Klasse benötigt, greift auf den Menü-Manager zurück.

Die dritte und mächtigste Möglichkeit, um zusätzliche Funktionen bereitzustellen, sind sogenannte *Module*. Im Gegensatz zu Tags bieten Module die Möglichkeit, über ein Benutzer-Interface mit dem System zu interagieren. Dadurch sind weitaus komplexere Operationen möglich, angefangen von einer Terminverwaltung bis hin zu Schnittstellen zu externen Systemen, wie zum Beispiel einer Newsletter- und Mailinglisten-Software, um diese über das Admin-Interface bedienbar zu machen.

Ein Modulaufruf erfolgt über

```
{cms_module module='album' albums='1,3' detailpage='galerie'}
```

Damit wird das Modul *Album* aufgerufen, das eine extrem flexible Bildergalerie zur Verfügung stellt, die neben verschiedenen Kategorien und Alben auch diverse Gestaltungsmöglichkeiten eröffnet, wie beispielsweise eine Lightbox-Ansicht oder eigens angepasste Galerie-Varianten. Fast alle Module bieten die Möglichkeit, mehr als ein Ausgabe-Template zu nutzen. Dank Smarty sind so verschiedene Darstellungsvarianten innerhalb ein und derselben Seite möglich.

In die Gruppe der Module gehören auch verschiedene WYSIWYG-Editoren zur Inhaltseingabe und -formatierung. Standardmäßig wird TinyMCE installiert, man kann jedoch ohne Probleme verschiedene Editoren parallel einrichten und in den Benutzereinstellungen auswählen. Gut zu wissen: Zu jedem Schritt in der Administrationsoberfläche gibt es einen Hilfe-Eintrag. Sowohl Module als auch Standardfunktionalitäten werden ausführlich erklärt und mit einem Link zum mehrsprachigen Wiki versehen.

Grenzen des Systems

Ein absolutes Manko von *CMS Made Simple* ist die Geschwindigkeit, mit der Seiten erzeugt werden. Deshalb eignet es sich momentan vor allem für kleine Auftritte oder performante Server. Ist Letzteres gegeben, kann man auch größere Websites betreiben, nicht zuletzt wegen der guten Skalierbarkeit und der einfachen Rechteverwaltung. Performance und Benutzerverwaltung sind aber die Hauptgründe für die Entwicklung der kommenden Version. Bestehendes wird dabei bewahrt. Es wird einen Kompatibilitätsmodus geben, der in einer Übergangsphase den Betrieb älterer Module erlaubt, sowie einen Upgrade-Manager, der dabei helfen wird, den Schritt von Version eins zu Version zwei zu gehen, ohne dabei vor unlösbare Probleme gestellt zu werden. Fast alle Informationen zur zukünftigen Entwicklung sind der aktiven Community zu entnehmen. Nicht zuletzt das ausführliche deutschsprachige Forum mit eigenen Unterbereichen ist eine Fundgrube für Antworten auf fast alle Fragen.

6.7.3 Fazit

Der Name hält, was er verspricht: Mit *CMS Made Simple* lassen sich standardkonforme und barrierefreie Websites schnell und einfach erstellen. Wer sich noch bis Ende 2008 geduldet, profitiert von der zweiten Version. Dann soll die Performance ausreichend sein, um auch größere Projekte zu betreiben. Ein System für heute und morgen, dessen Stärken die Schwächen klar überwiegen. Kein Wunder also, dass es *CMS Made Simple* im ersten Anlauf fast ganz oben auf das Treppchen des begehrten *Open Source CMS Awards* geschafft hätte. Am Ende war es Platz drei und die Erkenntnis, dass noch einige Verbesserungen notwendig sind, um ganz oben anzukommen.

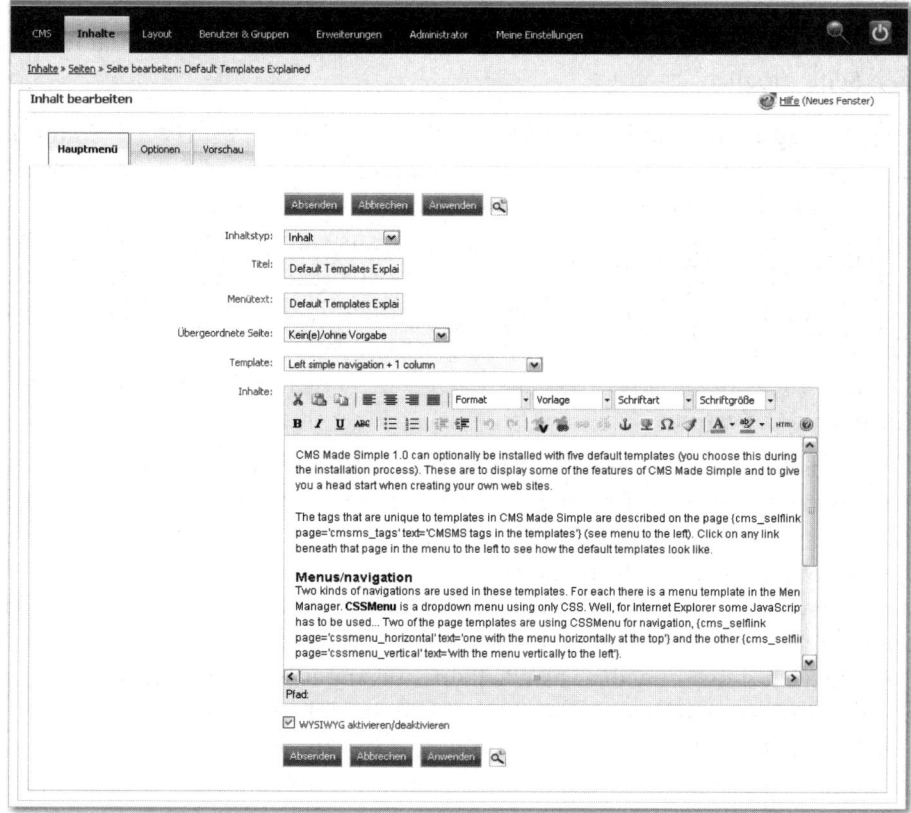

Abbildung 6.26 CMS Made Simple – Inhalte

6.7.4 Weitere Infos

- CMS Made Simple – *http://www.cmsmadesimple.org/*
- Community – *http://forum.cmsmadesimple.org/*
- Module – *http://dev.cmsmadesimple.org/*
- Smarty – *http://www.smarty.net/manual/de/*

Über den Autor

Ansgar Hein beschäftigt sich seit 1994 mit den Anforderungen komplexer Internet-Lösungen und Content-Management-Systeme. Als Geschäftsführer der Agentur *anatom5 perception marketing* in Düsseldorf und Mitbegründer des Barrierekompass engagiert er sich für barrierefreie Websites. Dieses Engagement spiegelt sich in zahlreichen Publikationen und Vorträgen wider. Neben dem *Einkaufsführer Barrierefreies Internet* organisiert Ansgar Hein das *Best of Accessibility Symposium* für barrierefreies Webdesign.

6.8 Redaxo

von Beate Paland

Redaxo ist ein System, das sich mit wenig Voraussetzungen begnügt: ein kleines, preiswertes Webspace-Paket mit PHP/MySQL reicht aus. Trotzdem wurde an Features nicht gespart, wie Sie gleich sehen werden.

Redaxo wurde das erste Mal als kostenloses CMS Anfang 2004 von der Frankfurter Firma *pergopa kristinus gbr* veröffentlicht, damals in Version 2.6. Es steht unter der GNU-GPL und wird von einigen Entwicklern weiterentwickelt, so dass derzeit die Version 4.1 vorliegt.

6.8.1 Marktpositionierung

Zielgruppe Kunden

Als Zielgruppe kommen vor allem kleine und mittelständische Unternehmen (KMU) und Vereine in Betracht, aber auch kleinere Community-Seiten und Webseiten kleinerer Bildungseinrichtungen wurden bereits mit Redaxo realisiert.

Personen, die später die Website pflegen sollen, brauchen keine Vorkenntnisse, wie der Live-Test in der Praxis bestätigt hat; eine kleine Schulung reicht vollkommen aus.

Zielgruppen Webdesigner/Entwickler/Agentur

Redaxo ist gut geeignet für Webdesigner und Entwickler, die PHP beherrschen. Mit keinen oder wenig PHP-Kenntnissen tut man sich auf jeden Fall eher schwer. Ebenso eignet es sich gut für Agenturen, die aber auf PHP-Entwickler Zugriff haben sollten.

Das ganze Projekt kann jederzeit über einen Projektexport gesichert und so auch zwischen Entwicklungs- und Liveserver geswitcht werden.

6.8.2 Leistungen des CMS

Allen Artikeln bei Redaxo ist ein Template zugeordnet, dessen Ausgabe komplett steuerbar ist und das aus einer bis mehreren Spalten bestehen kann. Diese Spalten können dann mit sogenannten Modulen gefüllt werden: Das kann eine Überschrift sein, ein Text, ein Video oder ein Link auf eine andere Seite, aber auch ein Formular oder eine Bildergalerie. Auch die Ausgabe dieser Module kann angepasst worden.

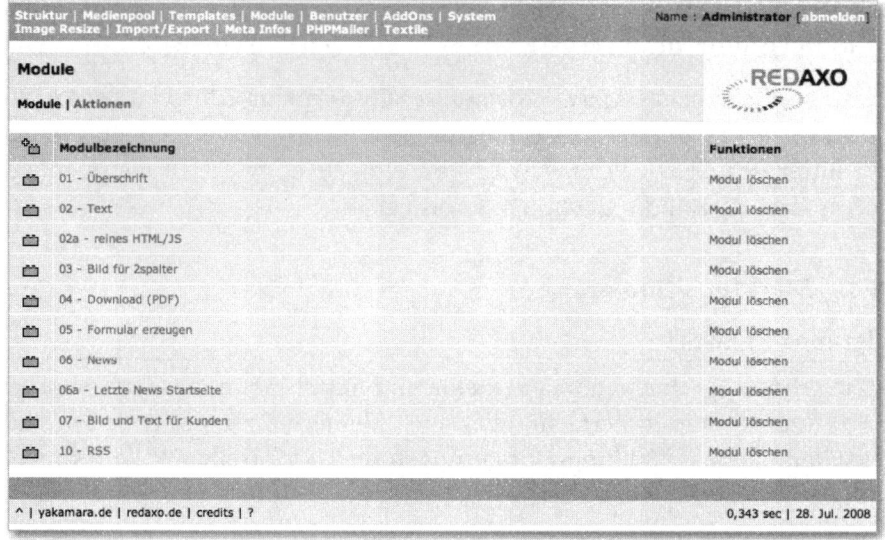

Abbildung 6.27   Redaxo – Auswahl verschiedener Module

Zur Eingabe von Text kann entweder die Auszeichnungssprache *Textile* verwendet werden, alternativ stehen auch die WYSIWYG-Editoren *TinyMCE* und *FCKeditor* zur Verfügung. Bilder und andere Medien können über den Medienpool hochgeladen und bequem eingebunden werden. Für den Upload mehrerer Dateien kann der Medienordner auch per FTP gefüllt und später über den Medienpool synchronisiert werden. Der Medienpool kann auch um eigene Felder erweitert werden.

Zusätzlich zu Seiten und Medien können Add-ons zur Funktionserweiterung benutzt werden. Es gibt bereits einige Add-ons zum Herunterladen und Installieren wie eine kleine Community, eine Suche oder RSS-Feeds, sogar ein kleiner Shop ist verfügbar – man kann aber auch recht einfach z. B. eine Veranstaltungsdatenbank mit Anmeldemöglichkeit erstellen und im Backend verankern.

Mehrsprachige Seiten können mit Redaxo ebenfalls erstellt werden. Dabei können die Navigationsstruktur und die Inhalte erst einmal übernommen und später übersetzt werden.

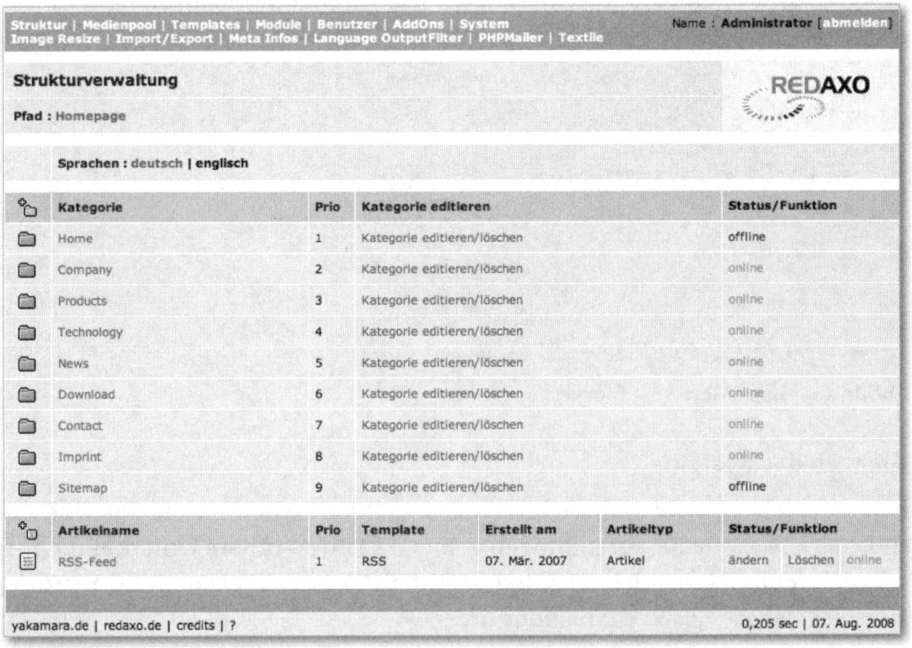

Abbildung 6.28   Redaxo eignet sich auch für mehrsprachige Seiten.

Stärken des Systems

Per *mod_rewrite/htaccess* werden vom System URLs der Form `/index.php?article_id=5` in URLs wie `/5-0-kontakt.html` umgeschrieben, wobei auch eigene Varianten denkbar und realisierbar sind.

Der Entwickler hat jederzeit die volle Kontrolle über alle Ausgaben. Daher können einerseits barrierefreie Webseiten erstellt werden, man kann daher aber auch sämtliche JavaScript-Bibliotheken einbinden. Auch die Ausgabe der Navigation kann flexibel angepasst und beliebig geschachtelt werden.

Alle Benutzer des Systems können mit individuell einstellbaren Rechten versehen werden, sie können auch nur für einzelne Sprachen oder Seitenkategorien freigeschaltet werden.

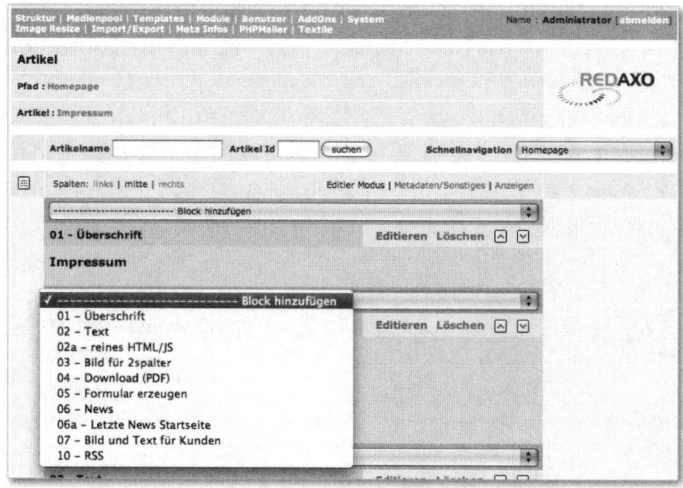

Abbildung 6.29   Redaxo – Blöcke hinzufügen

Grenzen des Systems

Für die meisten Anwendungsfälle reichen 2000 Seiten sicher aus, hierbei sollte es also keine Beschränkungen geben. Was für größere Unternehmen sicherlich fehlt, ist ein richtiges Redaktionssystem mit Freigabe und Historie, so etwas beherrscht Redaxo leider nicht.

6.8.3   Weitere Infos

Das CMS steht als Download unter *http://www.redaxo.de* zur Verfügung. Dort gibt es auch eine Dokumentation, ein Wiki sowie ein äußerst hilfsbereites Forum, auf das man jederzeit zählen kann.

Über die Autorin

Beate Paland ist Webentwicklerin und setzt seit 2002 auf Webstandards in sämtlichen HTML-Projekten, sei es mit PHP oder Ruby on Rails (*www.paland.net*).

6.9   Textpattern

von Gerrit van Aaken

Textpattern ist ein kostenloses Open-Source-CMS auf Basis von PHP und MySQL. Der Erfinder des Systems, Dean Allen, war ursprünglich weder Programmierer noch ausgewiesener Internet-Experte, sondern Typograf und Buchgestalter, was dem Projekt bis heute eine Aura des Understatements und guten Geschmacks verleiht. Wie fast jede gute Software begann Textpattern im Jahr 2001 als privates Projekt, mit dem sich Allen die Aktualisierung seiner Website *textism.com* erleichtern wollte. Bis zur ersten offiziellen Veröffentlichung dauerte es entsprechend lange: Erst im Januar 2003 erschienen erste Versionen, mit denen man vernünftig arbeiten konnte. Es gab übrigens kaum eine nennenswerte Beta-Phase – das Projekt begab sich kurz nach der Veröffentlichung direkt in eine über zwei Jahre andauernde »Gamma«-Phase, bis im August 2005 dann direkt die finale Version 4.0 nachgeschoben wurde. Interessante Taktik …

Dean Allen selbst hat sich übrigens bereits vor längerer Zeit aus der aktiven Entwicklung zurückgezogen und überlässt alle Coding-Aktivitäten einem kleinen, über die Welt verstreuten Kernteam. Trotz vieler Vorteile gehört Textpattern zu den eher weniger bekannten Content-Management-Systemen und spielt, gemessen an der Verbreitung, nicht in derselben Liga wie WordPress oder Joomla!.

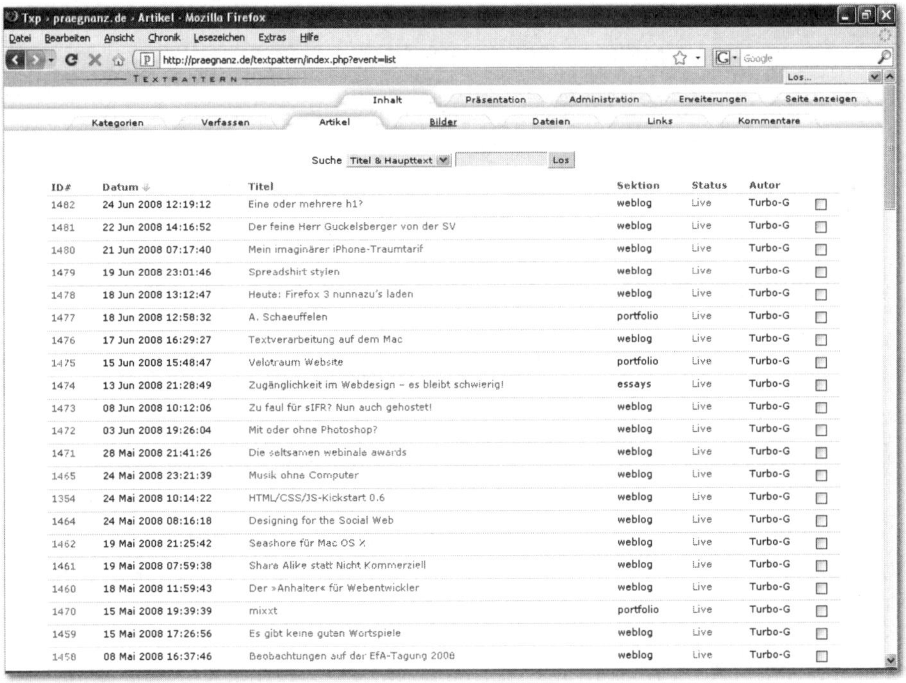

Abbildung 6.30 Luftig und reduziert: Im Textpattern-Backend kann man sich nicht verlaufen.

6 | Projektplanung und Projektmanagement

6.9.1 Marktpositionierung

Laut offizieller Website ist Textpattern ein flexibles, elegantes und einfach zu bedienendes Content-Management-System. Dennoch lässt sich nicht verhehlen, dass die Software in erster Linie für das Betreiben von Weblogs konzipiert wurde. Mit ein paar gezielten Handgriffen lässt sich das jedoch ändern.

Zielgruppe Kunden

Das System eignet sich gleichermaßen gut für Weblogs, News-Bereiche und kleinere statische Websites. Generell spricht nichts gegen den Einsatz in einem mittelgroßen Unternehmen mit mehreren Redakteuren, solange sich die Komplexität der Website in Grenzen hält. Eine hierarchische Seitenstruktur ist nämlich nur bis zur zweiten Ebene sinnvoll und mit gewissen Einschränkungen verbunden. Dazu später mehr.

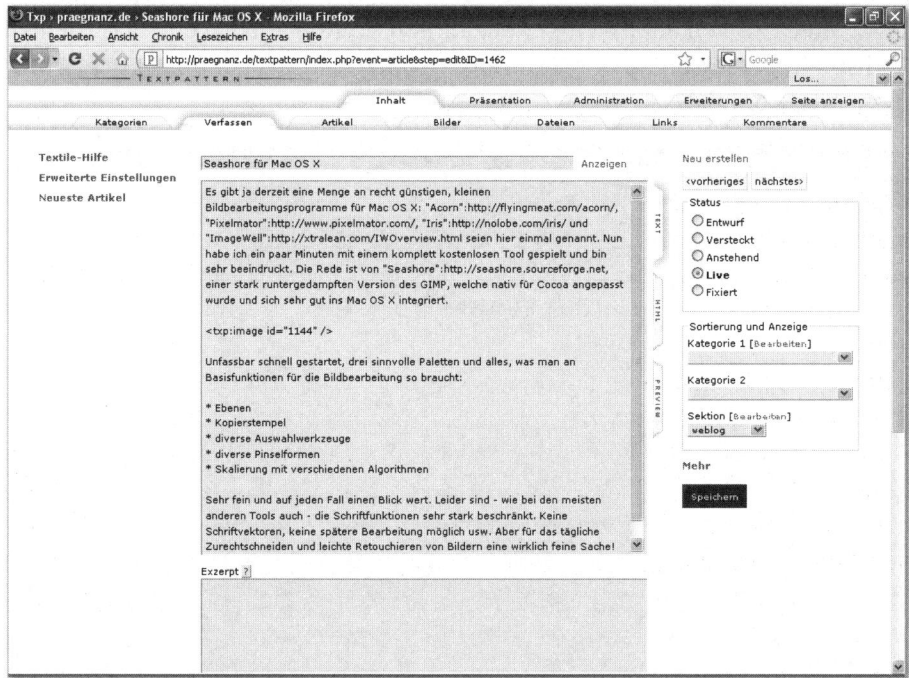

Abbildung 6.31 Beim Verfassen und Bearbeiten sorgt die Textile-Syntax für semantische Strukturen.

Generell ist die Administrationsoberfläche für die meisten Kunden eine echte Wohltat – vor allem, wenn diese schon einmal mit TYPO3 oder anderen überladenen Systemen arbeiten mussten. Textpattern ist schlank, übersichtlich und pfeilschnell. Die grundsätzliche Handhabung lässt sich leicht in einer Stunde Telefonschulung erläutern – auch wenn der Kunde keine große Web-Erfahrung besitzt.

Was manchen Auftraggebern erst schmackhaft gemacht werden muss, ist der fehlende visuelle Editor beim Bearbeiten von Inhalten. Zur Textstrukturierung setzt Textpattern vielmehr auf die Syntax *Textile*, die Dean Allen speziell für das CMS entwickelte. Im Praxisbetrieb kann man beobachten, dass die meisten Kunden nach anfänglicher Skepsis sehr gern mit Textile arbeiten und den Bogen bald raus haben: eine reichhaltige Semantik und valide Dokumente sind die positive Folge.

Zielgruppen Webdesigner/Entwickler/Agentur

Das Bestechende an Textpattern ist unter anderem die enorme Entwicklungsgeschwindigkeit. Nach ein paar Tagen Einarbeitung und Übung kann man als Einzelkämpfer innerhalb weniger Stunden eine komplette Website dynamisieren – inklusive Templates, Inhaltsstrukturierung und Plug-in-Einrichtung. Eine Arbeitsteilung mit mehreren Personen lohnt sich da eigentlich kaum.

Wichtig zu wissen: Textpattern unterstützt keine vorgefertigten Themes, die man »mal eben« per FTP raufladen und sofort in Betrieb nehmen kann; tatsächlich baut man in der Regel jede Website von Grund auf neu, wenn man sich nicht schon für seinen eigenen Workflow eine Art Framework zurechtgelegt hat. Dabei benötigt man grundsätzlich keinerlei PHP-Kenntnisse. Textpattern setzt in den Template-Bausteinen auf eine XML-kompatible Syntax, mittels derer sämtliche dynamischen Funktionen programmiert werden. Diese Syntax ist für HTML-feste Entwickler leicht zu erlernen und im Online-Handbuch bestens dokumentiert. Wer darüber hinaus ein wenig PHP beherrscht, wird Freude daran haben, individuelle Plug-ins zu schreiben, um den Funktionsumfang zu erweitern. Notwendig ist dies nicht immer – aber es kann ungemein praktisch sein!

6.9.2 Leistungen des CMS

Performance

Textpattern ist das schnellste mir bekannte CMS. Selbst auf überlasteten Servern lassen sich die Seiten fast ohne Verzögerung durchklicken – sowohl im Frontend als auch im Backend. Möglich macht dies eine effiziente und gut durchdachte Programmierung des CMS-Kerns.

Sicherheit

Kaum zu glauben: Unter Textpattern gibt es kein nennenswertes Problem mit automatischem Kommentar-Spam. Die obligatorische Vorschau-Funktion bei der Kommentareingabe und diverse andere Maßnahmen zeigen volle Wirkung. Darüber hinaus ist bei der aktuellen Version 4.0.6 keine ernsthafte Sicherheitslücke bekannt.

Professionalität

Der Grad der Professionalität von Textpattern ist schwer in Worte zu fassen, weil es eher um eine Attitüde geht als um harte Fakten. Textpattern macht nicht zeitnah jeden Hype mit, sondern konzentriert sich mit strenger Konsequenz auf das Wichtige: einhundertprozentige Zuverlässigkeit, ordentliche Standards und sinnvolle Funktionen. Das ist zwar bisweilen ein limitierender Faktor im schnelllebigen Blog-Geschäft, gibt einem aber ein besseres Gefühl beim Entwickeln – man macht sich einfach die Finger nicht so schmutzig!

Abbildung 6.32 Die Website der Fahrradmanufaktur »Velotraum« basiert auf Textpattern mit einigen individuellen Plug-ins.

Datenbank als Leitmedium

Im Unterschied zu den meisten anderen Systemen wird bei Textpattern fast alles in der Datenbank gespeichert: Plug-ins, Template-Bausteine, wahlweise sogar CSS-Anweisungen. Dies ermöglicht eine sichere und komfortable Installation und Manipulation dieser Daten mit jedem Webbrowser, ohne auf den Einsatz von FTP oder WebDAV angewiesen zu sein.

Template-System

Auch wenn dies eher eine Konvention als eine echte Notwendigkeit darstellt: Im Template-System von Textpattern arbeitet man mit vielen kurzen Code-Schnipseln statt mit wenigen großen Template-Dateien. Für eine durchschnittliche Website sind 30 bis 40 sogenannte *Bausteine* keine Seltenheit. Code-Redundanzen werden somit meist umgangen. Die Oberfläche zum Editieren der Bausteine ist gut durchdacht und ermöglicht schnelle Ergebnisse. Übrigens: Textpattern generiert fast keinen HTML-Code automatisch, sondern lässt dem Entwickler die volle Kontrolle über die verwendeten Elemente und Attribute.

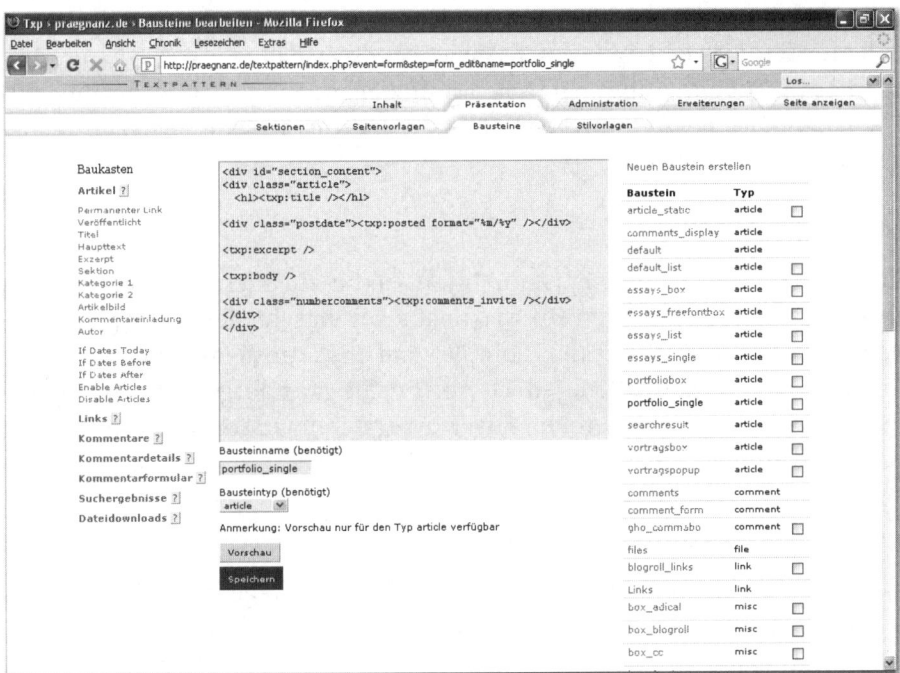

Abbildung 6.33 Die Erstellung der Templates geschieht im Backend über spezielle XML-Tags.

6.9.3 Grenzen des Systems

Hierarchische Seitenstrukturen

Textpattern sieht im Auslieferungszustand keine statischen Seiten und auch keine Hierarchie vor. Es gibt zwar sogenannte *Sektionen*, aber das war es auch schon. Dennoch lassen sich mit zwei aufeinander abgestimmten Plug-ins (*stm_article_order* und *rdt_dynamenus*) recht komfortabel Navigationsbäume mit den entsprechenden Menüs erstellen. Die Seiten können im Backend sogar per Drag & Drop auf einer Sitemap herumgeschoben werden. Dennoch: Über die zweite Ebene hinaus lässt sich die Hierarchie nicht definieren. Und die Menüpunkte der ersten Ebene sind kompliziert zu pflegen. Alles in allem leider keine perfekte Lösung!

Bildermanagement

Das Einbetten von Bildern wird seit Jahren stiefmütterlich behandelt. Der Upload innerhalb der Artikel-Editierungsmaske ist nicht vorgesehen, ebenso fehlt die Möglichkeit, Bilder bestimmten Artikeln zuzuordnen. Der Redakteur muss zuerst in einem gesonderten Bereich die gewünschten Bilder hochladen und dann mit den generierten ID-Nummern hantieren, um die Bilder im laufenden Text einzupflegen. Es gibt zwar diverse Plug-ins, die diesen Umstand etwas mildern, aber eine solch grundlegende Funktion gehört eigentlich in den Kern des Systems. WordPress ist hier schon sehr viel weiter – speziell seit der Version 2.5.

Taxonomie

Ein bisschen schwachbrüstig ist die Infrastruktur zur Klassifizierung von Artikeln. Man kann ihnen jeweils maximal zwei verschiedene Kategorien zuweisen. Wer angesichts dessen komplett auf Tags umsteigen möchte: Diese Funktion ist zwar enthalten, jedoch noch nicht ganz ausgereift. Tagging bedarf noch eines zusätzlichen Plug-ins (*tru_tags*), um tatsächlich produktiv genutzt zu werden.

6.9.4 Weitere Infos

Das Schöne an einem System, das nicht von jedermann genutzt wird, ist, dass es für fast alle Belange nur eine einzige Anlaufstelle gibt und nicht zwei Dutzend verschiedene.

Links

- Download-Seite (*www.textpattern.com*): Download und FAQ
- Support-Forum (*forum.textpattern.com*): Hier finden sich bereits Lösungen zu fast allen denkbaren Problemen.
- Handbuch (*textbook.textpattern.net*): Vollständige und gut verständliche Dokumentation der Template-Funktionen
- Plug-ins (*textpattern.org*): Alle (meist hochqualitativen) Plug-ins an einer Stelle

Zum Abschluss noch drei beinahe unverzichtbare Plug-ins, die man für die Entwicklung mit Textpattern kennen sollte:

Plug-ins

- *rdt_dynamenus* (Hierarchische Menüs generieren)
- *stm_article_order* (Artikel auf einer Sitemap hierarchisch ordnen)
- *ied_plugin_composer* (Plug-ins direkt im Backend erstellen und testen)

Über den Autor

Gerrit van Aaken ist diplomierter Designer und arbeitet derzeit als freiberuflicher Webdesigner für unterschiedlichste Kunden aus dem deutschsprachigen Raum. Auf seinem Weblog *praegnanz.de* veröffentlicht er regelmäßig neue Fachartikel und Beobachtungen rund ums Webdesign. Im Jahr 2005 entwickelte van Aaken mit *Loudblog* ein kleines, webbasiertes Content-Management-System, das speziell auf die komfortable Veröffentlichung von Podcasts zugeschnitten ist.

6.10 ExpressionEngine

von Manuela Hoffmann

Wer heute eine Webseite gestalten möchte, greift immer öfter zu einem Content-Management-System (CMS), das eine einfachere Verwaltung aller Bestandteile des Projekts erlaubt. Die Wahl des richtigen Systems ist nicht leicht, denn es ist gar nicht so einfach, im Vorfeld abzuschätzen, wie sich ein Projekt entwickeln wird. Heute wird die Grenze zwischen Werkzeugen, die Weblogs antreiben, und solchen, die im eigentlichen Sinne CMS sind, also »noch mehr« können, immer verschwommener. ExpressionEngine kann beides sein. Ein wichtiger Faktor bei bei der Entscheidung für oder gegen ein CMS ist dessen Flexibilität im Umgang mit den zur Verfügung stehenden Daten. Und genau in diesem Bereich kann ExpressionEngine punkten. Ein absolut modularer Aufbau ermöglicht die Verknüpfung von »allem mit allem«.

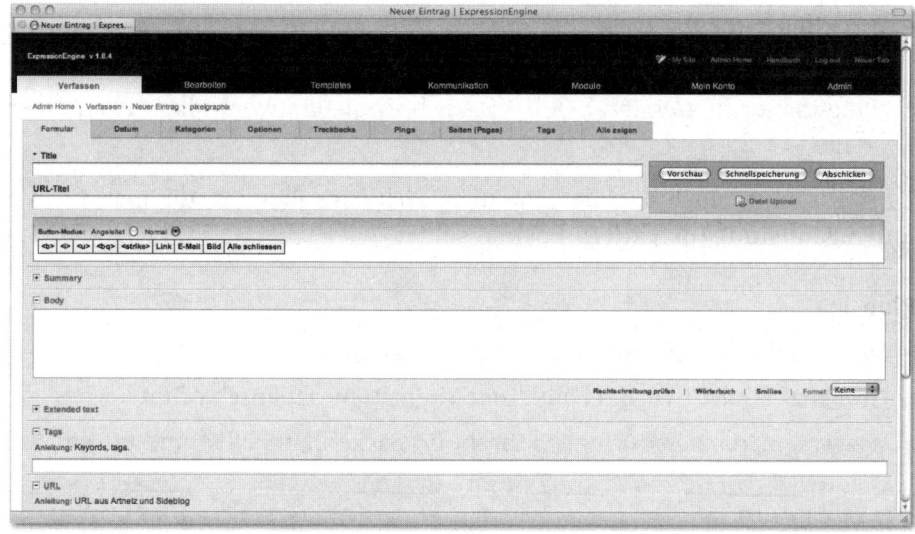

Abbildung 6.34 ExpressionEngine – neuer Eintrag

6.10.1 Zielgruppe(n)

ExpressionEngine ist relativ anspruchslos, was die technischen Grundlagen angeht: PHP und MySQL. Mehr braucht es nicht, um das System mit dem Wizard zu installieren. Mit einem *Server Wizard (expressionengine.com/docs/requirements.html)* können Sie überprüfen, ob Ihr Server fit für ExpressionEngine ist. Da das System sehr gut dokumentiert und benutzerfreundlich ist, können sowohl eingefuchste Profis wie auch absolute Anfänger einen schnellen Einstieg in den Umgang mit ExpressionEngine finden. Zwar können Sie auch mit dem »Out of the Box«-System schnell und sicher Websites erstellen, doch damit würden Sie das System unterfordern. Bestimmen Sie selbst, welche Information im Zusammenhang mit welchem Thema wo und wie ausgegeben wird – egal ob auf der fertigen Site im Template, im RSS-Feed oder im Administrationsbereich. Es bietet sich also an, das System mit etwas umfangreicheren Projekten zu fordern.

6.10.2 Leistungen, Stärken und Grenzen des CMS

Die Administrationsoberfläche, die Sie nach dem Login erwartet, ist sicher nicht die schönste und nutzbarste, die es gibt. Deshalb wird sie auch in Version 2.0, die zum Zeitpunkt der Veröffentlichung dieses Beitrags noch nicht verfügbar war, komplett überarbeitet werden. Aber auch heute ist die Oberfläche komplett konfigurierbar. So können Sie z. B. bestimmen, welche Tabs Sie sehen möchten und welche ausgeblendet werden sollen, weil diese nicht gebraucht werden.

Alle Daten werden in multiplen Sektionen gesammelt, die etwas unglücklich *Weblogs* genannt werden. Diese sind aber mehr als »nur Weblogs« im üblichen Sinne: Sie sind als Datencontainer mindestens Weblogs, aus denen man innerhalb der Installation jeden Eintrag beliebig verwenden kann. Zwischen den Beiträgen verschiedener Sektionen einer Site können spielend Verknüpfungen hergestellt werden, wodurch Informationen immer wieder verwendet werden können.

Ein absolutes Plus und Highlight des Systems ist die Möglichkeit, benutzerdefinierte Felder für die Arbeit mit Daten zu verwenden. Diese sind über die Administrationsebene komplett definierbar und integrieren sich perfekt ins System. Sie können Input-Felder, Pulldown-Menüs oder Textareas sein und obligatorisch oder fakultativ auszufüllen sein.

Über die *Metaweblog API* können sie so verknüpft werden, dass externe Editoren wie *Ecto* oder *MarsEdit* beliebig darauf zugreifen können.

Für jeden Eintrag, den Sie erstellen – sei es ein Artikel in einem Weblog, eine einzelne Seite mit Informationen oder ein Kontaktformular –, gibt es verschiedene benutzerdefinierte Stadien, die selbst festgelegt werden können. So ist es zum Beispiel möglich, selbst einen Status wie »Entwurf«, »Korrektur« oder »Veröffentlichen« zu definieren und allein oder mit anderen Autoren zu verwenden.

Beiträge und Templates

Für Beiträge und auch Templates steht eine Versionshistorie zur Verfügung, die es Ihnen und Ihren Autoren ermöglicht, auf ältere Versionen zurückzugreifen. Ein gutes Gefühl, wenn es um Änderungen geht. Natürlich ist auch die URL-Struktur komplett frei wählbar, aber das erwartet man heute auch von einem System zum Publizieren im Netz.

6 | Projektplanung und Projektmanagement

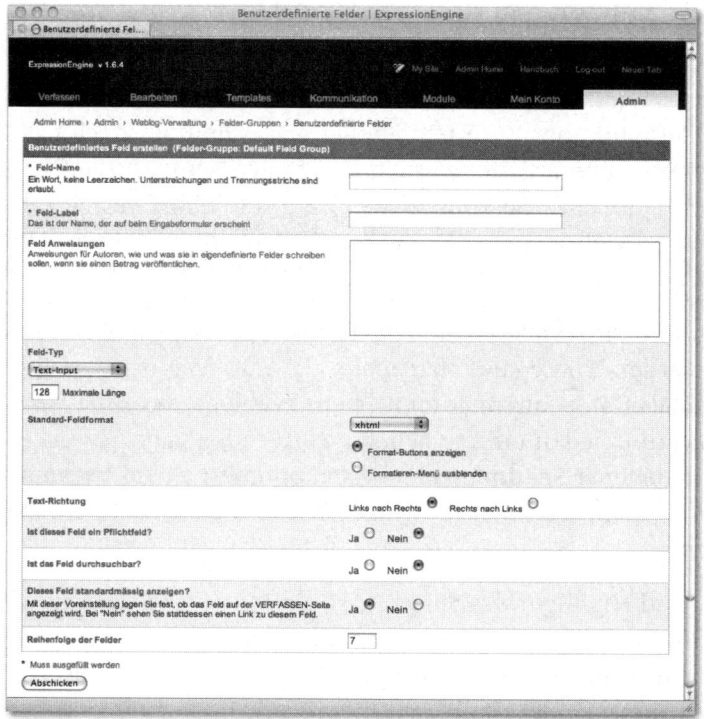

Abbildung 6.35 Benutzerdefinierte Felder

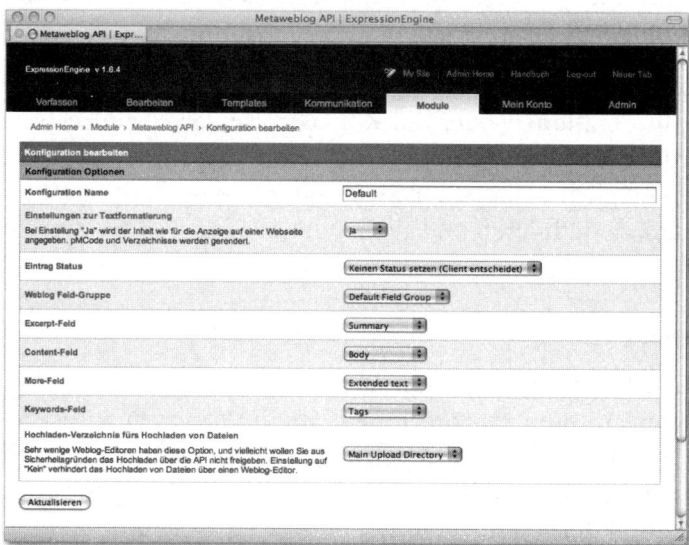

Abbildung 6.36 Metaweblog API

Bei der Arbeit mit den Vorlagen einer Site, den Templates, sind die *Conditional Operators* hervorzuheben. Mit Conditionals können Informationen so ausgegeben werden, wie sie in der jeweiligen Situation erforderlich sind. Dank frei definierbarer globaler Variablen können Sie diese systemweit in allen Templates einsetzen. Durch die Arbeit mit Sub-Templates vereinfacht sich der Umgang mit den Vorlagen sehr nachhaltig: Jede Vorlage kann in eine andere eingebunden werden. So können Header, Footer und andere Seitenelemente variabel eingesetzt werden. Es können Vorlagen in Vorlagen in Vorlagen gepackt werden ohne das System zu verlangsamen. Das Snippet `{embed="includes/navigation"}` bindet z. B. die Vorlage *navigation* aus der Template-Gruppe *includes* in die aktuelle Datei ein. Dabei kann PHP in Templates wahlweise erlaubt oder verboten werden. Sie können festlegen, ob PHP vor oder nach dem Template-Aufbau durchgeführt werden soll.

Die gesamte Template-Bearbeitung ist per FTP möglich, was es ermöglicht, zur Bearbeitung einen externen Editor zu verwenden, ohne auf den internen der Administrationsoberfläche angewiesen zu sein. Außerdem können Templates als Text oder ZIP exportiert werden.

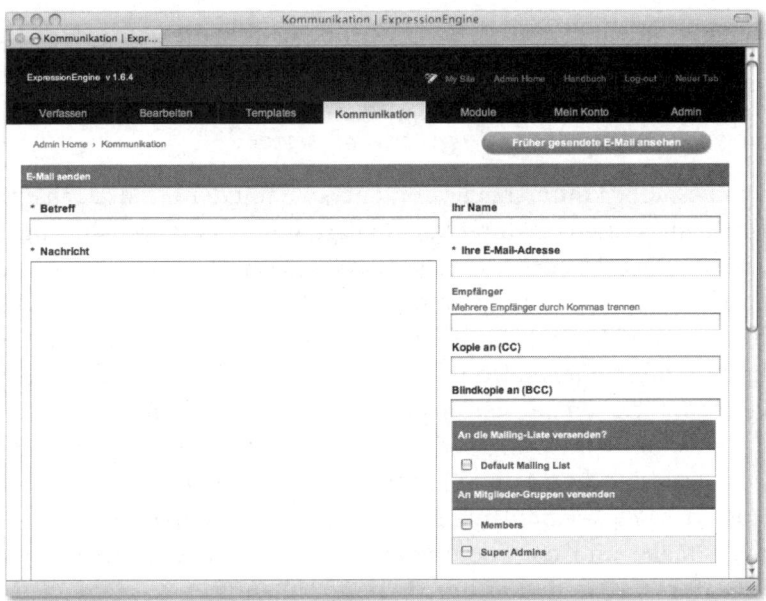

Abbildung 6.37 Der Bereich »Kommunikation«

In den Bereichen MITGLIEDSCHAFT und KOMMUNIKATION bringt ExpressionEngine viele ausgefeilte Details mit. Protokolle wie Mail, SendMail und SMTP werden unterstützt. Für die E-Mail-Verwaltung gibt es viele Optionen wie HTML, CC, BCC etc. Die internen Mailing-Listen wurden mit flexiblen Management-Optionen ausgestattet. Für Mitglieder stehen Profile, Notizblöcke etc. zur Verfügung. Erlauben Sie Kommentare zu Ihren Beiträgen, können Sie diese in Moderation und Expiration komfortabel verwalten. Sicherheit wird großgeschrieben: So werden alle üblichen und sicheren Features wie Anti-Spam-Möglichkeiten, Blacklist, Captchas, IP-Banning, E-Mail-Banning und Throttling unterstützt.

Gerade bei großen Webauftritten mit vielen Nutzern ist es wichtig, die Auslieferung der Daten unter Kontrolle haben zu können. ExpressionEngine bietet Ihnen die Möglichkeit, sowohl Template-Caching als auch Tag- und Query-Caching zu verwenden.

Auch Statistikfreunde kommen schon von Hause aus im Bereich TRACKING auf ihre Kosten, denn die Überwachung von Referrern und Hits sowie *Statistical Tracking* werden unterstützt.

Erweiterbarkeit und Preise

ExpressionEngine ist leicht erweiterbar. Es existieren viele Add-ons, Module und Plug-ins. Wer mit PHP arbeitet, kann das System schnell bereichern. Die neue Version 2.0 von ExpressionEngine wird diesbezüglich vollständig auf das PHP-Framework *CodeIgniter* (*codeigniter.com*) setzen.

ExpressionEngine ist eine kommerzielle Software, die mit der Lizenz auch ein hohes Maß an Qualität und das Anrecht auf ausgiebigen Support mitbringt. Es gibt drei verschiedene Lizenzen: eine kostenlose Core-Version, eine »Personal«-Version (99 US$), die keine kommerzielle Nutzung erlaubt, und die »Commercial«-Version (249.95 US$). Wer also nicht zahlen möchte und die Software nicht im professionellen Umfeld verwenden möchte, kann die Core-Version verwenden, für die man allerdings kein Anrecht auf Support hat. Außerdem fehlen ihr eine Reihe von Modulen wie zum Beispiel das *Blacklist*-Modul, die Foto-Galerie, die Mailing-Listen und Mitglieder-Optionen, das *Moblog*- und auch das *Pages*-Modul, das es erlaubt, mit einzelnen Seiten zu arbeiten. Die »Personal«- und die »Commercial«-Version unterscheiden sich nicht in ihren Features. Hier geht es um die reine Nutzung.

So, wie man es von einem kommerziellen Produkt auch erwarten sollte, ist die Dokumentation beispielhaft und sehr ausführlich. Leider liegt sie, wie das ebenfalls sehr gute Wiki, aktuell nur in englischer Sprache vor. Außerdem existiert ein sehr aktives Forum, in dem Fragen, Ideen und Tipps auch von fest angestellten Mitarbeitern erörtert und gegeben werden.

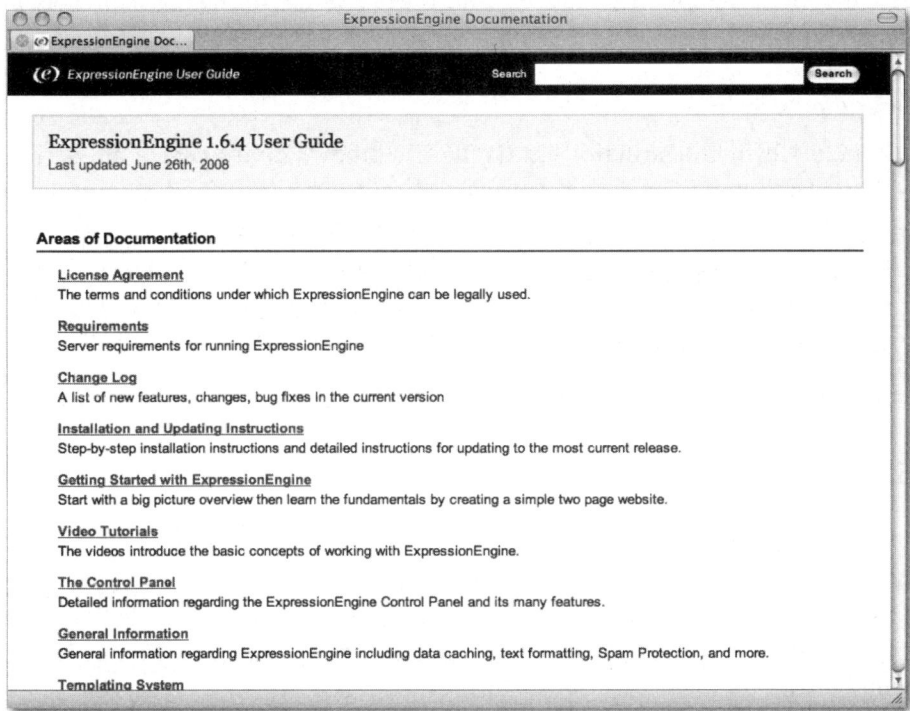

Abbildung 6.38   ExpressionEngine – Dokumentation

Einen kleinen Vorgeschmack, auf das, was Sie Ende 2008 mit der überarbeiteten und erweiterten Version 2.0 erwartet, können Sie sich bereits online (*expressionengine.com/ee2_sneak_preview*) anschauen.

6.10.3   Weitere Infos

- *expressionengine.com/overview* – Überblick über ExpressionEngine
- *expressionengine.com/ee2_sneak_preview* – Vorschau auf ExpressionEngine 2.0
- *expressionengine.com/docs* – Dokumentation
- *expressionengine.com/wiki* – Wiki
- *expressionengine.com/forums* – Forum

Wenn Sie tiefer in die Arbeit mit ExpressionEngine einsteigen möchten, sollten Sie sich die *ExpressionEngine Screencasts (www.eescreencasts.com)* nicht entgehen lassen, die einen einfachen und ansprechenden Zugang zum Thema bieten.

Über die Autorin

Manuela Hoffmann arbeitet als Grafikerin und Webdesignerin in Berlin. Neben klassischem Design gehören auch professionelles Webdesign und Beratung im Bereich Content-Management zu ihrer täglichen Arbeit. 2008 veröffentlichte sie mit »Modernes Webdesign« (siehe Literaturverzeichnis) ihr zweites Buch zum Thema Webdesign. Ihr Weblog *www.pixelgraphix.de* gehört zu einer der wichtigsten Anlaufstellen in Sachen Gestaltung in Deutschland.

6.11 Wordpress

von Vladimir Simovic

WordPress (*www.wordpress.org*) ist momentan die populärste und auch die am weitesten verbreitete Blog-Software. Das Licht der Welt hat die Software am 09. Juni 2003 als Version 0.71 erblickt, und von da an nahm der Erfolg seinen Lauf.

Auch ich persönlich konnte dem Charme von WordPress nicht widerstehen und fing Mitte Januar 2004 endlich an zu bloggen (*www.perun.net*). In den Monaten Oktober bis Dezember 2003 hatte ich einige Blog-Systeme getestet und stand kurz davor, aufzugeben, weil mich keines der damals bekannten Systeme wirklich überzeugen konnte.

Anfang Januar 2004 installierte ich zum ersten Mal WordPress und war überwältigt ... wäre WordPress eine Frau, würde man hier von der »Liebe auf den ersten Blick« sprechen. Nun ist WordPress aber keine Frau, und deswegen kann man sagen, dass ich äußerst zufrieden war. Es war alles dabei, was man als Blogger damals brauchte, es war übersichtlich und leicht anzupassen. Man konnte sich als Blogger auf das Wesentliche konzentrieren: Inhalte produzieren und sich mit anderen Blogger-Kollegen vernetzen. So wie mir ging es etlichen anderen Blogger-Kollegen.

6.11.1 Zum System

WordPress ist ein Open-Source-Projekt (GNU General Public License) und stellt geringe Anforderungen an den Server.

Für die Installation von WordPress benötigt man PHP ab der Version 4.3 und MySQL ab der Version 4.

Um die volle Funktionalität der Software nutzen zu können, wird Apache als Webserver und sein Modul *mod_rewrite* (Stichwort: »sprechende« URLs) empfohlen, allerdings läuft WordPress auch unter anderen Webservern, z. B. unter IIS von der Firma Microsoft. Jedoch sind dann einige Funktionen eingeschränkt (z. B. Permalink-Optionen).

Darüber hinaus ist es notwendig, dass Sie Zugriff auf die *.htaccess*-Dateien haben, um die Permalink-Struktur anpassen zu können. Hierbei handelt es sich um einfache Textdateien, mit denen Sie die Funktionen oder Einstellungen des Apache ansprechen bzw. steuern können.

Was bietet WordPress in der Basisinstallation?

Alle Funktionen zu erwähnen würde den Umfang des Kapitels bei Weitem sprengen. Zum einen bietet WordPress *Track-* und *Pingbacks*, was die Kommunikation zwischen den Weblogs ermöglicht. Dann liefert WordPress automatisch alle Blog-Artikel auch als Atom und RSS (0.92, 1.0 und 2.0) aus.

WordPress wandelt einfache Zeilenumbrüche in das HTML-Element `<br />` und einen zweifachen Zeilenumbruch in `<p></p>` um. Durch diese und weitere intelligente Textformatierungen ist man in der Lage, semantisch richtiges HTML zu erzeugen.

WordPress bietet Unterstützung für mehrere Autoren, erlaubt es, passwortgeschützte Beiträge zu verfassen, und kann aus momentan 14 verschiedenen Systemen Inhalte importieren. Darunter befinden sich z. B. *Textpattern*, *Blogger*, *Movable Type*, *Typepad*, *Blogware* und *LiveJournal*.

Bekannte Webprojekte, die mit WordPress betrieben werden

Es gibt sehr viele bekannte Websites, die WordPress einsetzen. Zum einen wäre dies TechCrunch (*www.techcrunch.com*). Was für den »Zeugen Jehovas« der *Wachturm* ist, das ist für den Web-2.0-Jünger sein *TechCrunch*. TechCrunch ist ein Mammutprojekt mit mehreren Tausend Artikeln und mehr als 808.000 Feed-Abonnenten.

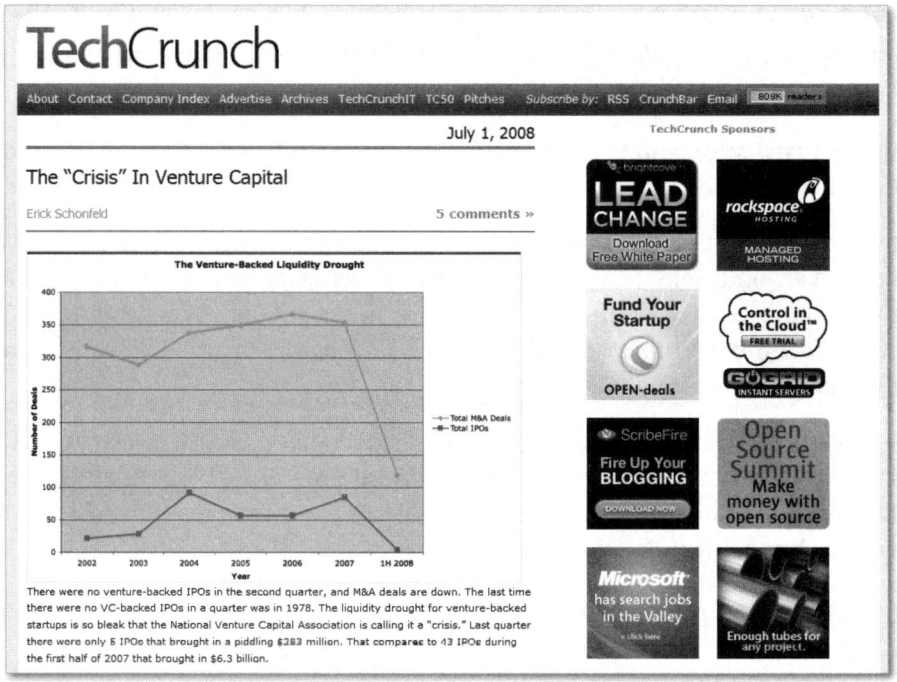

Abbildung 6.39 TechCrunch – www.techcrunch.com

Eine andere sehr bekannte Website, die mit WordPress betrieben wird, ist die Website von Jeffrey Zeldman (*www.zeldman.com*). Vielen Webdesignern, speziell denen, die sich mit Webstandards beschäftigen, ist Zeldman mehr als bekannt. Er ist eine schillernde Persönlichkeit aus der Webszene, bekannter Buchautor (siehe Literaturverzeichnis) und unter anderem der Initiator von »A List Apart« (*www.alistapart.com*), einem sehr bekannten Webworker-Magazin.

6.11.2 Marktpositionierung

Kurz und bündig: WordPress ist der Spitzenreiter. Mittlerweile zeigt der Download-Zähler (*www.wordpress.org/download/counter/*) der offiziellen Website die Zahl 1.797.311, und wenn man sich die inoffizielle deutschsprachige Website (*www.wordpress-deutschland.org*) anschaut, dann zeigt der Download-Zähler dort die Zahl 351.438. Diese Download-Zahlen beziehen sich wohlgemerkt auf die Version 2.5.x. Somit kann man sagen, dass von den beiden Seiten WordPress mehr als 2,1 Millionen Mal heruntergeladen wurde (Stand: 01. Juli 2008).

Nimmt man *Google Trends* (www.google.com/trends) zu Hilfe, dann kann man den Vorsprung von WordPress gegenüber den anderen, gleich gearteten Systemen sehr gut visualisieren:

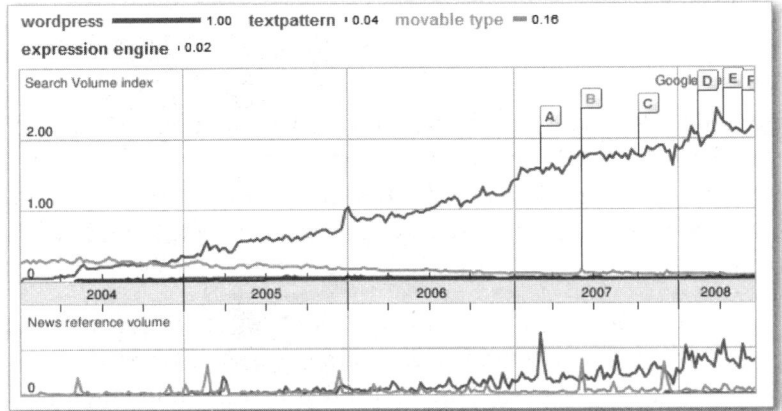

Abbildung 6.40 GoogleTrends – www.google.com/trends

Warum WordPress so erfolgreich ist, werde ich im weiteren Verlauf im Abschnitt »Die Stärken von WordPress« zu ergründen versuchen.

Die Zielgruppen von WordPress

Dadurch, dass WordPress nicht nur ein sehr gutes Weblog-System ist, sondern auch einige Funktionen bietet, die man von den »klassischen« Redaktionssystemen kennt, kann man WordPress sehr gut für Weblogs, Websites ohne Blog-Charakter und für Hybridformen problemlos einsetzen.

Somit kann man WordPress sowohl bei kleinen bis mittelgroßen »klassischen« Websites einsetzen, wie sie häufig bei mittelständischen Unternehmen und kleineren Firmen anzutreffen sind, bei Power-Bloggern, die ein um portalartige Elemente aufgemotztes Weblog bevorzugen, und natürlich auch bei den Weblogs, wie man sie üblicherweise kennt.

Somit ergibt sich die Tatsache, dass WordPress nicht nur freien Webworkern, wie ich es bin, eine Geschäftsgrundlage bietet, sondern auch für Agenturen äußerst interessant sein kann. Das weiß ich nicht nur aus Beobachtungen, sondern auch aus eigener Erfahrung, da ich für Agenturen WordPress-Umsetzungen übernehmen durfte. Hierbei reicht die Angebotspalette von Beratung, redaktioneller Tätigkeit, Support, Entwicklung von individuellen Themes und Plug-ins bis zur Anpassung von bestehenden Layouts und Erweiterungen.

6.11.3 Leistungen von WordPress

Jedes Redaktionssystem, so auch WordPress, hat seine Stärken und Schwächen. Im folgenden Abschnitt werde ich ein bisschen auf die beiden Seiten des Systems eingehen.

Die Stärken von WordPress

Die zwei zentralen Stärken von WordPress sind die Verbreitung und die Einfachheit. Dadurch, dass WordPress leicht zu installieren und zu pflegen ist, dadurch dass schon viele Funktionen in der Basisinstallation vorhanden sind, und weil die Software Open Source ist, hat sich eine sehr große und aktive Gemeinschaft gebildet.

Diese große und treue Gemeinschaft hat auf vielen Wegen zu der rasanten Verbreitung von WordPress beigetragen. Zum einen geschieht dies schon allein dadurch, dass man eine Website mit WordPress betreibt und einen Link zu der WordPress-Seite einfügt.

Zum anderen sind sehr viele WordPress-Nutzer sehr aktiv und berichten über Neuigkeiten rund um das System und erstellen WordPress-Themes (Templates bzw. Designs) und Plug-ins (Erweiterungen). Schon vor mehr als einem Jahr lag die Anzahl der frei verfügbaren Themes und Plug-ins in einem guten vierstelligen Bereich.

Die aktive Community, die große Anzahl von freien Themes und Plug-ins und die Tatsache, dass es für einen erfahrenen Webworker recht einfach ist, individuelle WordPress-Layouts zu erstellen, hat dazu beigetragen, dass WordPress sich sehr schnell ausgebreitet hat und es noch weiter tut. Die Tatsache, das WordPress schon in der Basisinstallation interessante Funktionen (Track- und Pingbacks, »sprechende« URLs, Dateiverwaltung etc.) bietet, unterstützt die Beliebtheit des Systems.

Die Grenzen von WordPress

Wie andere Redaktionssysteme auch, so hat auch WordPress seine Grenzen.

WordPress bietet zwar eine Nutzerverwaltung, die ist allerdings recht spartanisch gehalten. Es existieren fünf verschiedene Nutzer-Stufen (Administrator, Editor, Autor, Mitarbeiter und registrierter Leser; die Begriffe können von Version zu Version abweichen) mit verschiedenen Rechten und Möglichkeiten. Eine dieser Stufen können Sie – als Administrator – dann dem Benutzer zuweisen.

Die vorgefertigten Nutzerprofile kann man nicht erweitern, und man kann auch keine neuen zuweisen. Wenn Sie also eine Feinabstimmung in puncto Benutzerverwaltung brauchen (z. B. soll der eine Redakteur Dokumente hochladen dürfen und der andere nicht), dann kommen Sie leider mit WordPress nicht weiter.

Die andere Grenze ist dem Aufbau des Systems geschuldet. WordPress speichert die Inhalte in einer MySQL-Datenbank, und die Inhalte werden mithilfe von PHP ausgegeben. Das nimmt logischerweise mehr Server-Ressourcen in Anspruch, als wenn man lediglich statische Seiten ausliefert.

Betreiben Sie jetzt eine Website, die sehr stark frequentiert wird, dann könnte es unter Umständen dazu kommen, dass der Server in die Knie geht. Hier sind Redaktionssysteme, die statische HTML-Seiten ausliefern, klar im Vorteil. Allerdings zeigt das Beispiel von TechCrunch (siehe weiter oben), dass man auch sehr große Websites mit WordPress betreiben kann. Hier muss man dann allerdings einige Maßnahmen unternehmen: Newsfeed bei *FeedBurner.com* auslagern, nach Möglichkeit die bereits aufgerufenen Unterseiten cachen etc.

6.11.4 Weiterführende Informationen

Über den Autor

Vladimir Simovic (aka Perun), Jahrgang 1973, lebt und arbeitet in Köln als freier Webworker, Blogger, Autor und Berater. Zwei seiner Spezialgebiete sind (X)HTML & CSS und WordPress. Vladimir Simovic ist Autor mehrerer Fachbüchern.

Offizielle Links

- *wordpress.org* – die offizielle Website des WordPress-Projekts
- *wordpress.org/support/* – das offizielle WordPress-Forum
- *codex.wordpress.org* – die WordPress-Dokumentation (Wiki)
- *wordpress.org/extend/plugins/* – einige ausgewählte WordPress-Plug-ins
- *planet.wordpress.org* – Auf dieser Website werden die Inhalte der Blogs und Websites der Personen, die für das WordPress-Projekt wichtig sind, gebündelt. Von dieser Website kann man auch den Newsfeed abonnieren.
- *themes.wordpress.net* – Das ist die Seite mit der momentan umfangreichsten Sammlung an freien WordPress-Themes.

Inoffizielle Links

- *wp-plugins.net* – Das ist momentan die umfangreichste Datenbank mit WordPress-Plug-ins. Allerdings ist die Suchfunktion der Seite sehr träge und liefert des Öfteren doppelte Ergebnisse.
- *wordpress-deutschland.org* – Auf dieser Seite finden Sie die deutsche Sprachdatei, das eingedeutschte Programmpaket, eine deutsche Dokumentation und ein deutschsprachiges Forum.
- *bueltge.de* – Im Weblog von Frank Bültge ist WordPress eines der Hauptthemen. Frank ist der Autor des Buches »WordPress. Weblogs einrichten und administrieren« (siehe Literaturverzeichnis) und hat schon mehrere WordPress-Plug-ins entwickelt.
- *www.perun.net* – Dies ist mein Weblog. Auch hier ist WordPress eines der Hauptthemen. Neben einigen freien WordPress-Themes habe ich diverse Artikel zu diesem Thema und zwei WordPress-Bücher verfasst.

WordPress-Bücher

Hier finden Sie eine Liste mit deutschsprachigen WordPress-Büchern. Die Auflistung ist chronologisch sortiert (siehe auch das Literaturverzeichnis am Ende des Buches):

- Vladimir Simovic: WordPress – Das bhv Einsteigerseminar
- Frank Bültge: WordPress. Weblogs einrichten und administrieren
- Stephan Lamprecht, Michael Mosmann: WordPress 2.x kompakt
- Tom Alby: Professionell bloggen mit WordPress
- Gabriele Frankemölle: Eigene Weblogs mit WordPress
- Vladimir Simovic, Thordis Bonfranchi-Simovic: WordPress – Das Praxisbuch

6.12 JYAML-Template für Joomla!

von Reinhard Hiebl

Hinweis: Joomla! ist nicht gerade als CMS für standardkonforme Lösungen und tabellenfreie Template-Layouts bekannt. Nichtsdestotrotz ist Joomla! sehr beliebt und wird oft von kleineren Kunden als Alternative zum ebenfalls bekannten TYPO3 bevorzugt. Und auch wenn die Kunden eigentlich nie wissen, warum sie sich für Joomla! entscheiden – Sie müssen sich damit auseinandersetzen. Neben dem besonders barrierearmen Template *Joomla Beez* (*www.joomla-beez.de*) von Angie Radtke und Robert Deutz gibt es noch das JYAML-Template zur Verwendung des YAML-Frameworks in Verbindung mit Joomla!. Ich habe deshalb Reinhard Hiebl als Entwickler um eine Kurzvorstellung von Joomla! und des Templates gebeten.

6.12.1 Beschreibung

Joomla! ist ein kostenloses und auf PHP und MySQL basierendes Content-Management-System (CMS), das als Open Source veröffentlicht wird. Es bietet bereits zahlreiche vorinstallierte Erweiterungen, und man kommt sehr schnell zu produktiven Ergebnissen.

6.12.2 Neues in Joomla! 1.5

Joomla! 1.5 wurde komplett neu entwickelt und basiert auf dem sogenannten *Joomla!-Framework*. Da es letztendlich auch auf einem PHP-Klassen-Framework basiert, lassen sich theoretisch komplett eigene Anwendungen programmieren, ohne Joomla! selbst zu sehen. In Joomla! 1.5 kann man mit sogenannten *Extension Template-Overrides* die Ausgabe der Haupt-Templates manipulieren, sofern sie entsprechend der MVC-(Model-View-Controller-) Architektur geschrieben sind. Dies eröffnet ganz neue Wege und erheblich mehr Kontrolle über Templates in Joomla!. Abgesehen davon wurde das Templating komplett neu gestaltet.

Endlich ist Joomla! selbst vollständig mehrsprachenfähig, man muss nur noch die passenden Sprachdateien installieren. Zudem wurde die Erzeugung suchmaschinenfreundlicher URLs (SEF) verbessert. Weitere Funktionen betreffen den XML-RPC-, LDAP- und Gmail-Support sowie ein verbessertes Cache-System.

Was fehlt? Die Benutzergruppen (ACL) sind noch immer fest vorgegeben und die Inhalte können nur in Bereiche, Kategorien oder als Unterkategorie eingeordnet werden. Eine multiple Kategorisierung ist nicht möglich. Wer nicht unbedingt die neuen Features von Joomla! 1.5 benötigt, sollte noch bei der Version 1.0 bleiben. Der Grund hierfür ist, dass man nicht einfach so ein Update starten kann, sondern eine Migration vollzogen werden muss, da sich die Datenbankstruktur etwas geändert hat. Wer dagegen eine neue Webseite mit Joomla! aufbauen möchte, kann getrost zugreifen: Es gibt mittlerweile bereits zahlreiche Erweiterungen, die Joomla! 1.5 vollständig unterstützen.

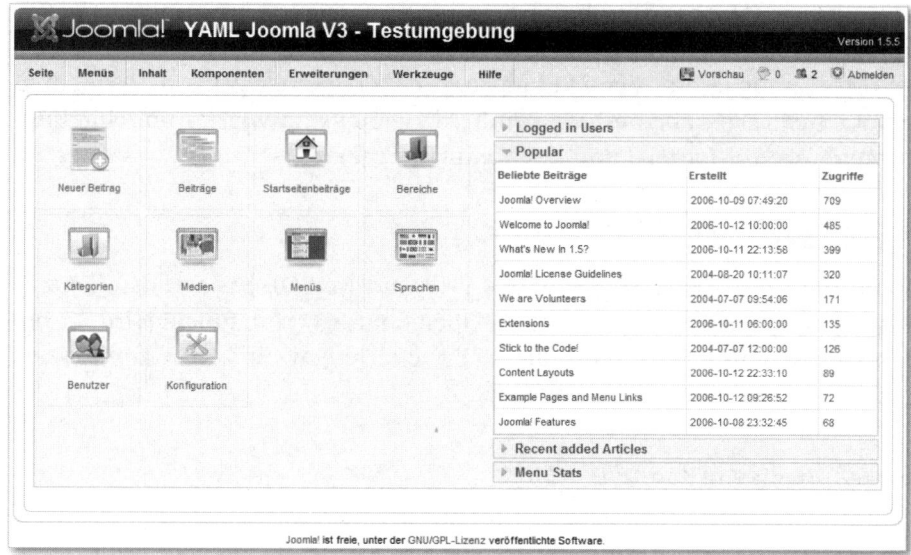

Abbildung 6.41 Das Joomla!-1.5-Backend-Kontrollzentrum

6.12.3 JYAML, ein Template-Framework

JYAML (*www.jyaml.de*) ist ein Joomla!-Template-Framework, das auf der Basis des CSS-Frameworks YAML entwickelt wurde. Es steht grundsätzlich kostenlos und ebenfalls als Open-Source-Version zur Verfügung.

Anfang 2006 begann ich mit der Entwicklung, und im Juni 2006 war die erste öffentliche Version für Joomla! 1.0 als *YAML Joomla! Template* verfügbar. Version 3 wurde komplett neu für Joomla! 1.5 entwickelt. Hier entstand auch der Projektname *JYAML*. Hinter dem Template-Framework steckt ein komplettes Paket, das aus einer Komponente zur Konfiguration, einem Plug-in als Steuereinheit und natürlich aus dem eigentlichen Template inklusive YAML-Framework besteht. Durch die Implementierung spezieller Funktionen und eine zusätzliche Plug-in-Verwaltung kann auch ein PHP-Unerfahrener individuelle und dynamische Templates erstellen. Ab der Version 3 können sogar mehrere Designs in einem Template verwaltet und zugewiesen werden. Für einen guten Überblick sollte man die Dokumentation von JYAML und YAML lesen.

6.12 JYAML-Template für Joomla!

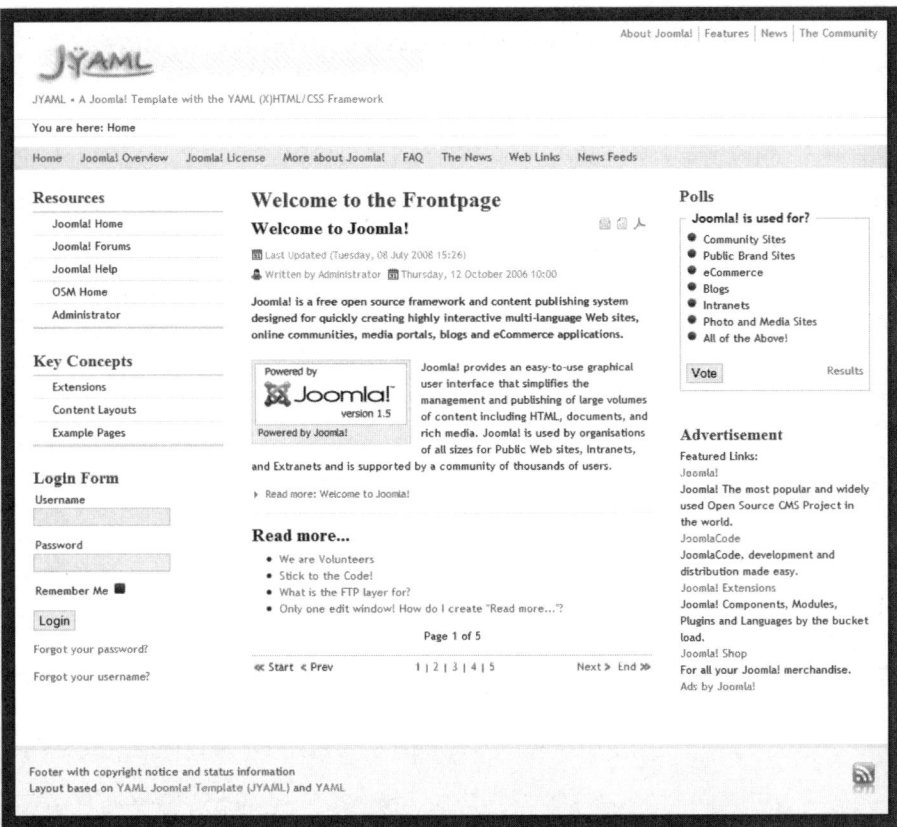

Abbildung 6.42 Das JYAML-Standard-Layout basiert auf den YAML-Framework-Beispielen.

Alle Basis-Dateien befinden sich in einem eigenen Ordner *yaml*, der nicht verändert werden sollte. Darin enthalten ist das eigentliche Framework. Damit sind Updates, die zum Beispiel neue Browser-Bugs beheben, schnell und einfach möglich. Diese Vereinheitlichung und eine regelmäßige Weiterentwicklung ist für Webagenturen und Template-Entwickler sicherlich eine erhebliche Erleichterung. Die JYAML-Konfigurationskomponente ist sehr gut geeignet, um schnell kleine Änderungen durchzuführen. Man kann so gut wie alle CSS- und HTML-Dateien über einen Syntax-Editor bearbeiten. Somit entfällt sehr oft bei Support-Aufgaben die leidige Suche oder Nachfrage nach dem FTP-Zugang.

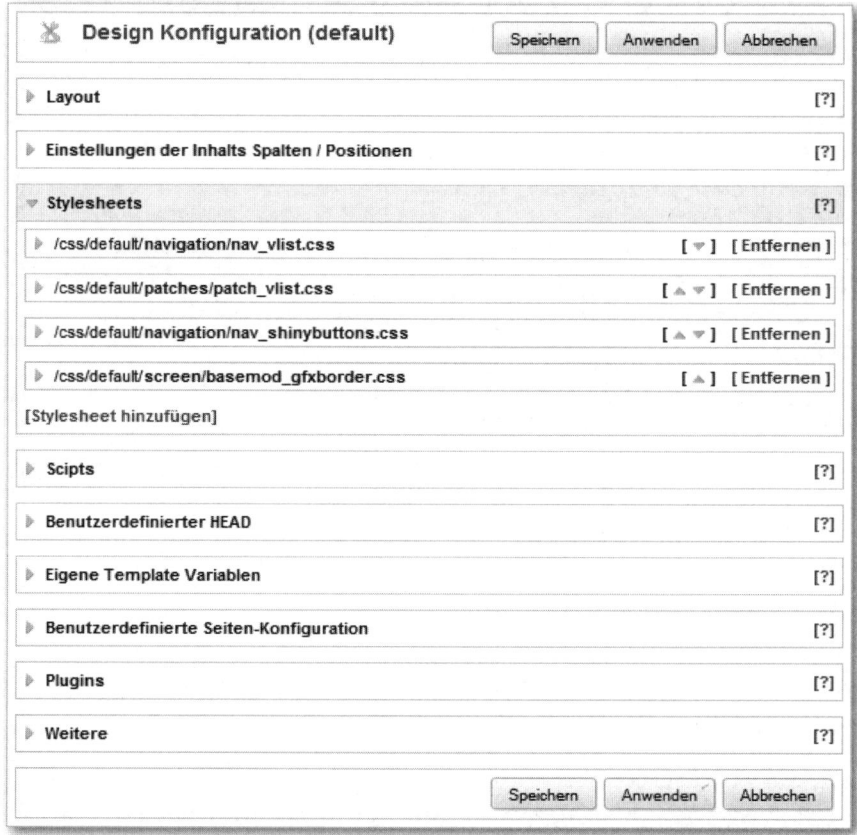

Abbildung 6.43 Template-Konfiguration: Die Übersicht der Konfigurationspunkte eines Designs

Alle Modul-Positionen in den Inhaltsspalten, Stylesheets, Layoutvarianten und vieles mehr können ganz einfach per Klick hinzugefügt oder gelöscht werden. Und: Man kann diese Konfigurationen für jede Seite einzeln bestimmen. Das alles geht sogar über die URL-Parameter, wie zum Beispiel 'option=com_content', 'section=5' oder 'category=3,id=5'. JYAML wurde so geschrieben, dass es innerhalb eines Templates mehrere Design-Varianten erlaubt, die man zusätzlich noch importieren, exportieren und miteinander kombinieren kann.

Die mit JYAML erstellten Templates gewährleisten eine hohe Stabilität in der Darstellung von Float-Umgebungen. JYAML-Templates orientieren sich an Webstandards und unterstützen alle aktuellen Browser.

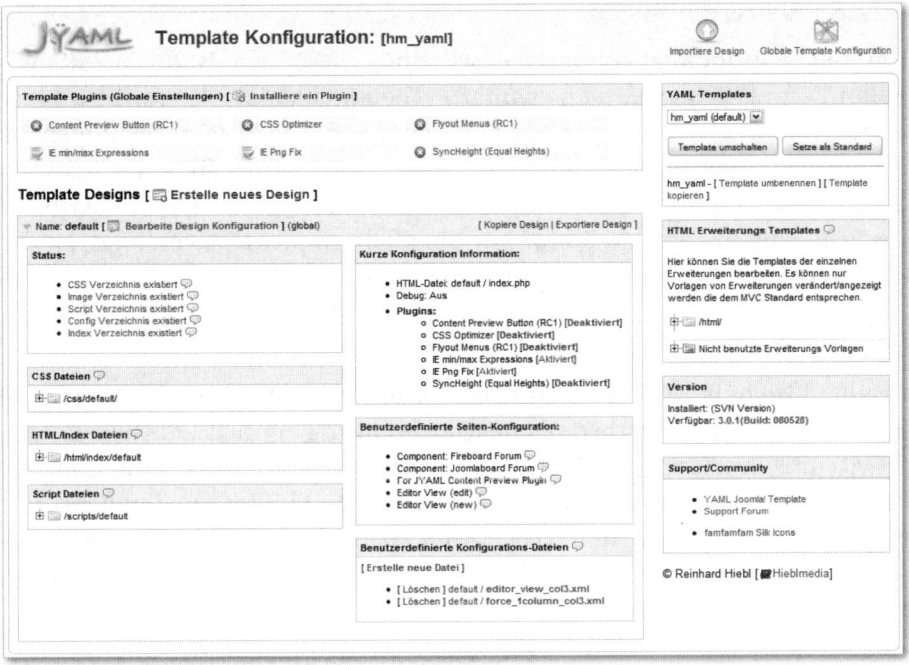

Abbildung 6.44 Alles auf einen Blick: So haben Sie Ihr Template im Griff.

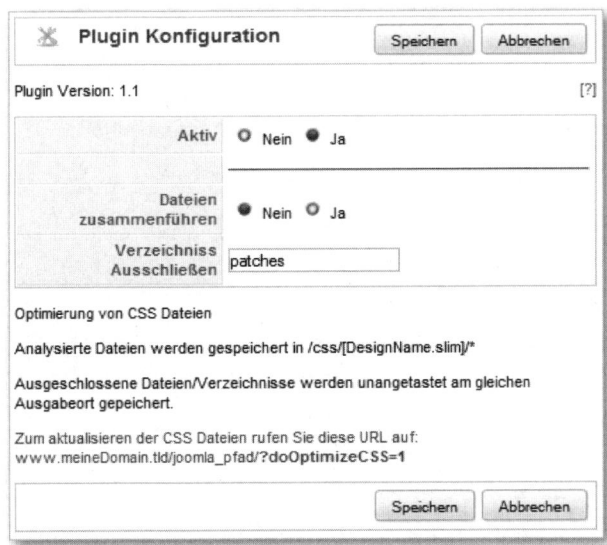

Abbildung 6.45 JYAML-Plug-ins: Template-Erweiterungen mit Einstellmöglichkeiten. Hier sehen Sie den CSS-Optimizer.

6.12.4 Weitere Infos

Um Inhalte in Joomla! komfortabel schreiben zu können, ist der WYSIWYG-Editor JCE (*www.joomlacontenteditor.net*) empfehlenswert. Er arbeitet hervorragend mit `float`-Umgebungen und verwendet auch keine veralteten Attribute mehr wie `'valign'` oder `'cellpadding'`. Die Abstände werden stattdessen korrekt mit `'margin'` oder `'padding'` gesetzt. Bis auf den Zugriff auf spezielle Plug-ins für den Editor, die ebenfalls empfehlenswert sind, ist der Editor kostenlos.

Über den Autor

Reinhard Hiebl ist IT-System-Elektroniker und erstellte Webseiten bereits in jugendlichem Alter. Seither sammelt er Erfahrungen in PHP, MySQL, CSS, HTML und JavaScript. Im Jahr 2005 machte er sich selbstständig und verkaufte Hard- und Software, erstellte Webseiten und führte Kundendienst aus. Nach großen Anfragen und viele Ideen später beschränkte er seinen Geschäftsbereich auf Webdesign, Hosting und kundenspezifischen Lösungen rund ums Internet (*www.hieblmedia.de*).

Sind Sie nicht nur derjenige, der bis zu diesem Punkt der Planungsphase mit dem Kunden kommuniziert wie ein Kontakter oder Konzepter, sondern auch derjenige, der anschließend noch das Angebot schreibt und das Projekt bis zum Launch umsetzt? Dann sind Sie mit Sicherheit ein selbstständig tätiger Webdesigner. Da bis zu diesem Punkt die Grundlagen einer erfolgreichen Tätigkeit als Webdesigner auch unabhängig von der Frage nach der Selbstständigkeit gelten, folgen hier nun die wichtigsten Aspekte zur selbstständigen Tätigkeit eines Webdesigners.

7 Grundlagen erfolgreicher Selbstständigkeit

Die Möglichkeiten, im Webdesign selbstständig zu sein, sind ähnlich vielfältig wie die Gründe, warum man sich als Webdesigner selbstständig macht. Oft ist es zunächst die »Gesamtsituation«, mit der viele angestellte Webdesigner nicht mehr ganz zufrieden sind.

Zum Leidwesen vieler Agenturen steigt die Zahl der Workaholics nicht progressiv an. Früher kommen, später gehen und am Wochenende mal kurz in der Agentur reinschauen zu müssen, das ist – verbunden mit einer Gehaltserhöhung von mindestens 3 % – nicht automatisch der Wunschtraum vieler Webentwickler und Webdesigner, jedenfalls nicht bis zum theoretisch erreichbaren Rentenalter.

Andere Webdesigner waren wie ich auch schon vorher selbstständig, und natürlich gibt es heute ebenfalls genug junge Webdesigner, die direkt nach einem Studium oder einem kurzen Gastspiel im Angestelltenverhältnis den Schritt in die Selbstständigkeit wagen.

7.1 Businesspläne, Banken, Beratungsbedarf

Selbstständigkeit bedeutet für die meisten einen Sprung ins kalte Wasser, das in der Webdesign-Branche auch nicht wärmer ist als im Handwerk oder Handel. Die Grundlage der Selbstständigkeit ist nicht das richtige Business-Konzept, nicht die richtige Bank, nicht Ihre Kunden, ja nicht mal Ihr Know-how, sondern Ihre Einstellung zu einem spannenden Beruf.

Als Selbstständiger müssen Sie diszipliniert arbeiten. Auch bei schönstem Sonnenschein dürfen Sie Ihre Motivation nicht verlieren, einen aktuellen Auftrag in einem dunklen Büro zu vollenden. Die Uhr benötigen Sie oft nur, um zu wissen, wie lange Sie noch arbeiten können, ohne Ehe, Partnerschaft und soziale Kontakte ernsthaft zu gefährden, und nicht, um zu einer bestimmten Uhrzeit in den Feierabend zu gehen. Selbstständigkeit bedeutet die Bereitschaft, öfter schlecht zu schlafen und genauso oft schlecht bezahlt zu werden.

7.1.1 Das unentdeckte Land und viele Fremdenführer

Informationen für zukünftige und frischgebackene Selbstständige gibt es zur Genüge. Die Angebote reichen von locker organisierten Existenzgründer-Stammtischen über Gründer-Seminare Ihrer zuständigen IHK bis hin zu Gründer-Tagen oder -Veranstaltungen Ihrer Hausbank. Diese Veranstaltungen sind als Einstieg in die Grundlagen sinnvoll, erwarten Sie aber nicht zu viel. Wahnsinnig wichtige Tipps für Ihren Alltag als Alleinunterhalter im Webdesign werden Sie vergeblich suchen.

Selbstständigkeit ist zwar eine Frage der Einstellung, die zeigt sich aber erst in der Praxis des Alltags und der Routine. Bei fast allen Beratern und in jeder Veranstaltung gibt es zuerst immer einen Fragebogen zur theoretischen Selbstanalyse. Da wird dann genau nach Ihrer eigenen Einstellung zur Selbstständigkeit gefragt: ob Sie auf vieles verzichten können, ob Sie bereit sind, diese oder jene Strapaze auf sich zu nehmen, ob Sie sich reif für die tägliche Selbstmotivation fühlen und ob es Ihnen wirklich egal ist, die ersten Jahre auf Urlaub zu verzichten. Im Allgemeinen hat man den Berater oder die Veranstaltung aufgesucht, weil man schon die Entscheidung zur Selbstständigkeit getroffen hat. Diese Fragebögen sind deshalb eher Werkzeuge des Selbstbetrugs – Sie fragen Ihren Kunden ja auch nicht, ob er es sich mit einer neuen Website wirklich gut überlegt hat.

7.1.2 Sozialversicherung und Unfallschutz: KSK und VBG

Normalerweise muss man als Selbstständiger und Freiberufler alle Sozialversicherungsbeiträge selbst bezahlen. Für Künstler und Publizisten, die unter den Selbstständigen ja eher als Underdogs gelten, gibt es seit 1983 die Künstlersozialkasse. Diese Kasse erfüllt sozusagen die Rolle eines Arbeitgebers, der die Hälfte der Sozialversicherungsbeiträge trägt, also Renten-, Kranken- und Pflegeversicherung. Grundlage ist ein Gesetz, das in typisch deutscher Knappheit *Künstlersozialversicherungsgesetz* heißt. Gegenfinanziert werden diese Sozialversicherungsbeiträge übrigens durch Abgaben derjenigen Unternehmen, die Leistungen von KSK-Mitgliedern in Anspruch nehmen. Die Künstlersozialabgabe kann also auch auf Ihre Kunden zukommen.

Abbildung 7.1 Die Website der Künstlersozialkasse (KSK)

Als freiberuflich tätiger Webdesigner können Sie in die KSK eintreten, wenn Sie die schöpferische Höhe Ihrer Arbeiten nachweisen können. Alle wichtigen Informationen finden Sie auf der Website der KSK (*www.kuenstlersozialkasse.de*).

Eine weitere sinnvolle Absicherung für alle Webdesigner ist eine freiwillige Versicherung über die Verwaltungsberufsgenossenschaft (VBG). Wie bei allen Berufsgenossenschaften geht es hier um eine *berufliche Unfallversicherung*. Die VBG bietet eine freiwillige Unfallversicherung für Selbstständige an. Die Beiträge orientieren sich an den sogenannten Gefahrenklassen der verschiedenen Berufe. Webdesigner werden wie Werbeagenturen eingestuft und gehören zu den günstigsten Berufsgruppen, im Gegensatz zu den ebenfalls über die VBG versicherten Profifußballern der Bundesliga, deren Unfallrisiko ja doch noch etwas höher einzuschätzen ist. Die Höhe der Versicherungssumme bestimmt als weiterer Faktor die Höhe der jährlichen Gebühren. Man darf natürlich nicht vergessen, dass die meisten Unfälle in der Freizeit passieren. Diese privaten Risiken können Sie nur über eine zusätzliche private Unfallversicherung abdecken, die dafür wiederum nicht bei einem Berufsunfall zahlt.

Eine Unfallversicherung durch die freiwillige Mitgliedschaft in der VBG kann überlebenswichtig sein. Es geht dabei nicht einmal um die Absicherung der Hinterbliebenen im Falle eines tödlichen Verkehrsunfalls oder die Möglichkeit, auch den mitarbeitenden Ehepartner mitzuversichern. Ihre Unfallgefahren im Büro halten sich natürlich in Grenzen, aber zu den Berufsunfällen gehören auch die sogenannten Wegeunfälle. Ein Wegeunfall kann beim scheinbar harmlosen Fußweg zum Briefkasten passieren, auf dem Weg zum Kunden oder zu Ihrem Steuerberater. Und oft genug passieren solche Unfälle nicht nur an frostigen Glatteistagen. Nach einer Karenzzeit von drei Wochen zahlt die VBG dann ein sogenanntes Verletztengeld entsprechend der Versicherungssumme und den Beitragssätzen.

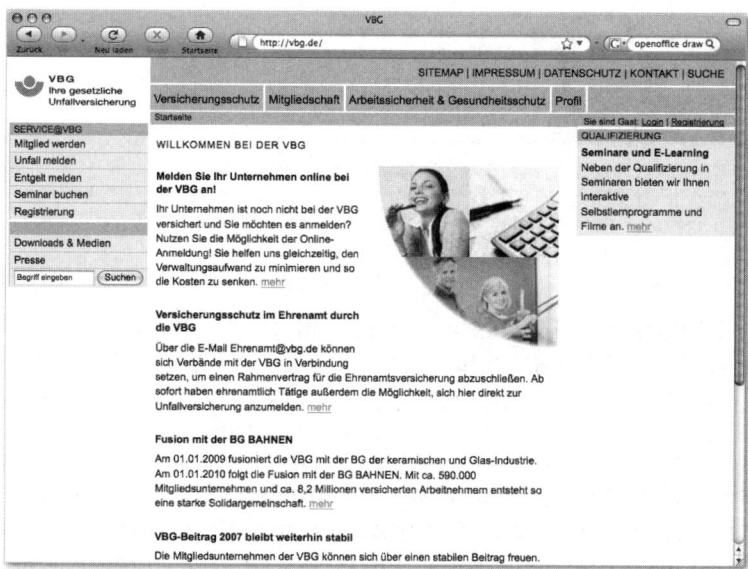

Abbildung 7.2   Website der Verwaltungsberufsgenossenschaft, VBG

Es ist keine unlösbare Aufgabe, als Selbstständiger drei Wochen Kosten und fehlende Umsätze zu überbrücken, weder finanziell noch bezüglich der laufenden Kundenaufträge. Ein Krankenhausaufenthalt, der länger als sechs oder acht Wochen dauert, kann jedoch die gesamte Existenz gefährden. Weitere Informationen finden Sie unter *www.vbg.de*.

7.1.3   Gründungsphase: Verträge

Vor allem in Deutschland wächst man damit auf, dass man alle wichtigen Schriftstücke automatisch erhält. Ohne Aufforderung bekommt man Zeugnisse, Ausweise oder den jährlichen »Kontoauszug« der Rentenversicherungsanstalt. Werden solche Schriftstücke dann irgendwann oder irgendwo angefordert, hat man sie griffbereit in der Schublade oder einem Ordner liegen. Nicht gelernt hat man dagegen, dass man in bestimmten Situationen selbst etwas Schriftliches *anfordern* sollte.

Das Wichtigste, das Sie als »Starter« in der Selbstständigkeit beherzigen sollten, ist das Prinzip der *schriftlichen Absicherung*. Es stimmt zwar, dass jeder mündliche Vertrag Gültigkeit besitzt und dass wir die meisten Vereinbarungen, Zusagen, Absagen oder Versprechen untereinander tatsächlich mündlich abgeben. Dumm ist nur, dass das sehr oft ohne Zeugen geschieht. Spätestens in »unklaren Situationen« gilt immer der unterschriebene Vertrag und nicht das gesprochene Ehrenwort.

> **Schriftliche Fixierung**
>
> Lassen Sie sich wichtige Absprachen und Vereinbarungen schriftlich bestätigen, oder verfassen Sie selbst ein entsprechendes Schriftstück. Versprechen Sie selbst auch nur etwas, was Sie auf Anfrage unterschreiben würden.

Schriftlich heißt hier nicht nur, dass Sie für alle betrieblichen Ausgaben eine Rechnung mit ausgewiesener Mehrwertsteuer benötigen – sofern Sie diese Ausgaben steuerlich geltend machen wollen. Als Webdesigner denken Sie bei Verträgen vermutlich nur an »Werkverträge«, darunter fällt jedenfalls Ihre Leistung. Vor allem in Bezug auf die Zusammenarbeit in Netzwerken und mit Agenturen, aber auch bei Ausschreibungen gilt es, genau auf das sogenannte *Kleingedruckte*, also die Allgemeinen Geschäftsbedingungen zu achten. Beim Pitch ist es ja gerade die vertraglich festgelegte Freigabe des Nutzungsrechtes für alle Kreativleistungen, die aus der Ausschreibung eine raffinierte Abzocke macht.

7.1.4 Anwälte und Steuerberater

Natürlich können Sie selbst das Ruder in die Hand nehmen und stets die eigenen Verträge als »Grundlage des Rechtsgeschäftes« verlangen. Leider scheitert das in der Realität daran, dass Sie oft genug das kleinste Rädchen in einem großen Getriebe sind. Sie können sich nicht immer sicher sein, ob und wem Sie vertrauen können. Jedes wichtige Dokument, das Sie unterschreiben sollen oder müssen, sollten Sie deshalb gut studieren und im Zweifel von einem Anwalt prüfen lassen. Verzichten Sie übrigens auf den Gang in eine große und bekannte Kanzlei: Das übliche Vertragsrecht gehört zur Kernkompetenz eines jeden Anwalts, vergleichbar etwa mit den (X)HTML-Kenntnissen eines guten Webdesigners.

Die Frage ist also: Brauchen Sie einen Anwalt? Sie können Verträge natürlich auf gut Glück unterschreiben, in der Hoffnung, dass Sie genug von der Materie des Vertragsrechts verstehen. Das kann gut gehen, das kann auch gut in die Hose gehen. Eine Autoreparatur ohne KFZ-Meister kann ja auch teuer werden, ein Hausbau ohne Architekten sogar sehr teurer. Und wie war das noch gleich mit der altbekannten Situation Webentwickler versus Hobby-Designer? Also: Es ist eben doch schlau, einen Fachmann zu konsultieren, wenn es sinnvoll erscheint. Ein Erstgespräch mit einem Anwalt wird Sie nicht ruinieren und auch nicht irgendeine Investition gefährden.

Glauben Sie übrigens nicht, dass Ihnen bei einer ausweglosen Situation eine Rechtschutzversicherung hilft. Vergessen Sie nicht, dass eine Versicherung ein *Unternehmen* ist, das *Gewinne* macht, meistens sogar hohe Gewinne. Als Selbstständiger bekommen Sie eh kaum eine Rechtschutzversicherung, und wenn, dann ist diese so teuer, dass Sie sich im Falle eines Rechtsstreits dann doch die beste Kanzlei der Stadt leisten können.

Einige Webdesigner sind der festen Überzeugung, grundsätzlich die Kosten für einen Steuerberater einsparen zu können. Für diese Entscheidung gibt es zwei mögliche Gründe: Entweder möchte man Geld sparen, weil man nicht mit einer Steuerprüfung in den kommenden Jahrzehnten rechnet, oder man ist nebenbei ein Experte für Steuerrecht. Falls die zweite Möglichkeit nicht den Realitäten entspricht, kann sich die Geldersparnis schnell als unangenehmer Trugschluss erweisen. Für die Finanzbehörden ist nämlich eine *fehlerhafte* Steuererklärung noch verdächtiger als eine *fehlende*. Logisch. Wer soll Ihnen denn glauben, dass Sie nur aus Geiz auf einen Steuerberater verzichtet haben, wenn sich durch eine kleine Prüfung wiederholte Unstimmigkeiten in Ihren Erklärungen offenbaren?

Wie bei Anwälten gibt es eine Gebührenordnung, die den Steuerberatern nur in ganz seltenen Fällen ein Leben im Luxus ermöglicht. Machen Sie in der Anfangszeit keine Gewinne, sind auch nur geringe Steuerberatungskosten zu zahlen. Überlegen Sie sich deshalb, ob Sie das Risiko fehlerhafter Steuererklärungen wirklich tragen wollen. Bedenken Sie auch, dass selbst ein »kleiner« Steuerberater in seinem Home-Office die Möglichkeiten zur Steuerersparnis kennt, Sie aber nicht. Gerade in der Anfangszeit ist ein Steuerberater mit nützlichen Tipps und Hinweisen zur richtigen Buchführung und zur wirtschaftlichen Entwicklung sinnvoll. Sind Sie darauf angewiesen, Verhandlungen mit Ihrer Hausbank zu führen, ist ein Steuerberater oft sogar eine unschätzbare Hilfe. Und überhaupt: Haben Sie wirklich Spaß daran, die Beträge von Ihren Belegen in ein Formular abzutippen?

> **Sparen Sie nicht am falschen Ende!**
> Leisten Sie sich einen Steuerberater.

7.1.5 Notwendigkeit von Investitionen

Nein, einen Porsche-Leasingvertrag, Büroräume in Exklusivlagen und die beste Hard- und Software brauchen Sie nicht für den Start als Webdesigner. So oder noch drastischer wird Ihnen das übrigens auch Ihr Bankberater bestätigend erzählen. Trotzdem: Selbstständigkeit ist eigentlich immer mit Investitionen verbunden. Und genau hier kommt dann früher oder später Ihre Hausbank ins Spiel.

Es gibt wohl kaum einen Webdesigner, der ohne eigenes Equipment in die Selbstständigkeit startet. Bei ehemaligen Angestellten ist es oft so, dass beim Sprung in die Selbstständigkeit das Mobiltelefon (iPhone) wertvoller ist als die Privat-Hardware, die gelegentlich nur aus einem Mittelklasse-Laptop, einer externen Festplatte und einem Tintenstrahldrucker besteht. Grundsätzlich lassen sich damit anfangs viele Monate und ebenso viele Aufträge überbrücken – auf Dauer genügt das jedoch nicht mehr. Und auch, wenn es kaum eine andere anspruchsvolle Berufsbranche gibt, in der man mit relativ geringem Startkapital professionell arbeiten kann, notwendig werden Investitionen auch hier.

Irgendwann merken Sie, dass Sie für ein effektives Arbeiten nicht nur robuste Schreibtische und einen guten Bürostuhl benötigen, die bereits große Schlaglöcher in jeder Geldbörse verursachen. Als Webdesigner sind Sie vor allem auf eine ausreichend große Monitorfläche und einen angemessen schnellen Rechner angewiesen. Angemessen heißt auch, dass Sie eben nicht nur Code schreiben, sondern eventuell auch mal mit Filmdateien oder mit Sound arbeiten müssen, und dafür benötigen Sie dann doch eine flotte CPU. Abgeschrieben ist dieser ganze Hardware-Schnickschnack schon nach einigen Jahren, aber dann ist es nicht nur langsam Zeit für eine neue Ausstattung, sondern Sie werden auch Software-Updates brauchen.

Das benötigen Sie als Webdesigner

- Ergonomische, qualitativ hochwertige und langlebige Büromöbel
- Mindestens einen stationären Rechner
- Mindestens einen großen Monitor, 21 Zoll oder größer
- S/W-Laserdrucker, gegebenenfalls noch einen Farbtintenstrahldrucker
- Eine gute kompakte Digitalkamera oder gleich eine Spiegelreflexkamera
- Einen Flachbettscanner mit Durchlichteinheit für die Digitalisierung analogen Bildmaterials von Kunden
- Ein Multi-Kartenlesegerät und Diskettenlaufwerk für Datenträger von Kunden

Begehen Sie übrigens nicht den Fehler, alte Hardware so lange zu gebrauchen, bis sie auseinanderfällt, erst recht nicht mit neuen Versionen Ihrer Lieblingsprogramme. Bei rechenintensiven Programmen wie Photoshop oder bei Tools für Sound und Video werden Sie mit Updates immer länger für einen Arbeitsschritt brauchen. Der Trend der Entwicklung geht ja eher dahin, dass Sie mit neuen Rechnern Ihre Aufgaben trotz Funktionszuwachs in noch kürzerer Zeit erledigen sollen. Beachten Sie immer, dass die *Leistung der Hardware* immer an die *Anforderungen der Software* gebunden ist. Das Booten des Betriebssystems vom Diskettenlaufwerk meines Macintosh Plus von 1986 (ohne Festplatte) dauert nicht länger als das Hochfahren meines aktuellen Systems mit einem flotten Intel-Prozessor.

Kalkulieren Sie doch einmal, wie viele Sekunden Sie pro Stunde verschenken, das sind schnell viele Minuten pro Tag. Und dann rechnen Sie das für einen ganzen Monat aus. Legen Sie für diese Stunden Ihren Stundensatz zugrunde, dann wissen Sie, wie viel Geld Sie verschenken.

Aktuelle Hardware

Sparen Sie also nicht an der regelmäßigen Aktualisierung Ihrer Hard- und Software.

7.1.6 Unheilige Allianz: Investitionen und Dispokredit

Ohne Investitionen geht es also auch im Webdesign nicht. Wenn Sie nicht auf Erspartes zurückgreifen wollen und gern auf eine Betteltour im Freundes- und Familienkreis verzichten, bleibt Ihnen nur der Gang zu Ihrer Hausbank.

Viele Existenzgründer und Selbstständige scheuen diesen Gang, das ist aber unklug und gefährlich. Sicher, die Bank ist ein Wirtschaftsunternehmen und kein gemeinnütziger Verein. Und kaum eine Branche ist in den vergangenen Jahren derart unter Druck geraten wie die Kreditwirtschaft. Trotzdem lebt eine Bank nicht von der Verwaltung der Sparbücher, sondern von der Kreditvergabe an ihre Kunden.

Zum Thema Investitionen gleich eine Warnung: Hüten Sie sich unbedingt davor, aus Unbehagen vor einem Kreditgespräch oder Bequemlichkeit Ihre Investitionen komplett über den »Dispo« abzuwickeln. Ein Dispositionskredit ist nur ein von Ihrer Bank eingeräumter Spielraum für kurzfristige Liquidität, mehr nicht. Für jede Bank ist dieser Kontokorrentkredit die ideale Gelddruckmaschine – als Bankkunde greift man gern und schnell nach jeder ausgestreckten und mit Geld gefüllten Hand. Dummerweise ist geliehenes Geld aber noch immer fremdes Geld, und dafür zahlt man dann saftige Zinsen. Man sollte deshalb den Dispokredit nur für kurzfristige Liquiditätsengpässe in Anspruch nehmen und nicht als dauerhafte und teure Geldquelle.

> **Kredit nur kurzfristig**
>
> Mit kurzfristigen Liquiditätsengpässen sind Überbrückungszeiten gemeint, die keinen Einfluss auf Ihre grundsätzliche Kontendisziplin haben dürfen: Nehmen Sie dieses Geld nur dann von Ihrer Bank in Anspruch, wenn Sie den Betrag garantiert und kurzfristig zurückzahlen können.

Einen Kontokorrentkredit bekommt man bei regelmäßigen Zahlungseingängen in der Regel automatisch eingeräumt, er ist aber weder eine Selbstverständlichkeit, noch gibt es darauf so etwas wie einen gesetzlichen Anspruch. Und genau hier liegt die Gefahr.

Stellen Sie sich folgendes Szenario vor: Das kommende Ende Ihres Angestelltenverhältnisses und Ihren Traumstart in die Selbstständigkeit haben Sie nicht nur sorgfältig geplant, Sie haben darüber natürlich auch alle informiert. Nur Ihre Bank weiß von nichts, aber Sie sehen auch keine dringende Veranlassung, sie zu informieren. Ihren Resturlaub nutzen Sie für dann noch für Investitionen, für die Sie tief in Ihren Dispo abrutschen. Sie haben ja aktuelle

Aufträge und wollen Ihr Konto natürlich irgendwann wieder ausgleichen. Der für Sie zuständige Bankberater sieht vier Wochen später aber nur, dass Sie erstens mit Ihrem Konto tief in den Miesen sind und dass zweitens kein Eingang mehr auf Ihrem Konto zu verzeichnen ist. Dann brauchen Sie Ihre Bank nicht mehr anzurufen, Ihre Bank wird Sie zu einem Gespräch einladen.

Sie müssen wissen, dass sich ein Bankberater nicht automatisch über den Schritt in die Selbstständigkeit eines Kunden freut. Gar nicht erfreut ist er, wenn Sie ohne sein Wissen den Angestellten-Dispo als Kreditquelle missbrauchen und mit dem Geld der Bank in die Selbstständigkeit starten. Auch ohne einen bis zum Anschlag ausgelutschten Kontokorrentkredit beinhaltet die Selbstständigkeit eines Kunden für den Bankberater immer das Risiko eines Totalverlustes eventueller Darlehensforderungen.

Die Banken haben in den Jahren nach der Jahrtausendwende durch zahlreiche Firmenpleiten genug unwiederbringliche Forderungen abgeschrieben. Im oben beschriebenen Szenario wäre es durchaus realistisch, wenn Sie plötzlich und ohne Vorwarnung ein Gespräch mit Ihrem Bankberater bezüglich der Rückzahlung Ihres Dispositionskredites führen müssen, denn dieser Überziehungskredit gilt grundsätzlich nur bei regelmäßigem Einkommen. Und selbst, wenn Sie in so einem Gespräch die Redlichkeit und Professionalität Ihres Handelns erfolgreich vermitteln können, die alten Zinskonditionen können Sie garantiert vergessen.

7.1.7 Die Bank als Partner

Für mittel- und langfristige Investitionen sollten Sie immer ein Betriebsdarlehen beantragen. Diese langfristigen Kredite haben die Vorteile besserer Zinskonditionen, fester Laufzeiten und vertraglich geregelter Konditionen für die monatlichen Rückzahlungen von Zins und Tilgung.

> **Transparenz**
>
> Die wichtigsten Voraussetzungen für ein erfolgreiches Kreditgespräch sind Transparenz gegenüber der Bank und eine gute Planung.

Transparenz bedeutet in erster Linie die Ehrlichkeit und Berechenbarkeit Ihres Handelns. Um noch einmal auf das weiter oben beschriebene Szenario einer Existenzgründung zurückzukommen: Sinnvoll wäre es zunächst, ein zumindest ausgeglichenes Konto zu haben, bevor man den Arbeitsplatz verlässt.

Die Sicherheit, die Sie als Selbstständiger aufgeben, ist ja auch für die Bank eine Sicherheit, nämlich die Ihrer Kreditwürdigkeit.

Ganz wichtig ist in diesem Zusammenhang, dass Ihr Bankberater mit an Sicherheit grenzender Wahrscheinlichkeit nicht der Leiter der Hauptstelle ist und wahrscheinlich auch nicht eine umfassende Prokura besitzt, mit der er alles selbst entscheiden und genehmigen kann. Auch wenn Ihr Ansprechpartner ein Filialleiter ist oder den Titel eines Direktors trägt, endgültig entscheidungsbefugt ist meistens ein ganz anderer, den Sie nicht zu Gesicht bekommen. Das heißt für die Bank: Die Chance eines guten Geschäfts muss schon erheblich größer sein als das Risiko, einen faulen Kredit zu vergeben.

Wenn Sie schon viele Jahre bei Ihrer Bank und dort auch bei den Mitarbeitern bekannt sind, ist es übrigens wenig sinnvoll zu wechseln. Eine andere Bank kennt weder Ihr Geschäftsgebaren noch Ihre Informationspolitik gegenüber einem Bankberater, wenn es mal etwas enger wird auf dem Konto.

7.1.8 Kreditverhandlungen und Businesspläne

Nicht gute Manieren und auch nicht Ihre Kompetenz sind wichtig. Es sind Sicherheiten, die Ihre Bank von Ihnen als Gegenleistung für ein Darlehen verlangt. Natürlich ist die Frage legitim, wo der Sinn von Krediten liegt, wenn man als Kreditnehmer mindestens den Gegenwert als Sicherheit besitzen soll. Dazu zählt jedoch nicht nur Bargeld, auch Bürgschaften und vor allem Sachwerte sind Sicherheiten. Haben Sie beispielsweise eine Eigentumswohnung oder ein Grundstück geerbt beziehungsweise überschrieben bekommen, ist es oft sinnvoller, diese Sachwerte als Sicherheit einzusetzen, als die Sachwerte selbst zu Geld zu machen.

Sicherheit bedeutet ja nur die Sicherheit im Falle eines Scheiterns. Haben Sie Ihre Darlehensschuld beglichen, hat die Bank auch keinen Anspruch mehr auf die dafür gegebenen Sicherheiten.

> **Tipps für die Bankgespräche**
>
> Gehen Sie rechtzeitig auf Ihren Bankberater zu. Sprechen Sie offen und ehrlich über Ihr Vorhaben und die Gründe für die geplante Selbstständigkeit.
>
> Binden Sie den Bankberater konkret in die Planung mit ein. Wenn er Ihnen vertraut, wird er Ihnen auch bei der Vermittlung eines Kredits helfen.
>
> Drohen Sie niemals mit einem Wechsel zu einer anderen Bank, wenn Sie nicht tatsächlich ein besseres Alternativangebot haben.

Beherzigen Sie vor allem eine Regel: Liquidität ist wichtiger als Rentabilität. Es ist schön zu wissen, einen Kredit schon in drei Jahren los zu sein – dummerweise wissen Sie aber nicht, ob sich Ihre Aufträge immer gleich bleibend gut entwickeln. Wenn Sie in Zahlungsschwierigkeiten kommen, wird sich das negativ auf zukünftige Kreditverhandlungen mit der Bank auswirken. Zahlen Sie im Zweifel lieber länger, und gewinnen Sie Liquidität durch einen geringeren monatlichen Abtrag. Sie bleiben dadurch ein zuverlässiger Bankkunde.

7.1.9 Der Businessplan

Ein wichtiger Teil des Kreditgesprächs, die Grundlage Ihres Ratings in der Bank und damit die Voraussetzung für gute Konditionen ist ein guter *Businessplan*. Dieser Plan ist so etwas wie eine »Bewerbung mit komplett nackig machen«.

Der Businessplan ist ein sinnvolles Werkzeug für Markt, Zielgruppe und Umsatzplanung, für Ihre Bank ist es aber auch eine Dokumentation Ihrer Sorgfalt und Ernsthaftigkeit. Man beschäftigt sich nur gewissenhaft mit Zahlen, Inhalten und Marktanalysen, wenn man tatsächlich eine ernsthafte Marktteilnahme als Selbstständiger anstrebt. Jeden Monat eine tolle Geschäftsidee auszubrüten, dazu bedarf es nur etwas Fantasie. Eine Geschäftsidee oder ein unternehmerisches Vorhaben zu planen, den Markt zu analysieren, das Ganze mit Zahlen zu belegen und zu dokumentieren, dazu braucht man schon viel Zeit, Geduld und Sorgfalt.

Es gibt eine Unmenge von Vorlagen für Businesspläne, für die Bedürfnisse eines Webdesigners sind sie jedoch viel zu umfangreich und deshalb nicht angemessen. Es geht bei einer Investitionsplanung zwar um das fremde Geld Ihrer Bank, aber es geht nicht um riesige Summen. Der Verwaltungsaufwand ist übrigens für die Bank bei einem kleinen 10.000-Euro-Kredit genauso groß wie für ein lukratives 200.000-Euro-Darlehen. Denken Sie also daran, dass Ihr Bankberater schnell und zielsicher das Wichtigste in Ihrem Businessplan findet.

Muster-Businessplan
▶ Zusammenfassung
▶ Unternehmensinhalt/Zur Person
▶ Angebotene Leistungen
▶ Markt, Standort und Branchenanalyse

- Zielgruppenanalyse
- Chancen und Risiken
- 3-Jahresplanung (Liquiditäts- und Finanzplanung)
- Generierte Umsätze
- Zusammenfassung

Die Zusammenfassung ist wie alle Summarys immer ganz am Ende des Businessplanes zu erstellen. Die Zusammenfassung sollte nicht mehr als eine halbe Seite lang sein.

Businessplan	[✓]
Unternehmensinhalt/Zur Person	

Der Unternehmensinhalt gibt eine knappe Zusammenfassung von dem, was Sie als Webdesigner machen. Denken Sie dabei unbedingt an die vermutlich fehlende Medienkompetenz der Bankangestellten, die Ihren Businessplan lesen werden. Umschreiben Sie die Themen und Voraussetzungen kurz, einfach und prägnant. Damit der Businessplan nicht zu detailliert wird, können Sie diesen Punkt gleich mit Ihrem beruflichen Werdegang ergänzen. Eine detaillierte Aufstellung der Schullaufbahn können Sie sich getrost sparen: Ihr Bankberater vergibt des Öfteren höhere Kredite an Handwerker ohne höheren Schulabschluss.

Businessplan (Leistung)	[✓]
Angebotene Leistungen	

Hier geht es konkret um die von Ihnen angebotenen Leistungen im Bereich Webdesign oder Webentwicklung. Zählen Sie auf, was Sie als professioneller Dienstleister anbieten. Dadurch kommunizieren Sie Ihrem Bankberater auch die Komplexität des Themas.

Businessplan (Markt)	[✓]
▶ Markt, Standort und Branchenanalyse ▶ Zielgruppenanalyse	

Niemand verlangt von Ihnen professionelle Marktforschungsdaten. Ihr Bankberater erwartet aber, dass Sie den Markt und Ihre Wettbewerber sorgfältig beobachten und nach Qualitätskriterien und Marktmacht beurteilen können. Banken und Sparkassen verfügen zwar über eigene Branchenanalysen, zum Webdesign werden sie aber wohl nichts finden. Sie können zum Beispiel die Ergebnisse der Webkrauts-Umfrage »Wir wollen es wissen« verwenden, lokal können Sie auch die Branchenverzeichnisse wie die Gelben Seiten als Anhaltspunkt für den Wettbewerb nutzen.

Eine separate Zielgruppenanalyse ist eigentlich nur dann sinnvoll, wenn Sie sich auf eine bestimmte Branche spezialisieren wollen, beziehungsweise eine spezielle Leistung anbieten, die für eine bestimmte Branche sehr interessant ist.

> [✓] **Businessplan (Risiko)**
> Chancen und Risiken

Überzeugen Sie den Bankberater, dass Sie sich nicht in purer Naivität selbstständig machen, sondern weil Sie die konkreten Marktchancen für sich als Webdesigner erkannt haben und diese Chancen in wirtschaftlichen Erfolg umsetzen wollen. Dazu gehört auch die Beschäftigung mit Risiken, möglichen Engpässen und Problemen mit Kunden.

> [✓] **Businessplan (Umsatz)**
> ▸ 3-Jahresplanung (Liquiditäts- und Finanzplanung)
> ▸ Generierte Umsätze

Für den gesamten Teil der vorhergehenden Fragen reichen maximal zwei Seiten Text, denn ihre Priorität liegt ziemlich weit hinten. Die meiste Zeit nimmt sich der Berater für »Ihre Zahlen«, auf diesen Part freut er sich vielleicht sogar. Diesen Bereich sollten Sie also sehr sorgfältig ausarbeiten.

Ein kleiner, mittelständischer Betrieb aus Dienstleitung, Handel oder Handwerk muss in der Regel noch eine umfangreiche Personalplanung mit in die Finanzplanung aufnehmen, also Löhne, Gehälter und Sozialabgaben. Als Webdesigner haben Sie dagegen nicht einmal echte variable Kosten. Sie generieren Ihre Umsätze an einem Rechner, der sowieso ständig online ist. Und die Kostendifferenzen durch die höhere Ausnutzung der CPU bei gleichzeitigem Gebrauch von Photoshop und einer Videoschnitt-Software spielen selbst bei den exorbitant gestiegenen Strompreisen keine Rolle in der Liquiditäts- und Finanzplanung. Kurz gesagt: Variable Kosten treten bei Ihnen kaum auf.

7.1.10 Der 3-Jahresplan (Liquiditäts- und Finanzplanung)

Aus der Planwirtschaft kennt man den Begriff der 5-Jahrespläne, die von den Werktätigen und allen anderen eingehalten werden mussten. Bei diesen Plänen sind wir auch schon wieder in den konstruierten Wirklichkeiten. Nicht nur die Tatsache, dass eintretende Abweichungen im ersten Jahr eine große Wirkung auf die Folgejahre haben können, wird gekonnt ausgeklammert. Es scheint auch keine Rolle zu spielen, dass die Märkte in Zeiten des globalen Wettbewerbs empfindlich und innerhalb von Monaten auf Veränderungen reagieren.

Für jeden Webdesigner ist es eigentlich sogar ein Sakrileg, etwas zu planen, das länger als vier oder fünf Monate in der Zukunft liegt. Das Web wird dann unter Umständen wieder völlig anders aussehen. Das alles ändert aber nichts an der Tatsache, dass Banken einen 3-Jahresplan als detaillierte Liquiditäts- und Finanzplanung von Ihnen erwarten.

Sie müssen sich realistisch mit Ihren Chancen und Risiken im Markt auseinandersetzen, wenn Sie eine aussagefähige Planung erstellen wollen. Ohne genaue Analyse des Marktes und ohne die Beschäftigung mit der beruflichen und privaten Kostenstruktur können Sie diese Planung niemals ordentlich erstellen. Genau das kann Ihr Bankberater aber zu Recht von Ihnen verlangen – schließlich wollen Sie ja an das Geld anderer Leute, wenn auch nur leihweise.

Diese Planung ist übrigens nicht nur für Sie als Existenzgründer wichtig, Banken verlangen so eine Aufstellung auch dann, wenn Sie innerhalb der bestehenden Selbstständigkeit Ihr Unternehmen erweitern wollen. Sinnvoll ist diese Planung übrigens auch für den Webdesigner, der das ständige Gefühl der dauerhaften Erfolglosigkeit nicht los wird und wissen möchte, wo er etwas ändern muss, um wirtschaftlich erfolgreicher zu werden.

Die Angemessenheit des Businessplans wurde bereits angesprochen, und die gilt auch für den 3-Jahresplan. Die wichtigsten Kennzahlen genügen. Es ist auch nicht notwendig, dass Sie alle Begriffe des Steuer- und Finanzwesens beherrschen.

	1. Jahr	2. Jahr	3. Jahr
Investitionen			
Computer und Peripherie			
Sonstige Betriebs- und Geschäftsausstattung			
Betriebssystem(e), Software			
Investitionen gesamt			
Kosten			
Miete und Nebenkosten			
Versicherungen			
Kosten PKW			
Werbung, Anzeigen, PR			
Telefon, Mobiltelefon, Fax, Internet			
Büromaterial, Porto			
Software und Software-Updates			
Fort- und Weiterbildung			
Steuerberatung			
Reisekosten			
Kosten gesamt			
Liquiditätsplanung			
Umsätze Webdesign/Webentwicklung			
Werbung, Partnerprogramme, AdSense			
(Gegebenenfalls) Gehalt Partnerin/Partner			
Summe Einnahmen			
Kosten gesamt (siehe oben)			
Zins/Tilgung gesamt			
Privatentnahme			
Sparquote/Rücklagenbildung			
Summe Ausgaben			
Einnahmen			
Ausgaben			
Liquidität (Differenz Einnahmen/Ausgaben)			
Liquiditätsreserve: (Dispo-)Kreditlinie			

Tabelle 7.1 Businessplan

Das Wichtigste an dieser Planung und das, was Ihren Bankberater ganz besonders interessiert, sind die *Zahlen zur Liquidität*. Hier sollten stets *positive* Zahlen stehen, denn jeder gute Banker weiß, dass Sie bei den Einnahmen auf- und bei den Ausgaben abgerundet haben. Wichtig ist auch, dass die Entwicklung positiv verläuft, die Liquiditätsentwicklung also eine progressiv ansteigende Kurve beschreibt.

Gehen Sie übrigens nicht davon aus, dass Sie Ihre Zahlen mal eben so ins Blaue schießen sollten. Irgendwann könnten Sie diese Planung wieder auf dem Tisch liegen haben. Es ist dann Ihr Bankberater, der nach zwölf Monaten den 3-Jahresplan gut aufbewahrt hat und ihn so ganz nebenbei und mit einem Lächeln auf seinen Besprechungstisch legt. Das macht er genau an dem Tag, an dem Sie ihm selbstbewusst erklären wollen, dass der Dispo von vornherein zu knapp bemessen war und nun bei Weitem nicht ausreicht und dass unvorhergesehene Investitionen dazugekommen sind. Bleiben Sie also lieber gleich realistisch.

Best-Case- und Worst-Case-Variante

Wenn Sie schon in den Vorgesprächen das Gefühl haben, dass Ihnen der Bankberater keine große Karriere als Selbstständiger zutraut, selbst wenn es nur aufgrund seiner fehlenden Medienkompetenz ist, können Sie auch zwei Pläne einreichen, einmal als »Best-Case-Variante« und einmal als »Worst-Case-Variante«. Die Worst-Case-Variante sollte dann wirklich davon ausgehen, dass Sie einige Aufträge verlieren. Der Plan muss dann auf der Ausgabenseite auch den Punkt »Unvorhergesehenes« enthalten, und die Liquidität darf mit einer schwarzen Null den Dispo streifen.

Umsätze und Aufträge

Was Sie auf jeden Fall noch beilegen sollten, ist eine Liste mit bereits generierten Umsätzen. Die meisten Existenzgründer im Bereich Webdesign haben bezahlte Aufträge für mehrere Kunden abgewickelt und nicht nur Freundschafts-Websites erstellt. Ihr Bankberater erwartet auch hier nur eine korrekte Aufstellung. Nach den genauen Rechnungen wird er Sie nicht fragen, er hat ja Ihre Kontoumsätze als Beleg. Diese in Ihrer Freizeit generierten Umsätze geben zwar weder einen Einblick in die späteren Umsatzgrößen noch sagen sie etwas aus über Ihre Chancen am Markt aus, aber der Bankberater sieht, dass Sie zumindest das Potenzial haben, Aufträge zu gewinnen und diese auch erfolgreich abzuwickeln. Übrigens bedeutet das auch, dass Sie früh anfangen sollten, sich die Umsätze auf Ihr Konto überweisen zu lassen. Über

Bargeschäfte können Sie ein wenig erzählen, Ihren Bankberater interessiert aber eigentlich nur das, was Sie mit konkreten Zahlungseingängen belegen können.

Apropos Erwartungen: Ihr Bankberater wird und darf auch erwarten, dass Sie nicht mit einem leeren Auftragsbuch ins Gespräch gehen. Er ist kein Werbeunternehmer, es ist also nicht sein Job, Ihnen zu Aufträgen zu verhelfen. Er ist aber erfahren genug zu wissen, dass jemand, der seine Auftragslage nur mit Geld zu verbessern plant, von vornherein zum Scheitern verurteilt ist. Und auch wenn er nichts von Webdesign, Webstandards und der Komplexität dieser Thematik versteht, von seinem Neffen oder dem kleinen Bruder des eigenen Azubis weiß er aber, dass man zum »Webseiten-Bauen« kein Startkapital in Höhe von mehreren Tausend Euro benötigt. Kurz: Das gewünschte Darlehen ist die eine Sache, dass Sie aber auch ohne Geld Aufträge akquirieren können, hat damit nichts zu tun.

Falls Sie einen Steuerberater haben oder kennen, sollten Sie ihn übrigens immer in Ihre Planung einbeziehen und ihn auch um eine Unterstützung für die Gesprächsvorbereitungen bei Ihrer Hausbank bitten.

7.1.11 Generierte Umsätze

Abgewickelte Aufträge/Zeitraum:	Umsätze netto (EUR)
Kunde 1	
Kunde 2	
Kunde 3	
Kunde 4	
Fest zugesagte, neue Aufträge/Zeitraum:	**Umsätze netto (EUR)**
Kunde 5	
Kunde 6	
Kunde 7	
Umsätze gesamt	

Tabelle 7.2 Umsätze

Wenn es mal eng wird: Gespräche mit der Bank

Unabhängig davon, ob Sie nun einen Kredit bekommen oder nicht, es wird in Ihrer selbstständigen Tätigkeit als Webdesigner immer Situationen geben, die Gespräche mit Ihrer Bank notwendig machen. Wichtig ist auch hier, dass Sie weder die Initiative aufgeben noch die Offenheit gegenüber Ihrer Bank verlieren dürfen.

Es gibt wohl kaum einen selbstständig tätigen Menschen, der nicht schon einmal finanzielle Engpässe, Liquiditätsprobleme oder kurzfristige Zahlungsschwierigkeiten erlebt hat. Solche Erfahrungen gehören zur Selbstständigkeit wie die IE6-Bugs zur Webentwicklung. Und diese Erfahrungen haben auch nichts mit fehlendem Erfolg oder gar fehlender unternehmerischer Weitsicht zu tun. Jeder Mensch macht Fehler, und die hören nicht auf, nur weil man volljährig ist, Abitur hat oder einen Titel vor seinem Namen tragen darf.

Dass Sie Fehler machen, die gelegentlich auch mal zu wirtschaftlichen Problemen und finanziellen Engpässen führen können, ist nicht das Problem. Entscheidend ist nur, dass Sie diese Fehler erkennen und gezielt darauf reagieren. Aus eigener Erfahrung weiß ich, dass man gern die Augen vor den Problemen verschließt. Das geschieht dann in der Hoffnung, dass diese Probleme von selbst verschwinden wie die Alpträume der Nacht. Finanzielle Probleme sind aber nicht mit Alpträumen vergleichbar, eher mit einer Karies, die ebenfalls nicht von selbst verschwindet.

Als Selbstständiger steht man zwar ständig unter einem Erfolgszwang, der auch noch von außen so eingefordert wird. Zu diesem Erfolg gehört aber auch, dass man als Problemlöser auftritt.

> **Flucht nach vorn**
>
> Sobald Sie merken, dass Ihr Konto »absäuft« oder erwartete Umsätze sich nicht so entwickeln, wie Sie das gewünscht oder erwartet haben: Zögern Sie nicht, ergreifen Sie die Flucht nach vorn! Zunächst einmal müssen Sie im Falle einer wirtschaftlichen Gefahrensituation alle Energie und Zeit daran setzen, die Probleme zu lösen – kein Auftrag, keine Fortbildung, nicht einmal Ihr Privatleben ist dann wichtiger.

Plötzliche finanzielle Engpässe sind selten, normalerweise zeigen sie sich früh am Horizont Ihres Bankkontos. Als Webworker im weitesten Sinne sollte es kein Problem für Sie sein, Ihr Konto mindestens einmal pro Woche online zu überprüfen. Sobald Sie merken, dass es einmal mit laufenden Kosten eng werden könnte, sollten Sie sofort das Gespräch mit Ihrer Bank suchen. Wählen Sie dabei nicht die von Ihnen geschätzte E-Mail, nehmen Sie immer die persönlichen Wege wie den Besuch oder ein schnelles Telefonat.

Bildlich gesprochen ist es immer besser, über den Problemen zu stehen, bevor sie einem irgendwann über den Kopf wachsen. Sie brauchen dazu nicht mal einen Dispokredit. Was Sie benötigen, ist nur ein guter Überblick, den Sie übrigens auch über die Aufstellung im oben beschriebenen Finanz- und Liquiditätsplan bekommen. Der Bankberater wird Ihre Offenheit in der Regel sehr positiv zur Kenntnis nehmen. Sie zeigen ihm ja, dass Sie erstens mit Ihrem Weitblick auch Ihre finanzielle Lage beherrschen. Zweitens weiß der Bankberater, dass er sich auf Ihre Informationspolitik verlassen kann, auch wenn es sich gelegentlich um »falschen Alarm« handelt. Wichtig ist nur, dass Sie die Initiative ergreifen und nicht die Bank. Selbst ausweglos erscheinende Krisen nach drei Kundeninsolvenzen, dem Totalschaden Ihres Autos und dem Verlust Ihrer gerade prall gefüllten Geldbörse lassen sich dann mit einem direkten Gespräch lösen. Abwarten kommt für einen Bankberater jedoch gleich vor Schlampigkeit in der allgemeinen Zahlungsmoral. Hier hilft gelegentlich ein konstruiertes Rollenspiel in Ihrem Kopf: Wie würden Sie auf bestimmte Verhaltensweisen reagieren, wenn Sie in der Lage Ihres eigenen Bankers wären?

7.1.12 Steuerschulden und Bankkonten

Im Gegensatz zu einem Angestellten haben Sie als Selbstständiger immer das Problem der fehlenden Kontinuität. Mit den Umsätzen und der Auftragslage schwanken nicht nur die Gewinne, sondern auch die Steuerschuld gegenüber dem Finanzamt. Zu Beginn der Selbstständigkeit sorgen die Abschreibungen der Anfangsinvestitionen für negative Einnahmen-Überschuss-Rechnungen. Nicht nur die Umsätze, auch die Umsatzsteuerbelastung bleibt überschaubar. Bezüglich weiterer Verbindlichkeiten gegenüber dem Finanzamt haben Sie also eine unbeschwerte Zeit. Nach etwa drei Jahren und einigen lukrativen Aufträgen ändert sich mit steigenden Gewinnen bei vielen Webdesignern die Situation schlagartig. Bescheide zur Einkommensteuerzahlung kommen dann so überraschend wie eine Magen-Darm-Grippe, und genau so werden sie auch von den meisten Selbstständigen und Freiberuflern empfunden.

Sobald Sie mit Ihren Gewinnen in die sogenannte Steuerprogression geraten, müssen Sie neben der regelmäßig fälligen Umsatzsteuer auch noch Einkommensteuer zahlen. Und da das Finanzamt davon ausgehen kann, dass Ihre laufenden Geschäfte ebenso gut laufen wie im Vorjahr, zahlen Sie parallel mit Ihrer Einkommensteuer auch noch eine Einkommensteuervorauszahlung. Sie werden also im ersten Jahr Ihres verdienten Erfolges doppelt zur Kasse gebeten. Natürlich könnte Ihr Steuerberater dafür sorgen, dass die Vorauszahlung ausgesetzt wird, falls Sie ein mieses zweites Jahr erwischt haben. Hüten Sie sich aber vor einem Aufschub, sollte dies nicht der Fall sein. Spätestens bei der folgenden Steuererklärung sind auch die Vorauszahlungen fällig, und dann haben Sie in jedem Fall einen Steuerberater nötig.

> **Separates Konto**
>
> Legen Sie sich ein separates Steuerkonto an, auf das Sie monatlich einen Großteil Ihrer Umsatzsteuerschuld überweisen sollten. Sobald die Steuerprogression droht, legen Sie auch einen entsprechenden Prozentsatz von Ihren Einnahmen auf diesem Konto zurück.
>
> Wenn am Ende die Beträge höher sind als notwendig, haben Sie schon Reserven für Erhöhungen von Einkommensteuer und Einkommensteuervorauszahlung, oder Sie haben eine ständige Reserve, mit der Sie Ihre Steuerschulden in mageren Monaten zahlen können.

Ein häufiges Problem ist dann noch die Tatsache, dass die Umsatzsteuerschuld falsch eingeschätzt wird. Die steigenden Umsätze und höheren Einnahmen verschleiern schnell den Blick auf die Tatsache, dass 19 % davon schon nicht mehr Ihnen gehören, auch wenn Sie die Vorsteuern Ihrer Einkäufe und Investitionen gegenrechnen können. Das Konto ist gefüllt, man gönnt sich etwas oder auch etwas mehr, dann kommt der Steuerbescheid, und dann heißt es: Holla, die Waldfee!

Sie sollten immer die Möglichkeit der Dauerfristverlängerung für Ihre Umsatzsteuervoranmeldung nutzen. Im Normalfall erwartet das Finanzamt diese Information am 10. des Folgemonats. Sie müssen dann ja unmittelbar am 1. eines Monats sofort alle Unterlagen für die Voranmeldung sammeln, sichten und sortieren, von der Berechnung ganz zu schweigen. Und selbst, wenn Sie einen ganz flotten Steuerberater haben – eng wird es trotzdem. Das wissen aber auch die Finanzämter. Es gibt deshalb eine Möglichkeit, einen Antrag auf Dauerfristverlängerung für die Umsatzsteuervoranmeldung zu stellen, mit der man einen Monat gewinnt.

Ganz wichtig in diesem Zusammenhang ist übrigens die Tatsache, dass Ihre Hausbank die Steuerschulden wie eine Privatentnahme betrachtet. Steuern sind ja keine Investitionen, noch sind sie mit einer Darlehenstilgung zu vergleichen. Während die Lohnsteuer eines Angestellten gar nicht erst auf dem Konto erscheint, kann man als Selbstständiger die Fälligkeit der Einkommensteuerzahlung sogar um zwei Jahre verschieben. Und auch hier gilt wieder der Grundsatz der Kontendisziplin: Ihr Banker kann von Ihnen erwarten, dass Sie über Ihre eigenen Steuerschulden gegenüber dem Finanzamt Bescheid wissen und Ihre Finanzen im Griff haben. Mit dem Jammern über Ihr Schicksal als armer Freiberufler machen Sie sich gegenüber dem Bankberater nur lächerlich. Denn egal, was der auch verdient, die Lohnsteuer behält er nicht für zwei Jahre als zinsloses Darlehen und Liquiditätsreserve auf seinem Konto.

Ihr wirtschaftlicher Erfolg als Webdesigner ist die beste Voraussetzung dafür, nur selten in finanzielle Engpässe zu geraten. Eine Grundlage dieses Erfolges beginnt mit einer guten Kalkulation.

7.2 Kalkulation, Preisgestaltung und Angebotserstellung

Es gibt Webdesigner, die ein gut gefülltes Aufgabenheft haben und trotzdem nicht besonders gut von ihrer anspruchsvollen Arbeit leben können. Es gibt auch Webdesigner, die aufgrund ihres Portfolios viele Anfragen erhalten und um ein Angebot gebeten werden, aber nur selten einen Zuschlag erhalten. Und es gibt Webdesigner, die ständig ihr Angebot modifizieren müssen und dadurch mehrere Projekte im Verlauf des Workflows verloren haben.

Die Kalkulation ist die Grundlage Ihres Angebots und entscheidet darüber, ob der gewünschte Auftrag für Sie lukrativ ist oder ein finanzielles Desaster darstellt. Die Sorgfalt Ihrer Kalkulation lässt Sie bei Ihrem Kunden entweder als zuverlässigen Dienstleister erscheinen oder als Windhund, der ständig Nachforderungen stellen muss, weil er sich »verkalkuliert« hat. Und da die Verbindlichkeit Ihres Angebots auch Ihre Glaubwürdigkeit bestimmt, sollten Sie die Kalkulation nicht als Nebensache der Planungsphase betrachten.

7.2.1 Grundlagen der Projektkalkulation

Als Grundlagen der Kalkulation dienen Ihnen die *Ergebnisse der Checkliste*, die *Informationsarchitektur der Website* und der *Umfang der Inhalte*. Was Sie im Vorfeld nicht genau bestimmen können, ist der Aufwand für das Design. Durch die Antworten der Checkliste haben Sie zumindest konkrete Hinweise auf die Kompetenzen und die Vorstellungen des Kunden erhalten.

Da Sie bereits mehrere Aufträge abgewickelt haben, werden Sie vielleicht »so in etwa« wissen, wie viel Zeit Sie tatsächlich für die einzelnen Bereiche des Workflows benötigt haben. Da Sorgfalt nun etwas weiter geht als ein »in etwa«, sollten Sie bei allen Website-Projekten folgende Methode anwenden:

> **Kalkulation** [✓]
> ▸ Führen Sie einen Stundenzettel.
> ▸ Führen Sie eine detaillierte Nachkalkulation durch.

Der Sinn und Zweck der Übung ist, dass Sie erkennen, wo genau die meiste Zeit innerhalb des Workflows bleibt. Unsere persönliche Zeit ist Teil unseres Bewusstseins. Zeit ist für uns deshalb eher eine Wahrnehmung und damit auch nur eine konstruierte Variable. Wir konstruieren dieses Zeitempfinden, denn die Zeit kann ja für uns wie im Flug vergehen, sie kann aber auch bei anderen Gelegenheiten unerträglich langsam verstreichen. Diese Zeitkonstruktionen bleiben auch im Nachhinein in Ihrer Wahrnehmung erhalten. Wenn Sie nun ausschließlich aus der persönlichen Empfindung heraus benennen sollen, wie sich Ihre Arbeitszeit im Workflow des letzten Auftrags verteilt hat, können Sie logischerweise über die tatsächlich verstrichene Zeit keine objektive Angabe machen. Als Gestalter und passionierter Photoshopper werden Sie zum Beispiel die Zeit für ein spannendes Design als sehr kurz beschreiben, während Sie die Zeit für die Arbeiten am CMS-Backend völlig überschätzen.

Zeiterfassung und Stundenzettel

Sie können für die Summe der Zeiten eine Stoppuhr oder einen einfachen Timer am Rechner laufen lassen. Für die weitere Zeiterfassung empfehle ich erneut das gute alte und in der Anwendung flexible Blatt Papier: den klassischen Stundenzettel. Sie können schnell eine kurze Notiz machen, ohne irgendein Programm zu öffnen und diese Notiz dann wieder irgendwo abzulegen, wo Sie sie dann doch nie wieder finden werden.

Erstellen Sie einen simplen, zweispaltigen Stundenzettel. In die schmale rechte Spalte tragen Sie die Zeiten in Stunden ein. Ziehen Sie oben eine horizontale Linie bis zur Mitte für den Projekt- oder Kundennamen und oben rechts eine kleine Linie für die Blattnummer. Drucken Sie davon gleich ein paar Dutzend Blätter aus (oder gehen Sie mit einem Ausdruck in einen Copyshop). Parken Sie die Blätter zu allen aktuellen Projekten auf dem Schreibtisch.

Auf den Stundenzettel gehören alle Zeiten, die Sie mit einem Projekt zubringen. Die reine Projektarbeit macht nur einen Teil des gesamten Aufwands aus. Notieren Sie alles, was länger als 10 Minuten (0,2 Stunden) dauert. Haarspalter und Puristen notieren alles minutengenau, aber Sie wollen eigentlich auch noch arbeiten und nicht nur Zeiten notieren.

Inhalte des Stundenzettels

- Vorbereitung Kundengespräche
- Kundengespräche inklusive An- und Abfahrtszeiten
- Kommunikation (Telefon, E-Mail, Fax)
- Reine Projektarbeit
- Projektrelevante Recherchen

Diese Erfahrungswerte sind für Ihre Kalkulation fast genauso wichtig wie die Ergebnisse der Checkliste, der Aufbau der Informationsarchitektur und der Umfang an Inhalten.

Nach dem Projekt ist vor dem Projekt

Kein Projekt gleicht dem anderen, und das gilt bekanntlich auch für Ihre Kunden. Wenn Sie mindestens ein halbes Dutzend Projekte mit gut dokumentierter Nachkalkulation zur Verfügung haben, können Sie die Ergebnisse verwerten. Errechnen Sie einen Mittelwert für die Bereiche, die nicht zu Ihrer reinen Projektarbeit gehören. Hier genaue Zahlen zu präsentieren wäre unseriös und nicht repräsentativ. Mein Umgang mit Kunden ist beispielsweise stark durch Telefonate geprägt, meine Kunden aus dem medizinischen Bereich sind ebenfalls nicht typisch, und die Projekte verschiedener Webdesigner lassen sich auch nur selten miteinander vergleichen. Ihren ganz persönlichen Mittelwert müssen Sie also schon selbst herausfinden. Vergessen Sie übrigens nicht, diesen Wert regelmäßig zu aktualisieren und damit zu einem immer genaueren Ergebnis zu kommen.

Nach mehreren erfolgreich abgewickelten Aufträgen können Sie auch für die reine Projektarbeit bestimmte Mittelwerte ansetzen, am besten gleich klar getrennt nach den drei Projektphasen *Planung*, *Konzeptionierung* und *Umsetzung*. Hier sollte aber unbedingt auch nach Branchen und Kundenklientel kategorisiert und differenziert werden. Sie können sich noch an die Kategorisierung nach Kundentypen im ersten Buchteil erinnern? Dann wissen Sie auch, warum eine einheitliche Beurteilung nicht zu einem repräsentativen Mittelwert führen kann. Unterscheiden sich innerhalb der Kategorien dann noch die Projektgrößen stark voneinander, sollten Sie ebenfalls genau differenzieren und die stärksten »Ausreißer« aus der Ermittlung ausschließen.

7.2.2 Der Mythos vom idealen Stundensatz

Immer wieder wird im Netz und anderswo diskutiert, welche Stundensätze für einen professionellen Webdesigner *angemessen* sind. Nur selten wird aber darüber gesprochen, welche Stundensätze *notwendig* sind, damit ein Webdesigner angemessen über die Runden kommt.

Die Höhe Ihres Stundensatzes sollten Sie von mehreren Umständen abhängig machen:

Faktoren des Stundensatzes
- Region/Wirtschaftsumfeld
- Erfahrung und Know-how
- Persönliche Kostenstruktur

Stundensätze in strukturschwachen Provinzen sind immer niedriger als in Ballungszentren. Sie werden im Osten von Mecklenburg-Vorpommern wohl kaum die Stundensätze von Hamburger Agenturen erzielen können. Üblich und legitim ist es ebenfalls, dass erfahrene Webdesigner mit großem Portfolio immer höhere Stundensätze verlangen als die junge Konkurrenz. Ganz wichtig ist auch das Umfeld der persönlichen Umstände. Ein Webdesigner, der in seiner geerbten und damit mietfreien Eigentumswohnung lebt und arbeitet, kann bei höherem Gewinn pro Stunde einen günstigeren Stundensatz verlangen als ein Webdesigner, der auf ein externes Büro in München angewiesen ist. Ähnliches gilt für den alleinstehenden Junggesellen ohne große Ansprüche im Vergleich zum Webdesigner, der eine Familie hat.

Die Berechnung des Stundensatzes

Orientieren können Sie sich grundsätzlich an den Stundensätzen Ihrer Wettbewerber. Wenn Sie die Preise der anderen nicht kennen, bitten Sie einfach einen guten Freund, bei anderen Webdesignern ein fingiertes und nicht zu plumpes Angebotsgespräch zu führen und dabei Näheres zur Kalkulation herauszufinden. Dieser Weg ist vielleicht nicht fein, aber bequem und in allen Branchen beliebt.

Trotzdem sind es nicht ausschließlich die Existenzgründer unter den Webdesignern, die nicht genau wissen, *warum* ein Stundensatz eine bestimmte Höhe nicht unterschreiten darf und nach welchen Kriterien der Stundensatz berechnet werden muss. Da geistern sogar Beträge in Höhe von 20 oder 30

Euro pro Stunde durch die Gemeinde der Webworker. Vergessen wird dabei vor allem, dass man als Selbstständiger nicht nur die auf Angeboten und Rechnungen angegebenen Zeiten im Büro verbringt.

Zeiten außerhalb der reinen Projektarbeit
▸ Weiterbildung
▸ Auftragsvakanzen
▸ Auszeiten, Urlaub
▸ Krankheit

Wir hatten das Thema der ständigen Neuerungen innerhalb des jungen Mediums Web schon häufiger in diesem Buch thematisiert. Es ist auch sicher nicht vermessen zu behaupten, dass kaum eine andere Branche derart hohe Anforderungen an die Weiterbildung stellt wie Webdesign oder Webentwicklung. Von den acht oder zehn Stunden können Sie 20 bis 30 % für die Weiterbildung abziehen. Ein weiterer Aspekt sind die Schwankungen der jährlichen Auslastung. Selbst bei guter Auftragslage werden Sie immer Vakanzen haben. Sie werden diese Zeiten für die notwendige Weiterbildung nutzen, dennoch werden Sie wohl nur selten 80 % Auslastung erreichen können. Der nächste Punkt betrifft die bereits erwähnten Investitionen und ähnliche Kosten, ohne die Sie Ihre Tätigkeit nicht ausüben könnten. Als Selbstständiger setzen Sie ja nicht nur Produktionsmittel ein, die Sie sofort oder über mehrere Jahre abschreiben können. Sie zahlen auch für Raummiete, eventuelle Aushilfen und betriebliche Versicherungen. Diese Kosten fallen an, wenn Sie nicht ausgelastet sind. Sie fallen auch an, wenn Sie sich einen Monat lang nur mit einem neuen CMS befassen, ausführlich das Update eines Ihrer Lieblingsprogramme studieren, einen Vortrag vorbereiten, den entsprechenden Kongress besuchen und dann noch ein interessantes Fachbuch lesen und rezensieren.

Selbst wenn Sie all diese Aspekte in den Stundensatz einrechnen, dann haben Sie nur die rein betrieblichen Faktoren berücksichtigt. Sie möchten aber vielleicht auch einmal in Urlaub fahren – einmal im Jahr, nicht einmal im Leben. Außerdem müssen Sie damit rechnen, dass Sie wie jeder Mensch auch mal krank werden können, auch das ist eine Zeit, in der Sie keine Umsätze generieren können.

Alles zusammengerechnet ergeben sich dann eben die typischen Stundensätze von professionellen Webdesignern, die im Schnitt zwischen 60 und 80

Euro pro Stunde liegen. Ihr Stundensatz sollte nicht unter 40 Euro liegen, außer Sie haben richtig viel geerbt oder in die richtige Familie eingeheiratet. Bei Stundensätzen über 100 Euro haben Sie dagegen das Problem der »psychologischen Marken«, die wir alle von den »99,90«-Preisen her kennen. Übrigens: Sparen Sie sich unbedingt solche krummen Stundensätze, denn damit machen Sie sich lächerlich, und runden Sie in 10-Euro-Schritten auf oder ab.

Eine sehr ausführliche Darstellung der notwendigen Kalkulationsgrundlagen finden Sie auf der Website von *akademie.de*:

http://www.akademie.de/fuehrung-organisation/recht-und-finanzen/tipps/finanzwesen/kalkulation.html

---

Weitere Hinweise und Tipps zu Stundensätzen

Verändern Sie Ihren Stundensatz nicht von Kunde zu Kunde. Irgendwann können solche Differenzen »auffliegen« und zu Diskussionsbedarf führen.

Rechtfertigen Sie sich niemals für Ihren Stundensatz, egal ob Sie nun 40 Euro für Ihre Arbeitsstunde berechnen oder 80 Euro.

Wie alle Marktteilnehmer müssen Sie Ihren Stundensatz alle paar Jahre erhöhen. Sparen Sie sich falsche Scham, erhöhen Sie moderat und regelmäßig.

Der Kunde interessiert sich hauptsächlich nur für den Gesamtpreis des Projekts. Der Stundensatz tritt zuerst immer in den Hintergrund.

Ein nicht zu geringer Stundensatz ist dennoch wichtig, um bei Aktualisierungen oder kleinen Änderungen angemessene Erträge zu erzielen.

Verringern Sie immer nur die Stundenzahl, um den Projektpreis zu reduzieren. Ihren Stundensatz sollten Sie unverändert lassen.

Aufwand, Angebot und Glaubwürdigkeit

Unabhängig von der Sorgfalt Ihrer Kalkulation, der Angemessenheit Ihrer Stundensätze und einer pragmatischen Kompromissbereitschaft bezüglich der Preisgestaltung bei großen und lukrativen Projekten gibt es noch die Methode »lauwarmes Angebot mit eiskalt servierter Rechnung«. Diese Strategie beruht auf der einfachen Logik gegenseitiger Abhängigkeit: Der Kunde wird dabei zunächst mit einem günstigen Angebot geködert, mit dem der Webdesigner oft nicht einmal kostendeckend arbeiten kann.

Hat man den Kunden erst an der Angel, wird der Auftrag so weit zu Ende geführt, bis der Kunde mit Pressemitteilungen, Ankündigungen oder einfach nur der Notwendigkeit eines Relaunchs zu einem bestimmten Zeitpunkt auf die Fertigstellung angewiesen ist. Diesen Moment nutzt der Webdesigner für eine saftige Nachforderung, auf die der Kunde nun angesichts der eigenen Verpflichtung eingeht. Am Ende zahlt er also einen Preis, für den er auch einen anderen und nicht selten besseren Webdesigner bekommen hätte. Zum Glück endet diese Strategie für den Webdesigner und für Agenturen heute immer öfter mit dem Widerstand der Kunden. Der Markt ist immer transparenter geworden, und die Kunden lassen sich nicht mehr alles gefallen. Wer heute noch mit dieser Methode versucht, seine Wettbewerber auszustechen, erhält immer öfter den gerechten Lohn einer Zahlungsverweigerung und teurer Rechtsstreitigkeiten. Das kann sogar bis zum Verlust gleich mehrerer Aufträge durch eine aggressive und berechtigte Informationspolitik der Kunden führen, ohne dass der Webdesigner den Verdacht der üblen Nachrede beweisen kann.

[!] **Oberstes Gebot**
Angebote haben verbindlich zu sein. Sparen Sie sich billige Tricks. Ihre Glaubwürdigkeit steht auf dem Spiel.

Ihr Kunde muss von Ihnen ein redliches, faires und ehrliches Angebot erwarten können. Vergessen Sie nicht: *Ihr Ruf* ist das Einzige, was man Ihnen von außen nicht nehmen kann, aber Sie selbst können Ihren Ruf für immer ruinieren.

Wenn Sie sich einmal vollkommen verzettelt haben, rechnen Sie bestenfalls mit der Gnade Ihres Kunden, mehr dürfen Sie auch nicht erwarten. Verständnis zu erwarten wäre wohl vermessen, schließlich sind Sie ein Profi. Ist Ihre Fehlkalkulation das Problem Ihres Kunden, und soll er für Ihre Unfähigkeit büßen, ein sorgfältiges Angebot zu erstellen, indem Sie ihm eine weitere Rechnung schicken? Also: Fehlkalkulationen sind allein Ihr Problem.

7.3 Ablaufplanung und Kalkulation des Aufwands

Einige Konzeptionierer sprechen an dieser Stelle vom Übergang des Grobkonzeptes in das Feinkonzept. Andere bezeichnen das Feinkonzept als Pflichtenheft, und ich spreche vom dokumentierten Ablaufplan. Wichtig ist nur: Alle meinen so ziemlich dasselbe.

Sie haben an diesem Punkt der Projektplanung die wichtigsten Informationen zu folgenden Aspekten der Website:

- Abgearbeitete Checkliste
- Informationsarchitektur/Navigation
- Inhalt: Umfang, Texte und Bilder
- Statisches System bzw. CM- oder Blog-System

Um aus dem Grob- ein Feinkonzept zu machen, stellen Sie einen ordentlichen Plan auf, mit genauen Angaben, wer wann was geliefert haben muss. Das geht natürlich prima mit speziellen Softwarelösungen und Webapplikationen wie *Google Kalender*. Es gibt dabei nur ein kleines Problem: Sie können diesen Weg in der Praxis meistens vergessen. Wenn Sie zum Beispiel nur eine Deadline nicht einhalten, können Sie die weitere Planung vergessen und ändern. Sie sind bei großen Projekten am Ende nur noch damit beschäftigt, Karten, Tabellen oder Felder zu schieben.

Bezüglich genauer Zeitvorgaben für die Fertigstellung der Inhalte können Sie diese »Deadlines« für einzelne Arbeitsschritte erfassen. Dadurch setzen Sie sich und Ihren Kunden zwar unter Druck, Sie haben damit aber auch ein Kontrollinstrument geschaffen. Überzieht Ihr Kunde seine Termine zur Lieferung von Inhalten, sind Sie auf der sicheren Seite. Die einzige Voraussetzung für die Arbeit mit Deadlines sind allerdings gute Erfahrungswerte aus Ihrer Praxis.

Sie können auch die *Zeiten für kleine Pakete* einzelner Arbeitsbereiche notieren. Diese Pakete werden als kreative und technische Leistungen im späteren Angebot auftauchen und können beispielsweise folgendermaßen strukturiert sein:

- Visuelles Basiskonzept
- Einrichten des Redaktionssystems
- Codierung Musterseite(n)
- Design der Musterseite(n)
- Stilvorlage für die Druckdarstellung
- Informationsarchitektur: Verzeichnisstruktur der Seiten
- Lieferung von Projektinhalten durch den Kunden
- Textkreation und -redaktion
- Fotoarbeiten und elektronische Bildverarbeitung
- Einpflegen der Inhalte

Jeder Listenpunkt entspricht einem Paket, das verschiedene Arbeitsschritte beinhaltet. Für jeden Punkt können Sie nun zunächst weitere Listen anlegen. Ein Beispiel:

Visuelles Basiskonzept (30)
- Farbsystem definieren (6)
- Formen zuordnen (2)
- Schriften auswählen (4)
- Bildmarke/Wort-Bildmarke (18)

Ich habe hier einmal wahllos Stunden zugeordnet, um die Vorgehensweise zu zeigen. Der Vorteil: Sie haben mit diesem simplen System nicht nur eine gute Grundlage für die Kalkulation, sondern auch eine für jeden Kunden grundsätzlich nachvollziehbare Aufstellung Ihrer Tätigkeit.

7.3.1 Die Angebotserstellung

Was ist neben einem sinnvollen Stundensatz, Ihrer Verpflichtung zu Sorgfalt und der Verbindlichkeit sonst noch bei einem Angebot zu beachten?

Die wichtigsten Aspekte des Angebots
- kundenfreundliche Lesbarkeit
- inhaltliche Vollständigkeit
- vertragliche Verbindlichkeit

Mit der *Lesbarkeit* steht die »Usability« des Angebots absichtlich an erster Stelle. Hier ist einerseits die Eindeutigkeit der Kommunikation gemeint, also Ihr Bemühen, Begriffe und Formulierungen zu finden, die mit den Kategorien und Differenzierungen Ihres Kunden kompatibel sind. Ja, diese Vorgehensweise entspricht erneut dem vierten Kommunikationsgrundsatz. Und der gilt nicht nur für mehrseitige Angebote und große Projekte, sondern auch für kleine Micro-Sites.

Es geht hier aber auch um das Grundrecht auf eine gute Gestaltung. Viele Webdesigner setzen noch immer auf den spröden Charme klassischer Bürosoftware. Das kreative Gestaltungsniveau daraus resultierender Dokumente könnte einen Einkommensteuerbescheid aus dem Jahre 1967 noch gerade übertrumpfen, wenn da nicht noch der verschmierte Ausdruck aus manchem

Tintenstrahldrucker wäre. Wenn Sie gern mit einer professionellen Bürolösung arbeiten wollen, finden Sie heute zahlreiche Angebote für kleine Unternehmen und Freiberufler, verzichten Sie aber auf datenbankgenerierte Hässlichkeiten.

Die *Vollständigkeit* bedeutet, dass Ihr Angebot alles enthalten muss, was inhaltlich für den gesamten Projektablauf relevant ist – also nicht nur die reinen Inhalte der Website selbst. Zur Vollständigkeit gehört vor allem die detaillierte Auflistung der einzelnen Projektphasen – dazu gehört auch die Frage, ob Sie ein Pflichten- und Lastenheft erstellen sollen. Sie sollten sich bei der Entscheidung nicht vom bekannten Problem leiten lassen, dass ein Pflichten- und Lastenheft für den Kunden ein ideales Werkzeug für alternative und eventuell günstigere Angebote darstellt, mit denen er Sie dann wiederum in weiteren Verhandlungen konfrontiert. Viel wichtiger sind die in der Kommunikation und über die Checkliste abgehakten *Details der Umsetzung*. Je unklarer die Kundenaussagen und Kundenwünsche zum Zeitpunkt der Angebotserstellung kommuniziert wurden, umso wichtiger ist diese genaue Dokumentation, wer wann was zu erledigen hat. Das gilt übrigens auch für Fragen zu *konkreten Inhalten*, die von Ihrem Kunden nicht oder nicht klar genug beantwortet wurden.

Die *Verbindlichkeit* des Angebots bezieht sich auf die Dokumentation der Absprachen und damit auf die Grundlagen des Vertragsrechts. Das Angebot ist die dokumentierte Grundlage für alle weiteren Schritte im Workflow, sozusagen der Projektfahrplan bis zum Launch. Doch auch Probleme wie Nachforderungen, Zahlungsverweigerung und Rechtsstreitigkeiten werden immer ursächlich auf Ihr Angebot zurückgeführt. Nehmen Sie die Verbindlichkeit der festgeschriebenen Aussagen nicht auf die leichte Schulter. In den meisten Fällen ist es kein Problem, wenn Sie ein supercooles Feature nicht in der Website umsetzen. Sie müssen aber bei jedem Kunden und bei jedem Projekt damit rechnen, dass er Sie darauf verpflichten kann.

Inhalte des Angebots [✓]
- Separates Anschreiben (optional)
- Ihr Name und Ihre Anschrift
- Name und Anschrift des Kunden
- Betreffzeile »Angebot« mit Angebotsnummer
- Projektbeschreibung/Zielsetzung

- Leitbild
- Ergänzende Elemente zum Leitbild
- Zusammenfassung der Inhalte
- Website-Struktur: Informationsarchitektur/Navigationspunkte
- Lasten-/Pflichtenheft (optional)
- Voraussichtlicher Termin der Fertigstellung
- Kreative und technische Leistungen:
  - Visuelles Basiskonzept
  - Einrichten des Redaktionssystems
  - Codierung der Musterseite(n)
  - Design der Musterseite(n)
  - Stilvorlage für die Druckdarstellung
  - Informationsarchitektur: Verzeichnisstruktur der Seiten
  - Textkreation und -redaktion
  - Fotoarbeiten und elektronische Bildverarbeitung
  - Einpflegen der Inhalte
  - Veröffentlichung der Daten
- Gesamtumfang
- Angaben zur Technik (optional, ansonsten auch Handout)
- Glossar wichtiger Begriffe (optional, maximal 10 Einträge)
- Rechtliches
- Unterschrift

Die kreativen und technischen Leistungen sind als mögliche Rechtsgrundlage der wichtigste Teil Ihres Angebots. Hier sollten Sie sehr detailliert auf die einzelnen Arbeitsschritte eingehen. Nach einigen Angeboten haben Sie schnell eine Form von Textbausteinen, die Sie immer wieder verwenden können.

Beispiel

Codierung einer kompletten (X)HTML-Musterseite
Semantisch korrekter Dokumentenaufbau mit Kopfzeile, Inhaltsbereich, Navigationsbereich(en), Fußzeile
Arbeitsaufwand: 6 Std. à 70,00 EUR: 420,00 EUR

Natürlich müssen Sie nicht auf das kleinste Detail eingehen, das für Sie selbstverständlich ist, also auf das DOM, die Doctype-Deklaration, verwendete

Meta-Daten oder gar die Einbindung verschiedener IE-Hacks über *conditional comments*. Für diese Details können Sie am Ende des Angebots die Hinweise zur technischen Umsetzung bringen.

Wichtig ist lediglich, dass Ihr Kunde mit Ihrem fundierten und detaillierten Angebot zu einem Mitbewerber von Ihnen gehen könnte, der sich dann für sein Angebot zumindest an die gleichen Standards und Leistungen halten müsste.

Denken Sie auch immer an die Angemessenheit des Angebots. Der Umfang an Seiten sollte sich an der Größe des Projekts orientieren. Natürlich ist es logisch, dass eine große Website mit mehreren hundert Seiten, zahlreichen Features und einer eigenen Shop-Lösung auch ein mehrseitiges Pamphlet als Angebot erfordert. Das Problem sind aber die kleinen bis ganz kleinen Websites. Für viele Auftraggeber sind 700 Euro ein kleines Vermögen. In der Wahrnehmung dieser Kunden geht es auch um eine ganz große Geschichte, die sie da erwarten können, möglichst mit allen Features, die das Web heute zu bieten hat. Erhalten diese Kunden von Ihnen nun ein aufwendig gestaltetes und detailliert beschriebenes Angebot auf fünf Seiten, dann werden sie noch in ihrer falschen Wahrnehmung unterstützt.

> **Formale Tipps für ein Angebot**
>
> Auf der ersten Seite des Angebots muss die korrekte Anschrift des Kunden stehen, die Betreffzeile muss eindeutig das Wort »Angebot« kommunizieren. Eine Angebotsnummer ist für Sie und Ihren Kunden sinnvoll.
>
> Notieren Sie in der Kopfzeile aller weiteren Seiten Kundenname, Projektbezeichnung und Datum. Dort oder in der Fußzeile kann und sollte auch die Seitenzahl stehen.
>
> Vergessen Sie nicht Ihre Unterschrift unter dem letzten Blatt des Angebots.
>
> Sie können ein separates Anschreiben verwenden. Ihr formelles Angebot beginnt dadurch mit einem persönlichen Brief an den Kunden. Sie können dort sozusagen auf Details oder Besonderheiten des Angebots eingehen.
>
> In einem separaten Anschreiben oder auf der ersten Angebotsseite sollten alle Anlagen einzeln aufgelistet sein.

Alternativangebote

Kunden, die Ihren Preis drücken oder Ihre Leistungen erweitern wollen, gibt es auch im Webdesign häufig. Der Grund ist nicht nur der Wunsch, auch bei Ihnen nach den »Geiz-ist-geil-Schnäppchenjagdwochen« zu fragen. Oft ist es eher die Unsicherheit vieler Kunden, vom Webdesigner genauso übervorteilt zu werden, wie man das immer wieder von anderen Dienstleistern oder Handwerkern in den Medien liest, hört und sieht. Es ist zwar zweifelhaft, ob in Zeiten totaler Preis- und Leistungstransparenz die Handwerker oder Dienstleister tatsächlich so schlecht sind wie ihr Ruf – leider hilft Ihnen dieser Zweifel aber nicht weiter, wenn der Kunde einen »besseren Preis« erwartet.

Es gibt zwei Möglichkeiten, solchen Kunden zu begegnen: Sie können erstens den von Ihnen intern veranschlagten Aufwand um einen »Verhandlungsaufwand« ergänzen. Dieser Aufwand ist dann genau der Betrag, um den Sie sich herunterhandeln lassen. Will der Kunde nicht handeln, haben Sie ein hübsches Sümmchen dazu verdient, aber genau das kann auch nach hinten losgehen. Es gibt ja auch Kunden, die nicht handeln und deshalb gleich den Wettbewerber nehmen. Ein wenig paradox ist diese Strategie natürlich auch: Sie wünschen sich eigentlich nur Kunden, die eben nicht ständig handeln und alles in Frage stellen. Treffen Sie dann auf so einen Kunden, ist der dadurch bestraft, dass er eigentlich zu viel bezahlt, weil er eben nicht handeln will.

Die zweite Möglichkeit ist für beide Seiten attraktiver: Unterbreiten Sie dem Kunden nicht nur ein, sondern gleich zwei oder drei verschiedene Angebote.

Nur die wenigsten Kunden werden argumentieren, dass sie eine Preissenkung »aus Prinzip« erwarten. Auf solche Kunden sollten Sie ohnehin besser verzichten, es reicht nur ein bisschen Fantasie, um zu ahnen, was so ein Kunde nach dem Launch des Projekts alles anstellt, um nicht zahlen zu müssen.

Nehmen Sie Ihr Angebot als Grundlage für zumindest eine abgespeckte »Low-cost-Version«. Natürlich verändern Sie weder den Stundensatz noch die kaum verhandelbaren Faktoren wie zum Beispiel die Codierung von Templates oder Musterseiten. Reduzieren Sie die Features. Streichen Sie in der Informationsarchitektur, und kürzen Sie die Inhalte. Begrenzen Sie die Bildanzahl und die Textmenge. Weisen Sie den Kunden in dem dann notwendigen Anschreiben darauf hin, dass diese Streichungen und Kürzungen nicht mehr zur Ideallösung der Website führen, dass Sie aber zumindest für ein professionelles Ergebnis aus Ihrer Hand garantieren.

Natürlich kann Ihr Kunde das mit einem CMS auch alles selbst erledigen. Nach ein paar verzweifelten Versuchen wird er vielleicht einsehen, dass gestrichene Leistungen dann doch das verlangte Geld wert sind. Wenn nicht, können Sie die Zeit zumindest für vernünftige neue Projekte aufwenden.

Einige Kunden erwarten von Ihnen die Einbindung aller Features des Webs als Selbstverständlichkeit. Sie merken das anhand der Kommunikation und besonders bei der Beantwortung der Fragen Ihrer Checkliste. In diesem Fall ist es sinnvoll, zusätzlich eine Exklusivlösung als Angebot mit abzugeben, die eben alle machbaren und möglichen Erweiterungen enthält, auch wenn sie nicht explizit vom Kunden kommuniziert wurden. Hier ist Ihr großer Vorteil, dass der Kunde selbst erkennt, wie hoch der Aufwand für einzelne Sonderwünsche anzusetzen ist. Und Sie haben damit auch ein Dokument, das Sie bei den Kundenwünschen hochhalten und mit dem Sie herumwedeln können, immer mit dem Hinweis auf zusätzliche Umsetzungskosten für den Kunden.

Ein Kunde, der Sie preislich herunterhandeln möchte, wird immer das Argument des gesprengten Investitionsrahmens bringen, egal, wie hoch oder niedrig Angebot und tatsächlicher Projektpreis sind. Erhält Ihr Kunde zwei oder drei verschieden teure Angebote zur Auswahl, wird er sich nicht mehr auf begrenzte Budgets berufen. Und das gilt nicht nur für das Webdesign: Gibt es die Auswahl zwischen einer Billig-, einer Normal- und einer Exklusivlösung, entscheiden sich die meisten Menschen stets für die mittlere, also die normale Variante. Ihr Kunde wird aber nicht nur aus Prinzip die billige Lösung noch unterbieten, dafür ist die »psychologische Hürde« zu groß, als mittelloser Kunde abgestempelt zu werden. Das wiederum wird aber ein Kunde tun, dessen Budget tatsächlich zu klein für Ihr Angebot ist.

7.3.2 AGBs, Verträge und rechtliche Hinweise

Grundsätzlich gilt zwar in Deutschland die Vertragsfreiheit, das heißt aber nicht, dass Sie die Freiheit haben, jeden Menschen hierzulande mit dem Kleingedruckten in Ihren Verträgen übers Ohr zu hauen. Viele Menschen denken immer noch, dass das, was sie unterschrieben haben, auch gesetzliche Gültigkeit hat. Tatsächlich gibt es für die sogenannten *Allgemeinen Geschäftsbedingungen* sogar ein eigenes Gesetz. Wie die zehn Gebote enthält dieses AGB-Gesetz vorwiegend Inhalte, die festlegen, was eben trotz Vertragsfreiheit nicht erlaubt ist. Bleibt die Frage, wie man seine Interessen als Anbieter durchsetzt, jedenfalls in den gesetzlich sicheren Fahrwassern.

Umfangreiche Werklieferungsverträge – und darum handelt es sich bei der Umsetzung einer Website – sollten Sie nur bei großen Projekten mit großen Teams einsetzen. Hier ist dann auch die Unterstützung eines Anwalts sinnvoll, der sich mit Vertragsrecht im Allgemeinen und Internetrecht im Speziellen auskennen sollte. Eigene AGBs gehören ebenfalls in die Hände eines

Anwalts. Während ein Werklieferungsvertrag mehrere Seiten umfassen kann, sollten AGBs eine DIN A4-Seite nicht überschreiten. Und sparen Sie sich eine verdächtig kleine Schrift. Mancher Kunde reagiert aufgrund schlechter Erfahrungen mit Dienstleistern kritisch bis gereizt, wenn Sie ihm die Grundlagen der gemeinsamen Geschäftsbeziehungen als Lektüre mit unverschämten sechs Punkten zumuten.

Für kleine Websites reicht dagegen ein rechtlicher Hinweis am Ende des Angebots. Sie wollen das zarte Pflänzchen eines frischen Auftrags ja nicht gleich mit Anwalt, Gericht und Todesstrafe verängstigen. Eine Verbindung von Nutzungsrecht und fälliger Zahlung der Rechnungen ist Warnung genug. Die Lizenzrechte sind dagegen von größerer Wichtigkeit, denn die meisten Kunden kennen sich überhaupt nicht mit den Nutzungsrechten und dem Urheberrecht aus. Sie wissen, wie teuer die Verwendung eines Profifotos werden kann. Wenn Sie als Webdesigner urheberrechtlich geschützte Bilder oder Texte vom Kunden einpflegen (»das geht schon, machen Sie mal ...«), kann man Sie voll haftbar machen.

> **Rechtlicher Hinweis**
>
> Das einfache, zeitlich und räumlich uneingeschränkte Nutzungsrecht an den Kreativleistungen und am Quellcode geht an den Auftraggeber über, sobald Sie den Betrag, den Sie in Rechnung gestellt haben, vollständig erhalten haben.
>
> Der Auftraggeber sichert zu, dass er berechtigt ist, dem Webdesigner das Basismaterial, das dieser zur Durchführung des Vertrags benötigt, zur Verfügung zu stellen. Bei dem Basismaterial handelt es sich insbesondere um Bilder, Fotografien, Logos, Texte usw. Soweit an dem Basismaterial Urheber-, Markenrechte und/oder sonstige gewerbliche Schutzrechte Dritter bestehen, stellt der Auftraggeber sicher, dass er im Besitz der Lizenzen ist, die für die Durchführung des Vertrags erforderlich sind.

7.3.3 Die Auftragsbestätigung

Akzeptiert der Kunde Ihr Angebot oder ein Alternativangebot, sollten Sie das unbedingt noch einmal schriftlich bestätigen. Sie könnten den Begriff Angebot in der Betreffzeile einfach in »Auftragsbestätigung« ändern, das ist auf jeden Fall besser als gar kein zusätzliches Dokument. Die Auftragsbestätigung kann zusätzliche Vereinbarungen enthalten und dokumentiert den eigentlichen Beginn der Projektarbeit. Sie besiegelt sozusagen die Bindung zwischen Ihnen und Ihrem Kunden.

7.3.4 Rechnungen, Formvorschriften und Mahnwesen

Viele Webdesigner stellen grundsätzlich nur eine Rechnung für ihre Arbeit. Die Endrechnung wird dann geschrieben, nachdem die Website freigeschaltet wurde. Einige müssen dann die ausstehenden Zahlungen einklagen, andere ärgern sich mit der schlechten Zahlungsmoral herum.

Anzahlung und Teilzahlungen

Ich stelle grundsätzlich immer zwei Rechnungen. Eine Anzahlung in Höhe von 50 % zu Beginn der Projektarbeit, die anderen 50 % nach Fertigstellung der Website. Für größere Projekte werden für einzelne Phasen separate Rechnungen gestellt. Die Abschlagszahlung garantiert nicht nur die finanzielle Sicherheit über einen gewissen Zeitraum des Projektablaufs, sie ist auch ein Zeichen für die Verbindlichkeit der Kundenentscheidung. Es gibt wohl kaum einen Kunden, der die Anzahlung akzeptiert und die Endzahlung verweigert.

Nur bei einem einzigen Kunden hatte ich in all den Jahren zum Thema Anzahlung überhaupt einen Diskussionsbedarf. Der Kunde akzeptierte sie nicht und wollte erst nach Fertigstellung des Projekts den Gesamtbetrag zahlen. Der Webdesigner, der nach meiner Ablehnung den Auftrag dann erhielt und durchführte, wartete mehrere Monate auf sein Geld, das dann in mehreren Raten gezahlt wurde.

Es gibt keinen triftigen Grund, warum Sie keine Anzahlung verlangen sollten, wohl aber wichtige Gründe dafür:

> **Gründe für eine Anzahlung**
>
> ▸ Erstens sind Sie nicht die Darlehensbank Ihres Kunden. Ihre Kosten und Verbindlichkeiten laufen weiter, während Sie an der Website arbeiten. Zweitens sollten Sie sich fragen, ob Sie Kunden haben wollen, die dann hoffentlich irgendwann nach dem Launch zahlen, jedenfalls, wenn es deren Liquidität zulässt.
> ▸ Es ist keine Ausnahme, dass Kunden mitten im Projekt den Elan verlieren und die im Lastenheft angeforderten Inhalte nicht zur Verfügung stellen. Wollen Sie den Kunden etwa auf Fertigstellung verklagen, damit Sie danach endlich Ihr wohlverdientes Geld sehen?
> ▸ Die Motivation Ihres Kunden zur Mitarbeit und Fertigstellung ist ungleich höher. Einfach gesagt: Für den Kunden ist ja schon ein Teil des Geldes weg. Eine Investition wird daraus aber erst durch den Launch der Website.

Bei größeren Projekten und vor allem bei Projekten im Team sollten Sie mehrere Abschlagszahlungen einplanen. Das Wichtigste ist hier übrigens neben der korrekten Rechnungsstellung die Transparenz der Inhalte. Wenn Ihr Kunde schon zahlen soll, muss er genau wissen, wann und für welche Leistungen. Verbinden Sie dabei das Pflichtenheft eng mit den Abschlagszahlungen. Dieses Vorgehen ist also mit den Teilzahlungen im Baugewerbe vergleichbar.

Formvorschriften

Sind die Angaben auf einer Rechnung unvollständig oder fehlerhaft, können Sie den Vorsteuerabzug beim Finanzamt schnell vergessen. Das gilt nicht nur für Rechnungen, die Sie bezahlen, das gilt im umgekehrten Fall auch für die Rechnungen, die Sie Ihren Kunden stellen.

Folgende Angaben muss eine Rechnung enthalten, damit sie laut §14 Umsatzsteuergesetz wirksam ist:

Formvorschrift für Rechnungen

- Name und Anschrift des Webdesigners
- Name und Anschrift des Kunden
- Rechnungsdatum
- fortlaufende, einmal vergebene Rechnungsnummer
- Termin der Leistung
- Umfang der Dienstleistung
- Netto-Beträge
- Steuerbeträge
- Brutto-Endbetrag (Rechnungsbetrag)
- Steuernummer oder Umsatzsteuer-Identifikationsnummer

Beispiel: Rechnung für die Anzahlung

- Auftragssumme netto: 1.000,00 EUR *(Nettobetrag)*
- Abschlagszahlung: 500,00 EUR *(% der Auftragssumme)*
- 19 % USt.: 95,00 EUR *(auf die Abschlagszahlung)*
- Rechnungsbetrag: 595,00 EUR *(Bruttobetrag)*

> **Beispiel: Endrechnung**
>
> - Auftragssumme netto: 1.000,00 EUR
> - 19 % USt.: 190,00 EUR
> - Auftragssumme brutto: 1.190,00 EUR
> - Nettobetrag abzüglich geleisteter Abschlagszahlung: 500,00 EUR
> - 19 % USt.: 95,00 EUR
> - Rechnungsbetrag: 595,00 EUR

Forderungsmanagement

Wie lange können Sie sich Kunden leisten, die nicht zahlen? Diese Gegenfrage stellte ein Rechtsanwalt und Spezialist für Forderungsmanagement auf meine Bemerkung hin, dass man einige zahlungsfaule Kunden akzeptieren müsse.

Mit einer Anzahlung oder mehreren Abschlagsrechnungen haben Sie bereits das Risiko schlechter Kunden minimiert, ein weiteres Instrument sind klare Zahlungsbedingungen:

> **Zahlungsbedingungen mit Zahlungsziel**
>
> Steht als Zahlungsziel auf der Rechnung »sofort, netto Kasse« oder »nach Erhalt, ohne Abzug«, dann beträgt die Zahlungsfrist 14 Tage.

In Einzelfällen wird es immer wieder passieren, dass ein Kunde nicht die Endrechnung bezahlt. Will oder kann er nicht bezahlen? Das ist eine Frage, mit der Sie sich zuerst beschäftigen müssen. Die Antworten finden Sie meistens auch ohne Anwalt oder Inkassobüro.

> **Achtung!**
>
> Grundsätzlich gilt: Ihr Kunde gerät mit dem Erhalt der Rechnung in Verzug.

Sie können davon ausgehen, dass notorische Betrüger und Zechpreller ziemlich selten sind. Bevor Sie 14 Tage nach Rechnungsstellung einem Kunden die erste Mahnung schicken, sollten Sie die folgende Fragen geklärt haben.

> **[✓] Fragen vor der Mahnung**
> - Hat der Kunde die Rechnung überhaupt erhalten?
> - Ist der Kunde anwesend und erreichbar?
> - Sind wirklich alle Punkte des eigenen Pflichtenheftes erledigt?
> - War der Kunde bisher so zuverlässig, dass man noch warten kann?

Es gibt eine Menge Gründe, warum Ihr Kunde eine Rechnung nicht zahlt, die Totalverweigerung ist dabei aber der seltenste Fall. Ihr Kunde ist vielleicht in Urlaub, auf einem Kongress im Ausland oder er ist krank. Eventuell wartet er noch auf eine bestimmte Leistung, die Sie mit dem Launch der Website zugesichert haben. Vielleicht ist er auch mit einem dringenden Problem beschäftigt und einfach noch nicht dazu gekommen, Ihre Rechnung zu überweisen.

Wenn Sie erst die Zahlungserinnerung oder die Mahnung versendet haben, befinden Sie sich bereits auf dem offiziellen Pfad von Recht und Gesetz. Diesen Pfad sollten Sie aber erst beschreiten, wenn alle anderen Wege erfolglos waren.

> **Kommunizieren!**
> Reden Sie immer zuerst mit Ihrem Kunden!

Bevor Sie eine Zahlungserinnerung per Post schicken, sollten Sie vorher immer den Kunden anrufen. Selbst wenn Sie es nur mit einer Assistentin oder Sekretärin oder einem Vertreter zu tun haben – diese Person wird Ihre Information und Nachfrage weitergeben. In vielen Fällen ist dann das Geld innerhalb weniger Tage auf Ihrem Konto.

Der nächste Weg führt über eine freundliche Zahlungserinnerung. Der wichtigste Satz darin lautet:

»Sicher haben Sie übersehen, den noch ausstehenden Betrag zu überweisen. Wir möchten Sie bitten, dies in den nächsten Tagen, spätestens bis zum ... nachzuholen. Vielen Dank.«

Sollte Ihr Kunde dann immer noch nicht gezahlt oder sich gemeldet haben, dann will er vermutlich auch nicht zahlen. Trotzdem sollten Sie noch einen letzten Versuch per Telefon starten. Auch wenn es schwer fällt: Kommunizieren Sie sachlich Ihre Enttäuschung und Ihren Ärger. Werden Sie nicht beleidigend oder persönlich, und brüllen Sie nicht ins Telefon. Es ist zwar selten, aber es gibt tatsächlich die sprichwörtliche Verkettung unglücklicher Umstände. Mit Ihrem zweiten Anruf zu dieser Angelegenheit haben Sie Ihrem Kunden jedenfalls genug Gelegenheiten gegeben. Jetzt muss er zahlen, und zwar umgehend, darauf können Sie im Telefonat bestehen und sein Versprechen einfordern.

Passiert dann trotzdem nichts, müssen Sie handeln – mit allen Mitteln, die Ihnen zur Verfügung stehen.

> **Erste Regel im Forderungsmanagement**
> Es gibt keinen Grund, auf das Geld zu verzichten.

> **Zweite Regel im Forderungsmanagement**
> Man steht nicht allein auf weiter Flur, es gibt Anwälte und Gesetze.

Der offizielle Weg

Das erste Mahnschreiben können Sie selbst aufsetzen. Verzichten Sie auf eine Mahngebühr, und weisen Sie den Schuldner darauf hin, dass Sie diese Angelegenheit nach Ablauf der letzten Frist (eine Woche) und ohne weitere Ankündigungen Ihrem Anwalt übergeben. Jetzt wissen Sie, warum Sie zumindest einen Anwalt kennen sollten. Viele Gläubiger verzichten auf ihr Geld, weil ihnen ein Mahnverfahren als Zeichen einer Niederlage unangenehm ist, im Sinne von »zu blöd, einen falschen Fuffziger zu erkennen«.

> **Vorteile Rechtsanwalt**
> ▸ Persönlicher Kontakt zu einem Anwalt
> ▸ Intensive Kommunikation zwischen allen Parteien
> ▸ Sie bleiben »auf dem Laufenden«.

Als zweite Möglichkeit bietet sich das Einschalten eines Inkassobüros an. Inkassounternehmen ziehen das Geld für ihre Kunden bei den Schuldnern ein und verlangen dafür entweder eine Grundpauschale oder einen prozentualen Beitrag auf Grundlage der Gesamtforderung.

> **Vorteile Inkassobüro**
> - Überschaubare Kosten
> - Kann sofort in Anspruch genommen werden
> - Für Sie ist das Thema »erledigt«.

Für welchen Weg Sie sich entscheiden, hängt immer auch von Ihren persönlichen Vorlieben ab. Suchen Sie gern die Auseinandersetzung, ist die Einschaltung eines Rechtsanwalts die bessere Lösung. Wenn Sie eher der introvertierte Typ oder ein Arbeitstier sind, gehören bürokratische Vorgänge und rechtliche Auseinandersetzungen ohnehin nicht zu Ihren Lieblingsbeschäftigungen. In diesem Fall können Sie als ersten Schritt des Forderungsmanagements ein Inkassobüro beauftragen, also noch vor dem Aufsetzen einer ersten Zahlungserinnerung.

Der zweite Faktor Ihrer Entscheidung ist der Kontakt und das persönliche Verhältnis zu Ihrem Kunden. Ist dieses Verhältnis von Anfang an eher von der Ausnutzung Ihres Know-hows und Ihrer Gutmütigkeit bestimmt, sollten Sie sich nicht länger von solchen Kunden hinhalten lassen: Hier ist es sogar sinnvoll, schon nach Ablauf der 14-tägigen Zahlungsfrist für die Endrechnung ein Inkasso-Büro in Anspruch zu nehmen. Verloren haben Sie bei diesem Kunden ja sowieso schon genug. Ist der Kontakt dagegen über weite Teile des Projekt-Workflows positiv und angenehm verlaufen, ist der Rechtsanwalt als pragmatischer Mittler die bessere Lösung. Wichtig ist nur: Werden Sie überhaupt aktiv.

TEIL IV
Erfolgreiche Projekte – Planung, Management und Systeme

In diesem Buch war schon häufig von Webstandards beziehungsweise von standardkonformen Internetseiten die Rede. Nun wird es Zeit, sich etwas genauer damit auseinanderzusetzen.

8 Webstandards

Sofern dieses Thema für Sie bereits ein alter Hut ist und Sie ohnehin nur nach geltenden Webstandards arbeiten, können Sie dieses Kapitel auch überspringen. Sollten Sie jedoch noch nicht genau wissen, worum es bei diesem Thema geht, lesen Sie den folgenden Abschnitt sorgfältig durch, und beachten Sie auch die externen Links am Ende.

8.1 Wozu Standards?

Standards machen einen Großteil unseres täglichen Lebens aus. Jede Schraube wird rechtsherum zu- und linksherum aufgedreht. Ihr »Energiesparleuchtmittel« passt auch in eine Flohmarktlampe, die zu einer Zeit hergestellt wurde, als es Energiesparlampen noch gar nicht gab. Für ein altes Röhrenradio von 1949 werden Sie zwar keine neuen Ersatzteile mehr finden und auch keinen kompetenten Techniker – sofern das Gerät aber noch in Ordnung ist, können Sie damit auch heute noch Ihren Lieblingssender und »Oldies der 80er« hören. Das alles überrascht Sie auch nicht, diese Normen und Kompatibilitäten sind für Sie vielmehr selbstverständlich.

Wir orientieren uns aber nicht nur an den Standards bekannter DIN-Normen, auch die Qualität einer beruflichen Dienstleistung oder die eines Handwerks sind für uns transparent. Wir gehen von bestimmten Qualitätsstandards aus, wenn ein Handwerksmeister, ein Arzt oder ein Diplom-Ingenieur seine Arbeit macht.

Die Problematik der beruflichen Qualifikationen war bereits Thema in Abschnitt 1.5, *Webdesign im Wettbewerb: Qualifizierung und Marktpositionierung*, es gibt aber auch Qualitätsstandards für Websites – leider haben nur noch nicht alle davon gehört. Wer davon nichts hören will und keine Lust hat umzulernen, wird im Gegensatz zu einem Handwerker, Arzt oder Architekten keine großen Probleme bekommen, denn der Kunde des Webdesigners – das war schon mehrfach Inhalt dieses Buches – hat keine Ahnung von Webstandards, die ihn auch nicht interessieren.

Nach wie vor arbeiten viele Webdesigner unbemerkt und jenseits von Kritik ohne Einhaltung dieser Standards weiter, frei nach dem Motto: Stell Dir vor, es ist Pfusch, und keiner merkt es.

> **Webstandards – die Kurzfassung**
>
> Eine standardkonforme Internetseite ist ein logisch strukturiertes Textdokument, wobei sich die Struktur an der Bedeutung der Seitenteile orientiert (Überschriften, Absatztexte, Listen, Datentabellen, Bilder). Inhalt, Design und Verhalten einer Internetseite sind streng getrennt.
>
> Das Design der Seite wird vom Layout bis zur Darstellung einzelner Seitenteile über die Stilvorlagen von CSS-Dateien gesteuert. Definiert JavaScript das Verhalten, wird es ebenfalls nicht in den Inhaltsbereich des (X)HTML-Textes geschrieben. Zur Trennung von Inhalt und Design gehört auch, dass die Datentabellen, die lange Zeit als Layoutkrücken verwendet wurden, längst obsolet sind.

8.2 Browserkriege, Browserstandards, Tabellenlayouts und 1-Pixel-GIFs

Um zu verstehen, warum geltende Webstandards über lange Zeit ein Schattendasein führten, muss man die bestimmenden historischen Faktoren betrachten. Werbung treibende Unternehmen und Werbeagenturen erkannten schon seit Mitte der 90er-Jahre die Potenziale des Webs, das anfangs von einer zahlungskräftigen und klar umrissenen Bevölkerungsgruppe genutzt wurde, die damit ganz klar zu den allgemein bevorzugten Zielgruppen der Werbewirtschaft gehörte. Zu dieser Zeit war das Web kein Massenphänomen und noch weniger ein selbstverständliches Medium der Kommunikation wie heute.

Der Wunsch nach einer Kommerzialisierung ging mit dem Wunsch einher, vorhandene Marketinginstrumente und das Corporate Design aus dem Printbereich auf das Web zu übertragen.

Standards gab es bereits damals. Ein Konsortium, gegründet vom »Web-Urvater« Tim Berners-Lee, sorgte für die Empfehlung einheitlicher Standards, um das Web so unabhängig wie möglich zu halten. Dieses *World Wide Web-Consortium* (W3C) hat jedoch bis heute keine Entscheidungsbefugnis: Es kann lediglich Empfehlungen aussprechen.

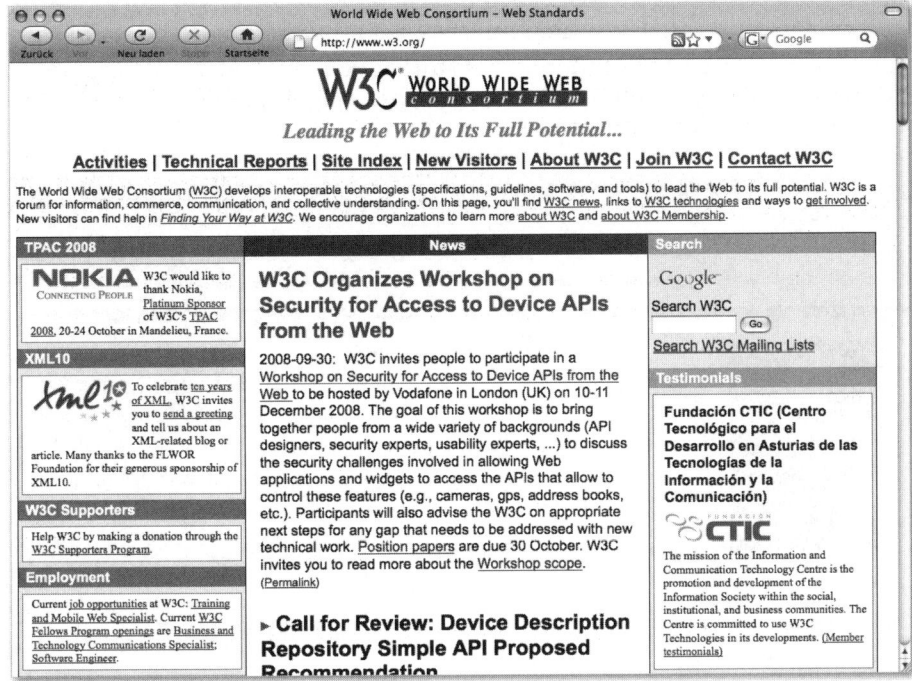

Abbildung 8.1 Die Website des W3C: www.w3.org

Etwa zu der Zeit, als Unternehmer und Kreative das Web für sich entdeckten, begannen Microsoft und Netscape einen »Browserkrieg« um die Vorherrschaft im Web. Gleichzeitig führte das Buch »Killer-Websites« von Dave Siegel (siehe Literaturverzeichnis) zur allgemeingültigen Meinung, dass eine Webseite die Nutzer vorrangig *binden, unterhalten und fesseln* soll, um ein Weiterklicken auf eine andere Website zu vermeiden. Die Internetseiten sollten nicht nur gut aussehen, sie sollten wie ein Theaterstück oder ein Kinofilm ein besonderes mediales *Erlebnis* bieten.

Diese drei Faktoren hatten auf die frühen Standards des jungen Mediums einen verheerenden Einfluss. Und als Konsortium ohne Macht saß das W3C zwischen allen Stühlen. Mit sich selbst beschäftigt, hatten die W3C-Mitglieder Microsoft und Netscape in der Zwischenzeit neue Tatsachen geschaffen: Beide Browser-Hersteller gaben den Designern ständig neues Futter, um mit

Websites das Publikum zu unterhalten und zu binden, sie sorgen für neue Standards, die freilich weder vom W3C noch vom jeweils konkurrierenden Browser unterstützt wurden. Mittlerweile hatten die Kreativen die Datentabelle als Layoutkrücke entdeckt, mit der sie Internetseiten endlich so gestalten konnten, wie sie das aus dem Printbereich mit seinen Rastersystemen gewohnt waren. Das Chaos unter den Motorhauben der Websites war perfekt, blieb jedoch von den Nutzern des Webs weitgehend unbeachtet.

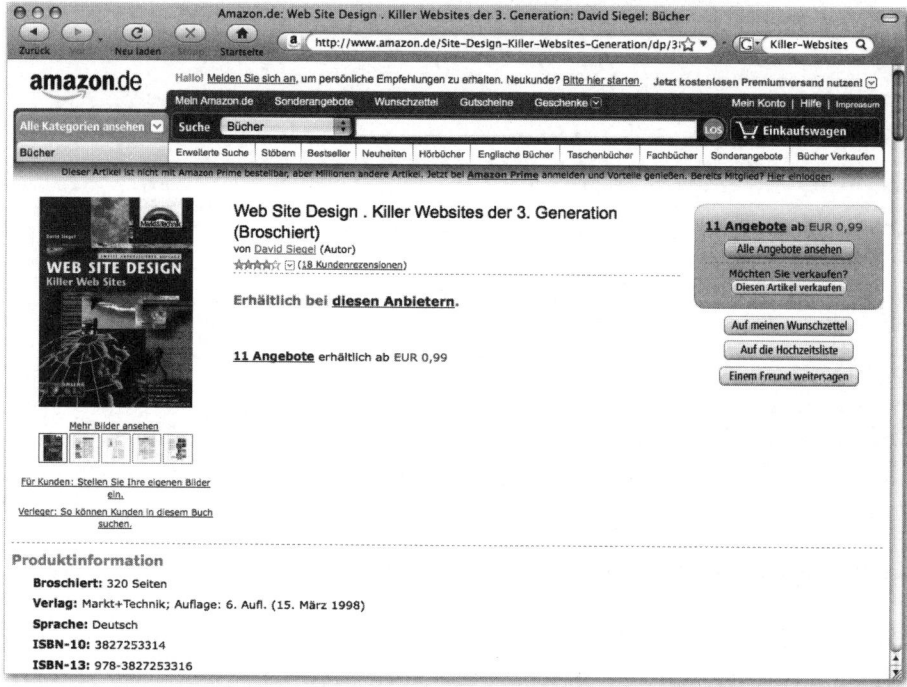

Abbildung 8.2   Sechste Auflage, 99 Cent – »Killer Websites« von David Siegel

Schon sehr früh hatte das W3C die Verwendung von *Stilvorlagen* für das Design von Internetseiten vorgesehen. Diese Stilvorlagen sind im Printbereich schon lange ein gängige Methode, das Aussehen eines umfangreichen Dokuments über Formatvorlagen oder eine Musterseite zentral zu steuern.

Der Browserkrieg und die Verwendung von Layouttabellen sorgten jedoch dafür, dass diese Stilvorlagen (CSS: Cascading Stylesheets) nur unzureichend in der Browserdarstellung funktionierten. Kurioserweise sorgte Microsoft als Sieger des Browserkrieges im Jahre 2000 für die erste umfassende Unterstützung der W3C-Webstandards, wenn auch zahlreiche Implementierungsfehler blieben. Kurios ist das deshalb, weil der Internet Explorer 6 – heute hoffnungslos veraltet – noch immer in Verwendung ist und den Webentwicklern das gleiche Kopfzerbrechen bereitet wie im Jahr 2000.

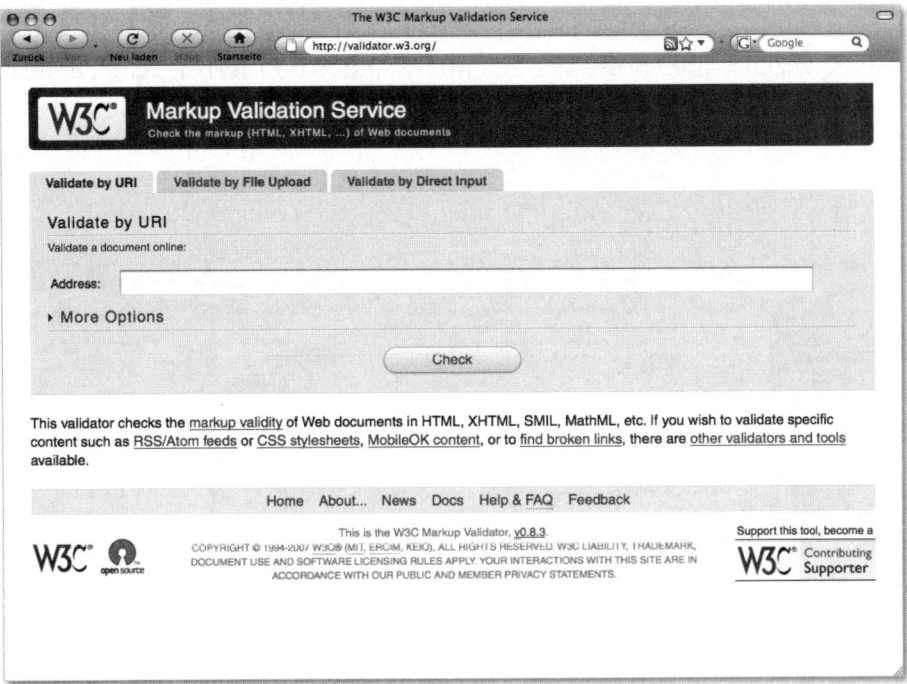

Abbildung 8.3 Der Validator des W3C

8.3 Das Dilemma der WYSIWYG-Editoren

Neben den drei apokalyptischen Reitern der Webstandards – Grafikdesigner, Browserhersteller und Dave Siegel – gab es als Trittbrettfahrer dieser unseligen Entwicklung noch die grafischen Editoren, die auch schon Thema dieses Buches waren. Die WYSIWYG-Editoren erschienen mitten im Browserkrieg und hatten von Beginn an unterschiedliche Zielgruppen. Microsoft brachte *Frontpage* heraus, da Netscape mit dem COMPOZER schon über einen integrierten Editor verfügte. Frontpage orientierte sich an den Office-Nutzern, die selbst eigene Websites »gestalten« wollten. Unnötig zu erwähnen, dass die ersten Frontpage-Versionen niemals die Netscape-Innovationen unterstützten, dafür aber die eigenen (nicht W3C-konformen) Standards von Microsoft. Die deutsche Firma GoLive brachte – ursprünglich nur für den

Macintosh – den Editor *Cyberstudio* heraus (heute *Adobe GoLive*), der sich vornehmlich an grafisch orientierte Designer richtete, die nicht eine Zeile HTML-Code lesen wollten. Ein ähnliches Konzept verfolgte das Programm *FreeWay*, dessen Werkzeugleiste gleich direkt vom Layoutprogramm QuarkXPress übernommen wurde. *Dreamweaver* war dagegen eindeutig das Werkzeug für Webentwickler, die vorher mit einem Texteditor ihre HTML-Seiten codiert hatten und die Kontrolle über den Quellcode behalten wollten. Anfangs gab es außerdem noch Exoten wie *Claris Homepage*, die wegen mangelnder Marktdurchdringung verschwanden, oder *Adobe Pagemill*, die aufgrund eines nicht noch weiter zu verschlimmernden Quellcodes eingestellt wurden.

Abbildung 8.4 Logos von GoLive (Cyberstudio) 1996 und 1997

Allen Editoren ist gemeinsam, dass sie schlechte Qualität produzieren. Demgegenüber steht eine vermeintlich bequemere Umsetzung einer Website. Weil fast alle Editoren in den Jahren des Browserkrieges entwickelt wurden, sollten sie möglichst alle Standards abdecken – die W3C-Standards ebenso wie die jeweils neuesten Features von Microsoft und Netscape. Aufgeblähte JavaScript-Bibliotheken und ein monströser HTML-Code waren eine Folge dieses Anspruchs.

Kein Programm verfügt bis heute über eine implementierte künstliche Intelligenz. Konkret bedeutet das: Kein Editor kann feststellen oder abfragen oder verhindern, dass der Nutzer des Programms Dutzende Tabellen verschachtelt, für jedes Wort ein eigenes `<font>`-Tag vergibt, außer der Auszeichnung von Absätzen mit `<p>` keine Textstruktur kennt und alle Überschriften als Bilddateien mit leeren `<alt>`-Attributen einfügt. Kurz gesagt: Die Editoren lassen bis heute alle Möglichkeiten der Umsetzung zu. Auch die schlechteste Umsetzung führt zu einer Internetseite, die sich in einem Browser betrachten lässt. Bis heute gehört die Installation eines WYSIWYG-Editors deshalb zu den schlechtesten Alternativen, um HTML und CSS zu lernen.

Die von mehrfach verschachtelten Tabellen durchsetzten Websites stammen bis heute fast ausschließlich von Editoren – selbst einem geübten Tabellen-Designer ist es nahezu unmöglich, die Struktur zahlreicher `<table>`-Layouts zu erkennen.

8.4 Webstandards: Standards im Web und in der Webentwicklung

Wenn Sie das Handout für Ihre Kunden aus Abschnitt 4.4.7 aufmerksam gelesen haben, haben Sie auch schon eine grundsätzliche Einführung in das Thema Webstandards bekommen.

Eine standardkonforme HTML-Seite wird durch eindeutige Definitionen der Seitenteile strukturiert – kurz gesagt: Die Seite wird anhand der *Inhalte* aufgeteilt. Dabei wird die Syntax durch die Verwendung der Auszeichnungssprache (X)HTML vorgegeben. Genauso wichtig ist aber auch die *Semantik* (Bedeutung) der Inhalte, also die korrekte Differenzierung und Auszeichnung von Seitenteilen als Überschriften, Absatztext, Listen, Tabellen oder Bilder. Man spricht bei standardkonformen Internetpräsenzen deshalb auch von *semantischen* Websites.

Bei der Erstellung einer standardkonformen Internetseite befasst man sich zuerst mit den Inhalten und nicht mit der Präsentation. Eine standardkonforme Internetseite ist unter dieser Prämisse eher mit einem schlichten Textdokument vergleichbar als mit einer PowerPoint-Datei oder gar mit einem schön gestalteten Hochglanzprospekt, denn bereits die Herangehensweise an ein Website-Projekt ist eine völlig andere als bei visuellen Medien oder Printprodukten.

8.4.1 Design

Vom Inhalt streng getrennt ist bei einer standardkonformen Internetseite die Präsentation, also das Design der Seite als visuelles Erscheinungsbild im Browser. Diese Aufgabe übernehmen die Stilvorlagen der CSS-Dateien (Cascading Stylesheets), mit denen vom kompletten Layout bis zu einzelnen Absatzformaten alle Teile der (X)HTML-Seite gestaltet werden können.

8.4.2 Verhalten

Ebenfalls vom Inhalt getrennt sind die interaktiven Aspekte der Internetseite, also das Verhalten einer Website. Das Verhalten wird bestimmt durch externe JavaScripts bzw. JavaScript-Bibliotheken.

8.4.3 Zugänglichkeit

[!] **Trennen Sie Inhalt, Präsentation und Verhalten**

Die strikte Trennung der drei Blöcke Inhalt, Präsentation und Verhalten garantiert, dass die Internetseite auch ohne die beiden anderen Blöcke benutzbar bleibt.

8.5 Die Website im Einsatz

Nach dem bisher Gesagten könnte man davon ausgehen, dass die Website etwas ist, das überall und von allen Nutzern gleichermaßen verwendet wird, und dass Webstandards nichts anderes sind als die zwanghafte Normierung von Internetseiten, weil es da offensichtlich in der Vergangenheit ein paar kleinliche Handhabungsfehler gab.

Immer wieder hört und liest man sogar von gestandenen und hauptberuflich tätigen Webdesignern, dass die Vertreter der Webstandards päpstlicher als der Papst seien, sich mitunter sogar aufführten wie Ideologen und dass eine »harmlose Layouttabelle« aber wohl kaum ein ernsthaftes Problem für das Web darstellen würde. Oder es wird argumentiert, dass der Kunde entschieden habe, einen Text in der Hausschrift zu präsentieren, und deshalb die Einbindung einer Grafik in einer Tabelle als Textersatz unvermeidlich war. Diese und ähnliche Abweichungen von der »reinen Lehre« sind nach Ansicht dieser Webdesigner zu tolerieren.

Jenseits der Ideologien

Es geht natürlich nicht darum, Webstandards nur um der reinen Lehre willen durchzusetzen. Das wäre ja tatsächlich ideologisch und hätte im Webdesign nichts zu suchen. Die zitierten Abweichungen von den geltenden Standards sind aus ganz anderen Gründen zu vermeiden – unabhängig davon, dass es heute auch keinen vernünftigen Grund mehr gibt, auf moderne Webstandards zu verzichten.

Im Handout für Ihre Kunden war bereits die Rede von den *Schnittstellen* einer Internetseite. Auch die Webdesigner der alten Schule verstehen nicht, dass es die typische Browserdarstellung einer Website ebenso wenig gibt wie die typische Monitorauflösung, die typische Hardware, das typische Nutzerverhalten oder den typischen Anwender schlechthin.

> **Mythos pixelgenaues Layout** [!]
> Die pixelgenaue Internetseite ist ein Mythos des antiken Webdesigns. Schon zu Zeiten des Browserkrieges war es eher ein Wunschtraum als Realität, Internetseiten pixelgenau umzusetzen.

Die älteren Webdesigner erinnern sich noch, welche Probleme vor allem der Netscape-4-Browser bei der Berechnung von Prozentwerten und Zellenbreiten der Layouttabellen machte, selbst wenn man den gefürchteten AOL-3-Browser bereits vernachlässigte.

8.6 Browser, Hardware, Suchmaschinen und Nutzer

Als Betriebssystem ist neben Windows auch Mac OS X heute wichtig geworden. Verschiedene Unix-Derivate finden sich auf immer mehr Rechnern, und Linux hat sich für viele Anwender zu einer Alternative entwickelt. Heute haben wir es auch mit mehr als zwei Browsern zu tun, und als Webdesigner muss man nicht zuletzt auch noch den Internet Explorer 6 als verbreitete Altlast mit berücksichtigen.

8.6.1 Die Browser

Die Browser haben unterschiedliche Fenstergrößen für die Darstellung von Internetseiten. Man kann nie wissen, welche zusätzlichen Toolbars die Nutzer in der Browserleiste installiert haben und welche Fenstergröße sie bevorzugen. Die Angabe der verbreiteten Monitorgrößen allein reicht auch in den schönsten Statistiken nicht aus, um auf die tatsächliche Browsergröße des individuellen Nutzers zu schließen. Viele Anwender wollen einen Teil des Desktops im Auge behalten, einige fürchten sich vor Trojanern, die unbemerkt hinter dem IE-Fenster abgelegt werden könnten, andere bevorzugen auch nach dem Kauf eines großen Monitors ihre alte Fenstergröße für den Browser.

Vergessen wird auch schnell, dass jeder Browser sein eigenes Stylesheet verwendet. Das folgende Beispiel mit einem einfach ausgezeichneten HTML-Dokument zeigt die Unterschiede:

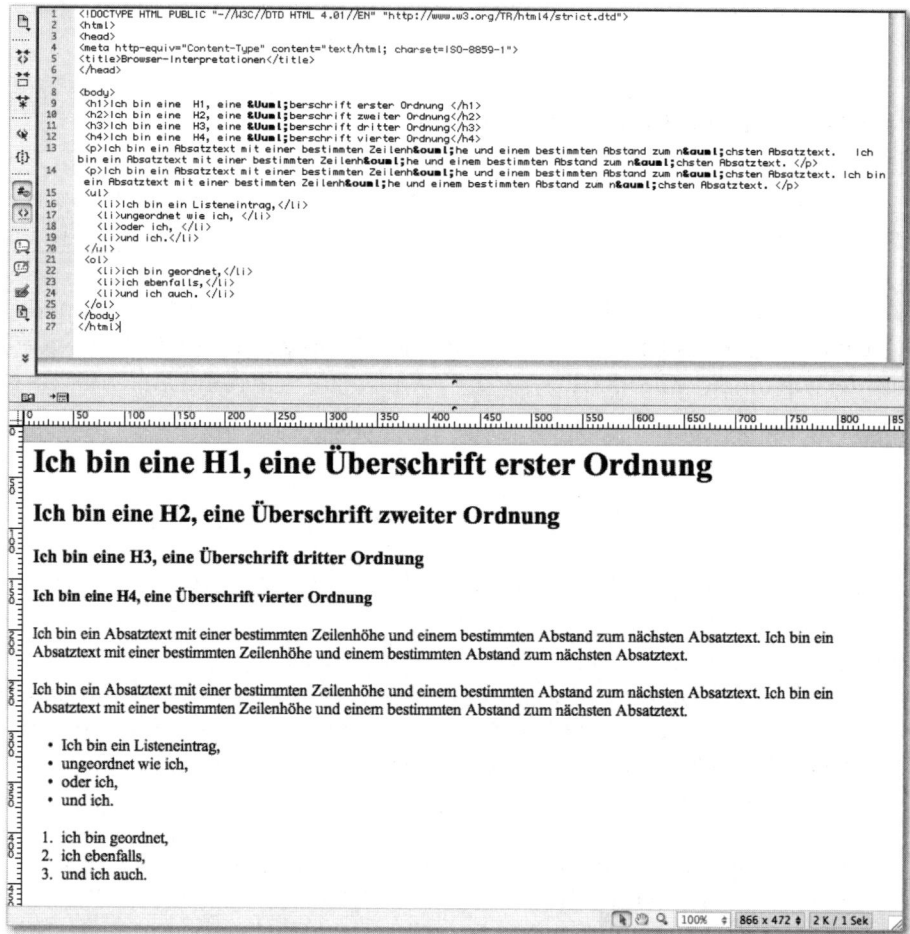

Abbildung 8.5 HTML-Vorlage, hier im Dreamweaver-Fenster

Browser, Hardware, Suchmaschinen und Nutzer | **8.6**

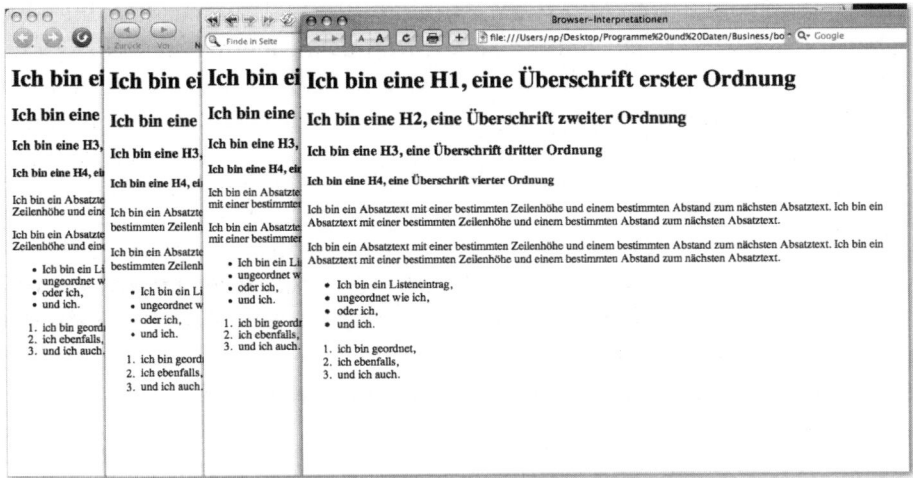

Abbildung 8.6 Darstellung der Vorlage in verschiedenen Mac-Browsern (von links nach rechts): Camino, Firefox, Opera, Safari

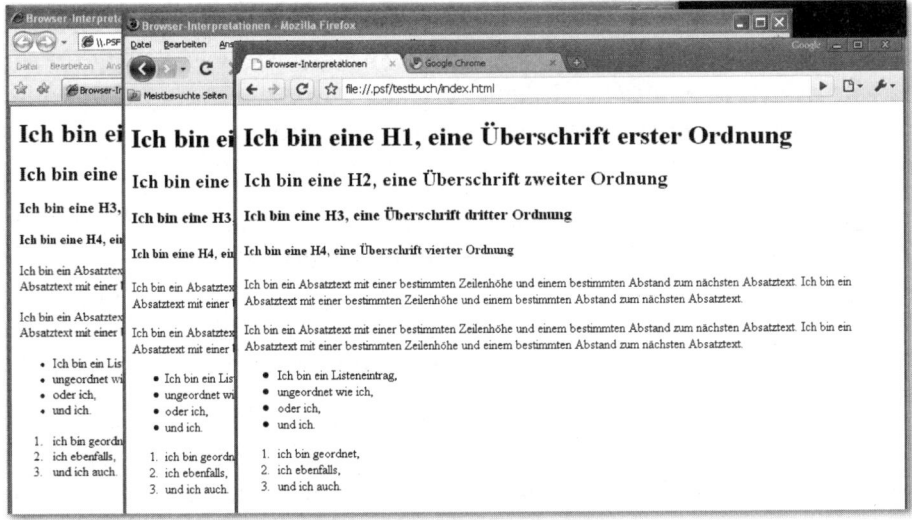

Abbildung 8.7 Darstellung der Vorlage in Windows-Browsern (von links nach rechts): Internet Explorer 7, Firefox, Google Chrome (Beta)

Nicht nur die Browser verwenden eigene Stylesheets, es gibt auch einige Nutzer, die ihre eigenen Stilvorlagen verwenden. Diese Nutzergruppe mag absolut gesehen vielleicht marginal sein, und viele Webdesigner sind auch der Meinung, dass diese Gruppe nicht zu berücksichtigen ist – es sind jedoch auch die sehbehinderten Menschen darunter, die ihre Browser so eingestellt haben, dass die Internetseiten für sie »richtig« dargestellt werden.

8.6.2   Für welche Geräte optimiert man?

Viele sehbehinderte und vor allem blinde Nutzer verwenden einen Screenreader, also ein Programm zur Sprachausgabe, oder als Hardware eine Braillezeile (Braille war der Erfinder der Blindenschrift), die die Inhalte der Internetseite in Blindenschrift übersetzt. Im Kapitel 8, *Usability und Accessibility*, werden wir noch ausführlicher auf das Thema »barrierefreies Webdesign« zurückkommen; wichtig ist hier die Tatsache, dass Screenreader nur bedingt fähig sind, Verhalten via JavaScript überhaupt zu erfassen.

Blind sind übrigens auch die Suchmaschinen. Während früher die sogenannten Keywords bestimmend für die Website-Platzierung in den alten Suchmaschinen waren, spielen diese Schlüsselwörter für Google überhaupt keine Rolle mehr. Google achtet vielmehr sehr genau auf die Struktur des HTML-Textes. Bilder werden nur über den Alternativtext erkannt, und es ist Google auch egal, ob eine vermeintlich seitenfüllende Grafik eine H2-Überschrift darstellen soll: Ist es keine H2, ist der Inhalt auch nicht so wichtig wie auf der unscheinbaren Internetseite, die eine sorgfältige Strukturierung aufweist und die deshalb in der Ergebnisliste weiter nach oben rutscht.

Individuell eingestellt wird auch oft die Schriftgröße des Browsers. Viele Webdesigner denken nicht darüber nach, dass es eben nicht immer der Nutzer selbst ist, der diese Einstellungen vorgenommen hat, sondern oft der IT-Mitarbeiter oder – bei Privatnutzern – der Fachhändler. Da reicht bei der Installation schon ein Hinweis des Nutzers, dass die Schrift auf dem alten 17-Zoll-Monitor ja viel schöner und größer war als auf dem neuen 20-Zoll-Flachbildschirm.

Ähnliches gilt auch für die Farbtiefe der Monitore. Was Hochleistungs-PCs vor zehn Jahren an RAM hatten, besitzt heute die normale Grafikkarte an Speicher. Trotzdem gibt es auch heute noch genug Anwender, die mit der Farbtiefe »High-Color« arbeiten, also mit rund 32.000 anstatt mit Millionen Farben. In vielen Behörden und Unternehmen ist diese Einstellung noch immer gängige Praxis. Was auch schnell übersehen wird: In Unternehmen und Behörden ist aus Sicherheitsgründen die Verwendung von JavaScript untersagt oder von vornherein abgeschaltet. Auch das muss bei der Umsetzung einer Website unbedingt berücksichtigt werden und gilt besonders für die

Umsetzung von Navigationsmenüs, die oft ohne JavaScript nicht funktionieren. Bei solchen Menüs wäre der Nutzer also von einem Großteil des Website-Angebotes ausgeschlossen.

Mindestens 1024 × 768 Pixel?

Grundsätzlich lohnt sich immer die Frage, womit und wie man heute Internetseiten nutzt. Es ist ja nicht nur die PC-Peripherie, die allein etwas mit dem Web anfangen kann. Die Idee vom Internet am Kühlschrank wurde in der ursprünglich diskutierten Form so nicht realisiert, aber dafür gibt es heute das iPhone, ein Mobiltelefon mit Apples grafischem Safari-Browser, der Internetseiten so darstellt, wie man es vom normalen PC-Monitor kennt. Keine Frage, dass man hier genau sieht, dass man mit Frames oder einer »harmlosen Layouttabelle« genau das Falsche getan hat.

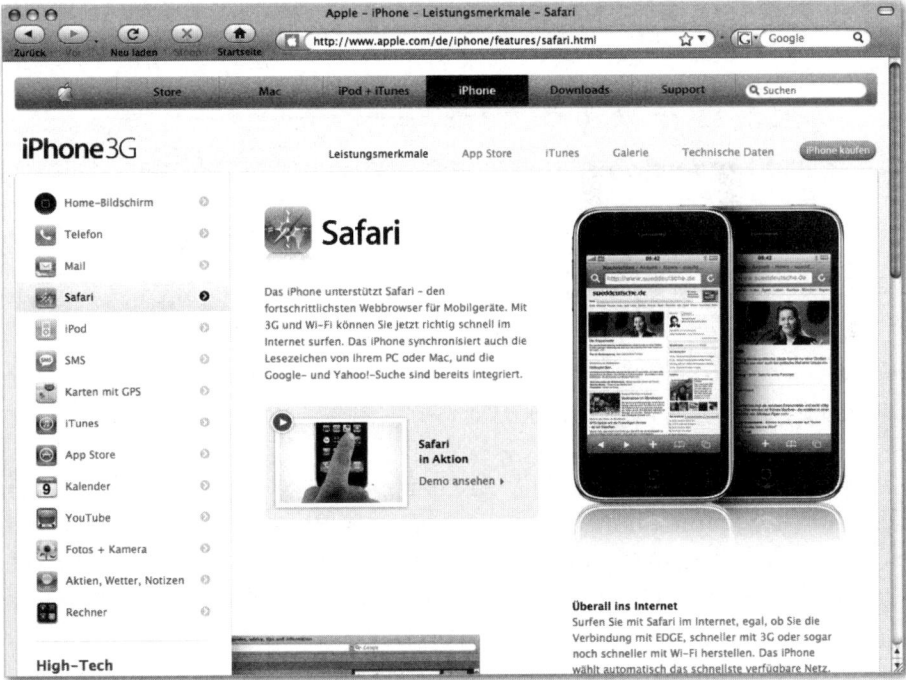

Abbildung 8.8 Ein Monitor mit 3,5 Zoll – Apples iPhone

Man muss sich aber nicht einmal in die exotischen Gefilde von Apples Edel-Mobilcomputer begeben, um die Notwendigkeit von Webstandards zu erkennen. Der EeePC von Asus mit Linux-Betriebssystem hat einen Monitor mit der Auflösung 800 × 480 Pixel, der bereits kleine Sünden in der Umsetzung bestraft. Der unerwartet große Erfolg des kleinen Sub-Notebooks und hervorragende Verkaufszahlen haben dazu geführt, dass mittlerweile viele andere Hersteller diesen Markt und damit eine weiter steigende Nutzerzahl bedienen.

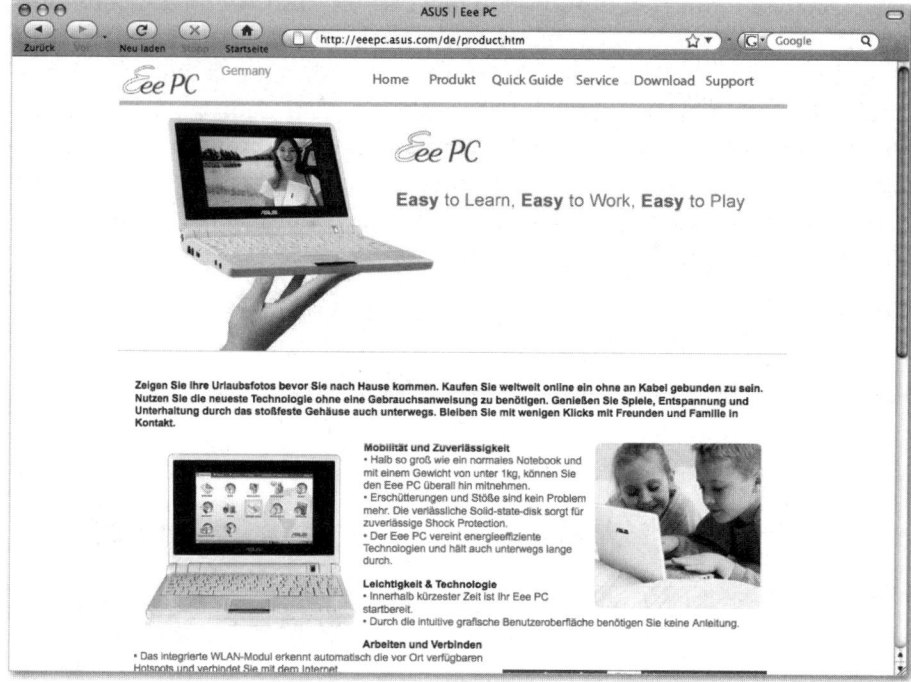

Abbildung 8.9 Der EeePC – klein, praktisch, erfolgreich

Lesen am Bildschirm ist für alle Menschen ermüdend. Viele Nutzer drucken deshalb vor allem textlastige Internetseiten aus, um sie in aller Ruhe offline zu lesen. Auch hier merkt man als Anwender sofort am Tinten- und Papierverbrauch, ob der Webdesigner auf Webstandards geachtet hat oder nicht.

8.7 Die Vorteile von Webstandards

Eines ist durch das bisher Gesagte wohl klar geworden: Webstandards sollten nicht um ihrer selbst willen eingehalten werden, sondern wegen der Menschen, die das Medium Web auf vielfältige Art und Weise nutzen.

Die Vorteile von Webstandards | 8.7

> **Nutzerorientierung** [!]
> Webstandards orientieren sich am Nutzer, nicht an Maschinen.

Es gibt nicht das typische Ausgabegerät eines typischen Nutzers mit einem typischen Verhalten. Jeder Nutzer ist individuell, und das Web bietet im Gegensatz zu anderen Medien ein riesiges Potenzial an Flexibilität, die viel zu oft und ohne Not beschnitten wird. In den folgenden Abschnitten fassen wir noch einmal die wichtigsten Vorteile der Webstandards zusammen.

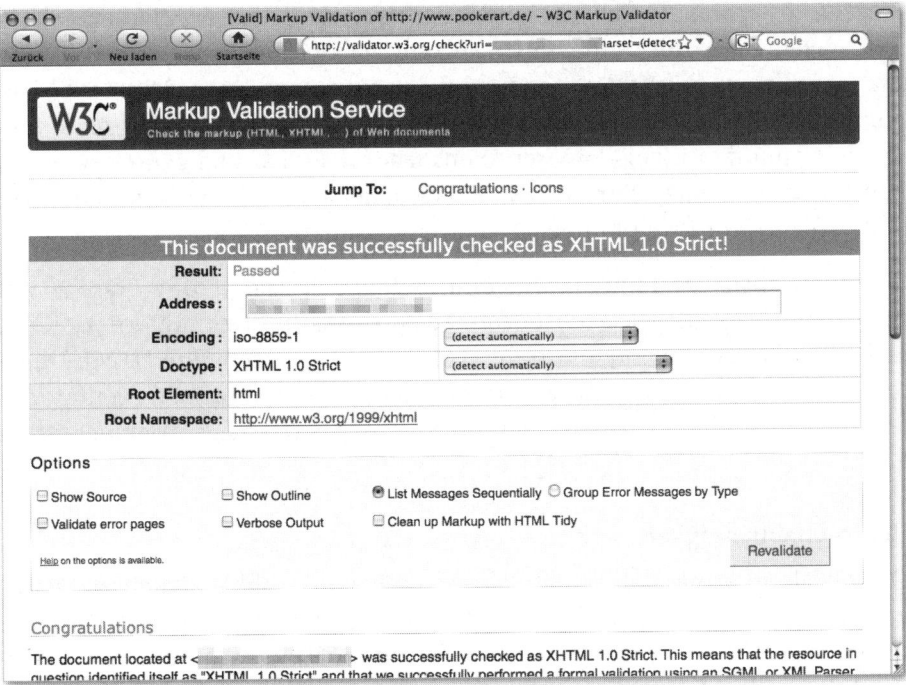

Abbildung 8.10 Wichtige Voraussetzung – valide Dokumente

8.7.1 Flexibilität

Wer Webstandards anwendet, hat aufgehört, eine Website für ein ganz bestimmtes Szenario »da draußen an den Monitoren« zu erschaffen. Webstandards garantieren dem Betreiber die größtmögliche Flexibilität im Umgang mit seiner Website. Der Anwender wiederum kann die Website so nutzen, wie er es für richtig hält – er kann ein Sub-Notebook verwenden oder einen Profi-PC mit 30-Zoll-Monitor, er kann auch einen Screenreader verwenden oder ein iPhone. Er kann alle Seiten über seinen Drucker ausgeben, ohne dabei haufenweise Papier und literweise Tinte oder Toner zu verschwenden.

Vor allem die Trennung von Inhalt und Präsentation beinhaltet noch eine weiteren Aspekt der Flexibilität, nämlich die Wandlungsfähigkeit und damit die Zukunftssicherheit einer Website. Die Möglichkeit der Veränderung und Weiterentwicklung einer Website sollte eigentlich selbstverständlich sein. Eine mit Layouttabellen, `<font>`-Tags und fehlender Semantik umgesetzte Website wird selbst bei kleinen Änderungswünschen am Design zu einer Kostenfalle: Durch die Vermengung von Inhalt und Präsentation muss jede Einzelseite separat geöffnet und modifiziert werden. Dem gegenüber steht in sehr vielen Fällen die zeitnahe Umsetzung einer standardkonformen Website, da lediglich die CSS-Dateien modifiziert werden müssen. Selbst ein komplettes Re-Design – bei einem tabellenbasierten Layout bar jeder ökonomischen Vernunft – ist bei kleineren Websites realisierbar und günstiger als ein kompletter Relaunch. Für Sie als Webdesigner bedeutet das eine konkrete Zeitersparnis, für Ihren Kunden bedeutet es gespartes Geld.

Zeit spart auch der Endnutzer, wenn es um eine sehr große Präsenz mit hohem Traffic geht. Der Quellcode einer standardkonformen Internetseite ist viel schlanker als das mit sinnfreien Datentabellen zugemüllte HTML-Ungetüm. Auch mit schneller DSL-Verbindung muss der Endnutzer oft genug warten, bis zuerst alle Tabellen geladen sind, bevor die Datenbankabfrage starten kann.

Geräteunabhängigkeit

Die oft als Interoperabilität bezeichnete relative Unabhängigkeit standardkonformer Internetseiten fällt den meisten Nutzern nicht direkt auf, außer sie wollen tatsächlich einmal ein paar Internetseiten ausdrucken, um sie irgendwo in aller Ruhe offline zu lesen.

Die Trennung von Inhalt und Design beinhaltet ja auch ein separates Print-Stylesheet. Aus der Erfahrung heraus besorgen sich die meisten Nutzer aber zunächst einen guten Vorrat an Tintenpatronen und beginnen dann mit dem Ausdruck. Die Verwunderung ist auch heute noch immer recht groß, wenn statt eines tintengetränkten Prospektblattes ein schlichtes, schlankes und Tinte sparendes Schwarzweiß-Dokument in einer Serifenschrift, ohne Hintergrundgrafiken und -farben und ohne Navigation aus dem Drucker kommt.

> **Die Internetseite in bunt**
>
> Machen Sie sich mit dem Gedanken vertraut, dass es immer wieder den einen oder anderen kleinen Kunden geben wird, der gerade die bunte Variante ausdrucken möchte.
>
> Dieser kuriose Wunsch steht natürlich nur bei denjenigen Kunden auf der Wunschliste, die ihre eigenen Inhalte selbst geschrieben oder zumindest nach sorgfältiger Prüfung abgenommen haben. Diese Kunden möchten dann gern ein Ersatz für einen Prospekt, den man so on the fly« als Ausdruck einer bestimmten Seite auf günstige Art und Weise bekommt ...

Zur Geräteunabhängigkeit gehört auch die schon beschriebene Ausgabe der Inhalte durch Screenreader-Software und Braillezeilen. Webstandards sind damit eine wichtige Voraussetzung für barrierefreie Internetseiten.

8.7.2 Transparenz

Eine tabellenbasierte Internetseite wird selbst ihrem Schöpfer nach ein bis zwei Jahren wie das sprichwörtliche Buch mit sieben Siegeln vorkommen. Ist diese Seite mit einem WYSIWYG-Editor umgesetzt worden, besteht sogar die Chance, dass es im Schnitt mehr als drei verschachtelte Tabellen pro 100 Quadratpixel Monitorfläche gibt – dann ist es selbst für den Tabellenprofi unmöglich, auch nur den kleinsten Pfad durch diesen Dschungel zu finden.

8.7.3 Die Bedeutung der Inhalte

Eine standardkonforme Internetseite beinhaltet dagegen einen Code, der `<table>`-Tags nur zur korrekten Auszeichnung tabellarischer Daten verwendet. Der gesamte Code ist durch die semantisch korrekte Strukturierung für jeden offensichtlich, sofern der Webdesigner auch bei der Strukturierung größerer Seitenbereiche auf sinnvolle Bezeichnungen geachtet hat.

Eine Überschrift ist klar als solche gekennzeichnet und identifizierbar, sie ist nicht ein Wort inmitten einer Tabellenwüste und nicht eine Bilddatei, die sich nur in der visuellen Präsentation als Überschrift ausgibt.

Die Transparenz hat gleich mehrere Vorteile: Erstens ist es für den Webdesigner auch noch nach Jahren vergleichsweise einfach, sich in der Struktur der Seite und im Aufbau der CSS-Datei zurechtzufinden. Auch Webdesigner sind Gewohnheitsmenschen – oft werden Seitenbereiche, die das Layout bestimmen (DIV-Boxen), immer wieder gleich benannt. Die Transparenz als

Vorteil für den ausführenden Dienstleister spielt auch eine herausragende Rolle im Team mit anderen Entwicklern oder Designern.

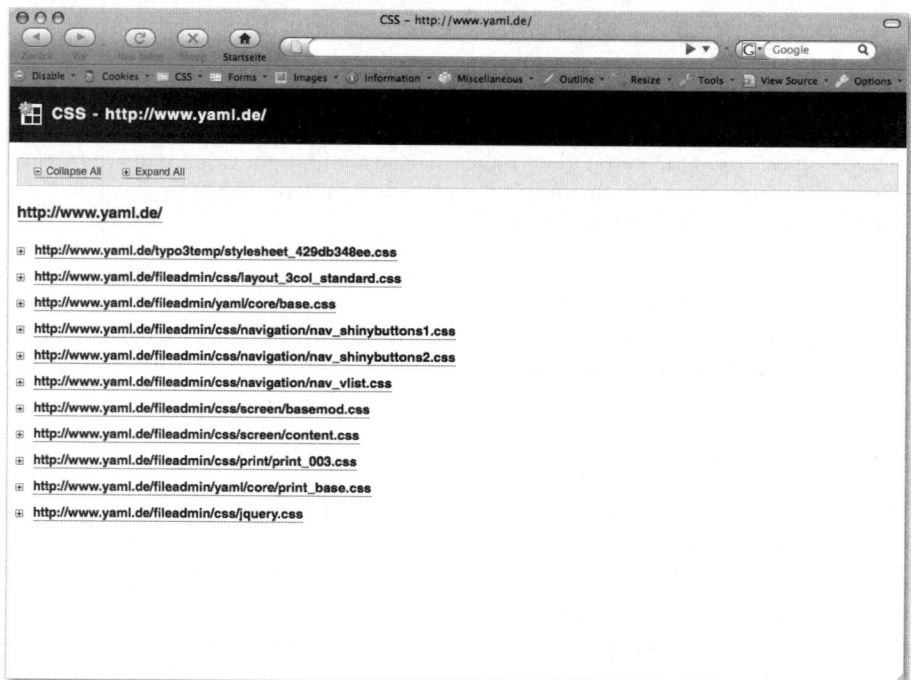

Abbildung 8.11 CSS-Dateienstruktur am Beispiel der YAML-Website

Oft ist eine Agentur über viele Jahre für die Pflege und Erweiterung der Kundenwebsite verantwortlich, und kein Kunde würde es verstehen, dass diese Betreuung daran scheitern sollte, dass ein Webentwickler die Agentur verlässt. Hier geht die Transparenz also mit einer gesicherten Kontinuität des ausführenden Teams einher.

8.7.4 Freie Entscheidung

Die Undurchsichtigkeit des Tabellendschungels führt automatisch zur Abhängigkeit des Auftraggebers vom ausführenden Webentwickler beziehungsweise von der ausführenden Agentur. Ist eine Website standardkonform umgesetzt worden, kann der Kunde wie bei einer Heizungsanlage die Pflege und »Wartung« auch einem anderen professionellen Webentwickler überlassen.

> **Vorteil Entscheidungsfreiheit**
>
> Die Transparenz bietet dem Kunden den unschätzbaren Vorteil der Entscheidungsfreiheit, und diesen Vorteil sollten Sie Ihrem Kunden auch mitteilen.

Dieses Argument wird zwar nicht gern und automatisch von den Webdesignern kommuniziert, weil viele die Furcht haben, der Kunde könnte sich sofort dem Wettbewerber an den Hals werfen. Diese Furcht ist aber genauso unbegründet wie im Handwerk, wo ebenfalls überall nach geltenden Standards gearbeitet wird (theoretisch jedenfalls), wo jedoch kein Handwerker fürchtet, dass er den Kunden verliert, weil er diese Standards einhält.

> **Keine Knebelverträge**
>
> Klären Sie Ihren Kunden darüber auf, dass seine Website nicht wie ein Leibeigener so lange von Ihnen abhängig ist, bis sie aus dem Web verschwindet.

Im Bewusstsein der meisten Kunden ist eine Website ja immer an den Webdesigner gebunden. Das Vertrauen, das Ihr Kunde zu Ihnen aufbauen muss, ist deshalb ungleich größer als sein Vertrauen zu einem Heizungsmonteur oder Elektriker. Mit der Transparenz als Vorteil könnten Sie Ihrem Kunden sogar vermitteln, dass Sie der richtige Webdesigner sind, obwohl Sie nach Fertigstellung nach Neuseeland auswandern.

8.7.5 Zukunftssicherheit

Von der Kontinuität aufgrund der transparenten HTML-Struktur einer Internetseite war ja schon als Vorteil für den Kunden die Rede. Webstandards sorgen aber auch für eine Kontinuität in Bezug auf die zukünftigen Entwicklungen im Web. Der Internet Explorer 7 hat gezeigt, dass auch große Monopolisten – aus welchem Grund auch immer – in der Lage sind, einen gut funktionierenden standardkonformen Browser auf den Markt zu bringen.

Niemand weiß natürlich genau, was das Web in den kommenden Jahren an neuen Browsern, neuen Features, neuen Designs und neuen Verhaltensweisen hervorbringen wird, dafür ist dieses Medium auch viel zu dynamisch. Sicher ist jedoch die Gewissheit, dass Internetseiten, die Sie heute nach geltenden Webstandards erstellen, auch noch in vier, fünf oder sechs Jahren korrekt in den zukünftigen Browsern wiedergegeben werden – genauso eben, wie Sie heute eine Energiesparlampe kaufen können, die Sie in fünf Jahren ebenso benutzen können wie heute.

8.7.6 Suchmaschinenfreundlichkeit

Das Thema Suchmaschinen lieben Ihre Kunden, und deshalb ist das Argument, dass Webstandards für einen suchmaschinenfreundlichen Aufbau der Website sorgen, immer ein sicheres Zugpferd, wenn alle anderen Argumente nicht interessieren. Sie haben das bereits im Handout gelesen. Es wurde dort auch schon erwähnt, dass Google sehr genau auf die Struktur einer Internetseite achtet. Nun ist es natürlich noch ein langer weg, um aus dem Nichts bei Google auf Platz 1 zu erscheinen, und Webstandards können auch nur dazu beitragen, dass es vielleicht etwas schneller geht. Tatsache ist aber, dass die Indizierung einer standardkonformen Website recht schnell von Google vorgenommen wird, selbst wenn man als Webdesigner nicht so sehr auf die allgemein üblichen Vorschläge zur Suchmaschinenoptimierung geachtet hat.

8.8 Arbeiten nach Webstandards

Dieses Buch soll und kann Ihnen natürlich keine wirklich sinnvolle Einführung in die Arbeit mit Webstandards geben, da gibt es mittlerweile neben den einschlägigen Quellen im Web eine Reihe guter Bücher zum Thema. Trotzdem soll es hier einmal um den grundsätzlichen Ansatz gehen, wie man als Webdesigner mit Webstandards arbeitet.

8.8.1 Die Einstellung zum Web

Mit der Einstellung ist nicht eine bestimmte Meditationsübung gemeint, mit der man sich täglich nach dem Frühstück spirituell auf die Arbeit mit (X)HTML und CSS vorbereiten kann. Mit der Einstellung ist vor allem gemeint, dass man sich als Webdesigner nicht vom Ansatz der Präsentation leiten lassen darf und auch nicht – ein häufiger Fehler des Webstandard-Novizen – von der rein technischen Seite, indem man ständig nach möglichen Optimierungspotenzialen in der CSS-Datei sucht.

[!] **Bitte immer beachten!**
Beginnen Sie mit den Inhalten.

»Content is king« – dieses schon fast abgedroschene Zitat muss man leider immer wiederholen: Ständig und überall ist die Rede davon, die (X)HTML-Seite als Textdokument zu betrachten und nicht als gestaltete Website, die man vorher in Photoshop, Illustrator oder Freehand planen sollte – und trotzdem erliegt man besonders als Designer unter den Entwicklern immer wieder der Versuchung, das Projekt zunächst mal mit den Mitteln der Grafik zu starten: böser Fehler.

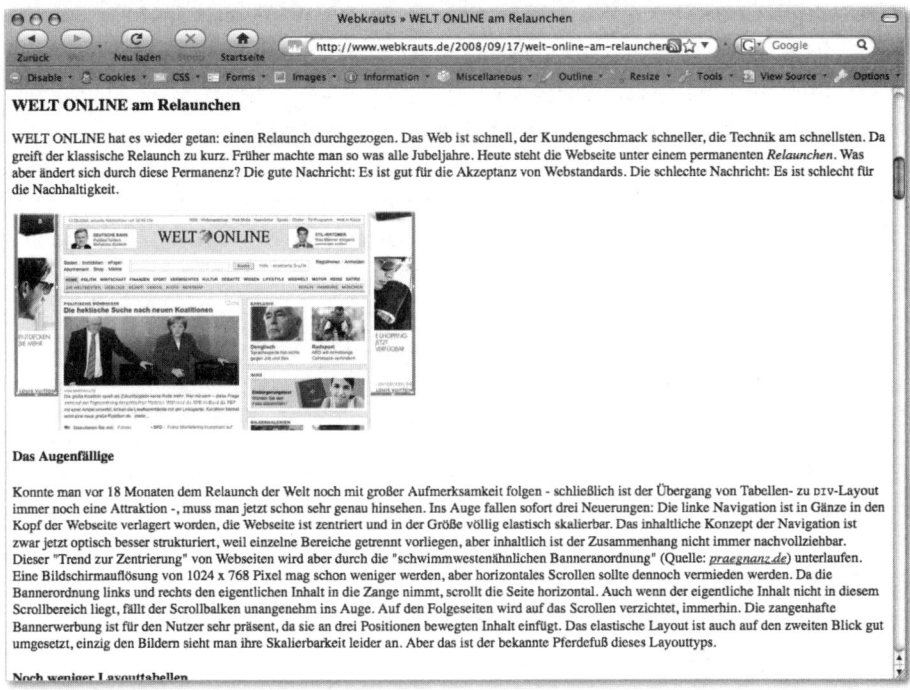

Abbildung 8.12 Artikel bei den Webkrauts, hier einmal ohne CSS

Falsch ist es eigentlich schon, in der groben Richtung von verbreiteten Seitenteilen einer Internetseite zu denken, also *Kopfzeile, Navigation, Inhaltsbereich, Fußzeile*. Falsch ist das nicht nur deshalb, weil diese Abfolge der visuellen Präsentation einer Internetseite folgt, sondern auch, weil es sich vielleicht als sinnvoller erweisen könnte, wenn die Navigation nach der Fußzeile folgt und damit ganz ans Ende der Internetseite in den (X)HTML-Text geschrieben wird

Mit den Inhalten zu beginnen, heißt zunächst, Texte und Bildmaterial vom Kunden zu sammeln. Dass der Kunde ständig etwas sehen will, darauf kommen wir noch ausführlich zurück. Wenn Sie nichts bekommen, schauen Sie sich die Websites ähnlicher Kunden an. Das heißt, schauen Sie sich an, wie viel und welche Inhalte auf den Internetseiten vorhanden sind, und achten Sie nicht auf die Gestaltung!

8.8.2 Der Blickwinkel eines Autors

Die richtigen Fragen

- Welche Textmenge wird die Zielgruppe der Website lesen?
- Wie müssen die Texte aufgebaut sein?
- Erwartet die Zielgruppe Fachterminologie oder verständliche Texte?
- Bieten sich für die Texte vorwiegend Listen, Datentabellen und sehr kurze Absätze an, oder sind längere Textabschnitte sinnvoller?
- Wird die Zielgruppe eher erklärende Grafiken oder eher Fotos erwarten, und in welcher Menge?

Wenn Sie erst damit begonnen haben, Fragen zu den Inhalten einer Website zu stellen, werden Sie schon nach kurzer Zeit die Fragen nach der Präsentation dieser Inhalte automatisch vernachlässigen.

8.8.3 Ein kurzer Einblick in die Praxis der Webstandards

CSS bietet Ihnen alle Möglichkeiten, auf Layouttabellen zu verzichten und alle Teile einer (X)HTML-Seite angemessen zu gestalten. Neben klar definierten Elementen (Tags) in der HTML-Syntax wie `<h1>`, `<h2>` oder `<h6>` für Überschriften, `<p>` für Absatztexte, `<img>` für Bilder, `<ul>`, `<ol>` oder `<dl>` für Listen und `<table>` für Datentabellen gibt es noch zwei weitere Elemente. Das `<div>`-Tag ist als sogenanntes *Blockelement* für das CSS-Layout wichtig. Blockelemente wie zum Beispiel `<p>` oder `<h>` erstrecken sich automatisch über die gesamte Breite des Seiteninhalts, während das <span>-Tag als sogenanntes *Inline-Element* auch innerhalb anderer Tags verwendet werden kann, zum Beispiel, um ein Wort in einem Absatz farbig hervorzuheben.

Im Gegensatz zu den anderen Tags besitzen die Elemente `<div>` und `<span>` keine semantische Bedeutung. Die `<div>`-Tags bilden die Grundlage für moderne CSS-Layouts. `<div>` steht für »division« und ist mit einer Box vergleichbar, in die Sie verschiedene Seitenteile einschließen können. Die `<div>`-Boxen sind zwar ohne weitere Definition reine Blockelemente, Sie können aber in der CSS-Datei definieren, wie groß diese Boxen sein sollen und wie sie in der späteren Präsentation auf der Internetseite im Browser positioniert werden.

Wenn Ihnen CSS-Layouts nicht vertraut sind, wird Sie das Beispiel weiter oben verwirrt haben, das von der Überlegung ausgeht, die Navigation unterhalb der Fußzeile zu präsentieren. Diese Verwirrung resultiert nur aus Ihrer Angewohnheit, in Präsentationen, also grafisch zu denken. Stellen Sie sich nun vor, dass Sie die Kopfzeile, die Navigation, den Inhaltsbereich und die Fußzeile in separate `<div>`-Boxen einschließen, die Sie wie in einem Bauklötzchenspiel frei positionieren können. Jetzt wird Ihnen der Gedanke nicht mehr fremd erscheinen, den Inhalt ohne Angst um die passende Präsentation zu erstellen und erst danach das Design der Internetseite aufzusetzen.

Würde es in der CSS-Datei nur eine Möglichkeit geben, die Präsentation von zum Beispiel ungeordneten Listen mit `<ul>` zu definieren, würde das ja für alle ungeordneten Listen des HTML-Dokuments gelten. Da auf einer standardkonformen Seite auch die Navigation eine ungeordnete Liste darstellt, müsste man sich als Webdesigner entscheiden, entweder auf diese Listen im Inhaltsbereich zu verzichten, sie in der Optik der Navigation zu akzeptieren oder einen anderen Weg für die Navigation zu finden. Wenn dieses Beispiel auch etwas drastisch ist, so liegt hier gerade eine Quelle von typischen Anfängerfehlern, die aus dem Unwissen resultieren, dass es neben den direkten Definitionen noch andere Möglichkeiten gibt, Tags über die CSS-Datei differenziert zu definieren.

Diese weiteren Differenzierungen werden über IDs und Klassen gesteuert. Eine ID darf es nur einmal auf der Seite geben. Sinnvoll sind diese IDs für die Differenzierung der `<div>`-Boxen: Es gibt ja nicht zwei Kopf- oder Fußzeilen – falls doch, hat der Entwickler gepfuscht.

Für die Kopfzeile würde man in die (X)HTML-Seite also schreiben:

```
<div id="Kopfzeile">Hier steht der Inhalt der Kopzeile</div>
```

Eine weitere Möglichkeit der Differenzierung kann über Klassen erfolgen. Klassen können im Gegensatz zu den IDs auch mehrfach vergeben werden. Besteht auch nur die geringste Möglichkeit, dass ein Element zwei- oder mehrfach auf einer Seite vorkommen könnte, sollte man tunlichst eine Klasse definieren und keine ID. Klassen bieten sich idealerweise für verschiedene Absatz-, Listen- und Überschriftenformate an. Man könnte also eine Klasse für gefettete Absatztexte nach verschiedenen Überschriften definieren:

```
<p class="fett">Hier steht ein Absatztext, der im Browser in
gefetteter Schrift präsentiert wird.</p>
```

Kommen wir zurück zu unserem Beispiel mit den `<div>`-Boxen. Im `<body>`-Bereich der (X)HTML-Seite würde nun Folgendes stehen:

```
<body>
<div id="Kopfzeile">Hier steht der Inhalt der Kopzeile</div>
<div id="Inhaltsbereich">
<h2> Hier steht eine Überschrift zweiter Ordnung</h2>
<p class="fett">Hier steht ein Absatztext, der im Browser in gef
etteter Schrift präsentiert wird.</p>
<p>Hier steht ein normaler Absatztext.</p>
</div>
<div id="Fusszeile">
<address>Hier stehen Kontaktangaben des Anbieters</address>
</div>
<div id="Navigation">
  <ul class="hauptnavigation">
    <li><a href-"#">Menüpunkt_1</a></li>
    <li><a href="#">Menüpunkt_2</a></li>
    <li><a href="#">Menüpunkt_3</a></li>
  </ul>
  <ul class="metanavigation">
    <li><a href="#">Datenschutz</a></li>
    <li><a href="#">Sitemap</a></li>
    <li><a href="#">Impressum</a></li>
  </ul>
</div>
</body>
```

Im Seitenteil der Navigation zeigt sich der Vorteil der Klasse: Man kann nun in der CSS-Datei die Menüpunkte der *Hauptnavigation* besonders prominent hervorheben, während die weniger relevanten Menüpunkte der *Metanavigation* in einem gewissen Abstand zur Hauptnavigation und eher zurückhaltend in der Gestaltung erscheinen können.

Anfänger haben oft das »Koordinationsproblem«, die Inhalte ohne die vielen Tag-Auszeichnungen, Klassen und IDs zu sehen. Vergleichen können Sie das mit Ihrer ersten Fahrstunde, als Sie glaubten, Sie würden niemals lernen, gleichzeitig auf den Straßenverkehr zu achten, dabei zu schalten, zu lenken und verschiedene Pedale zu betätigen. Der Inhalt des obigen Beispiels ist denkbar schlicht und kurz. Da auch dieses Buch mithilfe von Stilvorlagen geschrieben ist (in Word heißen sie Formatvorlagen), übersetzen wir den Inhaltsbereich des Beispiels einmal mit den Stilvorlagen dieses Buches:

> **Hier steht eine Überschrift zweiter Ordnung**
>
> **Hier steht ein Absatztext, der im Browser in gefetteter Schrift präsentiert wird.**
>
> Hier steht ein normaler Absatztext.

Fertig, mehr Text steht nicht im Inhaltsbereich. Jetzt sehen Sie auch, warum es vor allem für den Anfänger sinnvoll ist, mit den Inhalten zu beginnen: Zu schnell verlagert sich die Konzentration sonst auf technische Aspekte der Umsetzung im (X)HTML-Dokument oder auf gestalterische Fragen bei der Erstellung der CSS-Datei.

Bevor wir uns nun mit der CSS-Syntax und den Darstellungsproblemen des Internet Explorer 6 befassen, schließen wir das Kapitel Webstandards. Auch weitere 16 Seiten können Ihnen die spannende und kreative Praxis des standardkonformen Webdesigns kaum in den wichtigsten Grundlagen näherbringen. Diese Thematik sollte ein Hauptthema Ihrer Arbeit sein, sie ist aber kein Hauptthema dieses Buches, das ja keine tausend Seiten umfassen soll.

Für den Webdesigner, der sich für Webstandards interessiert, ist die größte Herausforderung nicht die Beherrschung der korrekten Syntax von (X)HTML und CSS, nicht die Untiefen zahlreicher Browser-Bugs, die das Codieren und Entwickeln von modernen Websites gelegentlich zu einer Lehrstunde in Exorzismus werden lassen, und auch nicht die Zeit, die man für das Wissen investieren muss – die größte Herausforderung ist der Webdesigner selbst bzw. sein innerer Schweinehund, der ihm ständig weismachen will, dass die Kunden sich nicht für Qualität interessieren, dass es das Thema nicht wert ist, dass die eigene Weiterbildung von niemandem bezahlt wird und dass sowieso die meisten Websites noch immer jenseits geltender Standards geschaffen werden.

Warum, so fragen sich viele Webdesigner, soll gerade ich mich damit befassen? Und warum jetzt? Und warum nicht die anderen zuerst?

> **Profis müssen**
>
> Wenn Sie als Profi wahr- und ernst genommen werden wollen, bleibt Ihnen gar nichts anderes übrig, als nach Webstandards zu arbeiten.

Sie können heute, viele Jahre nach Einführung des Internet Explorer 6 nicht mehr behaupten, Sie hätten von nichts gewusst. »Designing with Web Standards« von Jeffrey Zeldman erschien schon 2001, Eric Meyers »On CSS« ist auch nicht ein aktueller Bestseller, sondern längst ein Klassiker. Auch im deutschsprachigen Raum gibt es diese Klassiker. Das Buch »CSS-Praxis« von Kai Laborenz (alle drei Titel: siehe Literaturverzeichnis) aus dem Jahr 2002 erschien 2008 bereits in der fünften Auflage. Ach, Sie möchten nicht gleich so viel Geld für gute Bücher ausgeben? Kein Problem, alles was Sie benötigen, finden Sie auch kostenlos im Web. Die Google-Ergebnisliste zum Stichwort »Webstandards« beeindruckt nicht nur, sie beinhaltet auch mit deutschsprachigen Ergebnissen so viel Material, dass Sie sich locker für mehrere Wochen zum Lesen in Klausur verabschieden können.

> **Fazit**
>
> Webstandards – denn es gibt keine Ausreden mehr.

8.8.4 Buchempfehlungen zum Thema

Wenn Sie noch ein Novize oder gar ein Anfänger in diesem Thema sind, empfehle ich Ihnen zunächst die neueste Auflage des Buches »Little Boxes« von Peter Müller (siehe Literaturverzeichnis). Der Titel verrät bereits, dass es vorwiegend um die Praxis von CSS-Layouts mithilfe von `<div>`-Boxen geht. Peter Müllers Buch kann man denjenigen Anfängern empfehlen, die sich schon einmal mit den Grundlagen von (X)HTML vertraut gemacht haben und CSS zumindest schon einmal für die Verschönerung von Absatztexten, Überschriften oder Satzteilen eingesetzt haben.

Unmittelbar nach der Lektüre von »Little Boxes« – oder vielmehr parallel dazu sollte der Novize »Webseiten erstellen für Einsteiger« von Daniel Mies (siehe Literaturverzeichnis) durcharbeiten. Ähnlich wie bei Peter Müller geht es hier um die Grundlagen. Als Leser von Daniel Mies' Buch wird man von Beginn an durch ein beispielhaftes Projekt geführt, und neben Wissen zu (X)HTML und CSS erhält man auch noch ein paar Grundlagen zum interessanten JavaScript-Framework *jQuery*.

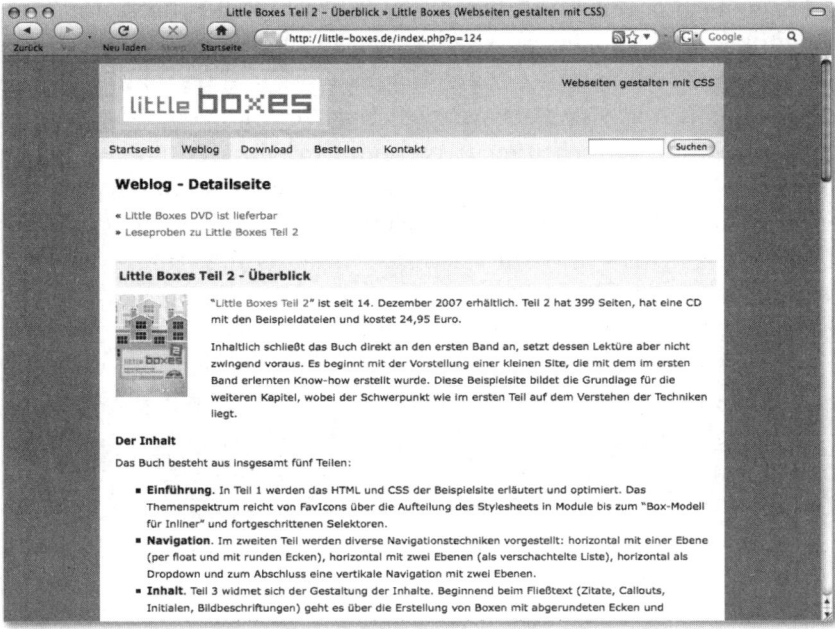

Abbildung 8.13 Peter Müllers Blog zum Buch – www.little-boxes.de

Abbildung 8.14 Webseiten bauen mit Daniel Mies – www.webseiten-buch.de

Nach der Lektüre der beiden Bücher sollte man schließlich noch das Buch »CSS-Layouts – Praxislösungen mit YAML« von Dirk Jesse (siehe Literaturverzeichnis) lesen. YAML bezeichnet ein CSS-Framework und steht für »yet another multicolumn layout«. YAML wird in diesem Buch noch näher beschrieben. Für den schon fortgeschrittenen Webstandard-Novizen interessant ist aber vor allem die sehr genaue und gut dokumentierte Sammlung der Darstellungsfehler verschiedener Browser auf *yaml.de*. In diesem Bereich ist der Autor Dirk Jesse genauso zu Hause wie in der Erläuterung seines professionellen Frameworks.

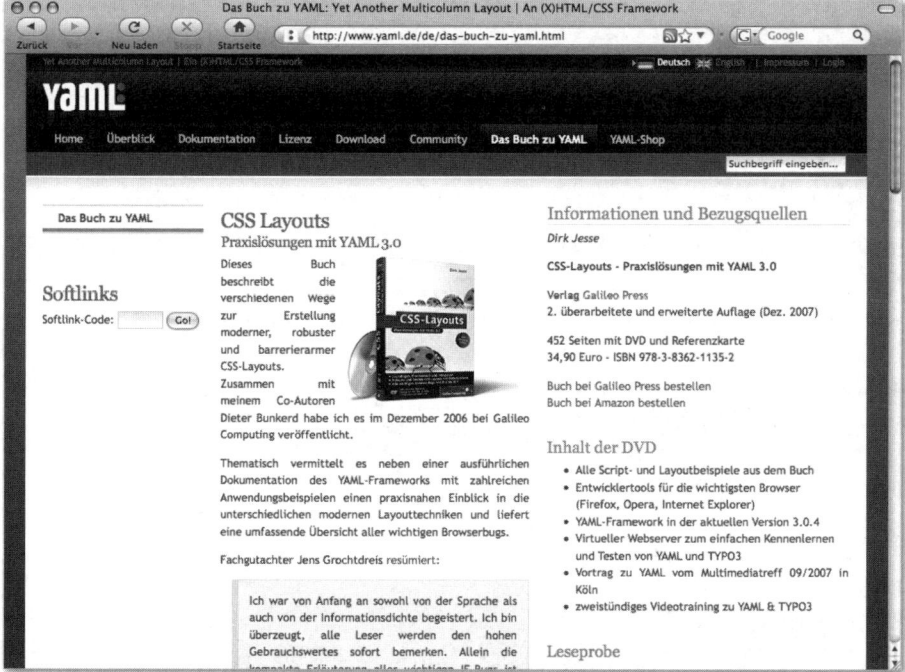

Abbildung 8.15 Fast schon Pflichtlektüre – das Buch zum CSS-Framework YAML von Dirk Jesse

Zum Schluss noch eine Empfehlung für das Buch »Zen und die Kunst des CSS-Designs« von Dave Shea und Molly Holzschlag (siehe Literaturverzeichnis). Dieses Buch sollte jeder Webdesigner als Inspirationsquelle besitzen. Die Beispiele eignen sich selten für reale Projekte nah am Kunden, aber sie zeigen, wie unendlich kreativ man mit Webstandards arbeiten kann. Die deutsche Übersetzung ist vielleicht nicht ganz so perfekt gelungen, aber das Buch lebt von den Abbildungen und Screenshots und der mittlerweile viele Jahre alten

Idee, ein unveränderbares HTML-Gerüst vorzugeben, das eine schöne neue Verpackung per CSS erhalten soll. Diesen CSS Zen Garden (*www.csszengarden.com*) zu betreten ist noch immer ein spannendes und inspirierendes Erlebnis.

Abbildung 8.16   Der Klassiker zum Thema – www.csszengarden.com

8.8.5   Webkrauts

Lockere Vereinigungen von Webentwicklern und -designern, die das Thema Webstandards weiter nach vorn bringen wollen, gibt es in Großbritannien als das »Britpack« mit einer coolen Union-Jack-Männerunterhose als Logo. Eine ähnliche Vereinigung gibt es auch in den Niederlanden mit den »Happy Clogs«. Und auch in Deutschland haben sich Webdesigner zu einer losen Gemeinschaft zusammengeschlossen. Die »Webkrauts« werben hierzulande für ein besseres Web durch Webstandards. Aktionen wie der jährliche Webkrauts-Adventskalender, Artikel, Tutorials und Gastbeiträge werden auf der Website *www.webkrauts.de* veröffentlicht. Anfänger, Einsteiger und fortgeschrittene Novizen finden über Linklisten oder die Querverweise innerhalb der einzelnen Artikel weitere wertvolle Anlaufstellen.

8 | Webstandards

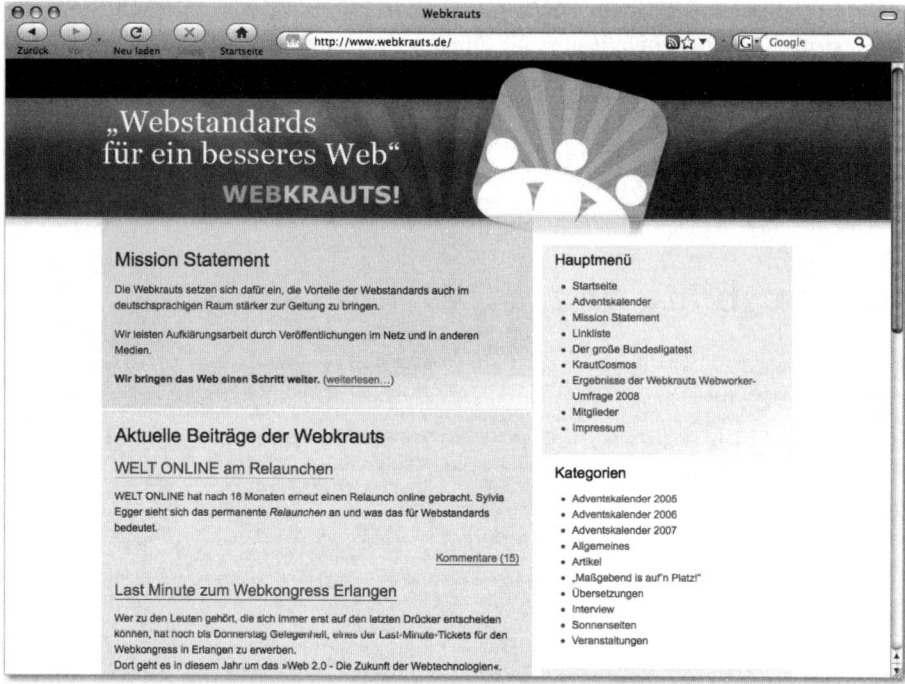

Abbildung 8.17 Webstandards auch für Deutschland: www.webkrauts.de

Benutzerfreundlichkeit und Zugänglichkeit sind Eigenschaften von Webseiten und Kernkompetenzen, die Sie als Webdesigner unbedingt beherrschen müssen.

9 Usability und Accessibility

Usability heißt übersetzt *Benutzerfreundlichkeit*. Usability dient vor allem der Orientierung und Führung der Benutzer einer Website. Dazu gehört nicht nur eine konventionelle und gute Benutzerführung durch die Links und Navigationsmöglichkeiten – Usability betrifft auch die Inhalte einer Website, also das Design, die Texte und das Bildmaterial. *Accessibility* bedeutet *Zugänglichkeit* und wird im deutschsprachigen Raum auch mit dem Begriff *Barrierefreiheit* übersetzt. Barrierefreies Webdesign ermöglicht behinderten Menschen den vollständigen Zugang zu den Inhalten einer Website.

9.1 Usability: benutzerfreundliche Websites

Der Begriff der Web-Usability wird fast immer mit den Namen von Jakob Nielsen und Steve Krug in Verbindung gebracht. Nielsen ist der Altstar unter den Usability-Gurus, und so gibt er sich auch. Seine Ergebnisse beinhalten bei aller Fundiertheit und Nachvollziehbarkeit immer auch den subjektiven Beigeschmack persönlicher Meinungsmache (*www.alertbox.com*).

Trotzdem gehören Nielsens Untersuchungen und Thesen zu den Klassikern der Usability. Steve Krug hat mit »Don't make me think!« ein Buch geschrieben, das auf keinem Webdesigner-Schreibtisch fehlen sollte. Krug leitet die Web-Usability direkt aus den wissenschaftlichen Ergebnissen zu menschlichen Wahrnehmungsprozessen ab. Seine Schlussfolgerungen sind dadurch nicht nur fundiert, sondern auch verifizierbar.

Dass die Gestaltung der beiden Experten eher aus dem Kreidezeitalter des Webs stammt, darüber breiten wir lieber den gnädigen Mantel des Schweigens.

9 | Usability und Accessibility

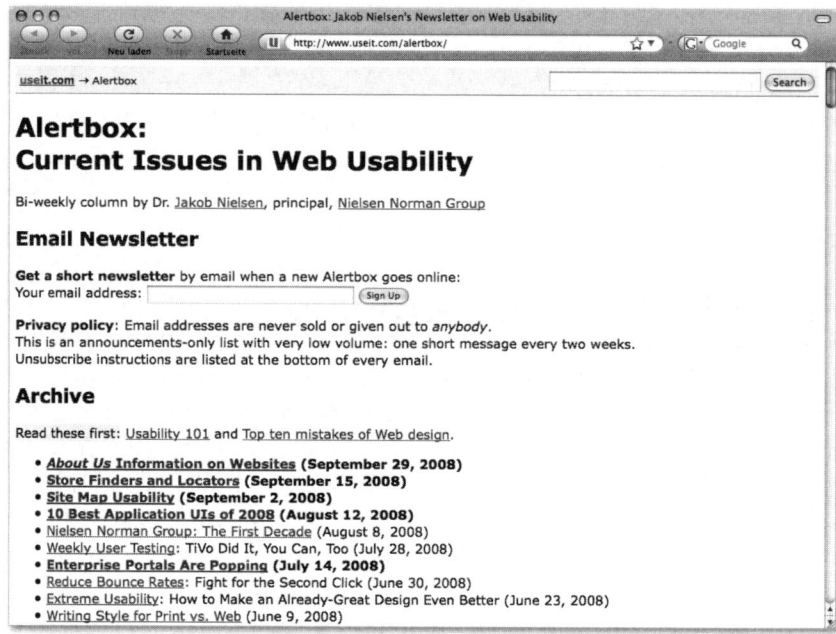

Abbildung 9.1 Jakon Nielsens Website »www.alertbox.com«

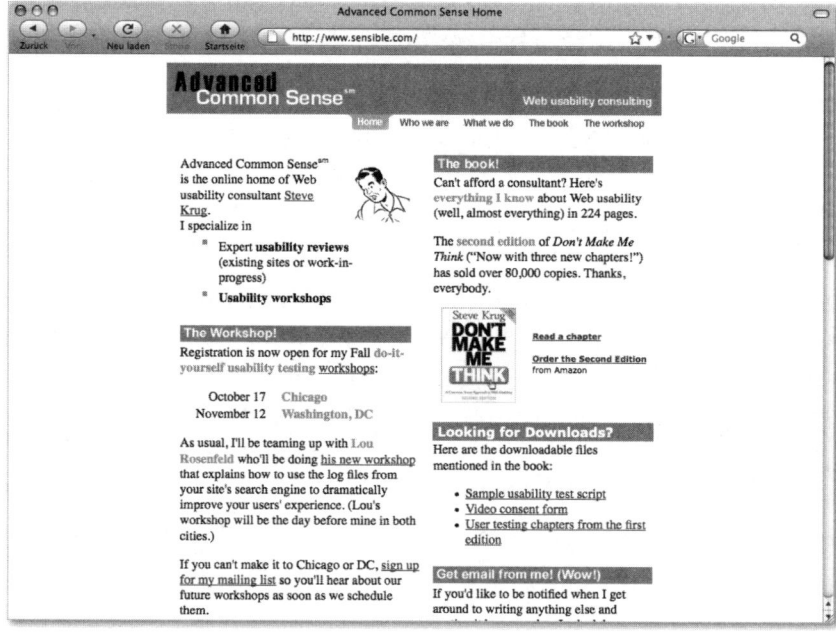

Abbildung 9.2 Steve Krugs Website »www.sensible.com«

Die Grundlage der Usability sind die Kategorien und Differenzierungen, die ausführlich im ersten Teil des Buches beschrieben wurden. Es zählt also nicht das, was vom Webdesigner »objektiv gesehen« als Website konzipiert wurde, Sie konstruieren vielmehr die Website anhand Ihrer persönlichen Kategorien und Differenzierungen. Was sich für Sie vorher als erfolgreiche Art der Nutzung erwiesen hat, setzen Sie unmittelbar bei der geöffneten Website wieder ein. Kurze Texte und vertikale Navigation rechts? Kann nur ein Blog sein. Viele kleine Seitenbereiche mit Produkten und Preisen? Klar, eine Shop-Lösung, was sonst? In einer Aktion der Webkrauts für vorbildlich umgesetzte Einzelaspekte wurde ein Shop gezeigt, der allerdings kein Shop ist, sondern nur eine raffinierte Flash-Animation: *http://producten.hema.nl*. Für diesen »Shop« gilt übrigens: Unbedingt ansehen!

Abbildung 9.3 Ein perfektes Flash-Beispiel und eine Illusion: http://producten.hema.nl

Kategorien und Konventionen

Übrigens bedeutet das auch, dass Sie als Webdesigner nie wieder mit »unschuldigem Blick« eine Website betrachten und benutzen können. Alles, was Sie bereits im Web erlernt haben, nutzen Sie bei Ihrem nächsten Besuch – das passiert automatisch. und das tun Sie unbewusst.

Sie nutzen Kategorien und Differenzierungen gezielt für die Suche nach bestimmten Website-Inhalten. Sie glauben klar zu wissen, dass Sie einen bestimmten Ansprechpartner nicht unter dem Menüpunkt UNSERE LEISTUNGEN finden, sondern unter dem Menüpunkt KONTAKT. Könnten Sie aber nicht auch zunächst nach einer bestimmten Leistung suchen, um dann bei LEISTUNG 4 den zuständigen Ansprechpartner zu finden? Und wie sieht es mit der Benutzerführung aus, wenn Sie sofort und ohne viele Mausklicks die Telefonnummer des Ansprechpartners haben wollen? Geben Sie den Namen in das Suchfeld ein? Und was, wenn Sie den Namen nicht kennen? Vielleicht erwarten Sie, dass auf der Startseite ein prominenter Button IHRE ANSPRECHPARTNER gut platziert wird. Mit all diesen Fragen sind wir mitten in den praktischen Inhalten der Usability.

In 15 Jahren Web haben sich anhand der Kategorien und Differenzierungen von Nutzern und Entwicklern bestimmte Konventionen gebildet. Diese »sozialen Konstruktionen« werden allgemein und erfolgreich angewendet. Sie sollten diese Konventionen für Ihre Arbeit nutzen. Versuchen Sie nie, diese Konstruktionen zu verändern, wenn Ihre Website-Projekte erfolgreich sein sollen.

Ein wichtiger Bereich der Usability ist die richtige Anwendung der Benutzerführung. Es wurde ja schon erwähnt, dass die Navigation das Rückgrat einer Website darstellt. Die Usability wären in diesem Vergleich die Sehnen und Bandscheiben, die wiederum das Rückgrat zusammenhalten. Sie achten auf gut strukturierte Texte mit kurzen Sätzen, sinnvollen Zwischenüberschriften und vielen Absätzen? Sie gestalten Ihre Texte per CSS mit angemessener Zeilenhöhe, einer gut lesbaren Schriftart und angenehmen Kontrasten? Das alles ist vorbildlich – nur leider völlig sinnlos, wenn die Nutzer diese Texte nicht finden.

Gute Benutzerführung

- Aussagekräftiger Seitentitel
- Konventionelle Seitenlayouts
- Sinnvolle und eindeutige Überschriftenhierarchien
- Pfad (Breadcrumb-Navigation) zur Identifizierung des Standorts
- Eine differenzierte Darstellung der Navigation, die sich von anderen Seitenteilen deutlich abhebt?
- Eine klare Darstellung von Links, die sich von anderen Inhalten unterscheidet?

- Differenzierte Darstellung der Linkzustände über CSS-Pseudoklassen
- Kennzeichnung von Linkzielen (z. B. extern, PDF, neues Fenster)
- Formulare mit Rückmeldung
- Große Sites immer mit Suchfunktion und Inhaltsverzeichnis

9.2 Accessibility: Zugang für alle

Verwechselt, vermischt und verfälscht wird die Usability mit anderen Begriffen nur selten. Im Gegensatz dazu wird das Thema »barrierefreies Webdesign« hierzulande noch immer von schier endlosen Diskussionen mit zahllosen Unklarheiten, Unsachlichkeiten und Unwissen begleitet.

Menschen mit einer Behinderung benötigen für das Web spezielle Zugangsmöglichkeiten, die sich von denen der nicht behinderten Menschen unterscheiden. Behinderte Menschen müssen in einer Welt klarkommen, die hauptsächlich von und für die Mehrzahl der Menschen ohne Behinderungen gemacht und konzipiert wird. Barrieren gibt es nicht nur als unüberwindliche Treppe für den Rollstuhlfahrer, es gibt auch Barrieren auf Websites, die vielen Behinderten den Zugang zu den Inhalten erschweren oder unmöglich machen.

9.2.1 Barrierefreies Webdesign: Begriffe, Definitionen und Interpretationen

Barrierefreies Webdesign beinhaltet den Anspruch, dass eine Website nicht nur für Menschen mit allen Fähigkeiten der Sinne und Motorik zugänglich sein sollte, sondern auch für behinderte Menschen, die eben nicht über die Summe dieser Fähigkeiten verfügen. Ganz kurz gesagt: Barrierefreies Webdesign dient in erster Linie den Anforderungen behinderter Menschen.

Nun könnte man den letzten Satz auch so verstehen, dass man eine Website speziell für Behinderte umsetzt. Das ist nun aber totaler Blödsinn, ebenso wie der Begriff einer behindertengerechten Website. Solche Definitionsprobleme führen aber zu den endlosen Erklärungsversuchen, was »Accessibility« nun bedeutet und beinhaltet. Was immer wieder verwechselt wird: Eine barrierefreie Website wird nicht *speziell* nur für Behinderte umgesetzt, sie ist auch nicht *speziell behindertengerecht*, und sie ist auch nicht etwas Eigenständiges nur für Behinderte. Viele Webdesigner gehen bewusst oder auch unbewusst immer wieder davon aus, dass es da einen großen Unterschied gäbe – gerade so, als müssten sie sich entweder für eine »normale Website« oder für eine »barrierefreie Website« entscheiden.

> **Was bedeutet barrierfrei?**
>
> Mit barrierefreiem Webdesign vermeidet man Barrieren, die behinderten Menschen den Zugang zu den Inhalten erschweren oder gar unmöglich machen.

Eigentlich hört sich das nach einer Selbstverständlichkeit an, und das sollte es auch für Sie sein. Es *ist* aber keine Selbstverständlichkeit im Web.

Kaum Verbreitung, wenig Sensibilisierung

Viele Webdesigner interessieren sich überhaupt nicht für das Thema, teilweise werden Fragen bezüglich der Möglichkeiten sogar wissentlich ignoriert. Dann gibt es unerfahrene, aber motivierte junge Webdesigner, die völlig falsche Vorstellungen haben, wichtige Aspekte vernachlässigen und dafür bei unwichtigen Techniken über das Ziel hinausschießen. Die werden dann von den selbst ernannten Gralshütern zusammen mit denjenigen Betrügern in einen Topf geworfen, die trotz besseren Wissens eine mit Barrieren behaftete Website ihren Kunden als barrierefrei verkaufen. Dann gibt es noch die Gruppe der alten Hasen der Branche, die pragmatisch versuchen, das Thema zu verbreiten, konstruktiv darüber aufzuklären und Lösungen für die Praxis der Webentwicklung zu suchen.

Anlaufstellen im Web

Zu den Problemen in den Diskussionen und Definitionen führt auch immer wieder die Tatsache, dass ein Großteil der Planung und Umsetzung an das individuelle Projekt gebunden ist.

> **Es gibt keinen Validator**
>
> Barrierefreiheit kann nicht wie die Validierung einer Website per Mausklick geprüft werden – die Qualität wird nur durch die Praxistauglichkeit bestimmt.

Viele der grundlegenden Techniken und konzeptionellen Ansätze des barrierefreien Webdesigns entsprechen auch vielen grundsätzlichen Aspekten zu Webstandards, zur Usability und zu Suchmaschinenfreundlichkeit. Auch das führte immer wieder zu Verwirrung bezüglich der praktischen Umsetzung und zu Argumenten der Vermarktung, die aber mit den eigentlichen Inhalten und Zielen barrierefreien Webdesigns nur wenig gemeinsam haben.

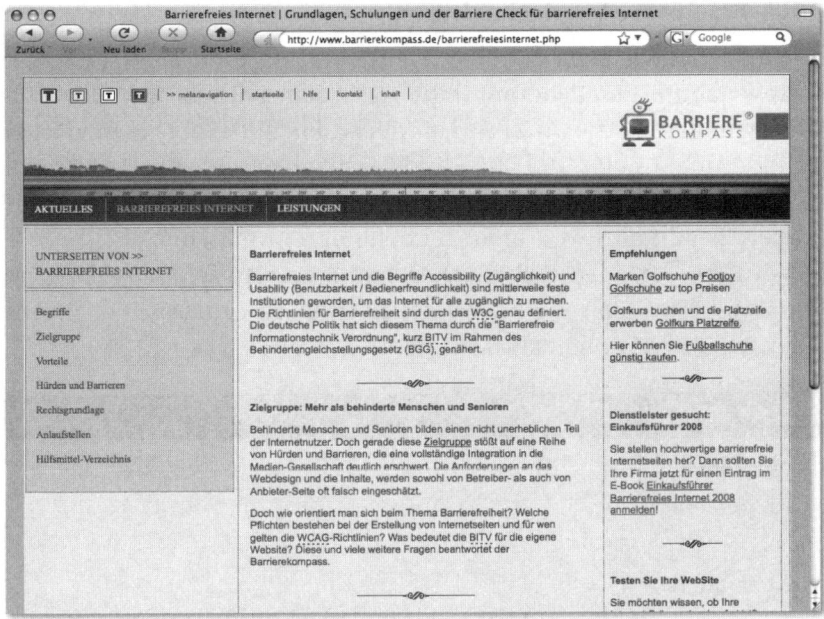

Abbildung 9.4 Weblog Barrierekompass, »www.barrierekompass.de«

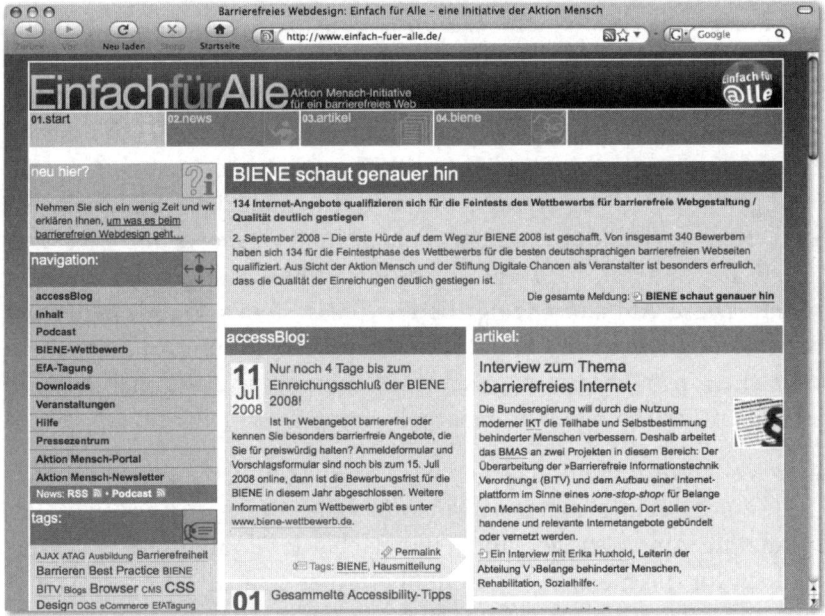

Abbildung 9.5 EfA-Website der Aktion Mensch-Initiative für ein barrierefreies Web – »www.einfach-fuer-alle.de«

Behinderungen und assistive Technologien

In Deutschland erhalten etwa 600.000 Menschen aufgrund einer Behinderung eine sogenannte Eingliederungshilfe nach dem Sozialgesetzbuch. Um ein Vielfaches höher ist die Anzahl der Menschen mit einer anerkannten Schwerbehinderung. Es gibt 350.000 Blinde und Sehbehinderte. Davon sind etwa 20.000 Blinde im erwerbsfähigen Alter, von denen nur ein Teil auch das Internet nutzt. Es gibt also weit mehr sehbehinderte Menschen als Blinde – trotzdem wird in der öffentlichen Diskussion barrierefreies Webdesign immer mit »Internetseiten für Blinde« gleichgesetzt. Es gibt aber nicht nur Sehbehinderung und Blindheit als Behinderung.

> **Ein behinderter Mensch ist**
> - blind oder sehbehindert,
> - motorisch behindert,
> - gehörlos oder
> - kognitiv behindert.

Um den Zugang zu den Inhalten einer Website zu bekommen, nutzen behinderte Menschen spezielle Hilfsmittel. Motorisch behinderte Menschen verwenden als assistive Technologien bestimmte Eingabegeräte, die sie zum Beispiel mit dem Mund oder per Augenbewegung steuern. Blinde und sehbehinderte Nutzer lassen sich über die Sprachausgabe einer Screenreader-Software die Inhalte »vorlesen«, sie verwenden eine Braillezeile, die die Inhalte der Internetseiten in die Blindenschrift übersetzt, oder sie benutzen ein Vergrößerungswerkzeug. Als weitere Hilfen werden spezielle Einstellungen im Betriebssystem verwendet, zum Beispiel eigene Stylesheets und invertierter Text (hell auf dunkel), verschiedene Kontrasteinstellungen und andere Schriftgrößen. Diese Auflistung zeigt bereits, dass Sie als Webdesigner gar nicht wissen können, wer mit einer bestimmten Behinderung an Ihrer Website sitzt, welche Einstellungen er an seinem Rechner vorgenommen hat und welche assistiven Technologien er eventuell benutzt.

Gehörlosen Websurfern bleibt dagegen nur die Hoffnung, dass gesprochener Text auch in einem Textformat vorhanden ist. Die Alternative ist eine Synchronübersetzung von Vorträgen über einen Gebärdendolmetscher. Die Kosten sind jedoch für die meisten Webseitenbetreiber schlicht zu hoch. Kognitiv Behinderten, also Menschen mit einer Lernbehinderung, bleiben die meisten Inhalte auf den üblichen Webseiten genauso verschlossen wie die Inhalte der meisten Bücher. Immerhin betrifft das etwa 3 % der deutschen Bevölkerung.

Entsprechend hoch sind also die Anforderungen an eine barrierefreie Website:

> **Barrierefreies Webdesign**
>
> - Inhalte müssen wahrnehmbar sein.
> - Benutzerschnittstellen im Inhalt müssen bedienbar sein.
> - Inhalte und Bedienelemente müssen verständlich sein.
> - Inhalte sollten robust genug sein, um mit aktuellen und zukünftigen Benutzeragenten arbeiten zu können (inklusive assistive Technolgien).

Das Web sollte durch die Verwendung der Auszeichnungssprache HTML nicht nur von Anfang an für alle Betriebssysteme zugänglich sein, sondern auch für alle Menschen.

Schon 1999 wurden deshalb die *Web Content Accessibility Guidelines* (WCAG 1) verabschiedet. Die WCAG wurde von der *Web Accessibility Initiative* ausgearbeitet, die wiederum vom W3C ins Leben gerufen wurde. Mittlerweile stehen die WCAG 2 in den Startlöchern, und die werden wiederum die Grundlage für die Richtlinien in Deutschland. Viele internationale Experten befürchten einen Rückschritt in der Accessibility. Der Webdesigner und Accessibility-Guru Joe Clark hat sogar eine Gruppe namens *WCAG Samurai* ins Leben gerufen. Nun, Sie merken schon, das Thema ist in mancherlei Hinsicht etwas komplizierter als andere Bereiche des Webdesigns.

9.2.2 Grundlagen des barrierefreien Webdesigns

Das Hauptproblem bei allen Diskussionen zum barrierefreien Webdesign ist die Tatsache, dass sich viele nur ungern mit den trockenen Fakten vertraut machen wollen. Die gesetzliche Grundlage für barrierefreie Websites in Deutschland ist in der *Barrierefreien Informationstechnik-Verordnung* (BITV) von 2002 geregelt. Diese Verordnung ist Teil des *Behindertengleichstellungsgesetzes*. Dort heißt es:

»*Barrierefrei sind [...] Systeme der Informationsverarbeitung [...], wenn sie für behinderte Menschen in der allgemein üblichen Weise, ohne besondere Erschwernis und grundsätzlich ohne fremde Hilfe zugänglich und nutzbar sind.*«

Die BITV beruht weitgehend auf der WCAG. Die Anforderungen an eine barrierefreie Website sind in drei Stufen kategorisiert. Jede dieser drei Stufen entspricht bestimmten Prioritäten. Es gibt deshalb sogenannte Muss-, Soll- und Kann-Bestimmungen. Die Anlage 1 der BITV enthält insgesamt 14 Anforderungen. Zu jeder Anforderung gibt es eine Reihe von Bedingungen, die erfüllt werden *müssen*, um von einer barrierefreien Website sprechen zu können. Je nach Priorität gibt es weitergehende Bedingungen zu jeder der Anforderungen, die man unter *http://www.einfach-fuer-alle.de/artikel/bitv/anlage-1/* einsehen kann.

BITV, Anlage 1: die Anforderungen

Anforderung 1
Für jeden Audio- oder visuellen Inhalt sind geeignete äquivalente Inhalte bereitzustellen, die den gleichen Zweck oder die gleiche Funktion wie der originäre Inhalt erfüllen.

Anforderung 2
Texte und Graphiken müssen auch dann verständlich sein, wenn sie ohne Farbe betrachtet werden.

Anforderung 3
Markup-Sprachen (insbesondere HTML) und Style Sheets sind entsprechend ihrer Spezifikationen und formalen Definitionen zu verwenden.

Anforderung 4
Sprachliche Besonderheiten wie Wechsel der Sprache oder Abkürzungen sind erkennbar zu machen.

Anforderung 5
Tabellen sind mittels der vorgesehenen Elemente der verwendeten Markup-Sprache zu beschreiben und in der Regel nur zur Darstellung tabellarischer Daten zu verwenden.

Anforderung 6
Internetangebote müssen auch dann nutzbar sein, wenn der verwendete Benutzeragent neuere Technologien nicht unterstützt oder diese deaktiviert sind.

Anforderung 7
Zeitgesteuerte Änderungen des Inhalts müssen durch die Nutzerin/den Nutzer kontrollierbar sein.

Anforderung 8
Die direkte Zugänglichkeit der in Internetangeboten eingebetteten Benutzerschnittstellen ist sicherzustellen.

Anforderung 9
Internetangebote sind so zu gestalten, dass Funktionen unabhängig vom Eingabegerät oder Ausgabegerät nutzbar sind.

Anforderung 10
Die Verwendbarkeit von nicht mehr dem jeweils aktuellen Stand der Technik entsprechenden assistiven Technologien und Browsern ist sicherzustellen, so weit der hiermit verbundene Aufwand nicht unverhältnismäßig ist.

Anforderung 11
Die zur Erstellung des Internetangebots verwendeten Technologien sollen öffentlich zugänglich und vollständig dokumentiert sein, wie z. B. die vom World Wide Web Consortium entwickelten Technologien.

Anforderung 12
Der Nutzerin/dem Nutzer sind Informationen zum Kontext und zur Orientierung bereitzustellen.

Anforderung 13
Navigationsmechanismen sind übersichtlich und schlüssig zu gestalten.

Anforderung 14
Das allgemeine Verständnis der angebotenen Inhalte ist durch angemessene Maßnahmen zu fördern.

Die Praxis des barrierefreien Webdesigns

Vieles, was 1999 in der WCAG festgeschrieben und von der BITV übernommen wurde, ist heute nicht mehr auf aktuellem Stand. Die Diskussionen in der Gemeinde der »barrierefreien Webdesigner« beschäftigen sich deshalb auch mit den praktischen Fragen nach dem, was tatsächlich notwendig ist, und dem, was nicht zwingend erforderlich ist, um eine Webseite barrierefrei umzusetzen.

Wichtig für Sie als Webdesigner ist zunächst einmal der Fahrplan, was Sie wie umsetzen sollten. Deshalb folgt hier eine Art Checkliste, obwohl dieser Begriff in Verbindung mit barrierefreiem Webdesign nicht unproblematisch ist: Da jede Website eine modifizierte Strategie anhand der Anforderungen benötigt, kann man Accessibility nicht so einfach abarbeiten, wie Sie das mit der Checkliste zur Planung einer Website tun können. Dennoch möchte ich Ihnen die folgenden Punkte zur Orientierung mit auf den Weg geben.

> **[✓] Standards (Barrierefreiheit)**
> Trennung von Inhalt und Design

Webstandards und valider Code sind nach BITV-Anforderung 3 eine Grundlage für eine barrierefreie Website. Wichtiger ist hier aber, dass Webstandards ein Zeichen für sorgfältiges Arbeiten sind. Eine standardkonforme Website ist damit aber noch lange nicht zugänglich! Wichtig ist die Trennung für Benutzer assistiver Technologien: Mit Photoshop zusammengebaute Websites inklusive mehrfach verschachtelter Layouttabellen können nicht ausgelesen werden.

> **[✓] Relative Einheiten (Barrierefreiheit)**
> Skalierbarkeit von Schriften und Layout

Verwenden Sie relative Maßeinheiten. Die Inhalte Ihrer Website sollten auch bei höheren Schriftgraden von mehr als 200 % skalieren, die Texte dürfen also nicht überlappen.

> **[✓] Semantik (Barrierefreiheit)**
> Semantisch korrekte Auszeichnung der Inhalte

Verwenden Sie logische Auszeichnungen, die in den geltenden Webstandards so vorgesehen sind. Viele Nutzer assistiver Technologien verwenden die Überschriften zum Navigieren innerhalb des Contents. Verwenden sollten Sie auch eine Überschrift für die Identifizierung der Navigation. Per CSS können Sie diese Überschriften verstecken. Sie müssen sich nicht sklavisch an die feste Hierarchie halten, bei vielen Websites ist das auch kaum realisierbar.

> **[✓] Alternativtexte (Barrierefreiheit)**
> Sinnvoller Einsatz von Alternativtexten

Jedes Bild, das dem Content zugerechnet werden soll, benötigt ein Text-Äquivalent. Hintergrundgrafiken oder rein dekorative Fotos ohne inhaltlichen Zusammenhang erhalten einen leeren Alt-Text. Ein sinnvoller Alternativtext ist allerdings auch mehr als nur eine simple Bezeichnung. Zeigt ein Foto zum Beispiel einen Baum, können Sie »Baum« oder »Eiche« als Alternativtext wählen. Das ist aber nur dann korrekt, wenn es als Aussage im Zusammenhang mit den Seiteninhalten ausreicht. Zeigt das Bild den Baum, der durch Blitzschlag auf Ihren Wagen gefallen ist, sollte der Alternativtext besser »Die umgestürzte Eiche auf meinem Auto« lauten. Denken Sie auch an den Fluss der Texte, die von einem Screenreader ausgegeben werden. Ein Logo kann zwar mit dem Alternativtext »Logo« bezeichnet werden, schöner ist aber beispielsweise »Firma XYZ«. Ob das nun ein Logo ist oder nicht, interessiert den Nutzer nicht. Vermeiden Sie übrigens den Zusatz »Foto:« oder »Bild:«, denn das wird schon vom Screenreader vermittelt.

> **Sprachwechsel (Barrierefreiheit)** [✓]
> Sinnvolle Auszeichnung von Sprachwechseln

Da Ihre Kunden-Websites hauptsächlich in `lang: "de"` veröffentlicht werden, sollten unbekannte Fachbegriffe in englischer oder französischer Sprache im HTML-Text ausgezeichnet werden. Bei HTML 4 wäre das zum Beispiel:

```
<span lang="en">Scarborough</span>
```

Und für XHTML:

```
<span lang="fr" xml lang="fr">Chateau la Migraine</span>
```

> **Akronyme (Barrierefreiheit)** [✓]
> Sinnvolle Auszeichnung von Abkürzungen und Akronymen

Neben Abkürzungen sollten auch eher unbekannte Akronyme ausgezeichnet werden, und zwar beim ersten Auftreten auf einer Internetseite. Akronyme sind Abkürzungen, die wie ein Wort ausgesprochen werden, zum Beispiel »NATO«. Vermeiden Sie es aber, zusätzlich zur Auszeichnung ständig alle Titel in Ihr HTML-Dokument zu schreiben. Möchten Sie gern auf einer Download-Seite mit vielen schönen PDF-Dokumenten andauernd zu hören bekommen, dass Sie sich auch bei der Datei Nummer 34 ein »Portable Document Format« herunterladen dürfen? Mal abgesehen vom Umstand, dass man hier ja zusätzlich auch noch jedes Mal mit einem Sprachwechsel arbeiten müsste, um das wasserdicht zu machen.

Abkürzung und Akronym in HTML:

```
<abbr lang="en" title="Web Content Accessibility Guidelines" >
WCAG</abbr>
<acronym title="Kaufhaus des Westens">KaDeWe</acronym>
```

[✓] **Skip-Links (Barrierefreiheit)**
Verwendung sinnvoller Sprungmarken (Skip-Link-Möglichkeit)

Sprungmarken dienen dazu, bestimmte Inhalte zu überspringen und an einem bestimmten Ziel zu landen. Der Nutzer will aber nicht nur wissen, was er überspringt, sondern auch, wo er beim Überspringen landet. Sie sollten deshalb klar definieren, wo der Zielanker auf der Seite gesetzt wurde. Der Linktext lautet also »zum Inhalt springen« und »zur Navigation springen«. Sinnvoll ist bei größeren Sites noch »Zur Suche springen«. Verwenden Sie die Sprungmarken sparsam – zwei, maximal drei genügen: übertreiben Sie es nicht. Vergessen sollten Sie aber auch nicht, eine Sprungmarke »zum Seitenanfang« am Ende des Inhaltsbereiches zu setzen. Falls Sie davon mehrere im Inhaltsbereich verwenden wollen, sollte die letzte Marke zusätzlich den per CSS versteckten Text »Ende Inhaltsbereich« enthalten. Dies dient der besseren Orientierung für Screenreader-Nutzer.

[✓] **Navigation (Barrierefreiheit)**
Navigation auch über die Tastatur

Die Pseudoklasse `a:focus` können Sie wunderbar einsetzen, um Tastaturnutzern eine schnelle Orientierung und Navigation auf der Website zu ermöglichen. Sie können damit auch die Sprungmarken zum Inhalt und zur Navigation sichtbar machen – ein sinnvolles Feature, da Tastaturnutzer die grafische Darstellung im Browser meistens beibehalten und dadurch die Sprungmarken nicht sehen.

[✓] **JavaScript (Barrierefreiheit)**
Volle Funktionalität auch ohne JavaScript

In der Web Developer Toolbar für Firefox können Sie nicht nur CSS, sondern über den Punkt DISABLE auch alle Skripte abschalten. Ihre Website muss auch ohne JavaScript funktionieren, das gilt besonders für die Navigation. Das heißt nicht, dass JavaScript böse ist oder dass Sie es nicht verwenden sollten. Sie sollten allerdings »unobtrusive JavaScript« verwenden, also unaufdringlich, ohne Event-Handler in HTML.

> **Frames (Barrierefreiheit)** [✓]
> Verzicht auf Frames und Pop-up-Fenster

Frames haben schon bei weniger professionellen Webdesignern keinen besonders guten Ruf. Man kann keine Bookmarks setzen, und Linkzustände im Navigations-Frame lassen sich nicht vernünftig darstellen. Außerdem werden mehrere Seiten für je ein Dokument geladen, so als ob man sich eine Zeitungsseite aus vier Zeitungen zusammenkleben müsste. Nicht nur Suchmaschinen, auch Screenreader und Braillezeilen haben ihre Probleme mit Frames. Ähnliches gilt für Pop-up-Fenster oder Links, die sich ohne Ankündigung in einem neuen Fenster öffnen.

> **Farben (Barrierefreiheit)** [✓]
> Kontrastreiche Farben

Als Norddeutscher mit ostfriesischen Wurzeln kenne ich natürlich den Witz über die ostfriesische Nationalflagge: »Weißer Adler auf weißem Grund«. Es gibt anscheinend viele patriotische Ostfriesen unter den Webdesignern, die »coole« Websites gestalten, bei denen man selbst mit geübten und gesunden Augen kaum entziffern kann, was uns der Betreiber der Seite mitteilen will. Prüfen Sie am besten mit einem *Color Contrast Analyser* die Gestaltungselemente Ihrer Website.

> **Farben (Barrierefreiheit)** [✓]
> Keine Vermittlung von Information nur über die Farbe

Stellen Sie sich ein Szenario vor, bei dem der Screenreader Ihnen folgenden Text vorliest: »Wählen Sie jetzt den grünen Punkt für den Sprung zur Startseite und den roten für die Formatierung Ihrer Festplatte durch unser neues Programm, das sich gerade bei Ihnen installiert hat.« Nutzer mit der verbreiteten Rot-Grün-Blindheit können dabei schnell in Schwierigkeiten geraten – betroffen ist davon immerhin rund 8 % der männlichen Bevölkerung. Die Regel, über Farben keine Informationen zu vermitteln, ist auch für die Navigation wichtig. Setzen Sie aktive Links fett, oder spielen Sie in CSS mit `border-color` und `border-width`.

> **[✓] Inhalt/Suche (Barrierefreiheit)**
> Inhaltsverzeichnis und Suchfunktion

Sinnvoll ist ein Inhaltsverzeichnis, wenn es mehrere Navigationshierarchien gibt, die nicht unmittelbar im HTML-Quellcode erkennbar sind. Ähnliches gilt für die Suchfunktion, die bei großer Frequentierung auf kleinen Seiten eher auf eine miserable Navigation hindeutet als auf eine gelungene Suchroutine. Wichtig ist aber die Feststellung, dass viele blinde und sehbehinderte Nutzer die Suchfunktion als Alternative zur Navigation nutzen.

> **[✓] Hilfeseite (Barrierefreiheit)**
> Ein Relikt: die Hilfeseite

Eine Hilfeseite gehörte noch vor wenigen Jahren zu einem Muss für barrierefreie Websites, sie war schon fast ein Erkennungsmerkmal. Auf einer Hilfeseite können Sie die Möglichkeit der Tastaturnavigation erwähnen, Sie können den Besuchern auch die Fähigkeiten des elastischen oder liquiden Layouts der Website erklären und Hilfestellung bei der Veränderung der Schriftgröße geben. Die behinderten Nutzer kennen aber ihre Hilfsmittel und Einstellungsmöglichkeiten genau, für die eigentliche Zielgruppe der Seite sind Sie sozusagen immer zu spät dran mit Ihren Informationen.

> **Das können Sie sich sparen:**
> - Trennungen von Links (`<span class="hidden"> .</span>`)
> - Bilder: keine identischen Title-Angaben als Ergänzung zu Alternativtexten
> - Accesskeys und TAB-Index
> - Schriftgrößen-Veränderung (ist aber als Usability-Hilfe sinnvoll)

Sinn, Nutzen und Kosten

Wenn Sie die Aufstellung aufmerksam gelesen haben, wissen Sie auch, warum barrierefreies Webdesign immer wieder mit der Einhaltung von Webstandards, Usability-Gesichtspunkten, Webdesign für Ältere, Webdesign für

Suchmaschinen, Webdesign für PDAs oder iPhones und Webdesign für Blinde verwechselt, vermischt und damit leider auch verwässert wird.

Es ist dennoch korrekt, dass eine barrierefreie Website auch für ältere Nutzer einen großen Mehrwert hat. Es stimmt auch, dass eine standardkonforme und barrierefreie Website per se suchmaschinenfreundlich ist. Eigentlich profitieren alle davon. Eines darf man aber nicht vergessen: Vom tiefergelegten Bürgersteig für Rollstuhlfahrer profitieren auch Mütter und Väter mit Kinderwagen, ältere Fußgänger, Verletzte mit Gipsbein und Reisende mit schwerem Trolly. Trotzdem wurde der Bürgersteig für die Rollstuhlfahrer tiefergelegt, denn für sie gibt es keine Alternative oder Verbesserung Ihrer Situation.

Sie sollten weder glauben noch verbreiten, dass barrierefreies Webdesign zum Nulltarif zu bekommen ist. Alle Maßnahmen, die zur Erfüllung der Anforderungen notwendig sind, bedeuten einen Aufwand. Barrierefreies Webdesign kostet genauso Geld, wie auch barrierefreies Bauen Geld kostet. Akzeptieren Sie andererseits niemals Argumente Ihres Kunden, dass Behinderte nicht die Zielgruppe seiner Website sind. Vielleicht kauft der Blinde im Web eben doch den Fernseher für seine Familie, weil er als einziges Familienmitglied die notwendige Kompetenz im Medium Web besitzt. Vielleicht auch nicht, denn das ist völlig egal: Nicht alles, was eine Gesellschaft ausmacht, muss für den Einzelnen einen Sinn machen. Barrierefreiheit als Selbstverständlichkeit zu akzeptieren ist eine Frage der Reife und Toleranz einer Gesellschaft. Sie dürfen im Kundengespräch auch stets mit einem Lächeln fragen, ob Ihr Kunde die barrierefreien Zugänge zum Bürohaus einer großen Firma auch für Geldverschwendung hält, nur weil kein Rollstuhlfahrer dort arbeitet.

Beispiel: Regionales Rechenzentrum Erlangen (RRZE)

Das *Regionale Rechenzentrum Erlangen* (RRZE) der Universität Erlangen-Nürnberg erhielt 2005 beim Wettbewerb um den besten deutschsprachigen barrierefreien Internetauftritt eine goldene BIENE. Anhand von Screenshots und der Hilfe der Webdeveloper Toolbar soll exemplarisch gezeigt werden, über welche Features die Website verfügt (*www.rrze.uni-erlangen.de*).

9 | Usability und Accessibility

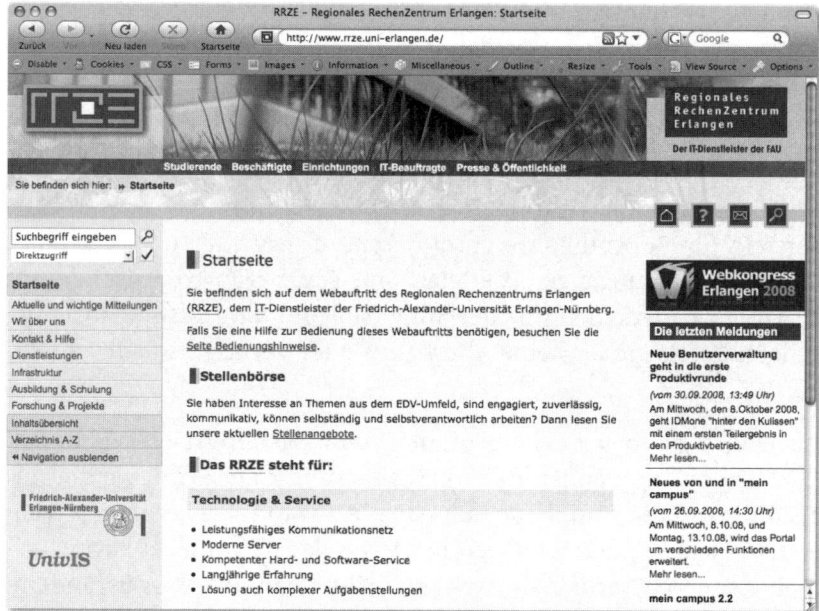

Abbildung 9.6 Die Website des RRZE im Firefox 3 (Mac)

Abbildung 9.7 Skalierbares Layout, 4-fache Vergrößerung. Keine Überlappungen, alles bleibt bedienbar.

Accessibility: Zugang für alle | **9.2**

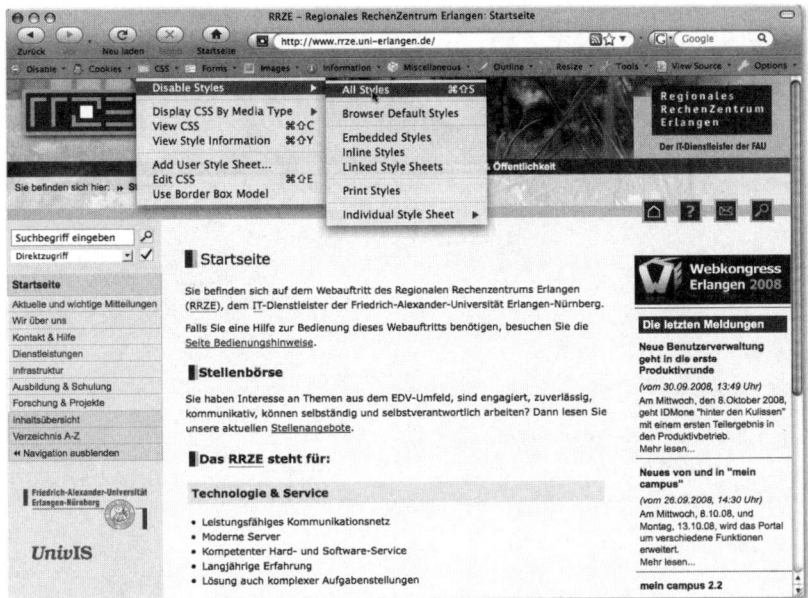

Abbildung 9.8 Über »CSS • Disable Styles • All Styles« lassen sich alle CSS-Dateien abschalten.

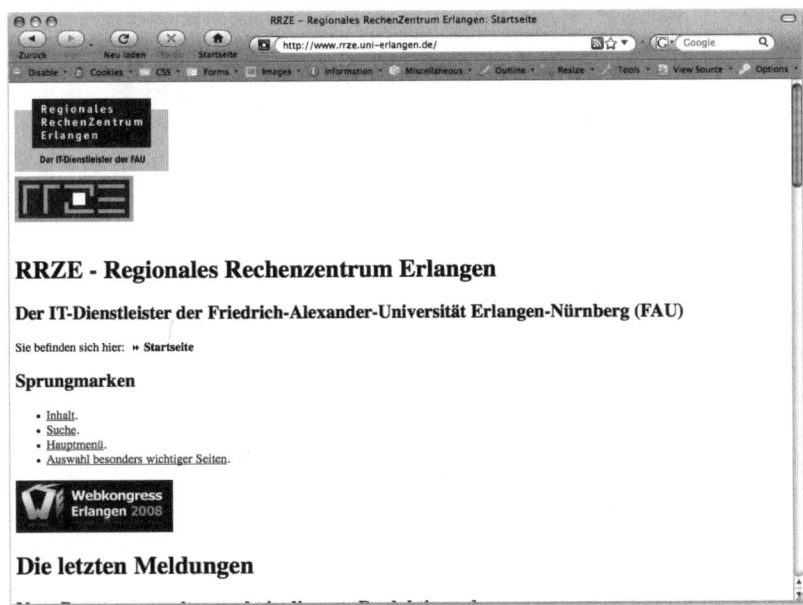

Abbildung 9.9 Als Ergebnis sieht man den reinen Inhalt der HTML-Seite. Gut zu erkennen: Überschriften-Hierarchien, Pfadnavigation und Sprungmarken.

9 | Usability und Accessibility

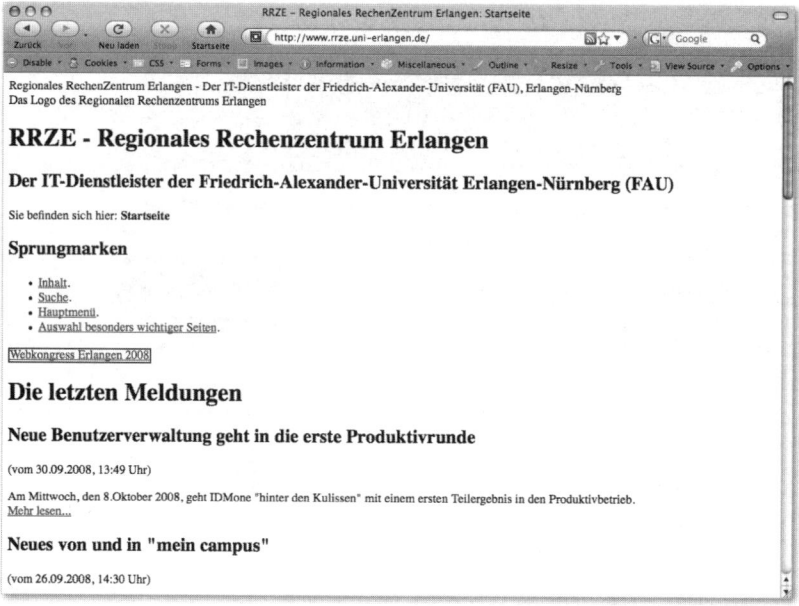

Abbildung 9.10 Durch das zusätzliche Abschalten der Bilder über »Images • Disable Images • All Images« werden die Alternativtexte sichtbar.

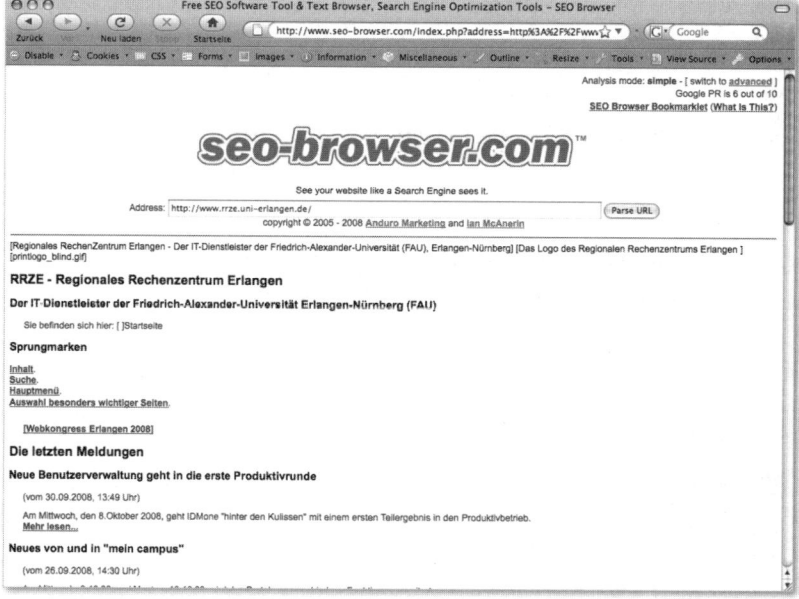

Abbildung 9.11 Einen ähnlichen Effekt – perfekt in der Kundenkommunikation – kann man auch mit der Ergebnisanzeige von »www.seo-browser.com« erreichen.

Accessibility: Zugang für alle | **9.2**

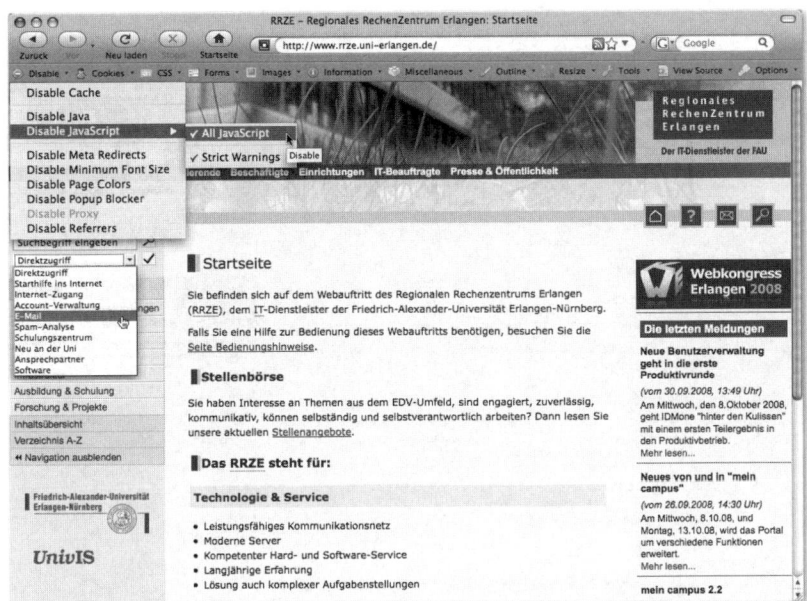

Abbildung 9.12 Eine barrierefreie Website muss auch mit deaktiviertem JavaScript funktionieren. Web Developer Toolbar: »Disable • Disable JavaScript • All JavaScript«.

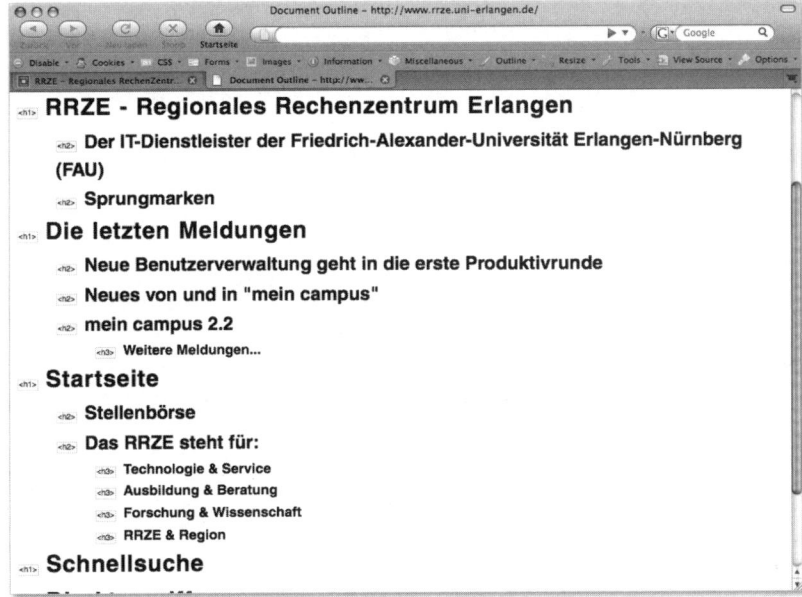

Abbildung 9.13 Die HTML-Auszeichnungen auf einen Blick erhält man über »Information • View Document Outline«.

513

9 | Usability und Accessibility

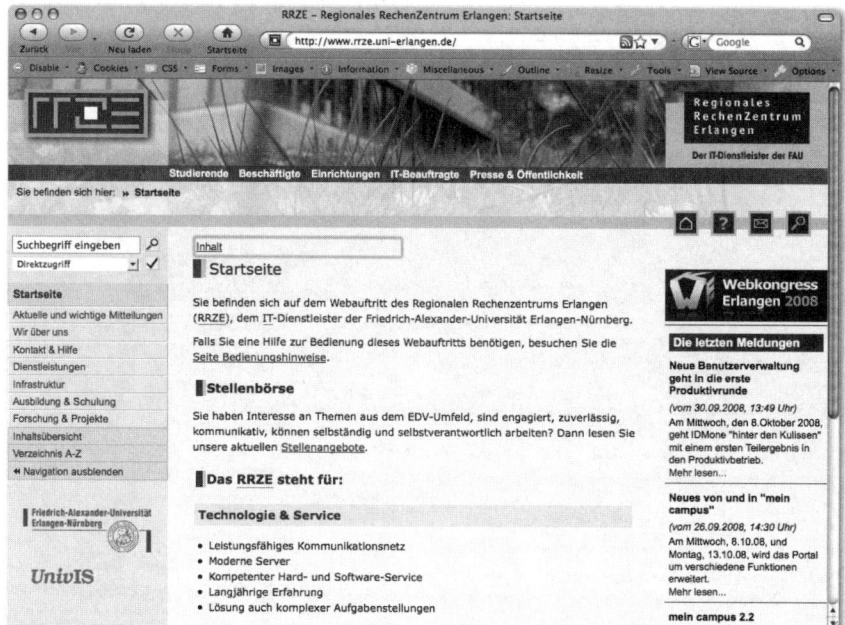

Abbildung 9.14 Über die in der CSS-Datei definierte Pseudoklasse »a:focus« werden die Sprungmarken für Tastaturbenutzer beim Tabben über der Hauptüberschrift des Contents sichtbar.

Quellcode für die Startseite: Sprungmarken

```
<div id="sprungmarken">
<h2>Sprungmarken</h2>
<ul>
<li><a href="#content">Inhalt</a><span class="skip">. </span>
</li>
<li><a href="#suchen">Suche</a><span class="skip">. </span></li>
<li><a href="#leftnavi">Hauptmen&uuml;</a>
<span class="skip">. </span></li>
<li><a href="#direkt">Auswahl besonders wichtiger Seiten</a><span class="skip">. </span></li>
</ul>
</div>
```

Quellcode für die Startseite: Akronyme

```
<h2>Das <acronym title="Regionales Rechenzentrum Erlangen">RRZE</acronym> steht f&uuml;r:</h2>
```

Quellcode für die Startseite: Sprachauszeichnungen

```
<ul>
<li>Leistungsf&auml;higes Kommunikationsnetz</li>
<li>Moderne <span lang="en" xml:lang="en">Server</span></li>
<li>Kompetenter Hard- und Software-Service</li>
<li>Langj&auml;hrige Erfahrung</li>
<li>L&ouml;sung auch komplexer Aufgabenstellungen</li>
</ul>
```

9.2.3 Visuelle Konzeptionierung

Die Auftragsbestätigung haben Sie gerade erst abgeschickt, die Anzahlung ist noch nicht einmal am Horizont Ihres Bankkontos aufgetaucht, da erreicht Sie der Anruf Ihres Kunden: »Wann kann man denn mal was sehen?«

Was Sie auch unternehmen, um dem Kunden die Relevanz der Inhalte nahezubringen, er will etwas sehen. Sie können sich den Mund fusselig reden, dass ein gutes Design immer den *Anforderungen der Website folgt*, dass sogar das weltbekannte Zitat »form follows function« nichts anderes meint und dass Sie sich als Webdesigner deshalb später um das Design kümmern werden. Ihr Kunde wird nicken und Folgendes antworten: »Ja gut, verstanden. Und wann wird es so weit sein? Ich möchte ja nur mal was sehen.«

Es ist also besser zu resignieren. Nehmen Sie den Kundenwunsch einfach hin, und beginnen Sie sofort nach der Planung mit der visuellen Konzeptionierung der Website. Ihre Aufgabe besteht darin, die inhaltliche, technische und visuelle Darstellung des Webdesign-Workflows abzubilden. Es gibt dafür verschiedene Möglichkeiten. Jede Form der Visualisierung hat ja das Problem der Modellhaftigkeit, und jeder Lösungsansatz hat dementsprechend seine Vor- und Nachteile.

Grafische Layouts

Die unangefochtenen Klassiker unter den Mitteln der Visualisierung sind verschiedene Arten von grafischen Layouts. Dabei wird die Optik einer exemplarischen Website mit Bildverarbeitungs- oder Vektorprogrammen umgesetzt. Es werden mehrere Varianten unter verschiedenen Namen eingesetzt, doch die grundsätzliche Umsetzung der Visualisierung bleibt gleich.

Vorteile

- Einfache Website-Layouts sind schnell umzusetzen.
- Grundelemente des Corporate Designs können visualisiert werden.
- Der Kunde kann direkt auf die Visualisierung reagieren.

Grafische Layouts eignen sich zur Darstellung einer grundsätzlichen Website-Optik und sind damit das ideale Werkzeug für diejenigen Webdesigner, die entsprechende Bildverarbeitungs- oder Vektorprogramme beherrschen. Diese Methode stammt noch aus den Anfangszeiten des Webs, nachdem die Agenturen das Web entdeckten und die Gestaltungsprinzipien aus dem Printbereich in das Web übertragen wollten. Und genau damit sind wir bei den Problemen. Grafische Layouts sind und werden nie Webseiten, sie eignen sich höchstens als »optische Krücken«. Hier zeigt sich auch die Unterschiedlichkeit der Medien: Primäre Eigenschaften einer Website lassen sich nicht übertragen, die ganze Bandbreite und Flexibilität des Mediums Web wird auf ein fixes, unveränderliches Dokument reduziert.

Nachteile

- In einem fixen Gestaltungsraster sind nur Einzeldokumente platzierbar.
- Aktion und Interaktion sind nicht darstellbar.
- Detaillierte Darstellungen sind nicht praktikabel.

Für einen Kunden, der »mal was sehen will«, können grafische Layouts gut eingesetzt werden. Man sollte sich auf die Visualisierung von Grundgerüst, Farben und Kurzbeschreibung der Inhalte beschränken.

Eine interessante Variante grafischer Layouts ist die *Grey-box-Methode* von Jason Santa Maria (*http://v3.jasonsantamaria.com/archive//2004/05/24/grey_box_method.php*).

Wie der Name schon sagt, verzichtet diese Methode auf Farben und damit auch auf farbige Hervorhebungen in der Gestaltung des Layouts. Hier geht es zunächst nur um die Einbindung webspezifischer Elemente und um die Möglichkeiten, Inhalte sinnvoll zu positionieren. Einen ähnlichen Ansatz, aber noch minimalistischer, verfolgt auch die Methode des sogenannten *Wireframings*. Diese Gittermodelle dienen nur der Positionierung der Grundelemente einer Website, also *Header*, *Content*, *Navigation* und *Footer*. Auf

Design wird bei Wireframes ebenso verzichtet wie auf die Farben, und oft dient ein Gestaltungsraster als Hilfe für die harmonische Positionierung der Elemente.

Diese Graustufen-Varianten bieten also ein gutes Werkzeug für die *interne* Arbeit des Webdesigners. Sie sind außerdem eine ideale Grundlage für grafikbasierte Layouts und können sogar in einer monochromen Ausarbeitung zusammen mit dem Kunden entwickelt werden. Der Ansatz ist im Gegensatz zum klassisch ausgearbeiteten grafischen Layout viel näher am Medium Web. Die Graustufenoptik zwingt zur Beschäftigung mit den web-relevanten Inhalten der Internetseite und vermeidet die visuelle Fokussierung auf Farben oder auf das Design. Auch der Kunde ist so viel eher bereit, sich voll auf die Funktion und auf inhaltliche Aspekte der Website zu konzentrieren.

Online-Styleguides

Online-Styleguides sind ebenfalls eine Weiterentwicklung aus der Praxis des Grafikdesigns – der Fokus liegt aber nicht darauf, die Optik einer Internetseite zu visualisieren. Online-Styleguides verfolgen einen ganzheitlichen Ansatz der Gestaltung. Hier werden die Elemente des Corporate Designs um die interaktiven und webspezifischen Elemente einer Website erweitert. Beispielhaft ist der Online-Styleguide der Bundeswehr (*http://styleguide.bundeswehr.de/v3/styleguide/grundlegendes/index.html*).

Vorteile
▶ Medienunabhängiges Corporate Design mit Elementen der Website
▶ Ideal als Leitfaden für die Arbeit in Teams und in Netzwerken
▶ Keine Visualisierungsproblematik eines Website-Layouts

Der Online-Styleguide berücksichtigt die spezifischen Anforderungen einer Website und ist deshalb die eigentliche Grundlage für das Webdesign. Die Erstellung eines Online-Styleguides ist für sehr große Sites oder Portale sinnvoll, für die nicht nur ein Basiskonzept für die Gestaltung und das Design einer einzelnen Musterseite für das Web ausreicht. Große Vorteile bietet ein Styleguide auch für die Arbeit in Teams oder Netzwerken, die aus Webdesignern, Entwicklern und Programmierern bestehen. Der Styleguide sorgt hier durch die im Vorfeld klar definierten Elemente für konfliktfreie Konzeptions- und Umsetzungsphasen.

> **Nachteile**
> - Hoher Anspruch an die Planung und Kundenkommunikation
> - Realisierbar nur mit detaillierter Planung aller Elemente
> - Starres Gerüst bei veränderten Anforderungen und Wünschen

Für kleine und mittlere Projekte mit einem Ansprechpartner als Kunden und ein bis zwei zusätzlichen Mitarbeitern in Ihrem Team sind Online-Styleguides viel zu aufwendig und daher nicht zu empfehlen. Die Grundlage eines Styleguides ist es ja, zunächst alle Gestaltungselemente für Print und Web zu sammeln, diese Elemente gegebenenfalls um Elemente für andere Medien zu erweitern (Fernsehen und Rundfunk) und in Paketen zu strukturieren. Das Problem ist nicht einmal der Umfang des daraus resultierenden mehrseitigen Dokuments. Als Webdesigner könnten Sie auch nur den Online-Styleguide erstellen und andere Medien einfach vernachlässigen.

Das Problem ist eher der *Planungsaufwand* und damit zusammenhängend die Notwendigkeit einer intensiven Kundenkommunikation. Sie müssen den Styleguide ja erst erstellen, bevor Sie eine Musterseite für Ihren Kunden visualisieren können. Anhand eines Styleguides zu arbeiten bedeutet aber die Notwendigkeit einer unbedingten *Disziplin* auf der Seite des Webdesigners und auf der des Kunden. Leider werden von vielen Einzelkunden immer wieder Änderungen und Ergänzungen beim Corporate Design vorgenommen, und diese Änderungen führen dann die Disziplin und damit den Online-Styleguide ad absurdum.

HTML-Prototypen

Rapid Prototyping ist ein Begriff aus den Bereichen Maschinenbau und Ingenieurswesen. Der Begriff kennzeichnet eine bestimmte Methode für Produktionsabläufe. Dabei werden von vornherein die Modelle und Prototypen mit denselben Produktionsmethoden erstellt wie das finale Produkt. Vorher hatte man stets mit dem Problem der unterschiedlichen Ansätze von Modell und Endprodukt zu kämpfen. Was noch am Prototyp gut funktionierte und mit den entsprechenden Modellabläufen ideal zu realisieren war, erwies sich im finalen Produktionsablauf nicht selten als technisch zu kompliziert oder wirtschaftlich nicht tragbar.

Das Problem in diesen Bereichen ist also mit dem der grafischen Layouts im Webdesign zu vergleichen: Die Methode der Visualisierung ist so weit vom tatsächlichen Workflow der Website entfernt, dass das visualisierte Modell ja nur eine Illusion ist, die allenfalls eine visuell wahrnehmbare Ähnlichkeit mit der »echten« Website hat.

Umgekehrt ist damit auch schon der Charakter von HTML-Prototypen definiert: Die Grenzen zwischen Planung, Konzeption und Umsetzung werden dort absichtlich vermieden.

Vorteile

- Medienkonformer Workflow von der Planung bis zum Launch
- Einheitliche Tools für die Modellphasen und die fertige Website
- Ideal für die Projektkontrolle und die Kundenkommunikation

Der wichtigste Vorteil eines HTML-Prototyps ist für Sie der stringente, homogene Webdesign-Workflow ohne die sonst unvermeidbaren Brüche bezüglich der Tools und der Medien. Sie arbeiten von Anfang an mit den Tools, mit denen Sie die Website auch bis zum Launch fertig stellen. Änderungen werden nicht über die Bildverarbeitung vorgenommen, sondern direkt in der CSS-Datei. Ideal ist dieses »Rapid Prototyping« auch bezüglich der Kundenkommunikation. Sie können Ihren Kunden vom einfachen »Bauklötzchen« bis hin zum fertigen Projekt mit allen Inhalten, sämtlichen Designelementen und den gewünschten Features am Workflow teilhaben lassen.

Nachteile

- Hohe Anforderungen an das Know-how des Webdesigners
- Ständige Wechsel zwischen Planungs- und Umsetzungsschritten
- Notwendigkeit ständiger Kontrolle der Browserkompatibilität

Auch in Zeiten von modernen Browsern mit umfassender und fast fehlerfreier CSS2-Unterstützung werden Sie noch für einige Jahre das Problem der IE6-Nutzer haben, auf die Sie auch mit den schönsten HTML-Prototypen reagieren müssen. Sie brauchen also schon sehr gute Kenntnisse in (X)HTML und CSS, um während des gesamten Workflows die IE6-Bugs in den Griff zu bekommen.

Die Vorteile machen das HTML-Prototyping theoretisch zur perfekten Methode mit unschlagbarem Nutzen. Der einzig sinnvolle Weg für das HTML-Prototyping sind JavaScript-, PHP- und CSS-Frameworks. Nicht nur die Problematik der Browserbugs führen in der Praxis meistens zu anderen Lösungen. Im Team oder im externen Netzwerk funktioniert HTML-Prototyping nur über ein detailliertes Projektmanagement und stringente Kontrollmechanismen. Diese Disziplin ist in der Realität der Webentwicklung und des Webdesigns jedoch kaum umzusetzen – zu unterschiedlich sind die Charaktere innerhalb des Netzwerks und zu groß sind die Kompetenzlücken des Kunden.

Fazit

Die großen Nachteile der Visualisierung beruhen ja auf dem Umstand konstruierter Wahrnehmungen. Ihr Kunde will etwas sehen, und Sie bieten ihm mit grafischen Layouts die ideale Lösung. Damit stecken Sie aber im Dilemma der Modellhaftigkeit und dem Paradoxon, Ihrem Kunden die Inhalte eben doch visuell ansprechend präsentieren zu müssen. Nicht alles, was Sie mit den Werkzeugen von Photoshop in einem Photoshop-Layout umsetzen können, lässt sich in einer Website mit HTML und CSS ebenso darstellen. Es wäre andererseits vollkommen unsinnig, ein Grafik-Layout bis ins letzte Detail auszuarbeiten. Hier macht sich ja schnell die fehlende Medienkonformität bemerkbar, die so ein Vorgehen unwirtschaftlich macht. Es wäre ja ökonomisch katastrophal, die ganze Arbeit am Grafik-Layout im HTML-Projekt zu wiederholen – jedenfalls dann, wenn Sie sorgfältig nach geltenden Webstandards arbeiten und deshalb auch eine Website mit Photoshop-Ebenen und Copy&Paste-Funktion ablehnen.

Umgekehrt gibt es auch Unterschiede in der Darstellung von HTML-spezifischen Elementen, die nur mit entsprechender Mehrarbeit in einem Photoshop-Layout simuliert werden können, zum Beispiel Unterstriche bei Links, Schriftdarstellungen und grafische Effekte, die per CSS in einem Prototyp sogar schneller zu realisieren sind.

Man darf sich jedoch nichts vormachen: Je größer das Team oder das Netzwerk und je komplexer die Kundenstruktur und das Projekt sind, umso wahrscheinlicher wird der Prototyp vollständig und bis ins Detail in einem Grafikprogramm umgesetzt, bevor auch nur eine Zeile Quellcode geschrieben wird.

Ein gangbarer Weg für die Praxis

Aus den verschiedenen Möglichkeiten der Visualisierung und den weiteren Arbeitsschritten im Workflow habe ich – wie jeder Webdesigner – meine bevorzugte Methode im Laufe mehrerer Jahre gefunden. Zuerst sollten Sie es aufgeben, Ihren Kunden den Wunsch nach einem visuellen Produkt auszureden. Es ist eine Binsenweisheit, wie Sie spätestens beim Abarbeiten der Checkliste bemerken werden, dass viele Ihrer Kunden oft nur vage Vorstellungen von den Anforderungen oder den Inhalten der Website haben, aber anhand konkreter Vorstellungen und Vergleiche ganz genau wissen, wie die Website aussehen soll.

Wichtig ist der Hinweis, dass der hier vorgeschlagene Weg für selbstständige Webdesigner mit eher kleinen Projekten und vorwiegend einzelnen Entscheidern funktioniert. Sie können diese Vorgehensweise also nicht ohne Weiteres auf größere und komplexe Projekte im Agenturalltag und für große Kunden übertragen.

Von der Konzeption zur Umsetzung [✓]
- Intern: Wireframing für den groben Seitenaufbau
- Grafik-Layout in Photoshop: Grundlayout in Farbe
- Kundenpräsentation, Auswahl durch den Kunden
- Rapid Prototyping mit PHP-, JavaScript- und CSS-Framework

In den meisten Fällen nennt Ihnen der Kunde Beispiele aus dem Web als seine Favoriten. Gelegentlich erhalten Sie sogar simple Layoutvorschläge des Kunden als Word- oder PowerPoint-Datei. Einige Webdesigner beginnen daraufhin sofort mit der Erstellung erster farbiger Grafik-Layouts und sparen sich den Umweg über monochrome *Wireframes*.

Wireframing

Ich halte Wireframing durchaus für eine effektive Methode, wenn Sie intern das eigene Projekt visualisieren wollen. Beschränken sollten Sie sich beim Wireframing aber auf die Konzeption einer groben Richtung. Viele Projekte benötigen durch bestimmte Anforderungen an die Zielgruppe oder besondere Funktionen auch individuelle Lösungswege bezüglich des Layouts. Hier sind Wireframes ein ideales Werkzeug, um zu diesen individuellen Lösungen zu kommen. Auch Sie sind ja nicht frei von subjektiver Beeinflussung durch allgemeine Farbwirkungen oder persönliche Vorlieben. Für das Konzipieren eines Website-Layouts sind diese Einflüsse aber eine schädliche Ablenkung.

Sie sollten also zunächst einen einfachen und konventionellen Wireframe erstellen. Konventionen waren bereits ausführlich und mehrfach das Thema dieses Buches. Konventionen gibt es auch bezüglich des Grundlayouts einer

Website. Sie sollten in dieser frühen Phase der Website-Konzeption immer von einem konventionellen Grundlayout ausgehen.

Wenn die grobe Anordnung innerhalb des Wireframes feststeht, geht es um das farbige Design. Photoshop ist dafür das Tool meiner Wahl, Sie können aber auch GIMP oder ein anderes Programm Ihrer Wahl nehmen, sofern es Ebenen und Ebeneneinstellungen zulässt. Wir sind ja noch bei den zahllosen Kunden, die immer so schnell wie möglich etwas sehen wollen. Es geht deshalb zunächst um die farbliche Anmutung, um das Grundkonzept des Webdesigns, um die Harmonie einer Website. Na ja, vor allem geht es darum, dass der Kunde etwas zu sehen bekommt und Ihnen nicht ständig auf die Nerven geht.

Ein grafisches Basislayout mit Photoshop

Das Grundlayout einer herkömmlichen Internetseite besteht immer aus einem *Header*, einem *Navigationsbereich*, dem *Contentbereich* und einem *Footer*. Die Platzierung möglicher Navigationsbereiche hält sich ja in Grenzen, eigentlich gibt es nur die horizontale Leiste, eine linksbündig-vertikale Spalte oder die rechtsbündige »Blog-Navigationsoptik«.

In Photoshop kann man so ein Grundlayout recht einfach umsetzen. Wichtig ist die Flexibilität Ihrer Lösung, die ja eine Vorlage für viele Website-Varianten bieten soll. Diese Flexibilität erreicht man durch die Verwendung von *Ebenen* und *Einstellungsebenen*.

Legen Sie in Photoshop ein neues Dokument in der Größe 800 × 600 Pixel an. Viele Ihrer Kunden verwenden noch einen Monitor mit der Auflösung 1024 × 768 Pixel. Ihre Bilddatei sollte beim Öffnen keine Scrollbalken erhalten.

Mithilfe von Hilfslinien markieren Sie die Seitenbereiche. Achten Sie darauf, dass Ansicht • Ausrichten an Hilfslinien aktiviert ist. Legen Sie zunächst eine vertikale Linie in der Mitte an. Mit dem Rechteck-Auswahlwerkzeug definieren Sie nun sozusagen den »Wrapper«. Oben und unten lassen Sie keinen Freiraum, dafür aber links und rechts. Wenn Sie das Auswahlrechteck ungefähr in die Mitte führen, dockt es genau mittig an der Hilfslinie an. Ziehen Sie nun Linien an den linken und rechten Rand des Wrappers. Anschließend definieren Sie mit weiteren Hilfslinien die Begrenzungen der anderen Seitenbereiche.

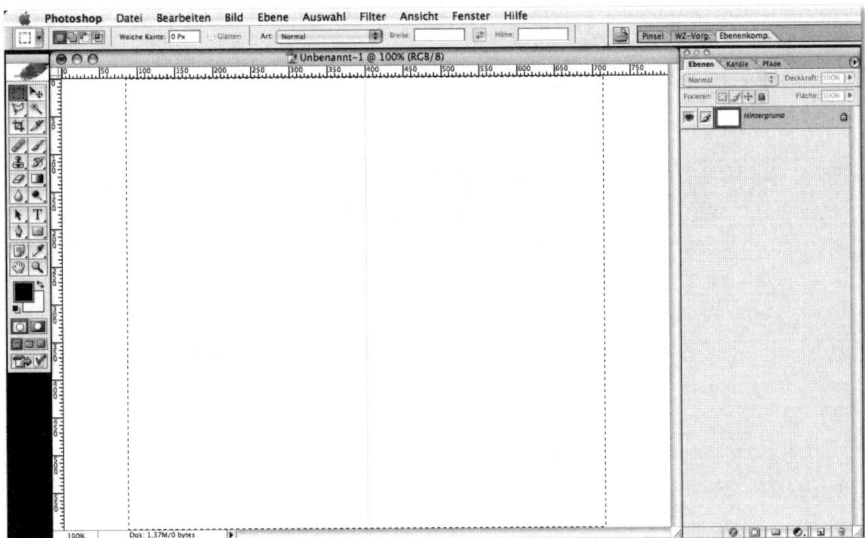

Abbildung 9.15 Leere Screen-Seite in Photoshop mit 800 × 600 Pixeln, hier mit einer vertikalen, mittigen Hilfslinie und dem Auswahlrechteck für den »Wrapper«

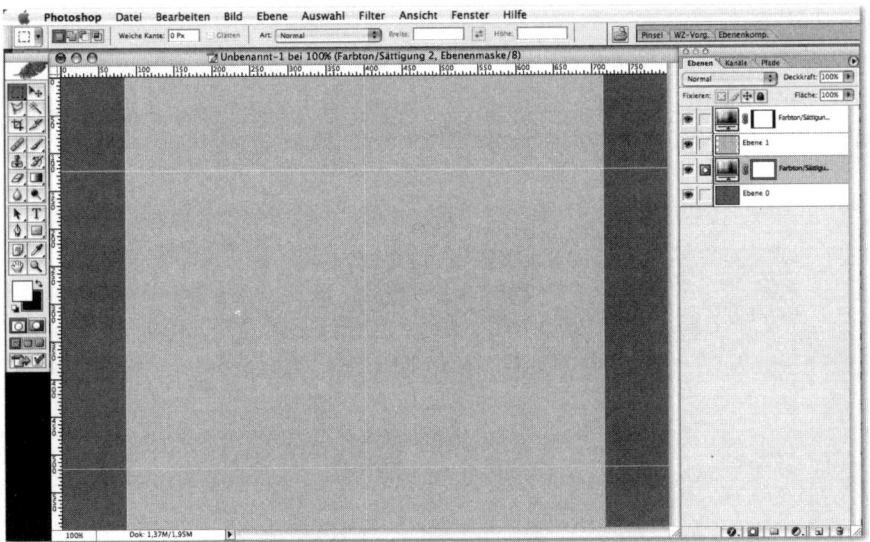

Abbildung 9.16 Mit Hilfslinien markierte Bereiche für weitere Seitenteile

Legen Sie jetzt die Ebenen für die Seitenbereiche an. Ziehen Sie mit dem Auswahlwerkzeug erneut das Rechteck für den Wrapper. Wählen Sie AUSWAHL • FLÄCHE FÜLLEN • VORDERGRUNDFARBE. Während die Auswahl aktiv ist, klicken

Sie in der Ebenenpalette auf Neue Füll- oder Einstellungsebene erstellen und dort auf Farbton/Sättigung.

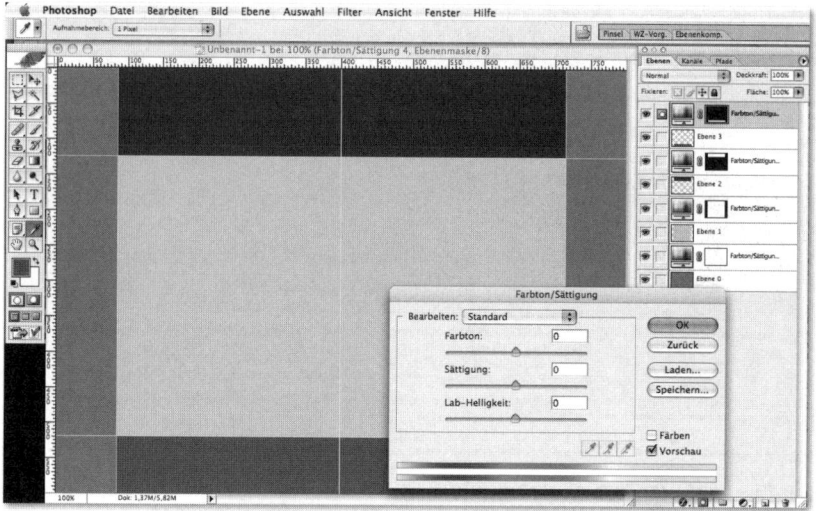

Abbildung 9.17 Die einzelnen Seitenteile erhalten separate Einstellungsebenen mit dem Modus »Farbton/Sättigung«.

Diesen Schritt wiederholen Sie jetzt separat für alle Seitenbereiche. Die Hintergrundebene wandeln Sie mit einem Doppelklick ebenfalls in eine eigene Ebene mit eigener Einstellungsebene Farbton/Sättigung um.

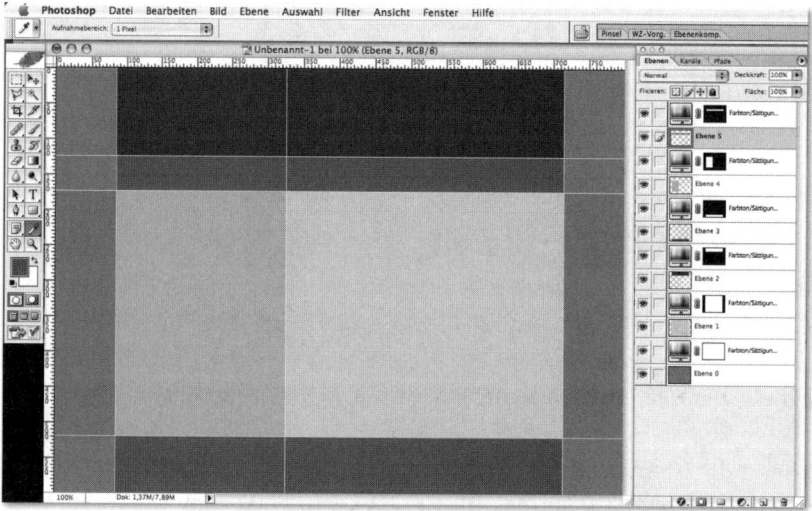

Abbildung 9.18 Die Positionierung aller Ebenen und Einstellungsebenen

Geben Sie den Ebenen sinnvolle Bezeichnungen. Legen Sie nun eigene Ebenengruppen in der Palette über die Option NEUE GRUPPE AUS EBENEN für die einzelnen Ebenen an, damit Sie bei Bedarf auch Seitenbereiche ausblenden können. Mit dem Textwerkzeug können Sie noch die Seitenbereiche kennzeichnen, aber das ist nicht unbedingt notwendig.

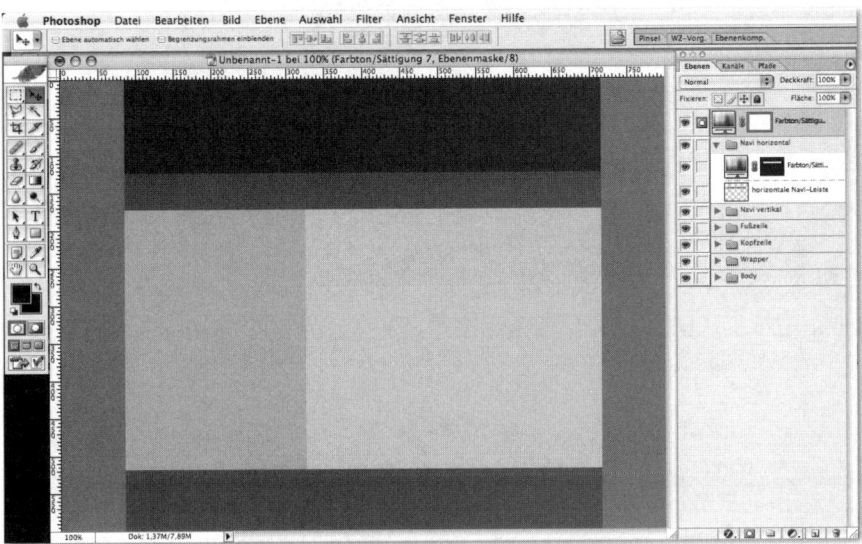

Abbildung 9.19 Das fertige Grundlayout mit eindeutig bezeichneten Ebenensets und einer darüberliegenden Einstellungsebene

Als obere Ebene legen Sie erneut eine Einstellungsebene FARBTON/SÄTTIGUNG an. Wenn Sie jetzt über einen Klick in die Ebenenzeile der Palette das FARBTON/SÄTTIGUNG-Fenster öffnen, können Sie mit den Reglern die Farbgestaltung des Layouts in Teilen verändern – über die oberste Einstellungsebene auch die Farbgestaltung des kompletten Layouts (siehe Abbildung 9.20).

Farbwahl: Online-Farbwähler, Tipps und Inspirationen

Nicht jedem ist es in die Wiege gelegt, auf Anhieb passende Farben oder gar ein komplettes Farbsystem zu entwickeln. Oft ist es aber auch für den Farbprofi sinnvoll und zeitsparend, die für solche Zwecke entwickelten Tools zu verwenden. Grundsätzlich sind Farbharmonien erst einmal immer eine Frage des persönlichen Geschmacks und der persönlichen Favoriten. Die Frage ist also immer, nach welchen Kriterien man das Farbsystem für die Kunden auswählen soll.

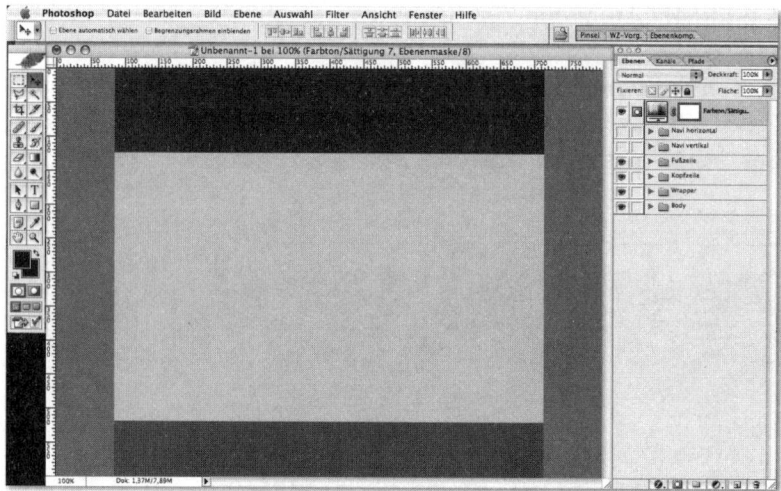

Abbildung 9.20 Änderungen des Layouts sind nicht nur über Farbbereiche, sondern auch durch Abschalten oder Verändern von Seitenbereichen möglich.

Eine interessante und gängige Methode ist es, eine Farbpalette aus einem Foto zu generieren. Dieser Weg ist besonders dann interessant, wenn bei einem kleinen Einzelkunden oder Freiberufler nicht einmal die Spur eines visuellen Basiskonzepts vorhanden ist. In diesem Fall wird sich die Vorliebe für bestimmte Farben in der Innenarchitektur Ihres Kunden widerspiegeln, zum Beispiel in der Büro-Einrichtung oder anhand des Bildschmucks wie Drucken oder Gemälden. Halten Sie diese Elemente mit einer Kamera fest: Möbel, Bilder, Wandfarben, Details. Am schnellsten kommen Sie zur Farbpalette, wenn Sie zunächst einzelne und wichtige Farbelemente aus den Fotos ausschneiden und als Montage zu einem Potpourri-Bild zusammenfassen.

Abbildung 9.21 Beispiel einer simplen Montage von Fotos einer Zahnarztpraxis als Vorlage zur Generierung einer Farbpalette

Sie können natürlich direkt in Photoshop eine gekachelte Version Ihres Motivs erhalten. Wählen Sie dafür einfach FILTER • VERGRÖBERUNGSFILTER • MOSAIKEFFEKT.

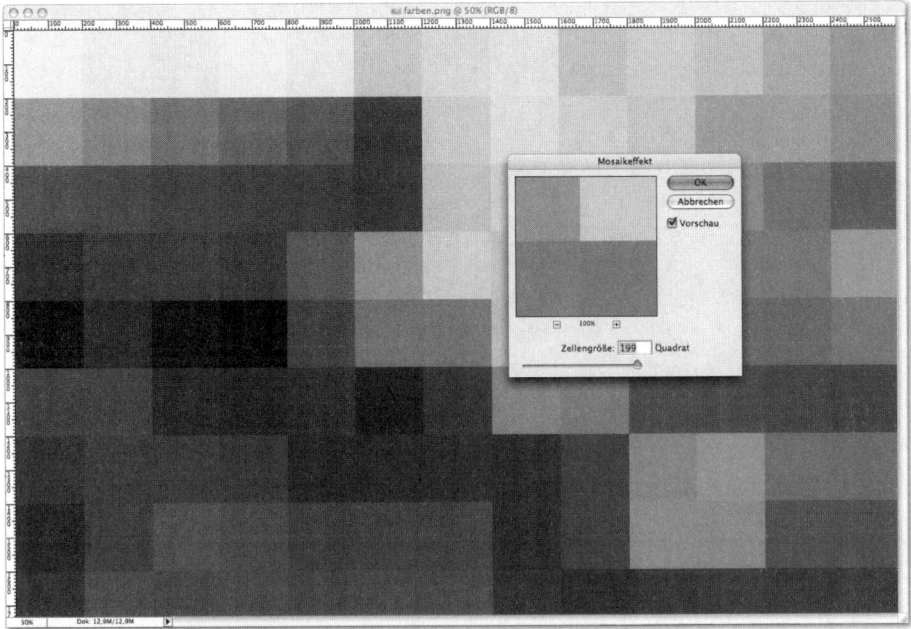

Abbildung 9.22 Der Mosaikeffekt in Photoshop als Methode für die Bestimmung einer Farbpalette

Sie können auch auf der Website des *Color Palette Generators* (*http://jrm.cc/color-palette-generator*) Ihre Bildmontage als Quelle für die Palette angeben. Den Quellcode der Seite können Sie übrigens auch komplett herunterladen.

Nun können Sie in einem neuen Browserfenster die Seite des *Color Scheme Generators* (*http://wellstyled.com/tools/colorscheme2/index-en.html*) öffnen. Geben Sie die Hexadezimalwerte aus der generierten Farbpalette ein (der unscheinbare Link befindet sich unten links: ENTER RGB). Sie erhalten dann passende Farbharmonien – mit mehr Möglichkeiten, als Sie jemals für eine Website benötigen (siehe Abbildung 9.24).

9 | Usability und Accessibility

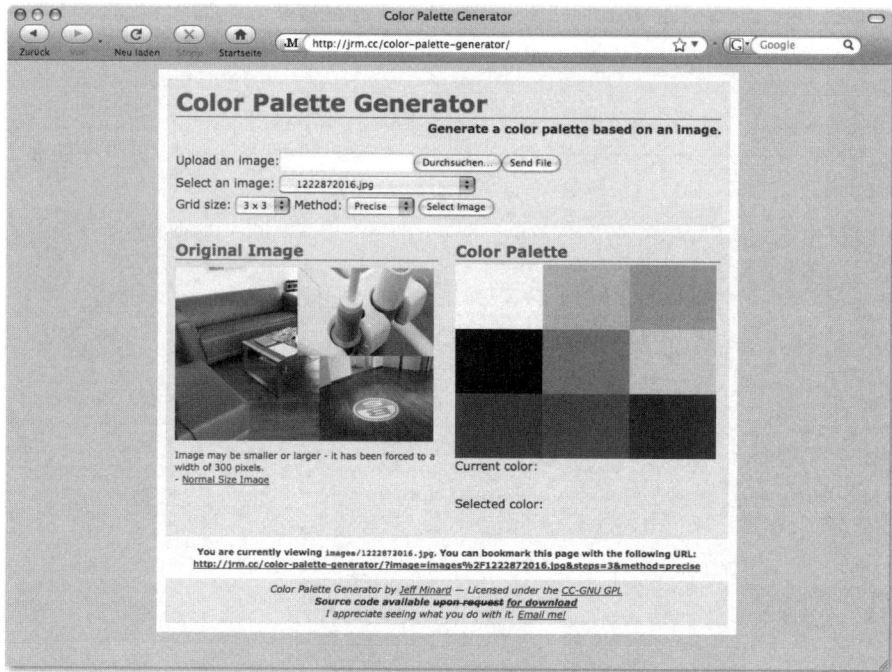

Abbildung 9.23 Die generierte Farbpalette mit dem Color Palette Generator

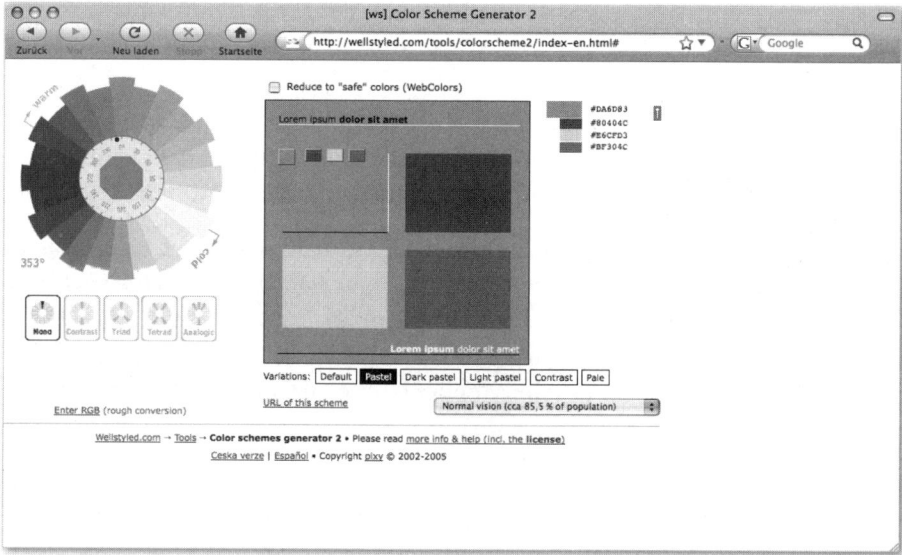

Abbildung 9.24 Der Color Scheme Generator 2 für eine erweiterte und harmonisch passende Farbpalette

Praxistipp für die Kundenpräsentationen

Speichern Sie jedes interessante und zum Corporate Design passende Farbdesign unter einem eigenen Namen ab. Am Ende haben Sie vielleicht 4, 10 oder 20 interessante Layouts geschaffen, und das in relativ kurzer Zeit. Wenn Sie jetzt Ihrem Kunden diese Layouts präsentieren, müssen Sie unbedingt kommunizieren, dass er die Auswahl am *Monitor* vornimmt und nicht ausdruckt. Sie können auch ganz offen die richtige Erklärung dazu abgeben, dass ein Ausdruck die gesamte Farbwirkung verfälschen würde, eine Internetseite aber im Medium Web zu Hause ist und damit an eine Bildschirmdarstellung gebunden ist. Da Sie für die Präsentation ein Dateiformat finden müssen, das möglichst jeder Kunde besitzt, bietet sich auch in Photoshop das PDF-Format an. Wählen Sie DATEI • AUTOMATISIEREN • PDF-PRÄSENTATION für Ihren Ordner mit den Layouts. Diese PDF-Datei können Sie nun direkt Ihrem Kunden zusenden, der sich durch die Auswahl an Website-Layouts klicken kann. Diese Funktion existiert zumindest ab Photoshop CS.

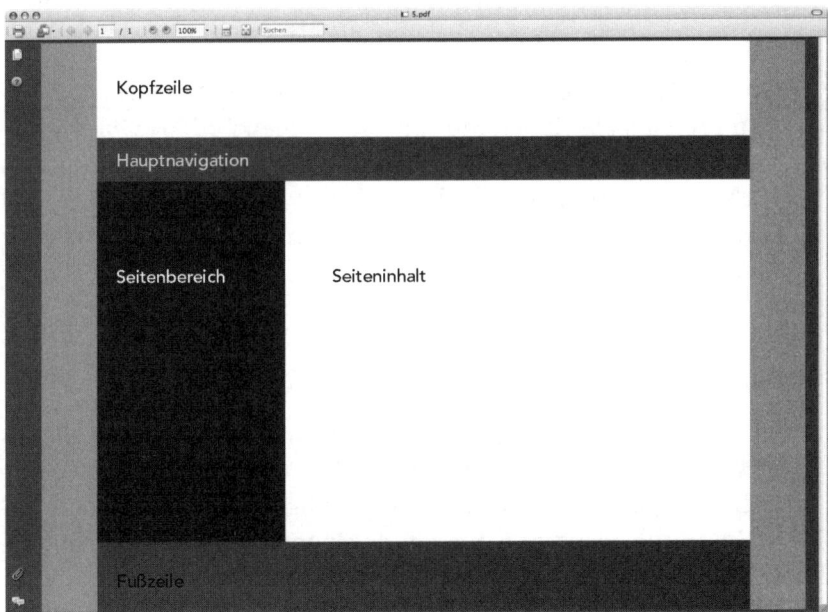

Abbildung 9.25 Präsentation als PDF-Datei für die Bildschirmdarstellung

9.2.4 Technische Konzeptionierung und Umsetzung

Wenn Ihr Kunde unter den Layoutvorschlägen seinen Favoriten gefunden hat, ist die Planungsphase abgeschlossen. Jetzt geht es darum, die Planung in die Praxis umzusetzen. Viele Webdesigner machen keinen Unterschied zwischen den Phasen der Planung und der Konzeption. Inhaltlich ist die Grenze im Workflow tatsächlich fließend, bezüglich der Kundenkommunikation gibt es dagegen nahezu einen kompletten Bruch. Während Sie in der Planungsphase sehr eng mit Ihrem Kunden zusammenarbeiten müssen, besteht diese Notwendigkeit in der Konzeptionierungsphase nicht mehr. Der klassische Weg ist ja, dass Sie sich um die Materialsammlung kümmern, eventuell das CMS einrichten und die Musterseite anhand der Layoutvorlage codieren. Für viele Kunden sind Sie der Dienstleister, der sich nach geleisteter Anzahlung plötzlich nicht mehr um ständige Kommunikation bemüht. Das Verhältnis ist dadurch nicht gleich vergiftet, aber einige Kunden achten nun sehr genau darauf, was Sie leisten.

Website-Layout: Neuschöpfung, Templates oder Frameworks?

Es geht in der Konzeptionierungsphase also nicht nur darum, was technisch gut für die Website ist, sondern auch immer darum, was für die Kommunikation zwischen Ihnen und Ihrem Kunden angemessen ist.

Wenn Sie neben guten Budgets auch noch das volle Vertrauen Ihrer Kunden haben, größten Wert auf absolute Kontrolle und eigenen Code bei Ihrer Website legen und ohnehin ein außergewöhnliches Design gewünscht wird, dann sollten Sie Websites komplett als »handgemachte« Projekte konzipieren und umsetzen. Für den ernstzunehmenden Puristen gibt es immer noch Tausende anderer und tatsächlich auch guter Gründe, weshalb man grundsätzlich immer seine Website im Texteditor codieren sollte. In diesem Abschnitt und auch oft genug in Ihrem Alltag als selbstständiger Webdesigner geht es aber auch um die Effektivität und Wirtschaftlichkeit eines Projekts.

Während bei der kompletten Neuschöpfung der Website die Kontrolle im Vordergrund steht, ist die Motivation bei der Verwendung einer Template-Lösung irgendwo zwischen Zeitersparnis, Bequemlichkeit und Lernphase anzusiedeln. Nicht umsonst sind es vor allem Anfänger, Grafikdesigner mit gelegentlichen Website-Aufträgen und Hobby-Homepage-Bastler, die sich für diese einfachen Lösungen interessieren.

Grid-Frameworks

Man kann mehrere Lösungen unterscheiden: Das Spektrum reicht von komplett vorgefertigten Templates wie Strato *Live Pages* oder dem *1&1 Homepage-Baukasten*, über modifizierbare Vorlagen für verschiedene CM- und Blogsysteme. Dann gibt es Grid-Frameworks als Grundgerüst für die Inhalte, wie zum Beispiel *Blueprint* (*http://www.blueprintcss.org/*) oder deren Klone (*960 GS: http://960.gs*). Das flexibelste Konzept unter diesen Lösungen ist sicher *YUI Grids* (*http://developer.yahoo.com/yui/*).

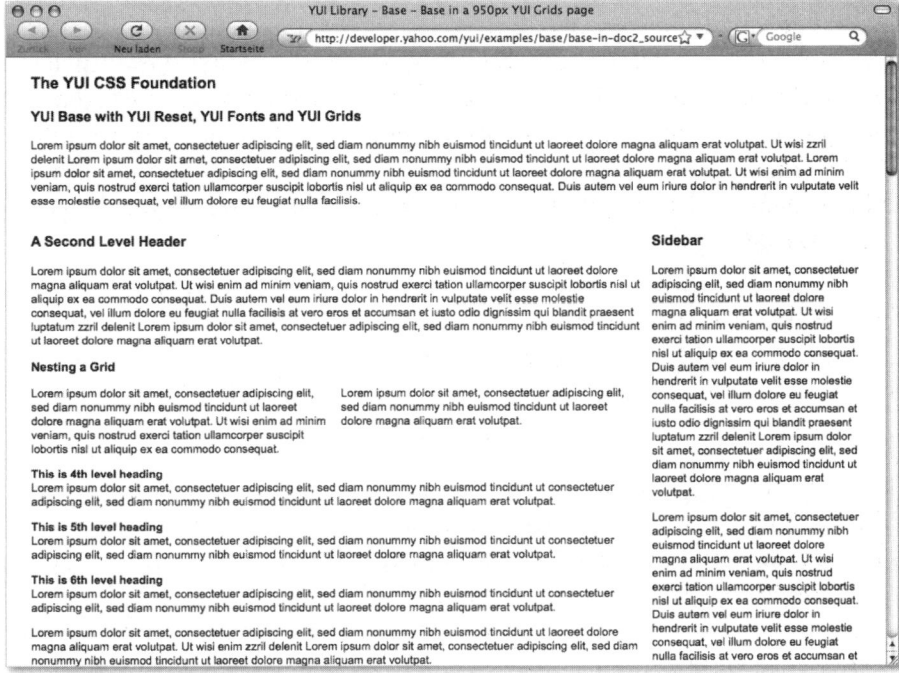

Abbildung 9.26 YUI-Basislayout, fix, 950 Pixel Breite

CSS-Frameworks

Die dritte und von mir bevorzugte Methode ist die Verwendung eines flexiblen CSS-Frameworks. Als Lösung steht dem Webdesigner bisher neben YAML (*http://yaml.de*) von Dirk Jesse nur das Konzept *A CSS Framework* von Mike Stenhouse zur Verfügung, das aber leider nicht mehr weiterentwickelt wird. CSS-Frameworks werden oft mit Grid-Lösungen verwechselt, sie verfolgen jedoch einen völlig anderen Ansatz: Bei Grid-Frameworks stehen schnelle Lösungen für den Anwender im Vordergrund – auf Kosten von Code-Qualität, Semantik und Trennung von Inhalt und Layout. Bei CSS-Frameworks steht die leistungsfähige und robuste Entwicklung von sauberen Lösungen im Vordergrund – was allerdings Zeit für eine sorgfältige Einarbeitung kostet und eine individuelle Optimierung des Quellcodes mit guten (X)HTML- und CSS-Kenntnissen erfordert.

9 | Usability und Accessibility

Abbildung 9.27 Beispiellayout für das Grid-Framework »Blueprint«

Abbildung 9.28 Das mit YAML flexibel umgesetzte Blueprint-Layout

Die scheinbare Variationsvielfalt der Grid-Frameworks wird teuer erkauft. Die strikte Trennung von Inhalt und Präsentation muss ja zugunsten der im Vorfeld definierten Layout-Varianten aufgegeben werden. Sofern die Auswahl Lösungen für konkrete Projekte bieten, haben Grid-Frameworks ihre Berechtigung. Sobald man aber die festgelegten CSS-Dateien modifizieren möchte, sind dann auch Änderungen am HTML-Code notwendig – und hier werden die Lösungen durch den entstehenden Zeitaufwand unwirtschaftlich.

Grid-Frameworks beinhalten durch das Vorhalten mehrerer Lösungen per se leider auch immer einen CSS-Overhead.

Wenn Sie jetzt noch einmal an die Notwendigkeit der Kundenbetreuung in der Konzeptionsphase denken und sich die Vorteile von HTML-Prototypen in Erinnerung rufen, dann ist es keine Überraschung, dass CSS-Frameworks die ideale Lösung für das *Rapid Prototyping* für kleine bis mittlere Projekte und Budgets sind.

Ein Konzept – eine Million Lösungen: Das YAML-Framework

Ein CSS-Framework ist nicht mit einem PHP-Framework wie *Zend* oder einem JavaScript-Framework wie *jQuery* zu vergleichen, die ebenfalls ideale Werkzeuge für das Rapid Prototyping darstellen. Es gibt keine echte Trennung zwischen Framework-Code und Entwickler-Code. Ein CSS-Framework stellt auch keine eigene Softwarelösung als Entwicklungsumgebung zur Verfügung, es gibt nur eine statische Sammlung verschiedener Dateien.

Das namensgebende Kürzel des CSS-Frameworks YAML steht für *Yet Another Multicolumn Layout*. YAML bietet flexible und robuste Lösungen für die Webdesign-Praxis.

YAML: Funktionsüberblick

- Flexibles Spaltenkonzept
- Keine Einheitenbindung (px, em, Prozent)
- IE-Bug-Prävention
- Browsersupport ab IE5.0/Win
- Top-Down-Prinzip mit Fallback-Lösung
- YAML-Builder (WYSIWYG)

Die Grundvoraussetzung für ein effektives Arbeiten mit YAML ist die Einarbeitung in das grundsätzliche Konzept und die ausführliche Beschäftigung mit der Struktur der Dateien und Ordner. YAML ist keine Fertig-Baukastenlösung und auch kein Konzept für Anfänger. Gute Kenntnisse in (X)HTML und CSS sind eine wichtige Voraussetzung, um mit YAML wirklich flexibel, zielgerichtet und schnell professionelle Lösungen zu entwickeln. Wem die Dokumentation zu umfangreich für das Studium am Monitor ist, der sollte sich das Buch von Dirk Jesse besorgen, das ebenfalls bei Galileo Press erschienen ist (siehe Literaturverzeichnis).

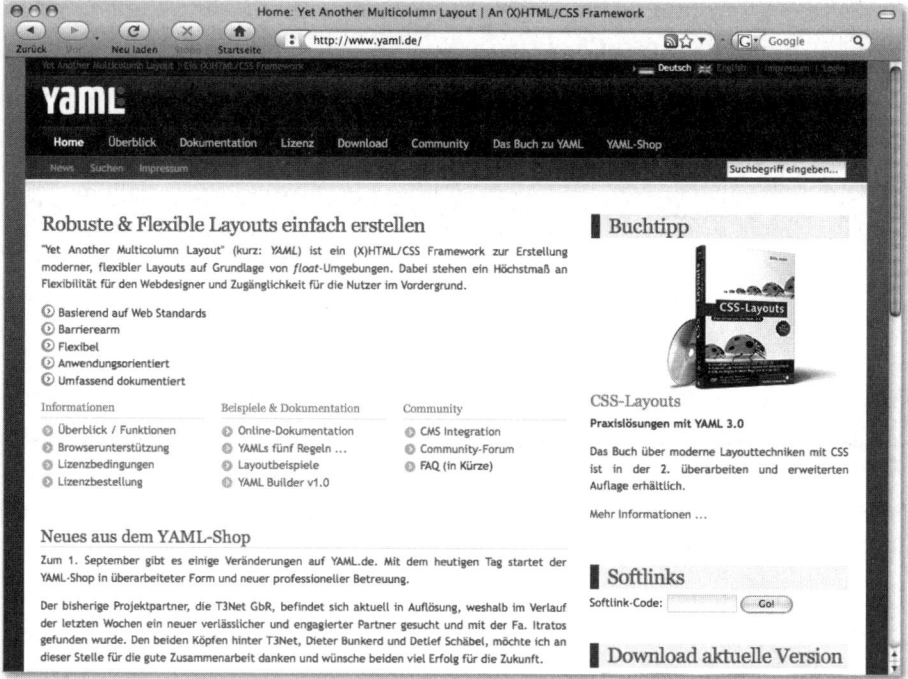

Abbildung 9.29 Die Website zum CSS-Framework YAML

Der größte Vorteil des YAML-Frameworks ist neben der ausführlichen Dokumentation die IE-Bug-Prävention. Wer einmal versucht hat, seinem Kunden einen rudimentären HTML-Prototyp zu präsentieren, der natürlich nur in modernen CSS2-fähigen Browsern prima aussieht, weiß, wovon ich spreche. Garantiert hat entweder der Kunde selbst oder seine Sekretärin den IE6 auf dem Rechner. In besonders lustigen Fällen dürfen Sie noch die Unterschiede zwischen beiden Versionen erklären, weil sich der Kunde Ihren Prototyp mit dem IE5 und die Sekretärin ihn mit dem IE6 ansieht.

Mit YAML haben Sie dagegen eine Umgebung verschiedener Dateien, mit der Sie Ihre Website nicht ständig in verschiedenen IE-Versionen kontrollieren müssen – jedenfalls, solange Sie bei Änderungen am Quellcode oder den CSS-Dateien wissen, was Sie tun.

Praxistipps für das Rapid Prototyping mit YAML

Sie können mit YAML schnell und effektiv fixe Layouts mit einer fixen Breite in Pixel umsetzen, aber eben auch elastische Zoom-Layouts, deren Schriften und Grafiken sich vergrößern, fluide Layouts mit Breitenangaben in Prozent oder auch Kombinationen aus beiden Verfahren.

Ein idealer Weg für das Rapid Prototyping ist die Nutzung des YAML-Builders zusammen mit dem *simple project*. Da Sie mit der Abnahme der Farbauswahl und des Grundlayouts durch Ihren Kunden bereits die grundsätzliche Richtung der Seitenaufteilung kennen, können Sie Ihre Vorstellungen auch bezüglich eines fixen, elastischen oder fluiden Layouts direkt im YAML-Builder umsetzen. Per Copy&Paste fügen Sie die Inhalte in die (X)HTML-Seiten und CSS-Dateien ein.

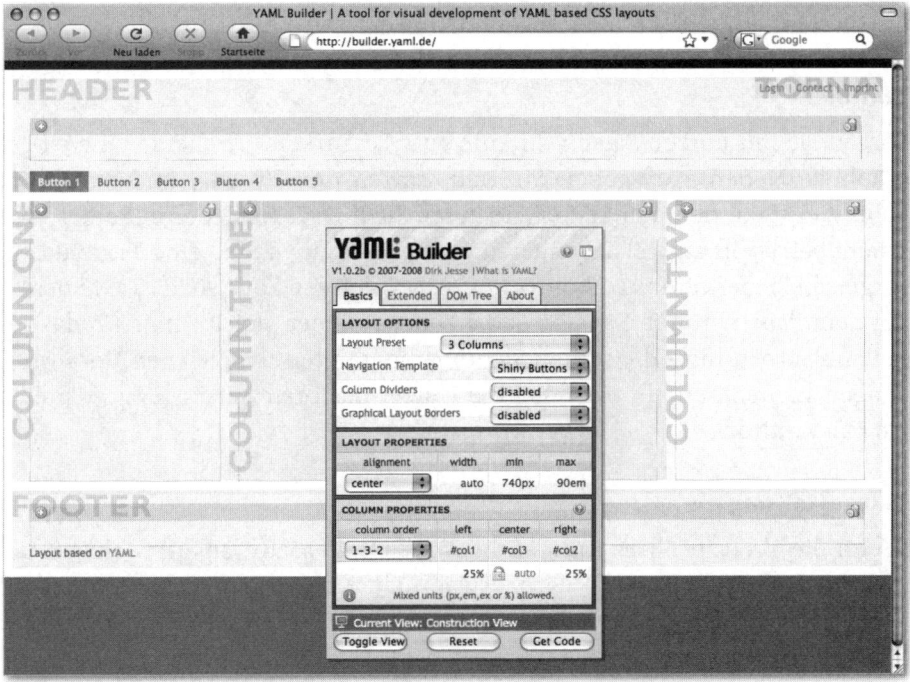

Abbildung 9.30 Schneller geht's kaum: der YAML-Builder

Das Grundlayout, für das Ihr Kunde sich entschieden hat, können Sie innerhalb kürzester Zeit direkt umsetzen, und ab diesem Zeitpunkt können Sie Ihren Kunden am Workflow partizipieren lassen. Veröffentlichen Sie das entstehende Projekt auf Ihrem Server unter einem individuellem Pfad, also beispielsweise *www.IhrName.de/kundenname123*. Ihr Kunde kann nun jede Änderung und Erweiterung und damit den Fortschritt seiner Seite mitverfolgen. Sie sollten auch umgehend jede Änderung kommunizieren, Rapid Prototyping lebt ja von dieser Kommunikation zwischen Ihnen und dem Kunden.

9.2.5 Texten für das Web

Das Medium Web ist nicht nur bezüglich der Interaktivität, Flexibilität oder der Kombination verschiedener Inhalte etwas Besonderes, auch Texte müssen differenziert für dieses Medium erstellt werden. Gern wird zwar der Vergleich zwischen dem Zeitungsjournalismus und dem Texten für das Web gezogen, doch auch dieser Vergleich hinkt. Texte an einem Monitor zu lesen ist ungleich anstrengender, als die FAZ im Dämmerlicht und ohne Brille lesen zu müssen. Texten für das Web ist nicht nur eine Frage der Inhalte, sondern auch ein Aspekt der Usability. Sie müssen deshalb inhaltlich und bezüglich des Designs auf eine benutzerfreundliche Texterstellung achten.

Textinhalte

Sorgen Sie mit kurzen Sätzen für eine gute Lesbarkeit. Vermeiden Sie eingeschobene Nebensätze, geben Sie Hauptsätzen den Vorzug, und haben Sie keine Angst vor dem Punkt. Strukturieren Sie Ihre Texte lieber mit einer Zwischenüberschrift zu viel als einer zu wenig. Schreiben Sie keine Textwüsten, sorgen Sie lieber für kurze Absatzblöcke. Korrigieren können Sie Texte besser auf dem Papier. Hüten Sie sich dabei aber vor einer gleichzeitigen redaktionellen Bearbeitung – die sollten Sie unbedingt unter den gleichen Voraussetzungen vornehmen, unter denen die Nutzer die Texte später lesen, nämlich am PC-Monitor.

Textgestaltung

Wenn die Website Ihres Kunden in weiten Teilen aus längeren Texten besteht, sollten Sie schon die Farbauswahl danach ausrichten: Achten Sie auf gute Kontraste, aber vermeiden Sie schwarzen Text auf weißem Grund. Ein Dunkelgrau mit Weiß oder ein Schwarz mit Hellgrau ist besser. Wählen Sie auch gut lesbare Farbkontraste. Ein helles Orange oder Beige wird als Hintergrundfarbe für Texte von vielen Menschen zum Beispiel als angenehm empfunden. Lassen Sie die Texte im Zweifel im Team oder durch Freunde testen, bevor Ihr Kunde die Inhalte und die Optik abnehmen soll.

Kunden und Texte: Writeboard

Wenn Ihr Kunde gern die Texterstellung übernehmen will, lassen Sie ihn das tun! Nicht immer ist es ratsam, diese Arbeit selbst in die Hand zu nehmen. Authentischer ist die Website immer mit den Texten des Kunden – egal, wie schlecht er auch schreibt. Ihr Job sollte es dagegen immer sein, die Texte des Kunden sorgfältig zu redigieren.

Sofern Ihr Kunde über die notwendige Medienkompetenz und einfache Englischkenntnisse verfügt, können Sie ihm guten Gewissens die Textarbeit mit dem kostenlosen Writeboard schmackhaft machen (*www.writeboard.com*).

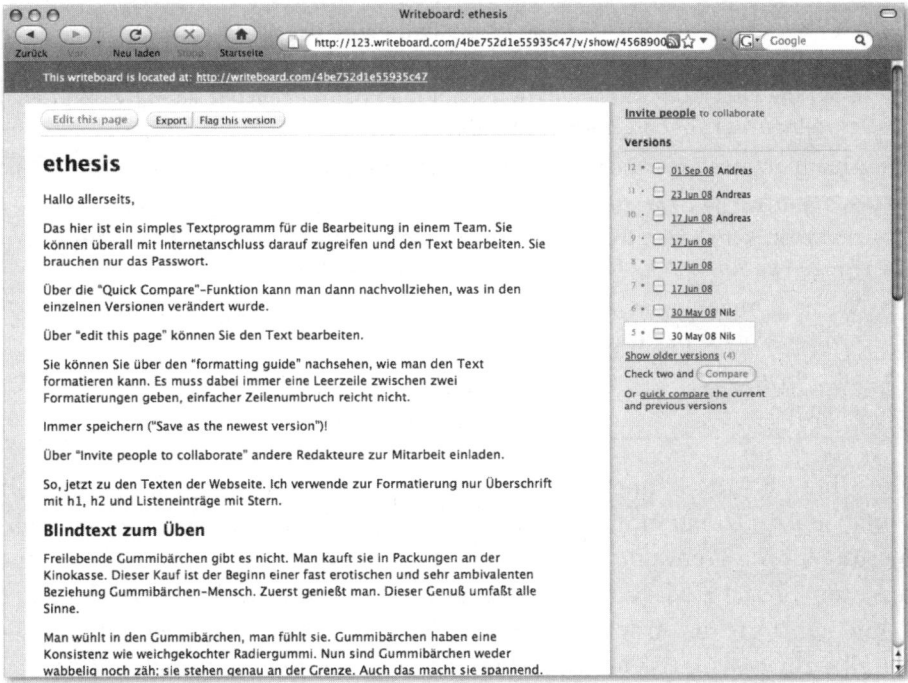

Abbildung 9.31 Ein Praxisbeispiel für die Verwendung des Writeboards in einem Kundenprojekt

Das Writeboard ist sozusagen das erzwungene Weglassen für den Schreibprozess des Kunden. Es ist simpel, hat einen hässlichen, knallgrünen Header und ist in seiner Funktionalität eingeschränkt – gerade deshalb bietet es zum Schreiben die ideale Voraussetzung, fast wie eine selbst gewählte Eremitage mit Schreibmaschine in einer Berghütte ohne Strom. Meine Erfahrungen mit diesem Online-Tool sind bisher ausnahmslos positiv, und es waren keine besonders internet-affinen Kunden, die das Writeboard zufrieden nutzten. Eröffnen Sie ein Writeboard, und senden Sie dem Kunden eine E-Mail mit dem Passwort und der Ankündigung einer Einladung, die ja bei einer Einladung zur redaktionellen Mitarbeit automatisch verschickt wird.

Im Writeboard-Dokument müssen Sie dann nur Ihren Kunden kurz einweisen, wie das Tool funktioniert. Ich habe dafür folgende Standardeinleitung geschrieben:

> **Sehr geehrter Kunde,**
>
> dies ist ein simples Textprogramm für die Bearbeitung in einem Team. Sie können überall mit Internetanschluss darauf zugreifen und den Text bearbeiten. Sie brauchen nur das Passwort.
>
> - Über die QUICK COMPARE-Funktion kann man dann nachvollziehen, was in den einzelnen Versionen verändert wurde.
> - Über EDIT THIS PAGE können Sie den Text bearbeiten.
> - Sie können Sie über den FORMATTING GUIDE nachsehen, wie man den Text formatieren kann. Es muss dabei immer eine Leerzeile zwischen zwei Formatierungen geben: Ein einfacher Zeilenumbruch reicht nicht.
> - Wichtig: Änderungen und Ergänzungen an den Texten müssen Sie immer speichern (SAVE AS THE NEWEST VERSION).
> - Über INVITE PEOPLE TO COLLABORATE können Sie andere Redakteure zur Mitarbeit einladen.

Die Überschriften können Sie entweder entsprechend auszeichnen oder als einfache Absatztexte notieren. Ein positiver Effekt, der zur Kundensensibilisierung für die Trennung von Inhalt und Layout beiträgt, ergibt sich übrigens aus der Tatsache, dass Sie die Navigationsstruktur noch einmal in einer schlichten Liste als Arbeitsvorgabe in das Writeboard einpflegen können – parallel zur gestalterischen Umsetzung, die ja meistens zeitgleich mit der Erstellung und Bearbeitung der Texte stattfindet.

Vermeiden Sie unangekündigtes Redigieren der Kundentexte. Durch den RSS-Feed bleiben Sie immer auf dem Laufenden und können bei größeren »Ruhephasen« auch immer wieder Ihren Kunden zur Fortführung der Texte motivieren.

9.2.6 Suchmaschinen, Platz 1 und der Mythos vom schnellen Erfolg

Suchmaschinenoptimierung (SEO) ist eines der großen Themen im Web geworden, gleich nach Spam. Beides fängt mit dem gleichen Buchstaben an, beides hängt mittlerweile leider auch eng zusammen. Kaum ein Blogbeitrag, der nicht mit einem Kommentar aus der Kategorie »Interessanter Artikel, habe was Neues gelernt, danke« beglückt wird. Nicht nur, dass viele dieser Kommentatoren eine offensichtlich extreme Rechtschreibschwäche haben, die Links zur »Website« landen dann bei dubiosen Shops oder gleich bei irgendwelchen SEO-Seiten, deren Inhalte nicht mal den dümmsten Nutzer interessieren.

»Bringen Sie mich auf den ersten Platz!«

Und damit sind wir auch schon bei dem zweitwichtigsten Wunsch mancher Kunden. Gleich nach dem Superpreis für die Superreferenz steht ja der erste Platz bei Google auf der Agenda. Als Webdesigner haben Sie dann großes Glück, wenn Ihr Kunde auf der Website etwas Einzigartiges bewirbt, was sonst keiner hat. Wenn andererseits ein Dutzend bestens platzierter Websites einen Link zu der sowieso schon seit 1995 existierenden Kunden-Website gesetzt hat, dann wartet eine schwierige Aufgabe auf Sie. Außerdem wäre es schön, wenn der Kunde vor Ihnen einen Webdesigner ohne Ahnung von SEO hatte, damit Sie tatsächlich die Chance haben, die Kunden-Website innerhalb von zwei Wochen auf den ersten Platz zu bringen. Das ist nämlich die Zeit, die solche Kunden bereit sind zu warten. Höchstens.

Sie können natürlich schon für eine gute Platzierung sorgen, indem Sie einiges beachten:

> **Seien Sie freundlich zu Suchmaschinen**
>
> ▸ Sorgen Sie für Webstandards und korrekte semantische Auszeichnungen.
> ▸ Keywords sind unwichtig, individuelle Descriptions sind wichtig.
> ▸ Wählen Sie aussagekräftige Dateinamen, also »sprechende Links«.
> ▸ Vermeiden Sie die noch immer üblichen »mehr«-Links, wählen Sie auch bei internen Verlinkungen eindeutige Bezeichnungen.
> ▸ Die H1 ist durch SEO-Missbrauch, Einfassung in ein Logo oder als zusätzliche Seitendefinition für Google nicht so wichtig wie eine H2.
> ▸ Verstecken Sie nur dann wichtige Inhalte per CSS, wenn es wie bei Image-Replacement-Techniken oder Sprungmarken nicht um SEO geht.

> ▸ Platzieren Sie die Kundenwebsite in Ihrem Web-Portfolio.
> ▸ Registrieren Sie Ihren Kunden für *Google Sitemaps*.
> ▸ Nutzen Sie für Firmenkunden die Standortfunktion von *Google Maps*.

Wenn Sie sich intensiv mit der Thematik auseinandersetzen wollen, gibt es im Netz und bei den Fachverlagen genug Material zum Selbststudium. Ich empfehle aber eher, die Kunden über die Grenzen von SEO aufzuklären.

Märkte und Marketing

Das Fernsehen beweist uns ja täglich und massenhaft aufs Neue, dass auch eine dämliche und schlecht umgesetzte Werbung ein gutes Produkt nicht zu zerstören vermag. Umgekehrt kann es für Ihren Kunden unerheblich sein, wenn alle Surfer in Schleswig-Holstein die schöne Website bei Google sogar auf Platz 1 finden, nämlich dann, wenn Ihr Kunde in Passau nur regional tätig ist. Machen Sie Ihrem Kunden auch klar, dass er es als unbekannter Existenzgründer mit einem Allerweltsprodukt und einer nagelneuen URL kaum auf den ersten Platz schaffen wird.

Erläutern Sie Ihrem Kunden auch die Dimensionen des Web: Über 20 Websites werden pro Sekunde weltweit veröffentlicht. Rund um die Uhr, auch wenn er sanft in seinem Bettchen schlummert. 20 pro Sekunde. Von Exklusivität kann also schon mal keine Rede mehr sein. Wenn Sie die oben beschriebenen Vorschläge umgesetzt haben, wird ein Nutzer Ihren Kunden ja trotzdem bei Google finden. Sprechen Sie Ihren Kunden auch auf seine Offline-Aktivitäten im Marketing an. Viele Kunden glauben noch immer, heutzutage darauf verzichten zu können – ein gefährlicher Trugschluss.

Anhang

A   **Literaturverzeichnis** 543
B   **Links** 547

A   Literaturverzeichnis

Alby, Tom (11/2007): Professionell bloggen mit WordPress. Hanser Fachbuch. 309 Seiten.

Bültge, Frank (06/2007): WordPress. Weblogs einrichten und administrieren. Open Source Press. 199 Seiten.

Frankemölle, Gabriele (05/2008): Das große Buch. Eigene Weblogs mit WordPress. Data Becker. 352 Seiten.

Frindte, Wolfgang (02/2002): Einführung in die Kommunikationspsychologie. Beltz. 237 Seiten.

Jesse, Dirk (12/2007): CSS-Layouts: Praxislösungen mit YAML, CSS-Layouts mit TYPO3 und xt:Commerce, inkl. Internet Explorer 7. Galileo Press. 2., aktualisierte und erweiterte Auflage. 452 Seiten.

Hinderink, Daniel (08/2008): TYPO3. Enterprise Content Management (Jubiläumsausgabe). Open Source Press. Sonderausgabe der 2. Auflage. 744 Seiten.

Hoffman, Donald D. (02/2001): Visuelle Intelligenz: Wie die Welt im Kopf entsteht. Klett-Cotta. 2. Auflage. 331 Seiten.

Hoffmann, Manuela (01/2008): Modernes Webdesign: Gestaltungsprinzipien, Webstandards, Praxis. Galileo Press. 368 Seiten.

Holzschlag, Molly E. (08/2008): Zen und die Kunst des CSS-Designs: Inspiration und Umsetzung. Addison-Wesley. 2., aktualisierte Auflage. 372 Seiten.

Jackson, Don D. (04/2007): Menschliche Kommunikation: Formen, Störungen, Paradoxien. Huber, Bern. Broschiert. 11. Auflage. 271 Seiten.

Kalbach, James (06/2008): Handbuch der Webnavigation: Die User-Erfahrung optimieren. O'Reilly. 420 Seiten.

Krug, Steve (07/2006): Don't make me think! Web Usability: Das intuitive Web. Mitp-Verlag. 2., Auflage. 201 Seiten.

Laborenz, Kai (07/2008): CSS-Praxis: Modernes Webdesign mit CSS, Grundlagen, Praxisbeispiele, Referenz, inkl. Prototyping, CSS-Frameworks, SEO u.v.m. Galileo Press. 766 Seiten.

Laborenz, Kai et al.(06/2006): TYPO3 4.0: Das Handbuch für Entwickler. Galileo Press. 2. Auflage. 808 Seiten.

Merten, K. et al. (02/1994): Die Wirklichkeit der Medien: Eine Einführung in die Kommunikationswissenschaft. VS Verlag für Sozialwissenschaften. 690 Seiten.

Meyer, Eric (09/2006): Eric Meyer's CSS. Addison-Wesley. 269 Seiten.

Mies, Daniel (02/2008): Webseiten erstellen für Einsteiger: Einführung in HTML, CSS, Suchmaschinen-Optimierung und jQuery. Galileo Press. 354 Seiten.

Mosmann, Michael (08/2007): WordPress 2.x kompakt. Bomots Verlag. 3., aktualisierte und erweiterte Auflage. 196 Seiten.

Müller, Peter (02/2007): Little Boxes, Teil 1. Webseiten gestalten mit CSS. Grundlagen. Markt und Technik. 325 Seiten.

Reynolds, Garr (06/2008): ZEN oder die Kunst der Präsentation. Mit einfachen Ideen gestalten und präsentieren.: Mit einfachen Ideen gestalten und präsentieren. Addison-Wesley,. 1. Auflage. 240 Seiten.

Sauer, Christian (09/2007): Souverän schreiben: Klassetexte ohne Stress: Wie Medienprofis kreativ und effizient arbeiten. Frankfurter Allgemeine Buch. 224 Seiten.

Schmidt, Siegfried J. (10/2005): Lernen, Wissen, Kompetenz, Kultur: Vorschläge zur Bestimmung von vier Unbekannten. Carl-Auer-Systeme. 255 Seiten.

Schneider, Wolf (08/2005): Deutsch für Kenner: Die neue Stilkunde. Piper. 396 Seiten.

Schulz von Thun, Friedemann (10/1998): Miteinander reden, 3 Bde., Bd. 3. Rowohlt Tb. 14. Auflage. 336 Seiten.

Schwarz, Torsten (09/2007): Leitfaden Online-Marketing: Das kompakte Wissen der Branche. marketing-BÖRSE. 900 Seiten.

Siegel, David (03/1998): Web Site Design Killer Websites der 3. Generation. Markt und Technik. Broschiert. 6. Aufl. 320 Seiten.

Simovic, Vladimir (12/2007): WordPress – Das Praxisbuch. Mitp-Verlag. 1. Auflage. 384 Seiten.

Simovic, Vladimir (03/2007): WordPress – Das bhv Einsteigerseminar: Lernen – Üben – Anwenden. REDLINE (bhv). 1. Auflage. 303 Seiten.

Watzlawick, Paul (03/2007): Anleitung zum Unglücklichsein. Piper. 9. Auflage. 144 Seiten.

Watzlawick, Paul (02/2005): Vom Schlechten des Guten oder Hekates Lösungen. Piper. 4. Auflage. 123 Seiten.

Watzlawick, Paul (02/2005): Wie wirklich ist die Wirklichkeit? Wahn, Täuschung, Verstehen. Piper. 6. Auflage. 251 Seiten.

Zeldman, Jeffrey (05/2008): Webdesign mit Webstandards: Grenzenlos kompatibel. Addison-Wesley. 1. Auflage. 456 Seiten.

Zurstiege, Guido (12/2007): Kommunikationswissenschaft: Systematik und Ziele. Rowohlt Tb. 288 Seiten.

B Links

Seite	URL
1&1 Homepage-Baukasten	www.1und1.info
Aktion Mensch-Initiative für ein barrierefreies Web	www.einfach-fuer-alle.de
Ansgar Hein (Gastautor)	www.anatom5.de
Barrierekompass	www.barrierekompass.de
Beispielseite BIENE-Gewinner	www.rrze.uni-erlangen.de
Bereichsnavigation mit drei großen Buttons	www.bartelme.at
BITV, Anlage 1	www.einfach-fuer-alle.de/artikel/bitv/anlage-1
Bücher zur Einführung in XHTML + CSS	www.webseiten-buch.de www.little-boxes.de
CMS Made Simple	http://www.cmsmadesimple.org http://forum.cmsmadesimple.org http://dev.cmsmadesimple.org http://www.smarty.net/manual/de
CSS Zen Garden	www.csszengarden.com
CSS-Framework	http://yaml.de
Der billigste gewinnt den Auftrag	www.my-hammer.de
Die gruseligsten Seiten im Netz	www.designtagebuch.de
Drupal	www.drupal.org www.drupalcenter.de
Editor Freeway	www.softpress.com
ExpressionEngine	expressionengine.com/overview expressionengine.com/ee2_sneak_preview expressionengine.com/docs expressionengine.com/wiki expressionengine.com/forums www.eescreencasts.com
Gerrit van Aaken (Gastautor)	http://praegnanz.de
Google Page Creator	http://pages.google.com

B | Links

Seite	URL
Grid-Frameworks	www.blueprintcss.org http://960.gs blogpimp.de
Jakob Nielsen	www.useit.com www.alertbox.com
Joomla und JYAML-Template	www.joomla.de www.joomlacontenteditor.net www.joomla-beez.de www.jyaml.de
Kai Laborenz (Gastautor)	http://www.laborenz.de/lab-o-log
Kalkulationsgrundlagen	www.akademie.de/fuehrung-organisation/recht-und-finanzen/tipps/finanzwesen/kalkulation.html www.pisto-magazin.de/artikel/mal-nachgerechnet
Keine spekulative Arbeit!	www.no-spec.com
Künstlersozialkasse KSK	www.kuenstlersozialkasse.de
Manuela Hoffmann (Gastautorin)	www.pixelgraphix.de
Mindmaps online erstellen	www.mindmeister.com
Nicolai Schwarz (Gastautor)	www.textformer.de
Presentation Zen	www.garrreynolds.com
Redaxo	www.redaxo.de
Schönes Design	www.veerle.duoh.com
Smashing Magazine	www.smashingmagazine.com
Steve Krug	www.sensible.com
Strato Live Pages	www.strato.de
Textpattern	www.textpattern.com forum.textpattern.com textpattern.org textbook.textpattern.net
Typo3	typo3.com typo3.org http://flow3.de
Verwaltungsberufsgenossenschaft VBG	www.vbg.de
Vladimir Simovic (Gastautor)	www.perun.net
Web Developer's Handbook 2	www.alvit.de/handbook
Webkrauts	www.webkrauts.de
Website des W3C	www.w3.org

Seite	URL
Website ohne CSS	www.seo-browser.com
Website zum Gastautor Reinhard Hiebl	www.hieblmedia.de
Website zur Gastautorin Beate Paland	www.paland.net
Wer ist online, wer nicht?	www.50plus-ans-netz.de www.nonliner-atlas.de
Wordpress	www.wordpress.org wordpress.org/support codex.wordpress.org wordpress.org/extend/plugins planet.wordpress.org themes.wordpress.net wp-plugins.net wordpress-deutschland.org bueltge.de
Writeboard	www.writeboard.com
XING	www.xing.com

Index

1&1 65
3D-Effekte 35
3-Jahresplan 433, 435

A

a:active 53
a:focus 53
a:hover 53
a:visited 53
Aaken, van 392, 399
Abkürzungen 505
Ablaufplanung 446
Accessibility 493
Accesskeys 508
Adressaufkleber 308
Adresse 236
AGBs 453
Agenturleiter 210
Ajax 95
Akronyme 505, 514
Aktualität 246
Alby 543
Allgemeinen Geschäftsbedingungen 453
Allianz 427
Alternativangebot 454
Alternativangebote 451
Alternativtexte 504, 512
Altersunterschied 148
Anchor
  active 53
  focus 53
  hover 53
  visited 53
Anforderungen 215, 275
Angebot 440, 445, 448, 449, 451, 454
Anglizismen 151
Animationen 54
Anordnung 339
Anwälte 424, 459
Anzahlung 455
Apple Mail 73
Arbeitsweise 126
Architekten 161
Argumentation 122

Argumente 124
Artikel 326
assistive Technologien 500, 504
Assoziationen 227
Aufträge 435
Auftragsbestätigung 454
Auftragsvakanzen 444
Aufwand 445, 446
Ausrichtung 339
Aussagen
  klare 115
Auszeiten 444
Authentizität 313

B

Bachelor 174
Banken 420
Bankgespräche 429
Bankkonten 438
Barrierefreies Webdesign 493, 497, 498
  Grundlagen 501
  Kosten 508
  Nutzen 508
  Sinn 508
Barrierekompass 499
bartelme 356
Basiskonzept 225, 448
Basislayout 522
Basta!-Strategie 37, 38, 139
Bauingenieur 61
Baukastensysteme 65
Bedeutung
  klare 115
Befindlichkeit 201
Behinderungen 500
Beinhaltung 272
Benutzerfreundlichkeit 493
Benutzerführung 496
Berater 319
Beratungsbedarf 420
Bereichsnavigation 355
Berührung 269
Best-Case-Variante 435
Betreuer 319

Index

Betreuung 159
Bewerbung 321
Beziehungsaspekt 115
BIENE 326
Bilddateien 54
Bilder 281
   abschalten 512
BITV 502
Blackberry 78
Blickkontakt 273
Blickverhalten 269
Blinde 509
Blinder Fleck 90, 91
blogger.de 101
Blogs 231
Blogsoftware 66
Blogsysteme 21, 66
Blueprint 532
Branchenspezialisierung 314, 315, 320, 321
Branding 193
Brettspiel 85
Briefpapier 224, 308, 309
Browser 248, 285, 471
Browser-Bugs 34
Browserkrieg 464
Browserstandards 464
Buchempfehlungen 488
Bültge 543
Businessplan 420, 429, 430

C

Camino 73, 473
Chaot 127, 129
Checkliste 215, 216, 217, 253, 258, 259, 288, 334, 344, 447
ClusterMap 362, 363, 364
CMS 66, 248, 298, 299
CMS Made Simple 66, 382, 383
   Grenzen 387
   Leistungen 385
   Marktpositionierung 382
   Zielgruppe 383
Color Palette Generator 527, 528
Color Scheme Generator 528
Columbo 181
Concept Draw 359
Content-Management-Systeme 368

Corporate Design 164, 223, 225, 529
Corporate Identity 193
Corporate Site 304, 305
CSS 54, 71, 95, 199, 299, 366, 484
CSS Zen Garden 491
CSS-Dateien abschalten 511
CSS-Dateienstruktur 480
CSS-Frameworks 531
CSS-Layout 95

D

Deadlines 447
Delicious 95
DENIC 239
Denker 129
   analytisch 126
Design 470
Design-Wettbewerbe 324
Diagramme 356
Dialog 37, 111
Dienstleistung 25
Diplom-Designer 61, 210
Direktkontakte 301
Dispo 428, 435
Dispokredit 427
Dissonanzen 123
   kognitive 120
Distanz 269
Doktor 174
Domain 236, 238
Domaingrabber 240
Domainrechte 238
Dreamweaver 472
Druckkosten 311
Drupal 66, 374
   Grenzen 381
   Leistungen 376
   Marktposition 375
   Stärken 378
   Zielgruppe 376

E

eBay 353
Editoren 61
EeePC 476
ELIZA 277

E-Mail 30, 51, 104, 216, 241, 258, 263
   E-Mail-Account 30
   E-Mail-Anhänge 264
   E-Mail-Clients 73
   E-Mail-Programme für Windows 73
   E-Mail-Text 265
Emotionen 201
Endrechnung 457
Entscheidergruppe 223
Erfahrung 149, 248, 249, 250
Erfolgsaussichten 38, 42
Erlangen
   Rechenzentrum 509
Ernsthaftigkeit 176
Erwartung 31
Eudora 73
Existenzgründer 443
ExpressionEngine 66, 399
   Beiträge und Templates 401
   Erweiterbarkeit 404
   Leistungen 401
   Zielgruppe 400

F

Fachartikel 304
Fachmitgliedschaften 326
Fachsprache 116
Fachwissen 118
   Vermittlung 274
Fairness 143
Fakten 245
Farben 226, 507
   Farbpalette 526
   Farbsystem 223
   Farbwahl 525
   Inspirationen 525
   Kontraste 507
   Online-Farbwähler 525
Fax 259, 267
Fehleinschätzungen 29, 89
Fehler 31
Feinkonzept 446
Finanzplanung 432, 433
Firefox 73, 473
Flash 123
Flash-Intro 35
Flexibilität 477
Flickr 79, 98

Flyer 224, 308, 310
Forderungsmanagement 457, 459
Form follows function 515
Formvorschriften 455, 456
Fortbildung 437
Fotografen 161
Foto-Montage 526
Frage 275
Frankemölle 543
Freehand 483
FreeMail 81
Frindte 16, 268, 543
Frist 459
FTP 248, 368
Führungskräfte 149, 197
Funktion 275
Fußzeile 485

G

Gegenfrage 276, 278, 279
Gehirn 333
Geräteunabhängigkeit 478, 479
Gesichtsausdruck 269
Gesprächsmanagement 273
Gesprächsnotiz 216
Gestaltung 223, 255, 262, 266, 308
Gestaltungsraster 35
Gestaltungstheorie 75
Gewinne 219
Glaubwürdigkeit 445
Gleichberechtigung 118
Goethe 68
GoLive 468
Google 286, 352, 482
   Google Chrome 473
   Google Maps 540
   Google Page Creator 64
   Google Sitemaps 540
   Google Text 80
   Google Text & Tabellen 80
   GoogleMaps 43, 44, 231
Grafikdesigner 61, 161, 223
Grafische Benutzeroberfläche 52
Grenzen 69
Grid-Frameworks 530, 533
Grobkonzept 446
Grochtdreis 17
Grübler 129

Grundpauschale 459
Gründungsphase 423
Gruppendisziplin 185
GUI 52

H

Handout 203, 290
Handwerker 127, 129, 210
Hardware 471
Harmoniezwang 185
Hausschrift 35, 227
Hein 382, 388
Hiebl 412, 418
Hilfeseite 508
Hinderink 543
Hintergrundgrafiken 35
Hoffmann 399, 543
Holzschlag 490, 543
HTML-Prototyp 518, 519

I

Ideologien 471
Ignoranz 206
Illustrator 483
Imagebroschüre 55
Informatiker 61
Informationsarchitektur 346
Inhalt und Design, Trennung von 504
Inhaltsaspekt 115
Inkassobüro 460
Innovative Ideen 157
Instant Messenger 51
Inszenierungen 84
Intelligenz 34
Internet Explorer 6 73, 471
Internet Explorer 7 73, 473, 481
Internetdienste 50
Internetnutzung 230
Internetrecht 75
Interoperabilität 110, 478
Interpretation 47, 49
Interpunktion 110
Interviews 326
Investitionen 425, 427, 434
iPhone 78, 475, 509

J

Jackson 543
JavaScript 95, 506
 deaktiviert 513
Jesse 490, 543
Joomla! 66, 412, 413
 Template-Konfiguration 416
jQuery 95, 533
JYAML 412, 414

K

Kalbach 543
Kalkulation 440, 446
Kategorien 94
Katzencontent 100
Kerngeschäft 195
Kernkompetenz 49, 204
Keynote 331
Keywords 474
Kino 46
KK-Antrag 238
Knebelverträge 481
Kollegen 302
Kommunikation 25, 26, 37, 78, 132
 als menschliche Handlung 79
 als Verkauf 82
 Erfolg 98, 102, 120
 Gift 116, 120
 Hilfen 129
 Inszenierung 84
 Inszenierungen 84
 Internet 78
 Kernsätze 104
 Kommunikationsgrundsatz 106
 Kommunikationskompetenz 26
 Kommunikationslücken 106
 Kommunikationsprobleme 272
 konstruierte Versuche 88
 Konstrukte 83
 Lebensgeschichten 99
 nonverbal 109, 270
 Objektivität 92
 Piorität 130
 Prozesse 75
 Rahmenbedingungen 102
 Teufelskreis 112
 Umgebung 129, 133

Kommunikation (Forts.)
  Unkalkulierbarkeit 88
  Wirklichkeit 93
Kompetenz 26, 68, 70, 180, 229, 298
  analytische 70, 74
  Gestaltung 70
  interdisziplinäre 70, 75
  Kompetenzkrieg 203
  Kompetenzlücken 122, 300
  Kompetenznetzwerke 299
  Lücken 122
  technische 71
komplexe Sites 357
Kompromissbereitschaft 445
Konflikte 121
Konfliktpotenzial 147
Konkurrenten 302
Kontakter 207
Konto 437
Kontokorrentkredit 427
Kontrast 339
  wenig 35
Kontrolle 159
Konzepte
  statisch und dynamisch 367
Konzepter 126, 419
Konzeption
  technisch 529
  visuell 515
Konzeptionierung 515
Kooperationen 299
Kooperationsgemeinschaften 185
Kopfzeile 485
Körperbewegung 269
Körperhaltung 269
Körpersprache 271
Kosten 243, 434
Krankheit 444
Kreativität 128
Kreditverhandlungen 429
Krug 493, 543
Kunden 25, 26, 28, 37, 40, 302
  Aufklärung 215
  Handout 290
  Kundenanalyse 243
  Kundengespräch 120
  Kundenkommunikation 26, 103, 282
  Kundenkompetenz 33
  Kundenpräsentation 521, 529

Kunden (Forts.)
  Kundenwünsche 35, 275, 350
  Qualifizierung 215
  Selbsteinschätzung 229
  Umgang mit dem 77
  vermitteln 301
Künstlersozialkasse 421

L

Laborenz 369, 374, 544
Laserpointer 340
Launch 234
Layouts
  Änderung 526
  grafische 515
Layouttabelle 470, 484
Lebensgeschichte 101
Leitbild 221, 222, 261, 266
Liquidität 432, 435
Liquiditätsplanung 434
Logo 223, 226, 278, 505

M

Machtspielchen 173
Mahnung 458
Mahnwesen 455
Mailinglisten 301
Marketing 21, 75, 221, 225, 297, 298, 540
  Marketinginstrument 155
  Marketingleiter 193
Marktgesetze 59
MathML 71
Medien 78
Medienkompetenz 229, 235, 255, 263
Mentor 319
Merten 544
Metapher 281, 288
Meyer 544
Micro-Sites 448
Microsoft Entourage 73
Mies 488, 544
Mindmaps 365
Mindmeister 365
Missverständnisse 29
Mister Wong 95
Mitgliedschaften 300

MOO-Karten 308, 309
Moral 97
Mosmann 544
Motivation 420
Mouse-Over-Effekt 53
muddling through 68
Müller 488, 544
MVC 413
MySQL 298, 383, 413
Mythen 97

N

Nachkalkulation 441
Navigation 35, 53, 99, 229, 253, 347, 350, 366, 367, 447
   eine Ebene 352
   horizontal 352
   komplex 354
   mehrere Ebenen 353
   Position 352
   über Tastatur 506
Nielsen 56
No Spec 209
Nonverbale Gefahren 109
Nonverbale Kommunikation 270
nonverbale Zeichen 269
Nutzer 43
Nutzerverhalten 287
Nutzerwahrnehmung 32

O

Office-Dokument 284
OmniGraffle 358
Online-Banking 50
OpenOffice Draw 360
Opera 73, 74, 473
Organisation 133
Outlook 73

P

Paland 389, 392
Papier 134
Partner 428
PDA 509
PDF 54
Pegasus 73

Peripherie 133
Perun 411
Pfadnavigation 511
Photoshop 300, 483, 521, 522, 523
   Mosaikeffekt 527
PHP 95, 298, 300, 325, 413
Planer 126
Portfolio 305, 307, 440, 540
Position 134
Post 216, 259, 267
PostgreSQL 383
Postversand 259
PowerPoint 54, 331, 333
PR 75, 221, 325
Prämissen
   Erwartung 31
   falsche 31
   Fehler 31
   Verhalten 31
   Verwirrung 31
Präsentation 331, 336, 340
   Planung 335
   Prinzipien 335
   Software 332
Präsenz 301
Preis 58, 59, 209, 211
Preisgestaltung 440
Preisregulation 58
Prioritäten 130, 132
Problemlöser 127
Professor 174
Projekt
   Fehlstart 35
   Projektarbeit 444
   Projektkalkulation 440
   Projektleiter 127
   Projektmanagement 21, 128, 343
   Projektplanung 21, 343
Provider 65, 238, 241
Provisionen 322, 323
Provisionszahlung 324
Provisionszahlungen 323
Pseudoklasse 506
Psychologie 104
Pulldown-Menü 354

Q

Qualität 57, 59, 311

R

Rapid Prototyping 519, 521
Rapid Prototyping mit YAML 535
Rechnung 455, 456, 458
Recht 75
rechtliche Hinweise 453
Rechtsanwalt 459
Rechtsanwälte 165
Redaktionssystem 248
Redaxo 66, 389, 390
   Grenzen 392
   Leistungen 390
   Marktpositionierung 389
   Stärken 391
   Zielgruppe 389
Regeln 85
Relaunch 234, 445
Respekt 149
Reynolds 544
Routenplaner 43

S

Safari 73, 74, 473
Sauer 544
Schmidt 544
Schneider 544
Schönfärberei 125
Schrecken 35
Schreiben 314
Schreibtisch 133
Schreibunterlage 134
Schreibwerkzeuge 135
Schrift 227
Schriftgrößen
   Veränderung 508
Schuld 125
Schullaufbahn 431
Schulz von Thun 544
Schwarz 381, 544
Schweigen 105
Screenreader 477
Selbstständigkeit 143, 419
Selbsttest 91

Selbstvermarktung 297
Selbstverständnis 69
Selbstversuch 218
Selffulfilling Prophecy 86, 87
SEO 539
Seo-Browser 512
Shea 490
Siegel 466, 545
Signet 223
Simovic 406, 411, 545
Simovic → Perun
Sizilianer 107
Skalierbares Layout 510
Skalierbarkeit 504
Skårhøj 369
Skip-Link 506
Skriptsprachen 71
Soziale Kontakte 297
Sozialversicherung 421
Spezialisierung 316, 317, 320
Spezialisierungsbedingung 318
Sponsoring 327
Sprachauszeichnungen 515
Sprachwechsel 505
Sprungmarken 506, 511
Staffage 269
Standardisierung 215
Standards 463
Startkapital 425
Status quo 32
Steuerberater 160, 165, 424
Steuererklärung 424
Steuerschulden 438
Stilvorlage 447
Strategie 34, 84, 122, 197, 219
   Basta! 36
   Falle 38, 41
   falsche 270
   Kundengespräch 84
   Mittel und Motivation 36
   Wünsch-dir-was 39
Strato 65
Strukturen 356
Strukturierung
   assoziative 361
Stundensatz 443, 445
Stundenzettel 441, 442
Styleguides 517
Suchmaschinen 50, 471, 482, 539

Suchmaschinenfreundlichkeit 482
Suchmaschinenoptimierung 539
SVG 71

T

Tabellen 469
Tabellenlayouts 464
Taktik 206
Tastaturnavigation 508
Tätigkeitsbereich 253, 261, 266
Telefon 258
Telefonat 136
Templates 63
Textdokument 55
Texte
 fürs Web 536
 Gestaltung 536
 Textinhalte 536
Textpattern 66, 392
 Bildermanagement 398
 Grenzen 398
 Leistungen 395
 Marktpositionierung 394
 Performance 395
 Professionalität 396
 Seitenstrukturen 398
 Sicherheit 396
 Taxonomie 398
 Template-System 397
 Zielgruppe 394
Thema 218
Theologe 61
Thunderbird 73
T-Online 30, 51
Tools 356, 357
Transparenz 479
Trockentraining 218
Twitter 81
TYPO3 66, 369, 370
 Grenzen 373
 Leistungen 372
 Marktposition 371
 Zielgruppe 371
Typografie 299, 300

U

Überreaktion 157
Überschätzung 157
Überschriften, Hierarchien 511
Umsätze 435, 436
Umsatzsteuergesetz 456
Umsatzsteuervoranmeldung 439
Unfallschutz 421
Unfallversicherung 422
Unprofessionalität 187
Unternehmensberater 160
Unternehmensleitung 197
Unterordnung 118
Urheberrecht 75
URL 235, 237
Urlaub 444
Usability 57, 99, 287, 493
 Kategorien und Konventionen 495
Usability-Test 57

V

Validator 498
Validierung 95
Validität 477
VBG 422
Vektorgrafiken 300
Verantwortung 69
Verbände 320
Vereine 320
Vergleiche 48, 55, 281
Verhalten 31
Verhaltensmuster 36, 151
Verkauf 83
Verträge 423, 453
Vertrieb 221
Verwaltungsberufsgenossenschaft 421, 422
Verwirrung 31
Visio 358
Visitenkarten 224, 308, 309
Vorträge 304, 326, 330, 332

W

W3C 465, 466
Wahrnehmung 42, 45, 47, 48, 50, 57, 221
   Fallen 49
   Hintergründe 54
   Inhalt und Design 55
   Qualität 57
Watzlawick 86, 92, 545
Web 2.0 28, 43, 72, 99, 353
Web Developer's Handbook 28
Web.de 52
Webdesign 68
   Tätigkeitsfeld 33
Webdesign-Workflow 519
Webkrauts 432, 483, 491
Weblog 304
Website 266
   Anforderungen 33
   Funktionalität 345
   Umfang 346
Webstandards 21, 298, 463, 464, 469, 476, 482, 484, 488
Webtechnologie 72
Wedesign
   professeionelles 32
Weiterbildung 444
Werbeagenturen 223
Werbemittel 223, 224, 255, 262, 266, 308
Werbung 75
Werklieferungsverträge 453
Werkverträge 423
Wert 59
Wettbewerb 59, 324
Wettbewerbsrecht 75
Wettbewerbsvorteile 316
Widersprüche 121
Wiederholungen 339
Wireframing 521
Wirklichkeitsmodelle 94, 97, 102
Wirtschaft 75
Wissenslücken 29
Wohnzimmerschrank 46
Wordpress 66, 299, 406
   Basisinstallation 407
   Bücher 412

Wordpress (Forts.)
   Grenzen 410
   Leistungen 410
   Marktpositionierung 408
   Stärken 410
   TechCrunch 408
   Webprojekte 407
   Zielgruppen 409
Workaholic 419
Workaround 27
Workflow 248
Worst-Case-Variante 435
Writeboard 537
»Wünsch-dir-was«-Strategie 39, 41, 42
WYSIWYG 62, 368, 467

X

(X)HTML 71, 317, 367, 424
XING 80, 231, 297

Y

YAML 480, 490, 532, 533, 534
   Funktionsüberblick 533
   Rapid Prototyping 535
   YAML-Builder 535
YAML-Builder 535
YUI 531

Z

Zahlungsbedingungen 457
Zahlungsziel 457
Zeiterfassung 441
Zeitschrift 55
Zeitung 55
Zeldman 545
Zielgruppe 218, 220, 221, 253, 261, 266
   Fokussierung 348
   Zielgruppenanalyse 220
Zugänglichkeit 470, 493
Zukunftssicherheit 481
Zuordnung 47
Zurstiege 545

www.galileodesign.de

Von der ersten Idee bis zur fertigen Website

Prinzipien und Grundlagen guten Designs

Kreativ mit Webstandards, (X)HTML und CSS

Manuela Hoffmann

Modernes Webdesign

Gestaltungsprinzipien, Webstandards, Praxis

Ein Wegweiser für modernes Webdesign, der gleichzeitig Praxis, Anleitung und Inspiration liefert. Die Grafikerin und Webdesignerin Manuela Hoffmann (pixelgraphix.de) führt Sie von der Idee über erste Entwürfe bis hin zur technischen Umsetzung mit HTML und CSS. Inkl. Vorlagen und Templates für Photoshop und WordPress

368 S., 2008, komplett in Farbe, mit DVD, 39,90 Euro, 67,90 CHF
ISBN 978-3-8362-1109-3

>> www.galileodesign.de/1619

www.galileodesign.de

Leicht verständlich, kein Juristen-Deutsch

Konkrete Hilfen für den Alltag

Mit fertigen Vertragsmustern und Checklisten

Uwe Koch, Dirk Otto, Mark Rüdlin

Recht für Grafiker und Webdesigner, Ausgabe 2009

Verträge, Schutz der kreativen Leistung, Selbstständigkeit, Versicherungen, Steuern

Welchen Schutz genießen meine kreativen Leistungen? Dürfen meine Designs einfach abgekupfert werden? Welches Haftungsrisiko trägt der Designer? Dieses Buch bietet Antworten für Kreative in Web-Agenturen, Prepress-Betrieben und werbetreibenden Unternehmen. In verständlicher Sprache geht es auf viele Rechtsfragen rund um das Kommunikationsdesign ein. Mit fertigen Vertragsmustern und Checklisten.

ca. 380 S., 39,90 Euro, 67,90 CHF
ISBN 978-3-8362-1318-9, November 2008

>> www.galileodesign.de/1962

Galileo Design

www.galileodesign.de

CSS-Layouts verstehen und umsetzen

Komplette Beispiel-Website zum Nachbauen

Zusammenarbeit mit Photoshop und Fireworks

Hussein Morsy

Adobe Dreamweaver CS4

Der praktische Einstieg

So bauen Sie professionelle Websites mit Dreamweaver CS4. Hussein Morsy zeigt Ihnen Schritt für Schritt, wie Sie Dreamweaver benutzen und vom Entwurf, über das Layout und die Funktionalität bis hin zu dynamischen Inhalten eine Website programmieren und gestalten. So lernen Sie gleichzeitig auch HTML, CSS, PHP und JavaScript. Mit Hintergrundwissen, allen wichtigen Funktionen und attraktivem Beispielmaterial beginnen Sie ganz von vorn und werden zum Profi-Webdesigner.

ca. 400 S., 24,90 Euro, 42,90 CHF
ISBN 978-3-8362-1261-8, Februar 2009

>> www.galileodesign.de/1896

www.galileocomputing.de

Grundlagen und Referenz

Browserübergreifende Lösungen

Barrierefreies Webdesign mit CSS

Kai Laborenz

CSS-Praxis

Das umfassende Handbuch

Ein moderner Klassiker! CSS-Praxis feiert mit seiner fünften Auflage Jubiläum. Für jeden CSS-Entwickler in Deutschland ist dieses Buch ein Standardwerk, das zu jeder Fragestellung zuverlässig Auskunft gibt.

766 S., 5. Auflage 2008, mit DVD und Referenzkarte, 39,90 Euro, 67,90 CHF
ISBN 978-3-8362-1134-5

>> www.galileocomputing.de/1667

www.galileocomputing.de

● Video-Training

Flexible Webseiten erstellen

Quellcode analysieren und verstehen

Mit einer Einführung in YAML

Inkl. Layoutvorlagen

Suzana Kötter, Thomas Kötter

Einstieg in CSS

Webseiten layouten und gestalten

Mit diesem Video-Training erfahren Sie direkt am Bildschirm die Grundlagen von CSS. Lernen Sie von CSS-Profi Thomas Kötter, wie Sie CSS für ein modernes Webdesign effizient einsetzen. Schritt für Schritt bauen Sie eine Website auf und erstellen flexible Layouts, die auf allen gängigen Browsern überzeugend aussehen.

DVD, Win, Mac, Linux, 75 Lektionen, 7 Stunden Spielzeit, 29,90 Euro, 49,90 CHF
ISBN 978-3-8362-1212-0

>> www.galileocomputing.de/1822

www.galileodesign.de

Schritt-für-Schritt-Anleitungen zu allen wichtigen Anwendungen

Navigationen, Layouts, Bilder, Formulare, Mikroformate u.v.m.

DVD mit Video-Lektionen und allen Beispieldateien

Heiko Stiegert

CSS-Design

Die Tutorials für Einsteiger

Dieses komplett vierfarbige Buch zeigt Ihnen in ausführlichen Praxisworkshops, wie Sie moderne Webseiten gestalten.
Inkl. zahlreicher Tipps und Tricks.

460 S., 2008, komplett in Farbe, mit DVD, 39,90 Euro, 67,90 CHF
ISBN 978-3-8362-1155-0

>> www.galileodesign.de/1704

www.galileocomputing.de

Optimierung von Web 2.0-Sites

Grundlagen, Funktionsweisen, Ranking-Optimierung

Berücksichtig auch TYPO3-, WordPress und Online-Shops

Sebastian Erlhofer

Suchmaschinen-Optimierung für Webentwickler

Das umfassende Handbuch

Das Standardwerk der Suchmaschinen-Optimierung bietet Grundlagenwissen zur Arbeitsweise von Google & Co. und zeigt im umfangreichen Praxisteil, wie der Internetauftritt optimiert werden kann.

504 S., 4. Auflage 2008, 34,90 Euro, 59,90 CHF
ISBN 978-3-8362-1233-5

>> www.galileocomputing.de/1861

www.galileodesign.de

Inkl. über 50 Workshops

Animationen, Zeichnen, Texte, Sound, Video

Einstieg in ActionScript 3

Tobias Gräning

Einstieg in Adobe Flash CS4

Eigene Flash-Filme erstellen. Schritt für Schritt

In zahlreichen praktischen und leicht verständlich in Workshops führt Sie dieses Buch in Flash ein. Sie lernen die Oberfläche von Flash CS4 kennen, nutzen Zeichen-Werkzeuge, erstellen Texte und importieren externe Grafiken, Sound und Videos. Ausführlich erklärt Ihnen der Autor den Umgang mit der Zeitleiste und zeigt Ihnen, wie Sie Ihre Objekte effektvoll animieren. Am Ende erfahren Sie, wie Sie Ihre Flash-Filme testen und veröffentlichen. Dabei wird auch die brandneue Technologie Adobe AIR beschrieben.
Für alle, die noch mehr aus Ihren Animationen herausholen möchten, bietet das Buch zusätzlich eine Einführung in das neue ActionScript 3 und enthält Beispiele, die Sie direkt in Ihren eigenen Flash-Filmen verwenden können. Auf der Buch-DVD finden Sie alle Beispieldateien sowie die 30-Tage-Testversion von Flash CS4 und Dreamweaver CS4 für Mac und PC. Ein besonderes Highlight sind die Video-Lektionen zu Flash CS4.

ca. 428 S., mit DVD und Infoklappen, 24,90 Euro, 42,90 CHF
ISBN 978-3-8362-1255-7, März 2009

>> www.galileodesign.de/1890

In unserem Webshop finden Sie unser aktuelles
Programm mit ausführlichen Informationen,
umfassenden Leseproben, kostenlosen Video-Lektionen –
und dazu die Möglichkeit der Volltextsuche in allen Büchern.

www.galileodesign.de

Know-how für Kreative.